O CICLO GESTATÓRIO DE UM HOMEM

Albino Bonomi

O CICLO GESTATÓRIO DE UM HOMEM

1ª Edição
POD

Petrópolis
KBR
2013

Edição de texto **Noga Sklar**
Editoração: **KBR**
Capa **KBR** sobre escultura de **Juan Muñoz, 1998, "Para a sombra"**

Copyright © 2013 *Albino Bonomi*
Todos os direitos reservados ao autor.

ISBN: 978-85-8180-109-4

KBR Editora Digital Ltda.
www.kbrdigital.com.br
www.facebook.com/kbrdigital
atendimento@kbrdigital.com.br
55|24|2222.3491

B869 - Literatura brasileira

Albino Bonomi nasceu em Aramina, SP, em 21.3.51. É médico Gineco-Obstetra formado pela Faculdade de Medicina de Ribeirão Preto da Universidade de São Paulo; tem formação em Psicoterapia Analítica de Grupo pela SPAGESP e é autor de *Pré-Natal Humanizado, gerando crianças felizes*, pela Editora Atheneu.

E-mail: acbonomi@yahoo.com.br

Para meus filhos amados.

Sumário

Nota do autor • 11

Livro I: O Parto
    O nascimento de um homem • 13

Livro II: Quarto Período
    A caminho da plenitude • 445

Epílogo • 657

Nota do autor

O Ciclo Gestatório de um Homem é um relato autobiográfico, absolutamente fiel aos fatos ou à visão que tenho deles. Faz uma ampla abordagem do homem, desde sua origem, o nascimento, até o destino final, o encontro com o absoluto, o sagrado, não deixando, nesse ínterim, de abordar e dissecar nenhum tema humano fundamental.

Para isso, levo às últimas consequências a busca do autoconhecimento, única coisa que realmente importa, pois é através dele que o indivíduo pode transcender e fundir-se ao divino. Minha ambição, nessa trajetória impressionante, é fazer uma das mais profundas reflexões sobre a condição humana jamais realizada; arrisco até mesmo afirmar que se trata do mais ambicioso mergulho nas profundezas da alma humana desde *A Interpretação dos Sonhos*, de Sigmund Freud.

Se a obra monumental de Proust, *Em Busca do Tempo Perdido*, à qual faço referência em vários momentos, foi, segundo Fernando Py, concebida como a construção de uma catedral cujas partes crescem simetricamente até chegarem ao alto da torre, a minha se desenvolve como um círculo.

Desde a gestação e o nascimento, no decorrer de boa parte da vida, muitos círculos são abertos em consequência de traumas que levam a uma enorme desvalia e quase à morte, círculos que, através de um longo e penoso trabalho de busca e resgate, vão aos poucos se fechando, fazendo nascer um novo homem, com uma visão inteiramente nova de si mesmo e do universo que o rodeia.

Livro I
O Parto
O nascimento de um homem

Capítulo 1

21 de março de 1951

Quarto filho de uma prole de oito nascidos vivos, não me recordo, é natural, dos primeiros anos. Esses acontecimentos primevos ficam estocados em compartimentos não conscientes, onde se tornam essenciais para a formação da personalidade e do caráter individual, modelando cada pessoa de forma definitiva.

Nos longos trabalhos terapêuticos a que me submeteria no futuro, não chegaria a realizar qualquer tentativa de regressão às primeiras horas de vida, ou mesmo à fase intrauterina, o que hoje é perfeitamente possível, de forma que essa lacuna ainda não foi devidamente preenchida, embora profundas ilações viessem a ser reveladas para uma compreensão mais apurada do desenvolvimento de minha personalidade.

É importante ressaltar que não sou ligado à área psicoterapêutica, de modo que tratarei alguns termos — como personalidade, caráter e outros inerentes a estas matérias — de forma mais genérica, como nós, leigos, os entendemos. Isso, sem contar que os próprios conceitos variam de acordo com as inúmeras escolas e vertentes que se ocupam do psiquismo.

Muitos sonhos e a análise comportamental trouxeram algumas luzes e criaram hipóteses sobre os prováveis acontecimentos nessa fase de difícil acesso, que, apesar disso, permanece de maneira geral um tanto obscura.

Ver-se-á, no decorrer deste relato, que como narrador sou objetivo e cético, de modo que deverei me ater muito mais a fatos concretos, a lembranças conscientes, do que a conjeturas ou possibilidades, muito embora essas também venham à baila e em muito contribuam para a compreensão geral.

Vamos lá, então. É possível que já não estejam me achando assim tão objetivo, pois até o momento muito tergiversei e pouco disse.

Nasci em um vilarejo diminuto, cercado de mato por todos os lados. Não deveria ter mais que mil moradores. Nossa família era pobre, não miserável, pois meu pai era funcionário da estrada de ferro; morávamos em uma casa da companhia, minha mãe plantava uma horta e os dois ainda negociavam essas verduras, acrescidas de aves e ovos que meu pai, em sua folga semanal, comprava nas roças da região e depois revendia, usando, para isso, uma carroça puxada a cavalo. De tal forma que a vida era simples, mas éramos bem alimentados e relativamente bem vestidos.

Para nós, moleques — éramos três — não poderia haver vida melhor: tínhamos liberdade total e desaparecíamos por aquelas matas virgens, caçando passarinhos e armando arapucas, subindo em árvores, comendo marolos, gabirobas, pitangas, mangavas, ingás, gravatás e tantas outras frutas tão deliciosas que ainda lhes sinto os aromas e os sabores, que teimam em me fazer água na boca; e me pôr água aos olhos, pois jamais voltarei a prová-las — foram extintas pelos canaviais que viriam a devastar aquela região que eu não mais reconheceria quando, na vida adulta, lá retornasse, numa daquelas tolas e vãs tentativas que os adultos têm de reviver o passado, sempre tido e havido como um tempo mais feliz.

Seminus, eterna e adoravelmente descalços, voltávamos apenas para um rápido almoço e sumíamos novamente, de modo geral em direção aos campos de futebol, para retornar à noitinha — dessa vez definitivamente —, imundos, quase irreconhecíveis, e, no entanto, leves e felizes.

Ao cair da tarde, bandos de papagaios e maritacas enchiam os eucaliptos próximos de nossa casa na maior algaravia, como se fossem crianças ao sair da escola.

As noites eram escuras como breu. A gente ia, então, até um imenso terreiro, em frente a um grande barracão, e acendia uma fogueira, em volta da qual brincávamos; tirávamos a camisa, pegávamos um graveto com a ponta em brasa e o agitávamos no ar, de lá pra cá, de cá pra lá, entoando o cântico das sereias:

Vagalume
Tem-tem
Seu pai taquí
Sua mãe também

E os vagalumes vinham aos montes, riscando o ar com suas lanternas; a gente os derrubava com a camisa, enchendo um vidro transparente. Era diversão para a noite toda. Tempo de inocência.

Uma surra ou outra, devidamente ministrada por minha mãe, quebrava com certa frequência essa rotina paradisíaca. Fazia, porém, parte do contexto. Não eram, via de regra, fatos marcantes, e sim corriqueiros: minha mãe não era uma mulher violenta; além do quê, surras sempre fizeram parte do arsenal de que dispunham os pais na educação dos filhos, e não havia criança, principalmente moleque, que escapasse a essa sina.

Quando, no entanto, eram especialmente tidas como graves as nossas traquinagens, de acordo com a avaliação materna, o castigo físico era complementado pela ameaça de se levar o fato ao conhecimento posterior de meu pai quando ele chegasse; isso, sim, causava certa apreensão. A ameaça, porém, nem sempre se concretizava, pois à noite a raiva geralmente já havia passado, tendo contribuído para isso nosso comportamento exemplar até o dia seguinte.

Ademais, naquela época, uma sova por parte de meu pai sempre me pareceu uma possibilidade bastante remota, ou até mesmo definitivamente descartada, já que após tomar conhecimento de nossas assim chamadas "artes", ele, invariavelmente, prognosticava:

— Ei, rapazinho, o dia que eu te pegar... eu não vou nem jurar...
— e para a minha mãe: — Não espanta ele, não...

Chama a atenção o fato de minha mãe — e da maioria das mães, na repressão aos filhos — invocar a figura paterna, teoricamente mais forte, ameaçadora, deixando patente sua inferioridade ou limitação na educação dos mesmos e a falta de temor ou respeito que deveriam inspirar. No caso de minha mãe, em particular, era até compreensível, pois não devia ser tarefa fácil limpar, lavar e cozinhar para dez pessoas; e mesmo não sendo uma mulher tola, era até de se esperar que apelasse para alguma ajuda.

Foi por essa época, quando eu deveria ter em torno de seis anos, que algo aconteceu — o primeiro acontecimento de que me lembro, e que, certamente, teria importância capital na formação do meu aparato emocional, com as consequências drásticas que veremos no decorrer deste livro.

Em nossa cidade, se é que se poderia chamar aquele amontoado de casas de "cidade" — minha mãe preferia corruptela —, havia sido montado um circo itinerante, daqueles bem mambembes, de lona, típicos do interior do Brasil. Ficaria ali durante uma temporada. Hoje, não consigo compreender como é que um circo — ou qualquer outro espetáculo, por banal e raquítico que fosse — pudesse ter ousado parar naquele lugar; contudo, a verdade é que parou, e, ao que me lembre, toda noite havia espetáculo e certa plateia.

Só não sei dizer se éramos apenas nós, o bando de moleques do vilarejo, que entrávamos toda noite por baixo da lona, correndo o risco de algumas lambadas ministradas pelos vigias, os chamados "varinhas", o que me dava a impressão do sucesso do empreendimento; assistíamos sempre ao mesmo e repetitivo espetáculo de variedades, sendo realmente extraordinário que eu me recorde até hoje do palhaço Coroa e de seu cachorrinho de trapo, Minjuleta, que ele arrastava aos solavancos pelo palco. Até hoje, aliás, não canso de me encantar com os palhaços de circo ou seus equivalentes mais recentes, como Golias, Jô ou Aragão, e seu humor inato. Gravei também na memória um outro quadro, não sei bem por que, pois nada tinha de especial, em que um dos comediantes, fazendo-se de matuto — o que não lhe deve ter sido muito difícil —, chegava a um boteco bem desgraçado, onde ia logo comentando com a dona do lugar, que se fazia de velha horrível:

"Nossa, dona, nessa cidade só tem gente feia!"

Ela fulminava:

"E cada vez tá chegando mais!"

Ato contínuo, o matuto pedia um cafezinho, que lhe era servido numa caneca de alumínio velha que ele olhava com certo asco, e, dirigindo-se à plateia, em *off*, comentava que iria tomar naquele biquinho onde ninguém deveria beber.

Quando ele acabava, a velha comentava:

"Vosmicê é como eu, só toma nesse biquinho."

E puáááá....ele esborrifava todo o café.

No entanto, naquela noite singular e inesquecível, não consegui achar graça nenhuma nas piadas e brincadeiras, pois fora minha irmã mais velha, Jamile, de cerca de dezesseis anos, que me levara ao circo e comprara ingressos: pela primeira vez entrei pela porta, e não sei por que ela me elegera, ó desgraça!, para seu confidente e, mais tarde, cúmplice, de tal forma que aos escassos seis anos de idade fui introduzido no mundo dos dramas humanos, dos quais não conseguiria mais me libertar, em especial o dos dramas femininos. Talvez tivesse me escolhido por mero acaso entre os três irmãos — eu era o do meio —, embora o mais provável e mais lógico é que fosse uma escolha específica, advinda de seu instinto de mulher, não podendo ter sido outro o escolhido.

Minha irmã havia sido enviada para estudar em uma cidade próxima, um pouco maior, e ficara hospedada na pensão de Dona Itália — como eu poderia esquecer esse nome! Agora tinha nas mãos uma carta que esta senhora enviara aos meus pais, relatando as possíveis estripulias da jovem, pouco mais que uma criança, que seria mais afeita aos namoricos que aos livros. Encontrava-se literalmente apavorada; não parava de rezar, pois já antevia o que a aguardava, parecendo-me presa de um medo atávico de meu pai, sabendo que nada ou ninguém poderia salvá-la.

Após o espetáculo, chegando em casa, fui direto para a cama, onde a escuridão era total, a não ser pela luz bruxuleante de uma lamparina a querosene na cozinha, onde o verdadeiro drama, o da vida real, logo se iniciaria, com meu pai fazendo acusações em altos brados, única voz em cena que, pela primeira vez, me pareceu aterrorizante de verdade.

Pelo que pude depreender — hoje não sei dizer, com segurança, se eu já entendera naquela época ou reconstituiria mais tarde — dizia que eles, meus pais, se matavam de trabalhar para mantê-la estudando fora e ela correspondia com vagabundagem, que não prestava, que os mataria de vergonha. Em seguida seus gritos, que não cessavam, foram se mesclando aos sons de pancadaria e aos gritos desesperados de minha irmã; aquilo parecia não ter fim, talvez tenham sido apenas poucos minutos, que, certamente, me pareceram uma eternidade.

Dali em diante, meu pai me pareceria um homem temível, e sua simples menção por minha mãe passou a representar um perigo real, uma ameaça muito mais terrível do que suas chineladas costumeiras.

Minha irmã soluçou a noite inteira. Quanto a mim, não consegui dormir durante alguns dias, e quando o fazia, acordava sobressaltado com a cena que insistia em se repetir nos meus pesadelos, os primeiros de que me recordo, matrizes de uma teia sem fim. Tenho a impressão de que meus irmãos, ao contrário, dormiram a noite toda, e não creio que alguma vez tenham se imiscuído de modo mais profundo nos problemas pessoais de cada membro da família, ou mesmo da família como um todo.

Não sei dizer que fim tiveram os estudos externos de minha irmã, mas, seguramente, não duraram muito, pois logo nos mudamos para a cidade grande e a escola foi quase que de imediato substituída por empreguinhos comuns, como acontece com a maioria de nossas meninas, enquanto esperam pelo príncipe encantado de seus sonhos.

Capítulo 2

A vida prosseguiu e nossas personalidades foram se delineando, já se notando, desde cedo, características muito interessantes em cada um de nós.

Meu pai era um homem de acesso difícil, e o pouco que sei dele soube através de minha mãe; tudo que conversamos até os dias de hoje se limita ao tempo ou ao resultado de algum jogo de futebol. Havia perdido a mãe muito cedo, quando tinha apenas nove anos. O pai se casou novamente e teve outros filhos, e eles e os irmãos foram separados, abandonados, deixados em casa de parentes. Meu pai foi tratado como um escravo, dormindo em paióis e estábulos, em profunda solidão, o que deve ter feito dele o homem fechado que ele foi.

Vez por outra, quando criança, eu o acompanhava em seus périplos pelas roças, comprando e vendendo mercadorias. Ele subia em sua carroça pela manhã e regressava ao entardecer; a carroça, puxada por uma égua já velha e cansada, andava lentamente, e o animal parece que nem precisava de orientação, há tantos anos repetia sempre o mesmo trajeto: seguia por aqueles caminhos estreitos, no meio da mata, passava dentro de pequenos córregos e ia parando em todas as casas que encontrava, de tempos em tempos.

Meu pai logo ia explicando que eu era o molequinho do meio, e ao me ver, a dona da casa logo se apressava em nos dar alguma coisa para comer, geralmente leite com pão e queijo feitos em casa. Prosseguíamos, sem pressa, até a hora do almoço, quando novamente alguém nos oferecia um prato de comida e café.

Aproveitávamos a parada para apanhar laranjas, e depois do almoço meu pai as ia descascando, automaticamente, com um pequeno canivete de cabo de osso; cortava a tampinha de um modo peculiar, em cone, que a gente chamava de copinho, e creio que eu chupava pelo menos uma dezena delas.

Regressávamos rigorosamente ao pôr do sol, e, fato extraordinário, sem termos trocado uma única palavra, cada qual envolto em seus próprios pensamentos. O que será que eu pensava, então, em tão tenra idade? E ele?

Quando acontecia de chover no caminho, nos protegíamos debaixo de alguns abrigos rústicos feitos de palha, comuns no meio das roças, em alguma moita ou mesmo em alguma casa que porventura aparecesse; em caso de sol, sob o indefectível guarda-chuva preto de meu pai, sua marca registrada e companheiro inseparável e fiel, para todo o sempre.

Ele conhecia todos os moradores da roça de longa data, e com eles até ria e era prolixo; o curioso é que parecia não haver miséria, como hoje a conhecemos: todos tinham suas casas, típicas de nossas roças, sempre iguais, de alvenaria, caiadas de branco, com suas hortas e pomares, porcos e galinhas soltos pelos quintais, além dos indefectíveis vira-latas, naturalmente.

As crianças também pareciam todas iguais: sardentas, cabelinhos claros e tosados, tímidas, caipirinhas, meio escondidas atrás das portas; viviam sendo repreendidas por suas mães, igualmente simplórias: "Vem cá, moleque, vem cumprimentá o 'sô' Guido, dexa de sê caipira!"

Pareço ouvir ainda o barulho de uma corrente que o pai tirava da carroça quando chegávamos em casa, enrolava e jogava ao longo do comprido alpendre de pedra como se fosse uma bola de boliche, e todos corriam para ajudar a recolher as coisas. Tomávamos banho, jantávamos, e pouco depois íamos dormir.

Embora a corruptela fosse servida por um motor a óleo que fornecia energia elétrica das dezoito às vinte e duas horas — mas que vivia mais quebrado do que funcionando — o mais habitual era uma iluminação tosca através de uma lamparina de querosene. À noite, minha mãe passava roupas com um ferro a brasa que parecia dar o maior trabalho; mais tarde, mudou-se para perto de nossa casa uma família vinda da cidade grande, trazendo uma tremenda novidade: um ferro elétrico, que, às vezes, minha mãe nos mandava, geralmente eu e meu irmão menor, buscar emprestado. Na noite completamente escura vencíamos os cerca de cem metros grudados um de costas para o outro, medrosos, temendo as assombrações, até retornarmos sãos e salvos, pois, por pura sorte, jamais encontramos um só saci-pererê, bicho-papão ou mula-sem-cabeça — que lá deviam viver aos bandos, como sempre nos contavam nos ameaçando, caso não tratássemos de dormir logo.

Em compensação, meu irmão mais velho, que tinha cerca de nove anos na época, era uma raridade: desconhecia o medo por completo, acho que foi a única criança que conheci em toda minha vida que jamais soube o que era ter medo, nem mesmo do escuro, coisa realmente extraordinária!

Pasmem vocês, certa noite em que chovia incessantemente, noite escura e tenebrosa, cortada por relâmpagos e trovões... tchan, tchan, tchan... estávamos escutando no rádio que meu pai comprara recentemente — era a década de 1950 — um jogo de futebol entre a seleção brasileira e outra seleção sul-americana, Uruguai ou Paraguai. No intervalo, para nosso desespero, desligou-se o motor e acabou a força. Pois vocês, e principalmente as crianças, não vão acreditar no que aconteceu: meu irmão mais velho não titubeou, e sob os protestos e ameaças de minha mãe e apesar do nosso pavor, pegou um guarda-chuva e se mandou; atravessou mais de um quilômetro de estrada estreita e barrenta, no meio de mata fechada, até o centro do vilarejo, onde havia um boteco com um lampião, cujo dono possuía um rádio de pilha, coisa rara na época, creio que o único na cidade.

Lá pelas tantas, meu pai, que estava de plantão na estação da estrada de ferro, levou o maior susto ao ser acordado por meu irmão após o jogo ter terminado.

— Meu Deus, o que aconteceu?
— Nada, papai, vim só para lhe falar do resultado do jogo.

Esse meu irmão mais velho, ainda veremos, se revelaria o moleque mais extraordinário que eu jamais conheceria.

A cerca de vinte quilômetros, numa cidadezinha um pouco maior — e que já merecia o nome de "cidade", onde nascera minha mãe e origem de toda a família, moravam vários parentes nossos, sendo o mais curioso entre eles o primo Pintado, sardento e de cabelos lisos e claros, um ano mais velho que meu irmão maior e único a rivalizar com ele em genialidade "molecal". Vivíamos nas casas uns dos outros.

Certa feita, o genial Pintado passava férias em nossa casa, que ficava em frente a um extenso barracão de alvenaria, com dez casas separadas apenas por uma parede que serviam aos trabalhadores da estrada de ferro; não havia banheiros, apenas duas "casinhas" coletivas uma em cada extremidade do barracão. Nesse dia, em um desses banheiros que ficava exatamente em frente à nossa casa, estavam tomando banho três negrinhos da nossa idade, filhos do Seu Congo; e imaginem com quem resolveram se meter, os desatinados! Isso mesmo, exatamente!

Ao ver o moleque no portão, abriram parcialmente a porta do banheiro e começaram a gritar, em uníssono, uma cabeça sobre a outra: "Pintado!" E fechavam a porta rapidamente, no preciso momento em que a goiabinha certeira do estilingue de Pintado se abatia sobre ela, disparada do portão de nossa casa, a trinta metros de distância!

— Pintado! — e a goiabinha novamente se arrebentava sobre a porta, celeremente fechada.

— Pintáaaaaaaah!... — e dessa vez o meu primo arremessou o bólido segundos antes que abrissem a porta para xingá-lo, e a goiabinha, verdinha e dura, acertou em cheio a testa do mais velho mal a porta se abriu. Os peladinhos saíram gritando e correndo porta afora, coisa de gênio!

Minutos depois, o pai dos meninos se apresentava em nossa casa trazendo o moleque com um enorme "galo" na testa, logo acima do olho; fosse um centímetro mais abaixo e o menino o teria perdido. Desnecessário dizer que o gênio incompreendido levou a maior surra de sua mãe, que além disso ameaçou entregá-lo à polícia, o que o fez pular mais ainda.

No dia seguinte, Pintado já refeito, fomos armar laços e arapucas no mato, perto de outras casas de empregados da companhia; necessitado, Pintado baixara as calças e ainda evacuava quando gritei:

— Pintado, a muié!

Levantou as calças abruptamente, e a lambança estava feita! Não havia mulher alguma, e até hoje não consigo atinar como escapei do terrível moleque naquele dia. Como se pode ver, eu mesmo era bem moleque nessa época, e, como tal, metido a valente, qualidade que iria perdurar até a adolescência quando viria a sofrer um forte abalo.

Naquela mesma mata por onde meu irmão passara naquela noite chuvosa havia uma estradazinha por onde também passávamos com frequência; pois deu-se que no oco de uma árvore, na beira da estrada, descobrimos um ninho de marimbondos amarelos (marimbondos de fogo?), daqueles terríveis; invariavelmente, ao ali chegarmos, meus irmãos já saíam correndo, pois o valentão aqui se abaixava, pegava um pau que já havia sido deixado ali providencialmente, cutucava o ninho de marimbondos e se mandava em desabalada carreira. A traquinagem se repetia quase diariamente, até o dia em que, ao regressarmos, apenas cerca de quinze minutos após a molecagem, os meninos já se puseram ao largo e eu me abaixei; no entanto, os marimbondos ainda estavam todos alvoroçados, o pau cheio deles, e foi um deus-nos-acuda: terminei o dia irreconhecível após dezenas de picadas, pondo fim, definitivamente, àquela aventura que, para ser honesto, não poderia mesmo ter acabado de outra maneira. Contam meus irmãos, ainda hoje, que até o Peri, nosso cão, único que me fora solidário na aventura, levou uma picada no... digo, na única área descoberta que possuía.

Tempos memoráveis aqueles: corpos ágeis, almas leves e despreocupadas; sequer seria possível imaginar que muito em breve haveria mudanças radicais, quiçá e provavelmente insanáveis.

Inesquecíveis eram, igualmente, os Natais, dos quais guardo agradáveis reminiscências, pois Papai Noel, no qual acreditávamos piamente, jamais se esquecia de trazer um presentinho — sempre coisas muito modestas, um único presente para cada um, geralmente um caminhãozinho de lata ou madeira, algo nesse estilo.

Não entendíamos direito por onde ele passava ou como entrava pela clássica chaminé, e como era capaz de ir a tantas casas em tempo hábil. Naquela noite mágica, demorávamos uma eternidade para pegar no sono, condição essencial para que ele viesse; mas quando um de nós acordava de madrugada, escuridão completa, imediatamente acordava os outros dois, e, às apalpadelas, numa excitação indescritível, íamos até o local dos sapatos. Não dá para descrever a euforia que sentíamos, pois jamais havia certeza absoluta dos presentes. Teria o velhote passado ou não? Teríamos ou não merecido o nosso presente, já que, mais ainda próximo ao Natal, eram muitas as ameaças quanto à nossa conduta no decorrer do ano?

Quanto mais a festa se aproximava, mais nos tornávamos excepcionalmente pios. Felizmente, nunca deixamos de ganhar os nossos presentes; talvez não fôssemos assim tão maus. Houve um Natal, de que me lembro bem, em que ganhamos uns trenzinhos de plástico, bem mixuruquinhas; outro menino, filho do turco da loja, embora me parecesse briguento e bem nojentinho, devia ser bem melhor que a gente, pois ganhou um trenzinho a pilha, que apitava e acendia as luzinhas, com trilhos e tudo o mais, além de um uniforme completo de seu time de futebol — camisa, calção, meias compridas e até chuteiras.

A gente prometia melhorar. Já o filho do turco, apesar de ser assim tão bonzinho, quando mais velho acabaria por assassinar um outro rapaz da cidadezinha por razões que desconheço, creio que coisa de mulher, e teve que sair fugido de lá.

Passado o Natal, só voltaríamos a receber presentes em setembro de cada ano, quando meu pai viajava de férias para São Paulo para visitar parentes, sempre sozinho. Aguardávamos sua volta ansiosamente, sempre com o mesmo presente: dois tubos de chocolate para a família toda, e, alegria extrema, uma bola de futebol de couro, que deveria durar exatamente um ano, sempre limpa e conservada com sebo de vaca todos os dias após os treinos, até que chegasse novamente setembro e um novo ciclo se completasse. Saíramos todos ao meu pai, que todos diziam ser um dos melhores jogadores daquelas várzeas, clássico e elegante.

Esses tempos despreocupados seriam de curtíssima duração, encerrando-se, definitivamente, quando entrei para a escola aos sete anos; ainda não havia, naquela época, pré-escolas e jardins de infância, e todo mundo iniciava a alfabetização com essa idade.

Capítulo 3

A partir daí as lembranças começam a ficar nítidas, didáticas, bem catalogadas, claramente relacionadas a determinadas datas e a determinado período escolar.

Todo mundo sabe que, a partir dessa idade, passa a ser relativamente fácil recordar os fatos de forma consciente; no meu caso, a escola passou a desempenhar, na vida e na psique, um papel primordial, e mesmo os acontecimentos triviais estão relacionados com o ano letivo.

Impossível dizer o que levou a isso, mas as consequências seriam inusitadas, já que, desde o primeiro dia de aula, apossou-se de mim uma terrível obsessão de tornar-me para sempre o melhor da classe. Inúmeras hipóteses poderiam justificar tal ideia fixa, todas levando, e isso se tornaria evidente, a uma brutal necessidade de reconhecimento, de aprovação, em suma, de afeto; é muito provável, senão indiscutível, que haja raízes muito mais profundas, remontando, talvez, ao útero materno, e que teriam causado uma enorme desvalia — passando pelo endeusamento dos estudos pelos meus pais, captado de forma traumática desde o episódio com Jamile, e pela diferença de tratamento em relação ao meu irmão mais novo, loirinho e de olhos verdes, já paparicado pelas priminhas de Aramina.

Era necessário e premente, então, que eu me destacasse pelo lado intelectivo, pois me parecia, na época, que jamais seria valorizado simplesmente por meus dotes físicos. É mais do que evidente que eu não fazia a menor ideia dessas elucubrações, todas inconscientes, Contudo, vocês mal podem imaginar o peso de uma obsessão como essa para uma criança.

É tão marcante esse envolvimento, essa competição desesperada, que não me recordo de nenhum dos cerca de quarenta alunos do primeiro ano, de ninguém, com exceção da única menina que, vez por outra, ousava aproximar-se das minhas notas; isso continuaria a acontecer, dando início a um terrível círculo vicioso do qual se consegue sair de uma única forma: todo arrebentado emocionalmente, com uma cisão talvez irrecuperável entre o intelecto e o psiquismo — o primeiro atingindo patamares elevadíssimos em detrimento do segundo, que fica ao rés do chão.

Vêm as primeiras boas notas, segue-se o reconhecimento e a bajulação da professora, os pais entram em êxtase, e já se estigmatiza o pequeno infeliz como um crânio, gênio, prodígio. O desgraçado se vê, quiçá pela primeira vez, no centro das atenções: passa a ser admirado, seu nome começa a ser citado, e os orgulhosos pais elevam seu nome às alturas e o disseminam por todos os cantos onde haja parentes e amigos. Quanto a você, ser miserável, se enredou numa teia da qual já não poderá mais se safar; já não poderá decepcioná-los, a esses pais que não se cansam de repetir que se matam para lhe dar o melhor, aquilo que eles nunca tiveram, que se sacrificaram por você, deixando de lado até a felicidade para que você a tenha.

Num primeiro momento, você se ilude, deixa-se ofuscar por todas essas luzes da ribalta; porém, rapidamente, passa a perceber, embora inconsciente e de forma confusa, velada, a tremenda enrascada em que se meteu, ou na qual foi metido, não importa; logo sentirá o insuportável peso que passou a carregar, muito acima das suas possibilidades, pois você é um ser frágil, sem qualquer estrutura para suportá-lo. No entanto, meu pobre e solitário menino, agora é tarde: você já não tem salvação, esse caminho é só de ida, não tem retorno.

A sequência é por demais conhecida: cada dia de aula é um tormento, há que se estar atento, não se pode brincar, relaxar, não se pode descuidar um só minuto, uma vez que logo virão as provas, e cada uma passa a ser comparável a uma final olímpica: não basta tirar uma boa nota, você já não admite apenas isso, só o primeiro lugar interessa; os próprios colegas aguardam ansiosamente, a professora já conta com isso, seus pais, então, esperam sofregamente o boletim, para poderem proclamar, sempre e eternamente, a prodigiosidade do filho, pois este, fruto deles, só pode provir de árvores frondosas e raras; você perde a individualidade, e se converte no espelho deles.

O primeiro ano, o único que havia em nossa corruptela, passou relativamente tranquilo, pois eu não tinha concorrentes à altura, e o presentinho simbólico de melhor aluno no fim do ano selou, definitivamente, o meu destino. Já no segundo ano, lá pelo terceiro mês, aconteceu a tragédia, o horror inenarrável: um dos meninos, o único do qual me lembro, me superou na prova, e o pânico e o desespero absolutos tomaram conta de mim. Chorei a noite toda.

Os dias se arrastavam longamente. Os esforços e a preparação se tornaram sobre-humanos, pois o "ratinho", o menorzinho, e o mais inteligente da turma, perdera o cetro. Esse estado de pânico perduraria até o fim do mês seguinte, até a próxima prova, até as notas saírem e tudo voltar a ser como antes, caso eu não falhasse novamente. As atenções se exacerbaram e os cuidados redobraram, pois o perigo, mais do que nunca, andava à espreita. Eu estava, então, com meros oito anos, e meu irmão mais velho tinha dez.

É interessante notar que, naquele tempo, nem todo mundo levava lanche para a escola, geralmente por falta de condições financeiras, e nós tampouco; havia, porém, um menino, claramente em melhor situação, que todo dia, invariavelmente, comia o seu lanchinho, em geral um trivial pãozinho com goiabada ou marmelada, mas que eu não poderia esquecer jamais: todo dia meu irmão mais velho lhe pedia um pedacinho, que todo dia lhe era negado — embora bem alimentado em casa, não sei por que, sentia vontade. Quanto a mim, particularmente, não me fazia a menor falta ter ou não qualquer lanche, mas a triste cena cotidiana já me causava pena do meu irmão, mesmo eu sendo tão pequeno, curioso, não?

Naquele tempo, era também praxe, e prática quase institucional, que as professoras impingissem castigos físicos aos alunos, como tapas, varadas e as clássicas reguadas, quem já não passou por essa experiência? Em casos extremos, o próprio diretor era chamado, e, violência das violências, lascava o braço impiedosamente em um ou dois dos alunos mais rebeldes, em cenas angustiantes. Os alunos evitavam levar a inominável agressão ao conhecimento dos pais, pois isso poderia significar, e geralmente era o que ocorria, um reforço do castigo, já que apanhar da professora era considerado sinônimo de insubordinação.

Eu, aluno exemplar, vivia alheio a tudo isso. Mas, na vida, tudo tem uma primeira vez, e um belo dia, eu jamais o esqueceria, levei da professora um tapa na nuca, não me lembro bem por que, talvez tenha deixado minha costumeira postura monástica e caído na tentação de bater papo com algum coleguinha. A consequência inevitável dessa verdadeira perda da virgindade seria um pranto prolongado e envergonhado, que manchou de lágrimas todo o meu caderno; e, pior, ensejou ainda mais esforços para recuperar o prestígio que gozava junto à professora, além de ficar vários dias "em poder" de meus irmãos.

Explico: éramos três, quase da mesma idade; se qualquer um de nós cometesse qualquer deslize tido como grave, de acordo com as normas de nossa educação, crimes passíveis de punição pelos pais — tipo cuspir em alguém, xingar uma pessoa mais velha, falar algum palavrão —, imediatamente o infrator caía "em poder" dos outros dois — que o ameaçavam de contar tudo em casa —, tendo, então, que realizar todos os seus desejos, via de regra favores comezinhos, como buscar água, lamber o pé ou deixar que o mais velho lhe lambesse a orelha, coisa que ele gostava de fazer para aporrinhar; a condenação durava até que outro de nós cometesse alguma impropriedade, anulando o efeito. Imagine, então, apanhar da professora! Devo ter ficado em poder deles pelo menos pelo mês inteiro!

Eram ainda tempos relativamente tranquilos; tomávamos o trem na hora do almoço e voltávamos ao cair da noite, pois estudávamos na cidade próxima, onde moravam nossos parentes, inclusive o Pintado; em breve, chegariam as máquinas a diesel, mas nesse momento os trens ainda eram puxados pelas românticas marias-fumaça. Entre o final das aulas e a partida do trem ainda havia tempo de se jogar um pouco de futebol; os calções, às vezes, ficavam imundos, e o jeito, na volta, era vesti-los pelo avesso para disfarçar, molecagenzinhas inocentes e saudosas.

No ano seguinte, meu pai seria transferido para a cidade grande. Conta minha mãe que foi ela quem conseguiu essa transferência, à revelia do marido, que, por ele, ainda estaria morando na corruptela até hoje. Com certeza deve ser verdade, pelo que conhecemos dele.

Capítulo 4

Os primeiros anos na cidade nada trouxeram de relevante, já que as brincadeiras simplesmente trocaram as matas pelo asfalto, o que não implicou em dificuldades — em primeiro lugar, porque moleques se adaptam facilmente a quaisquer mudanças; em segundo, porque, naquela época, o bairro ainda era calmo e os veículos eram poucos, quase ninguém os possuía por ali.

Podia-se jogar bola o dia todo pelas ruas, excelentes quadras de futebol, sem falar que havia grande quantidade de campos de várzea não muito longe de casa: naquele tempo, os bairros tinham fim, diferentemente de hoje, quando até as cidades praticamente se emendam umas com as outras.

Todo ano, assim como se sucedem as estações, sucediam-se, também, de modo invariável, aquilo que a gente chamava de temporadas — ora de soltar pipas, ora de jogar bolinhas de gude, ora de rodar pião. Interessante é que havia brincadeiras, como jogar futebol, brincar de pique-esconde ou caçar passarinhos com estilingue, que não tinham temporada: todo dia era dia, assim como é dia de índio. As temporadas, contudo, eram maravilhosamente cíclicas, e chegavam, sorrateiramente, como quem não quer nada, como a primeira brisa de inverno; de repente, todo o bairro, toda a cidade ficava com os céus coloridos, enfeitados pelo enxame de pipas, de todas as cores e formas, e assim como chegavam, também se iam, como se um maestro invisível as dirigisse em sua coreografia celeste, começando e terminando para dar lugar à nova modalidade, à temporada seguinte, e assim sucessiva e eternamente.

Eu não era, em absoluto, um moleque tímido, tolo; adorava ficar na rua, participando das brincadeiras. No entanto, não era muito fã de soltar pipas — tampouco me interessava fazê-las —, nem jogar bolinhas de gude, nem mesmo rodar pião; tinha péssima pontaria no estilingue, talvez jamais tenha acertado um único passarinho — não por qualquer altruísmo ou espírito ecológico precoce... apenas não gostava, embora gostasse de acompanhar meu irmão mais velho em suas caçadas, gostava de ir recolhendo as rolinhas, as pombinhas, os fogo-apagou, que ele, genial atirador, ia abatendo às dezenas.

Na roça, principalmente nos milharais e arrozais, havia pássaros aos milhares, de todas as espécies. Meu irmão atirava basicamente nos passarinhos tidos como comestíveis, embora, vez por outra, não poupasse os demais; naquela época, o *affair* ecológico e a preocupação com a extinção de animais ainda não viera à baila, embora certamente não fosse preocupá-lo caso viesse. Também nessa modalidade ele se saíra ao pai, que adquirira fama na região como exímio caçador, constando que, certa vez, matara nove inhambus, além de uma pomba voando, história que não nos cansávamos de repetir.

Na temporada das bolinhas de gude meu irmão era imbatível, tinha um modo peculiar de jogar, colocando a bolinha entre a ponta do indicador e o primeiro nó externo do polegar; era praticamente infalível, e invariavelmente terminava a temporada com uma ou duas latas de vinte litros cheias de bolinhas até a boca. Seriam usadas, no decorrer do ano, em suas caçadas, projétil perfeito, até que findassem e se iniciasse nova temporada. Pescador igualmente brilhante, esse meu irmão era realmente admirável.

Eu era tido como muito bom e dava preferência aos esportes vigorosos, como correr, brigar, e, principalmente, jogar futebol; há até quem tenha dito que eu era o melhor dos irmãos. Meu irmão mais velho, porém, ímpar nos jogos individuais, não admitia em nenhuma hipótese perder no futebol; ficava extremamente irritado quando seu time estava perdendo, e nos xingava de todos os nomes possíveis e imagináveis, culpando-nos pela derrota.

Juntávamos dez ou doze moleques, incansáveis, capazes de jogar uma tarde inteira, até escurecer. Escolhíamos dois jogadores, mais velhos ou melhores, geralmente meu irmão mais velho e outro, que tiravam par ou ímpar, e cada um ia escolhendo seu time; se uma equipe começasse a perder por muita diferença, e, principalmente, se fosse a do meu irmão, encerrava-se aquela partida e escolhiam-se outros dois times, com os mesmos moleques disponíveis. Às vezes já nem se enxergava mais nada, a noite já caíra, e o jogo prosseguia até que meu irmão vencesse; algumas vezes, até gols contra a gente marcava, no afã de terminar o jogo.

À noite, outro drama: formavam-se, quase todos os dias, duas duplas de baralho, embora, lá em casa, jogos de azar fossem execrados pelo dogmatismo de meu pai; jogávamos a inocente escopa de quinze, que é tudo que aprendi a jogar, pois nunca me entusiasmei com esses passatempos. As duas equipes eram imutáveis, eu e meu irmão mais velho numa, minha mãe e o menor noutra. A noite tinha dois fins possíveis: com a nossa dupla ganhando e meu irmão me elevando às alturas, ou, então, com ele em cima do telhado e minha mãe esperando que ele descesse para surrá-lo, já que, ao perder, depois de haver me xingado novamente de tudo quanto é nome, ele rasgava as cartas e atirava os pedaços por sobre o muro da vizinha, que, no dia seguinte, aparecia do outro lado e dizia à minha mãe:

— E então, o moleque perdeu de novo ontem à noite?

Mas como ele era valente e destemido, e, apesar de vivermos às turras, muito solidário com a gente, nos defendendo com seu temível estilingue contra qualquer ameaça de moleques maiores, sempre desculpávamos seus excessos.

Eu e meu irmão mais novo éramos como siameses. Jamais brigamos, saíamos eternamente juntos, formávamos uma frente unida contra o mais velho — briguento, ranheta, sendo, consequentemente, para nosso deleite, o que mais apanhava de nossa mãe. Certa vez, quando tinha uns doze anos, deixou minha mãe tão nervosa que ela se descontrolou por completo; não fosse minha irmã mais velha providencialmente tê-lo socorrido, evitando a tragédia, e o teria literalmente esganado com o pé em seu pescoço, enquanto o mantinha no chão. Aluno medíocre, não gostava de estudar; já repetira o ano duas ou três vezes, sendo numa delas reprovado em latim — e por isso levou de meu pai uma bela sova.

A história desta figura singular se encerra, praticamente, aos catorze anos, quando começou a trabalhar e abandonou definitivamente os estudos. Nunca mais entrou em uma igreja (éramos obrigados a ir à missa, até então), exceto para se casar, e em toda minha vida jamais vi metamorfose tão radical em uma pessoa: com seu primeiro salário, certamente uns trocados, comprou alguns doces e chocolates e trouxe para minha mãe, e a partir daí se tornou uma verdadeira "moça", no melhor sentido figurado — ficou calmo, tranquilo, de poucas palavras.

Hoje em dia gosta de rir, recordando essas histórias antigas, mormente aquelas que envolvem o Pintado, de quem continuou grande amigo, e com quem, sempre que pode, vai pescar; é realmente um cara legal, pelo qual tenho o maior carinho. Acho que lhe faltava muito pouca coisa para ser feliz: ter o seu próprio dinheirinho — trabalha há trinta e cinco anos na mesma loja —, não muito, o suficiente, no início, para comprar os seus chocolates, e, mais tarde, para poder comer um lanche acompanhado de uns chopinhos e ir à zona de vez em quando.

Já meu irmão mais novo — muitos achavam que éramos gêmeos, pois éramos de tamanho idêntico embora nem um pouco parecidos, e andávamos sempre grudados — tornou-se uma figura muito menos rica, menos curiosa e, no entanto, muito mais relevante na formação do meu psiquismo, conforme veremos futuramente; só nos separaríamos para nos casar.

Capítulo 5

Minha irmã Jamile não apenas fizera de mim seu confidente; me faria seu cúmplice em práticas perigosas e irregulares. A garota que preferia os namoricos aos estudos tornara-se uma moça extraordinariamente bela, que começava a dar vazão aos seus desejos namorando às escondidas de meu pai. Com esse intuito, e para iludi-lo, levava-me com ela à noite e me largava no jardim da vila para ir aos seus encontros amorosos, deixando-me em pânico, enxergando meu pai em cada homem que se aproximasse ou na sombra de cada árvore; invariavelmente se atrasava, o que aumentava o meu martírio, corresponsável involuntário por suas aventuras, certamente não inocentes desde tenra idade: era uma moça extremamente atraente e voluptuosa.

Ambiciosa e romântica, sonhava acordada com o futuro róseo que algum príncipe encantado lhe proporcionaria, geralmente, na época, travestido em jogador de futebol — e olhe que nem lhe faltaram reais oportunidades, como um jovem formando em medicina, bonito e de boa família, que a pedira em casamento. Ela, no entanto, menosprezou-as todas em troca de novas aventuras. Apesar disso, era moça de muito bom coração, prestativa e carinhosa, tanto que, por essa época, quando fui afetado por uma moléstia grave no colo do fêmur — que me faria amargar dois anos portando um pesado aparelho de ferro na perna esquerda, ela, com grande ternura, me carregava nas costas nas andanças por hospitais e oficinas ortopédicas sempre que necessário, e sem jamais reclamar, muito pelo contrário. Nunca é demais ressaltar seu carinho e dedicação.

Algum tempo depois, com pouca formação e escassas oportunidades, acabou indo tentar a sorte na capital, onde morou na casa de uma tia e se deu relativamente bem, com um emprego estável. Lá, possivelmente, liberou-se de vez, para o bem ou para o mal. Lembro-me de ter sentido muito a sua partida, uma vez que, de qualquer maneira, acabamos por criar fortes laços afetivos.

Eu estava com cerca de doze anos quando minha mãe, já com quarenta e dois, teve um atraso menstrual. Procurou um médico, acreditando-se na menopausa, e quase teve um ataque ao saber-se, na verdade, grávida novamente; tentou a todo custo que o médico lhe provocasse um aborto, proposta que ele repeliu veementemente. Minha mãe, que já se julgava livre dessas injunções, viu-se tomada por grande desespero. Jamile, que tinha voltado de São Paulo, chegou a criticá-la acerbamente pelo infausto acontecimento; fato definitivamente consumado, alguns meses depois, felizmente saudável, chegaria a caçulinha da família. Não levaria nem um ano e a própria Jamile começaria a engordar, e a barriga a crescer.

Aventou-se a hipótese, única cabível, de um fibroma; no entanto, essa estranha tumoração, de cujo comportamento biológico não tínhamos na época a menor noção, em breve começaria a apresentar inesperado movimento, metamorfoseando-se, para nossa surpresa, como já deve ter suspeitado o sagaz leitor, em uma bela criança — outra menina, que nasceria através de uma cesariana. Aí, vergonha das vergonhas, o caos instalou-se de vez no seio da família, que até então se equilibrava razoavelmente; fomos desonrados definitivamente perante a vizinhança, e nós, moleques, diante dos coleguinhas de rua. O choque foi de tal monta, que, ao invés de cenas de brutalidade e violência explícitas como seria de se esperar, meu pai recolheu-se de vez, jamais voltando a dirigir-se a Jamile, como se a filha houvesse morrido; para ele, estava morta realmente.

Sobrou então para minha mãe o trabalho sujo de tentar arrancar da moça o nome do desgraçado que a desonrara — este o termo utilizado na época —, no intuito de cavar algum casamento restaurador, já que, pelo que se sabia, não havia nenhum namoro regular no momento, aliás, acho que nunca houvera; foi revelado o nome de certo rapaz que havia ido algumas vezes lá em casa, o qual foi, então, convocado, e, em situação constrangedora, jurou de pés juntos nada ter com o caso, uma vez que jamais se "aproveitara" da minha pobre irmã.

O mistério seria revelado muito tempo depois, tratando-se, segundo ela, de um jogador de futebol da capital, com o qual ela tivera um *affair*; parece que o possível pai não quis ou não pôde assumir o infortúnio, pois já estaria comprometido anteriormente. Embora nem fosse adolescente ainda, senti um mal-estar difuso, inexplicável, que ficou rondando a minha alma sem que eu entendesse o que estava acontecendo; talvez me sentisse, em virtude de minha cumplicidade anterior, como corresponsável por toda essa terrível desgraça.

Logo após o nascimento da filha, minha irmã, que passara os últimos meses de gestação como uma morta-viva, pelos cantos da casa, foi literalmente escorraçada. Felizmente encontrou guarida na casa de um tio, irmão de minha mãe, pessoa simples e carinhosa que a acolheu e se afeiçoou enormemente à menina, como se fosse sua própria filha, embora já tivesse vários outros. Jamile viveria com eles por mais de um ano; a criança criou grande afeto pelos tios, inclusive chamando o tio de pai, mas minha mãe, num atitude paradoxal, decidiu trazer a filha de volta — o que, longe de ser uma solução, provocaria novos sofrimentos e rupturas na criança. Profundamente rejeitada desde o princípio, a menina jamais iria se integrar totalmente à nossa família; nunca criaria laços afetivos intensos conosco, mantendo-se ligada a seus primeiros "pais", que efetivamente a acolheram. Meu pai a ignoraria para todo o sempre, e minha mãe manteria atitudes e sentimentos contraditórios, com as consequências previsíveis.

Capítulo 6

Avancei um pouco no tempo para relatar alguns fatos importantes, mas agora devo retornar ao período entre meus oito e dez anos, fase realmente crítica, em que comecei a adquirir hábitos estranhos, que os especialistas rotulam como tiques nervosos — se manifestam como movimentos repetitivos de determinados grupos musculares, ao mesmo tempo voluntários e involuntários, uma vez que são de difícil ou quase impossível controle. Manifestam-se de inúmeras formas, ora como um piscar obsessivo dos olhos, ora como movimentação compulsiva da cabeça, num gesto de "sim" interminável, ora como um movimento compulsivo de esticar o pescoço ou mesmo abrir a boca num esgar desmesurado.

    Fica difícil precisar exatamente quando ou como isso começou; era, porém, incontrolável. Eu saberia mais tarde que os tiques são nada mais do que uma espécie de doença psicossomática, prova evidente de que sérios distúrbios emocionais estão em curso e assim se manifestam, como em outras pessoas se traduzem em úlceras gastroduodenais ou certas moléstias da pele, como o vitiligo ou a psoríase. O drama dos tiques é que se trata de manifestação visível, vexatória, e o portador se torna vítima de gozação e apelidos, dependendo do tique do momento: "pisca-pisca", "que sim" e outros igualmente ridículos. Uma vez iniciados, e dependendo da profundidade das causas que os desencadearam, são extraordinariamente difíceis de se debelar, como o vício de fumar ou beber, que têm origens semelhantes; imagine-se, então, para uma criança... isso a leva a grande sofrimento.

    Os pais, em geral, não tendo o menor conhecimento da questão, acabam usando os únicos métodos que conhecem — as críticas e a coerção —, agravando ainda mais a sintomatologia, já que essas manias se intensificam sob pressão e em situações de grande tensão. A criança, a princípio, tenta se controlar diante das pessoas — entrando quase em tetania quando sozinha —, substituindo os tiques mais chamativos por outros menos evidentes, como ranger os dentes, morder os lábios ou tremer a cabeça. A energia mental que deverá despender nesse controle, ou na erradicação completa desse vício, é enorme, desgastante ao extremo — uma energia que, nessa fase da vida, deveria estar sendo dirigida ao fortalecimento intelectual e psíquico.

Assim como todo vício, apenas um excepcional e penoso esforço, somado a uma vontade férrea, é capaz de pôr fim a essa desgraça, sendo o mais habitual, em caso de êxito, que persistam resquícios na forma de tiques quase imperceptíveis, estágio que consegui atingir alguns anos depois, lá pelo meio da adolescência. Porém, há que se estar sempre alerta, pois são comuns as recidivas, as recaídas, uma vez que as causas não foram resolvidas, tendo-se agido apenas sobre as manifestações da doença.

Lá em casa, quase todos, os meninos principalmente, éramos sonâmbulos, perambulando pela casa à noite e muitas vezes sendo resgatados por minha mãe em cima das janelas, tentando abri-las, o que, na realidade, não traria grandes consequências, uma vez que sempre moramos em casas térreas. Eu, particularmente, era tomado com frequência por terríveis pesadelos, tão fantasticamente reais e aterradores que gritava ensandecidamente, acordando e assustando todo mundo, e tendo, por minha vez, que ser acordado por minha mãe.

Lembro-me, já tendo inacreditáveis treze ou catorze anos, de haver assistido a um ou dois filmes bem infanto-juvenis, do tipo "Ursus" ou "Maciste", imperdíveis para a molecada na época —coisa que, hoje, não assustaria nem a um bebê de colo —, em que aparecia um esqueleto ou uma caveira; em seguida, não consegui conciliar o sono um só minuto, e em pleno verão, passei a noite suando frio, apavorado, envolto pelos cobertores dos pés à cabeça.

As coisas iam de mal a pior, e se, até o momento, as manifestações tinham se limitado à esfera afetiva, agora os reflexos começavam a se fazer também na parte física, o que pode explicar o problema que tive na perna esquerda aos doze anos, na forma de uma necrose asséptica da cabeça do fêmur, de causa desconhecida ou idiopática. Com o pesado aparelho que fui obrigado a usar, a perna ficava suspensa, deslizante, sem tocar no chão, para que pudesse preservar a articulação coxo-femural; no outro pé, uma botina enorme, com solado de rolha, de cerca de dez centímetros, completava o conjunto ortopédico.

Era início de ano letivo, e eu ficaria engessado e acamado por cerca de três meses, antes de iniciar o uso do aparelho. Não podia ir à escola, mas ia copiando a matéria dos cadernos de uma colega e consegui não perder o ano, saindo-me até relativamente bem, aluno exemplar que continuava a ser.

No início, tudo era novidade; passei a ser, de certa forma, o centro das atenções — aliás, hoje acredito piamente que algumas, ou muitas das doenças infantis ocorrem com esse objetivo — e preocupações. Mas depois se tornou uma rotina cansativa e entediante. Mesmo usando esse aparelho pesado e limitante, moleque agitado que era, eu conseguia correr um pouco, ou mesmo jogar futebol no gol, tendo, inclusive, quebrado o aparelho uma vez. Eu me tornara o líder incontestes de nosso pequeno grupo de meninos do quarteirão, era o dono do time, e minha turma relativamente conhecida na vila. Inteligente, de personalidade, continuei, apesar das dificuldades de locomoção, a comandar o time aos domingos, mesmo não podendo jogar, o que de certa forma me preenchia o tempo e tornava as coisas mais amenas.

O artefato foi retirado de vez dois anos depois, pois o processo se estabilizara, embora a cabeça do fêmur estivesse irremediavelmente afetada, deformada, e eu, definitivamente alijado dos esportes, uma desgraça pessoal de consequências irreparáveis, que, somada a outro drama pessoal que em breve me acometeria, viria a minar por completo a minha autoestima e as características de liderança inata. Dali em diante eu teria que me agarrar, e para sempre, a colegas mais bem-sucedidos e fortes, para, simplesmente, não naufragar de vez.

Antes desse problema físico, eu e meu irmão menor éramos verdadeiros galinhos de briga: incentivados pelo mais velho, íamos socando, com grande desenvoltura, os moleques de nossa idade, que, via de regra, caíam fora aos primeiros socos bem aplicados; em breve, esse reinado também teria fim, de forma melancólica e definitiva.

Foi por essa época que nós, os três moleques, levamos a primeira surra de meu pai, que aproveitou o ensejo e surrou-nos aos três, coisa que eu nunca cogitara que realmente viesse a acontecer. Após desafivelar o cinto da calça, desencadeou uma cena inesquecível, cada qual por um motivo — um porque repetiu de ano, eu porque quebrei a vidraça com a bola, e o terceiro...bem... o terceiro, ora, porque respondeu para a mãe ou qualquer outro motivo trivial. Não foi nada de especialmente terrível ou violento, mas só o fato de ver a figura simbolicamente temível de meu pai desafivelando o cinto — o que antes parecia uma possibilidade remota ou mesmo impossível — teve para mim um devastador e indelével efeito moral. Eu e meu irmão mais velho ainda passaríamos mais uma vez por essa experiência, nem me lembro quando nem por quê.

Meu irmão ainda nos levaria a protagonizar outro acontecimento dramático; não me canso de repetir que era um moleque brilhante, fazia praticamente qualquer brinquedo com carretéis, latas velhas e madeira — naquele tempo, a indústria de brinquedos ainda não tinha muita presença, pelo menos na nossa vila, e cada menino fazia os seus próprios —, e entre tantos uns carrinhos de tábua com rodinhas de rolimã que eram um primor de artesanato e mecânica, equipados até com freio, com os quais nos deliciávamos, inclusive apostando corridas com os outros moleques.

Aconteceu que, faltando uma ou duas dessas rodinhas para equipar o bólido — acho até que podemos chamá-lo assim —, houvemos por bem, sob a batuta do meu irmão, pular o muro de uma oficina mecânica na hora do almoço, a três ou quatro quadras de casa, e surrupiar o que nos faltava; jamais cometêramos tal deslize, nunca nos passara pela cabeça, nem precisávamos disso.

A consequência seria catastrófica. Ao pularmos de volta, fomos observados pelo dono da oficina; soltamos os rolimãs e sumimos, em pânico, mas havíamos sido reconhecidos por um dos piores colegas de minha classe, que nos denunciou à nossa mãe. E ela começou a nos punir pelo autor intelectual do "crime", a quem massacrou com uma cinta, ininterruptamente, por cerca de dez minutos — pode parecer pouco, mas pegue um relógio e fique olhando para ele por dez minutos. É infindável, parece que não vai terminar nunca, e foi assim que vi passar o tempo, enquanto aguardava, petrificado, a minha vez; antes tivesse sido o primeiro, teria sofrido uma única vez. Em estado lastimável, ainda tivemos que voltar à cena do crime (o criminoso sempre volta à cena do crime, hahaha), passar o maior vexame e pedir desculpas.

Alguns anos depois, já na adolescência, os reflexos desse acontecimento ainda se fariam sentir; precisávamos comprar um jogo de camisas de futebol, faltavam alguns trocados, e a solução encontrada pela molecada foi, à noite, pular o muro de um ferro-velho, roubar algumas garrafas, e, no dia seguinte, vender ali mesmo. Estávamos em seis meninos, fizemos um sorteio, três pulariam e os outros três ficariam vigiando do lado de fora; fui um dos sorteados para pular, porém, minhas pernas literalmente não saíram do lugar, e, vergonhosamente, fui deixado para trás. Dessa vez, no entanto, não houve maiores consequências, a não ser o meu deprimente acovardamento. Meus pendores inatos para a liderança estavam virando pó.

Capítulo 7

Por volta dos meus catorze anos, coisas interessantíssimas começavam a ocorrer, novos e curiosos jogos surgiam no meio da molecada. Certa vez, no meio da roda, um dos moleques perguntou quem já tinha "esporrado"; a maioria ainda não entendia direito o que era isso, tinha já ouvido falar qualquer coisa, e decidimos, pela primeira vez, todo mundo tirar o pau pra fora, se é que aquilo já podia ser chamado de pau, e começar a "bater punheta"; eu e a maioria nada conseguimos, e apenas um dos meninos, depois de algum tempo, apresentou o resultado no chão, uma espécie de catarro, que passaríamos, doravante, a conhecer como "porra". Daí em diante, cada dia um dos moleques entrava para o time dos que já eram capazes de esporrar.

Em breve, chegaria a minha vez de descobrir essa brincadeira singular, essa experiência absolutamente única de ejacular e todas as sensações extraordinárias que a precediam e lhe davam origem. Eu apenas ainda não sabia que esse prazer solitário, que acabaria por se revelar por demais frustrante, pois sinônimo de solidão e incompletude, se tornaria meu companheiro indefectível, talvez para sempre. Ah! Se não fosse pecado! E mortal, ainda por cima!

Pois aprendêramos, no catecismo, que "masturbar" — palavra mais besta, é como pênis, vulva, palavras assépticas que não tipificam, nada têm a ver com as coisas incríveis que representam e como nós as conhecemos e experimentamos — constituía um pecado mortal, passível do fogo eterno, embora facilmente resgatável por uma boa confissão dominical seguida de curta penitência, desde que, naquele instante, se estivesse com o firme propósito de eterna abstinência.

"Padre, eu me masturbei."
"Quantas vezes?"
"Tantas."

"Reze cinco ave-marias e cinco padre-nossos."

A duração dessa abstinência jurada era extremamente variável, desde alguns minutos após a missa, no banheiro do pátio da igreja, até dias ou semanas, gerando grande ansiedade e sofrimento. Assim, pecado altamente condenável, o prazer era invariavelmente seguido do castigo moral, do sentimento de fraqueza, de impureza, de repugnância, de sujeira do corpo e da alma. Era, no entanto, insuportável, forte demais, não dava para aguentar; não haveria, nessa fase, promessas de céus nem ameaças de inferno capazes de segurar essa força absolutamente indomável e incontrolável da natureza.

Ah! Aquelas bundinhas! Eram por demais irresistíveis! Eu estava para fazer quinze anos e acabara de entrar no meu primeiro emprego, em uma fábrica de calçados, passando a estudar à noite. Trabalhava como auxiliar de pespontador, sob a tutela de um profissional mais gabaritado e sob a severa vigilância de um velho horrível, que falava cuspindo na gente, sempre reclamando para que se apressasse o serviço. Servia também para ir buscar material no almoxarifado, entregue por um negro alto e elegante. A primeira vez que fui a esse local, o rapaz estava de costas, e como não me percebera e estava demorando para me atender, e eu não sabia o seu nome, dei uma leve batida no balcão para chamar-lhe a atenção; ele se virou, enfurecido:

— Você acha que sou seu pai, que chega e já vai chutando a canela, seu moleque? Meu nome é Géfferçon (provavelmente se escrevia assim mesmo), tá entendendo? Não se esqueça!

É claro que jamais esqueci o seu nome; alguns anos depois, vislumbrei-o, todo emperiquitado, de boné e dragonas, dirigindo carro de madame. Desgraçado! Mas isso é bobagem; vamos ao que realmente interessa.

Havia, na fábrica um menino da minha idade, não gordo, porém levemente mais rechonchudinho e de bundinha arrebitada. Era irresistível: pelo menos duas vezes por dia era inevitável que eu fosse ao banheiro da fábrica; era extraordinário, já chegava em ponto de bala, era entrar e ejacular rapidamente, quase não chegava a tempo. Ainda bem, já que eles controlavam até o número de vezes que os empregados iam ao banheiro e quanto tempo lá permaneciam.

Às vezes, ejaculava-se mesmo trabalhando, ou no meio do caminho; era impressionante, a imaginação era fértil e a resposta infalível, nem se precisava tocar, mexer, sequer manipular. O único e grave problema é que era pecado mortal. Imediatamente após gozar, a culpa era enorme, um grande vazio se apoderava de mim, que desgraçado!, que fraco!, que covarde!, poderia muito bem ter evitado, ficado só na vontade, no tesão — também aprendêramos essa palavra —, sem ejacular; não havia reforço, compensação, terminava sempre em frustração, decepção e tristeza.

Mesmo assim, os hormônios eclodiam com toda a sua força natural, tornando o desejo irreprimível como os rios e as cascatas, indomável como os potros selvagens; não havia como segurar, como ceder, e o máximo que se conseguia, com esforço inaudito, era postergar, adiar. Era, porém, inevitável.

Havia uma família que acabara de se mudar para perto de casa, só de meninos, uma escadinha, dos dez aos catorze anos; todos nós só andávamos de shorts, sem camisa, e eles eram bonitinhos, tinham perninhas grossas e bundinhas gostosinhas. E também aquele outro que tocava na banda da escola, e outro que voltava todo dia do colégio, de feições bem delicadas, bonitas, supergostosinho. Não tinha jeito mesmo, o pau ficava todo esfolado de tanta punheta.

Além disso, era rara a noite em que não se gozava dormindo, ou se acordava no meio da noite sonhando e se completava rapidamente aquilo que já havia se iniciado no sonho. Que coisa magnífica! Não fosse essa droga de depois ter que confessar tudo, e ainda por cima comungar!

Outro acontecimento curioso também se dava à noite: dormíamos em cinco ou seis no mesmo quarto, onde havia três camas e um beliche; era um quarto relativamente comprido, mas as camas ficavam bem próximas umas das outras, sendo que a minha e a de meu irmão mais novo eram acopladas uma à outra, formando quase uma cama de casal. Ocorre que ele já estava na mesma fase, e, com alguma frequência, um de nós acordava com o outro passando a mão, sonhando, e com o pau duro. O contra-ataque, então, tinha que ser fulminante; dava-se o que convencionamos chamar de um belo pinote, técnica altamente persuasiva que consistia em se pegar e puxar forte e abruptamente o cabelo da costeleta, exatamente onde o barbeiro havia aparado. O efeito era brilhante, imediato, acordando e cortando o barato do precoce assediador; noutra noite repetia-se o ato, invertendo-se apenas os papéis desempenhados.

Essa tática de defesa, em virtude do perigo iminente que nos rondava, já havia sido discutida à luz do dia e devidamente aceita, de comum acordo; nós dois nos divertíamos bastante com as tentativas bruscamente interrompidas. Nunca houve, realmente, apesar da inevitável proximidade física, qualquer *approach* sexual consciente, graças a uma sólida e pura amizade.

E assim foi, durante uns dois anos, até que, repentinamente, entrei no mais absoluto pânico, quando, num relance, tomei consciência do terrível drama: eu não era um homem normal, só pensava em meninos para me masturbar, estava me tornando um... não sabia direito, não podia definir, não queria adjetivar. Um terror gélido tomou conta de mim, e um suor frio escorreu por todo o meu corpo. Pensei imediatamente em meu pai, na decepção que iria lhe causar, eu, o menino exemplar, o crânio, o orgulho da família, cuja fama corria vários estados, por onde houvesse parentes e conhecidos...

Éramos quatro amigos inseparáveis: eu, meu irmão menor e dois amigos íntimos. Saíamos invariavelmente todo fim de semana, não nos desgrudávamos; íamos juntos à missa, ao jardim da vila, ao cinema e comer lanches. Pois em virtude da assustadora descoberta, me fragilizei definitiva e irremediavelmente; passei, em consequência, a evitar sair com eles, pois começavam a exercer sua sexualidade, como todos os moleques dessa idade. Iniciaram-se, todos eles, com o Bastião, um gordo contador de uns quarenta anos, o mais conhecido da vila; pegavam-no no jardim, à noite, e desciam lá pelos lados da velha cerâmica, onde, um após o outro, "tascavam o ferro" no Bastião; havia também um molequinho pretinho de uns oito anos, miserável, sem pai, que morava num beco perto de nossa casa, que de vez em quando eles também usavam, geralmente durante as brincadeiras noturnas. Meu irmão ainda beliscava uma velha negra, cozinheira do único bar em frente à igreja.

Em vista dessas dificuldades, passei a me isolar cada vez mais; utilizando os argumentos eclesiásticos do pecado e do imperativo da abstinência, fui me enfronhando nas práticas religiosas, inclusive começando a participar dos grupos de jovens que se formavam nas igrejas, muito em voga na época. Se a igreja, certamente, tem muito a ver com as práticas repressoras que acabam culminando em uma série de restrições, mormente na área da sexualidade, formava-se agora um círculo vicioso em que recorríamos a ela para camuflar essas mesmas dificuldades, havendo milhares de jovens desgraçados que chegam ao extremo de ligar-se a ela, definitivamente, através de um casamento precoce e sem futuro, como é, via de regra, todo casamento prematuro, em que os parceiros se usam como muletas no intuito de escamotear defeitos — travestidos de fé, seres cheios de dúvidas, deficientes emocionais e incompletos.

Meu irmão menor e nossos amigos também entraram nesses grupos, que eram na verdade superdivertidos, pois havia jogos, passeios, piqueniques, um alegre e descontraído bando de meninos e meninas, todos na mesma faixa etária; programavam-se festas juninas, rifas para arrecadar fundos e outras modalidades tradicionais praticadas nas igrejas do mundo todo, quaisquer que sejam os credos.

Eu ia me tornando cada vez mais fechado, mais apático, cada vez mais solitário, escondendo-me atrás desse protetor escudo religioso. Meu irmão não estava nem aí, era engraçado, desligado, alegre e querido por todo mundo, em particular pelas meninas. Eu, ao contrário, só almejava o ostracismo, estar ali com o intuito único e exclusivo de me proteger, embora isso fosse quase impossível, pois, além de ser um pouco mais velho do que a maioria dos meninos e meninas, pré-adolescentes e adolescentes, era tido como pessoa inteligente e estudiosa, e acabava sempre tendo que ocupar algum cargo de cúpula — embora sem jamais chegar, por absoluto desinteresse, ao nível daqueles três ou quatro moços cheios de fé, conhecedores profundos dos livros sagrados, sabendo citar de cor e salteado seus capítulos e versículos e mostrando insuspeitada intimidade com Lucas e Matheus, ou mesmo com o próprio Cristo; chegavam até a serem destacados para fazerem exaltadas homilias, repletas de erudição, nas quais citavam, com frequência, um tal de Saint-Exupéry, para mim um completo desconhecido na época, já que minha fé não chegava a tanto.

A maioria deles era, deveras, de moços admiráveis, simples, sem ostentação, almas boas e despojadas — observem o jargão —, e assim continuariam para sempre, alguns vindo a se casar e outros persistindo na vida religiosa. Apenas aquele do Exupéry, o mais brilhante dos oradores — e olhe que, no fundo, no fundo, eu nunca me iludira muito com ele —, usaria de toda a projeção que a igreja lhe conferia para seguir carreira política, chegando ao posto de deputado; casou-se, desquitou-se, e, dizem as más línguas, andou se aconchegando em outros colos além dos da Santa Madre Igreja — não que esse último fato me cause horror, de forma alguma, mas me espanta o descompasso entre a pregação e a ação, porque, além da questão pessoal, na verdade de foro absolutamente íntimo, como representante do povo, eleito por gente humilde, aliou-se e usufruiu das benesses do que há de pior em nossa política.

Graças a esse desenrolar, esse moço teria muito a ver com a nauseante ojeriza que eu viria a adquirir por citações bíblicas, seus capítulos e versículos. E, por falar em políticos, vou aproveitar a oportunidade para completar minha contribuição para a compreensão do processo de formação desse espécime extraordinário.

Durante sete anos, desde o curso ginasial até o fim do colegial, estudou comigo um menino, filho de fazendeiros abastados de uma cidade vizinha, que jamais trabalhara, passando os dias no clube mais exclusivo da cidade a namorar gatinhas quando mais moço — e as come até hoje, mesmo depois de casado e com filhos... continuam a se meter na vida dos outros as mesmas línguas ferinas e maledicentes. Pois se dava que eu, que trabalhava o dia todo e me arrebentava de estudar, ao terminar de fazer as provas, com o intuito de manter o seu pseudoafeto, afastava-me um pouco de lado expondo-lhe inteiramente a prova, que ele "colava" por completo, *ipsis literis*.

Esse mesmo moço, hoje, já está em seu quarto ou quinto mandato legislativo na Câmara de sua cidade e já transitou praticamente por todas as siglas, de acordo com as conveniências do momento. Bem mais para frente eu ainda viria a conhecer o Palhares, leninista convicto na juventude, que me causaria enorme expectativa, faria uma carreira meteórica e voaria bem mais alto, chegando quase ao topo da carreira: foi o terceiro e último político com quem eu teria contato bem próximo, vindo apenas a confirmar essa impressão desalentadora ao tornar-se íntimo conviva da atual "safra" de banqueiros e usineiros, tendo que contar com a leniência de nossa "Justiça" para continuar em sua trajetória vencedora; mas este é de memória recente e dispensa maiores apresentações, estou me antecipando muito.

Capítulo 8

Chegaria, e era inevitável, o dia fatídico que eu tanto temera: meu irmão mais velho resolveu me levar à zona de meretrício. Eu tinha por volta dos dezesseis ou dezessete anos, e, pego de surpresa, não tive como me furtar.

Fomos de ônibus até os arredores da cidade, onde se desenvolvera uma pequena vila, na verdade um amontoado de casas esparsas com luzes coloridas e ruas de terra, pouco iluminadas; logo ao chegar, já se ouvia, em alto e bom som, aquelas músicas "clássicas", já conhecidas por todos.

Eu ia como se fosse para o cadafalso. Pouco antes de chegar, completamente calado e assustado, ousei perguntar:

— E aí, como é que eu faço...?

— Como assim, o que que você faz? — respondeu, lacônico, como era seu estilo, como se aquilo não precisasse ser perguntado, fosse a coisa mais simples e natural do mundo.

Não havia o que perguntar nem o que responder, era só chegar lá, ir enfiando o pau e ejaculando na primeira que aparecesse, não importando quem fosse, que idade ou aparência tivesse, se lhe causava algum interesse, mínimo que fosse, ou mesmo asco, que pergunta mais idiota, mais sem nexo!

Felizmente — pelo menos isso — cada um de nós foi para um quarto. A moça que me coube, uma jovem loira e até bonita, me disse para eu ir tirando a roupa, ela ia tomar um banho e já voltava. Tirei, aparvalhado, me sentei na cama e a moça logo voltou. Assustado, achei estranho aquilo, a moça se deitou, abriu as pernas, e a "coisa", que eu nunca tinha visto, era por baixo, no meio das pernas, e não mais para cima, nos pelos, como eu imaginara — eu já tinha visto, algumas vezes, pelo buraco da fechadura, umas primas tomando banho, e achava que aqueles pelos que se viam é que eram a xoxota da mulher. Não senti absolutamente nada, exceto pavor e estranheza por aquele buraco não estar onde eu tinha imaginado.

A moça, até que bem pacientemente, ficou me esfregando, e vendo que algo não saía como de hábito, perguntou-me, como também de hábito, se era a minha primeira vez. Fez que compreendeu e continuou na sua função, até que, quando houve alguma resposta, enfiou-me automaticamente para dentro e eu acabei por ejacular, embora com pouquíssimo prazer — num misto de tédio, decepção, e, de qualquer maneira, de dever cumprido.

Na volta, não trocamos palavra. Meu irmão não perguntou nada, nem eu respondi; coitado, não tinha a menor ideia de nada!

As coisas tomavam rumos claramente perigosos e um cansaço mental começava a se apoderar de mim, somado ao desgaste físico de trabalhar o dia todo e estudar à noite, além da exigência de continuar a ser o melhor aluno — de forma alguma eu aceitava que fosse diferente. Isso ia minando as minhas forças, a minha autoconfiança e o meu equilíbrio.

Embora de forma precária, havia voltado a jogar futebol. Certa vez, me desentendi com um garoto da minha idade, nos posicionamos frente a frente, e eu, ainda me julgando o antigo galinho de briga, tomei a iniciativa, socando-lhe a boca como sempre fizera. Porém, ao invés de desistir, como era comum após dois ou três socos, ele não se intimidou. Respondeu à altura, nos engalfinhamos, e a briga continuou além do que eu previra; eu não contava com aquela reação. Quando ele me deu um soco no estômago, fingi que fora atingido fortemente, dobrei-me para a frente, gemendo, e dei por encerrada a luta, para enorme decepção de meus irmãos e amigos, que não contavam com aquilo. Ao mesmo tempo, meu irmão menor estava atracado com o primo dele, rolando no chão.

Algum tempo depois, ao sair do escritório onde eu agora trabalhava, fui levando uns chutinhos por trás de um moleque pretinho que também trabalhava lá; nem reagi, alegando que era para não perder o emprego, mas, noutros tempos, o teria massacrado. Eu me tornara, definitivamente, um ser desprezível, covarde, asqueroso — era como me sentia, se é que se pode ser tão impiedoso com uma criança, pouco mais que um adolescente.

    O pior era a solidão absoluta. Não tinha a quem recorrer, com quem conversar sobre um drama pessoal tão terrível ou que rumo tomar. Só podia contar comigo mesmo e com Deus, e estava debilitado, pouco restando da minha força de vontade e da capacidade de me esforçar, antigas marcas registradas.

Capítulo 9

Era dezembro e as festas se aproximavam. A época me sensibilizava muito, sempre tivera para mim um forte conteúdo simbólico, me parecia mágica, mística, desde aqueles longínquos tempos de Papai Noel na doce e inocente infância.

Na véspera de Natal, à noite, estávamos no jardim em frente à igreja, pouco antes da Missa do Galo. No exato momento em que soavam as doze badaladas da meia-noite, reuni todas as forças de que ainda dispunha, apelei para a fé que então acreditava possuir e fiz uma promessa tão drástica quanto desesperada: não voltaria mais a me masturbar imaginando bundinhas de meninos. Era essencial reverter essa situação insustentável; tratava-se, mesmo, de uma questão de vida ou morte, uma vez que estranhas ideias autodestrutivas começavam a me povoar a mente e a alma.

Concentrei-me de modo inusitado, e enquanto todos trocavam abraços e congratulações, rezei fervorosamente a Deus e à Virgem Maria, implorando ajuda. Não prometia deixar de me masturbar — nem Deus seria capaz de tal façanha —, mas fazê-lo mudando definitivamente de objeto, ou seja, pensando exclusivamente em mulheres. Iniciava-se, naquele preciso instante, o longo e difícil processo de reversão de uma tendência, tida como irreversível caso se sedimentasse, como eu descobriria futuramente.

Contava a meu favor a juventude e uma enorme tensão sexual, além de um desejo sexual irrefreável e, veremos mais tarde, uma ausência absoluta de qualquer traço homossexual em meu psiquismo — segundo Antonieta, musicoterapeuta —, mas eu ainda não tinha a menor noção disso; contra mim, um tédio e uma falta quase radical de atração física por meninas.

A técnica utilizada foi basicamente a seguinte: eu pensava nas bundinhas dos meninos, e, no ponto exato de ejacular, "penetrava" em alguma garota conhecida — que passara a observar, buscando avidamente algum atrativo, algo que me chamasse atenção nas jovens meninas de sexualidade igualmente emergente. A princípio, eu nada senti; porém, depois de alguns meses — em que cumpri rigorosamente o prometido —, foi surgindo uma atração gradativa e crescente, a ponto de já poder se iniciar todo o processo masturbatório pensando em alguma e já começando a interessar-me efetivamente por uma ou outra. O terrível é que, enquanto todos os moleques viviam a "comer os veados", como se dizia, e frequentando a zona, eu vivia recluso e à base de masturbações.

O processo seria longo e penoso, e uns dois anos se passariam até que se completasse ou firmar-se de vez, felizmente, agora sim, de forma realmente irreversível; em um esforço inaudito, eu levara o juramento até o fim. Não poderia ter falhado; por minha maneira de ser e pensar, teria sido inadmissível, pois, não tenham qualquer dúvida, tratava-se mesmo de uma de questão de vida ou morte para mim. A certeza do sucesso só viria, no entanto, quando passei a apresentar poluções noturnas com garotas, e, coisa curiosíssima: nunca tive uma recaída, por inacreditável que possa parecer.

Os sonhos, manifestações inconscientes dos desejos mais profundos, não reprimidos, exprimem a verdade absoluta, aquilo que se esconde no mais íntimo do ser; não há como iludir-se quanto a isso. Não adianta apenas pensar em garotas, sair com garotas, transar com garotas; o processo só se completará, só chegará a seu termo quando atingir o próprio cerne da questão, o inconsciente, quando este for revertido pela raiz. E isso aconteceu, mas não foi assim tão simples; o esforço fora demasiado, fiquei debilitado, e foram indeléveis as marcas que deixou. Talvez se fizessem sentir pelo resto da vida, e a autodesconfiança e insegurança persistiriam para todo o sempre.

O milagre, se milagre houve — muitos assim acreditarão —, foi imperfeito; não me resgataria completamente nem me daria a necessária firmeza, conforme se verá. Eu apenas revertera o objeto, o foco do meu interesse sexual, mas o estrago estava feito, pois mais uma vez eu agira sobre os efeitos, não sobre as causas mais profundas, pré-existentes. Freud, com certeza, em seu descanso eterno e merecido, não devia estar lá muito satisfeito com a atuação dos anjos e arcanjos nesse episódio.

Devagarinho, gradativamente, uma vez afastado o perigo iminente, fui me interessando por outros aspectos da mulher além da bundinha, embora esta fosse persistir, talvez para sempre, como o objeto maior do desejo; começava a sentir prazer pelo cheiro, pela voz, pela graça, pela boca, ah!, sim, pelos seios... Por essa época, assim como fizera por mim meu irmão mais velho, levei meu irmão menor para debutar na zona, onde ele, sem qualquer grilo, transou com a "dona" de cara por duas vezes, em curto espaço de tempo, sem nenhuma dificuldade, muito pelo contrário; aliás, toda vez que ele ia lá, antes de entrar no quarto, combinava antecipadamente que teriam que ser duas, ou nada feito. Quanto a mim, tive um novo contato sexual, embora não muito diferente do primeiro, pois o medo de falhar continuava significativo.

Capítulo 10

Iniciava-se a fase talvez mais dramática de minha já dramática vida estudantil. Eu terminara o colegial, e começaria, então, o curso preparatório para os vestibulares de medicina, já que não pude fazê-lo junto com o terceiro ano como fazia a maioria dos colegas, uma vez que continuava a trabalhar o dia inteiro.

Por que medicina? Só Deus e meu pai saberiam responder, pois essa "vocação" há muito vinha sendo inculcada na minha cabeça, o que foi, de certa forma, benéfico, e evitou ainda maiores dificuldades e gastos de energia, dúvidas e questionamentos quanto a que profissão seguir: haviam escolhido por mim e ponto final. Foi melhor mesmo, pois acabou sendo uma boa escolha, creio. Um de meus irmãos deveria se tornar advogado e o outro engenheiro, mas eles tinham outros planos, bem mais modestos.

Aliás, analisando-se hoje, escolher uma carreira aos quinze ou dezesseis anos, quando se é obrigado a fazê-lo, equivale a casar-se na mesma época; que base, que conhecimentos, que noções tem uma criança com essa idade para se "casar" com uma profissão que vai acompanhá-la para o resto da vida? Dificilmente conseguirá divorciar-se dela, mesmo que venha a perceber, durante a faculdade, ou até depois, que, na realidade, não se trata daquilo que se queria ou esperava: o investimento financeiro e mental, mais o tempo despendido já foram extraordinários, sendo, via de regra, impossível recompor-se, tomar outro rumo. Para mim, dessa vez pelo menos, já estava decidido, e o tempo diria do acerto desse caminho que ora começava a trilhar.

Raciocínio semelhante vale para aqueles jovens que se casam com a igreja, nessa mesma tenra idade, a adolescência — fase conturbada, tumultuada por definição, onde os sentimentos e as certezas são terrivelmente confusos, e qualquer decisão se baseia em enormes equívocos —, no mais das vezes em virtude de desvios ou apenas dificuldades temporárias de uma sexualidade ainda não definitivamente estabelecida, e que precisa ser reprimida, escamoteada, camuflada a qualquer custo, sob o manto protetor da Igreja e de uma pseudofé, que, mais dia, menos dia, se traduz em um imenso vazio ou em dúvida insanável, além das práticas extraeclesiásticas por demais conhecidas.

Não pode haver experiência mais traumática para um jovem do que esse sistema de vestibular no Brasil e sua fase preparatória; o clima é literalmente de terror, acirram-se os ânimos, e cada amigo, cada colega ao seu lado é transformado em um concorrente potencial, candidato à sua vaga, um inimigo iminente; de nada, ou quase nada, valem todos os anos anteriores, seu currículo, seus esforços, sua dedicação; deleta-se tudo, todos se igualam, começando do zero, não é muito diferente de um sorteio de loteria. Ninguém, mas ninguém mesmo, sai ileso dessa aventura.

Imagine, então, o meu caso, trabalhando de dia e estudando à noite — quer dizer, frequentando aulas à noite —, concorrendo com uma grande maioria que só se dedicava aos estudos, diuturnamente, já se tratando de certa forma de uma elite, da nata que conseguiu chegar até esse ponto. E mais, com imensas questões ainda mal resolvidas, dividindo o foco de minhas atenções, preocupações e energias, que deveria estar dirigido às matérias e às provas. Além disso, financeiramente, eram épocas difíceis, e criar aquele bando de gente era uma tarefa penosa para os meus pais, de tal sorte que eu mesmo deveria custear os meus estudos; conseguira uma porcentagem de desconto nas mensalidades, caríssimas, e um pouco mais, quando, apesar de tudo, fui capaz de lograr uma boa classificação nas provas e exames simulados.

Levantava-me às 6h30, entrava às 7h30 no serviço, saía às 17h30, corria para casa, tomava um banho, jantava rapidamente, e entrava às 18h30 no cursinho, chegando em casa por volta de meia-noite; valeu-me, nessa maratona, uma velha bicicleta que comprara recentemente e que tinha que usar, chovesse ou fizesse sol. Tracei uma estratégia para ver se conseguiria acompanhar, o mínimo possível, o restante da classe; depois, ao final, tentaria me recuperar, embora não tivesse muita noção do que viria a acontecer. Havia uma série de matérias, uma quantidade absurda de apostilas que iam sendo acumuladas.

Qual foi, então, o meu estratagema? Nos intervalos das aulas, decorava os vocábulos em inglês, e ao chegar em casa, estudava algumas matérias mais simples para mim, como português e biologia; o restante, física, química e matemática, abandonei de vez, tentando apenas acompanhar o melhor que podia durante as aulas. Ficaram, porém, completamente defasadas. Ia me deitar toda noite ali pela uma da manhã, depois de tomar uma tigela de mingau de aveia que minha mãe, carinhosa, deixava preparada para mim.

Como dormia apenas poucas horas, passava quase toda a primeira aula cochilando invariavelmente, um sono invencível que tornava as coisas ainda mais complicadas; não raro, acordava sobressaltado por bolinhas de papel atiradas por colegas, ou mesmo pedaços de giz atirados por algum professor que desconhecia as dificuldades por que eu passava — aproveitavam para "tirar uma casquinha" do "indolente", deixando-me confuso e envergonhado.

No cursinho, conheci o maior professor que jamais teria, muito embora tivesse tido alguns magníficos em anos anteriores — um baixinho de pouco mais de metro e meio, óculos escuros de aro de tartaruga, e que, paradoxalmente, chamava-se Gigante —; era muito engraçado, sem ser histriônico, agradável, e muito didático. Com uma letra clara e firme, bem desenhada, iniciava a aula no canto superior da lousa imensa, que ocupava toda a parede; ao soar o sinal, havia chegado exatamente ao outro extremo, no canto inferior, encerrando a aula. Com ele, aprendia-se brincando, um verdadeiro gigante, o baixinho.

Além de mim, Akira, um dos poucos japoneses pobres que conheci, vinha de bicicleta, e as deixávamos no corredor interno do prédio. Certa vez, no intervalo, minha bicicleta sumiu, sendo vista em seguida com os colegas, na maior zorra, dando voltas com ela pelo quarteirão; outra vez, à meia-noite, após a aula, cadê a bicicleta do Akira? Teve que ser resgatada de cima do telhado, onde fora atirada pela mesma turma da bagunça. Tudo isso não deixava de ser hilariante, e longe de nos irritar, era levado na brincadeira: primeiro, porque quem gosta de brincar (ah, sim, eu também gostava de brincar), fazer gozações, também tem que se sujeitar a elas; segundo, porque, por mais paradoxal que possa parecer, não existe época mais divertida do que o ano de cursinho — a maioria dos professores tentando ser engraçados, com o intuito de quebrar a incrível tensão da turma, prova também de que é perfeitamente possível ensinar e aprender num clima ameno e descontraído.

As piadas e as frases se sucediam, quase sempre de duplo sentido e todas de cunho eminentemente sexual. Os alunos enchiam camisinhas, que, como balões de gás, iam assoprando e soltando pela classe enquanto todos as impulsionavam com as mãos, as meninas se escondendo, pretensamente envergonhadas; naquele tempo, a maioria talvez ficasse envergonhada de verdade. Gigante, então, fazia-se de desentendido se fingindo de irritado, para meu deleite:

— Gente, por que essa gritaria toda, só por causa de um balão de gás!? Assim não dá...

Ah! E havia também aqueles tipos impagáveis, igualmente inesquecíveis: o Tênia, o G.C. (guarda-cabaço), o Lombriga, o Véinho, o tio Cescém, já no seu sétimo ano de cursinho, a Raimunda, feia de cara..., a turma do gargarejo e duas ou três gatérrimas, alvos de todos os desejos — ai delas, se ousassem entrar depois de iniciada a aula, eram assovios ensurdecedores e os gracejos mais cabeludos. Uma delas, com toda a certeza, o fazia de propósito, e a classe vinha abaixo; não dá para esquecer a cara do Gigante, reclamando, hipócrita:

— Que que é isso, gente, respeitem a moça!

O cursinho terminou no último dia de outubro, e eu tinha tomado uma decisão que se revelaria capital: pedi minha demissão do emprego com um mês de antecedência, de forma que o deixei no mesmo dia em que terminaram as aulas e passei a estudar com outro colega, o Célio, na casa dele, onde havia um quarto isolado, por cerca de dezesseis a dezoito horas por dia, revendo página por página de cada apostila — revendo é força de expressão, já que, com a maior parte delas, eu tomava contato pela primeira vez, pois isso me fora impossível durante o curso. Faço um pequeno parêntesis para dizer que a decisão crucial de largar um emprego, e jogar tudo em um único objetivo, teve que ser tomada solitariamente, por uma criança de dezessete anos, que, literalmente, não tinha com quem discutir o próprio destino; isso, mesmo tendo plena consciência de que qualquer erro de cálculo poderia ter consequências desastrosas.

A maior parte da turma optara por continuar no cursinho, fazendo o que chamavam de "intensivo" — nos dois meses que faltavam para os vestibulares, revia-se rápida e superficialmente toda a matéria e se davam as famosas "dicas", com os exercícios prováveis e mais comuns que costumavam cair nos exames. Para aqueles que tinham acompanhado adequadamente o curso, o intensivo era bastante válido; porém, em consequência do meu relativo despreparo e por falta de recursos, pois deixara de trabalhar, optei apenas pelo estudo em casa, pela imersão total, como ocorrera com esse meu amigo em condições semelhantes.

Célio tinha uns dois anos a mais do que eu. Tinha outro amigo, ainda um pouco mais velho, rapaz de boas condições financeiras, que também fazia cursinho, mas estava pouco se lixando; esse rapaz possuía um fusquinha, um luxo na ocasião, e era um tremendo "comedor" — volta e meia, ele e Célio saíam à procura de "piranhas". Pois calhou, certa noite, de eu estar na casa do Célio, e não tive alternativa senão sair com eles; enquanto eles circulavam pelas "bocas", eu suava frio no banco de trás, pois embora já fosse perfeitamente capaz de me satisfazer integralmente com garotas, fazia-o apenas via masturbação, em condições ideais, idílicas, no meu canto, sem pressões.

Os dois acabaram parando, para meu pavor, perto de três garotas, se é que se podia chamar aquele conjunto trôpego de "garotas", e ficaram negociando com elas, sobrando para mim, evidentemente, a pior, uma negrinha que dava pena, tal o seu lastimável estado. Naquele momento, aliás, eu não saberia dizer quem estava em estado mais lastimável, se ela ou eu; a pobrezinha revelou-se impossibilitada, parece que estava menstruada ou doente, não entendi direito, tal o meu pânico, e eles me perguntaram se eu não me importava de ser deixado em casa. Não, eu não me importava.

Consta que esse amigo de Célio, mais de vinte anos depois, estando casado, pai de várias filhas, acabaria por transar com a própria cunhada, com todas as consequências daí decorrentes, mas isso não vem ao caso. E chegaram os vestibulares.

Minha mãe me acordava todos os dias às cinco da manhã; antes de sair, eu tinha que ir ao banheiro, coisa que não era habitual, com uma terrível diarreia, certamente de origem emocional. Fiz as provas e fui muito bem em algumas — principalmente nas matérias que conseguira acompanhar durante o ano —, medianamente em outras e mal em apenas uma ou duas, de forma que a média final foi exatamente suficiente para que eu entrasse na única faculdade de medicina para a qual me inscrevera, em minha própria cidade — por sorte, uma das melhores do país. Ao contrário dos colegas, que colocavam várias opções e prestavam exames em outros estados, sabia que apenas seria possível frequentar a faculdade de minha cidade, morando em minha própria casa; não teria qualquer condição de me manter fora, e aqui dentro já não seria fácil. Seriam anos muito difíceis.

De qualquer forma, dadas as condições, meu sucesso não deixou de ser um feito extraordinário, pois muitos colegas, mais bem cotados, igualmente inteligentes e estudiosos e com todo o tempo disponível, ou não conseguiram entrar, ou o fizeram em escolas de menor prestígio, ou mesmo distantes. Nem consigo atinar com o que teria me sucedido em caso de fracasso, sem falar que o vestibular, na verdade, e principalmente para uma escola como a minha, era pouco mais que uma loteria, uma roleta-russa. De todo modo, jamais se esquece o vestibular; ele retorna constantemente em nossos pesadelos, nos quais se chega atrasado, ou se esquecem os documentos, ou se cometem erros primários, ou, desespero absoluto, se esquece tudo — um trauma insuperável.

Ah, antes que eu me esqueça, houve um fato curiosíssimo em um dos exames: havia as provas escritas em primeiro lugar, e os alunos classificados seriam em seguida chamados para as provas práticas, todas no mesmo dia, nos laboratórios da faculdade de medicina que em breve eu iria frequentar. Então, já na primeira das três provas práticas — química, física e biologia —, ocorreu esse fato singular: estava eu misturando os tubos de ensaio, quando, inesperadamente, senti uma incontrolável sensação de orgasmo, me encolhi todo e ejaculei, abruptamente; o mais estranho é que o fiz completamente absorto nos testes, e, pasmem, com o pênis completamente flácido. Foi aquela lambança, fiquei todo melecado, chegando até a vazar um pouquinho por fora da calça, o que disfarcei colocando a camisa por cima. E continuei os exames, passando por cima da ocorrência insólita.

Cerca de seis meses depois, em uma prova de anatomia no primeiro ano da faculdade, na mesma sala, coincidentemente, o fato se repetiu, de forma idêntica. Não havendo a quem interrogar, ou com quem discutir acontecimento tão singular, eu mesmo mataria a charada, anos depois, quando vim a me inteirar melhor dos processos envolvidos na sexualidade humana, pois acontece o seguinte, de modo grosseiro e simplificado, na dinâmica sexual masculina: primeiro ocorre a ereção, mediada por um sistema chamado parassimpático; continuando a estimulação, em seguida ocorre a ejaculação, induzida agora por outro sistema, o simpático, cujo principal mediador, ou elemento químico, é a adrenalina. E é essa mesma adrenalina que, em casos de grande tensão, é produzida em altos níveis, causando-nos aqueles sintomas conhecidos de estresse e nervosismo, como a batedeira, os tremores e o suor frio.

Percebeu? Pois foi o que ocorreu: a adrenalina, despejada em altas concentrações no sistema sanguíneo e atuando diretamente nos terminais ejaculatórios, desencadeia a ejaculação, não necessitando passar, obrigatoriamente — ao contrário do que todo mundo pensa —, pela fase de ereção mediada por outros elementos. Fenômeno idêntico ocorre nos condenados à morte por enforcamento, por exemplo, que acabam igualmente por ejacular, o que, de certa forma, deve lhes amenizar o intenso sofrimento no momento supremo. Eita natureza sábia! Interessante esse paralelo entre uma cena de enforcamento e os exames vestibulares no Brasil, não acha?

Capítulo 11

Após a euforia pelo êxito no vestibular, se iniciariam os longos anos na universidade, tidos por todos como a melhor fase da vida. Para mim, seriam apenas longos e tediosos anos, que se arrastariam lentamente.

Estudava em tempo integral, o que dificultava, ou mesmo inviabilizava qualquer possibilidade de trabalho. Vivia de pequenas mesadas, suficientes, quando muito, para algum cineminha e um ou outro chope nos fins de semana. Não havia dinheiro para comprar livros, tinha que tomá-los emprestados ou estudar na biblioteca.

O primeiro ano foi talvez o mais difícil, em todos os sentidos; vivia uma grande ressaca, estava esfalfado física e mentalmente após aqueles anos em que, além de enfrentar o vestibular, tivera que me defrontar com a própria alma, tentando resgatar uma sexualidade seriamente ameaçada. As matérias, por sua vez, eram novas e difíceis, além do quê, havia um ou outro maluco que nos fazia até ejacular sem tesão, como um sádico professor de matemática superior e seu famoso supremo, terror dos calouros; fui mal na primeira prova — 5.8 para mim era um desastre — e tive que me superar para me recuperar, apesar de muito debilitado.

Não havia qualquer compensação, já que a perna doente não me permitia participar dos esportes universitários; nos fins de semana, enquanto meus irmãos participavam de jogos e campeonatos de várzea, o tédio quase me levava à loucura. Ainda não tínhamos televisão, e em casa não havia jornais ou revistas para ler.

Os colegas de escola, principalmente os que moravam na casa de estudantes da faculdade ou em repúblicas, zoneavam o tempo todo, varavam as noites e os finais de semana bebendo e trepando, em orgias intermináveis; lembre-se de que, naquele tempo, ainda não existia a limitação da AIDS. Mas, para mim, era um mundo completamente inacessível: eu era deficiente, física e afetivamente, e me isolava cada vez mais. Entrei em um processo de depressão; tinha uma recorrente ideia de suicídio — que me acompanharia para sempre, inseparável e tétrica companheira, porém, paradoxalmente mitigadora, alentadora, pois não deixava de ser uma possibilidade de solução diante de uma situação insustentável. Era tão gritante o meu estado que até minha mãe percebeu, e me levou em romaria a Aparecida do Norte; segundo ela me revelaria mais tarde, muito mais pelo meu estado de alma do que pela minha perna.

Entramos juntos na faculdade eu e um antigo colega de escola, o Português, um ano mais velho do que eu, que se revelaria o meu melhor amigo em todos os tempos; fizemos amizade com outro colega, um ano mais moço, e nos tornamos um trio inseparável, grandes amigos e companheiros de estudo durante todo o curso básico, até que cada um começou a cursar a própria especialidade. O Português, rapaz muito sério, amigo leal, morava em uma república, e estudávamos na casa do nosso novo amigo, Bordelböerg.

O primeiro ano foi passando, nós três íamos muito bem e passamos com relativa tranquilidade, sem sequer necessitar dos exames finais; o sádico do supremo deixou mais da metade da classe para segunda época em uma matéria absolutamente desnecessária para o curso, e que seria eliminada do currículo já no ano seguinte; nos deixou sua marca, o desgraçado, mas me recuperei razoavelmente. Pela primeira vez, tinha encontrado concorrentes à altura, e perdi o primeiro posto para um rapaz realmente insuperável, estudante incansável, mas, paradoxalmente, de forma alguma bitolado, não estupidificado, nada obsessivo; parecia fazê-lo com prazer, sem que isso representasse qualquer esforço maior, e o engraçado é que, também pela primeira vez, não senti ciúme nenhum de suas notas: parecia que começava a tirar um peso das minhas costas, pois, definitivamente, não dava para concorrer com ele.

Esse rapaz parecia feliz e sereno. Era praticamente da minha altura, ou seja, relativamente baixo, pouco menos que um metro e setenta, mais atlético e mais agradável do que eu, sempre sorridente e alegre, o que o tornava ainda mais bonito e atraente; provinha de uma família financeiramente tranquila, já fizera intercâmbio nos Estados Unidos — quando isso ainda era uma raridade —, era um dos três ou quatro da classe que possuíam carro, dava aulas de inglês, jogava futebol, namorava, transava. Nessas condições, realmente, devia ser ótimo estudar, e ainda podia comprar todos os livros, às vezes dois ou três da mesma matéria; eu estava fora do páreo, que bom!

Em compensação, nós, os três amigos, estávamos seguramente entre os dez melhores de uma classe de cento e dez, o que era excelente; e eu perceberia, com o decorrer dos anos, que isso era o ideal, era suficiente ser bom aluno, esforçado, interessado, sem a necessidade absurda de ser o melhor, um peso difícil de suportar. Bordelböerg, particularmente, era de inteligência excepcional, imbatível em matemática, matéria em que no futuro se tornaria professor de cursinho. Portuga era forte, algo carrancudo, decidido e seguro, e viria a se tornar o melhor profissional e cirurgião que eu jamais conheceria.

Bordelböerg era um moleção, jamais cresceria, era um verdadeiro palhaço e adorava criar inimigos, entre os mais inteligentes ou os mais truculentos, e os satirizava com sua inteligência rara. Português, por sua vez, era um homem que não dava margem a dúvidas, autossuficiente, de uma beleza máscula, sem excessos. Com todos esses atributos, jamais ficava sem namorada, geralmente moças bonitas, de famílias abastadas e que possuíam carro, que ele mesmo vivia a dirigir nos fins de semana; além desses namoros, nos quais o sexo naquele tempo era raro — não passava de "amassos" —, sempre levava moças à república somente para transar. E embora vez por outra nos falasse dessas aventuras, não o fazia com alarde nem ficava a se vangloriar; apenas se satisfazia, e pronto, parece que isso lhe bastava. Bordelböerg começou a namorar uma moça muito bonita, tão alta quanto ele — o mais alto dos três —, culta, pianista, universitária; passaram a formar um casal fadado à continuidade. Namorou-a durante todos os anos da faculdade, sem, contudo, deixar de se gabar de uma série de aventuras.

Eu ia ao cinema todos os fins de semana e não era raro encontrá-los, o que acentuava ainda mais a minha solidão, tornava a minha situação de estar sempre sozinho ainda mais bizarra e estranha. A tal ponto eu me tornara um tipo incomum, suspeito, que certo dia, estando os três estudando em sua casa, Bordelböerg levantou a lebre, revelando que um de seus amigos teria aventado a possibilidade de que eu pudesse ser veado — bem assim, na lata —, já que ninguém nunca me vira com mulher alguma, sem falar que eu nunca compartilhara com eles nenhuma aventura sexual.

Pego de surpresa — mas nem tanto, pois já vinha sentindo alguma pressão, um sutil questionamento por parte deles —, contra-ataquei com força, definitivo, dizendo que um dos meus amigos comentara que, se o Bordelböerg não dava, ao menos deveria ter uma enorme vontade de dar. Ele, certamente, não esperava essa estocada fulminante; jamais voltaria a me pressionar ou questionar, e consegui algum tempo de relativa tranquilidade: era terrível, não só eu não me divertia, não tinha qualquer compensação, como ainda tinha que me defender, me justificar, viver eternamente sob o fio da navalha.

Éramos cinco colegas que morávamos na mesma vila, perto uns dos outros. Um dos colegas e seu irmão mais velho, também estudante de medicina, embora já quase no final, haviam montado um conjunto musical que se tornaria o grupo mais badalado da região na época, os New Boys; tocavam nos bailes da faculdade e nas brincadeiras dançantes do centro acadêmico, aos domingos. Esse colega, tão baixinho quanto eu e dois ou três anos mais velho, era muito legal, muito agradável, alegre, bem-humorado, um verdadeiro artista; cantava lindamente e tocava de tudo, desde guitarra até flauta e era, como consequência, muito bem-sucedido junto às mulheres. Também eram filhos de gente humilde, e quando o conjunto musical começou a render bem, comprou um fusquinha, no qual íamos todos os dias para a faculdade, até que, no segundo ano, morreria tragicamente num acidente de automóvel, na estrada, justamente ao voltar de um show. No mesmo ano perderíamos outro colega, que se atirou de cima de um edifício.

Fiz questão de citar esse músico, Wellington, porque, além de merecer toda minha saudade, ainda viria a ouvir falar nele futuramente, embora de modo um tanto insólito.

O primeiro baile de que participei na vida, já aos dezenove anos, foi o Baile dos Calouros. Meu pai, coitado, num grande esforço, mandou fazer um terno para mim, também o primeiro, que seria o único durante todos os anos da faculdade. Fiquei encantado ao adentrar o salão de ginásio da escola, todo decorado, e literalmente deslumbrado com os efeitos especiais do conjunto e as luzes negras que intensificavam as multicores dos lindos vestidos das moças, todas sorridentes, e também a brancura de seus dentes, tornando-as mais atraentes.

"Em frente o coqueiro verde, esperei uma eternidade..." — era a música que tocava, jamais esquecerei! Deslumbramento semelhante só viria a se repetir em outubro do mesmo ano, com o nosso tradicional Baile Branco, com as moças todas de branco, em flagrante contraste com nossos ternos e smokings todos negros.

"Ela vem toda de branco, toda molhada e despenteada, que maravilha, que coisa linda que é o meu amor..."

A ambos levei como acompanhante uma de minhas irmãs, de quinze anos, que debutava na sociedade e seria minha *partner* por vários anos.

Ela e nossa irmã um pouco mais nova teriam um pouco mais de sorte, já que, com a minha entrada na faculdade, passei a ter certo prestígio em casa e elas, com o meu aval, mais liberdade; podiam sair sem maiores empecilhos e se vestir com um pouco mais de ousadia, usando-me e à minha mãe como avalistas junto a meu pai para um certo relaxamento de costumes — uma abertura que eu iniciara e endossava inteiramente, uma vez que a repressão, no caso de Jamile, resultara em um desastre completo. Além de minhas irmãs, eu dançava nesses bailes da faculdade com duas das colegas mais feias da escola, coitadas, porém muito boazinhas e que jamais me recusavam. Uma baixíssima autoestima, associada a um precário nível socioeconômico que a causava, impedia voos mais altos, maiores ousadias, e aquelas moças lindíssimas, filhas dos professores e da melhor sociedade, passavam ao largo para mim, inacessíveis, de forma que o fim das festas, tão ansiosamente aguardadas, era sempre frustrante e melancólico. Ainda por cima, mesmo cansado e entediado, tinha que esperar por uma carona improvável, ou pelo raiar do dia, com os primeiros ônibus.

Capítulo 12

No segundo ano da faculdade eu começaria a ousar um pouco mais, deixando minha reclusão compulsória. Viveria, então, uma das fases mais auspiciosas e saudosas de minha vida universitária.

Aos domingos, eu gostava de dormir cedo, para iniciar mais bem disposto a segunda-feira, esse dia odioso. Pois justamente no domingo à noite, às 22h00, iniciava-se uma brincadeira dançante em nosso centro acadêmico no centro da cidade, algo distante da vila, comandada pelos New Boys.

"Apesar de você, amanhã há de ser outro dia..."

E por que justamente no domingo à noite? Porque na sexta e no sábado já havia encontros semelhantes nos outros centros acadêmicos, da Filosofia, da Odontologia, do Direito, já não me lembro em que ordem.

Sob insistência de alguns colegas, passei a frequentá-los e a curti-los imensamente, sentindo grande falta quando, por um motivo ou outro, eram suspensos ou eu não pudesse comparecer. Nas noites de domingo ia para o centro da cidade, tomava um ou dois chopes, nos quais estava me iniciando, e terminava a noite no centro acadêmico. Pela primeira vez na vida, voltava para casa lá pelas duas ou três da madrugada; começava a adquirir alguma autoconfiança e a me soltar um pouco mais. Passaria a ter mais intimidade com os colegas e conheceria algumas meninas, ensaiando uns passos de dança, tímido e envergonhado.

Ah!, caro leitor. Foi numa festinha do centro acadêmico, aos vinte anos, que conheci Ana Lúcia, menina-moça de catorze, vê se pode! Linda de morrer, já moça formada apesar da pouca idade, de graça inesquecível.

Foi o primeiro e o maior amor de minha vida. Com ela dançaria em uma série de fins de semana, e por ela esperava numa ansiedade indescritível. Ela era, evidentemente, de outro nível, pois morava em uma bela casa, logo ali ao lado, um lugar elegante na época; que vontade louca eu tinha de vê-la, de tomá-la em meus braços, de sentir-lhe o aroma! Era um sentimento que eu jamais imaginara, puro e verdadeiro, pois nunca a desejei nem pensei nela em minhas frequentíssimas masturbações. Duraria pouquíssimo, poucas semanas apenas, menos do que o outono inteiro daquele ano; quando ousei uma aproximação maior, ela se afastou, me rechaçando definitivamente, e logo desapareceu para sempre.

Ah! Que tristeza infinita, que sofrimento insuportável! Esquecê-la era impossível, principalmente aos domingos, aos quais ela nunca mais retornaria.

"Ah! Deixa sangrar, deixa o carnaval passar..."

Seria a primeira de uma série de frustrações e decepções; depois de beber daquela fonte, de sentir aquele gosto inefável, quem poderia se satisfazer com qualquer coisa que não se igualasse? E sem isso, a vida perderia o sentido.

Contudo, ou se morre ou a vida continua, o que em geral não acontece. E o tempo, remédio admirável, se encarregaria de ir amenizando, até cicatrizar aquela ferida causada por meu primeiro e querido amorzinho; perdoe-me, leitor, por esta pieguice adolescente, mas não posso deixar de relatar esse episódio crucial, e não há outras palavras para descrevê-lo que não as pueris de sempre, de todos os séculos e idades, de todo o mundo, de todas as latitudes e culturas.

A dura realidade se encarregaria de arrancar-me violentamente do meu lirismo adolescente e de meus doces e tristes devaneios da juventude. Deu-se que um dos nossos colegas de turma, possuidor de vinhedos em São Roque, para divulgar o seu produto doou alguns garrafões de determinada marca de sua produção ao centro acadêmico onde, com isso, foi realizada uma noite de queijos e vinhos.

Depois de alguns copos, a turma se entusiasmou, encheu-se de coragem e machismo e resolveu que terminaria a noite na zona, como costumavam fazer com certa frequência; desta vez, eu teria que ir também, eu, que mal havia tomado o primeiro copo de vinho e, bebedor incipiente, achara muito ruim. Notei algo no ar, na insistência com que queriam me levar, como se realmente quisessem saber que música eu tocava. Entrei em pânico, e, diante da situação inesperada, adotei uma solução de emergência, porém insólita: passei a entornar copo sobre copo, não deixando a esses másculos rapazes, com suas máquinas de ejacular, outra alternativa a não ser me deixar em casa, vomitando e semicomatoso.

Capítulo 13

Eram tempos difíceis, de grande tristeza, e eu não tinha com quem me abrir, alguém com quem pudesse pôr para fora tanta angústia, dividir esse peso que me vergava o corpo e a alma. Acabei, como consequência, por me enfronhar ainda mais nos grupos religiosos; passei a participar de grupos de estudos e me aprofundei um pouco na leitura dos livros sagrados — não suporto a palavra "Bíblia", não sei bem por que, talvez devido a alguns parentes evangélicos que viviam com ela debaixo do braço, não falavam em outra coisa, mas me pareciam sorumbáticos, bitolados, meio estupidificados —, além de alguns livros de exegese desses textos; em nível mais avançado, o grupo era coordenado por um monsenhor muito culto, calmo, simpático, com o qual tivemos uma iniciação à filosofia, principalmente a filosofia dita aristotélico-tomista, do pensador cristão Tomás de Aquino.

Esse conhecimento adquirido, do qual hoje não me recordo absolutamente nada, deve certamente ter me ajudado a passar para um novo patamar de pensamento, deixando para trás a fase de leituras infantojuvenis; teve pelo menos um resultado concreto, quando, certo dia, muito fiel a velhos amigos e colegas, voltei a visitar o escritório onde trabalhei antes de entrar na faculdade, e onde era tratado com muito carinho e admiração. Um de meus "padrinhos", um diretor que se tornara muito meu amigo, apresentou-me a um rapaz negro, muito elegantemente trajado, bem falante, que trabalhava lá há algum tempo e cursava economia à noite, sendo também, como eu, "muito inteligente", disse o diretor.

Pois esse rapaz, tola e pernosticamente, na frente de todo mundo, houve por bem induzir-me a discutir, justamente, filosofia — algo que devia andar lendo —, certamente com o intuito de me inferiorizar diante da turma graças ao seu alto grau de primata evoluído... perdoe-

-me mil vezes, mas, nesse caso, eu não poderia deixar passar essa pérola que me ocorreu na época. Foi, no entanto, bastante infeliz: já fui logo citando Jacques Maritain, fui falando de sofismas, e, para pasmo geral, até de metempsicose, coisa que eu, na época, sabia mais ou menos o que era. O moço se tornaria, felizmente, referência em sua área, só espero que menos tolo e mais autoconfiante.

Foi por essa época que acabei por ler Saint-Exupéry e seu *O Pequeno Príncipe*, uma bela fábula — que se tornaria leitura, ou pelo menos citação obrigatória, de dez entre dez candidatas a títulos de beleza —, e também Dale Carnegie e Khalil Gibran, livros de cabeceira de nosso orador-mor e futuro político; felizmente, ainda não haviam surgido Paulo Coelho, Lair Ribeiro e Mônica Buonfiglio.

Num desses grupos conheceria Irina, meu segundo amor, moça igualmente linda e que chegaria a ter por mim um grande afeto; mas nem chegamos a namorar, apenas conversávamos longamente nos encontros e eu a levava para casa, em longas caminhadas. Jamais a toquei, pois ela se achava irremediavelmente comprometida com um policial de outra cidade onde ela morara, e do qual parecia não poder se safar; nunca me explicou devidamente esse *imbroglio*, e pouco depois se mudaria definitivamente. Não tornei a vê-la, nem soube que fim teria levado.

"Who is the girl with the crying face... Melody Fair..."

Encontrei a primeira garota que viria a namorar, de fato, a Fê, por volta do quarto ano de faculdade, aos vinte e dois anos; conheci-a nos bailes da faculdade, uma menina de uns dezoito anos, excessivamente magra, porém, bonitinha, agradável, muito inteligente, e que viria a se tornar professora. Namoramos por três meses; saíamos de mãos dadas, íamos ao cinema e nos beijávamos, creio que eu e ela, pela primeira vez na vida. Não tive nenhum sentimento especial por ela, a não ser algum afeto; ela, pelo menos, ajudou a incrementar, um pouco que fosse, minha segurança, pois, ao beijá-la e tocá-la — nunca passamos disso —, conseguia uma ótima ereção, provando a mim mesmo que, sob condições ideais de tranquilidade e apoio, as coisas estavam evoluindo bem. Após esse teste eu a deixava em casa e ia para o centro acadêmico muito feliz, quase eufórico, até, com a minha performance. Então, à minha maneira, seca e sem enrolação, embora de forma delicada, disse-lhe que não a amava o suficiente, e terminamos.

Nesse ínterim, eu havia conseguido tirar carteira de motorista; dirigindo o fusquinha de minha irmã, ousaria um pouco mais, pegando nas ruas, por iniciativa própria, uma ou outra garota de programa mais apresentável. Consegui pela primeira vez, com alguma tranquilidade e tesão, transar em um drive-in, coisa que viria a repetir algumas vezes, firmando-me cada vez mais, num processo lento e gradual.

Sofri de algum tédio durante os quatro primeiros anos de faculdade, mas nos absurdos quatro meses de férias todo ano, um em julho e outros três de dezembro a fevereiro, quase enlouquecia. Não havia como passá-los, uma perda de tempo inexplicável que tornava o curso estúpida e desnecessariamente longo e dispendioso. Sem um centavo para viajar, as férias se arrastavam. A única alternativa, então, era passá-las em Aramina, onde praticamente nascera, na casa de minhas tias, irmãs de minha mãe, senhoras muito simpáticas e carinhosas; uma delas, tia Praxedes, morreria prematuramente, e a outra, tia Tininha, se tornaria, para mim, uma espécie de segunda mãe.

Era uma cidade pequena, mas com um altíssimo índice de moças bonitas por habitante, que, nessa ocasião, já faziam faculdade fora, e, como eu, vinham passar as férias com suas famílias; todas tinham já seus namoradinhos, e mesmo quando não tinham, jamais tive acesso a elas, exceto por amizade, devido ao excesso de timidez e invencível insegurança pessoal. Ao menos, saía para pescar nos fins de semana, e todas as tardes para caçar com o Pintado, que se casara e se tornara um cara também muito legal, porém, sem eira nem beira; para mim, continuava sendo um companheiro prestativo e amigo, com quem invariavelmente podia contar. Prometi a mim mesmo que lhes daria uma força depois que me formasse; a vida, contudo, tomaria rumos bem menos auspiciosos que eu imaginara, e jamais pude cumprir minhas promessas.

Por essa época, outro acontecimento grave ocorreria. Minha irmã mais velha já trabalhava havia alguns anos no Hospital das Clínicas de nossa cidade, onde eu já iniciara o estágio clínico; tinha um ótimo cargo de escriturária e ganhava relativamente bem, a ponto de começar a pagar uma casinha em um conjunto habitacional e ter comprado o fusquinha. De certa forma, se reerguera, e começara a namorar um rapaz discreto, algo soturno, mas bonito, simpático; por ser soldado raso, no entanto, esse namoro sofreu forte pressão por parte de nossa família em geral, levando-os a encerrar o caso. O moço se suicidou em seguida.

Lembro-me vagamente, de ter visto o namoro com certa simpatia; era o único que poderia intervir a seu favor, porém, nada fiz contra o bombardeio da família, pecando, de qualquer maneira, por omissão. Mas pelo menos nesse caso, sendo eu na época apenas um jovem confuso, creio não ter ficado com um sentimento de culpa; com tantas e tão graves pendências pessoais a resolver, teria sido realmente demais assumir mais esse peso.

Houve outro problema grave, desta vez no próprio hospital: um docente teria feito um aborto em uma funcionária e minha irmã foi acusada de ventilar o caso; caiu em desgraça e sofreu enormes pressões para se demitir. Ela vinha passando muito mal, perdendo peso e vomitando sem parar; marcou uma endoscopia digestiva e o colega que iria fazê-la, meu conhecido, convidou-me para assistir ao procedimento, quando constatou, chocado, ao me mostrar a imagem, um estômago todo tomado por um tecido disforme, cerebroide. Foi feita a biópsia e não havia dúvida: tratava-se de uma neoplasia maligna do estômago, ele me disse na hora.

É terrivelmente tétrico o que vou revelar, mas devo fazê-lo: no fundo, no fundo, fiquei até aliviado com o resultado, pois senti, no íntimo, que era o melhor para ela e para todos nós, uma vez que poria fim a uma vida sem qualquer sentido — já não representava nada além de um grande sofrimento, para si mesma e para todos nós. Algo frustrado, recebi alguns dias depois um telefonema desse colega revelando que se tratava, na realidade, de um raríssimo caso de gastrite inflamatória crônica, de origem infecciosa, e que o tratamento seria relativamente simples, uma meia dúzia de injeções de Benzetacil.

Jamile acabaria tendo que se demitir. Tornou-se, de vez, um traste humano, quando voltou para a capital deixando sua filha aos cuidados de nossa mãe.

Capítulo 14

No quinto ano de escola as coisas começariam, finalmente, a tomar um novo rumo para mim. Meu antigo amigo do escritório, que eu sempre visitava, arrumou-me o primeiro emprego de "médico": eu faria exames dermatológicos nos frequentadores da piscina de um clube de classe média, bem localizado, quase no centro da cidade; precisavam também de uma médica, e chamei uma colega de faculdade, Narinha, que se tornaria uma grande amiga e confidente.

Não apenas comecei a ganhar alguns trocados, altamente significativos, como acabei me concedendo o direito de poder frequentar o clube como se fosse um sócio privilegiado; seriam os melhores anos de minha juventude.

"As flores de abril, os pássaros mil, o mundo se abriu em flor..."

Logo viriam as noites de carnaval, e fui escalado para cuidar do ambulatório médico, com seus pequenos incidentes, principalmente rapazes que se excediam na bebida; devidamente assessorado por um velho enfermeiro do clube, tornei-me especialista na aplicação de injeções de glicose na rapaziada, uma festa! O ambulatório ficava ao lado do restaurante, no andar térreo, onde um segundo conjunto tocava músicas mais amenas e agradáveis durante os bailes, já que o salão principal, no andar de cima, era uma agitação total.

Começava, também, a ser paparicado pelas meninas do clube, e, já na primeira noite de carnaval uma moça muito interessante, não especialmente bonita, mas descalça e de shortinho, bem animadinha, chamou-me a atenção, e dançamos as três primeiras noites; quando eu soube que era universitária, estudante de agronomia, pareceu-me inteligente e extremamente atraente, e apaixonei-me por ela de imediato. Convidei-a, então, para sair no dia seguinte, já que ela também dera inequívocas mostras de interesse, permitindo um belo amasso enquanto dançávamos; ela, porém, apenas disse que a gente se veria na noite seguinte, a última daquele carnaval, e desapareceu.

Vou poupá-los de meus sentimentos, que nada mais são do que a repetição dos casos anteriores.

"Felicidade foi embora, e a saudade no meu peito ainda mora..."

Ela me procuraria no ambulatório no carnaval seguinte, mas aí eu já estava namorando minha futura mulher, e não a vi mais. Creio ter sido essa a última vez em que senti, de verdade, um forte sentimento de afeto e dedicação emocional completa, aquilo que se convencionou chamar de amor; nunca mais me aconteceria, não dessa forma.

O drama maior é que essa questão de coisa líquida e certa, de pessoa que se tem em conta de conquista segura e garantida, fosse para um simples namoro, fosse para um relacionamento meramente sexual, raramente se concretizava quando o interesse era muito intenso; via de regra, depois de haver demonstrado igualmente forte interesse, a outra pessoa por motivos inexplicáveis tirava o time de campo, desaparecia, quando o desenrolar parecia iminente, inevitável. Isso me causava frustração profunda, às vezes até mesmo um ódio insuportável — dirigido não sei bem contra quê nem contra quem... à própria pessoa em questão, ou a Deus, ou, mais provavelmente, a mim mesmo. Deveria haver alguma inibição, algum recalque, algum bloqueio profundo que me impedia a concretização final do *affair*.

Despertara em mim, nessa fase, um desejo sexual muito intenso por uma série de meninas do clube, algumas bem assanhadinhas e provocantes, nas quais, infelizmente, eu jamais chegaria a pôr as mãos, exceto em meus devaneios onanistas — eu me satisfazia, mas terminava em concomitante frustração, e não havia banheiro imune às minhas explosões espermáticas.

Logo após a frustração do carnaval, namorei por cerca de seis meses uma moça relativamente bonita que conhecera no clube, de corpinho bem certinho e que se vestia muito bem. Senti por ela uma grande amizade e carinho, pois não era quem eu realmente queria. Foi um namoro clássico, beijávamo-nos bastante, mas ela nunca permitiu que passasse disso. Apaixonou-se por mim, o que também se tornaria habitual em meus relacionamentos. O difícil era começar; depois, elas, invariavelmente, se apaixonavam. O namoro terminou quando ela começou com tolas cenas de ciúme em relação à médica do ambulatório, colega de trabalho por quem nunca senti mais que uma grande amizade. Eu achava terrível terminar namoros, pois isso machucava muito, fazia sofrer; inúmeras vezes, já prevendo a pouca possibilidade de me apegar realmente, preferia nem começá-los; essa maneira de pensar e agir faria com que eu passasse boa parte da minha vida solitário e frustrado, mas talvez fosse melhor assim.

Cerca de um mês depois, porém, comecei a namorar, definitivamente, a moça com quem viria a me casar. Quando minha ex-namorada nos viu juntos, olhou-me com mágoa tão incontida como eu jamais veria alguém, como se eu a tivesse deixado já tendo em vista essa nova menina, a quem, sinceramente, eu nem conhecia. Os acontecimentos é que ocorreram de forma vertiginosa: logo depois de terminado o namoro, atentei para a menina mais linda que conheceria em toda a minha vida. Eu e Narinha trocamos impressões, e depois, um belo dia, a chamamos à nossa mesa quando ela estava indo embora; acabei por levá-la à sua casa apesar de certa relutância por parte dela — a pé, é claro, eu era um pobretão.

A menina, melhor chamá-la assim, tinha meros dezesseis anos, embora aparentasse um pouco mais; era alta e bem formada, e morava a algumas quadras dali, numa casa nova e bonitinha, bem melhor que a nossa, que era velha e alugada; isso, de certa forma, já me impressionou. Sua relutância pouco convincente, eu saberia depois, devia-se, na realidade, ao medo da mãe, uma fera, sogra caricata de gibis como veremos; mesmo que eu tivesse carro, a menina de forma alguma entraria nele. Vejam que estamos falando de mais de vinte anos atrás, e os costumes eram sensivelmente diferentes de hoje.

Nessa primeira investida, ela recusou meu convite para sair, alegando qualquer desculpa; depois confessaria que, na verdade, não tinha um par de sapatos adequados, embora a família tivesse essa única casa própria e o pai um bom emprego público. Já na semana seguinte, iniciaríamos o namoro de fato, ela com dezesseis, eu com vinte e três anos. Três anos depois nos casaríamos.

Antes, um parêntese: quando estava ainda namorando a moça anterior, eu havia rogado a Deus que me presenteasse com uma namorada de extraordinária beleza, que deixasse a todos deslumbrados, resgatando assim todos os meus anos de solidão e a minha baixíssima autoestima; veremos, futuramente, as importantíssimas implicações deste e de outros milagres — milagre ou mera coincidência, cada qual que entenda e interprete como melhor lhe aprouver, a verdade é que essas supostas interferências divinas, como já ocorrera com a questão sexual, não se completavam, ficavam a meio caminho, não me trazendo um só dia de real felicidade, de segurança, de tranquilidade; foram apenas meias-solas, medidas protelatórias. Fecha parêntese.

Na terceira ou quarta vez que saímos, eu a beijei, e, surpreendentemente, ela correspondeu imediata e longamente, mostrando-se altamente receptiva e desinibida, o que me deixou meio confuso, palerma completo que era. Era realmente uma menina encantadora: "jamais se vira nada igual", diziam todos os meus amigos que viriam a conhecê-la, para meu total embevecimento, confundindo enormemente os meus sentimentos e reais necessidades.

Ela passaria a representar, a personificar, eu saberia muito mais tarde, o meu próprio ego; sua simples presença fazia-me crescer enormemente aos olhos de todos, pelo menos era o que eu imaginava, escamoteando minhas dúvidas e incertezas e protelando a solução de conflitos de forma alguma resolvidos por possíveis milagres. De qualquer maneira, fui me afeiçoando à menina; não chegaria, no entanto, a me envolver, nem a amá-la de verdade. Ela, ao contrário, em breve se veria irremediavelmente apaixonada, tendo contribuído, para isso, aquela aura de doutor admirada pelas garotas do clube e uma franqueza e dignidade únicas; além disso, contava o fato de eu haver confrontado severamente os pais dela, um casal tacanho que vivia nos vigiando e dificultando nossas saídas, e, principalmente, aqueles amassinhos tolos, quase ingênuos, no portão ao final da noite —naquele tempo, dez, dez e meia da noite, limite máximo permitido.

É claro que, ao confrontá-los, por um lado, ganhei de forma definitiva o afeto e a admiração daquela pouco mais que adolescente — eram pais autoritários, principalmente a mãe, que tentava manter os filhos dependentes e sem brilho próprio —, por outro, ao pôr na mesa as minhas qualidades e a segurança com que poderiam contar, caso avançássemos o sinal, estava me amarrando definitiva, moral e eticamente à filha deles, o que realmente viria a acontecer, com as consequências daí decorrentes.

Com efeito, minha vida tinha mudado, pois era a primeira vez que namorava firme, uma relação com chances efetivas de futuro. Um ano depois, iniciamos nosso relacionamento sexual, selando o nosso destino.

Virgem até então, ela se tornou rapidamente muito receptiva e responsiva, não apresentando quaisquer dificuldades nessa área, muito pelo contrário. É claro que toda essa abertura era, não pode pairar qualquer dúvida, consequência de uma aptidão inata, não tendo sofrido, apesar dos pais repressores, nenhum trauma importante que pudesse tê-la afetado, ao menos com relação ao sexo. Devem também ter contribuído, em proporção significativa, a paixão que sentia por mim e a segurança que eu lhe proporcionava; tratava-a com delicadeza e carinho, e me preocupava com seus sentimentos. Da parte dela, portanto, seria uma trajetória retilínea, segura, e que praticamente não sofreria nenhum abalo importante que pudesse alterá-la ou impor-lhe qualquer solução de continuidade.

É quase desnecessário dizer que, do meu lado, as coisas se passariam de maneira muito mais complexa. Eu vivia uma fase de premente vontade de transar, e mesmo de me masturbar; era o auge de minha sexualidade, como para todos os homens, e fazíamos sexo sempre que possível, a maior parte das vezes em minha casa — o que não era nem totalmente seguro nem tranquilo, porque lá moravam cerca de dez pessoas. Vez ou outra, quando eu conseguia tomar emprestado o carro de minha irmã, íamos a um motel, talvez o único da cidade, e nessas escapadas sempre me ficava a impressão de poder estar sendo seguido pelo pai da moça, que tinha um pequeno automóvel; acreditava que a qualquer momento poderia bater à porta do quarto, estressando-me ainda mais, nada além de uma paranoia sem sentido, certamente.

Cumpre ressaltar que eu resolvera muito bem a questão da sexualidade, que, aliada a um tesão constante e à beleza de Ângela, me proporcionava um ótimo desempenho, satisfazendo amplamente a menina. Não tinha tempo ruim. No entanto, havia algo que tornava o ato profundamente frustrante para mim; eu tinha um enorme tesão pré-ejaculatório, porém, imediatamente depois, vinha aquele vazio e a insuportável sensação de incompletude, como se um sentimento de culpa invadisse a minha alma. Décadas depois Ângela comentaria que ao voltar do banheiro, depois de me lavar, uma raiva incontida se estampava no meu rosto.

    Todos sabem que depois de ejacular o homem passa um período normal de latência que dura de poucos minutos a algumas horas. No meu caso, porém, eu perdia completamente a graça, e tudo o que queria era ir embora imediatamente; mesmo depois de casado, acho que jamais, ou muito raramente, transaria com ela duas vezes seguidas, embora continuássemos a fazê-lo com frequência. A realidade evidente é que havia coisas mal resolvidas, bloqueios importantes, sentimentos de culpa difusos, além da grande e inelutável verdade: ela nunca foi a pessoa com quem realmente eu queria estar, jamais a amei, nem ela representou um papel efetivo como objeto de desejo sexual para mim; no fundo, era apenas uma farsa, um tapa-buracos, uma maneira de escamotear minha insegurança, de tentar suplantar minha enorme desvalia.

    Eu tinha na verdade uma grande atração sexual pelas meninas do clube, aquelas bonitinhas e assanhadinhas, mais danadinhas, às quais não tinha acesso; jamais soube como me aproximar com esse único intuito, e por mais que as atraísse, e isso era evidente, me escapavam por entre os dedos. Quantas vezes, já presas na rede, fugiam-me no instante azado! Era de enlouquecer, e eu nunca conseguiria entender, explicar, mas algo me impedia de completar o processo de sedução, faltava-me um mínimo de malícia, de sacanagem, mesmo, que formaria, em última instância, o elo de ligação com elas. Talvez fosse necessário passar-lhes um mínimo de ilusão, de cumplicidade, algo que, como homem franco e leal, eu jamais conseguiria; minha alma era por demais transparente.

    Numa das raras vezes em que consegui alguma coisa — nunca com a parceira que eu realmente desejava — surgiu, ao final do meu expediente no clube, uma moça de uns vinte e cinco anos, ou seja, ligeiramente mais velha do que eu, e me convidou, explicitamente, para ir a um motel recém-inaugurado; eu já estava namorando Ângela, e passaríamos a frequentar aquele mesmo motel. Ainda meio inseguro — um desastre com uma moça do clube traria consequências inimagináveis —, aceitei o convite, e o resultado foi surpreendente: a moça era um azougue, baixinha, loirinha, um corpinho e uns seios durinhos e perfeitos, em suma, em pouco mais de uma hora conseguimos transar quatro vezes; era só tocá-la e ela se gemia toda, provocando-me enorme excitação, jamais viria a repetir tal performance em toda a minha vida. Uns quinze dias depois, voltei a convidá-la, consegui uma vez, e uma segunda já com relativa dificuldade; ela pressentiu, experiente, que as coisas não eram bem assim, e nunca mais aceitaria novos convites.

Ângela, por sua vez, me amava e admirava de tal maneira, que concordava comigo em tudo, contribuindo para esse endeusamento a sua juventude, a minha formação universitária, os sete anos de diferença de idade, e, certamente, o fato de haver encostado os pais dela na parede. Num laivo de percepção e inteligência, critiquei-a, pela primeira vez, por essa concordância dócil, que em nada contribuía para o nosso crescimento mútuo e para um aprofundamento de ideias. Ela, então, sem entender minha real intenção, passou a discordar de tudo, azedando pela primeira vez a nossa relação; com o tempo, atingimos certo equilíbrio, embora eu sempre acabasse por fazer prevalecer minha vontade — o que seria realmente de se esperar quando se começa a namorar uma criança, ainda em formação intelectual e emocional.

Capítulo 15

Os anos de faculdade chegavam ao fim, fazíamos os estágios rotatórios por todas as clínicas e íamos tendo uma noção geral de todas as especialidades. Os alunos foram divididos em turmas, por ordem alfabética; meus dois grandes amigos foram para outros grupos e fomos nos afastando. Já haviam se definido quanto à especialidade que iriam seguir, e acho que eu também. Mas no último instante, dei uma guinada de noventa graus, e, ao invés de Cardiologia, acabei optando pela Ginecologia e Obstetrícia — da qual aprendera a gostar por incluir a possibilidade de operar, e, como era muito grande a probabilidade de ir para o interior, para lugarejos menores, achei necessário aprender a fazer partos e cirurgias; era melhor fazê-lo na Ginecologia, uma vez que a cirurgia geral, em nossa escola, era um antro de sádicos, prontos a humilhar os alunos frente às enfermeiras e pacientes e a tratá-los como semianalfabetos.

Certa vez, com o paciente anestesiado e assepsia feita, um dos meus colegas já com o bisturi na mão, o Prof. Takavara, prestes a iniciar o ato, inquiriu:

— Qual técnica para se operar apendicite você vai usar?

— Técnica de Mac Burns — respondeu, confiante, meu colega.

— Pois é, técnica de Mac Burney, idiota, e pode sair do campo, que quem vai operar sou eu.

Como já estávamos no fim da faculdade, e a ordem dos acontecimentos importava menos do que os fatos em si, farei alguns *flashbacks*, relembrando os mais bizarros.

Houve uma prova de patologia num sábado de manhã — essas provas podiam ser tanto práticas quanto teóricas, só sabíamos na hora —; havia uma série de microscópios montados, todos com uma setazinha apontando determinada patologia; o aluno olhava e marcava o diagnóstico. Exatamente na hora de se iniciar a prova, acabou a energia, que não voltou mais, e o exame foi adiado para a segunda-feira seguinte; passamos, então, o fim de semana inteiro a "rachar" nos microscópios, nos preparando para o teste. Na segunda, o sádico do professor mudou a prova para teórico-descritiva, ferrando geral; depois não querem que a gente ejacule, mesmo sem ter tesão!

Eu tinha um caderno manuscrito magnífico, em que anotava cada vírgula das aulas, vital para se estudar para as provas, uma vez que os livros eram imensos e dispersos, e o que caía era, em geral, aquilo que havia sido falado em classe; com isso, nós três íamos muito bem, o que deve ter gerado certa inveja por parte de alguns colegas. Pois a uns três dias de uma prova dificílima, de fisiologia, ocorreu um fato tragicômico, que depois se tornaria folclórico: meu caderno foi "roubado", e eu e meus colegas ficamos doidos; pedimos, imploramos, ameaçamos, mas não houve jeito de ele aparecer. Acabamos estudando pelas anotações de Bordelböerg e de Português, e nos saímos relativamente bem. No dia seguinte, o caderno foi devolvido pelo correio, com o desenho de uma mão fechada e outra batendo por cima, no gesto clássico de "fodeu-se, hein!?". Em caracteres chineses, traduzidos para o português, dizia: "Obligado, honolável doutor Bonomi."

Aquilo virou uma tremenda gozação; eu e meus amigos levantamos os principais suspeitos, que passamos a chamar de S-1, S-2 etc. Não descobrimos os culpados, até que um dos colegas — desafeto de Bordelböerg, mas com quem eu fizera boa amizade nos estágios clínicos —, estando à beira da morte, já após a residência, com uma doença desconhecida e fatal, me revelou quando fui visitá-lo que ele e mais dois colegas, um dos quais um chinês, Oliveira Shao Lin, é que tinham perpetrado a maldosa brincadeira. Para encerrar, um desses colegas, depois de formado, e com quem eu também criara uma boa amizade, seria operado de um tumor cerebral, ficando definitivamente deficiente; o chinês acabaria por pegar AIDS. Claro, tratou-se de inacreditável coincidência, mas Bordelböerg alardeava aos quatro ventos que fora uma praga que ele rogara, e que, portanto, ninguém se metesse com a gente.

Antes de trabalhar no clube, eu já fizera duas tentativas frustradas na área do magistério, uma das poucas maneiras de se ganhar algum dinheiro durante o tempo de faculdade, já que estudávamos o dia inteiro. A primeira foi no terceiro ano, quando dois colegas, que davam aulas num cursinho em Jaú, a cento e cinquenta quilômetros de nossa cidade, me convidaram para dar aulas de Zoologia no segundo semestre, pois o velho professor encarregado não passara do primeiro capítulo, em todo o primeiro semestre. Eu saía todos os sábados pela manhã e tomava dois ônibus, lá chegando ao meio-dia; dava aulas a tarde toda, dormia por lá mesmo e voltava no dia seguinte, chegando igualmente ao meio-dia; perdia os fins de semana, mas não havia na realidade o que perder, e ainda ganhava alguns trocados. Foi um semestre difícil, pois tive que estudar toda a matéria, aula por aula, para poder ministrá-la, uma vez que já não lembrava nada do assunto.

No ano seguinte, já contando com o trabalho, mais experiente e conhecedor da matéria, fui surpreendido com a minha demissão, pois o velho professor, antigo na cidade, voltara a ser prestigiado. No segundo semestre, Bordelböerg e outro colega abriram um cursinho preparatório ao colegial, o vestibulinho, e me convidaram para dar aulas de português, matéria na qual eu era bem eficiente. Aceitei por um período letivo e confesso não ter sido bom professor: era pouco didático, muito sério, não conseguia me fazer de muito engraçado nem pornográfico, requisitos básicos para um professor de cursinho, embora creia ter tido um desempenho ao menos razoável e passado relativamente bem a matéria. Mas no ano seguinte fui novamente preterido, para minha profunda decepção, por razões novamente alheias à minha competência, que não interessam aqui — assim ficava difícil adquirir experiência, traquejo e segurança. Seria minha última tentativa no ramo, infelizmente.

Capítulo 16

Chegaram, enfim, as festas de formatura, a colação de grau, o diploma. Eu era, finalmente, um médico, mas, paradoxalmente, não estava eufórico, não sentia aquela alegria, aquele sentimento de realização que seria de se esperar, isso porque, em primeiro lugar, a colação de grau em medicina nada mais representa do que o passaporte para, no mínimo, mais dois anos de estudo e especialização; e em segundo, porque me sentia um idiota.

Explico: eu estudava em uma das mais conceituadas escolas de medicina do Brasil; era, seguramente, um dos melhores e mais interessados alunos da classe; e, no entanto, não me sentia um médico em absoluto, como o comprovariam os plantões que começaria a fazer por aí afora. O estudante de medicina, em seis longos anos, passa metade da faculdade em disciplinas básicas, algumas essenciais, outras nem tanto, e a outra metade em rodízio por todas as especialidades médicas, onde praticamente não põe a mão na massa, participando passivamente de aulas teóricas ou assistindo a alguns atendimentos pelos médicos residentes ou professores. Em suma, após seis longos anos, saía-se quase sem nenhuma experiência, nenhuma segurança, e se assim se passava comigo, imagine com a maioria — embora alguns desde o terceiro ano de faculdade já se sentissem doutores, dando plantões adoidado por aí. Loucura!

Nos últimos dois anos de faculdade, de qualquer modo, a gente já fazia alguns plantões, principalmente em Obstetrícia e Pediatria, e já se adquiria certa experiência, faziam-se os primeiros partos, atendiam-se as primeiras crianças. Na residência faríamos seis ou sete plantões por mês, exclusivamente na especialidade escolhida. Eu faria também, concomitantemente, outro tanto de plantões gerais em uma cidade vizinha para completar o orçamento e adquirir, de qualquer forma, alguma experiência; fazia, desse modo, plantões praticamente em dias alternados, inclusive aos sábados e domingos, estafando-me consideravelmente, além de sofrer grande estresse na cidade vizinha, onde se atendia de tudo, até acidentados, e com aquela experiência de que já lhes falei. Felizmente, esse hospital possuía um ótimo corpo clínico e os médicos nos davam uma boa cobertura, de forma que nunca me meti em nenhuma complicação importante.

A residência médica, de ótimo nível, rapidamente ia nos dando aquela segurança que nos faltava; punha-se realmente a mão na massa, atendendo a um grande número de pacientes, sempre assessorados pelos residentes mais velhos e pelos professores assistentes. Na Ginecologia começava-se a operar desde o início, adquirindo-se logo uma boa destreza cirúrgica.

No começo, eu tinha ficado apreensivo, pois havia me preparado apenas para ser clínico, acreditava não ter a habilidade necessária para me transformar em cirurgião, talvez porque me comparasse com meu amigo Portuga, extremamente habilidoso, que já vinha treinando desde o terceiro ano em outros hospitais. A solução que me ocorreu, então, foi fazer uma comparação inversa: se tais e tais colegas, na minha área, eram bem mais toscos do que eu, e teriam que aprender a operar, era inevitável que eu também o fizesse. E assim foi; tornei-me um dos residentes mais respeitados do grupo.

Bordelböerg, depois de seis anos de namoro com aquela moça já prometida e tida como futura esposa, deixou-a em prol de outra moça, com a qual rapidamente se casaria. Jamais, em toda minha vida, vi alguém tão transtornado quanto aquela menina, que já se considerava parte da família dele e não se conformou um só minuto; no entanto, em alguns meses acabaria se casando com outro colega que morava nos Estados Unidos, onde acabou indo morar também. Mas ficou-me a impressão de um trauma irrecuperável.

A moça me procurou várias vezes para chorar no meu ombro, tentar compreender, e eu, para consolá-la, tão desesperada, compartilhei minha impressão da injustiça e mesmo sacanagem a respeito do que acontecera, o que teria chegado aos ouvidos de Bordelböerg causando um mal-estar entre nós.

O curioso, no casamento de Bordelböerg em clima de funeral,

do qual fui um dos padrinhos, é que o fotógrafo — um excêntrico colega de classe, único que possuía uma boa máquina fotográfica — não apareceu, nem o novo amigo pessoal dele — padrinho de igreja, aquele chinês do caderno, mais desligado ainda —, que dormira além da hora. Por sorte, eu havia ganho de Ângela uma modestíssima máquina tira-teima, com doze fotos, e sapequei-as todas no casamento; saiu uma única fotografia, com os noivos em frente ao cartório, único registro de um casamento que teria um futuro não muito longo.

Como eu era uma pessoa fechada, de pouquíssima iniciativa, meus plantões fora da residência foram conseguidos por Português ou através de parentes dele. Mas seria justamente na residência que eu conheceria uma das mais extraordinárias personalidades que encontrei na vida, e com quem criaria uma profunda afinidade, o Faraud — além de suas qualidades únicas, contribuiu para isso o vácuo deixado pelo afastamento de Bordelböerg e Portuga, que seguiram outras especialidades e fizeram novos amigos. Embora nascido e criado em nossa cidade, Faraud não conseguira entrar em nossa faculdade, e agora voltava para fazer conosco a residência, conseguida sem dificuldade, apenas com o seu charme, pois não havia exames naquela época; mesmo que houvesse, ele daria um jeito. Ele se revelaria, desde o início, uma pessoa irresistível, cativante e carismática, angariando de imediato a amizade e a confiança de todos os colegas e circulando com rara desenvoltura entre os professores, conquistando junto a eles uma intimidade que a gente não conseguira em todos os anos anteriores.

Era de tal forma envolvente, que já de início o elegeríamos nosso representante, como se já o conhecêssemos de longa data. Rapaz bem apessoado, trajava-se com esmero, já possuía carro, estava eternamente alegre e feliz; promovia *happy hours* e congraçamentos entre alunos e professores, cativando a todos, e seu nome se tornou rapidamente conhecido no hospital. Desenvolvi por ele uma amizade e uma admiração cada vez mais sólidas, e foi ele que me exortou a comprar o meu primeiro carro, fortalecendo ainda mais os nossos laços.

Era muito paparicado também pelas colegas e logo começou a namorar uma sextanista. Adorava falar de como curtira os anos inesquecíveis da faculdade, seus anos dourados, onde vivera sem dificuldades em boas repúblicas namorando uma série de moças lindas e maravilhosas, pelas quais invariavelmente se apaixonava enquanto durava, já que ele vivia o auge de seu charme e de sua sexualidade, não podendo se dedicar por muito tempo a uma mesma garota com tantas outras dando sopa por aí; elas, é claro, se apaixonavam perdidamente por ele, sofrendo terrivelmente com as separações. Contava que mesmo depois de casadas, e, evidentemente, infelizes, pois já haviam provado do néctar dos deuses, ligavam com frequência morrendo de saudades; "amor de pica sempre fica", dizia, rindo a bandeiras despregadas com esse mote machista, que repetiria à exaustão.

Com ele, um trepador emérito, elas aprendiam a transar e a gozar, em orgasmos múltiplos; ele só gozava quando bem quisesse, e sempre ao mesmo tempo que elas, num *timing* perfeito. Falava dos orgasmos delas, de seus gritos e gemidos, de como elas se debatiam diante desse Casanova singular, chamando-o de "meu homem". Não havia como não se embevecer perante figura tão extraordinária, que até frequentava as casas dos professores e circulava livremente por seus departamentos, coisas absolutamente impensáveis para nós, simples mortais.

Era, definitivamente, a pessoa mais feliz e realizada que eu jamais conhecera, contrariando completamente a clássica teoria de que filhos únicos seriam criaturas complexadas e problemáticas, sufocadas por suas mães; ele, muito ao contrário, se valera enormemente dessa condição, usufruindo de toda a atenção e cuidados financeiros suficientes para levar uma vida, se não faustosa, ao menos isenta de preocupações.

Diante desse super-homem, de quem eu me tornara o melhor amigo, eu sentia, apesar do júbilo pela amizade que me concedia, uma desvalia significativa — os anos de faculdade nada haviam significado para mim, transava sofrivelmente, não tinha praticamente nenhum controle ejaculatório e condição financeira instável, além de uma série de outros "grilos". Isso, no entanto, não tinha muita importância, pois ele era meu amigo, mais que de todos os outros, e sabia como ninguém enaltecer minhas qualidades, e, principalmente, minha espirituosidade; eu não devia ser um cara qualquer, não é mesmo? Além do mais, também tinha Ângela, a mulher mais linda que jamais se vira, nem ele tinha uma namorada tão bonita assim; eu não devia mesmo ser tão desgraçado, estava chorando de barriga cheia.

Ok. Vamos deixar de babar um pouquinho pelo meu amigo e voltar à rotina. O primeiro ano de residência — R-1 — se passou sem maiores problemas, evoluindo da maneira esperada; coloquei realmente a mão na massa, trabalhando quase como um escravo, mas, graças a isso, fui ganhando a confiança necessária e me sentindo um verdadeiro médico, finalmente. A preceptora dos residentes, uma professora normalmente muito austera, era gentil e simpática no trato com os seus "meninos", até mesmo compreendendo e fazendo vista grossa aos plantões extracurriculares que fazíamos — proibidos pelo regimento, porém, amplamente difundidos e aceitos. Numa passagem engraçadíssima, pressionada pela direção da escola, ela nos reuniu e nos colocou contra a parede para que tomássemos mais cuidado e fôssemos mais discretos nessas práticas. Aí, o Miau, um R-2 muito engraçado, e de quem eu me tornaria um bom amigo no futuro, completou, cinicamente:

— É isso mesmo, doutora, não dê moleza não para esses meninos, onde já se viu?

E ela, para o nosso delírio:

— E você, Miau, estou sabendo, é o chefe de todos eles lá em Franca!

Tudo, evidentemente, terminou na maior algazarra.

O segundo ano de residência — R-2 —, tradicionalmente, era um ano bem mais leve, pois todo o trabalho pesado, de rotina, era tocado pelos R-1 e demais alunos, ficando os R-2 apenas com o suporte, supervisão e orientação, esmerando-se nas cirurgias mais complexas a eles reservadas; com esse relaxamento, podíamos dar umas escapadas e ir atrás de possíveis oportunidades de trabalho em outras cidades, cobrindo-nos uns aos outros.

Ocorreu, no entanto, que depois de anos trocaram o preceptor, substituindo a professora por dois jovens e promissores docentes, muito queridos por nós. Mas para nossa surpresa, os dois, investidos pela primeira vez do poder de mando, revelaram inesperada prepotência e arrogância, havendo por bem colocar ordem na casa e dificultando enormemente aquelas práticas tradicionais. Chegaram ao cúmulo de impedir uma simples troca de plantões para que um dos colegas, Diógenes, fosse buscar sua irmã, que se desequilibrara mentalmente, a cerca de quinhentos quilômetros, tendo que fazê-lo após o plantão, estafado e sonolento, com os riscos inerentes a dirigir nesse estado.

Criamos, com isso, uma certa rixa, chegando até a boicotar uma reunião, o que tornou o clima ainda mais pesado; um deles, especialmente, revelaria um inaudito apetite pelo poder, galgando com o tempo os mais altos postos da instituição; o outro também alcançaria grande sucesso profissional... e gastronômico! Eu, particularmente, adquirira uma ojeriza muito acentuada por eles, o que provocou um incidente que por pouco não me trouxe sérias consequências, evitadas pela interferência de meu caro e dileto amigo Faraud, grande amigo dos preceptores, o único que manteve intocado esse vínculo, um verdadeiro malabarista.

Eu estava dormindo em determinado plantão, de madrugada, no quarto dos R-2, quando fui acordado por um dos preceptores, Prof. Gafieira, que estava seguindo o trabalho de parto de uma de nossas colegas e me chamava para auxiliá-lo na cesárea; acordei irritado, quer dizer, acho que acordei, pois andava muito tenso e esfalfado, e, ao vê-lo, tasquei:

— Chame o R-1!

Ele saiu, e, ato contínuo, acordei de verdade, e, tomando consciência do despautério, subi rapidamente para ajudá-lo na cirurgia. De nada adiantou, pois no dia seguinte ele me denunciou ao departamento; eu teria sido expulso da residência, não fosse a ajuda providencial do meu amigo, transformando a pena em simples advertência.

Capítulo 17

Pois estava na hora de me casar. Meu amigo marcara data, e, em seguida, eu também o faria, marcando para um pouco antes — engraçado, parece que surgira uma sutil, imperceptível, inconsciente espécie de competição entre nós, mais da minha parte que da dele, e isso me levava a tentar tomar-lhe a dianteira em uma série de iniciativas, o que depois se tornaria claro, mas isso é conversa para o futuro.

Eu já namorava há três anos e começava a sofrer certa pressão, mas cheguei a tentar postergar o casamento porque as coisas já não vinham muito bem ultimamente; eu me sentia inseguro e insatisfeito, tinha outras vontades, outros desejos, e na verdade, além de não amar Ângela realmente, nem sentia por ela a admiração e cumplicidade indispensáveis para uma união que se pretendia definitiva. Além do mais, já havia acertado para logo após a residência minha ida para Itaipu, a hidrelétrica que estava começando a ser construída, e ela havia iniciado o curso de Serviços Sociais em uma faculdade noturna, que na época nada mais era do que uma fábrica de diplomas; eu preferia, de qualquer modo, que ela se formasse, enquanto eu iniciaria minha vida profissional, e, principalmente, tentaria curtir um pouco a vida, coisa que nunca fizera, já que gozava agora, e não posso olvidar que devo muito a ela, de uma maior dose de segurança sexual, e precisava completar esse processo de amadurecimento.

Ela, no entanto, temendo me perder, tornou-se incisiva; deixou a faculdade, arrumou um empreguinho banal e tentou forçar o casamento, ameaçando de forma velada me deixar caso eu partisse sem ela, sem consumar nossa união. Eu estava confuso, cheio de dúvidas, inseguro. Por um lado, temia perdê-la, uma moça belíssima e com a sexualidade profundamente despertada — ela não deixaria por menos, não iria ficar por aí me esperando, monástica —; por outro, talvez o principal, já me comprometera, ética e moralmente, até a raiz da medula, não só com ela, ao desvirginá-la, mas também com seus pais, quando os confrontei.

    Seria um erro de consequências imponderáveis, e assim o casamento se provou inevitável. Foi uma cerimônia simples, e — embora com tudo a que uma moça casadoira e suas mamães têm direito, véu, grinalda e tudo o mais, na capela da faculdade — nem festa houve. Optei, digo, optamos, a despeito da mãe dela, que queria a glória mesmo sem poder, por simplesmente viajar com o pouco dinheiro que tínhamos; depois da cerimônia, todos foram para suas casas, ela se trocou e nós dois fomos comer pizza; oh, pobreza, oh, indigência! Na verdade, é claro, isso não tinha a menor importância.

    Havíamos alugado uma casinha modesta, toda mobiliada, com móveis já de terceira ou quarta geração, onde morara um colega que me precedera em Itaipu, para onde eu iria em breve. Ângela trabalhava como balconista; era uma esposa muito gentil e dedicada, e demonstrava grande alegria em estar comigo. Eu, no entanto, embora estivesse longe de ser um marido alheio e desinteressado, não correspondia no mesmo grau; sentia, desde o início, que havia cometido um terrível engano.

    Apenas três meses mais tarde terminou a residência; botei tudo que eu tinha na vida no pequeno porta-malas de meu carro e parti para Foz do Iguaçu, meu primeiro emprego de verdade, como médico especialista. Ângela ficou para ultimar os preparativos, vender ou dar os trastes que restaram. Fiquei hospedado na casa daquele colega, Diógenes, e um mês depois, após receber um pequeno chalé da empresa para morar, voltei para buscá-la; tudo que ela possuía coube, igualmente, no porta-malas do carro. Iniciávamos, assim, literalmente do nada, a nossa vida conjugal.

    De certa forma, seriam anos muito bons. Nós, recém-formados, éramos relativamente bem pagos, o emprego era formal, com todos os direitos trabalhistas, além de algumas mordomias, como casa, condução e um clube de elite, reservado apenas aos médicos, engenheiros e funcionários graduados. Já ao fim do primeiro ano de trabalho foi possível mobiliar completamente uma ótima casa, novinha em folha, em madeira pré-fabricada, com suíte, aquecimento central de água e um excelente quintal, todo arborizado, numa vila muito agradável, especialmente construída para os funcionários da empresa.

Eram três vilas, de acordo com as categorias de empregados, constituindo um imenso conjunto habitacional. A primeira, constituída de barracões mais simples, abrigava os operários propriamente ditos, que construíam a barragem; a segunda, na qual morávamos, abrigava os funcionários de médio escalão, os médicos e alguns engenheiros; já o *staff* principal morava na terceira vila, magnífica, às margens do Rio Paraná, um condomínio fechado de alto padrão, totalmente arborizado, casas de modelos variados e um excelente clube no meio, com salões, piscinas, sauna e quadras de esporte, que nós, médicos, também tínhamos direito de frequentar.

Chegamos, no auge, a cerca de cinquenta médicos, dos quais uns doze colegas de nossa turma de faculdade — uma equipe de excelente nível, todos escolhidos a dedo, vindo a constituir uma espécie de campus avançado da USP, já que nos seriam dadas todas as condições de realizar um trabalho invejável; pouco depois, seria construído um hospital de um nível que eu ainda não conhecera. Cada clínica, geralmente comandada por um colega de nossa faculdade, era um grupo de trabalho e estudos, com visitas de enfermaria e discussão de casos, o que contribuiu para atingirmos um altíssimo padrão de profissionalismo. Nossa clínica chegaria a realizar mais de dez mil partos, com índices de cesarianas e morbiletalidade compatíveis com as exigentes estatísticas internacionais.

Por essa época, casaram-se também meus outros dois irmãos e minha irmã do meio, esta merecendo um comentário à parte: moça esforçada, de ótima índole, assim como eu trabalhava e chegara a fazer o cursinho, prestando o vestibular também para medicina; contudo, não era tão brilhante em termos de estudos, e tampouco ousara tomar aquela atitude decisiva, do tudo ou nada, optara por continuar trabalhando, ajudando em casa, e, claro, não conseguiu ser aprovada. Desistiu de vez dos estudos e cumpriu o destino que as mães reservam às filhas, o casamento. O rapaz com quem se casou sempre me causara grande apreensão, pois, embora simpático e prestativo, pelo menos em duas ocasiões o vi tomado pelo "espírito", como se dizia na época; entrava em transe, como aquela menina de "O Exorcista", e tinha que ser levado ao hospital, o que deveras me assustava. Embora na ocasião ainda não tivesse opinião formada, nem um conhecimento mais profundo sobre o tema, cheguei a sugerir que minha irmã protelasse o casamento até que as coisas se definissem, mas como para boa parte das moças o casamento é visto como solução para muitos problemas, o casamento se realizou, com as consequências que acreditei esperadas. Ainda voltarei a este assunto.

    De volta a Itaipu, a vida continuava, mas, para meu desespero, eu e Ângela fomos, paulatinamente, sendo deixados de lado pelo grupo de colegas de Ribeirão Preto, de fora do grupo sólido, muito unido, que se frequentava com assiduidade e confraternizava rotineiramente. Como eu me dava muito bem com eles, imputei o problema à minha esposa, bem mais jovem que as outras, todas formadas e trabalhando, ou na empresa, ou em escolas da cidade, contribuindo para o crescimento financeiro da família. Essas mulheres, em geral inteligentes, ou que assim se julgavam, deixavam entrever que Ângela não estaria à altura de suas conversas e a segregavam, provocando nela uma birra mortal (engraçado que a leitura predileta dessas mulheres tão eruditas, nos plantões, reduzia-se a romancezinhos água-com-açúcar, tipo "Júlia" ou "Sabrina").

    Ângela e eu já tínhamos nossas rusgas, o que, com minha absurda transparência, se tornava evidente, facilitando essa atitude por parte das outras, que, mais experientes, jamais deixavam transparecer seus possíveis problemas domésticos, que viriam à tona mais tardiamente. Hoje creio que outros fatores tenham isolado Ângela dessas mulheres fortes — algumas se revelariam o verdadeiro chefe da família —, como sua beleza insuportável, sua juventude, sua suavidade que a todos encantava e cativava, ofuscando-as com sua graça e leveza; e mulher, bem, mulher é mulher. De forma que minha jovem esposa, cuja aparência extraordinária não fora suficiente para preencher minhas carências e necessidades, ia representando um peso cada vez maior, pois, além de afastar-me do grupo e não contribuir financeiramente, tolhia-me a liberdade e necessidade de sexo fora do casamento.

Capítulo 18

Com todas essas dificuldades, fui tomado de enorme júbilo quando, adivinhe quem, ao ser convidado, se dispôs a vir trabalhar conosco, deixando a pós-graduação — que abiscoitara sem qualquer dificuldade —, tendo a universidade perdido um cientista em potencial, como veremos mais tarde?

Isso mesmo, adivinhou! Meu inestimável amigo Faraud! Eu, é claro, não cabia em mim de contentamento, pois todos os nossos problemas de companhia estariam resolvidos, já que, além de nossa estreita amizade, nossas esposas se davam às mil maravilhas. Ah, meu Deus, que bom!

Nesse ínterim, no entanto, alguns colegas de nossa turma, que haviam conquistado as chefias de seus departamentos, começaram a se julgar grandes mestres, superiores aos demais em suas respectivas especialidades. Alguns, é verdade, passaram a estudar obsessivamente, chegando a assinar revistas médicas estrangeiras e a publicar trabalhos, tornando-se, realmente, profissionais de elite. Um deles em particular, chefe da Clínica Médica, se tornara um profissional brilhante, mas como aqueles velhos e intocáveis catedráticos de algumas universidades, embora ainda muito moço, revelou-se tolo e arrogante, humilhando os próprios colegas na frente dos pacientes; os colegas, surpreendentemente, se retraíam, ousando apenas críticas veladas.

Na Ginecologia, ao contrário, Diógenes, um colega de perfil diametralmente oposto, ético e humanista, à cuja cabeça nenhum cargo jamais subiria, conduzia o departamento com tranquilidade, isenção e um espírito científico edificantes. Mas no setor de Pediatria crescia outro prócer, em tudo semelhante ao clínico já citado.

Eis que um belo dia eu havia realizado o parto de uma senhora multípara, cheia de filhos para criar. Dera à luz uma criança prematura, que deveria, portanto, ficar pelo menos um mês internada no berçário, mas no dia seguinte a mãe me pediu para lhe dar alta, para poder cuidar do resto de sua numerosa prole; conversei com a enfermeira, que acertou com ela um modo de buscar seu leite para alimentar o filho prematuro, e a liberei. Ato contínuo, esse pediatra, que no período de formação fora um absoluto desconhecido, surgiu na porta do corredor, com aquele bigodão ridículo, já meio obeso, esbaforido, gritando comigo em altos brados: como foi que eu dera alta para a mãe, sem comunicar a ele, chefe da Pediatria? Ah, meu rapaz, logo a mim, seu colega de turma, que o sabia meio estulto, de alcunha Jorjão Porrada... Caí matando:

— Em primeiro lugar, vai à puta que te pariu, em segundo lugar, vai procurar tua turma... — e dei-lhe as costas, deixando-o definitivamente atoleimado.

Esse moço, com toda essa delicadeza, e certamente em virtude disso, galgaria postos ainda mais altos na empresa, alcançando a supervisão geral, e se tornaria o terror dos pediatras mais jovens; jamais, porém, voltaria a me afrontar, se dirigindo sempre a mim com cuidado e delicadeza real quando precisava de algum esclarecimento em relação a uma ou outra reclamação de pacientes. Mas tudo isso era bobagem, insignificâncias de gente insignificante, diante da chegada iminente do meu amigo.

Faraud chegara, enfim. E imediatamente nos ligou e convidou para jantar em seu hotel, pagando a conta, como era de seu hábito, homem extremamente gentil e mão aberta, contrariando a imagem caricatural que se faz de seus patrícios. Viera, a princípio, sozinho, já que a esposa ainda levaria alguns meses para concluir a residência. Fomos, então, nesse laivo de tempo, seus frequentes convivas, ora em seu hotel, ora em nossa casa, pois ele revelara um insuspeitado pavor de solidão.

O ano enfim terminou, e logo chegou a sua esposa, imediatamente contratada pela empresa. Aí, o mundo caiu de vez. A esposa de Faraud rapidamente se enturmou com as outras mulheres, algumas das quais trabalhavam com ela no hospital, e Faraud revelaria de vez uma afinidade incomum por diretores, superintendentes da empresa e os chamados "aspones" (assessores de porra nenhuma), quaisquer que fossem suas áreas de atuação. Fomos definitivamente relegados.

Nossas casas eram quase em frente uma da outra, de modo que

não havia como não tomar conhecimento de suas reuniões sociais quase diárias, sempre bem regadas, para pequenos e seletos grupos que ele chamava de *petites comités*. Eu, que contava participar de todas elas, ia acabar enlouquecendo. E como ele estava feliz, não se fartando de comentar seus inúmeros relacionamentos, sua invejável performance junto às elites! Sobravam-nos algumas migalhas, um convite ou outro para um aniversário de criança ou coisa que o valha; quando Ângela viajou num fim de ano para a casa da mãe, cheguei a passar as festas natalinas completamente sozinho em casa, enquanto eles confraternizavam...

Capítulo 19

Além de enviar uma mesada aos meus pais, eu vinha economizando sofregamente para iniciar a construção da casa de seus sonhos, missão para qual fora preparado ao nascer, e que, realmente, acabaria por realizar, o que consumiu, praticamente, todos os meus anos em Itaipu. É essencial mencionar que Ângela jamais criticou ou dificultou essa posição, contribuindo em muito, com sua simplicidade e parcimônia, para esse feito. Além do mais, foram seus pais que tornaram possível a obra, pois apesar de trabalharem fora, tinham alguma experiência em construção; supervisionaram e contrataram as equipes, comprando todo o material com bastante sacrifício, pois o terreno era em um bairro novo e algo distante.

A casa dos sonhos trouxe, no entanto, alguns dissabores e contratempos; minha mãe sempre sonhara ter novamente uma casa com quintal grande, onde pudesse voltar a plantar horta e criar galinhas, saudosista dos velhos tempos em que morava na roça. Para isso, seria necessário, então, um terreno maior, acima dos lotes-padrão que eram comuns na cidade. Em bairros melhores eram maiores, porém, a preços inacessíveis para mim, já que nem meu pai nem nenhum de meus irmãos pôde colaborar com um centavo sequer, uma vez que nenhum deles conseguiu nada mais que empregos comuns. A única saída foi o terreno nesse loteamento novo, o que gerou certa insatisfação; meu pai levaria anos para se mudar, persistindo, teimosamente, em nossa antiga e sofrível casa alugada. Houve também gastos suplementares, pois o loteamento ainda estava irregular, ninguém ousava construir lá e tive que puxar e pagar sozinho os postes de eletricidade e telefone, recebendo, depois, apenas uma parte dos outros moradores.

No final, estava com enorme dificuldade para terminar a casa, porque, além desses entraves inesperados, o orçamento de uma construção supera sempre, e em muito, a expectativa inicial. Aconteceu, então, o milagre: ganhei na loteria esportiva. Na época, você se lembra, só havia esse tipo de loteria oficial — hoje o governo e os canais de televisão exploram a ilusão dos miseráveis e dos imbecis de mil e uma formas —, e tirei a sorte grande, como se diz; com ansiedade quase infartante, aguardamos, eu e Ângela, sem revelar o fato para ninguém, enquanto um dos jornais noturnos, em que havia um matemático — também não sei se ainda existe, pois há muito não o vejo —, fazia a previsão do provável rateio. Não daria uma fortuna, mas para nós era muito dinheiro, qualquer coisa entre quinze e cinquenta mil dólares; ficamos eufóricos, pois a probabilidade é que ficasse no meio, em cerca de trinta mil.

Naquela noite, eu e Ângela saímos a passear pelas ruas da vila, numa euforia sem precedentes, fazendo mil planos com o que sobraria, pois nos faltavam exatamente cerca de uns quinze mil dólares para terminar a obra; no dia seguinte, saiu o resultado final, o mínimo, exatos quinze mil dólares. Que decepção!

Minha mãe, ao menos, com o passar do tempo, se habituou à casa, a melhor em que já vivera, sem ninguém querendo despejá-la, e jamais deixaria de me agradecer e propalar aos quatro ventos o filho que tinha. De minha parte, no entanto, enquanto sacrificava todas as minhas economias para essa construção, via meus colegas levarem uma vida faustosa; somados os seus salários aos das esposas, tinham um excelente rendimento e faziam do Paraguai uma meca de consumo, além de se prepararem para o futuro investindo em casas e apartamentos em suas cidades de origem, para a qual provavelmente voltariam quando terminasse o serviço, que sabíamos temporário. Faraud, particularmente, adorava exibir para mim o *hollerith* duplo, principalmente quando recebiam o décimo terceiro salário, suntuoso, pois multiplicado por quatro.

Viera para Itaipu, dois anos depois de mim, aquele colega chinês, Oliveira Shao Lin, que dormira no casamento do Bordelböerg e "roubara" meu caderno, mas por quem eu tinha em muito apreço, e que também se bandeara imediatamente para o grupo deles, o que era até compreensível, já que sua esposa tinha sido colega de turma da mulher de Faraud. Eu me afastara de vez de meus colegas anteriores, fazendo novos amigos através de Ângela, que conhecera outras esposas de colegas que a tratavam com carinho e consideração.

    Por esse tempo, os médicos começaram, depois de muita pressão, a serem remanejados para a vila de elite, valendo para isso, de modo geral, regras claras e justas, como cargos ocupados e tempo de serviço. E não é que Faraud passou à minha frente? Alguém, por ventura, ainda se surpreendeu? Tomou-me uma enorme raiva; fui ao superintendente da saúde, amigo íntimo e conviva de Faraud, para externar a minha indignação; algum tempo depois, acabei sendo aquinhoado com o beneplácito, mas a mágoa já se instalara.

Capítulo 20

Por essa ocasião, começaria a ocorrer uma série de nascimentos; todos nós viríamos a ter nossos primeiros filhos, um em seguida ao outro, sendo que boa parte dos colegas teria dois, ou, eventualmente, três. Nossa primeira criança nasceria quatro anos após o casamento, inteiramente não programada.

Nunca tivemos certeza sobre a vontade de ter ou não ter filhos. Sempre evitamos, e, num desses descuidos, engravidamos pela primeira vez; uma vez grávidos, tudo bem, nenhum transtorno maior. Não sei descrever com segurança os sentimentos mais profundos de Ângela; só sei dizer que ela estava cem por cento certa de que teríamos um menino. Minha atitude era de relativa indiferença. Mas torcia por um menino também.

Foi uma gravidez tranquila. Naquele tempo não se fazia ultrassom de rotina, e ela optou por cesariana — uma verdadeira blasfêmia, principalmente vindo da esposa de um obstetra, em um serviço com índices de cesárea de menos de doze por cento e com indicação precisa, mas jamais contestei sua posição; inclusive influí decisivamente para que o colega escolhido por ela não a questionasse e ela tivesse uma gestação relativamente tranquila.

Apesar disso, ela viria a fazer críticas à atenção que dispensei à sua maternidade, meu relativo distanciamento, talvez não inteiramente desprovida de razão, embora tenha sido uma gestação sem nenhum contratempo, não requerendo qualquer cuidado especial. Eu mesmo a acompanhei durante todo o pré-natal, e acho que não fui, assim, tão mau, pois até mantivemos até o final da gestação um bom relacionamento sexual, reiniciado não mais que uns quinze dias depois da cesárea. A gravidez não afetara nem o meu desempenho nem o dela, ao contrário do que costuma acontecer.

Pois nasceria uma decepcionante menina!

Engraçado, apesar de nossa certeza e desejo de que nascesse um menino, ainda não tínhamos escolhido um nome, nenhum dos possíveis se encaixava pra valer. Quando Ângela disse, "Que tal Lílian?", foi imediato, estava decidido:

— Lílian Cristina, então — arrematei.

Ângela logo se apegou, pois já tinha criado apreço à filha durante a gestação, e a amamentação estreita rapidamente esses laços afetivos incipientes. Mas reclamava que ela chorava o dia todo, embora tivesse a ajuda da empregada nos cuidados de casa e da criança; muito em breve estaria liberada para sua vidinha social, bem agradável agora, pois havia formado, finalmente, um ótimo grupo de amigas um pouco mais velhas que tinham por ela um grande afeto, tratando-a quase como uma filha.

Creio ter levado pelo menos uns dois ou três meses para, gradativamente, ir me afeiçoando à menina; no entanto, ó paciente leitor, jamais se ouviria falar de laços tão profundos e ternos. Eu ainda não sabia, mas descobrira a minha grande vocação. Era um marido mediano, um homem mal resolvido e um profissional cheio de incertezas; mas que pai eu seria!

Claro que ainda eram projeções, eu não tinha qualquer noção disso, pois a menina apenas começara a despertar o meu afeto. Meu instinto paterno único começava a aflorar; apesar de obstetra, confesso que nunca fui muito fanático por atendimentos ou partos madrugada adentro, mas era só a menina suspirar, que eu, sono leve e atento, acorria imediatamente. Ângela, que tinha o sono pesado, jamais precisou se preocupar com isso, e creio que, na grande maioria das vezes, não tenha sequer tomado conhecimento de nossas aventuras noturnas.

Veja bem, não faça ilações precipitadas; não era aquele pai neurótico, que ficava desesperado, sem dormir, olhando se a criança parava de respirar ou se corria o risco de virar-se de bruços e morrer sufocada. Muito ao contrário, desde a chegada do hospital ela foi colocada no berço em seu próprio quarto; após ser trocada, era amamentada e colocada para dormir sem ser ninada, apenas deixávamos um abajur aceso. No início, a menina chorava, reclamando contra essa técnica, mas era muito simples; eu lhe dizia então, segura, porém ternamente:

— Olhe, menina, agora é hora de nanar, não fique reclamando, que não vai adiantar.

Rapidamente as crianças se acostumam, já que têm uma insuspeitada capacidade de compreensão e percepção; basta para isso a tranquilidade e a segurança de pais que as tratem, desde o nascimento, como os seres inteligentes que são. Então eu chegava de mansinho, ao lado do berço, acocorava-me, introduzia a mão por entre as grades, pousava-a sobre a pequena querida, já posso chamá-la assim, e pronunciava docemente as palavras mágicas: "Papai... papai... o papai tá aqui... papai..."

Era espantoso! Via de regra, acalmava-se imediatamente, e essa palavra essencial, "papai", ia aos poucos penetrando no mais profundo de sua alma, criando laços afetivos indissolúveis. Ah! Filha minha, meu amor, mil anos eu o faria, sem jamais me cansar, mil anos eu me levantaria para tranquilizá-la, para mitigar-lhe as dores e os medos, sem jamais me aborrecer!

Assim, raramente ela voltava a acordar; raras vezes se fazia necessário tomá-la nos braços e niná-la, exceto em noites febris, nas quais, por vezes, minha vigília se estendia até a madrugada ou o amanhecer do dia. Não importava que dali a pouco eu tivesse que trabalhar.

Seus cabelos iam ficando claros como a neve, os olhos de um azul profundo, e as feições iam tomando ares daquela inteligência viva, próprias das crianças normais e bem nutridas. Eu tinha comprado uma bicicleta; coloquei na frente um banquinho para ela, e todas as tardes passeávamos um bom tempo por aquelas ruas agradáveis e calmas, acompanhando o sol se pôr por detrás da floresta que margeava o rio imenso. Certa vez tivemos um acidente que me causou o maior susto: eu ia pedalando e brincando com ela, que olhava para trás e dava a maior gargalhada; fomos repetindo essa adorável brincadeira, e ela ficou tão excitada que se levantou e saltou por sobre a bicicleta, estatelando o rosto no asfalto — dei um grito e corri a socorrê-la no chão, chorando, com o rostinho todo esfolado; felizmente, foi só isso.

Ficamos alguns dias sem sair, mas não pense que desistimos; logo voltamos aos passeios, tomando agora o cuidado de amarrá-la bem amarradinha ao banquinho, a danadinha, que se revelaria uma serelepe. Eu mesmo a punha no berço todas as noites, e assim que ela começou a engatinhar, logo após ser trocada e amamentada, eu lhe dizia, em voz cantada, "Zarpando!", ou *Everybody!*, ou outra carinhosa palavrinha de ordem qualquer, que eu ia criando; e ela, sem pestanejar, dirigia-se ao berço docilmente, onde eu a colocava: "Boa-noite, amor!", ou "Até amanhã, querida!", e ela adormecia placidamente.

Às vezes, é claro, tinha suas birras, e como na época eu estava fazendo um curso de francês através de fitas, criei uma cançãozinha para essas horas, com a melodia de determinada música religiosa: *Petite nerveuse/ Vous êt´ennuyeuse/ Qüem qüem qüem/ Qüem qüem qüem qüem qüem (bis)* — imitando o seu choro. Não lembro direito o original cantado na igreja, mas a molecada parodiava assim:

> *Comadre Maria*
> *Seu cu tá de fora*
> *Nossa nossa*
> *Nossa senhooooora...*

Mas, pode ficar tranquilo, não vou ficar incomodando com as minhas corujices, nem louvando as graças de minha gatinha, que, felizmente, era apenas uma criança absolutamente normal, sem nenhuma precocidade ou prodigiosidade. Como era criada longe das avós e tias, sem qualquer pressão ou palpite, crescia magra, lépida e feliz.

Capítulo 21

Estávamos pretendendo fazer uma viagem para a Argentina, pois o câmbio se encontrava bastante favorável aos brasileiros; passagens compradas, eis que eclode a Guerra das Malvinas, e tivemos que cancelar. Alguns meses após, terminada a escaramuça anglo-portenha, marcamos novamente a data, e eis que se deu a maior enchente nos rios fronteiriços, suspendendo o serviço das balsas que faziam a travessia Brasil-Argentina — ainda não havia a ponte entre os dois países. A única maneira, então, seria usar os helicópteros ou pequenos aviões da capitania dos portos, que se dispuseram ao transporte em caso de necessidade.

Tudo isso parecia um aviso: não deveríamos fazer essa viagem, algo nos alertava para não fazê-la, pois alguma coisa poderia acontecer. Com a pulga atrás da orelha e uma indisfarçável apreensão — não por mim, que não tinha muitos motivos para me apegar tanto à vida, mas pela filha que agora tínhamos —, resolvemos desafiar a intuição, os avisos velados, e ousar assim mesmo.

Trouxemos minha irmã Jamile, que estava desempregada, para cuidar da pequena, e lá fomos nós, sobrevoando as imensas cataratas em um pequeno Cessna de seis lugares; dali, tomamos o avião para Buenos Aires, depois para Bariloche, retornando em seguida para a capital, até aí, tudo bem. Porém, na volta para Foz do Iguaçu, desabou um terrível temporal e houve uma forte turbulência, sem teto para descer, e o avião teve que se deslocar até Posadas, a trezentos quilômetros do destino. Achei que, realmente, havia chegado o nosso fim, e não teria sido por falta de aviso; imagine que, para me distrair e passar o tempo, resolvi ler, justamente, a contracapa de um LP de Carlos Gardel que comprara em Buenos Aires, contando, acho que você já matou a charada, a vida dele e sua trágica morte em acidente de avião. Mamãããe!!!

Bom, dá pra perceber que tudo acabou bem, uma vez que este

livro não é psicografado, e que essa história de presságios, intuição, não passa mesmo uma grande balela, de uma rematada tolice; muitas vezes, deixamos de realizar grandes aventuras, passeios memoráveis, em virtude de bobagens como essa, sem pé nem cabeça.

Durante o tempo que passei na barragem cheguei a ter alguns casos, poucos, é verdade, embora, paradoxalmente, tenha feito fama de grande garanhão — definitiva e infelizmente, falsa. Tive apenas um *affair* um pouco mais duradouro com uma jovem muito bonita, meio brasileira, meio paraguaia, de cabelos negros e lisos, pela qual desenvolvi algum afeto; as demais, esporádicas, eram em geral meninas de programa. O sentimento de culpa era tão grande que me traziam pouca ou nenhuma satisfação, causando-me, na verdade, enorme frustração e raiva, porque eu era tão transparente e metódico nos meus hábitos e horários, que, não tendo malícia nem talento para a dissimulação, deixava evidente minha face transgressora — era como se chegasse em casa e contasse tudo para Ângela, o que ia dilapidando a nossa relação, a ponto de nos agredirmos uma ou outra vez.

Ela, no entanto, não tinha muito do que reclamar; segundo a minha percepção na época, era muito mais feliz do que eu, levava uma vidinha agradável, não precisava fazer absolutamente nada, me amava profundamente — pelo menos era o que sempre dizia —, tinha se casado com o homem que escolhera e um elevado índice de satisfação sexual.

A maioria dos colegas, mesmo alguns acima de qualquer suspeita, tinha também os seus casos extraconjugais. Faraud, particularmente, o grande mestre e ídolo, era, definitivamente, o maioral, criara até um termo que se tornaria clássico em nosso meio, era só encontrá-lo e lá vinha a pergunta:

— E o EC?

EC, na realidade, em nossa especialidade, significa eletrocauterização de colo uterino, que ele, num jogo de palavras, transmutara para "extracurricular" — casos ou transas extraconjugais. Se transformara no mestre dos mestres do EC; não falava de outra coisa, não conversava sobre outro assunto e o compartilhava abertamente; bastava estarmos juntos, a sós, no quarto dos plantonistas, e ele dizia, "quer ver?", e ligava para a gata do momento. Ou fazia que ligava e ali ficava um tempão, aos sussurros, antecipando em anos os atuais serviços de disque-sexo.

Aquilo, é claro — e ele sabia, — causava-me enorme frustração, tal a facilidade que ele tinha com as mulheres, geralmente de bom nível, trocando-as como se troca de camisas e se revelando, a cada vez, tomado de grande paixão, já que isso, segundo ele, era fundamental no relacionamento: era o que o tornava completo, total. Nem as mulheres dos amigos escapavam de seu charme, e o caso era bastante comentado.

Além de ganhar o dobro, juntando ao seu o salário da mulher, os dois davam plantões em dias separados, para que aquele que estivesse de folga pudesse ficar com as crianças, duas meninas; então, na sua folga semanal pós-plantão, enquanto a doutora trabalhava, ele podia dar-se ao luxo de passar o dia todo nos melhores hotéis, onde alugava um quarto com a amiguinha do dia, indo em casa apenas para almoçar, uma vez que, na realidade, as filhas eram criadas pela empregada, o que viria a trazer seriíssimas consequências para as pobres crianças.

Segundo ele, essa técnica de dissimulação era perfeita e sua esposa jamais teria percebido absolutamente nada; engraçado, ela sempre me parecera tão inteligente! Apropriando-se igualmente dos chamados Índices de Apgar — escore usado pelos pediatras para avaliar a performance dos bebês no nascimento —, usava-os para classificar as mulheres — uma mulher com Apgar acima de sete, por exemplo, era admirável. Ele mal podia me ver, e já ia perguntando: "E os Apgares?"

Perto de Ângela, então, fazia questão absoluta de fazer a pergunta, o que a irritava profundamente; e se surgia alguma garota por perto, ele logo exclamava: "Que Apgar, hein!?"

Principalmente por isso, Ângela criara uma ojeriza incontornável em relação a ele, pois acreditava que o meu comportamento junto a ela se devesse, em grande parte, à sua influência negativa; negligenciava, ou não tinha a menor noção da essência da questão: nossa imaturidade primária, minha e dela, e o despropósito de nosso casamento. Mas eu tampouco tinha essa clareza de ideias.

Mudando de assunto: todo mundo engravidava, menos a mulher de Diógenes, que não conseguira desde o início, devido, creio, a uma anovulação persistente e de difícil solução. Parecia-me um casal único, de formação ética, moral e religiosa admiráveis, reforçada pelo trabalho que ela realizava na empresa como chefe do serviço social, o que lhe rendia um salário próximo do nosso.

Em vista dessa dificuldade básica, aliada a todas essas qualidades, houveram por bem adotar um menininho de cerca de quatro ou cinco anos, xodó da Pediatria, onde estava internado há meses tratando-se de uma série de problemas advindos de uma tuberculose óssea, que entre outras coisas o deixara surdo, e em consequência, praticamente mudo, com as dificuldades daí decorrentes; no entanto, ele era uma gracinha, andava com os pezinhos para fora, como Carlitos, e estava sempre sorridente, receptivo aos carinhos e ao colo de todo mundo.

O extraordinário é que, pouco tempo depois desse ato de verdadeiro humanismo, que a todos comoveu, ela engravidou espontaneamente, gerando o filho único que viriam a ter — esse fato, curiosíssimo para quem não é da área de infertilidade conjugal, não deixa de ser um acontecimento algo comum em casais inférteis: após desistirem de longos e infrutíferos tratamentos ou, por exemplo, ao adotarem uma criança, relaxam, e acabam por gerar seus próprios rebentos; cada um, é claro, que interprete o caso segundo suas próprias convicções. Não satisfeitos com isso, adotaram uma segunda criança, da idade de seu filho legítimo, que era usada por várias famílias da favela onde morava para pedir esmolas, graças ao enorme lábio leporino com que nascera; sua própria família se recusava a buscar uma cirurgia reparadora, já que o garoto valia mais como era.

Os serviços social e médico da empresa eram verdadeiras ilhas de excelência, e, sob os seus auspícios, o casal de abnegados conseguiu propiciar ao menino um longo tratamento, inclusive em centros médicos, psicoterápicos e fonoaudiológicos fora do estado, e ele se recuperou completamente da fenda palatina; a outra criança adotada avançou significativamente, dentro do possível, recuperando condições mínimas de audição e conversação — um trabalho, realmente, digno dos maiores encômios.

Nesse meio tempo, meu trabalho na barragem chegava ao fim; já haviam se passado cinco anos, as condições atraentes e o salário inicial restringiam-se gradativamente e os médicos eram tratados cada vez mais como profissionais secundários; acabei me irritando com a superintendência, na verdade com o Dr. Abbud, um médico troglodita e semianalfabeto que puseram na chefia. Tentei sublevar os colegas contra algumas resoluções estapafúrdias do comando e fui finalmente demitido, num risco calculado, que satisfazia os meus objetivos.

Achei que chegara a hora de voltar para perto da família, para um lugar mais civilizado e de maior futuro. Em verdade, analisando hoje à distância essa fase, meus motivos, na realidade, eram incertos, subjetivos; havia uma enorme inquietação, uma insatisfação pessoal interna muito grande, a necessidade de se movimentar, agitar, buscar novos rumos, enfrentar novos desafios. A barragem já havia dado o que tinha que dar.

Capítulo 22

Eu já vinha, há algum tempo, de certa forma preparando a minha volta; entrara em contato com uma antiga colega de residência que se tornara minha amiga, e para quem eu arrumara o primeiro emprego naquele clube, quando Narinha se casou e saiu. Mas para variar um pouco, as coisas não se passariam assim de forma tão amena.

Essa minha amiga se casara com Murad, um colega muito bem-sucedido e brilhante, que montara, logo nos primórdios desse tipo de empreendimento, uma empresa de medicina de grupo que se tornara a principal do ramo na cidade. Murad era muito simpático, muito humano, alguém com quem sempre se poderia contar, como o tempo viria a demonstrar.

Nessa empresa já trabalhavam vários colegas, antigos conhecidos, que mantinham uma enorme clientela, possibilitando que estabelecessem ótimos consultórios particulares. Mas seu vínculo com a empresa era a nível precário, e já começavam a surgir questionamentos trabalhistas a esse respeito. Em vista disso, a direção da empresa, constituída de três sócios, houve por bem iniciar uma venda de ações entre os profissionais médicos que lá prestavam serviço; e justamente na minha vez decidiram só permitir a entrada, a partir daquele momento, de quem comprasse cotas.

Sem alternativas, foi-se nesse negócio, praticamente, tudo que eu havia conseguido economizar após a construção da casa de minha mãe, inclusive o fundo de garantia. Foi terrível, pois eu havia iniciado a construção de uma casa para mim, e a obra teve que ser interrompida por um bom tempo, até que pudesse conseguir um financiamento, coisa muito difícil na ocasião; tive que morar um bom tempo em casa de aluguel.

Se havia esse diretor muito humano, responsável pelas relações públicas com as empresas conveniadas, havia o diretor financeiro, que caía no cargo como uma luva: fazia do dinheiro seu deus primeiro e único, defendendo-o, e por ele lutando, de forma obsessiva. Tratava-se, é necessário que o diga, de homem até agradável, não arrogante, gordo e bonachão, como todo amante da cerveja e da boa mesa, mas implacável no trato com o seu dinheiro e o da empresa.

Alguns chefes de clínicas muito amigos dos diretores acabaram comprando, meio obrigados, algumas cotas da empresa, mas com grandes facilidades e parcelamentos; nada mais justo, pois já estavam ali há um bom tempo. Nenhum dos outros médicos, não ligados à diretoria diretamente, quis comprar as cotas, que eram relativamente caras; optaram, simplesmente, por serem registrados como empregados, com os devidos direitos trabalhistas. Para os novatos como eu, no entanto, não houve opção, e o acerto teria que ser à vista; dois colegas que chegaram comigo eram filhos de empresários bem-sucedidos, e os pais as compraram tranquilamente; eu, ingenuamente, ainda procurei o diretor financeiro, propondo-lhe, candidamente, que me fizesse um plano de pagamento para que eu pudesse terminar a minha casa. Ele foi taxativo:

— Olha, Bonomi, esse assunto já foi resolvido.

Mais tarde, porém, de acordo com as necessidades da empresa, outros colegas aderiram sem ter que dispor de nenhum centavo. Chateado com isso, um dos colegas cotistas, em uma reunião, comentou:

— É, estou sabendo que tem muito colega arrependido de ter comprado as cotas...

O diretor bonachão o fulminou, com seu riso debochado:

— De arrependidos, o inferno anda cheio!

Esse diretor morreria, alguns anos depois, ainda relativamente moço, abatido por um câncer impiedoso e fulminante, e de nada lhe valeria sua pequena fortuna. Quanto a mim, passei meses difíceis, sem reservas, pagando aluguel, e com uma casa parada que tinha apenas as paredes levantadas.

Eu levaria uns dois ou três meses para iniciar o novo trabalho na empresa, e ainda mais alguns para, após certa pressão dos novos acionistas, passar a receber mensalmente algum retorno relativo às cotas que adquirira. Passei, então, a trabalhar em tempo integral, e assumi o posto de chefia da minha especialidade, o que causou certo desgaste com os colegas mais velhos; logo, porém, a cooperativa médica local houve por bem fazer valer um artigo de seus estatutos, proibindo aquilo que ela chama de dupla militância, obrigando os médicos da cidade, todos cooperados na ocasião, a optar, ou pelo cooperativismo ou pelas medicinas de grupo, que os próceres da cooperativa classificavam como médicos éticos ou não éticos, de acordo com a opção, agora compulsória.

A decisão, evidentemente, não foi nesses termos, foi bem mais simples, meramente prática: os mais antigos, cujos consultórios possuíam já bom movimento de conveniados da cooperativa, optaram por ela, e os mais novos, dependentes do emprego, permaneceram na empresa. Com isso, saiu a maioria dos colegas, e novos foram contratados; já me aceitaram como seu supervisor, aliás, eu viria a me tornar amigo pessoal de praticamente todos eles, até hoje.

Nesse ínterim, estimulada por mim, Ângela começaria a fazer uma faculdade noturna de Educação Física em uma escola particular. Além de mais esse dispêndio importante, pois a escola era muito cara, Lílian, minha filha, ficaria inteiramente aos meus cuidados. Era muito penoso, mas necessário, investir no crescimento de Ângela, fosse por ela, fosse por mim; e, se por um lado, não deixava de ser trabalhoso cuidar de uma criança de dois anos todas as noites, durante vários anos, por outro, cuidar dos meus próprios filhos sempre me pareceu uma tarefa natural, inata, além de fortalecer ainda mais os nossos laços, que se revelariam indeléveis.

Minha saída de Itaipu provocou uma verdadeira avalanche no setor de saúde da empresa; houve uma debandada de médicos, sendo que, na Ginecologia, dos oito colegas que havia, só restou um, e tiveram que contratar novos profissionais; segundo um ótimo amigo meu, da Clínica Médica, que lá permanecera, todos diziam que "o que era o pior, agora é o melhor", referindo-se ao único que ficou. Vários desses colegas foram para outras cidades, enquanto outros voltaram para a nossa, inclusive meu caro e dileto "amigo" Faraud.

Este, bem ao contrário de mim, voltou em situação invejável: uma boa casa própria, um excelente apartamento, tudo já devidamente quitado, e ainda uma boa sobra financeira, suficiente para, em associação com mais dois ou três colegas, construir uma ótima e bem localizada clínica para ele e a esposa. Além disso, de família bem situada e bem relacionada — um tio já fora, inclusive, secretário da saúde do município e presidente de associações médicas —, sem qualquer esforço ou dispêndio, sequer concurso (é de justiça dizer-se que ainda não havia concursos para esse ingresso, só indicações), empregou-se imediatamente em um posto da prefeitura e noutra medicina de grupo local. Também ingressara em uma dessas associações beneméritas, não sei se Lions ou Rotary, com o intuito exclusivo de se fazer conhecido; assim que isso se deu — logo se enturmou com os presidentes dos principais hospitais, associações médicas e da cooperativa, dos quais se tornou íntimo —, abandonou-as.

Em suma, para encurtar o papo, em apenas um ano já podia se dar ao luxo de deixar aqueles empreguinhos medíocres, estava com a clínica cheia e o nome já decantado em verso e prosa; não se trata mesmo de um homem incrível!? No início, moço de mil amizades e relacionamentos, houve por bem, no intuito de ampliar ainda mais o leque, chamar colegas vários, ora um, ora outro, para auxiliá-lo em suas cirurgias; mas parece que andou se complicando em algumas, e teve que acabar optando, definitivamente, por um único auxiliar, da mais absoluta confiança e de experiência comprovada, já adivinhou quem, não é? Eu, é claro. E eu não estava em condições de recusar oferta tão tentadora, não podia me dar a esse luxo.

Iniciavam-se, de qualquer forma, com essa associação, os anos mais produtivos para mim em termos financeiros, além de grande segurança profissional, já que era sócio da empresa onde trabalhava. Comprei carro novo, e, pela primeira vez, um carro para Ângela, facilitando muito a rotina diária; consegui financiamento, terminei a parte principal de nossa casa e pudemos nos mudar. Parecia, realmente, haver chegado ao fim da história, parafraseando certo historiador.

Nos dois ou três anos seguintes, consegui mobiliar completamente a casa e terminar seus apêndices, como a área de lazer, com piscina, sauna e churrasqueira, tornando-a extremamente agradável, o que surpreendeu até ao meu amiguinho, cuja casa era sensivelmente inferior à minha; de forma consciente ou inconsciente, estava sempre concorrendo com ele e fazendo questão de sobrepujá-lo, atitude, é evidente, de flagrante imaturidade, que será posteriormente dissecada à exaustão. Ele, por seu lado, acredito que pouco se lixava para a minha situação.

Recuperei o *status* de amigo, passando novamente a ter o privilégio de participar de uma série de eventos em sua casa, e voltei a ter uma vida social agitada. É bom, de qualquer maneira, deixar bem claro aqui que já não tinha nenhuma ilusão em relação a ele; jamais voltaríamos a ter qualquer relacionamento afetivo intenso, sendo o meu interesse para com ele exclusivamente comercial, financeiro — representava, para mim, não muito mais do que um bom emprego, embora, também é necessário que se diga, continuasse a julgá-lo o homem mais bem-sucedido e feliz que eu já conhecera, uma espécie de ideal a se atingir, mesmo que já não sentisse por ele qualquer afeto, talvez até o oposto.

Faraud atingira o auge da fama e do sucesso, e amava mais do que nunca; eu, por minha vez, com a dificuldade e insatisfação costumeiras, também ia dando os meus pulinhos. O que me irritava mortalmente em meu amiguinho é que ele tinha um carisma inato, não precisava fazer qualquer esforço para ter clínica cheia, e adorava viver nos hospitais, a qualquer hora que fosse; não participava de cursos e congressos, jamais lera sequer uma bula de remédio, muito menos artigos e livros técnicos ou jornais e revistas mais críticos, que dirá, então, um ensaio filosófico ou literário, mas isso não lhe fazia a menor falta.

O maior esforço que empreendia quando estava em casa, e não era muito comum que lá estivesse, além de festas mil, era o uso incessante do controle remoto, mudando incansavelmente de canais e assistindo seriadamente a uma quantidade infindável de filmes em vídeo, quaisquer que fossem; tornou-se um verdadeiro videomaníaco. Nas festas, quando discutíamos em rodinhas de amigos qualquer assunto que não fosse a respeito de mulheres, ele se aproximava, levando cinicamente tudo na gozação, não parecendo ter a menor noção ou preocupação política ou social; o mundo lhe parecia um mar de rosas, e nós, gozando também, comentávamos: "Que panaca, que débil mental!", porém, no bom sentido, e talvez, até, com uma pitadinha de ciúmes, pois todos invejávamos esse incrível e desligado *"bon vivant"*.

Capítulo 23

Quando comecei a me interessar por política, já na residência médica, fazia uns dez anos que a ditadura militar brasileira se instalara; eu a ignorara completamente durante toda a faculdade, o que é quase inacreditável, mas compreensível: em casa apenas lutávamos pela sobrevivência, jamais comprávamos um jornal ou revista; não tínhamos a menor consciência política, e televisão ainda era artigo de luxo. Mesmo na faculdade, a alienação parecia ser a regra geral, pois nunca percebi qualquer discussão ou movimentação política.

Mas desde que iniciara a residência, eu finalmente começara a me interessar um pouco por política e economia. Assinei uma revista semanal bem opinativa na época, indicada por um colega, e também comecei a colecionar clássicos da literatura e da música vendidos em bancas de jornal, de forma que principiava a tomar consciência, mesmo que palidamente, dos temas mais candentes do pensamento humano; até então, vinha sendo um leitor voraz de gibis infanto-juvenis — Mickey, Bolinha e Luluzinha, Brasinha etc. — que trocava todo domingo em um cinema da cidade, e tinha verdadeira paixão pelos livros de Tarzan, Monteiro Lobato, Karl May (*Mão de Ferro*, *Winnetou*), e as fábulas das Mil e Uma Noites, todos emprestados de uma biblioteca pública.

Quando voltamos de Itaipu, eu já evoluíra em termos políticos e culturais. Descobrira um talento insuspeitado para escrever, e começava a publicar meus primeiros artigos no jornal do centro médico local, versando, basicamente, sobre política e honorários médicos, artigos muito claros e objetivos, com um estilo inconfundível. Passaram a ter ótima acolhida junto aos colegas, e houve até quem dissesse que a primeira coisa que fazia, ao receber o jornalzinho, era ver se havia algum artigo meu; o resto, lia depois, se houvesse tempo.

Cheguei, inclusive, a enviar um artigo a respeito de ensino médico que foi parcialmente publicado pela revista de um laboratório farmacêutico, considerado ousado e revolucionário pelos editores, mas que não logrou maiores considerações das entidades médicas. Então, ocorreu um fato extraordinário.

Eu vinha acompanhando, e estava bastante preocupado com a conjuntura econômica brasileira na época. Escrevi um artigo, que julguei bastante interessante e pertinente, e o enviei ao Presidente da República e ao Deputado Ulysses Guimarães, então Presidente da Câmara — embora dirigido ao primeiro, não confiava muito nele, mas acreditando no teor do artigo, enviei a correspondência registrada e com AR, aviso de recebimento que guardo até hoje comigo.

Alguns meses depois era deflagrado o Plano Cruzado, e é essencial que eu transcreva, na íntegra, o artigo que enviei aos máximos mandatários da nação, meses antes, mais exatamente, em 20 de agosto de 1985:

>Exmo. Sr. José Sarney
>DD. Presidente da República

Inflação zero

Já se tentou de tudo, nos últimos anos, para debelar a inflação — das clássicas teorias de Adam Smith a Friedman, passando por Simonsen, Delfim Netto, João Sayad e FMI —, sem qualquer sucesso, muito pelo contrário; ou seja, nenhuma teoria antiga ou moderna conseguiu combater esse flagelo que esgota todo o tempo do Governo, toda sua energia e reservas, aniquilando a vida das pessoas, obrigadas a decisões e compras precipitadas, e derrubando a autoridade. Uma vitória absoluta e definitiva sobre a inflação, portanto, consagraria e eternizaria um governo, ou seu governante.

O que proponho é provável que seja inviável, e que não resista à menor crítica por parte dos economistas, mas, nas atuais circunstâncias...

O Governo, através do CIP, tabela certos preços, como óleo de soja, automóveis, leite, pão, gasolina, salários etc. Fixados, esses preços se mantêm inalterados por dois ou três meses, mas depois são inevitavelmente reajustados devido à inflação, já que, tudo que não é tabelado subiu nesse entremeio, ou seja, esse tabelamento parcial nada resolve devido ao fenômeno do rebote dos preços.

Proposta: e se tudo que se produz no país for tabelado? Desde salários, carros, gasolina, até um botão de camisa, batata, cebola... Dessa forma, não haveria rebote, já que nada mais subiria um centavo.

Absurdo, impossível, impraticável? Talvez, mas com o uso dos computadores, do IBGE, de todo o poder do Governo e do povo, concentrados no combate ao mal maior do país, quem sabe?

E como se faria isso?

Primeiro, segredo de guerra, para que os preços não disparem. Tomaríamos como início do tabelamento um determinado mês, por exemplo, 1º de janeiro de 1986. Com tudo o que já é tabelado, ficaria fácil:

a) salário mínimo: foi reajustado em 1º de novembro; no dia 1.º de janeiro seria acrescido da inflação de novembro e dezembro;

b) gasolina, carros etc. seriam reajustados de acordo com a inflação desde o último reajuste;

c) e o resto, aquilo que não é tabelado, que se reajusta sem controle, e de acordo com a vontade do vendedor e dos supermercados, como arroz, feijão, batata, cebola, todo o resto, tudo que existe? Simples: teria o preço do mês anterior ao decreto, dezembro, no caso, uma vez que essas coisas já são reajustadas mensalmente, ou até diariamente.

Por exemplo: quanto custaria a dúzia de laranja em 1º de janeiro de 86, quando da época do tabelamento? O IBGE pegaria o preço médio da laranja mais cara, a de melhor qualidade no país, e esse seria o preço máximo da laranja; nenhuma laranja poderia ser vendida ao consumidor por preço superior. Quanto ao preço por atacado, para revenda, o comprador teria que exigir preços menores, para poder repassá-los com lucro ao consumidor pelos preços tabelados.

Bananas, geladeiras, televisores, tudo seria tabelado, e nenhum aumento poderia ser requerido, nenhum aumento seria justificado. Uma vez conseguida a Inflação Zero, esses preços poderiam até ser revistos e abaixados, calculando-se o custo real de produção de certos gêneros alimentícios, por exemplo, e o preço final de venda ao consumidor, pagando-se um preço justo ao produtor e restando uma margem estreita de lucro ao atravessador.

E o preço da gasolina, como poderia não subir, se o petróleo é comprado em dólar? Bem, também não subiria, já que o preço pago em dólar é fixo, e o valor dólar/cruzeiro passaria a ser eternamente fixo, uma vez que já não haveria inflação, com tudo tabelado.

E o controle de tudo isso, como se faria? Difícil, é claro, mas não impossível.

Seria lançado um livro com os preços tabelados de tudo que seria distribuído a toda a população, que o usaria na hora das compras, e exigiria o cumprimento da tabela, denunciando os infratores.

O principal, os grandes supermercados, seriam controlados através de sua meia dúzia de donos.

Seria colocado um posto de controle de forma simples e acessível, sem burocracia, em cada praça pública de cada cidade, e o número de postos de acordo com o tamanho de cada cidade, com fiscais avulsos nas cidades e feiras livres... Exortaríamos o povo a exigir nota fiscal de tudo; quando o consumidor voltasse a comprar uma mesma mercadoria, teria como comparar e comprovar uma possível alteração de preços. Além do controle, isso também aumentaria consideravelmente a arrecadação de ICM.

Muito caro? Certamente um preço bem menor do que o custo da inflação. Uma vez resolvido esse problema crucial, as energias do Governo poderiam ser voltadas para os outros problemas da nação.

A ideia a mim mesmo parece mirabolante, mas já que nem o Governo, com toda a sua equipe de especialistas, quase nada conseguiu até agora, qualquer sugestão deve ser no mínimo avaliada.

Atenciosamente,
Albino Bonomi

Não comentei qualquer coisa com ninguém a respeito do assunto, e você não pode imaginar, ou melhor, acho que pode, a minha excitação quando o plano sigiloso foi decretado e lançado de forma absolutamente abrupta. Eu simplesmente não dormia, acompanhando todos os noticiários e jornais, e era tão espantosa a semelhança, até de alguns termos, que eu não tinha a menor dúvida de que havia sido um dos pais do Cruzado, senão o pai único e verdadeiro.

Dei consciência imediata do assunto a Ângela; e aguardei com insuportável ansiedade que, a qualquer momento, alguém do governo citasse o nome do desconhecido idealizador do plano, com a enorme repercussão consequente catapultando-me às alturas, já que o plano ia às mil maravilhas.

Contudo, para o meu desespero, os dias iam se passando e nada acontecia; acabei tendo que mostrar o artigo a Faraud, que foi tomado de grande espanto e mesmo euforia, acabando, com sua enorme influência em todas as áreas, por conseguir, embora só um mês depois, que eu fosse entrevistado pela TV regional, num programa que ninguém viu, e por um jornal da cidade que publicou o artigo na íntegra, incluindo as cópias dos AR, e seguido de uma longa entrevista ocupando página inteira. A única consequência prática é que fui homenageado pela câmara de vereadores local com uma menção honrosa, mas, para minha profunda decepção, ficou só nisso, ou você pensou que seria tão fácil?

Hoje, é claro, bem mais amadurecido, acredito ter sido apenas uma espantosa coincidência, mas o meu amiguinho, com quem conversei dia desses, conserva a certeza de que fui deveras o mentor do malfadado plano; de qualquer modo, às vezes ainda releio o artigo e me espanto com o fato de que eu, versado exclusivamente em medicina, tenha escrito algo tão curioso.

Capítulo 24

Nesse meio tempo, recebi o convite de uma colega para trabalhar em uma cidade vizinha, mas já que estava instalado em minha cidade, convidei o Nimura, aquele amigo de Foz do Iguaçu que fizera o primeiro parto de Ângela. Ele havia se mudado e não se dera muito bem; no entanto, lamentou não poder vir, pois, profissional consciencioso, já estava se ligando a uma universidade, creio que na capital do Mato Grosso, se eu tivesse ligado uma semana antes... Liguei, então, para Diógenes, que estava em sua cidade natal. Ele aceitou; não estava indo lá muito bem, e sua esposa era de nossa cidade.

Aí quis o destino, uns quinze dias depois, que Nimura, voltando da capital onde acertara o seu novo trabalho, sofresse um acidente de carro e ficasse tetraplégico; foi para Brasília se tratar, e acabou lá ficando, ligado, graças à sua bela e dedicada esposa, uma enfermeira, ao grupo religioso a que ela pertencia. O grupo lhes daria todo o apoio para que se reestruturassem e para que ele fizesse psiquiatria.

Certo dia, Faraud, assustado, ligou-me dizendo que aquele seu amigo e já nosso conhecido colega chinês, que ainda estava trabalhando em Itaipu, acabara de chegar e estava internado, em coma, no Hospital das Clínicas de nossa cidade; descobrimos que estava com AIDS e que deveria levar uma vida paralela, provavelmente metido com drogas e orgias mil. Desliguei o telefone e pensei cá com meus botões: *Que se foda, o maldito desgraçado, que morra...!*

Pois ele não morreu, o que me decepcionou um pouco a princípio, mas foi melhor assim. Há coisas bem piores que a morte, e ele que se danasse. Após sua alta, deixaria Foz do Iguaçu; voltou com a família para cá e abandonou a medicina, passando a viver de seus negócios no Paraguai. Às vezes, a gente se encontra na rua, ele vem me cumprimentar, e, sem termos nada sobre o que conversar, fala pateticamente das agruras de nosso eternamente atribulado time de futebol, como se isso ainda me interessasse; tem gente que não tem desconfiômetro, mesmo.

Diógenes trabalhou alguns poucos meses na cidade vizinha, mas acabou, finalmente, por vir se encaixar em nossa empresa; pouco depois, já instalado, ligou-me com outra notícia funesta:

— Bonomi, o Jorjão sofreu um acidente e morreu... nós estamos fretando um ônibus para ir pra lá, você vai?

— Olhe, colega, agradeço o aviso, mas não tenho nada a ver com esse moço...

Não lamentava um pingo por ele, que se tornara chefe de cadeira na faculdade de sua cidade; alguns colegas que eu conhecera diziam que se tornara um sujeito prepotente, dono da verdade, terror dos alunos. Nunca viera visitar Diógenes, padrinho de seu filho e vice-versa, que fora seu amigo íntimo. Sempre que vinha à cidade, o que fazia com certa frequência, ficava na casa de Faraud, muito mais interessante e festivo. Pois ele que se danasse, também. Lamentava, talvez, e veja bem que estou dizendo "talvez", por seus filhos, embora haja pessoas que, mesmo para os próprios filhos, trazem mais benefícios mortos do que vivos.

Olhe, caro e incauto leitor, que, porventura, tenha conseguido chegar até aqui: compreendo perfeitamente a sua incoercível vontade de vomitar; no entanto, não se iluda, não farei concessões. Me despirei por inteiro, exporei minhas entranhas como jamais se viu na busca de minha verdade primeira; se persistir na leitura deste relato, levá-lo-ei a percorrer o extenso leque em que se debate a alma humana, da mais sórdida mesquinhez ao mais purificador altruísmo, num retrato, em última instância e em cores vivas, de todos nós — variando, cada um, apenas no grau, nas nuances em que se perambula de um extremo a outro desse largo espectro, cada qual à procura do próprio caminho.

Capítulo 25

Passaram-se mais alguns anos de relativa tranquilidade, inclusive financeira, Ângela chegava ao último ano de faculdade quando acabou por engravidar novamente, do mesmo modo que da vez anterior, sem programação, sem euforia nem tristeza. Nasceria Lelê, um moleque dismaturo com menos de dois quilos e meio, embora de termo; o nome, dessa vez escolhido por mim, também foi tiro-e-queda, encaixou-se à perfeição, na hora.

Interessante que dessa vez eu não teria dado a menor importância se fosse outra menina, tanto me acostumara à gatinha da Lílian, em tudo e por tudo a filha com a qual sempre sonhara: uma gracinha, esperta, inteligente, muito carinhosa, e estudiosa, mas sem excessos, sem qualquer dificuldade escolar. Mas nasceu Lelê e tudo bem.

Ao contrário de Lílian, extremamente vivaz desde o nascimento, o menino me preocupava um pouco, parecia-me meio tchongo, meio abobalhado, de farol baixo, com olhos de peixe morto. De qualquer forma, o processo foi idêntico ao de Lílian: a empatia e a afinidade foram ocorrendo paulatinamente, e, em poucos meses, o afeto já se tornara absoluto e definitivo. Minha apreensão persistia, já que, comparado a Lílian, ele era em tudo mais devagar, demoraria mais para falar e muito mais para andar. Se Lílian havia me encantado pela vivacidade, ele me conquistou pela fragilidade.

Lílian não teve grandes problemas com relação à chegada do irmão, o que costuma ser muito comum. Menina realmente brilhante, acompanhou a gestação com ansiedade e uma expectativa positiva; por pouco não assistiu à cesárea aos seis anos de idade, só não o fazendo porque teria que vestir a roupa do centro cirúrgico, que achou esquisita e enorme, e desistiu; se conheço bem a danadinha, teria assistido mesmo. Praticamente não deu demonstrações de ciúme, ou, se o sentiu, não foi especialmente patológico.

Uma coisa bem curiosa ocorre em uma família quando nasce uma nova criança: a criança mais velha, rainha da casa até esse exato instante, paparicadíssima, passa, ato contínuo, a ser absolutamente ignorada por todos, principalmente pelas avós e tias, e, fato de extrema gravidade, até pelos pais, com as consequências mais do que conhecidas, como os ciúmes doentios e todo aquele quadro típico em que a criança, agora preterida, entra em um processo de regressão: quer voltar a mamar no peito, a usar fraldas e a ser novamente tratada como um bebê; passa a ser agredida e chamada de chata, o que intensifica o problema, formando um círculo vicioso.

Meu afeto por Lelê foi se intensificando de forma prodigiosa, mas sempre tive o cuidado de manter os mesmos sentimentos e cuidados com Lílian; seus progressos eram evidentes, e assim que começou a andar, passou a se interessar intensamente por esportes, como chutar bolas ou pegar em raquetes de tênis — já com uma técnica admirável, inata, me encantando sobremaneira; ali pelos dois anos já assistia aos esportes na TV, e não era raro surpreender-me ao me chamar para jogar os esportes mais esdrúxulos e improváveis, como golfe ou beisebol, levando-me ao mais puro êxtase. As tias e avós, por sua vez, iam à loucura com o menino, presenteando-o com bolas e camisas do nosso time de futebol; era inadmissível, para elas, que ele pudesse torcer por outra equipe.

Havia então um grande risco de se deixar Lílian de lado, o que acontecera com quase todos os nossos familiares; acredito, e os acontecimentos futuros o comprovariam, até com a própria mãe, embora em grau não tão evidente. Tornava-se crucial um esforço sobre-humano para evitá-lo; não pode haver jamais, pelo menos por parte dos pais, qualquer diferença de tratamento, qualquer preferência; as crianças são excepcionalmente receptivas aos pais e percebem qualquer desequilíbrio, qualquer tendência que não seja a absoluta igualdade, o que é inaceitável, sendo inconcebível qualquer demonstração de afeto que não seja equânime, ou as consequências serão drásticas.

Essa conversa de que menino é mais ligado à mãe, ou, vice-versa, a menina mais ligada ao pai ou qualquer outra bobagem do gênero, não passa da mais rematada estultice, não resistindo a qualquer análise mais profunda. De minha parte, como já disse, num esforço acurado de percepção e racionalidade, procurei, e acredito haver conseguido, um perfeito equilíbrio, me embevecendo de forma intensa pelo menino, mas não deixando jamais de me encantar e me enternecer com a menina, em suas várias fases, já que ia se tornando uma mocinha encantadora em todos os sentidos.

A criança, repito, nasce extremamente sensível, com uma necessidade inata de afeto. Se uma criança é mais ligada à mãe, é por esta lhe ser mais receptiva, diferente do pai — infelizmente, nas famílias, é o quadro mais comum: cada filho se liga mais a um dos pais, o que é profundamente lamentável, e a falha é exclusivamente deles, sendo a criança sempre ávida pelos dois, figuras simbólicas insubstituíveis.

Os dois adoravam serem abraçados e beijados por mim, se aninharem no meu colo para ver televisão ou ouvir música, e haja pernas e braços para aguentá-los ao mesmo tempo. No entanto, eu evitava essas demonstrações afetivas na presença de Ângela, que curtia certo ciúme de mim em relação a eles; parecia não discernir, de forma clara, que são amores absolutamente diferentes e não excludentes, cada qual correndo por canais diferentes, e que é perfeitamente possível amar-se de forma total as crianças e a mulher ao mesmo tempo. Porém, como o nosso relacionamento conjugal sempre foi precário, havia o ciúme — que nada mais é que uma manifestação de insegurança — e ela misturava as coisas, de modo que perto dela eu evitava qualquer excesso com as crianças.

Esse meu cuidado não impedia, quando a nossa relação azedava, que ela partisse para a agressão ao elo mais fraco, principalmente a Lílian: surrava-a por motivos triviais, numa demonstração de absoluta insensatez; para ela, em primeiro plano e acima de qualquer coisa, vinha o marido, e isso começava a ficar evidente.

Raramente eu chamava as crianças pelo próprio nome, optando por palavras como querida ou querido, amor, e apelidinhos carinhosos, que eu ia criando a cada dia, tirados nem sei de onde: para ela, "pequena, lovercita, branquela, blanquecita, xereca's baby, siriguela, jovencita cara de cabrita, menina, sri lanka, sapo-gato..."; para ele, "moleque, saraleg, sariguê, bernardinho, pirolho's boy, zé pelé, carapicuíba, mucho loko, pangaré, bicho lóki..." Ela, por sua vez, só me chamava de pinha ou pi; e Lelê, de pai mesmo. Eu tinha, também, um modo peculiar de responder aos chamados deles:

— Pi!
— Sim, ó belíssima...
— Pinha!
— Sim, jovem de extraordinária beleza...
— Pai!
— Sim, menino lindíssimo...
— Pai!
— Fala, ó mais belo filho do mundo...

Como até a coruja acha seus filhos os mais belos do mundo, como canta a fábula, não estava mentindo, e aquilo ia lhes entranhando profundamente na alma; e iam crescendo e se sentindo crianças belas e inteligentes, já que, até aprender a amarrar o próprio tênis se tornava motivo de observação e reforço. É claro que, para observar e acompanhar tantos detalhes, esses mínimos progressos, era necessário o máximo de presença junto a eles, trabalhar apenas o essencial, tomar café da manhã, almoçar e jantar com eles.

Como pai e educador, é evidente que tinha que lhes dar algumas duras, sendo mesmo severo de vez em quando; porém, quando isso era necessário, a fórmula básica era a mesma, mudando apenas o tom de voz, a entonação, porque, mesmo nessas situações, não deixavam de ser meus filhos, meus queridos:

— Ah!, filho, por que você fez isso?
— Ah!, querida, isso não tem cabimento... -

Isso não quer dizer, a bem da verdade, que eu jamais lhes tenha dado um croque ou outro, um ou outro puxão de cabelo, no início, quando era ainda imaturo; porém, sem jamais agredi-los de forma violenta ou que lhes provocasse medo. À medida que ia amadurecendo, no entanto, isso seria definitivamente descartado, enquanto eu adquiria a clara consciência de que a coerção física, além de um ato covarde e canalha, é completamente dispensável na educação dos filhos. A gente não bate em quem realmente precisa e gostaria de bater — mulher, marido, sogra, patrão, amiguinhos — e acaba descontando nas crianças.

Faço um paralelo, que julgo pertinente, entre a criação de filhos e o tratamento das disfunções sexuais, matéria na qual eu chegaria a atingir certo grau de especialização. Explico: tratar uma disfunção erétil, uma impotência, uma anorgasmia, uma frigidez, consiste simplesmente em retirar os bloqueios que estejam impedindo as funções sexuais masculinas e femininas, que, assim como a digestão e a respiração, são funções fisiológicas, naturais; caso não estejam funcionando plenamente, isso se deve a traumas advindos de uma educação coercitiva, repressora, ou mesmo, o que é muito comum nos dias de hoje, pseudoliberal. Criar filhos é basicamente a mesma coisa: é só deixá-los fluir naturalmente, deixá-los desabrochar em sua vivacidade e inteligência naturais, sem lhes causar bloqueios, simplesmente observando-os de perto e dando--lhes todo o suporte afetivo e material de que necessitam — é de uma simplicidade atroz.

Como nunca, vale aqui, também, a extraordinária máxima da medicina, "*Primum non nocere*", ou seja, o médico já está fazendo um excepcional benefício ao paciente apenas por não o prejudicar.

Casais profundamente infelizes e mal resolvidos são ausentes e, via de regra, omissos — pais que se deram bem nos negócios, muitas vezes de modo pouco ético, e donas de casa frustradas, estas, principalmente, porque os primeiros se julgam investidos da maior autoridade para educar seus filhos, metendo-se nos mínimos detalhes de sua vida e se dirigindo a eles quase exclusivamente em tom de crítica:

— Olha essa calcinha no chão do banheiro, olha esse tênis fora do lugar...

— Você só come porcaria, vê se mastiga com a boca fechada, não fale com a boca cheia, pega com a mão direita (*mesmo ele sendo canhoto*), lava essa mãos...

— Você vai ver quando o seu pai chegar...

E o bonitão, muitas vezes semianalfabeto e grosso, porém, rico e bem-sucedido:

— Veja se estuda, olhe o vestibular, sua mãe falou que você só tirou oito na prova de matemática, olhe a sua prima que só tira dez, seu burro, preguiçoso...

Acabam, com isso, dando origem ou a crianças hiperorganizadinhas, bitoladas, fixadas na fase anal de Freud — como suas mães, fanáticas areadoras de panelas — ou, ao contrário, crianças estupidamente desleixadas, consumidoras compulsivas, nos legando esta humanidade que aí está, cujo futuro é, no mínimo, preocupante. Existem também aquelas mães chantagistas, que usam qualquer vestígio de doença, principalmente cardíaca, para manipular os filhos. Procurou-me, certa vez, no posto de saúde, uma mocinha completamente tímida e aparvalhada; bem, para encurtar a conversa, estava grávida:

— Ai, doutor, ai, meu Deus, minha mãe tem sopro, ela vai morrer...!

— Olhe, filha, você já está de uns seis meses, não adianta mais ficar escondendo... sua mãe está aí fora, é melhor eu chamá-la e já explicar tudo...

— Ela vai morrer...!

— Vai não, deixe comigo.

Entrou a mala da mãe, com cara de poucos amigos, e expus o caso; mal comecei, ela se levantou da cadeira, se encostou à parede e foi "desmaiando"; nem me dei ao trabalho de me levantar e disse, serenamente, já velho de guerra:

— Olhe, dona, a senhora fique fria (*não muito, espero*) e tranquila, que não vai morrer não, para poder depois cuidar de uma criança saudável, pois vai mesmo sobrar pra avó.

Nem amoníaco teria provocado um resultado mais extraordinário; e hoje ela cuida, toda coruja até, de uma bela garotinha, levando para tomar vacina etc.

Apenas para encerrar este capítulo, todas vocês, mães, já foram se despedir de seus filhos, quando estes viajam, de ônibus, em alguma excursãozinha da escola, para algum acampamento ou colônia de férias; pois assim se despedem dos adolescentezinhos, quando o ônibus já vai saindo...

— Vê se respeita a tia! (*seu mal-educado*)

— Vê se obedece o tio! (*seu desobediente*)

— Não sai de perto da tia! (*sua débil mental*)

— Cuidado na hora de atravessar a rua! (*sua tonta*)

— Divirta-se, *mon amour*, vou ficar morrendo de saudades! (*gatérrima linda e inteligente*) — ah, sim, este último fui eu.

Capítulo 26

E voltando à parte profissional: contrariamente ao que eu havia imaginado, aquela tranquilidade financeira não duraria para sempre; um belo dia, fomos abruptamente informados de que a empresa médica da qual éramos sócios fora vendida para a Golden Cross. Levei um susto enorme e virei empregado novamente, o que acabou com a minha estabilidade anterior, embora mantivesse o cargo de chefia do meu departamento; é de justiça enfatizar que a compra das cotas da empresa que, no princípio, me fora penosa, acabou com o tempo sendo um bom negócio, tanto devido aos melhores rendimentos como cotista e chefe de clínica como com a venda da empresa, por recebermos proporcionalmente a nossa parte, acredito que até com certo lucro.

A nova empresa passou a ter uma administração estritamente profissional, como seria de se esperar, sendo capitaneada não mais por médicos, mas por administradores de empresa e economistas; dava-se muito mais ênfase ao marketing e às vendas, relegando-se ao segundo plano o capital humano, embora sempre se enfatizasse o oposto.

Em consequência da truculência com que começaram a nos tratar, em apenas cerca de um ano essa empresa, que em dezoito jamais conhecera sequer uma única greve, sofreria três paralisações dos médicos, todas com adesão de 100% da categoria e nenhuma baixa, sendo que uma delas durante trinta e cinco dias, o que quase fechou-lhe as portas de vez; e todas elas comandadas por mim, por Diógenes e com o apoio logístico do Dr. Waílton e sua "conversa ao pé do rádio", conforme se referia à sua conversa persuasiva junto aos mais recalcitrantes.

A última greve ocorreu em consequência de minha demissão, pois, embora fosse chefe de departamento, em nenhum instante aceitei as normas da empresa, e acabei demitido. Ato contínuo, entrei em contato com os colegas, que, instigados dessa vez pelo Dr. Pitti, pararam imediatamente; bastou um dia de paralisação para a empresa, já escaldada, me recontratar, porém, em um novo regime de prestação de serviços, que em breve seria adotado para os demais colegas.

Naquelas condições, o ar se tornara irrespirável para mim. Uns dois meses depois, acordei de madrugada achando que ia sofrer um infarto, e pela manhã, então, pedi demissão de vez. Deixei, de qualquer modo, uma empresa quase agonizante — devido às paralisações e a seus dirigentes precários, fora reduzida de setenta para trinta mil conveniados.

Apenas para registrar: o único médico da cúpula dessa organização, de tendências claramente fascistoides, o J. C., sairia logo no início — por fé demais —, enquanto o superintendente, um pastor evangélico, seria demitido — por fé de menos — porque estaria passando a "palma" da mão no dinheiro da empresa.

Eu já vinha me preparando para essa eventualidade; fizera uma poupança suficiente, pois pretendia voltar para a cooperativa médica da cidade, e sabia que seria submetido a uma carência de um ano de acordo com seus estatutos, pelo fato de, outrora, já haver participado dela e saído. Vale registrar que outro colega nas mesmas condições, porém, muito mais articulado e de clínica exuberante, tempos depois também retornaria — no entanto, desobrigado de cumprir a mesma exigência estatutária.

A Coopermed, dirigida na ocasião por próceres extremamente arrogantes, estava passando por um agudo surto de crescimento, claramente em decorrência da debacle que havíamos provocado em sua principal concorrente — na época, minha ex-empresa —, porém nossa vital participação nesse processo jamais seria reconhecida; nem minha insistência junto às entidades de classe — uma vez que costumam ser visceralmente ligadas às cooperativas, como se fossem sua extensão — foi capaz de angariar apoio à minha causa, tanto que numa de minhas petições, a Associação Paulista de Medicina — ou a Associação Médica Brasileira, já não me lembro —, ao invés de cuidar dos meus interesses como associado, simplesmente a repassou à cooperativa, emperrando de vez uma possível antecipação.

Mas, tudo bem, eu estava preparado financeiramente e apto a suportar, não só a carência, mas o tempo necessário até formar uma nova clientela, pois, ao deixar determinado convênio o médico a perde inteiramente: a carteira de clientes pertence ao convênio, não a ele. Além do mais, os meus gastos sempre haviam sido espartanos, não apenas por opção, mas por necessidade.

Tentando diversificar e aumentar a renda familiar, e também com o intuito de arrumar uma ocupação para Ângela — que, uma vez formada, continuava desempregada —, acabamos fechando contrato, através do esquema de franquia, com uma empresa do ramo de perfumaria fina. As negociações chegaram a bom termo, alugamos um ponto comercial adequado às exigências do franqueador e mandamos decorar a loja de acordo com suas especificações.

Porém, nesse exato momento, ocorreria aquela terrível e inimaginável hecatombe que abalou o país inteiro: o confisco dos saldos bancários e da poupança pelo exótico governo recém-instalado e sua desvairada equipe econômica. Como o fato é relativamente recente e suas dramáticas histórias pessoais por demais conhecidas, inclusive com casos de suicídio, vou evitar me alongar em meu drama pessoal, apenas registrando o enorme desespero porque passamos, eu desempregado, sem clientela e sem reservas, com a loja recém montada e ainda com tudo para pagar. Não fosse a intervenção dos meus amigos Murad e sua esposa Açucena...

Houve inúmeras maneiras, criativas e fraudulentas — se é que se pode chamar de fraudulentas as tentativas de se driblar decretos tão francamente inconstitucionais! — de se resgatar o que fosse possível do dinheiro confiscado; Murad, sabendo das minhas dificuldades, colocou-me, então, em contato com Cafuné, um parente seu — senhor muito simpático, corretor de imóveis, na verdade uma dessas figuras raras, folclóricas, de cabelos brancos e longos, falastrão — que estava intermediando gestões junto a uma empresa de aviação em uma cidade de outro estado, que, através de um esquema ardiloso, montado de comum acordo com os cartórios locais, conseguiam registrar contratos de compra e venda com datas retrógradas, prévias ao desatinado pacote econômico.

Acho quase dispensável descrever o pânico inenarrável que eu viveria, então, durante vários meses, naquele clima de estado fascista que se instalara no país e com o terror atávico e inexplicável que eu sempre tivera da lei — vendo-me, a qualquer momento, ser interpelado pela justiça —, até que, finalmente, consegui reaver cerca de setenta por cento do montante confiscado. O estado de ânimo da população era confuso, os boatos completamente desencontrados, e, por medo de novos desatinos, torrei todo o dinheiro na compra de um automóvel novo, com o intuito exclusivo de proteger daquela equipe insana o meu parco capital.

Capítulo 27

Há cerca de um ano trabalhava, em nossa casa, uma garota de dezesseis anos, Liliane, muito bonitinha e agitada, que mais ficava ao telefone, com mil amiguinhos, do que cuidando da casa, que vivia literalmente às moscas e baratas, uma vez que nem ela nem Ângela eram muito chegadas a uma boa faxina. As crianças, no entanto, se davam relativamente bem com a moça — que era carinhosa com elas, embora Lílian vivesse com algum ciúme, pois Ângela, carente, regredira quase à adolescência e vivia de papinho com ela, em detrimento de nossa gatinha.

Liliane sempre levava suas amiguinhas para tomar sol em nossa piscina, o que me excitava imensamente, e, ao mesmo tempo, frustrava-me sobremaneira, dada a absoluta impossibilidade de tê-las; e, coisa curiosíssima, Ângela possuía um imenso carisma, as moças que a conheciam se encantavam com ela, achando-a maravilhosa e de extrema doçura, esposa ideal, o que as tornava totalmente avessas a qualquer assédio de minha parte. Juntando-se a isso as minhas dificuldades naturais, quase intransponíveis, iam tomando conta de mim o desespero e a falta de perspectiva de realização dos meus desejos mais simples e básicos. Eu e Ângela ainda transávamos com boa frequência, embora eu usasse o artifício de pensar em outras garotas, uma vez que ela, ainda que se conservasse bela e formosa, quase já não me atraía.

A loja tampouco evoluía, devido à falta de recursos para uma publicidade constante e ao fato de Ângela não ter se conscientizado da importância do sucesso do empreendimento: abria a loja quando bem lhe aprouvesse, e a fechava nas mesmas condições. Mesmo sem ter nada o que fazer, às vezes mandava Liliane abrir e tomar conta da loja, que virava, então, *point* de adolescentes.

Ângela reclamava muito de que eu não lhe devotava atenção; volta e meia discutíamos e eu lhe dizia que não poderia lhe dar o que ela queria, pois não se pode dar o que não se tem ou nunca se teve. As mulheres são tão engraçadas, acham que cobrar afeto dos maridos resolve alguma coisa, como se fosse apenas uma questão de mera falta de vontade ou empenho, coisa facilmente reversível, e as razões para isso não um tanto mais complexas — que tolice! Mas voltaremos a dissecar esse assunto mais amplamente.

Desdenhada, solitária e carente, além de ter se tornado amiga íntima e confidente de Liliane, ela enveredara para a curtição de músicas de fossa; comprara dois ou três discos de música sertaneja, muito em voga na época, quando o estilo se tornara uma espécie de *cult*, mesmo entre gente mais aquinhoada. À noite, enquanto elas e as crianças assistiam às novelas, eu me sentava na imensa varanda do quintal e o tédio atingia níveis insuportáveis.

Quando, já pela segunda ou terceira vez, me peguei, estupefato, também ouvindo e curtindo aquelas músicas, me dei conta do perigo iminente, e uma luz amarela se acendeu, me alertando: o declínio estava chegando a níveis perigosos e a ruptura se fazia inadiável, quaisquer que fossem as consequências, ou seria o meu fim. Chamei-a e chegamos à conclusão de que não havia outra solução. Estávamos nos destruindo, inibindo o crescimento mútuo, e íamos acabar por nos odiarmos, nos desprezarmos um ao outro. Nos liberamos, consensualmente, para que cada um buscasse o próprio caminho; só pedi que ela não desse para o Faraud.

Eu jamais sentira por ela nada de mais profundo, fora distante o tempo todo, canalha algumas vezes; e isso, certamente, me seria eternamente cobrado e jogado na cara, como já o fora em algumas ocasiões. Sem nenhum estímulo, sentindo-me algo asqueroso e repugnante, minhas poucas canalhicezinhas não haviam me proporcionado qualquer prazer, nem aumentado a minha segurança e autoestima — que, no fundo, era o que eu realmente buscara durante todo esse tempo —, mas, ao contrário, apenas trazido sentimentos de culpa e autocomiseração.

Uma vez acertada a nossa decisão — e quando digo "nossa" estou sendo benevolente —, os fatos se desenrolaram de forma vertiginosa, insuspeitada. Completamente estúpido e sem conexões, tudo que ousei foi comparecer sozinho a uma ou outra festividade médica; Ângela, porém, mais bela, esfuziante e viva do que nunca, com recentes ligações universitárias e articulada com a "tchurma" de Liliane, fazia a festa. Com todo esse clima favorável, não se passariam dois meses e ela se revelaria perdidamente apaixonada! "Coisa séria, adulta, madura", segundo ela, que solicitou, então, a separação formal.

A princípio, muito ao contrário do que se possa imaginar, não fiquei nem um pouco chocado, achei excelente, pode acreditar; sempre, apesar de tudo, havíamos mantido uma boa amizade e desejávamos, sinceramente, a felicidade um do outro. Senti até certo júbilo porque ela, em princípio mais frágil e dependente, saía na frente, tomava a decisão de se desligar — definindo a situação ao mesmo tempo em que desatava as amarras, dando-me a tão sonhada liberdade de que tanto necessitava.

Abraçamo-nos, em lágrimas; foi um momento de profundo altruísmo, em que nos desejamos um futuro feliz e nos prometemos o empenho tácito de mútua colaboração. Em estado etéreo, me justifiquei, num mea-culpa inocente e impensado; revelei as dificuldades de minha adolescência — que ela desconhecia — e as apontei como causa de minhas calhordicezinhas, uma busca tão incessante quanto infrutífera de autoafirmação. É possível que viesse a me arrepender de tanta franqueza, mas a busca da reparação e da purificação, diante dela, se fazia imperiosa. Eu me sentia leve e solto, o futuro se me descortinava à frente, risonho e promissor.

Eu ainda não tinha a menor noção, mas iniciava-se, naquele instante, uma longa e penosa descida ao inferno, de onde, talvez, não houvesse volta.

Capítulo 28

Era novembro, e haviam se passado treze anos desde o nosso casamento. Uma vez tendo chegado a esse ponto, havia que se partir para as coisas práticas; procuramos uma amiga comum, Dra. Lia, advogada jovem e competente, que cuidaria da separação legal, de comum acordo, sem quaisquer dificuldades ou litígios. Começamos também a procurar um apartamento onde ela e as crianças pudessem morar, uma vez que a nossa casa era muito grande para esse fim.

Ângela passou a sair com frequência, voltando de madrugada; eu comecei a sair com algumas amigas e amigos solteiros do posto médico em que trabalhava, e sentia que o mundo se abria para mim, as perspectivas pareciam deslumbrantes. Uma jovem candidata a modelo, bastante bonita, amiga de Liliane, dormiu em casa certa noite, e, como Ângela saíra, peguei-a na cama do quarto ao lado onde dormia com a amiga, tomei-a nos braços e a levei para a nossa cama, onde transei com ela. Ainda a levaria uma vez a um motel.

Embora tivesse transado, em ambas as vezes, sem nenhuma dificuldade, uma grande frustração estranhamente se seguia; não tinha a menor vontade de tentar uma segunda vez, fosse em virtude do desinteresse da moça — que o fazia nem sei por que, talvez esperando algum futuro —, fosse em virtude de causas que ainda não me assomavam à mente com clareza. O extremo oposto se passava com Ângela, que parecia andar nas nuvens, em longos telefonemas para o novo namorado e aos risos e cochichos com Liliane. Ainda dormíamos juntos, transando, quase sempre.

Apesar das noitadas, ela me afiançava que os dois apenas passeavam, de bar em bar, dançando e trocando confidências em boates que iam descobrindo, ao som das músicas sertanejas da moda a que já me referi. Sentia-se e agia como uma adolescente apaixonada, e o rapaz, complacente e igualmente apaixonado, condescendia em preservá-la até que se oficializasse a separação; não sei por que, mas eu acreditava nisso, ou queria acreditar.

No entanto, um certo incômodo, uma certa inquietação, um sentimento confuso, começava a se assenhorear do meu espírito. E houve uma noite, em que ela saíra e eu não conseguia dormir; o rádio relógio marcava as duas, três, quatro horas, e eu resistia, queria ver, saber a que horas ela voltaria. Acabei por pegar no sono e acordei sobressaltado às cinco e meia, com o barulho que ela fazia na cozinha, onde já estava fazendo café. Fui até lá, e ela, candidamente, ofereceu-me uma xícara, entre sorridente e desconcertada; não trocamos, porém, qualquer palavra.

Logo no início de dezembro, a separação judicial se efetivou; após vender os dois carros que possuíamos e com boa parte das reservas, consegui comprar um apartamento para ela. O apartamento só seria desocupado dentro de um mês, e ainda precisaria de alguns reparos antes de ser mobiliado.

Depois de legalmente separada, as saídas de Ângela, agora mais frequentes, significavam, com toda certeza, que ela estava transando. Com apenas trinta e dois anos, ostentava uma beleza exuberante: cabelos com longas mechas louras e encaracoladas, olhos verdes, elegantemente trajada, continuava uma mulher altamente sensual; jamais fora tão admirada pelos homens e mesmo pelas mulheres, sempre que saía à rua. Após os dois filhos — cuidadosa, sempre submetida à ginástica e a massagens —, mantinha-se impecável e com o peso ideal.

Bem orientada por mim, seu obstetra nos dois pré-natais, e consciensiosa, ganhara nas gestações apenas o peso necessário, não formara estrias, sua pele permanecia aveludada e macia; os seios, de tamanho adequado, sofreram apenas discretíssima flacidez, o mesmo ocorrendo com o abdome, tendo sido perfeita e delicadamente retocados por um dos melhores cirurgiões plásticos de nossa cidade, com o meu aval e estímulo — ouso dizer, inclusive, eu, que deles usufruíra plenamente na juventude, que seus seios teriam ficado até mais graciosos do que antigamente, com os mamilos mais empinados.

Eu jamais conhecera mulher mais sexualizada; nada havia de que ela não gostasse, muito pelo contrário. Era extraordinariamente receptiva, nunca se esquivava, curtia ao extremo ser acordada de madrugada com carícias sexuais; bastava eu me deitar depois do almoço, e lá vinha ela se aninhar debaixo das cobertas. Não se furtara de se relacionar em nenhuma fase de sua vida, fosse menstrual ou gestacional, nada parecendo influenciar sua sexualidade.

É evidente que toda essa sensualidade era uma característica inata, latente, não pode haver qualquer dúvida, que apenas desabrochou e se firmou de forma definitiva com o nosso relacionamento; teve a felicidade de iniciar sua vida sexual com o homem que ela idolatrava, e que aparentava ser forte, másculo, a ponto de afrontar as figuras repressoras de seus pais, liberando-a de vez, além de ser, ao mesmo tempo, um homem delicado, gentil e sensível, que lhe transmitia segurança e certeza. Nesse caldo de cultura ideal, aquele germe de boa cepa cresceu e se desenvolveu à excelência nessa área.

Eu, o desgraçado, não fora capaz de curti-la em toda a sua plenitude, e agora alguém o estava fazendo em meu lugar. Em uma determinada noite, ele veio buscá-la em casa e quando cheguei da rua o conheci; era solteiro, tinha a idade dela, mais alto e um pouco mais calvo do que eu, mais forte, quase tendendo à obesidade, voz grossa, cara de macho. Estava no meu escritório e me apresentei, fazendo-me de desinibido; ele se mostrou constrangido, sem jeito, e logo saíram. Eu não o veria novamente tão cedo.

Ângela passou a dormir no outro quarto, para o qual se retirava logo após a gente transar, pois voltara a me despertar uma inesperada atração. Liliane chegou, inclusive, a externar sua estranheza perante essa Dona Flor moderna, e me lembrei das proféticas palavras dela, vaticinadas há tempos, diante de meus olhares lascivos para suas amigas: "Ei, Bonomi! Ei, Bonomi! Você vai ver quando Ângela arrumar um moço loiro, alto, bonito..."

As crianças, ou melhor, Lílian, foi colocada a par dos acontecimentos, nada objetando, pois não tinha ainda, aos nove anos, uma noção clara da situação; Lelê, de apenas três anos, estava, pelo menos era o que parecia, completamente alheio aos fatos, uma vez que tudo se desenrolava sem conflitos e a rotina da casa não sofrera qualquer solução de continuidade. Apenas não pode passar sem registro que, uns dois meses antes, quando se deflagrou o processo de ruptura, a psicóloga de sua escolinha me chamara, revelando que o menino se mostrava excepcionalmente agitado, elétrico, não ficando parado um minuto sequer, sem conseguir se concentrar em qualquer tarefa ou brincadeira.

Capítulo 29

No entanto, eu precisava saber, tinha que saber, era necessário que o soubesse; pois assim o fiz, e fui fundo. Chamei Ângela ao escritório e comecei, sem rodeios, embora não agressivo, calmo até demais, apenas querendo saber, tentando compreender:

— Onde vocês têm ido?

Constrangidíssima, sem me fixar, ela respondeu:

— Ah, ao motel tal, e tal, e tal...

— E quantas vezes vocês chegam a transar, por noite?

Ela recuava, regateava, e eu insistia:

— Ah, até três vezes...

— E você goza toda vez?

— ...

— ...

— Claro, né?!

"Claro, né", com ela isso era claríssimo, não tinha *perhaps*. E já que eu começara, teria que ir até o fim:

— E o pau dele, é maior que o meu? — acuei-a, implacável, não permitindo que se esquivasse.

Constrangidíssima:

— É... é um pouco maior... embora o seu seja um pouco mais duro... — creio tê-la ouvido completar, num fio de voz.

O que eu temia se confirmava: eu sempre tivera algum complexo de ter o pau pequeno, menor que o de outros colegas de juventude; já havia dito isso a ela, mas ela sempre retrucava: "Imagina, é tão grande e gostoso...!"

Ela, creio, não conhecia outros, e eu temia isso, sabia que ela teria um frêmito quando visse outro maior, suspiraria de forte excitação e prazer. Imagina, então, um pau grande de um macho de verdade, e que a desejava como deveria, sem entraves, sem bloqueios! Não precisei prosseguir, isso era suficiente, maiores detalhes eram dispensáveis, bastava se usar a imaginação...

Capítulo 30

Eu estava saindo, enquanto isso, com uma amiga de outros tempos, moça desquitada, com um filho, bonita, muito agradável, porém com o peso ligeiramente acima do ideal, seios algo flácidos; e tinha alguma dificuldade para transar com ela, além de me sentir repugnante depois.

Certa manhã, antes de ir para o trabalho, encontrei um bilhete de Ângela na pia da cozinha, bem visível, orientando Liliane para o caso de o namorado ligar e pedindo para avisá-lo de que iria fazer-lhe um jantarzinho à noite. Eu estava a ponto de me descontrolar, começava a achar uma grande injustiça o fato de ela estar amando novamente e eu a ver navios; eu é que quisera a separação, eu é que tinha enormes necessidades de afeto, e ela é que se locupletava, e pela segunda vez. Não suportando a situação, fui com as crianças para a casa de minha mãe; era véspera de Natal, minha irmã desocupou seu quarto e ali me acomodei com meus filhos.

O primeiro sinal de descontrole emocional logo se manifestaria. Dois ou três dias antes do Natal, saí com a minha amiga e resolvi levá-la em casa; contudo, ao passar pela avenida, vi o carro do namorado de Ângela em frente à minha casa, onde as luzes do bar e da sala de visitas estavam acesas. Batemos em retirada, deixei a moça em sua casa e voltei para a casa de minha mãe. Então, ridículo, vulgar, liguei para Ângela, tentando ser sarcástico:

— E aí, já treparam?

Ela ficou uma fera:

— Nós não estamos fazendo nada, só estamos conversando, venha aqui ver...

Desliguei, abruptamente. O telefone tocou, imediatamente a seguir, e ela, pê da vida, escandalosa, me ameaçou:

— É pra vir aqui ver, hein, senão eu vou aí...

Desliguei de vez e ela não voltou a ligar, mas não consegui dormir; sentia-me ridículo, medíocre, repulsivo, mesquinho.

O rapaz era de formação escolar precária e nível socioeconômico médio baixo; morava com o pai viúvo em uma cidade vizinha, uma casa simples, e andava em um carro velho, caindo aos pedaços: era tudo que possuíam. No entanto, segundo dissera a Ângela — que se encantara com a tese —, importante em um carro eram o motor e os pneus, e era com essa velha ferramenta de trabalho que ele ganhava a vida, mascateando pelas cidades ao redor, sem qualquer preocupação a não ser o dia-a-dia. Nessas condições, não fora difícil para ele se deslumbrar à primeira vista com o porte e a beleza de Ângela, seu carro top de linha e sua suposta posição social, uma vez esposa de médico e morando em um bairro e uma casa da melhor estirpe, segundo a sociedade ribeirão-pretana.

Ângela, inversamente, se apaixonara, acredito, por sua simplicidade e filosofia de botequim; deslumbrou-se pelo macho cheio de tesão, por seu pique de boêmio noturno sem preocupação com horários, e pelos planos que começavam a fazer, ingenuamente — contando com os trocados a que ela teria direito na partilha, uma vez que ele não possuía tostão —, de montar conjuntamente algum negócio que ele pintava com cores vivas. Ela dizia, também, toda entusiasmada, que ele fazia questão de levá-la ao baile do *réveillon* que se aproximava no clube de sua cidadela, frequentado pela nata da sociedade local.

Futuramente, eu analisaria, e acabaria por concluir, que, assim como eu, no princípio, aquele moço, sem qualquer passado ou tradição, tinha necessidade de desfilar diante da elite, à qual nunca tivera acesso, com aquele troféu deslumbrante — papel a que Ângela se prestava à perfeição, vestida em um longo vestido branco, todo em lantejoulas até os pés. Não era um início alentador. Por minha vez, eu perdera por completo o senso do ridículo e do absurdo; passei o *réveillon* com minha família e as crianças, e, no dia seguinte, lá pelas dez da manhã, peguei-as, convidando, todo eufórico:

— Vamos lá visitar a mamãe e desejar-lhe um Feliz Ano Novo!

Chegamos em nossa casa e abri a porta com a minha chave. A porta que dava acesso aos quartos, porém, estava fechada por dentro; estranhei, bati, insisti, mas ninguém atendeu. Voltei, algo inquieto; vi cinzas de cigarro no lavabo, insisti novamente, apertei a campainha, e, finalmente, Ângela, toda nua, apenas com um lençol cobrindo o corpo, entreabriu a porta, ofuscando-se com a claridade. À minha tentativa de entrar, juntamente com as crianças, ela disse, apreensiva:

— Múcio está no quarto, mas nós só dormimos, ficamos no baile até de manhã...

Atônito, confuso, ouvi movimentação no meu próprio quarto de casal, onde alguém certamente se trocava, apressado — meu Deus, na minha própria cama!

— Depois a gente volta, então, né, crianças!? — consegui balbuciar, estupidificado.

Capítulo 31

Minha irmã que morava fora ia chegar para passar alguns dias, acompanhada do marido e dos filhos, e a casa de minha mãe ficaria tumultuada, com gente dormindo pelo chão. Eu começava a querer ficar só, não ia suportar tanta gente, tanta criança, e tampouco, principalmente, dormir mal acomodado no calor intenso que fazia; ah, sim, no meu quarto de casal havia até ar condicionado.

Faltavam, ainda, uns quinze dias para o novo apartamento de Ângela ficar pronto, e eu lhe propus, então, que até lá fosse morar com sua mãe, para que eu pudesse ficar em nossa casa com as crianças. Não sei bem por que, ela foi radicalmente contra a ideia, optando por ficar em casa junto comigo; para isso, comprometeu-se a não sair nem se encontrar com o namorado até se mudar, falando com ele apenas pelo telefone.

Eu começava a desmoronar. Já não conseguia conviver com seu romance explícito. Por esses dias, seu pai me procurou no trabalho, revelando que não estavam satisfeitos com a situação nem com a conduta de Ângela, e se propondo a intermediar nossa reconciliação. Tinham-me em grande conta e estima, já que dera à filha um ótimo padrão de vida e jamais me indispusera com eles após o casamento, sabendo conviver perfeitamente com sua cansativa mesmice e a conversa eternamente repetitiva de meu sogro espírita — suas histórias de mil reencarnações desde o Império Romano, além de suas profecias a respeito do fim do mundo, não se cansando jamais de citar Nostradamus e outros menos famosos. Para ele, os claríssimos sinais dessa hecatombe inevitável já se faziam evidentes, e pelo menos para alguma coisa estava servindo a nossa separação: a passagem do milênio, junto a meu sogro, iria ser, com toda a certeza, o fim do mundo!

— Olhe, seu Fulgêncio, agradeço a sua boa vontade; no entanto, tudo isso é necessário, não há retorno, e não posso, em absoluto, garantir que a faria feliz, ainda mais agora que ela está apaixonada... se eu interferir e a tornar infeliz, ela jamais irá me perdoar — na verdade, não era só por ela, era por mim, era-me indispensável prosseguir, necessário, quaisquer que fossem as consequências.

Finalmente, o apartamento dela ficou pronto, completamente mobiliado com móveis novos, embora simples, na medida do possível. E Ângela se mudou com as crianças e Liliane. Eu, no início, ficara muito apreensivo com o fato de nossa casa possuir uma ampla área de lazer, com gramado, piscina e varandas, onde Lelê corria, jogava bola e praticamente já aprendera a nadar comigo, o que estava fazendo com que fosse se tornando uma criança mais viva, esperta e inteligente, principiando, inclusive, a reverter minhas preocupantes expectativas iniciais.

No entanto, tranquilizei-me definitivamente quando, por extraordinária sorte, conseguimos adquirir esse apartamento em um condomínio fechado, muito embora não luxuoso, constituído por uma série de pequenos edifícios de três andares, com espaços magníficos, ruas asfaltadas, todo gramado, arborizado, com *playgrounds*, quadra e piscina. Fiquei bastante aliviado: apenas eu lhes faltaria, mas certamente haveria muitos meninos que supririam, em parte, essa carência; quanto a Lílian, já estava ficando mocinha, com novos interesses, e isso não teria tanta importância.

Mudaram-se e fiquei sozinho, na casa imensa e vazia.

Capítulo 32

Era janeiro, Lílian estava de férias e resolveu passá-las comigo, pois tinha muitas amiguinhas perto de casa com as quais brincava o dia inteiro; comia com elas, e, às vezes, até dormia na casa delas.

Num sábado, eu tinha combinado com uma gracinha de auxiliar de enfermagem de pegá-la no serviço, logo depois do almoço, para tomarmos sol lá em casa, certamente mais do que isso. Pois naquele dia, Lílian entrava e saía de casa a todo instante, ora para isso, ora para aquilo. Falsamente severo, a intimei:

— Olhe aqui, menina, daqui a pouco virá uma amiguinha do papai tomar sol comigo, e você trate de desaparecer...

— Está bem, mas quero conhecê-la.

— Fique então de olho, e, assim que ela chegar, você vem.

A moça chegou e Lílian logo veio, apresentei-as, e já fui levando a criança ao portão de saída. Ela, então, a lindinha, a coisinha mais fofinha do mundo, me disse:

— Bonitinha, né, pai? — ato contínuo, enlaçou-me, com a cabeça colada ao meu corpo: — Ai, pai, que bom que você está feliz!

Eu começava a descobrir que, para as crianças, de maneira geral, quando o casamento se desfaz, o essencial é que os pais estejam felizes, não importa com quem, desde que continuem a amá-las e não as abandonem covardemente, ou não as peguem apenas para tomar um lanche de vez em quando, como que é comum acontecer.

Não houve divisão de bens na separação, pois Ângela, estoica e apaixonada, dissera não se preocupar com essas coisas; revelou, no entanto, a preocupação de seus pais com esse descaso. Eu também não suportaria viver por muito tempo sozinho naquele casarão. Logo em seguida, sem ninguém para tomar conta durante o dia, aconteceu o inevitável: a casa foi arrombada e assaltada, contribuindo para resolver de vez a questão: teríamos que vendê-la e dividir os destroços, e assim foi feito, ficando eu com a casa onde minha mãe morava e metade do valor da venda, com a qual comprei um apartamento em construção, de um nível um pouco melhor; Ângela ficou com o apartamento onde já estava morando e comprou outros dois no mesmo local, cujo aluguel iria contribuir para sua manutenção.

Passei a sentir uma necessidade mórbida de transar com ela e a visitava diariamente, irritando-me com a presença das crianças, que, às vezes, dificultavam o sexo. Certa vez, inclusive, tentando desesperadamente compreender, eu lhe rogara: "Me fale, me explique como é amar, se querer, se apaixonar, o que é que vocês sentem..."

E ela, etérea: "Não tem jeito de explicar, tem que sentir, você jamais compreenderia..."

De outra vez, quando fui agressivo com ela, disse: "É por isso que você está assim, ainda vai demorar muito, felicidade é para quem merece..." — ou seja, ainda por cima, eu que tratasse de ficar bonzinho, senão iria demorar cada vez mais. Ângela, a princípio condescendente, não colocava empecilhos, mas logo comecei a manifestar dificuldades na relação, e, como as coisas já haviam se arranjado, definiu de vez a situação, acabando definitivamente com a absurda ambiguidade:

"Você sabe que sempre fui mulher de um homem só..."

Ato contínuo, o namorado passou a morar definitivamente com ela, embora houvéssemos acertado que isso deveria ser gradativo, para que as crianças se habituassem à ideia. Quanto a mim, me descontrolei de vez; disse-lhe certo dia um desaforo qualquer, ela sorriu irônica, complacente, e sapequei, então, repulsivo, sórdido: "É bom você evitar sorrir, pois assim se enche de rugas, e logo vai estar parecendo mãe do moço..."

Atingi-a em cheio, porém, mais que a ela, atingira a mim mesmo, nojento, asqueroso; nauseado, tive que descer do carro, logo depois, para não vomitar dentro dele.

Oficialmente, as crianças ficaram com ela; eu as pegava toda sexta-feira, após as aulas, e ficavam comigo até segunda de manhã. Entretanto, após aquela demonstração cabal de descontrole, fiquei cerca de três semanas sem vê-las, imaginando, tolamente, que com isso dificultaria ao máximo as intimidades do casal; felizmente, logo me recuperei um pouco, e voltei a pegá-las rotineiramente.

Alguns anos depois, ao relembrar com Lílian esse curto lapso de tempo em que deixei de vê-los, ela comentou:

— Que três semanas o quê, pai, foram pelo menos uns seis meses!

Para elas, crianças carentes de um pai único no mundo em seu afeto, deve realmente ter parecido uma eternidade, meu Deus!

Capítulo 33

Meu apartamento levaria cerca de sete meses para ficar pronto, e então fui morar com minha mãe; minha irmã solteira, Selma, cedera-me gentilmente o seu quarto, que era amplo e agradável, passando a dormir no quarto de minha mãe. Ambas seriam de extraordinária solicitude e delicadeza, sofrendo junto comigo, e minha irmã se revelaria de inestimável valia.

Eu tinha me formado na casa de minha mãe, de onde saíra casado com uma mulher que cozinhava relativamente bem, de modo que nunca aprendera nem a fritar um ovo, nunca precisei. Se dependesse de minha mãe e de minhas irmãs, o bom filho à casa tornaria para sempre, ou, na pior das hipóteses, passaria a fazer todas as refeições por lá, como já haviam proposto, com direito a roupa lavada e passada.

Porém, não era bem isso que eu tinha em mente, e tratei de recuperar o tempo perdido; matriculei-me, algo envergonhado, e à minha irmã Selma, em um curso básico de culinária no SESI, sendo o único homem no meio de umas vinte mulheres. O uniforme era obrigatório; tomei um avental emprestado com minha mãe, um gorro de centro cirúrgico de um dos hospitais que frequentava e tratei de pôr, literalmente, a mão na massa; não tinha absolutamente a menor noção da coisa, mas, pacientemente, e com a ajuda de minha irmã, com quem repetia as receitas em casa, aprendi o suficiente para tornar-me independente também nessa área.

Toda a classe, curiosa, acabou sabendo de minha profissão, e se divertia com os meus esforços desastrados, quebrando ovos e descascando cenouras e batatas. Uma velha senhora, bem velha e simplória, me abordou, ao ver o meu gorrinho:

— O senhor trabalha no São Judas?

Diante de minha afirmativa, arrematou:

— O senhor é cozinheiro do hospital?

A classe veio abaixo, em delírio, e me tornei o "cozinheiro oficial do São Judas". Pobres pacientes! Valeu também a experiência porque lá conheci uma moça muito simpática e falante, Marluce, de Serrana, que me seria de inestimável ajuda; morava sozinha, em uma casa bem simples, da COHAB, e passei a pegá-la de vez em quando no serviço para passar a noite com ela, ou mesmo as tardes, nos fins de semana.

Pouco antes de me mudar para a casa de minha mãe, era carnaval, e promovi um agitado auê nos fundos de minha casa, à beira da piscina, juntando cerca de vinte inflamados foliões, todos solteiros; mas o agito foi bem familiar, dele participando até as crianças. Minha irmã Selma havia convidado uma amiga, Lulu, que trabalhava com ela nos Correios, coitadas!, pela qual tinha o maior apreço, pois se tratava de uma moça de sua idade — aliás, a mesma de Ângela; era também desquitada e tinha uma filha, era discreta e delicada, finíssima, e segundo minha irmã me faria muito bem. Eu já tinha uma imagem da moça, de quem Selma tanto falava, e, quando ela chegou, embora um pouco mais mirradinha e tímida do que eu imaginara, ocorreu uma imediata e forte empatia mútua, que se revelaria, literalmente, vital para mim.

Então eu tinha me acomodado na casa de minha mãe, e minhas resistências desabaram de vez; entrei em profunda crise depressiva. A verdade é que, no fundo, no fundo, mesmo antes da separação, e conhecendo razoavelmente minhas limitações, eu antevia que se um dia me separasse, teria dificuldades; mas jamais imaginara que pudessem ser intransponíveis.

Um esforço sobre-humano passou a ser necessário para poder ir trabalhar; quase toda tarde eu pegava minha irmã e íamos até um barzinho para tomar alguns chopes e beliscar alguma coisa, pois eu não estava suportando jantar e ficar em casa; ou, se ficasse, já que não podia me dar ao luxo de sair e gastar todo dia, ficava sozinho na varanda escura, tomando uma ou duas latinhas de cerveja para poder relaxar e conseguir dormir.

Eu tinha começado a fazer terapia, algo que há muito julgava indispensável, e só não fizera antes por limitações financeiras, e, talvez, também, porque tudo tem seu tempo.

Dois ou três anos antes, ciente de minhas necessidades inadiáveis, cheguei a procurar um dos mais importantes psicanalistas da cidade para uma entrevista prévia; ele me recebeu fumando seu indefectível cachimbo, e, em atitude olimpicamente distante e superior, expôs seu protocolo de sessões intensivas e obrigatórias três a quatro vezes por semana, o que teria sido ótimo, não fossem os honorários correspondentes, acessíveis apenas a poucos privilegiados — e se faltar, paga do mesmo jeito, ele frisou bem.

Mantive-me firme, sem piscar, tentando não demonstrar a minha estupefação. Ele ficou de me chamar assim que surgisse uma vaga, provavelmente em decorrência do suicídio de algum de seus pacientes, porém, jamais chegou a fazê-lo; profissional calejado, deve ter sentido, apesar de seu repulsivo cheiro de cachimbo, o odor inconfundível de penúria que certamente exalava de mim (o tema do odor de penúria ainda voltará à baila, e mais bem dissecado, futuramente).

Engraçado, boa parte dos psiquiatras se parece a essas tribos de adolescentes, que, com o intuito de parecerem diferentes e chamarem a atenção, acabam por ficarem todos iguais, com suas roupagens exóticas, suas tatuagens e aqueles apetrechos enfiados nos mais insólitos lugares — para os psiquiatras suas barbichas e seus cachimbos ou charutos *a la* Freud.

Pois acontece que esse novo psiquiatra, homem de ascendência nobre, com o qual eu havia iniciado a terapia — e que não usava barbicha nem fumava cachimbo —, revelou-se extraordinariamente simples e humano, e, levando em consideração o fato de eu ser médico, combinou me cobrar apenas metade dos honorários na sessão semanal individual, e nada me cobraria na sessão semanal de grupo, tornando o seu trabalho acessível e ainda mais benéfico para mim. Desde o início me senti completamente à vontade para me expor inteiramente. Eu atingira um alto grau de angústia e depressão, e, a meu pedido, ele teve que iniciar fortes dosagens de psicotrópicos; durante cerca de um mês, praticamente entrei em estado de hibernação, levantando-me apenas para trabalhar e comer.

As crianças ficavam comigo todo fim de semana, e minha mãe resolveu, certa vez, viajar de ônibus para a casa de minha irmã, no Mato Grosso; concordei que ela levasse Lelê, que era muito apegado a ela. Ângela me ligou, então, senhora de si, agressiva, chutando cachorro morto:

— O que é que você e sua mãe estão pensando? Estão achando que continuam fazendo o que bem entendem, sem a minha autorização? Você acha que continua a mandar em mim?

Aos prantos, na mais absoluta miséria, fui insuportavelmente piegas:

— Estou chorando lágrimas de sangue, não quero mandar em nada, estou na pior e você ainda vem me agredindo... sua filha da puta... estou a ponto de me suicidar e vou levar as crianças comigo, você sabe... Isso não é uma ameaça, não estou ameaçando você, não sou de ameaçar, você me conhece; como sabe, também, que tudo que eu quero fazer, acabo fazendo, mais dia menos dia, você sabe... — perdoe-me novamente, eventual leitor, pelo sentimento de vergonha que você deve estar sentindo diante de tal demonstração de pieguice explícita, mas é indispensável, para a sua real compreensão, a citação literal dos fatos e palavras, assim como se passaram na época.

Confesso não ter sido um marido exemplar, mas não devo ter sido dos piores, já que devolvi à sociedade uma mulher em ótimas condições, fisicamente impecável, com um bom patrimônio, diploma universitário, experiente e com excelente performance sexual, prova irrefutável de que não a destruíra, talvez muito pelo contrário.

Ângela jamais voltaria a me interpelar dessa forma. E em virtude do estado lastimável em que me encontrava, minha mãe e Jamile não poupavam ataques virulentos a ela, fosse em presença de quem fosse, inclusive das crianças, que iam ficando cada vez mais perdidas e confusas, termos chulos vindo à baila a todo instante. Para isso contribuíram boatos, levantados por parentes, de que Ângela, no tempo da faculdade, teria tido envolvimentos afetivos na escola. Anos mais tarde, para minha surpresa, um cara, meio embirrado comigo, e que teria estudado com ela na mesma época, revelaria a um amigo comum que eu fora realmente "corneado", conforme suas vulgares palavras, mas continuei a não acreditar; além do mais, isso já não tinha a menor importância.

Apesar de minha fragilidade e completa dependência delas, que se mostravam de enorme valia, fui taxativo:

— Ou vocês param definitivamente com isso, ou nunca mais trarei as crianças aqui!

Eu estava desnorteado, minha cabeça girando em imagens e

pensamentos caleidoscópicos; no entanto, uma certeza aflorava naquele torvelinho, com inimaginável clareza: era crucial preservar as crianças a qualquer custo, ou o desastre seria irreparável. Meti-os, então, em uma redoma, e, qual mãe ciosa, recolhi-os sob as minhas asas, a salvo dos respingos de toda aquela lama, o que se revelaria uma decisão sábia e lúcida: tratava-se, para o bem ou para o mal, simplesmente da mãe delas, figura de importância simbólica única, e a grande verdade, que minha família fazia questão de ignorar, é que fora eu, em última instância, que desencadeara todo o processo. Se dependesse de Ângela, talvez estivéssemos casados até hoje.

Lílian, por sua vez, de apenas dez anos, continuava a revelar insuspeitada maturidade, de uma preocupação e ligação afetiva pungentes; ao ver-me só e cabisbaixo, tentou compreender, solidária:

— Pai, o que é que você precisa pra ser feliz?

Em outra ocasião, em que eu, julgando-os insensíveis perante minhas angústias, manifestara certa irritação com suas peraltices junto com Lelê, ela me calou, definitivamente, aos soluços, cheia de razão:

— Você não sabe o que nós também estamos sentindo!

Lelê, então, pobrezinho, com apenas três aninhos, estava mais perdido que cachorro em dia de mudança:

— Pai, agora eu moro nessa casa? — perguntou-me, em casa de minha mãe, pois, coitadinho, de uma casa única e tranquila onde vivia até há pouco, ficava, agora, aos trancos e barrancos, de lá pra cá, de cá pra lá, ora na casa dessa avó, ora na da mãe, ora na da avó materna, onde Ângela o deixava com frequência em prol de suas aventuras idílicas.

Mesmo sem forças, sob o efeito de tranquilizantes, vez por outra eu era chamado de madrugada para algum parto ou auxílio de cesárea, e, para mal dos pecados, o caminho para a maternidade passava inevitavelmente ao lado do condomínio onde Ângela morava. Enquanto eu tinha que me arrebentar, inclusive para sustentá-la, a imaginava a se deliciar sob as cobertas, e após a primeira transa, no período refratário dele, enquanto aguardava a segunda e a terceira, fumando a dois, placidamente realizada, pois ele fumava e ela também tinha alguma tendência; imaginava suas amigas ligando, ou ela conversando com Liliane e contando suas novas e inefáveis experiências, e um sentimento de irreparável injustiça me vinha à alma, pois apesar de ser eu o carente, ela é que não vivia um único dia de solidão, jamais deixava de ter alguém ao seu lado, alguém com quem fazer amor.

    Um ciúme mórbido começava a me corroer, e passei a compreender perfeitamente a natureza última dos crimes passionais: não pode haver sentimento mais virulento, mais corrosivo, mais incontrolável. No entanto, no meu caso particular, há que se registrar uma importante constatação: jamais me passou pela cabeça, num relance que fosse, vir a tomar uma atitude violenta contra eles, ou, simplesmente, contra ela; a possibilidade se dirigia exclusivamente a mim, fruta apodrecida, a peça estragada, talvez irrecuperável, de todo esse quebra-cabeças, e, como tal, única passível de ser eliminada para não contaminar todo o resto.

    A grande questão é que havia as crianças, e elas passaram a ser incluídas, a fazer parte, como um corpo único, indissolúvel, da solução que começava a tomar forma, consequência da insanidade que se apoderava de mim num ritmo vertiginoso. Era relativamente simples, rápido e indolor: bastava segurá-los, ao mesmo tempo, no fundo da piscina, não mais que um ou dois minutos; frágeis, não oporiam resistência, e as altas vigas de madeira da varanda espreitariam, pacientes, o desenlace, aguardando, convidativas, a sua vítima. Contudo, enquanto a decisão não era tomada de forma definitiva, a vida prosseguia em sua toada; eu ainda insistia em respirar, e, na forma de alguns espasmos, teimava em resistir ao papel passivo da trama em que o destino me enredara.

Capítulo 34

Eu me arrastava tropegamente, arfava com sofreguidão, e ondas de calor intensas, como um fogo, queimavam-me o corpo e a alma. Uma tortura física e mental insuportável tomava conta de mim e tive a clara percepção de me encontrar no próprio inferno; tive a consciência nítida de que o inferno era aqui mesmo, estava dentro de nós mesmos, consequência do descrédito pessoal e da falta de perspectiva mais absolutos, e eu o vivia em toda a sua plenitude, num sofrimento atroz e impossível de ser descrito em toda a sua magnitude e intensidade. Temia enlouquecer a qualquer momento, se é que ainda me restava algum vestígio de sanidade.

Não suportava ficar dentro de casa, e toda noite era crucial que saísse, fosse a qualquer lugar, não podia parar, pensar, o ar me faltava e eu respirava sufocado. Agarrava-me desesperado a Selma e a Marluce, e agora também a Lulu; a terapia não bastava, eram apenas duas horas por semana, era necessário agarrar-me a qualquer coisa vinte e quatro horas por dia, embora este me parecesse bem mais longo, infindável. Lulu seria de importância capital; ouso dizer, sem medo de estar cometendo nenhum excesso, que, sem ela, não teria conseguido sobreviver ao inferno em que decaíra.

Era desquitada há mais de dez anos; sua filha tinha quase a idade de Lílian, e aquela timidez e a fragilidade que ostentava se revelariam apenas aparentes; possuidora de uma fé inabalável na Virgem, transmitia uma força e uma segurança quase místicas, às quais eu me apegava como recurso último. Conhecia-me pouco, ou quase nada, mas parecia enxergar-me a fundo; e com uma clarividência perturbadora, prognosticava-me um futuro róseo não muito distante: era o que eu necessitava desesperadamente, ter o vislumbre de alguma esperança, alguma expectativa, qualquer que fosse, exatamente o que ela fazia.

Acontecimentos simples contribuíam para aumentar essa aura que emanava dela, incrementando minha confiança nos seus vaticínios a respeito de minha felicidade próxima. Não pense, no entanto, que ela se acreditava visionária ou com dotes especiais, de forma alguma; apenas transmitia uma enorme serenidade, fruto de uma fé inabalável, e eu, homem profundamente cético, precisava ingentemente de sua intermediação. Certa noite, por exemplo, viajamos a uma cidade vizinha para o coquetel de inauguração do empreendimento de um amigo; na volta, já bastante tarde, prenunciava-se terrível temporal, e o meu carro, um trambolho que agora me servia de condução, logo parou na estrada, soltando fumaça por todos os poros, para nosso desespero — ou melhor, não houve, na verdade, desespero algum, nem da parte dela, nem da minha; saímos do carro, abracei-a e nos dissemos que era apenas um pequeno contratempo que acabaria por ser resolvido, na pior das hipóteses, na manhã seguinte, bastava esperar. Ela me transmitia paz e eu lhe transmitia segurança, *nada que a Virgem não dê um jeito*, invocaria ela, em seus pensamentos.

Pois não é que parou o primeiro caminhão que passava? Ressabiadíssimo, o caminhoneiro foi se achegando e acabou por abrir o capô, enchendo o radiador com a água que trazia consigo. Disse-nos que nem sabia como se aventurara a parar naquela noite tenebrosa; depois se foi, e nós também.

Nos fins de semana, ora eu saía com Marluce, ora com Selma e Lulu, ora com as três; íamos sempre ao cinema ou a um bar agitado, da moda, onde se ouvia boa música, regada a bons copos de chope. Numa dessas noites, deixei Selma em casa e fui levar Lulu, passando no caminho por um motel, o Castelo do Amor ou algo assim; ela havia se mostrado, nessa noite, particularmente brincalhona e animada, fazendo mil gracejos, visando, com isso, arrancar-me do mutismo invariável que eu vinha adotando.

— Você gostaria de entrar? — perguntei.

— Não sei, você gostaria? Não estou preparada...

— Não tem importância, eu fiz vasectomia... — ah, sim, foi uma das primeiras coisas que fiz, depois do susto que levei com aquela moça, amiga de Liliane, logo após a separação; eu não queria mais dores de cabeça, só queria e merecia curtir a vida, e quem quisesse ficar comigo saberia, de antemão, que não teria filhos, era pegar ou largar. Confesso que preferiria pegar AIDS a pegar filhos, pois, conhecendo-me como pai, sei que acabaria por criá-los também.

Acabamos decidindo entrar e começamos a trocar carícias, a nos despir devagar, mas meu espírito não estava presente, não se coadunava com as minhas ações, deixando patente que essas moças adoráveis jamais poderiam passar do *status* de adoráveis e indispensáveis amigas, pontes pênseis sobre o largo e profundo abismo que me separava do meu pleno destino, enquanto que Ângela, ah, Ângela já havia chegado lá! Explodi, então, em um pranto convulso e irreprimível, aninhando a cabeça entre os seios de Lulu, madona carinhosa e maternal, e me veio à mente uma cena de "Gritos e Sussurros", de Bergman, em que uma das mulheres abre o roupão e expõe os seios no afã de melhor acalentar a outra, em estado agônico.

Não houve constrangimentos, nada foi preciso dizer, nem explicar. Os fatos falavam por si. Ela me ligaria no dia seguinte, preocupada comigo, mas eu já não estava tão mal e deixei claro que a questão era exclusivamente minha, nada a ver com ela, que se mostrara algo tímida e apreensiva, pois há muito não ia para a cama com alguém, achando-se, inclusive, inapta para um relacionamento sexual adequado. Nossas relações, a partir de então, se estreitaram significativamente.

Com Marluce, igualmente, os jogos sexuais iam aos trancos e barrancos, sendo digno de menção apenas um episódio curioso. Certa noite, em que eu apresentara uma ereção realmente digna do nome, a danadinha, num jogo de palavras que já havia destruído algumas boas reputações, provocou:

— Vê lá, hein, vê se não vai mancar hoje, que eu estou morrendo de tesão, hein! — segundo ela diria depois, morrendo de rir, era tiro e queda, literalmente.

Porém, como bom pastor, eu conhecia muito bem a minha ovelha.

— Olhe, minha filha, hoje você pode se estrebuchar o quanto quiser, que o seu rabinho já era.

Assim como eu tomara a iniciativa de começar a tomar aquele punhado de drogas psicotrópicas, eu mesmo as suspendi, embora com o aval e a aprovação do psiquiatra. A fase aguda passara, e a terapia, que ele mesmo definira como de apoio, prosseguia, e fazia progressos, tanto individualmente, como em grupo — do qual eu relutara, a princípio, em participar, temendo me expor, e onde conhecera uma série de pessoas muito interessantes e solidárias, a maioria moças e senhoras profissionais, com suas dificuldades inerentes, em relação ao casamento ou à criação dos filhos. Ali descobri muita coisa em comum, e era esse, aliás, o objetivo do trabalho em grupo.

Havia quem fosse excepcionalmente falante, e os que jamais diziam uma única sílaba; eu me situava exatamente no meio termo. O terapeuta, homem extremamente sereno, agradável e observador, deixava a sessão correr solta, ora intermediando, ora opinando, ora provocando os mais sisudos e ensimesmados, tentando fazê-los pôr a cabeça para fora da concha em que estavam metidos. Pois aconteceu que um desses moços, muito tímido, e que não pronunciara palavra durante os seis meses em que eu participava do grupo, um belo dia destampou a falar, e falava e falava da ex-namorada que o deixara, insistindo que não estava "inserido na dela", e tergiversava, dava voltas, retornando sempre ao mesmo assunto, "não estava inserido na dela..." Não resisti:

— Fulano, você não estava inserido, ou não estava inserindo na dela?

A plateia veio abaixo, e ele não voltaria a falar nos seis meses seguintes; sacanagem!

Capítulo 35

Finalmente, o apartamento que eu tinha comprado ficou pronto, e me preparei para a mudança; era hora de cuidar da minha vida. Os meses passados na casa de minha mãe, com todos os cuidados extremados dela e a disponibilidade constante de minha irmã, foram vitais para mim; é provável que, sem eles, eu não houvesse suportado a solidão.

O único senão era que minha mãe e meu pai se odiavam mortalmente; há muito dormiam em quartos separados, e não perdiam a oportunidade de se espicaçar um ao outro. Meu pai descobrira, havia apenas poucos anos, que minha mãe fumara a vida toda escondida dele, e, para ele, foi como se ela o houvesse traído desde sempre, pois, além de odiar cigarro, jamais se conformaria com o fato de que alguém ousara se rebelar contra as suas imposições. Vivia, então, em espírito de vingança, enchendo a casa de tocos de cigarro que catava nas ruas; deixara de tomar banho e andava sujo e fétido, irritando-a profundamente. Ela, por seu turno, apenas agora, depois de velha, se fizera, ou se julgara independente dele, e não perdia a chance de escorraçá-lo; sempre que me via sozinho na varanda, lá vinha ela:

— Aquele porco bêbado e nojento fez isso e fez aquilo, não toma banho há não sei quanto tempo...

Minha irmã até cutucou-a para que ela se mancasse, poupando-me de seus problemas. Vivia tão fixada nele, com seu ódio, que certa vez, quando preparou umas costeletas deliciosas, cheguei para almoçar, e, não as encontrando, perguntei:

— Mãe, cadê o porco?

— Aquele excomungado saiu de manhã...

— Não, mãe, estou falando das costeletas... — e todos caímos na maior gargalhada.

De qualquer maneira, minha mãe, de modo geral, era muito engraçada; sempre tinha casos antigos de sua vida na roça para recordar, principalmente da Lala e do Bobeira, e a gente se divertia muito com ela, que foi, juntamente com minhas irmãs Jamile e Selma, essencial para a minha sobrevivência.

Lulu e Marluce se tornaram amigas íntimas e queridas, e não havia dia em que eu chegava ao consultório sem que houvesse algum bilhetinho, uma carta ou um recadinho de uma delas, uma brincadeirinha ou um quebra-cabeças do Garfield, com mensagens engraçadas ou solidárias para levantar o meu astral e me levar a acreditar em um futuro sorridente. Lulu, particularmente, era de uma inteligência e um senso de humor invulgares; sem todas essas pessoas, eu seguramente teria soçobrado. Além delas, às vezes saía também com outras duas meninas, aquela enfermeirinha do início e outra loirinha muito lindinha, Eliane, embora fossem mais amigas do que qualquer outra coisa, colorindo uma vez ou outra; devido à curiosidade insistente de Faraud, classificava-as, tolamente, pelos números de um a quatro.

De toda forma, com todos esses apoios além da terapia, eu ia me arribando. Também muito importante foi uma certa recuperação financeira, propiciada, principalmente, pelos auxílios nas cirurgias diárias de Faraud, o que me permitiu trocar o carro por outro mais digno; consegui até, graças a isso, antecipar as compras de Natal para as crianças, pois já se passara um ano desde a separação e já era Natal outra vez: comprei um videogame para Lelê e uma bicicleta para Lílian, além de fazer reserva para o início do ano em um curso tutorial em Reprodução Humana e Endoscopia relativamente caro, em São Paulo.

Eu ia assim me aprumando lenta e gradativamente, ganhando um pouco mais de confiança e vislumbrando algum futuro. Achei por bem suspender a terapia de apoio, pois acreditei que já conseguira o seu propósito; estava, porém, plenamente consciente de que precisava mergulhar de cabeça na solução última de minhas questões mais íntimas e insondáveis, e me programei para iniciar outra no início do ano, esta, sim, decisiva.

Capítulo 36

Era dezembro, completara-se um ano de minha separação, e aí, caro leitor, ocorreu uma abrupta e inesperada tragédia que me arrebentou de vez, jogando por terra todo esse tímido progresso que eu já conseguira. Vamos por etapas.

Como já disse, eu vinha me recuperando lenta e paulatinamente, graças, também, aos rendimentos proporcionados pelas cirurgias de Faraud, que representavam nada menos que sessenta por cento dos meus rendimentos totais, ou seja, percentagem bastante significativa, uma vez que eu era o seu auxiliar exclusivo. Pois acredite, leitor, exatamente às vésperas do Natal, exatamente um ano após a primeira ruptura drástica de minha vida, esse colega rompeu definitivamente comigo, sem qualquer aviso prévio, sem jamais dignar-se a me dar qualquer explicação, apesar do longo relacionamento entre nós, quer se tratasse da profissão, quer se tratasse de companheirismo e convivência; eu jamais teria conhecimento de ato mais torpe e covarde.

Vou tentar, a título de hipóteses, jogar alguma luz sobre esse acontecimento inexplicável, absolutamente obscuro para mim até os dias de hoje. Tinha sido, realmente, um ano enlouquecedor para mim, e eu certamente andava macambúzio, lacônico, talvez não estivesse em condições de achar graça nas eternas e repetitivas babaquices dele, metidas a gracejos; na verdade, já não as suportava, não conseguia compreender como um homem, um profissional naquela idade, continuasse a ser tão boçal. Há tempos, também, ele vinha sendo pressionado pela família de sua mãe para socorrer dois primos, de precaríssima formação e que se faziam passar por ginecologistas. E quem sabe, e aí é mesmo pura elucubração, estivesse com certo ciúme dos meus casos pseudoamorosos — da minha liberdade, principalmente, que eu dizia não ter preço.

Ele chegara até, recentemente, a ensaiar uma tentativa frustrada de separação, que, como um relâmpago, iniciou-se e foi abortada num átimo, sem que ele conseguisse a tão almejada liberdade, que, certamente, jamais poderia alcançar: revelou-me que, quando propôs essa solução, sua família entrou em pânico absoluto. A esposa pegou o carro e saiu em disparada rodovia afora, em completo desatino, e uma de suas filhas fulminou-o, liquidando de vez com suas pretensões:

— Você nos odeia, o que você está fazendo com a vida da gente?

Uma família sem qualquer estrutura, "unida" para todo o sempre, veja a que ponto chegara esse rapaz em seu relacionamento; certa vez, após me contar uma de suas inúmeras aventuras, ele arrematou, com um cinismo revoltante:

— O duro ainda é ter que comer a doutora (sua esposa) pelo menos uma vez por semana.

Acabara de passar uns quinze dias nos Estados Unidos, mais propriamente na Disney, em sua primeira viagem internacional e "cultural"; e me contou que no aeroporto de Miami, na volta, ainda tivera que bater em sua filha mais velha, de dez ou onze anos, que, consumidora voraz, ainda queria comprar mais e mais bugigangas. Lílian, a adorável gatinha, quase morreu de rir:

— Pai, você já imaginou, em pleno aeroporto nos Estados Unidos, a menina rolando no chão de birra, e o pai batendo?

É, seria realmente cômico se não fosse trágico.

Por outro lado, ele já podia me descartar, pois adquirira autoconfiança suficiente, já fizera cesáreas e períneos em número suficiente, sob a minha tutela, para sentir-se seguro, e, além do mais, já estava de mãos dadas com um novo amigo, diretor clínico de uma maternidade, em franca evidência e ascensão naquele momento.

Porém, é possível que alguns fatos tenham sido a gota d'água que faltava, a desculpa de que ele precisava. O primeiro teve relação com uma de suas inúmeras piadas (?), próprias de seu humor primário e racista:

"O Benedito (crioulinho) acabou de mamar e a mãe do menino disse:

— Arrota, Benedito!

O menino levantou as mãos, em pânico:

— Tô limpo, tô limpo!"
Entendeu? Não!? Nem eu, nem ninguém na sala. Ele explicou, então, estrebuchando-se de tanto rir:
— A "ROTA", a polícia! Entenderam agora?
Pisei no pé de nossa instrumentadora, que entendeu, e nos esborrachamos de rir, tanto para agradar o chefe, como, e principalmente, da inacreditável estupidez da pretensa piada. Dali em diante era só alguém contar uma piada e eu o instigava:
— Conta a do Benedito — e o pacóvio contava, para o meu deleite.
A secretária certamente não o havia alertado, pois ele lhe pagava muito bem.
Além disso, nessa viagem que fez aos States, deixou-me também encarregado de substituí-lo nos auxílios a um colega mais velho e famoso, que só fazia clínica privada; Faraud, praticamente, só atendia a pacientes de convênios. Coincidentemente, nessas duas semanas em que esteve fora, auxiliei esse outro colega em três cirurgias particulares que me renderam cerca de cinco mil dólares, o que, para mim, era muito dinheiro, aumentou-me o astral e permitiu que eu me excedesse um pouco nos presentes das crianças, como já relatei; quando voltou, dei-lhe ciência do fato, e ele, que faturava cerca de quinze mil dólares por mês, disse que eu deveria dividir com ele aquele montante. Achei, é evidente, que estivesse brincando, pois isso, para ele, representava meros trocados.
Deixem-me tentar explicar: existe, entre os colegas médicos que trabalham juntos, um acordo tácito: se um deles viajar e o outro fizer algum parto de uma paciente particular do primeiro, divide-se na sua volta o valor recebido, o que é lógico, além de previamente combinado; no entanto, dividir auxílios, que já representam apenas 30% dos honorários do cirurgião, seria inédito, e confesso que achei mesmo que ele estivesse brincando, pois isso jamais me passaria pela cabeça. Pelo jeito, não estava, e jamais se dignaria a me explicar isso; bem, "dignar-se" provém de "digno", "dignidade" — já seria querer demais, algo incompatível com a personalidade desse que era o mais vazio entre os homens que eu jamais conhecera.
Na verdade, ele não me demitiu diretamente, simplesmente pa-

rou de me chamar, de um dia para o outro; passei alguns dias em intensa ansiedade, com receio de ligar, perguntar o que estava ocorrendo, mas logo me dei conta, estupefato, de que era fato consumado. E entrei em parafuso de vez.

Capítulo 37

Fiz os cálculos: tinha uma "pequena poupança", como diria um economista, feita de privação, de escassez, uma vez que vivia espartanamente e meus filhos estudavam em escolas públicas, talvez os únicos entre os colegas. Daria para uns seis meses, não mais que isso.

Dr. Zunfrilli, um amigo comum, íntimo de Faraud, pediatra muito simpático e amigo, cuja esposa também nos dera muita força quando Ângela abriu a perfumaria, me ligou, ponderando que eu deveria procurar o colega, uma vez que isso poderia não passar de um mal-entendido e tudo então se resolveria. Fui peremptório:

— Não, colega, não o farei, é necessário que assim o seja.

E era, era absolutamente indispensável, assim como a separação de Ângela. Eu não poderia viver eternamente à sombra de uma árvore imponente e frondosa, principalmente porque, mais tarde, acabaria descobrindo que, na verdade, não passava de um arbusto ressequido que jamais daria frutos, fazendo-se passar por carvalho. Isso não estava em mim, na minha índole, e o rompimento era necessário, vital, eu sabia, bem lá no fundo.

A decisão já fora tomada. Eu não tinha mais forças para muita coisa; já não era um jovem recém-saído da faculdade, passava dos quarenta, estava cansado e sem qualquer estímulo ou expectativa; não voltaria a dar plantões nem sair desesperado atrás de novos empregos ou novos colegas que pudessem me amparar; antes a morte, não havia nada que me fizesse ter apego à vida.

Nem seria tão difícil, agora em meu apartamento novo, que nem grades tinha; as crianças tinham um sono pesadíssimo, calmo e sereno; uma vez que houvessem pego no sono, mesmo que caísse o prédio, não acordariam. Primeiro, seria a menina: com um grosso cacete de madeira que havia na despensa, daria uma seca pancada na cabeça, seguida de uma incisão profunda na jugular, cirúrgica, rápida, indolor; em seguida, o menino — nem saberiam o que tinha acontecido. E faria o mesmo comigo, em queda livre do oitavo andar. Não podia falhar.

    Estremeci com a cena macabra, sentado à noite, solitário, na sacada do prédio; não se tratava de ódio ou vingança, apenas seria inimaginável deixá-los, pois o sofrimento deles seria incompatível com a vida. Fazíamos parte de um só corpo, como siameses, física e emocionalmente; não havia como deixar de incluí-los na solução final.

    Lembrei-me de uma passagem de Soljenitsin, no *Arquipélago Gulag*, em que uma menina, assim como Lílian, tivera o pai, um homem admirável, enviado à Sibéria; a menina, ligadíssima nele — assim, novamente, como Lílian —, passou a andar cabisbaixa, e as mulheres velhas da aldeia, ao vê-la, comentavam que ela andava olhando para a terra, e que, portanto, logo morreria, o que realmente acaba acontecendo pouco depois.

    Naquele Natal, ao voltar da ceia em casa de minha mãe, trouxe o menino já adormecido e o coloquei na cama. Quanto à menina, fiquei a seu lado até que dormisse, como sempre fazia; e ela como sempre adormeceu com um sorriso nos lábios, revelando a paz e segurança absolutas que sentia junto a mim. Uma situação insólita, estranho paradoxo: o mesmo homem responsável por essa serenidade e segurança, era, também, aquele que os punha em risco, e eles, completamente alheios ao drama que se desenrolava, dormiam placidamente em sua ingenuidade e paz angelicais.

    Retirei-me, febril, e me sentei na varanda, tentando sorver sofregamente a brisa noturna, pois o ar me faltava. Jamais odiaria tanto alguém em toda a minha vida (eu ainda não sabia, era cedo para afirmá-lo com tanta certeza). Era um direito dele, não poderia haver dúvidas, não me querer mais como colega, companheiro, auxiliar, mas nas condições em que me encontrava era um ato de abjeção e covardia; era, na verdade, um crime terrível, pois acabaria por arrastar com ele vítimas inocentes.

    Minha mente beirava a insanidade, eu estava como bêbado, nauseado, embora mal tivesse tocado uma única taça de champanhe. O ódio, no fundo, era um sentimento que, em última análise, se voltava contra mim mesmo e me consumia como fogo, pois nada mais representava, em verdade, do que um ódio absoluto contra mim mesmo, homem pusilânime e incapaz, eternamente na dependência de alguém mais forte e bem-sucedido, algo que não poderia suportar por muito mais tempo.

Havia um paralelo marcante entre o meu ciúme doentio em relação a Ângela e o ódio mortal em relação a Faraud: o mesmo sentimento insuportável de injustiça diante de pessoas que, sem qualquer sacrifício, conseguiam as coisas de bandeja, de mão beijada, sem que nada tivessem feito para isso, nenhum esforço, nenhum trabalho, apenas nasceram assim: uma, bela e formosa, outro, charmoso e carismático. Era de enlouquecer! A semelhança poderia ir ainda mais longe, numa análise mais lúcida de ambos os processos de ruptura.

Embora abruptos, inesperados, violentos, levados a cabo e concluídos por cada um deles, fora eu, na realidade, que, em última instância, os desencadeara, mexera as primeiras pedras em ambos os tabuleiros: no caso de Ângela, de forma consciente, clara, explícita; no caso de Faraud, de modo mais sutil, velado, inconsciente — hoje tenho certeza de que fui minando o nosso relacionamento, desdenhando-o, espicaçando-o, nauseando-me diante de sua presença, de sua estupidez, de sua falsidade, levando-o a tomar a atitude que tomara. Começava a ficar patente que éramos como a água e o azeite (ele, obeso, seria o azeite), feitos de substâncias opostas, imiscíveis, que jamais poderiam ocupar o mesmo espaço.

Um esforço descomunal, superior às minhas próprias forças, se fazia necessário para compreender, e eu tinha que compreender a qualquer custo; além disso, ficar caçando culpados e perdendo tempo com isso seria um erro crasso; era necessário compreender apenas, e o tempo urgia. Tinha chegado o momento de minha verdade, de mostrar, realmente, a que foi que eu vim. Pois, como disse Jean Patocka, citado por Václav Ravel, em artigo de Gabeira, na *Folha*: "A verdadeira prova de um homem não consiste na maneira em que realiza o que decidiu, mas na maneira em que desempenha o papel que o destino lhe reservou."

Capítulo 38

Lulu, em desespero de causa, vendo-me naquele estado deplorável, presenteara-me com uma dessas pequenas imagens de papel que se ganham nas igrejas, com a efígie de Nossa Senhora das Graças; no verso, tinha uma prece antiga e clássica, que assim se iniciava: "Ó Maria concebida sem pecado..."

Eu, de cara, achando muito curioso o fato de a santa se apresentar pisando sobre uma serpente — em meus constantes pesadelos, era frequente a presença repugnante e assustadora das víboras —, quis acreditar que se tratava, mais uma vez, de algo mais que mera coincidência, e que esse fetiche seria para mim, com toda certeza, uma ajuda inestimável. Catatônico, exausto, apeguei-me aos versos rituais e deles lançava mão a todo instante: "Ó Maria concebida sem pecado..."

Meu apartamento, como já disse, não tinha grades, nem eu tivera condições de colocá-las quando me mudei, e assim foi ficando. À noite, então, passei a colocar um comprido cabideiro em frente à janela de meu quarto antes de dormir, pois temia, velho sonâmbulo, atirar-me por ela em desespero inconsciente, e isso não podia acontecer se deixasse meus filhos para trás; eu levaria um bom tempo para poder abdicar desse hábito. "Ó Maria concebida..."

Como ainda continuava vivo, deixei de usar os elevadores e passei a subir e descer os oito andares até o meu apartamento; era necessário fortalecer o corpo para conseguir sustentar um espírito inteiramente combalido. Impotente diante da vida, sem nenhum entusiasmo por estar vivo, fui me afastando de minhas amigas, cujo papel vital ia se esgotando. Longos anos de solidão e marasmo me aguardavam. Uma absoluta falta de tesão, em todos os sentidos, tomara conta da massa amorfa em que me transformara; fazia-se necessário o mais radical isolamento, pois eu já não tinha forças senão para as funções básicas. Com enorme dificuldade e sensação de estranheza, comecei a sair e a frequentar os bares sozinho nos fins de semana, para não pirar de vez.

As noites eram longas e terríveis; antes de dormir, me ajoelhava e rezava sob um grande crucifixo que Selma me dera quando deixei a casa de minha mãe, no canto escuro do quarto, chorando compulsivamente: "Ó Maria concebida sem pecado, rogai por nós..."

Já começando a me preparar para o embate final que se prenunciava, resolvi, num estalo, como se algo me levasse, folha morta carregada pelo vento, visitar uma musicoterapeuta, Antonieta, com quem, há cerca de três anos, sabedor de minhas necessidades, eu iniciara uma breve terapia. Na época, ainda casado, não me adaptara ao seu estilo, na verdade acho que ainda não havia chegado o momento certo. Decidi passar lá para pegar meus apontamentos, minhas revelações íntimas, pois boa parte do trabalho era por escrito, e não queria deixar para trás nada que pudesse me comprometer, embora isso já não importasse.

Ao me devolver o maço de papéis, ela me disse:

— Por que você não recomeça, Bonomi? Eu sei que poderia ajudá-lo muito...

Sábias e decisivas palavras! Entrei, então, de cabeça na musicoterapia, uma longa e penosa viagem às profundezas insondáveis da mente, aos escaninhos mais recônditos do espírito, num processo intensivo de autoconhecimento, de resgate — última chance de tentar enxergar alguma coisa na própria alma além do desalento e desencanto.

Capítulo 39

O trabalho com Antonieta se iniciava através de um teste que ela, rotineiramente, aplicava aos postulantes, algumas questões e desenhos a partir dos quais, de acordo com códigos pré-estabelecidos, elaborava a chamada Avaliação da Personalidade.

De curioso e emblemático, vale ressaltar que ao desenhar a minha família, conforme solicitado, desenhei-me, a meus pais e meus irmãos, embora fosse casado na época e já pai de dois filhos; inconscientemente, portanto, ainda não assumira minha nova e verdadeira família.

Eis, então, a avaliação que obtive:

AVALIAÇÃO DA PERSONALIDADE
RIBEIRÃO PRETO, 28/12/1988
NOME: ALBINO BONOMI
IDADE: 37 anos e 10 meses
Características da personalidade
A - pressão externa constante
B - desvalia
C - exigência
D - falta de apoio
E - flutuação
F - falta de expressão do "Eu"
G - desconfiança
H - obstinação
I - apego à figura da mãe
J - capacidade de adaptação
L - carência afetiva profunda
M - características de liderança não assumidas

N - extroversão vigiada
O - impaciência
P - imediatismo
Q - necessidade de atenção
R - suscetibilidade
S - desconfiança
T - capacidade de observação bastante aguçada
U - bons modos
V - obsequiosidade
X - intranquilidade
Z - loquacidade
A' - cortesia
B' - fluência
C' - improvisação
D' - talento descritivo
E' - traumatismos psicológicos ocorridos entre 5 e 12 anos, e entre 27 e 32 anos
F' - autossuficiência
G' - dedicação
H' - afeição
I' - capricho
J' - vaidade
L' - fantasia
M' - imaginação fértil
N' - elasticidade de comunicação
O' - multiplicidade de interesses
P' - frustrações generalizadas ao longo do desenvolvimento da personalidade
Q' - sensação de solução que falta
R' - ânsia de viver
S' - indeterminação
T' - tendência à investigação
U' - concessão, consideração
V' - agitação
X' - esforços constantes na superação de abatimentos
Z' - tendência a expandir-se com agressividade

Conclusão

Trata-se de pessoa generosa e convicta nos seus propósitos e ideais. Sente-se confuso diante da dificuldade em organizar seus sentimentos, porque há defasagens profundas na afetividade, deixando vestígios evidentes de carência afetiva profunda.

De forma geral, o psiquismo desenvolveu-se com vários bloqueios e situações confusas, que agiram de maneira bem somatória dentro do inconsciente, fazendo instalar desvalias e uma sensação de perda, frustração e mágoa.

Desse modo, gerou-se uma falta de autoconfiança que abala até a atualidade o comportamento, instalando dúvidas quanto ao rendimento e à capacidade de realização.

É direto e simples no relacionamento, agindo sempre de maneira lógica e objetiva.

Os limites de controle da agressividade estão constantemente sendo atingidos pela impaciência e impulsividade, podendo colocar em risco a obtenção dos objetivos pré-determinados.

É pessoa exaltada e extrovertida, mas mantém de forma dissimulada tais características, com receio de eventual fracasso.

Não admite perder, deseja sempre acertar, correspondendo às expectativas que supõe que os outros façam a seu respeito.

A memória é muito desenvolvida, sendo capaz de guardar detalhes, fatos e referências que, de alguma forma, determinam alguma caracterização importante para sua vida.

É competitivo, cobra-se muito, e isso pode, de certo modo, sugerir cobrança alheia, no que nem sempre é compreendido, daí ocasionando frustrações e decepção pela não gratificação com o rendimento observado.

Há referências colocadas, a nível inconsciente, que determinam bloqueios afetivos intensos, e, especialmente, o medo de não corresponder afetivamente às exigências a que se propõe.

É necessária a reciclagem das referências que possam elucidar o psiquismo, na área inconsciente, o que permitiria ponderação e aceitação de sua própria individualidade, não permitindo que as carências sofridas somem-se às atuais frustrações, congestionando a área psíquica e prejudicando a estabilidade emocional.

Eu permaneceria cerca de um ano com Antonieta, mas ainda não estava pronto para o aprofundamento necessário, para a catarse que se fazia mister. No entanto, revendo os meus apontamentos da época, embora esparsos e sem continuidade, vejo que devo relatá-los, já que certamente deverão contribuir com importantes subsídios para uma compreensão mais adequada daquilo a que me proponho; vamos, então, a alguns fragmentos que consegui recuperar daquela primeira fase.

Análise do inconsciente - O Self
Por Self, entende-se o inconsciente, seu núcleo, o ego, e o subconsciente.

O consciente e seu núcleo, Eu, está fora do Self, porque não representam exatamente a individualidade, e sim a projeção que você faz dela, através do comportamento. Portanto, não é sua maneira de ser, e, sim, de se projetar. Faz parte da área que o consciente direciona como forma de defesa ou de autoafirmação.

O núcleo do seu consciente está na área da sensação, o que repercute numa elaboração psíquica levada pelo momento externo, pelo impacto que os fatos causam em seu psiquismo.

Dessa forma, você não seleciona as impressões vindas do ambiente externo e as impulsiona aleatoriamente ao lado inconsciente, atingindo o núcleo do ego que está preso na área da intuição. Isso determina um eventual comportamento impulsivo e inesperado, que pode atingir níveis agressivos e explosivos, provocado pela soma de retenções das impressões causadas pelas sensações, levadas ao inconsciente sem a devida racionalização.

É necessário ponderar suas impressões imediatas, não concluindo apressadamente, não agindo sem ponderar, sem buscar referências que podem estar direcionando o seu comportamento de forma instintiva e impressionada. Desse modo, aliviará a própria conduta interna e estabelecerá formas mais ponderadas de convívio, uma interação a nível social e familiar mais equilibrada.

A terapia era dinâmica, e se desenvolvia de várias formas, por exemplo:

História de três personagens

Imagine três personagens.
Coloque nome, idade e sexo.
    Carlos - 21 anos, masculino
    Marcela - 18 anos, feminino
    Zé Pedro - 28 anos, masculino
Descreva-os.
    Carlos - alegre, extrovertido, bem falante, relativamente inteligente, algo despreocupado.
    Marcela - bonita, sensual, sexy, desinibida; não é burra.
    Zé Pedro - inteligente, de poucas palavras, evita falar bobagens, algo tenso.
O que fazem?
    Carlos - estudante, tenista
    Marcela - idem, faz inglês e balé
    Zé Pedro - executivo
Onde eles moram?
    Carlos - mora com os pais, de condições financeiras razoavelmente boas.
    Marcela - como é de fora, mora em uma república, com outras garotas.
    Zé Pedro - mora sozinho, em um apartamento.
O que eles pensam da vida?
    Carlos - não para muito para pensar, quer acabar de se formar e pretende arrumar um bom emprego ou ir para os Estados Unidos, ou profissionalizar-se no tênis; não tem pressa, a vida lhe é satisfatória.
    Marcela - "A vida é uma boa", vive o aqui e o agora.
    Zé Pedro - pretende ser o chefe da repartição, quer fazer logo um pé-de-meia, para poder começar a viver a vida.
Diga algo sobre o passado deles.
    Carlos - sempre teve uma vida agradável, viajando nas férias, frequentando clubes, namorando, não parece ter tido grandes problemas.
    Marcela - infância tranquila, nunca precisou trabalhar, transa esporadicamente há dois anos com eventuais namorados.
    Zé Pedro - sempre trabalhou para se sustentar e manter os estudos, teve pouco tempo e dinheiro para se divertir.

Eles sonham?

Carlos - agradáveis sonhos noturnos, sonha pouco acordado, pois sua vida já é um sonho.

Marcela - sonhos eróticos, ou doces lembranças da infância; sonhos diurnos com namorados.

Zé Pedro - sonhos confusos, pesadelos; sonhos diurnos de sucesso, de amores.

O que um é do outro?

Conhecidos eventuais.

Quais são os seus sentimentos?

Carlos e Marcela são despreocupados, tranquilos, não se preocupam com a vida de ninguém.

Zé Pedro é algo ciumento, sente alguma inveja. do sucesso e felicidade dos amigos felizes e bem-sucedidos, e ciúme das garotas liberais.

Eles sempre foram assim?

Carlos e Marcela - sim.

Zé Pedro - não; até que teve uma infância e adolescência relativamente felizes.

Eles se mostram exatamente como são?

Carlos e Marcela - sim.

Zé Pedro - não; procura se mostrar inteligente, seguro, agradável.

Eles têm um objetivo comum?

Sim, se considerarmos que todo ser humano tem por objetivo comum a felicidade.

Imagine um lugar onde eles se encontrem.

Ok.

O que aconteceria?

Zé Pedro, possivelmente, ficaria isolado.

Imagine ser um dos personagens; como sentiria a presença dos outros dois na sua vida?

Sim, Zé Pedro; sentiria ciúmes deles, e grande tesão por Marcela.

Como imaginaria, agora, um encontro?

Eu tentaria, talvez, fazer valer a minha posição, mas não creio que os impressionaria; ficaria sem muito papo.

O que se seguiria, após o encontro?

Eu me sentiria frustrado, cairia em depressão, principalmente se pressentisse que eles iriam sair para transar.
Como você sente os outros dois personagens?
Sinto-os inatingíveis, felizes, causam-me certo mal.
Em que a ação dos outros dois personagens poderia modificar a sua vida?
Modificariam se eu conseguisse assimilar a espontaneidade deles, sim, mas não o creio.
O que você achou desse exercício? Qual personagem você achou mais difícil de descrever?
Interessante: é quase impossível não se autobiografar; Zé Pedro é mais complexo.

Análise: cada personagem identifica uma área psíquica, e, ao mesmo tempo, foi associado a alguma observação subliminar ou consciente das interações sociais e afetivas.
Personagem consciente - Zé Pedro
Personagem inconsciente - Carlos
Personagem subconsciente - Marcela
O personagem consciente é aquele que passa por uma autocrítica; é o Eu real.
O personagem inconsciente é aquele que não passa por censura; é o Eu ideal, idealizado não pelo raciocínio lógico, e sim pelas fantasias.
O personagem subconsciente representa justamente os referenciais que ficaram a nível de fantasia, para completar as gratificações que o Eu ideal — inconsciente — desejaria obter.
Assim, Marcela representa tudo que o seu subconsciente desejaria para completar uma pseudogratificação, pois, subordinado pelas desvalias, você acaba submetido a tais fantasias; Marcela seria tudo que você desejaria para satisfazer seu ego insatisfeito.
Você, Zé Pedro, o Eu consciente, gostaria de ter alguém como Marcela, que se submetesse a seus "ideais" de realização.
Seguem-se, abaixo, as características que seu ego exige em uma mulher, para que possa gratificá-lo, pois, sendo consciente como Zé Pedro, esforçado e sofrido, que, por "merecimento" e prêmio justo pelo sofrimento, e por ter sido um "bom menino", merece uma mulher:

1 - sexy, desinibida, e não muito inteligente (não burra), do contrário, não aceitaria se submeter;

2 - sem responsabilidades e compromissos, como a vigilância da família (morar em uma república), o comprometimento com o estudo ou a carreira;

3 - desinibida, promíscua no sexo, que aceite transar com você quando VOCÊ quiser, e não ela; alguém disponível sexualmente;

4 - inconsciente repleto de estimulações que a excitem e a deixem bastante motivada para se relacionar sexualmente com você, Zé Pedro, que merece todas as excitações do mundo, porque foi "bonzinho";

5 - alguém que o valorize mais, e que ache que você merece, mais que os outros, transar com Marcela; seus ideais de fantasias sexuais ficam realizados na ideação, somente;

6 - você idealiza Marcela como alguém com facilidade de se relacionar a nível sexual, o que pode ser um bloqueio de seu comportamento;

7 - continua colocando, alimentando o seu subconsciente (Marcela) através de estimulações eróticas — os sonhos que você desejaria ver realizados;

8 e 9 - refletem o pouco conhecimento que o seu consciente — Zé Pedro — tem de seu subconsciente na hora de falar o que realmente sente, para tentar justificar suas posições afetivas, e a inveja e a preocupação que sente com relação a quem está bem; você não admite que alguém possa ser feliz, se você não for feliz também, ou mais feliz do que eles;

10 - a infância de Carlos e Marcela estão "apagadas" de seu psiquismo, o que confere uma dificuldade de associação e uma ação inibitória em relação à sua área subconsciente — Marcela; o consciente, porém, Zé Pedro, procura justificar o comportamento atual, o que o consciente passa aos outros, buscando referências no passado, embora haja uma profunda defasagem em relação ao inconsciente que marca a própria individualidade; você projeta uma força que, na realidade, não tem;

11 - Carlos e Marcela tampouco apresentam referências a nível de projeção, enquanto Zé Pedro, que vive só de projeção, procura se mostrar seguro, sem o ser realmente;

12 - se o objetivo definido de Marcela (sub), Zé Pedro (cons-

ciente), e Carlos (inconsciente) fosse realmente identificado e único, então não haveria posicionamentos incompatíveis por parte de Zé Pedro, que se mostra insatisfeito, sonhando com a desinibição de Carlos e com a gratificação de ter Marcela para si; há conflitos entre os objetivos desses três personagens, é preciso assumir isso;

13 - sem elementos de análise;

14 - observe como você isola Zé Pedro, seu consciente, justamente porque a inter-relação entre o seu consciente, o seu inconsciente — Carlos —, e o seu subconsciente — Marcela —, ficou impossível;

15 - você assume seu consciente — Zé Pedro; desejaria Marcela como medalha de honra ao mérito por ter sido ótimo aluno na escola, e, tendo usado melhor seus neurônios, eventualmente mereceria uma mulher como Marcela;

16 - seu consciente percebe que não é por aí que se consegue empatia e liderança; não são os neurônios que fazem alguém ser agradável e querido, e sim, a disponibilidade de se aceitar como se é, sem se julgar melhor que os outros;

17 - você está apresentando uma fobia, e, ao mesmo tempo, uma obsessão pela sexualidade, sem entender que, para se sentir gratificado, deve aprender a se amar primeiro, para só depois conseguir suprir as necessidades afetivas, que, sem dúvida, devem estar em um plano muito além do biológico; transar pode ser fácil, amar é que é difícil quando não se enxerga com autenticidade;

18 - você se sente mal porque não consegue enxergar sua fragilidade; pensou a vida toda que, estimulando seus neurônios, estaria garantindo a área afetiva; o que ocorre é justamente o contrário: a maioria dos médicos que conheço têm uma necessidade inconsciente de assegurar o que pensam ser superioridade, relacionando-se com mulheres lindas, sensuais, para se sentirem, também nessa área, compatíveis com seu "valor"; casam-se com elas, e depois se surpreendem porque não se gratificam, além do que, a maioria é traída por suas belas esposas e eles próprios também as traem, relacionando-se com outras mulheres para satisfazerem o ego e verem satisfeitas as suas fantasias de conquistar, pelo sucesso profissional e intelectivo, a mulher que desejarem; procure observar entre seus colegas de profissão

como isso é repetitivo; é muita coincidência...;

19 - você deseja ser espontâneo, mas, para isso, é preciso somente ser compatível com os ideais de Carlos, seu inconsciente, sem tentar que Zé Pedro se projete como infalível e perfeito, quando, na verdade, é normal como todos os normais;

20 - Zé Pedro é você, que se considera complexo; por que não viver a realidade de Carlos para receber por amor recíproco, e não por pseudomerecimentos, uma Marcela mais inteligente, que não se submeta aleatoriamente? quem não é como o Zé Pedro acaba tendo uma afetividade segura e verdadeira, e não vive, de forma alguma, como projeção, como necessidade de compensação afetiva por todas as suas defasagens.

Como acreditava que ainda não estava preparado para o processo, repliquei, igualmente por escrito:

"Antonieta, você é ótima, mas está chovendo no molhado, insistindo em coisas que eu não sou. Não me acho superior e merecedor de coisa alguma, muito pelo contrário, sempre me achei e me acho péssimo a nível afetivo e amoroso; só tive sucesso nos estudos, e não por ser especialmente inteligente, fui apenas esforçado, e conheci colegas muito mais brilhantes.

É repetitivo, sim, o caso de colegas que traem, e, consequentemente, são traídos; a diferença é que nem trair direito eu consigo, por absoluta inépcia, incompetência afetiva total. Faz vários anos que não consigo nada, e não é por falta de querer; se não consigo nem as mais burras, que dirá as mais brilhantes? Não é que eu queira só transar; se houvesse amor, melhor ainda, mas que se há de fazer...

Concordo, de maneira geral, com o que você disse, mas e daí? Como sair desse círculo vicioso, como me amar, esse babaca, como passar uma borracha nesse passado de frustração? Você sabe o que é um rapaz passar a vida toda se masturbando, quando todos seus amigos se viram e namoram à vontade, ou, pelo menos, o essencial, o mínimo indispensável?

Nem coragem de me separar eu tenho, por medo de ficar a maior parte do tempo a ver navios... (eu não o sabia, mas estava sendo profético).

Quanto a Ângela, se fosse Marcela, estariam resolvidos os meus problemas. Ela tem tudo para ser a mulher dos sonhos de qualquer um, tem tudo para que qualquer homem a ame: bonita, relativamente inteligente, sensível, extremamente carinhosa, parece que me ama muito, ou pelo menos já amou. Eu lhe digo que ela seria perfeita se fosse minha amante, e não minha mulher; o problema é que me casei com ela muito cedo, sem curtir um pouco mais a vida, então a culpo por isso. A maioria das mulheres dos meus colegas era formada e ganhava bons salários, de forma que eles iam formando belos patrimônios, ao passo que eu só conseguia alguma coisa com muita economia; então, Ângela só me trouxe problemas, e sempre joguei isso na cara dela, o que a tem tornado insegura, de humor instável, irritando-se com maior frequência. E eu encaro o fato de permanecer com ela como uma capitulação, uma acomodação por inépcia, ineficiência.

Ela tem seus problemas de desvalia, e sei que, se a amasse, só e exclusivamente, isso lhe bastaria; é por isso que ela não vem fazer terapia também, acha que o problema sou eu, e acho que está certa."

Antonieta treplicou:
"Bonomi, acho que você está confundindo valores, achando que fidelidade e honestidade moral são coisas de gente inferior. Ao contrário!

Seus valores, absorvidos através de seu inconsciente, posicionam-no de forma concreta diante da vida, considerando que homem que é Homem não engana. Admiro-o se conservar esse valor.

Infelizmente, tenho que admitir que lamento o posicionamento de boa parte de seus 'nobres' colegas de profissão, que estão ainda diante da infantilidade de quererem ser garanhões.

Não se nivele por baixo.

Você é médico por vocação e amor à profissão; nada tem a ver com esses pseudomodelos da medicina. Pode acreditar nisso! Lutou duro para chegar até aí, ao contrário de muitos de seus colegas que tiveram tudo de bandeja, inclusive pagando alto preço pelas faculdades em que estudaram, e são médicos apenas por *status*."

Capítulo 40

O trabalho com Antonieta se desenvolvia em vários *fronts*, ora em sessões de grupo, ora individuais, e, principalmente, através da análise de sonhos, interpretação de fábulas, ou mesmo dos chamados T.A.T. — Análise Tansacional, em que o analisante faz comentários aleatórios sobre determinadas figuras, ou mesmo fotografias, que são, por sua vez, interpretados por ela. Vamos, então, a alguns desses T.A.T.

Figura l:
Lembra um pai oprimindo o filho
Análise: esse referencial é, sem dúvida, bastante significativo, porque determina a constante do relacionamento familiar, ou, pelo menos, do seu relacionamento com seu pai. É bastante evidente nas suas manifestações comportamentais essa opressão, essa situação bastante difícil de interação com ele. É notório que essas referências contam demais dentro do seu contexto afetivo, e, quando você se posiciona como marido, na eventualidade, talvez próxima, de assumir a responsabilidade compatível com a de um pai, as referências voltam a incomodar. Dessa forma, a figura "pai opressor" ficou muito próxima e dificultou, de certa forma, a relação afetiva com as pessoas que o rodeavam. Voltou a inflexão "opressor", e você assumiu, inconscientemente, a figura de seu pai, como numa transferência que, de certo modo, criou uma oposição, uma barreira para que você interagisse consigo mesmo. É comum, nesses processos de carência e de opressão, por mais que não se queira, repetir situações, e o que acaba ocorrendo é uma reedição dessa opressão, até que, conscientemente, nos pegamos em flagrante e modificamos o comportamento. Às vezes, a repressão se reverte de muitas for-

mas. Por exemplo, o oprimido, quando percebe que a repressão se esvai, porque adquiriu status e posição de líder, não consegue lidar com essa liberdade que parece demasiada; então, não percebe os próprios limites, e agride as pessoas do contexto afetivo. É, possivelmente, o que ocorreu em seu casamento, quando surgiram os conflitos no relacionamento com Ângela; você, inconscientemente, fez a ela o que seus pais fizeram com você.

Figura 2:
Édipo, meu filho...
Análise: você está preso aos conceitos acadêmicos de Freud. Posicionando-se na figura do personagem central, você não poderia ter relacionado ou associado essa situação. Tenho certeza de que as relações edipianas estão muito bem resolvidas em seu psiquismo. O teste deixou esse lado bem claro.

Eu repliquei: "Como a gente, na faculdade, estuda psiquiatria, conheço algo do assunto, e apenas fiz uma brincadeira, citando o que digo para o Lelê quando ele se gruda a Ângela, e eu brinco: 'Édipo, meu filho!' Foi apenas uma citação consciente, em tom de pilhéria; pelos graves distúrbios ocorridos na adolescência, tenho sérias dúvidas a respeito da clara resolução dos meus conflitos edipianos."

Ela treplicou: "Os seus conflitos edipianos, repito, estão claramente resolvidos; no entanto, cuidado com essa expressão: 'Édipo, meu filho'. Embora, no momento, não referende nada de concreto ou inteligível para seu filho, ficará, por certo, no subconsciente dele, e, mais tarde, poderá fazer conexões com o significado real dos mesmos, criando possíveis conflitos!"

Figura 3:
Rá rá rá! Olha aí, todo-poderoso, caiu do cavalo!
Análise: seu inconsciente deseja ver o todo-poderoso — seu pai — em posição abaixo da sua, não necessariamente rolando

de uma escada, mas certamente abaixo de você, isto é, de forma a perceber que você poderia ser melhor, mais bem-sucedido, mais poderoso que ele. É um desejo inconsciente, mas externá-lo na análise decodifica os símbolos e coloca seus desejos de forma bem clara. O consciente rejeita essa colocação, mas o inconsciente assume essa posição, e resgata os seus sentimentos contidos no fundo do ego, sem parecer situação agressiva em relação aos seus núcleos afetivos mais fortes — pai e mãe.

Figura 4:
Como eu ia dizendo...
Análise: você ia dizendo o quê? É preciso escrever, relatando os seus pensamentos; não pode haver repressão em suas sensações. Deixe as emoções fluírem, para que você possa dominar a ansiedade e vencer, assim, a desvalia, principal causa do posicionamento defensivo e hesitante em relação a seu próprio psiquismo.

Figura 5:
De olho no inconsciente...
Análise: realmente, é preciso olhar o inconsciente. Ele tem dados preciosos de seu psiquismo, que precisam ser compreendidos para se tornarem situações bem resolvidas em seu Self. As imagens que o subconsciente reflete estão codificadas, e resistem a uma exteriorização. É preciso enfrentá-las com bastante coragem.

Figura 6:
Não tenho mais, nem sei se já os tive, esses sonhos de ódio contra meu pai, pois, apesar de ser uma pessoa difícil, introspectiva, para quem perdeu a mãe aos nove anos, sendo abandonado, então, pelo próprio pai, até que ele conseguiu um milagre, sustentando sete filhos
Análise: os sonhos de ódio ou raiva contra pessoas afetivamente importantes, como pai e mãe, são diálogos que criamos em nosso inconsciente, pois o consciente os repele, pela

complexidade que o envolvimento afetivo determina. É, porém, comum que os ressentimentos, a nível inconsciente, existam. Eles fazem parte das soluções mal resolvidas de nosso psiquismo. Por essas situações inacabadas ficamos, às vezes, uma vida inteira com nossa segurança fragilizada por complexos de culpa, por sentirmos tais ressentimentos. Acredito que os sonhos podem não ocorrer mais em sua vida, no entanto, as soluções, certamente, não ocorreram, não foram completadas. As situações que você relatou, sobre o início de sua vida de casado, revelam muito bem a precariedade dessa relação com seu pai. O peso de ser marido reavivou, em seu inconsciente, o conflito posicional referendado em seu subconsciente. É por esse motivo mesmo que é preciso lembrar e escrever, para se poder chegar a uma solução que explique o que ficou sem resolver, especialmente em sua adolescência.

Figura 7:
Talvez eu já tenha feito o papel de anjinho, pois sempre fui o exemplo da família

Análise: o fato de ter sido impelido, ou se autodirecionado para o papel de modelo, confere, realmente, um peso excessivo na projeção da figura da individualidade. Na tentativa de conferir a vivência com a expectativa que se faça sobre nós, caminhamos no sentido inverso de nossa formação psíquica original. A situação se torna crônica e autoagressiva, até que passamos realmente a acreditar no anjo que nos fizeram ser, ou no que nos determinamos ser, para comprar a nossa afetividade. As "asas do anjo" começam a pesar quando, frustrados, percebemos, cedo ou tarde, que não valeu nada carregar o sacrifício dessa imagem. Então, gera-se o conflito, e é possível que "anjos" virem homens ou "demônios". Essas transferências são comuns; um resgate sério é bastante conflitante. Assim, você deve ter perdido as "asas" ao se casar e perceber que, agora, teria que conviver com a afetividade, ocupando o outro lado, ou seja, o lado marido, como seu próprio pai. Então, parece ter havido uma espécie de "vingança" contra a figura que você personificou, ao se casar, e mudou seu comportamento, querendo, assim, agredir a figura PAI, que feriu a sua sensibilidade. Parece um paradoxo do ponto de vista lógico, porém, psicologicamente falando, é claro, lógico e real.

Parêntese: minha mãe, certa vez, ao presenciar uma discussão minha com Ângela, disse-me que se repetia exatamente o início de seu casamento com meu pai.

Figura 8:
Nunca vi meu pai como pomposo, dono de si; apesar de já o haver temido muito, ele sempre foi uma pessoa-problema, sem ninguém para orientá-lo, ajudá-lo; teve que sobreviver sozinho

Análise: a figura de prepotência é relativa. Um pai distante, afetivamente, passa essa imagem, porque a criança, o jovem, não tem condição de compreender a complexidade da personalidade paterna. Então, vendo-o distante, sente um ar de superioridade, que pode ser considerado como prepotência. Acontece, porém, que, é preciso resolver essa relação com clareza, embora verbalmente, pelo conteúdo cultural e informativo, para que possamos perfeitamente separar a prepotência da dificuldade de exteriorizar a afetividade. Acredito que a imagem de seu pai está bastante distante de seu psiquismo, no que se refere à afetividade. Essa referência de carência cria um antagonismo com a admiração decorrente do valor dele como pessoa, que soube vencer muitos obstáculos, e viveu, a seu modo, o seu fracassar. Como sentir, conscientemente, qualquer ressentimento contra uma pessoa como essa? Inconscientemente, porém, não há como definir, separar as situações, e o que fica é a mágoa que passa realmente esse ar de prepotência que seu consciente não percebe, mas seu inconsciente sente.

Figura 9:
Nunca pude gritar ou discutir com meu pai; tive que fazê-lo, já na faculdade, quando soube que ele agredia minha mãe; até hoje é difícil tratar de assuntos delicados com ele; só falamos de banalidades, como futebol e o tempo

Análise: a falta de apoio e de interação criada durante o desenvolvimento da personalidade criaram, sem dúvida, muitos conflitos em sua configuração psíquica. Percebo que você se posiciona distante, embora force certa concentração, brincando, diversificando a atenção para os assuntos mais leves e menos envolvidos com a sua própria figura. O fato de saber que seu pai era também agressivo com sua mãe criou, em você, um mecanismo de defesa afetiva, além do medo de se expor, de exteriorizar a liderança natural em sua personalidade, confundindo-a com o autoritarismo e a prepotência que percebeu em seu pai. Para fugir dessa referência, você não se deixa soltar definitivamente em toda sua capacidade, dificultando empatias que poderiam surgir. Cria uma imagem quase lacônica, acadêmica, que não deixa passar a sensibilidade, a afetividade, o interesse mais a nível humano que profissional. Agarrado à imagem do aluno modelo, do "anjo" que precisava dar exemplos, você criou para si mesmo uma imagem dura, que pode gerar em seus filhos, em Ângela, e até em seus pacientes e amigos, uma dificuldade de interação, uma separação que não pode existir nas relações humanas, porque prejudica o seu envolvimento com a própria vida e gera solidão, dificuldade de adaptação, acaba passando a tal impressão de prepotência já mencionada anteriormente. É preciso ser mais receptivo, para poder sentir as pessoas do ponto de vista humano, apenas gente, e não alguém contra quem você tem que se defender.

Figura 10:
Já o vislumbro, em parte, mas não totalmente
Análise: enxergar esse sol é se descobrir de verdade. É rasgar as nuvens que encobrem as imagens verdadeiras que as pessoas importantes tiveram em nossa vida. O medo de vê-las exatamente como são, cria nuvens que encobrem esse sol, trazem mágoas e insegurança. Ao definir exatamente quem são, e não quem gostaríamos que fossem, as nuvens são levadas para longe, e o sol começa a brilhar em nosso inconsciente. É preciso olhar cada figura com a conformação que a própria individualidade das mesmas conferiu, e não com a projeção que criamos, para não encará-las com as deformações que as envolvem. Acredito que você sente dificuldades de interação afetiva mais profunda com as pessoas que envolvem o seu psiquismo, e isso se deve à projeção inconsciente feita quando você se coloca diante das pessoas, em qualquer ambiente onde esteja.

Figura 11:
Um beijinho roubado na infância; acho que nunca o fiz
Análise: as situações que envolvem a sexualidade, realmente, deixam marcas profundas. A falta das mesmas cria desvalia e complexo de inferioridade. O excesso estimula as gônadas de forma indevida, criando também inúmeras situações difíceis de contornar. Sendo assim, é preciso falar sobre a sexualidade desgastada, as fantasias, os sonhos, as intenções, mesmo que latentes, para poder compreender as reações que, só no futuro — atualidade — têm o seu respaldo. Fale mais sobre o assunto.

Aqui farei um novo parêntese para falar mais sobre o assunto. Certa vez, não me recordo ao certo em que contexto, na terapia, dissertei sobre alguns temas. Ei-los:

Aventuras sexuais: anseio por elas, vivo por elas, sonho com elas, quase que não vivo sem fantasiar com elas, numa vã tentativa de recuperar os longos anos de escassa atividade na área; quando surge a oportunidade, tenho, no entanto, grande dificuldade de comunicação nesse setor, não consigo deslanchar, ficar à vontade, e, o que é pior, apesar de já tê-lo aceito razoavelmente, o casamento não me basta, não consigo restringir-me a ele; tenho medo de não conseguir suplantar essa questão e destruir meu casamento, que teria tudo para ser maravilhoso.

Análise: as aventuras sexuais são uma constante nas pessoas cuja defasagem afetiva é relevante, como no seu caso. O lado fleumático de seu temperamento estimula as fantasias, determinando aquelas onde o ego consegue delinear a figura do herói sexual. É evidente que, para isso, concorrem as comparações a nível visual. Se o seu tipo físico não corresponde exatamente ao de um Hércules musculoso e sensual da mitologia, que reforça um ideal projetivo que corresponde, de qualquer modo, às expectativas dos homens na adolescência, é claro que as fantasias são acionadas como compensação. As sensações, a nível de sexo, ficam, então, muito fortes, em detrimento da afetividade, e, principalmente, criando obstáculos frequentes na inter-relação social e afetiva. A situação "aventuras sexuais" se soma à situação "segredo", descrita a seguir, e uma parece explicar ou tentar justificar a outra. Não se pode conceituar alguém como feliz simplesmente porque o seu desempenho sexual é considerado excepcional. Acho que o sexo é só uma consequência do amor, e quando é encarado como condição básica, inibe a participação natural, criando obstáculos na relação espontânea. Quem se cobra muito em relação à afetividade, acaba por se punir quanto à distribuição da sexualidade, e nunca estabelece parâmetros de gratificação. É "preciso" passar para o inconsciente que se pode ser o melhor na área sexual como compensação afetiva, o que acaba se tornando uma atitude compulsória, como o hábito do álcool, do fumo ou das drogas, o que é, de certa forma, tão prejudicial como eles, um vício, e não uma gratificação plena. Digo isso quando ocorre uma relação extraconjugal, e se ama, ou se pensa amar, a esposa. É preciso definir o amor, para não exigir uma participação indevida nos atos sexuais, e, dessa forma, criar obstáculos na autogratificação. Enquanto você ficar preso à repressão do desenvolvimento afetivo, passará a desejar uma atitude compensatória que, certamente, o prejudicará.

Segredo: graves problemas emocionais jamais revelados ou confidenciados, na adolescência e pós-adolescência imediata, quase me levaram ao suicídio aos dezoito, dezenove anos, já no início da faculdade. Em um inaudito esforço mental e intelectual, apoiado na época por crenças religiosas, mas absolutamente sozinho, consegui suplantá-los, numa incrível reviravolta, mas permaneceram, é evidente, sérias restrições interpessoais.

Análise: a carência afetiva profunda que o acompanhou durante todo o desenvolvimento da personalidade foi, sem dúvida, a causa principal dessa quase tentativa. No seu teste de personalidade não há caracterizações definidas que possam sugerir que você tenha tendência ao suicídio. Você não tem essa tendência, graças a Deus, do contrário, ficaria muito difícil. Por esse motivo, tenho certeza de que é justamente o envolvimento com o próprio psiquismo, congestionado por agressões, e constantemente cobrado por ações intelectivas compensatórias, que o levou à maior de todas as carências, a autocarência, ou seja, a desvalia total. Você começou a acreditar que, se todos o deixaram carente, é porque teriam um motivo para isso (!!), e o motivo eventual seria que você não merecia ser amado! Então você partiu para essa conclusão absurda de que não merece viver. É um raciocínio incrível, mas lógico, se considerarmos o erro de dedução que você faria. De inteligência superior, Q.I. elevadíssimo, não se conformava em não ser querido de acordo com o que merecia. É comum, paradoxal e infelizmente, nos muito inteligentes, essas tentativas, sem que exista tendência na personalidade.

Figura 12:
Garoto com ar seguro, desafiador, autoconfiante; fui perdendo essa segurança na adolescência

Análise: se o ar de confiança não existiu na adolescência, é porque não existiu também na infância, com certeza. O fato é que, muitas vezes, colocamos essa segurança para não assumirmos as carências. Acredito que você não se dava o direito de ser carente. Não admitia, para si mesmo, que pudesse sentir falta da afetividade, ainda que se sentisse rejeitado. Essa posição de pseudossegurança estimulou a sua intelectualidade, pois, tendo que pensar e raciocinar, não se envolveria com os sentimentos e as sensações de solidão que o deixam tão infeliz. A carreira, medicina, certamente o afastou do verdadeiro direcionamento como um ser integral. Disparou o raciocínio, e, de certa forma descompensada, a inteligência evitou que você não fosse insatisfeito também na área profissional. O fato, porém, não justifica que, agora, não surjam as inseguranças determinadas pela situação de carência da infância. Agora é que os resultados dessas defasagens operam no sentido de o deixarem fragilizado e incerto, quanto ao êxito como individualidade e personalidade. Você deixou a sua individualidade, em prejuízo da personalidade, usada como projeção, que dava esse ar de segurança, quando, na realidade, a mesma não existe. É preciso construir segurança a partir do desenvolvimento afetivo.

Figura 13:
Tenho pavor de cometer erros e ter que me defrontar com a lei, ou com um juiz qualquer

Análise: o pior juiz que existe é o próprio inconsciente. Essa figura representa um impacto, porque você, sem dúvida, está sob julgamento. Você é o juiz de sua própria individualidade: no banco dos réus está o seu consciente; o promotor é o subconsciente; o juiz, seu inconsciente, cobra a autoestima deixada para trás, na ânsia de projetar a própria segurança. Você, como médico, continua a estimular esse ar de segurança, que é o que deve passar a seus pacientes; eles o olham, achando-o seguro. Isso, realmente, ocorre na área profissional, mas o inconsciente não é visto pelos pacientes, e, por esse motivo, é necessário deixar a autorrepressão de lado e exteriorizar a verdadeira sensibilidade, para poder ser você mesmo, e conseguir a autoestima, que irá lhe conferir a segurança compatível com o ar que emana de sua personalidade.

Figura 14:
Seguro de si, autoconfiante, com alguma dose de superioridade perante as garotas. Quem me dera...!

Análise: não é preciso ar de superioridade diante das garotas. Isso revela a falta de confiança na sua própria originalidade, na sua individualidade. Afinal, por que teria que mostrar um ar de superioridade? Quando a superioridade vem de dentro, ela tem outro nome: chama-se segurança. Só tem que demonstrar esse ar quem não adquiriu certeza de seus valores, e tem medo. Quem tem medo acaba por deixar de usufruir pontos essenciais da existência, com sérios prejuízos futuros. Se você buscar a segurança dentro de si, conseguirá certamente posicionar-se compativelmente entre o consciente seguro e o inconsciente carente. Só essa identificação é que poderá lhe proporcionar segurança. É preciso resgatar a afetividade, deixada de lado devido ao envolvimento com o intelecto, que, na sua forma de pensar, era a salvação para o estado de carência. Esse resgate só é possível quando se vai a fundo, sem medo de se fragilizar, de sofrer. Afinal, é preciso ser coerente com a própria individualidade para ser absolvido nesse tribunal da vida.

Figura 15:
Um vencedor total, completo; já fui bem longe, mas empurrando com a barriga, desviando-me dos obstáculos, e não os liquidando de vez; agora não sei como voltar e abatê-los

Análise: não é preciso voltar para abater os obstáculos; embora seja preciso relembrar para entender e resolver, certamente isso não configura uma volta. As vitórias são mais dignificantes quando há esforço para alcançá-las. É o seu caso! O fato de ter prejudicado a sua própria afetividade e lesado a sua individualidade, para conseguir o tal ar de segurança, o faz desmerecer a vitória alcançada. Ocorre que, justamente agora, quando deveria sentir o sabor dessa vitória, o outro lado, o inconsciente, reclama o abandono, e tudo parece perder o sentido. É hora de buscar se entender para poder se amar de verdade. O fato de não conseguir a verdadeira autoestima inibe a obtenção natural da gratificação que você merece.

Figura 16:
Sim, sempre tive receio de fazer peraltices, para depois não ter que me esconder

Análise: a rigidez em manter uma disciplina sobre seus atos era a compra da afetividade, que se tornou necessária para a segurança psicológica. Você manteve essa rigidez enquanto havia a possibilidade de seu pai vê-lo fazendo "peraltices e depois ter que se esconder". Agora, uma vez livre da pressão de seu pai, vêm as vontades e os desejos inconfessáveis, que foram reprimidos em seu inconsciente e agora afloram, determinando uma irresistível vontade de fazer o que seu pai poderia achar errado. Agora não é você que se esconde de seu pai; ele é que se esconde de você. E há a sensação de que, a qualquer momento, poderá irromper algo realmente "perigoso", para que você tenha que se decidir de acordo com as suas próprias considerações, seus próprios valores, e não sob a pressão da disciplina rígida imposta e do medo posterior de castigo. Quando é a gente mesmo que pode ou não se castigar, ou se gratificar, então a responsabilidade aumenta, e ficamos com medo dos próprios castigos que nos proporcionaremos. É algo chamado complexo de culpa, que, sem dúvida, por intuição, você já antevê e não pode admitir.

Figura 17:
Elas nunca vieram a mim de mão beijada, como presente; e até hoje não sei batalhar por elas

Análise: a afetividade, antes de ser uma conquista, é uma autoconquista. É preciso gostar de si para adquirir a segurança de ser amado. Como você não gosta, acha impossível que alguém venha a fazê-lo. É preciso procurar dentro de você mesmo seus valores, esquecendo-se de que foi reprimido e impelido a ser correto. Muitas das determinações de seu pai na sua educação foram contestadas, porque, desejoso de uma autoestima, você misturou os referenciais, e não as aceitava porque vinham dele, sem analisar o conteúdo, impressionado só com o contexto. De certa forma, era mais fácil e mais cômodo, porque tudo que não ocorresse de modo a gratificá-lo tinha como razão a repressão imposta, os valores determinados. Agora, porém, que é você, e só você, quem resolve os atos praticados, começou a autocontestação, e, com ela, a desvalia, o sentimento de inferioridade. Ninguém vem a ninguém de presente, de mão beijada, até porque quem se oferece dessa forma não deve ter nenhum valor a preservar. Não é preciso batalhar por ninguém, a não ser por você mesmo. Quando você gostar de si mesmo, verá que os outros também o apreciarão. A afetividade é primeiro uma autoconquista, para depois ser uma conquista.

Figura 18:
O grande monstro dos meus temores ainda não foi totalmente vencido

Análise: o grande monstro dos seus temores não foi ainda vencido porque está dentro de você, e não é possível se ferir para matar esse monstro. Aliás, a solução não é mesmo matá-lo, e sim, compreendê-lo, para vencê-lo, e não para tentar destruí-lo. Você não pode tentar destruir algo que existe dentro do psiquismo. Até agora fez essas tentativas e não conseguiu nenhum resultado positivo, do contrário estaria mais seguro de si. Por que, então, não tentar entender o monstro, em vez de agredi-lo? É com a coragem de enfrentar para entender, e não para matar, que você se tornará forte. Se matar esse monstro, sem entendê-lo, surgirão outros e mais outros; e você ficará cansado de tanta agressão, passando a se deprimir e a se frustrar, e, por fim, a ser mais fraco que os monstros que foram se alimentando de suas autoagressões.

Figura 19:
As relações entre os meus pais eram tão secretas, que não me lembro nem de avisos velados para deixá-los à vontade

Análise: realmente, a desinformação sobre o envolvimento dos pais não deveria ter essa conotação de mistério, e, sim, de privacidade. Contudo, a repressão exercida durante a educação faz pensar sobre a eventualidade de "algo secreto", e não simplesmente AMOR. Colocando, mesmo que veladamente, a placa NÃO PERTURBE, o que se entende é NÃO PERTURBE O NOSSO SEXO, daí a sexualidade passar a ser um entrave, também velado, nas relações entre pais e filhos. Implicitamente, o filho considera a mãe como figura assexuada, e, portanto, não passível de se relacionar com nenhum homem, muito menos com aquele a quem amamos, o pai. Daí, a confusão freudiana do complexo de Édipo, que não considero algo relacionado com o desejo filho-mãe, e sim, com o NÃO DESEJO do relacionamento pai-mãe. Questionando-se a nível inconsciente essa questão, criam-se defesas inconscientes e instintivas contra o pai, e, às vezes também, contra a mãe, por ter esta permitido se "sexuar". Acredito que pode haver muito dessa complexa transferência em seu inconsciente, principalmente como a mais importante geradora do complexo de inferioridade, e do medo dos seus monstros.

Figura 20:
Meu pai nunca me fez de capacho, sempre lutou pelo nosso progresso, embora sempre se mantivesse distante

Análise: é uma colocação saudável, "não ter sido capacho", mas, por outro lado, há a descompensação — permanecer distante. Se você se sentisse mais perto dele, poderia ser o capacho, mas, mantendo-se longe, sentia-o afastado afetivamente. Contudo, por se manter afastado de você, criou, também, uma imagem de monstro, que você absorveu — o que está dentro de você. É preciso cuidar para não se tornar, igualmente, o monstro de si mesmo, e de quem convive com você. Essa relação também se transfere para as relações sociais — a comunicação entre amigos, pacientes ou eventuais colegas com os quais possa interagir. Se você vencer o monstro de dentro de você, resolvendo enfrentá-lo sem agressividade, também conseguirá vencer o medo de SER. Todos os processos latentes dentro do seu inconsciente são transferidos para a mente, que deve elaborar, transformar e abrir caminhos para que, através desse "encontro mental", você possa se sentir seguro, possa gostar de si mesmo e ser feliz.

Figura 21:
Não houve qualquer possibilidade de se discutir, clara e tranquilamente, meus "grilos", minhas apreensões
Análise: a falta de diálogo e de questionamentos entre pais e filhos é, sem dúvida, uma questão muito importante no contexto da personalidade. Contudo, também ocorre que as pessoas não tenham condições de fazer desabrochar a própria individualidade por excessiva pressão dos pais. No seu caso, não houve nem uma coisa nem outra; simplesmente houve a repressão, sem a explicação conveniente. Dessa forma, o que fica é a figura de hostilidade no sentido interação, embora seja forte a figura afetiva. É por isso mesmo que, agora, você questiona a sua individualidade, temendo não conseguir preservar a unidade afetiva, não ser seguro o bastante para discernir seu núcleo afetivo. Enquanto for usada a sexualidade — a sensualidade como atitude compulsória, cômoda, e por isso mesmo, mais fácil — para uma pseudogratificação, a insegurança irá continuar, e, por ela mesma, a necessidade de uma superioridade projetada. É algo que seu ego está determinando, na ilusão de tentar satisfazer suas necessidades básicas, como uma individualidade. É preciso não conflitar sua essência individual, a forma do seu inconsciente, com a projeção que você pensa ser necessária para dissimular suas carências. Percebo que há uma resistência quanto a assumir que é carente, e por isso inseguro. Não é possível "passar por cima" de tanta repressão projetando certa superioridade, como uma couraça inabalável. Um dia, essa mesma couraça o sufocará, se é que isso já não está ocorrendo, e, então, será muito mais difícil qualquer reivindicação positiva.

Queiram dirigir-se, agora, à figura 24, até a tréplica de Antonieta, como foi feito na época, e depois retornem à figura 22, que se segue.

Figura 22:
O "monstro", coitado, nunca se deixou afagar tão "maternalmente" assim; deve ter sofrido tanto ou mais que eu...

Análise: realmente, esse "monstro" não deve ter recebido conforto maternal, e, não o tendo, também não pode transmiti-lo. Esse círculo é perigoso, porque pode acarretar inúmeras defasagens, transmitidas *ad eternum*. É por esse motivo que se precisa assumir as carências e procurar se amar como individualidade, e não como projeção. Os amigos talvez não percebam suas fragilidades, porque acreditam que, apesar de carente, você conseguiu superá-los, devido ao seu brilhantismo profissional. Contudo, se você as tivesse realmente superado, não teria as "outras necessidades fora de casa", ou, se as tivesse, resolveria definitivamente sua posição em relação a Ângela.

Figura 23:
Nunca tive essa intimidade com meus pais, nunca pude perguntar-lhes nada de sua vida a dois; lembro-me de que, até a adolescência, era-me difícil imaginá-los na cama, a não ser para dormir

Análise: talvez essa falta de diálogo sobre sexualidade tenha deixado muitos conflitos em seu psiquismo, não porque tenha imaginado a sexualidade entre seus pais, mas por ter se inibido em relação à afetividade de uma forma geral. É comum os filhos encararem os pais como "assexuados", mesmo que tenham informações sobre sexo. Mas talvez seja também a falta de segurança que questiona a sua aceitação da convivência afetiva única com Ângela, e estimule as "outras necessidades fora de casa".

Figura 24:
Nunca pude recorrer ao meu pai para me confidenciar, devido ao seu complexo perfil psicológico; além disso, a maior preocupação dele era com a nossa educação; nunca foi miserável, gastava tudo com os filhos, e nunca ficou a contar os centavos

Análise: não contar os centavos já é bastante saudável. Já confidenciar, é uma troca que requer, para ser válida, maturidade de quem ouve. Se ele não tinha maturidade, as confidências não teriam valor, ou, até mesmo, poderiam condicioná-lo a atitudes das quais, hoje, você viria a se arrepender. Dessa forma, ele também não deve ter amadurecido o suficiente para poder enxergar o seu complexo perfil psicológico. Talvez ele também não entendesse a sua maneira de ser. Hoje, vivendo uma dificuldade entre compatibilizar a individualidade e a personalidade, é evidente que o perfil foi, e ainda se apresenta complexo. O trabalho de descomplexar tal processo é individual, e nunca pode ter como base o relacionamento entre você e seu pai. De certo modo, os alicerces foram esses, mas você construiu "paredes", e é responsável por elas. Do contrário, apenas repetirá o processo que sofreu. Como será o seu relacionamento com Ângela e com seus filhos? Não estará passando a eles a mesma imagem de quem não conta os centavos, investe tudo no conforto da família, mas não se dispõe a confidenciar e ouvir o que têm a dizer? Percebo uma solução de continuidade no seu caso. Acho-o arredio, assumindo o papel do pai que não mede os centavos para a família, mas se recusa a arrebentar a couraça, e ser você mesmo.

Repliquei:
Meu relacionamento com os filhos é de carinho e amizade, eles rolam comigo pelo chão, brincam comigo, falam palavrões comigo, e creio que têm plena liberdade para comigo. Quanto a Ângela, é quem "paga o pato" pelas minhas carências e chatices; ela conhece em parte os meus problemas, pelo menos fui franco com ela, e lhe disse que tenho necessidades outras fora de casa. Pelo contrário, eu "meço os centavos", Lílian sabe que há coisas caras e baratas, sou até meio pão-duro, justamente por não ter um emprego tão seguro e morrer de medo de que as crianças passem necessidades; aliás, pesadelos com desemprego são os poucos que ainda me restam, e, definitivamente, não tenho a tal couraça inexpugnável, sou relativamente aberto e transparente, ou, pelo menos, tento ser. Mostrar carências e necessidades não é sinal de fraqueza; pelo contrário, fazê-lo requer coragem.

Antonieta treplicou:
Admiro sua relação com seus filhos; é muito saudável esse

comportamento com eles, e fico feliz por saber que convivem tão afetivamente. Quanto a Ângela, acho que ela deveria cultivar mais a autoestima, para não aceitar ver a sua afetividade dividida dessa forma com as "necessidades outras fora de casa". Acho que é uma indefinição que não deve ser mantida; não é possível que uma mulher aceite tal situação conscientemente. O que ocorre é uma conivência por qualquer motivo muito forte, até mesmo por não ter coragem de assumir uma posição contrária, por medo de perder *status* e conforto, além, é claro, de ter a esperança de poder vir a ser a única, e preencher também suas "necessidades fora de casa". É claro que seus filhos percebem essa duplicidade de conduta; as crianças são muito perceptivas. Acho que nada pode ser motivo para justificar, conscientemente, tais "necessidades fora de casa". É preciso ser coerente com você, com o que você deseja, pois dizer que tem necessidades fica muito cômodo e fácil. As necessidades, quando não são lógicas e lícitas, não são necessidades, e, sim, fugas, para não assumir posições íntegras e definitivas. Seria o mesmo que concordar com alguém que diga "sei que não é correto roubar, mas tenho necessidades de fazê-lo". Se tal comportamento não lhe confere sentimentos de culpa, então é necessário reorganizar o seu psiquismo, para estabelecer seus direitos, e, principalmente, compreender que suas "necessidades" vão até onde começam os direitos dos outros.

Figura 25:
Por trás daquela máscara de monstro assustador, inatingível, devia se esconder um ser humano complexo, sofrido, de passado traumático

Análise: você está, agora, usando essa mesma máscara que já viu em seu pai. Você é um ser humano complexo, sofrido, de passado traumático, que tenta se dissimular atrás dessa máscara de dragão, afastando a interação afetiva. Isso poderá se estender, em termos de empatia, para o campo profissional, o que irá prejudicar seu valor como médico competente e dedicado. As pessoas, especialmente as que estão fragilizadas em uma relação — no caso profissional, as pacientes, e, em casa, os filhos e a esposa —, sentem medo de se aproximar de um dragão, e podem subentender imprecisamente suas qualidades como profissional, pai e marido. Forte é quem se deixa entrever com suas fragilidades, até porque todos sabem que não há ser humano que não tenha suas fraquezas; ou não deseja mostrá-las, ou vive uma distorção de personalidade, mantendo-se, como você, hipervigilante à realidade, com receio de que a imagem de dragão se desfaça e que você se desintegre.

Figura 26:
Criança tranquila; até dez ou doze anos, até que eu não era tão enrolado, exceto por pesadelos noturnos apavorantes, em que eu acordava gritando desesperadamente

Análise: os pesadelos são distúrbios naturais do sono, e ocorrem sempre, em especial com os adolescentes. Mas são, sem dúvida, mensagens confusas de nosso inconsciente. Interpretados, evidentemente explicam muitas situações inexplicáveis do nosso cotidiano. Seria ótimo se você pudesse escrever sobre os sonhos que tinha na época. Eles explicariam muitos de seus conflitos, e poderiam dar coordenadas para que entendêssemos as situações atuais. A musicoterapia, apesar da informalidade e do meu próprio comportamento descontraído, poderá lhe dar uma ideia errônea sobre a profundidade da terapia. A sua resistência é homérica, e, sem dúvida, cria barreiras para uma natural extroversão e uma comunicabilidade mais bem dirigida; é preciso acreditar mais e se soltar mais. O fato de haver a possibilidade de escrever, em vez de falar, como eventualmente ocorre em outras terapias, é muito mais autêntico, porque permite que você não se censure. O que está faltando é apenas credibilidade no meu trabalho. Praticando a filosofia de que "a vida é simples, e nós é que a complicamos", procuro simplificar cada vez mais os processos de análise, e há trinta e dois anos tem dado certo. Quero ajudá-lo; sei que você precisa de ajuda para descobrir a sua individualidade, e penetrar em seu ego totalmente fechado para as estimulações do próprio inconsciente, pois, preocupado demais com a projeção, com a personalidade, com o ajustamento ao ambiente externo, está deixando importantes referências do seu inconsciente para serem associadas; não as bloqueie. Como musicoterapeuta, dou uma orientação do mesmo teor que as orientações que você passa às suas pacientes.

Figura 27:
Chupar dedo, coçar a orelha, isso é pouco; eu era cheio de tiques, e fui me esforçando até debelá-los, restando-os poucos e discretos

Análise: esses tiques são caracterizações psicossomáticas provenientes das insatisfações e das defasagens que você sofreu. Ficam conotações repetitivas e intermitentes, em decorrência de circuitos emocionais não completados, isto é, o que você desejaria obter, como gratificação afetiva, ficou interrompido; então, por um mecanismo compulsivo, o tique se repete, como se quisesse substituir, por compensação, as defasagens sofridas. É preciso pensar nessas defasagens, especialmente na época em que os tiques começaram, para poder detectar as sensações sofridas na ocasião, e que determinaram tais defasagens e as causas da compulsão. Tenho tratado de inúmeras pessoas com algumas caracterizações dessas manias, e em todas elas a explicação fica entre a infância e a adolescência, aproximadamente entre dez e catorze anos. Procure identificar seu psiquismo nessa idade, as ansiedades, as angústias e as frustrações sofridas, para podermos encontrar o núcleo que as desencadeou.

Figura 28:
Hoje eu percebo que, sob o disfarce do monstro, há apenas um homem, mas agora é tarde

Análise: nunca é tarde, quando se trata de resolver nossas defasagens. Não importa tanto como se relacionou, mas o porquê se relacionou de uma forma ou de outra. O fato de considerar tarde demais pode justificar, de modo indevido, as eventuais "outras necessidades fora de casa".

Figura 29:
Não sou ligado a fetiches, embora formas femininas, manequins etc. sejam sempre estimulantes

Análise: as estimulações, quando são externas, devido às formas materiais, e não vivas, não podem conferir nada de positivo como gratificação. Mas, é claro, na adolescência, podem até servir ilusoriamente de compensação; na maturidade, porém, é preciso analisar cada situação afetiva pela qual passamos, para não nos sentirmos estimulados por algo que não pode responder às nossas estimulações. Toda estimulação deveria partir da mulher que se ama.

Figura 30:
Não tive coragem de enfrentar a fera, e deu no que deu
Análise: quem não teve coragem de enfrentar "feras", muitas vezes corre o risco de ficar uma "fera". É preciso perceber que o mérito não está em enfrentar feras externas, e, sim, a nossa própria ferocidade, pois muitas vezes podemos nos preocupar com soluções externas, mas o conflito a ser resolvido está dentro de nós. Procure a "fera" que está dentro de você e tenha coragem de enfrentá-la para não se arrepender depois, quando a solidão criar defasagens para o futuro.

Capítulo 41

As fábulas se prestavam, também, a estudos individuais extraordinariamente profícuos, embora fizessem, via de regra, parte de trabalhos de grupo.

O chapeuzinho vermelho

A menina morava com a mãe, na floresta, e não conhecia o pai. Um dia, a mãe lhe pede para levar doces e frutas para a vovó, que está doente. A menina vai com a cestinha e encontra o lobo no meio do caminho, travando um diálogo com ele; depois, segue para a casa da vovó.

Esse é um exercício que propõe encontrar as fases traumáticas e os eventuais traumatizadores. O Chapeuzinho, personagem principal, é você.

1 - Onde estava o pai do Chapeuzinho?
Resposta: Não sei.
Análise: o pai do Chapeuzinho não é localizado; isso implica sensação de isolamento e de dificuldade de relacionamento afetivo com seu pai.

2 - Que idade tinha ela?
R: Seis, sete anos.
A: A idade de Chapeuzinho, seis, sete anos, denota a época da vida onde a insegurança afetiva se fez mais forte, e foi preciso buscar segurança na casa da vovó = consciente.

3 - A que horas ela saiu de casa?
R: À tardinha.

A: À tardinha = adolescência = período onde a segurança se fez necessária, devido à fragilidade afetiva. De manhã = infância; à tarde = adolescência; à noite = maturidade.

4 - Por qual caminho ela seguiu, o do rio, ou o da floresta?
R: Floresta.

A: O caminho escolhido representa a disponibilidade de se chegar ao inconsciente. A floresta é um caminho muito difícil, com muitos obstáculos e perigos, sendo dificultoso caminhar por trajetos cheios de traumatismos. O caminho do rio seria mais aberto e mais fácil, porém, devido a seus traumatismos na vida, optou pela floresta.

5 - Por que ela seguiu por esse caminho?
R: Porque o rio é perigoso.

A: O "perigo" do rio seria exatamente "abrir a guarda" demais. O modo como você está fazendo o T.A.T. é bem prova desse processo de defesa de si mesmo.

6 - Como estava o tempo quando ela saiu de casa?
R: Nublado.

A: O tempo nublado é outra indicação da falta de segurança e do "medo da chuva", isto é, de situações inseguras no caminho de si mesmo.

7 - Onde estava o lobo?
R: À espreita, na floresta.

A: O lobo, na floresta, indica exatamente que ele está escondido de você — o lobo é o seu traumatismo. Ele está escondido porque você ainda não o detectou completamente, ou não deseja que ele fique claramente definido; haveria certo constrangimento na identificação do mesmo.

8 - A que horas ela encontrou o lobo?
R: Quase à noite.

A: Só à noite, isto é, já na maturidade, portanto, é que você começa a entender os processos traumáticos que o atingiram, e começa, também, a entender seu comportamento e fazer as associações adequadas que permitiriam o entendimento devido da própria área psíquica.

9 - Que idade tinha o lobo?
R: Ele era mais ou menos velho.

A: O lobo era "velho" — isso implica em um posicionamento direto. O "lobo" era seu pai. Parece clara a referência de associação com a figura de seu pai = o lobo, que, através da agressividade e das carências proporcionadas, estigmatizou-se em seu inconsciente como a figura traumática = o "lobo mau".

10 - Qual foi o diálogo entre eles?

R: — Olá, Chapeuzinho.
— Oh, olá... quem é você?
— Onde você vai?
— Pra casa da vovó; mas eu não sei ainda quem é você...

A: O diálogo determina exatamente as colocações acima, pois, de fato, você "ainda não sabia quem era o lobo", e o lobo "não sabia quem era você". O distanciamento afetivo se confirma, e é compatível com a primeira questão, onde você determina que "não sabe" onde está "seu pai" — pai de Chapeuzinho.

11 - A que horas ela chega à casa da vovó?

R: À noite.

A: À noite confirma a atualidade, quando as consequências do comportamento e do relacionamento difícil com o lobo proporcionaram, por exemplo, dificuldades no relacionamento com Ângela.

12 - O que ela encontrou pelo caminho?

R: Corujas, cobras, morcegos...

A: Os animais que você = Chapeuzinho encontrou no caminho são todos "traumáticos" —assustadores, agressivos, perigosos. Foram os obstáculos que você realmente encontrou no caminho para o seu consciente = casa da vovó — vida entre a infância e a idade adulta. Deve ter sido "assustado" por muitas cobras, morcegos e corujas.

13 - Chapeuzinho chega à casa da vovó, então... conclua.

R: Não encontra a vovó, ai, meu Deus!

A: A colocação dessa questão determina a instabilidade emocional e a insegurança psíquica nesse momento, na atualidade. Você ainda está carente e confuso diante do próprio psiquismo.

A romãzeira

Imagine uma romãzeira; imagine uma romã caída no chão.[1]

---

1 A romã está ligada, mitologicamente, à gratificação da sexualidade e a uma série

1 - Quem comeu a romã?
R: Meu pai.
A: Reflete o núcleo afetivo traumatizante. Sem dúvida, é seu pai a figura de pique do seu psiquismo, embora ainda não tenha sido devidamente explicada, em sua abrangência, a sua relação afetiva com ele. Acho que a presença de sua mãe pode ter interferido nessa relação.

2 - Quantas romãs já deu essa romãzeira?
R: Sete.
A: Sete anos — determina o período traumático, onde o núcleo afetivo traumatizador — pai — determinou situações graves para o psiquismo.

3 - Para quem você vai dar a romã do chão?
R: Minha mãe.
A: O envolvimento com a relação afetiva entre sua mãe e seu pai é traumatizante, por esse motivo você divide com ela a responsabilidade sobre seus traumatismos.

4 - Que reação a pessoa terá ao recebê-la?
R: Gratidão.
A: Essa é a resposta que você determina para o envolvimento afetivo com sua mãe. Na verdade, você reconhece a afetividade dela, e transfere a ela o seu sentimento; você fica agradecido a ela, embora reconheça que ela tem parte da culpa em relação a seus traumatismos.

5 - Quantos carocinhos deu essa romã?
R: Dois.
A: Você divide por dois a quantidade de situações traumáticas recebidas, isto é, sua vida se "dividiria" em dois períodos traumáticos — $38:2 = 19$ anos —, antes dos 19 e depois dos 19 anos. São dois períodos diversos, mas igualmente conflitantes.

6 - Se você tivesse que colher uma romã, para quem daria?
R: Ângela.
A: Você daria a Ângela a romã, isto é, escolhe a figura dela para "retribuir" os traumatismos que a vida pode lhe ter causado.

7 - Por que você escolheria essa pessoa para dá-la?

---

de mitos no inconsciente coletivo, que se reflete, por exemplo, na tradição de se comerem grãos de romã na passagem de ano, fazer patuás de sementes de romã etc.

R: Merece; suportou meus piores momentos.

A: O fato de achar que Ângela merece a romã, foi, sem dúvida, um resgate inconsciente de seus traumatismos para com ela, pois, na verdade, quando se torna médico você assume as responsabilidades de não ter usufruído o que tenha direito, e poderia, portanto, conseguir se satisfazer com a gratificação de ter tudo para você. Assim, sem resgatar a própria afetividade e a autoestima, dividiu o que NÃO tinha com ela. Daí se "justificarem", inconscientemente, todas as atitudes que tomou para com ela no início do casamento. Seu inconsciente reclamou, e Ângela era, indiretamente, a pessoa que estava "atrapalhando" essa gratificação. Era a primeira pessoa que estava por perto, e, então, ela recebeu a sua "romã".

8 - Quem plantou essa romãzeira?

R: Meus pais.

A: É evidente que seus pais foram, de certa forma, os responsáveis pela sua romãzeira. Eles a plantaram, isto é, foram eles que determinaram as situações traumáticas e defasadas.

9 - O que você vai fazer com as outras romãs?

R: Dá-las a meus filhos.

A: Também os seus filhos, de certo modo, embora não intencionalmente, sofrerão as consequências dos traumatismos vividos.

10 - Se você tivesse que plantar outra romãzeira, onde o faria?

R: Em minha casa.

A: Plantando a romãzeira em sua própria casa, corre o risco de usar as mesmas sementes, o que seria extremamente prejudicial para você, e determinaria, então, mais traumatismos, ainda mais graves. É preciso selecionar os "caroços" das romãs, para não replantar romãzeiras iguais e traumáticas como as suas.[2]

---

[2] Tanto na fábula do Chapeuzinho Vermelho, quanto da Romãzeira, primeiro são feitas todas as perguntas e dadas todas as respostas, para só depois ocorrerem as análises; apenas para maior facilidade de leitura, já as coloquei na sequência imediata.

Viagem ao deserto
Imagine que um disco voador tenha pousado no deserto; "bole" um diálogo com o ser do futuro.

EU - Venha até a sala de Antonieta conhecer um bando de lunáticos...

ELE - Lunáticos!? Mas, na lua não há ninguém...

EU - Brincadeirinha... lunáticos, aqui, significam pessoas psiquicamente perturbadas...

ELE - Mas me parecem tão normais...

EU - Também acho; essas mocinhas me parecem com probleminhas tão bobos, porém, Antonieta não pensa assim; mas, você só pergunta? Não tem inteligência superior, percepção extrassensorial etc.?

ELE - Bem, nós evoluímos muito e somos capazes de perceber muita coisa. Você, por exemplo, é pura contradição: ora é autoconfiante, acha que todo o passado é besteira, e que já superou tudo isso, ora, no instante seguinte, sente-se medíocre, frustrado, impotente (no bom sentido, hein!?), "não é capaz de conquistar nem uma piranha", como vocês dizem...

EU - Calma, não me desnude tanto, já vi que você sabe das coisas. Fale-me do futuro; não acredito muito em previsões, mas não deixa de ser curioso, fascinante, prever o futuro.

ELE - Que tal falar primeiro do passado?

EU - Veja lá o que vai dizer, há mais gente na sala...

ELE - Omitirei coisas que possam constranger...

EU - Você revelará coisas do inconsciente, fatos que relutam em vir à tona?

ELE - Aí é mais complicado, é coisa para Freud e Antonieta...

EU - Então, não interessa... vamos falar do presente.

ELE - Você está indeciso entre ser uma pessoa comum, trabalhar de forma comum e repetitiva, ou tentar alguma coisa maior, sobressair-se, provar a si mesmo que é capaz de voos mais altos, porém, isso envolve riscos, e você tem medo de arriscar-se, de perder o mínimo que já conseguiu, tem medo do desemprego, da miséria... no entanto, tem pavor, também, da rotina do casamento, de isso ficar insuportavelmente chato...

EU - Está bem, já provou que é bastante espertinho... fale-me, então, do futuro.

ELE - O futuro depende principalmente de você...

EU - Saindo pela tangente, hein!? Fale-me do meu futuro profissional, do meu futuro conjugal, ainda vou amar Ângela, ter tesão por ela, ser feliz no casamento, enfim?

ELE - Você já conseguiu coisas tão ou mais difíceis, é possível que... ah, meu tempo esgotou, preciso ir...

EU - Espere...

ELE - Adeus...

Análise: o personagem do futuro é a sua individualidade, o porta-voz do seu inconsciente, que quer lhe transmitir algo que o consciente não consegue exteriorizar. O diálogo com o futuro tem conotação de recado do consciente. Você deixa claro, apesar da "brincadeira", que lhe falta confiança na terapia, chamando a todos de lunáticos, enquanto o próprio inconsciente corrige, ironicamente, dizendo ser a lua desabitada. É uma contestação à menção sobre a "brincadeira". Novamente a conotação opositora dos perturbados contra a normalidade, que seu próprio inconsciente deseja conferir. Volta, então, à idade das "mocinhas" com "problemas tão bobos", mas que também já foram seus problemas na época, e a vontade de voltar atrás, de poder ser também um menino "bobo", e refazer toda a sua vida. Resolver os "problemas bobos" poderia evitar problemas sérios. Você determina que sabe o teor alto do seu Q.I., e não aceita que, sendo tão inteligente, sinta-se defasado na área afetiva. Acha injusto e incoerente. Sua individualidade é bem instável, devido à imaturidade afetiva. A desvalia determina que você não consiga conquistar alguém; se posiciona a nível de futuro, para conseguir obter gratificação. Então, o personagem — seu inconsciente — lhe pede para buscar no passado a segurança afetiva, porém, sobrevém o seu cuidado em não desvendá-lo, com medo de vulnerabilidade. Seu inconsciente, então, deixa-o sossegado, não o deixando preocupado. Então, você logo quer voltar do passado ao presente, para admitir a sua posição diante da realidade; aí, o seu inconsciente determina que você deve se objetivar, deve ser forte o suficiente para não deixar que o seu psiquismo se conflite.

Capítulo 42

Passo agora a transcrever algumas análises — T.A.T. — baseadas em fotografias pessoais e familiares, antigas e recentes Porém, vou me ater exclusivamente às análises, muito pertinentes e essenciais ao processo de compreensão como um todo.

— Encarar a mulher como necessidade de autoafirmação é prejudicial para o psiquismo, especialmente porque, quando já não se precisa mais dessa autoafirmação, por se ter obtido, de certa forma, a realização profissional, e ser considerado um bom profissional, independente da autoafirmação afetiva, a presença da mulher passa a perder a função, e há, então, um desequilíbrio. Toda afetividade subentende a amizade, e não a autoafirmação. É preciso ser amigo, para depois cultivar a afetividade.

— Acho que seus pais tiveram, e têm, motivos de muito orgulho em tê-lo vencedor. Contudo, realizados são o pai e a mãe que veem o filho FELIZ. Dessa forma, a formatura é apenas uma sensação passageira de alegria. Felicidade é um estado de espírito que subentende a constância em determinada gratificação. Acho que você precisa buscar a verdadeira afetividade, coisa que você ainda não conhece, apesar de todo seu conhecimento científico.

— Acho que Ângela é bastante imatura, e tem grande desvalia. Acredita que deve se considerar mais do que compensada por ter um médico por marido, ainda que sem o devido respaldo afetivo. Desse modo, seria muito bom que ela também se conhecesse, e, assim, pudesse se tornar mais segura, para saber se é, na verdade, afetivamente realizada, já que deixou o lado profissional de lado e passou a ser a sua autoafirmação. Acho que é preciso conhecer-se melhor, e enfrentar a realidade. Se há AMOR, é preciso investir, é preciso aprofundar-se. Se não há, é apenas prolongar um sofrimento que irá somatizando e trazendo traumatismos a seus filhos.

— Você precisa se livrar desse complexo de culpa em relação a Ângela. Para uma convivência, é preciso conivência. Se ela, de qualquer maneira, concorda, é porque, de certa forma, aceita tais soluções (casos extraconjugais); ou não sabe como viver sem as sensações que você lhe proporciona. Ângela nunca lhe cobrou nada porque deve estar satisfeita com o que você lhe proporciona, do contrário, reivindicaria outra posição. Desse modo, é preciso se aliviar de tal culpa, o que não significa aliviar-se, e, sim, acertar-se para acertar a convivência e ser você mesmo na área afetiva, tão imatura em sua individualidade. Há uma grande defasagem entre a idade mental, a cronológica, e a afetiva.

— É bom termos lembranças bastante afetivas dessa época, que foi de muita luta, embora unilateralmente dirigida para o lado intelectivo. É necessário, agora, voltar a esse processo defasado, mas não como um apego a um passado que não pode ser corrigido. O que é necessário é corrigir o seu psiquismo, isto é, a forma de olhar para a mesma situação. Hoje, com mais maturidade, é possível encarar a vida com realismo, e não se sentir abalado ou diminuído, para poder buscar em si mesmo a afetividade perdida nesse passado. É preciso acreditar em si mesmo, na possibilidade de encarar-se como uma pessoa resolvida afetivamente, apesar da intelectualidade, ou, até mesmo, por incrível que pareça, por causa dela. É preciso acreditar mais na terapia e em si mesmo. Reaja diante de si mesmo, e pense que o seu Q.I. deve ser utilizado para você se tornar feliz, e não para ser apenas um excelente médico, que você já é. Ser bom médico não confere certificado de felicidade para ninguém.

E, para encerrar esse *flashback* de meu primeiro estágio com Antonieta, antes da ruptura com Ângela e Faraud, volto a transcrever mais algumas análises, que reputo capitais em nosso estudo. Embora, novamente, não haja a apresentação das figuras acompanhadas de minhas observações, por não tê-las conseguido resgatar, as análises fazem referências suficientes; na maioria, são observações minhas a respeito de fotografias de minha festa de formatura na faculdade.

— Acho que, realmente, os episódios descritos em seu T.A.T. são, de fato, muito traumáticos para o seu psiquismo. Creio que há um envolvimento definitivo da questão sexo no que você passou nessa época. O fato de sua irmã, Jamile, tê-lo decepcionado tanto, foi, sem dúvida, um bloqueio à disponibilidade de usufruir do prazer que o sexo pode lhe oferecer. É muito comum isso ocorrer, quando houve esse procedimento de familiar querido que, repentinamente, fere os princípios de relação afetiva determinados pela inter-relação familiar. Seu pai, sem dúvida repressivo demais, colocou em seu Self uma referência muito séria e grave sobre a sexualidade. Assim, ao praticar sexo, é como se ele, seu pai, estivesse de vigia, olhando-o repressivamente, "ameaçando-o" tacitamente, "tomando conta do seu prazer". É essa relação de pressão e repressão que precisa terminar em seu psiquismo. Acho que você pode ter inibido a estimulação das gônadas, o que prejudicou a produção adequada de hormônios masculinos. É uma "defesa" do psiquismo diante do medo de transgredir uma "ordem superior". Faça um exame de dosagem hormonal para verificar possível defasagem. Embora você não aceite o meu exercício das glândulas, tenho certeza de que ele o ajudaria muito. É preciso liberar os hormônios defasados pelo bloqueio psíquico; porém, o bloqueio pode ter defasado biologicamente o funcionamento das gônadas, e aí, só a química poderá preencher o vazio formado. A terapia, por sua vez, irá mantendo, a nível psíquico, tal estimulação.

— Você faz uma analogia entre festa e velório (meu pai e outros familiares estavam com cara de velório, na festa de formatura), exatamente porque confunde sensibilidade com fragilidade, afetividade com sensação de prazer. É necessário amadurecer adequadamente, para não se deixar envolver por esse processo equívoco e perigoso para o psiquismo. Confundir tristeza com alegria é prejudicar-se inconscientemente.

— A sua desvalia é tão grande que inibe a sua participação

afetiva diante da vida. Você se manifesta sempre pejorativamente, diminuindo-se demais e achando um absurdo que alguém possa amá-lo. Por que as pessoas iriam ficar tão prevenidas contra você? Acho que seu "espelho psíquico" é que o faz encarar somente os defeitos. Aliás, acho que as pessoas, as mulheres em especial, não estão propriamente voltadas para uma apreciação física, simplesmente. A autoestima é essencial para que você se gratifique afetivamente. Por outro lado, como reagir diante de tanta depreciação, quando se decide participar afetivamente da vida? Você está precisando reavaliar seus valores, e não se nivelar por baixo. Poucas pessoas conseguem obter aquilo a que se determinam, pelo menos na área profissional. A ansiedade para se gratificar afetivamente distancia-o cada vez mais dessa gratificação. Afinal, você já foi o Bonomi estudante, o Bonomi médico, o Bonomi pai, e esqueceu-se do Bonomi homem, jovem que faz parte de seu psiquismo, e que, agora, é cobrado pelo próprio inconsciente.

— Realmente! Concordo com você. As "medalhas" só lustram o ego, mas não conferem segurança. Então, sua decisão de não mais se importar com os primeiros lugares foi muito saudável (eu me referia aqui a uma foto das premiações dos melhores alunos, e, pela primeira vez, embora seguramente entre os dez melhores, em uma classe de cento e dez, não recebi nenhum prêmio; curiosamente, nem dei bola, mas isso deve ter contribuído para a cara de velório de meus pais; apenas como registro, aquele moço muito brilhante, a que já me referi no início da faculdade, abocanhou a grande maioria dos prêmios, sendo que, na área de Ginecologia, o merecido prêmio foi para minha amiga Narinha, embora, para isso, ela tenha tido que pagar um alto preço, passando mais de ano cortando e examinando centenas de placentas para o trabalho de nossa preceptora; Narinha se tornaria, provavelmente, a melhor ginecologista que eu conheceria). Por isso mesmo, não é preciso, agora, querer "copiar" o desempenho infiel da maioria dos seus colegas médicos. Infelizmente, pela minha profissão, sou obrigada a tomar conhecimento de tais situações, e posso lhe garantir que não há nenhuma satisfação deles próprios com tal procedimento. Consomem-se com a certeza da própria culpa. Acho mais difícil cuidar deles, pois a culpa é algo que corrói o inconsciente e causa danos irreversíveis ao psiquismo. Você está preocupado com esse desempenho de "primeiro da classe" dos infiéis, inseguros, incontrolados. Não se deixe levar por essa fraqueza, pois as medalhas nada poderão fazer para lhe conferir segurança e felicidade, da mesma forma que o primeiro aluno da classe não acrescenta nada à própria vida. Afinal, como você mesmo afirmou, no final do T.A.T.: "Sempre surgirão mais CDFs que nós". E eu completo: sempre surgirão mais conquistadores querendo se autoafirmar através de suas conquistas.

Meus comentários — réplica — sobre essas análises:
De maneira geral, são corretas, sendo evidente que meu pai e Jamile tiveram papel decisivo naquelas minhas dificuldades sexuais já mencionadas. Contudo, creio haver importantes equívocos em algumas observações, que vou contestar, com base em meu comportamento sexual geral, e, também, com base científica. Inicialmente, aquelas repressões e decepções apenas desviaram o meu objeto de desejo, jamais deprimindo o próprio desejo sexual, uma vez que sempre me masturbei bastante, desde a puberdade, e mantenho uma atividade sexual doméstica e masturbatória relativamente importante; concordo plenamente com você que persiste ainda certo bloqueio, pois, após esses atos, ainda existe alguma depressão residual. Falando agora como médico, meu intenso desejo sexual, os filhos que tive, quando quis e quantos quis, sem dificuldade, deixam claro que a produção hormonal é normal, suficiente; uma insuficiência gonadal traria distúrbios nessas áreas, com diminuição do desejo e da espermatogênese, e consequentemente, queda na fertilidade. Outro dado importante: distúrbios afetivos, comportamentais, de maneira geral, não afetam a parte biológica, a não ser no caso de transtornos mentais graves, que causam distúrbios menstruais, esterilidade etc. Mesmo no caso de um homossexual passivo, assumido, completamente afeminado, a produção hormonal costuma ser normal. O que acontece, na verdade, é que persiste uma grande insatisfação pelo fato de eu nunca haver me relacionado com quem realmente desejasse. Mesmo que não venha a transar com todo mundo, afinal não sou maluco a esse ponto, só quero chegar a um estágio em que, se quiser, ou se vier a me separar, eu tenha a mesma facilidade de acesso às mu-

lheres que qualquer homem comum, normal — veja bem, homem comum, não um garanhão, um homem fora de série. Já pensei em me separar, mas a chance de ficar sozinho, não arrumar alguém à minha altura — confesso que sou exigente nesse ponto — é tão flagrante, que tenho medo (êta premonição!) . Como é que posso me amar, ter amor-próprio, se eu, convivendo com cerca de quinze, vinte mulheres todo dia, mesmo que quisesse — e olha que já quis! — não saberia como insinuar-me! Honestamente, já deixei de comparar-me com os tais colegas que se julgam machões, evito até conversar a respeito, desestimulando-os a contar suas aventuras, mas a verdade é que me faz falta, e, mesmo que eu quisesse, de nada adiantaria. Só vou me sentir curado de verdade quando tiver essa facilidade; é por isso que discordo de você, quando diz que nota algum progresso, que, se houve, é desprezível. Continuo sendo absolutamente inepto!

    Antonieta não deixava barato, e treplicou:
    Também discordo de você, quanto ao ponto científico sobre o fato de que, eventualmente — e, no seu caso, tenho certeza que sim, principalmente por causa de seu sério complexo de inferioridade e desvalia —, o "desejo sexual" é confundido com "objeto sexual". Objeto e desejo ficaram confundidos no seu psiquismo. Para você, o desejo sexual seria poder manipular o objeto sexual, ou seja, o ideal de satisfação seria ser distinguido como alguém que pudesse, invariavelmente, ser preferido pelas mulheres. Como isso, que é o seu objetivo sexual, não ocorre, então, o desejo fica irrelevante, pois não há complementação, não há gratificação, uma vez que você, inconscientemente, desejaria ser assediado pelas mulheres, não exatamente o "garanhão", que seria exatamente o contrário. Garanhão é o que investe na sedução de mulheres. O que você deseja é justamente o contrário, ser seduzido pelas mulheres, ser procurado por elas, ser preferido por elas. O processo é esse, e teve, sem dúvida, referências psicológicas e defasagens a nível psicossomático em sua produção hormonal. A atividade sexual não tem como ser medida, se é importante, intensa, frequente, ou rara. O que conta é a capacidade de gratificação, a abrangência do prazer, e é aí que suas gônadas se ressentem, porque os resíduos, como você diz, ficam a nível de depressão, já que suas gônadas não foram acionadas com a inten-

sidade necessária para lhe oferecer prazer. Não se pode afirmar, como você faz, tão friamente, sem sensibilidade, que teve "filhos, quando e quantos quis"; filhos não são coisas que colocamos no mundo para provar a nossa eficiência, ou a nossa potência. É preciso existir algo que se chama AMOR, sentimento especial, sem o qual tudo parece irrelevante, supérfluo e transitório. Você não percebe sua capacidade de amar, e, por isso, fica tão preso à sua capacidade de conquistar e de ser conquistado, efemeramente, uma circunstância apenas, não uma atuação definitiva para a vida. Sua produção hormonal pode ser normal, de acordo com as tabelas, mas nem sempre corresponde às defasagens que você necessita preencher. Defasado afetivamente, suas gônadas precisariam compensá-lo, o que não ocorre, embora o laboratório acuse índices-padrão de produção hormonal. Nem sempre a deficiência hormonal traz distúrbios notórios, ou diminuição do desejo-objeto, ou diminuição de espermatozoides, e, consequentemente, queda na fertilidade. No entanto, não se trata de fertilidade, e, sim, do prazer, da gratificação, da afetividade, que devem acompanhar todo ato sexual, e que, na verdade, não ocorrem, porque, embora racional, o homem age, nesse aspecto, como "sub-racional", alterando até mesmo os processos de procura do sexo em troca de efêmeras sensações, que não representam o cio, porque não visam à procriação. Veja bem, não quero dizer, em absoluto, que o homem só deva se relacionar com fins procriativos, apenas tento explicar esses mecanismos. Não concordo com você quando afirma que os distúrbios afetivos, comportamentais, não afetam a parte biológica. É claro que afetam; as disfunções hormonais são prova disso. Conheço casos, aqui na terapia, de mulheres inibirem a produção dos hormônios femininos para, inconscientemente, evitarem o desejo sexual, a "necessidade" orgânica do sexo, por não se sentirem afetivamente ligadas ao marido, e o contrário também ocorre com provas de laboratório sobre a produção hormonal defasada e superada. No seu caso, o fato de tirar por parâmetro de conduta sexual o "papo furado" de alguns de seus colegas, o faz se sentir desvalido e incapaz de conquistar. Nem sempre as coisas são como você pensa. É preciso racionalizar melhor isso. Os transtornos mentais não só afetam a parte biológica, como a distorcem completamente. O homossexual "assumido e efeminado" nem sempre é o defasado biologicamente; aliás, a psicologia explica que os efeminados não são os "verdadeiros" homossexuais, e sim, aqueles que não o demonstram ser, e que, às vezes, nem apresentam a bissexualidade, apenas a homossexualidade. O que acontece com você é um enorme desajuste entre o SER e o TER QUE SER. A sua ansiedade em busca dessa satisfação afasta-o inconscientemente dela, pois, sendo um homem de muita luta, priva-se dessa gratificação para ter algo para conquistar, e, assim, permanecer objetivado na vida. Homem normal não é aquele que tem desejos por mulheres pelas quais não desenvolve afetividade; esse é um homem perturbado e infeliz, é bem o homem comum, infelizmente. E NEM TUDO O QUE É COMUM, TAMBÉM É NORMAL. Um "garanhão" é um infeliz que precisa do sexo para pensar que é gente; um "fora de série" é um anormal que "saiu da série", ou seja, dos padrões da normalidade, e não do que é comum. O que é ser exigente? Você se refere à beleza física? Talvez o físico não satisfaça os seus neurônios. Você é um homem muito inteligente — calculo um Q.I. entre 127 e 130 para você — e, talvez, a beleza física seja muito pouco para satisfazê-lo. Seria necessário que a pessoa que você viesse a amar correspondesse, não exatamente aos anseios padronizados de beleza, como, também, às exigências numéricas do seu Q.I., que é raro, e oferecesse recursos de diálogo compatíveis com a sua capacidade intelectiva. Seria preciso estimular Ângela a desenvolver a intelectualidade dela. Acho-a lindíssima, gentil, educada, boa, mas é evidente que ela não corresponde à suas necessidades de inter-relação, que são essenciais em um casamento. Infelizmente, parece-me que a grande maioria dos médicos e de outros profissionais liberais, atualmente, escolhem para esposa alguém sensual, bonita, bem-feita de corpo, que saiba se apresentar socialmente, e se esquecem que até a beleza física, sem conteúdo, enjoa. Se não fosse verdade, então por que tantos trairiam tantas, e vice-versa? Conheço "beldades" traídas, e médicos também traídos por suas "beldades". Isso é lamentável! Parece-me um "mercado", onde se procura comprar a "carne mais macia", e depois de se fazer bastante "churrasco" dela, se enjoa. Você não pode medir sua capacidade de amar pela sua incapacidade de ser fiel. Insinuar-se para outras mulheres não significa autoestima, e, sim, insegurança, necessidade autoafirmativa de lustrar um ego vazio. Na verdade, muitos de seus colegas "machões" são ridículos no conceito que fazem das próprias mulheres, esquecendo-se, apenas, de que, ao conviverem com pessoas que humilham, e das quais zombam, se posicionam pior do que elas na convivência. Tratam as esposas como coisas "fofas e gostosas", que eles podem saborear conforme os apetites; muitos se esquecem de que elas têm neurônios e pensam, e nem sempre "aplaudem anonimamente" o seu canto. Você só estará curado quando perceber que seus valores estão exatamente inseridos naquilo que você chama de desvalor.

É claro que, além dessas anotações escritas, havia muitas discussões em grupo, muitos outros questionamentos pessoais, porém, na época, como já disse, eu ainda não estava receptivo para absorver análises tão profundas e extraordinárias, que agora revejo e das quais usufruo.

Antes de retornar ao presente, quero apenas relatar um fato curioso ocorrido em uma dessas sessões de grupo, na época; por falar em Q.I. elevado, sempre me achei um homem muito mais esforçado do que inteligente, e questionei a musicoterapeuta:

— Antonieta, você sempre insiste que tenho um Q.I. muito elevado, no entanto, acho que você diz isso para todos que fazem terapia com você, para reforçar o nosso ego...

Imediatamente, uma colega ginecologista muito minha amiga, profissional competente e bem-sucedida, Dra. Flor-de-Lis, franca e honestamente, como é de seu hábito, arrematou:

— Olha, Bonomi, para mim ela nunca disse isso...!

Vou acabar acreditando.

Capítulo 43

Como eu previra, seriam anos de longa e profunda solidão. Resolvi dar um tempo, minhas amigas se foram, e então fiquei só.

Trabalhava durante o dia e as tardes demoravam a passar, com o consultório quase vazio. As noites se arrastavam. Como não suporto televisão, não assistia mais nem aos telejornais, pois me bastava, durante o dia, uma vista d'olhos em um jornal que assinava, apenas para não me sentir completamente estúpido e alienado. Ficava, então, a ouvir música, sonolento, tomado por um grande marasmo, como se tivesse me esfalfado o dia inteiro; vez por outra, arriscava ler alguma coisa, mas o rendimento era escasso, não havia vontade. Eu possuía uma excelente coleção de bebidas, os melhores vinhos, uísques e licores que trouxera do Paraguai quando trabalhava em Itaipu; mas era vital não enveredar por esse caminho.

Acabava indo dormir entre nove e dez horas da noite; porém, ao acordar de manhã, após oito ou nove horas de sono agitado e entrecortado, era como se não tivesse dormido mais do que duas ou três. Cheguei a pensar em sair durante a semana, ir a boates, bagunçar um pouco, aproveitar minha nova vida de solteiro, beber mais regularmente, mas acabei desistindo; definitivamente, isso não fazia parte da minha índole, e eu não conseguiria mudar.

No entanto, via de regra, às sextas e sábados saía à noite, agora sozinho, e isso era terrível. Sentava-me em um ou outro bar da moda e minha rotina era praticamente a mesma: tomava dois ou três chopes, que era a minha cota, e beliscava uma porção de qualquer coisa. Com raras exceções, saía às nove e voltava antes das onze; era dramático, todo mundo estava em grupo, ou com suas namoradas, e me sentia um trapo. Mas de certa forma me habituei a sair só, o que me propiciava, de qualquer modo, um profundo *encounter* comigo mesmo, além da observação da rica fauna humana à minha volta; às vezes, passavam casais conhecidos, ou, o que era pior, algumas moças que eu chegara a tentar abordar, agora com novos namorados, e eu me sentia um desgraçado. Foram tempos muito difíceis.

As crianças vinham invariavelmente para o meu apartamento todas as sextas-feiras, após as aulas — Lílian com dez e Lelê com quatro anos. No início, Lelê andava muito agitado, inquieto, não sossegava um minuto sequer, não era capaz nem de assistir a um desenho animado completo; suas noites eram agitadas, às vezes até chorava e fazia xixi na cama com frequência.

Conversei com Antonieta, e ela disse que, por ora, além de uma presença maciça e diuturna, e como ele adorava esportes físicos, poderia usar essa válvula de escape, esgotando-lhe as energias durante o dia para que ele pudesse ir relaxando e tendo um sono mais tranquilo; havia que esfalfá-lo, e foi o que fiz. Não era fácil. Sua energia era infinita, e eu passava o dia todo correndo, chutando bola ou ficando com ele no colo, na piscina; à noite, eu é que estava literalmente esfalfado, ah, sim, ele também, e assim, aos poucos, foi se acalmando, e suas noites se tornaram plácidas e serenas.

Física e emocionalmente, Lelê era idêntico ao meu irmão mais velho — Boca, o moleque genial — quando criança; não era tão genial, é claro, isso seria impossível, mas era igualmente ranheta, não aceitava perder e ficava pê da vida quando perdia. Eu o chamava, então, de Boquinha, para provocá-lo e chamar-lhe a atenção para esse despropósito, o que o deixava ainda mais irritado.

Com muita paciência, e, pasme, enorme prazer — pois me causava grande prazer ver aquele molequinho ranheta reeditando, décadas depois, o moleque terrível, um verdadeiro Boquinha —, fui lapidando-o, impondo-lhe, com delicadeza, porém, com firmeza, limites e civilidade. Em geral, quando ele jogava comigo, deixava-o vencer as partidas, mas volta e meia, fazia questão de ganhar dele, às vezes seguidamente, deixando-o puto; didático, porém firme, aproveitava essas ocasiões para lhe deixar claríssimo que ele teria que ir se acostumando, também, a perder. Quando ele ganhava partidas de alguns moleques mais chatinhos, eu adorava, mas, ao mesmo tempo, torcia igualmente para que ele perdesse de vez em quando; e sempre o elogiava, apesar da eventual derrota.

Conforme ia crescendo e compreendendo melhor, deixava claro para ele que os segundos e terceiros lugares também eram ótimos, que era absolutamente impossível ganhar sempre, em esportes, e, evidentemente, em qualquer área da vida. Era comum que, para completar o time de moleques, eu jogasse no gol. Se ganhássemos, ótimo; mas se perdêssemos, eu o cumprimentava, parabenizando-o, e saíamos abraçados:

— Foi um belo jogo, né, filho?

Com o passar dos meses e dos anos, ele continuaria adorando disputar e vencer, mas se tornaria uma criança tranquila, não agressiva. Com aquele bando de crianças que havia no prédio, era de se esperar que os moleques, volta e meia, trocassem sopapos entre si; preocupado, perguntei a Antonieta como deveria orientar Lelê quanto a essas escaramuças, pois não queria que ele se tornasse agressivo, mas também não queria que ficasse apanhando que nem bobo, já que bobo ele não era nem um pouco. Ela cravou, então, uma frase lapidar:

— Diga a ele, simplesmente, "não bata se não te baterem".

No princípio, quando Lelê era muito pequenininho, andou dando umas birras, não queria que eu saísse ou então que o levasse comigo. Tive que ser implacável, e minha conduta se provaria de grande maturidade: deixava-o chorando, dizendo que ele tinha que ficar, que não adiantava chorar, porque eu precisava sair de qualquer jeito; Lílian, a gracinha, também lhe dava uma dura e fechava a porta, deixando-o chorar. Quando eu voltava, não muito depois, ele já estava dormindo e Lílian às vezes também, embora em outras ainda estivesse vendo televisão. No dia seguinte, calma e tranquilamente, eu conversava com o garoto:

— Olhe, amor, o papai adora que vocês fiquem comigo todo fim de semana, faço questão absoluta de que vocês venham; só que o papai anda muito cansado, e precisa sair à noite para passear e tomar uns chopes, senão o papai não aguenta; entendeu, querido?

— Entendi.

Foram não mais que duas ou três vezes e ele se habituou; ia até a porta para se despedir, com direito a beijinho e tudo mais. Não foi tão difícil; basta que o motivo seja justo, que haja clareza de propósitos, basta ser firme e decidido, embora sereno, e, depois, ter uma conversa calma e tranquila com a criança. As crianças, aliás, mesmo as de berço, têm um poder insuspeitado de compreensão; basta compreender isso e não tratá-las como se fossem débeis mentais, e é evidente que, além disso, há que se ter um imenso prazer em se estar com elas no restante do tempo, independente de como você estiver se sentindo, o que realmente ocorria.

Esse processo foi tão profícuo que cerca de dois anos depois, quando Lílian completou doze anos e começou a sair também, indo ao shopping ou aos aniversários de coleguinhas, Lelê, com meros seis anos, habituou-se automaticamente a ficar sozinho no apartamento.

— Filho, são nove horas, vai nanar, que o papai vai sair para tomar os meus chopes — beijava-o e punha-o na cama. Às vezes, esperava que ele dormisse, às vezes simplesmente me despedia dele, já sonolento, deixava um abajur aceso, assim como as luzes do corredor, e saía; ou, então, quando havia festinhas de aniversário de crianças no salão de festas do prédio, lhe dizia:

— Querido, já vou sair; quando você estiver cansado, pegue a chave na portaria, suba e durma.

Recebi algumas críticas veladas a respeito dessa conduta, como se estivesse agindo com irresponsabilidade. Comentei o fato com um amigo muito sensível, Professor Jahfez, oncologista, que foi enfático:

— Muito pelo contrário, há que se ter muita responsabilidade, há que se conhecer profundamente o próprio filho que se está educando para agir dessa forma.

Quando Lílian era pequena, eu lhe comprara uma coleção de livrinhos de capa dura, de ótima qualidade, com as clássicas histórias e fábulas infantis. Pedi a Ângela que o trouxesse para nós, e, assim como fizera com Lílian, embora com menos frequência, criei o hábito de todas as noites ler uma ou duas historietas para ele dormir, pois havia lido qualquer coisa dizendo que isso estimularia e desenvolveria nas crianças o hábito da leitura. Então, antes de sair, eu o punha na cama e lia.

— A guitarra na barriga...
— NÃÃÃO! *A cigarra e a formiga!*
— Bunda...
— NÃÃÃO! *Bambi!*

— O peido do bobo...
— NÃÃÃO! *Pedro e o lobo*!

Ele delirava com esses pseudoenganos; quando eu estava com tempo e com saco, teatralizava as histórias, imitando as vozes e as carinhas das figuras, ou cantando, de forma cômica, as cançonetas dos três porquinhos ou do chapeuzinho vermelho que aprendera na infância com Vovô Jeremias em um programa de rádio, ou que inventava na hora, para o deleite do meu menino.

Algumas dessas brincadeiras eu repetia à exaustão, pois eles adoravam — uma era a história dos músicos de Brêmen, ou os quatro heróis, em que havia um burro, um cachorro, um gato e um galo que se juntavam para fugir dos respectivos patrões, que os queriam matar. Era uma pândega imitar os quatro bichos ao mesmo tempo. Aí, os quatro heróis espantavam os ladrões de uma casa, no meio do mato, e lá se instalavam; lá pelas tantas, o chefe dos ladrões chamava um deles e eu entrava com o teatro:

— Mequetrefe! Vai até lá ver como estão as coisas.

E o Mequetrefe, em lá chegando, ressabiado:

— *A luz apagada, pompom/ Barulho nenhum, pompom/ Se foi a polícia, pompom/ Fugiu um por um, pompom/ Se foi o saci, pompom/ Ou bicho-papão, pompom/ Também já fugiu, pompom/ Aqui não tá não/ Porém ter cuidado/ Demais nunca é/ E vamos entrando/ De pé ante pééé... pompompompom.*

E o pobre do Mequetrefe entrava e levava o maior pau, com a bicharada gritando, depois saía em desabalada carreira — pensando que a casa estivesse assombrada por bruxas e outros seres malignos —, para nunca mais voltar, deixando os quatro heróis felizes para sempre, e também o Lelê, que a essa altura já estava pra lá de Bagdá. Se ele ainda não tivesse adormecido, eu lhe dizia:

— Boa-noite, amor; o primeiro que acordar amanhã chama o outro.

— Boa-noite, pai.

Uma vez, Lílian, coisa rara, estava meio emburrada comigo, nem me lembro por quê; então ela se deitou e cobriu a cabeça. Escolhi uma historinha a dedo para ler para o Lelê, na cama ao lado, *Lílian Rapunzel*. E comecei:

"Havia uma linda princesa, chamada Lílian Rapunzel, mas que também era chamada de Lílian Rapunzenta, pois soltava muito pum; um belo dia, a princesa foi raptada pela terrível bruxa Cremilda (minha sogra e sua avó materna), que a levou para um longínquo lugar, no Residencial Veraneio (onde morava a mãe). Que pobreza!"

A essa altura, já era visível o enorme esforço que Lílian fazia, por baixo das cobertas, para se controlar.

"A terrível bruxa, então, cortou-lhe as enormes e lindas tranças, deixando-a completamente careca; para sua sorte, o príncipe Vítor (coleguinha apaixonado) chegou para salvá-la em sua imponente carruagem, uma reluzente Brasília amarela..."

Aí, é claro, não há quem aguente... e foi travesseirada e penas voando para tudo quanto é lado; terminamos a noite no maior pastelão.

Com Lílian, eu criara o hábito de, todas as noites de nossas vidas, sentar-me ao seu lado, na cama, e ficar lhe massageando as costas e o pescoço enquanto ela repassava todos os acontecimentos do dia; era adorável, e uma profunda intimidade ia crescendo entre a gente. Às vezes, eu estava estafado, esgotado psicologicamente, e ficava pouco:

— Querida, boa-noite, hoje estou muito cansado...

— Fica só mais um pouquinho...

Capítulo 44

Não sendo dia de aula, ou seja, de todas as sextas-feiras à tarde até segunda de manhã, e durante as férias o tempo todo, eles ficavam comigo; de modo que passavam comigo todas as festas, todos os Natais e fins de ano, todos os Dias das Crianças, dos Pais e das Mães. Isso chegou a tal ponto que, na véspera de um determinado Dia das Mães, Lílian foi com uma amiguinha a um supermercado, onde estavam dando um botão de rosa para as crianças levarem às suas mães, e ela chegou em casa e o deu para mim:

— Pra você, que tem sido nosso pai e nossa mãe — e me abraçou.

Tive que fazer um grande esforço para não chorar. E não fique imaginando que estou a me ufanar desses fatos, apenas os registro. Eu tinha clara consciência de que o máximo que poderia ser era um grande pai, talvez o maior de todos — talvez, sozinho, maior que muitas mães e pais juntos —, mas era o máximo que poderia; jamais poderia ser mãe, ou sequer usurpar-lhe o papel, pois alguém estava se omitindo de forma dramática e eu temia pelas consequências, que seriam imprevisíveis. Eu discutia tudo isso na terapia, e íamos acertando e corrigindo condutas.

Aconteceria, então, em breve, o inevitável, aquilo que todos já sabiam, de que até as portas do meu apartamento já suspeitavam:

— Pai, posso vir morar para sempre com você?

Era o que eu temia, embora soubesse que era apenas uma questão de tempo. Lílian já vinha se infiltrando cada vez mais, às vezes vinha passar um dia no meio da semana, depois passou a vir todas as quintas-feiras, até o desenlace final. Estava já com onze anos, pré-adolescente, fase realmente delicada; era uma criança inteligente, de personalidade forte, e já vinha tendo algumas diatribes com a mãe. Certa noite, quase onze horas, eu já estava dormindo, e o telefone tocou:

— Pai, minha mãe me bateu... — disse ela, chorando.
— Como, filha, te bateu...?
— Ela me deu uns tapas na cara...
— Não... quero dizer... por que ela te bateu?
— Eu tinha que estudar para a prova de amanhã, o Lelê estava dormindo, e eu tinha que deixar a luz do quarto acesa, e ela queria que eu apagasse para não acordar ele...

Apanhara por estar estudando, como se fosse possível acordar aquela pedra do Lelê...

— Chama a mamãe.
— O que foi que houve?
— Essa menina é uma mal-educada, uma respondona...
— Olhe, Ângela, você vai acabar perdendo essa menina...

E não deu outra. Eu realmente não estava preparado; o dia-a-dia e a rotina teriam que ser totalmente mudados, eu teria que arrumar comida, acordar mais cedo, levá-la e buscá-la na escola... No entanto, não havia alternativa; Antonieta me alertou que uma segunda rejeição, nessa fase, poderia ser desastrosa.

O espantoso é que Ângela jamais tentou demovê-la dessa decisão, nem para disfarçar. É possível que a criança estivesse dando algum trabalho, pondo até em risco a nova situação conjugal, que, no fundo, para ela, era o que realmente importava. E o que me fez odiá-la na época não foi tanto a perda de liberdade que isso me causaria, pois eu já vinha mesmo não sabendo o que fazer com ela, mas, agora, nem chorar eu poderia, como acontecia com frequência; até esse direito me era tolhido, era necessário esperar a menina dormir, fechar a porta devagarinho e sufocar-me nos travesseiros para não assustá-la. Por isso eu não poderia perdoá-la.

Capítulo 45

No início, assim que me mudei para o apartamento, minha irmã Selma, ao sair do trabalho à tardezinha, passava em casa uma vez por semana e fazia a faxina para mim; de quebra, aproveitava para passar a roupa, que eu mesmo já havia lavado na máquina. Depois, ela começou a levar a roupa para passar na minha mãe, o que complicava um pouco as coisas, pois às vezes eu precisava de algo e não encontrava. Aproveitei que ela vinha apresentando sérios problemas de coluna e lhe disse que seria melhor que ela não viesse mais; contratei, então, uma faxineira somente para limpar a casa.

Eu tomara a decisão, desde o princípio, de não contratar uma empregada doméstica *full-time*, pois, sempre as tivera durante o casamento e elas sempre se revelaram muito mais um problema do que uma solução. A faxineira vinha apenas uma vez por semana, e felizmente, via de regra, eu nem chegava a vê-la; deixava o dinheiro contado, ela chegava quando eu já havia saído, pegava a chave na portaria, e quando eu voltava, na hora do almoço, já havia ido embora.

Claro que, com a falta de uma patroa fiscalizando, a limpeza não era lá essas coisas, mas me bastava; quando necessário, deixava-lhe um bilhete solicitando, delicadamente, para não melindrá-la, uma atenção aqui, outra ali. Mantinha as vidraças do apartamento eternamente fechadas. Coloquei ventiladores de teto na sala e em todos os quartos, de forma que uma única faxina semanal era suficiente; às vezes ela faltava, o apartamento ficava quinze dias sem ver uma vassoura, e ninguém notava. Mesmo com as crianças bagunçando um pouco mais nos fins de semana — e jamais me incomodei com isso —, mantinha-se em relativa e suficiente ordem e limpeza.

Eu lavava a louça, recolhia o lixo dos banheiros e da cozinha, lavava a roupa na máquina, e, por fim, acabei por começar a passá-la também. E mesmo que você esteja achando ridículo, e depois verá por que entrei nesse cotidiano banal, é necessário, para maior compreensão, que entre em detalhes no caso dessas operações.

Lavar roupa, na realidade, era enfiar tudo junto na máquina de lavar, fossem meias, cuecas, calcinhas, toalhas, panos de prato, calças e vestidos, de todas as cores e feitios; passava-os, depois, pessimamente, e apenas as roupas essenciais; jamais passava panos de prato, lençóis, cuecas e calcinhas; as calças, colocava no varal já devidamente dobradas nos seus vincos, de forma que secavam prontinhas para uso imediato, sendo desnecessário passá-las: uma verdadeira heresia aos cânones milenares consagrados por abnegadas donas de casa. Minha mãe e minhas irmãs quase tinham uma crise com essa minha insólita conduta; contudo, pasme, ninguém jamais notou qualquer diferença; e olhe que Lílian era toda "cocotinha", adorava sair toda bem vestidinha, moderninha, e como era uma verdadeira gatinha, jamais se suspeitou da "doméstica" aqui. A única exceção eram as roupas brancas de trabalho, das quais minha mãe e minhas irmãs faziam questão de cuidar; que fosse!

Nesses anos todos, ocorreu um único incidente digno de nota com a minha técnica revolucionária: certa vez, quando pendurava a roupa recém saída da máquina, Lílian notou, desesperada, que tudo tinha ficado azulado — suas calcinhas, sutiãs e até uma meia-calça cor-de-rosa do balé; eu havia batido, junto, uma outra meia-calça preta do balé que manchou todo o conjunto.

Ela ficou uma arara; eu, na verdade, até achei que ficou ótimo, as calcinhas, camisetas, tudo de um azul-claro leve e delicado; não via qualquer diferença, ainda mais em roupas de baixo. Ela, no entanto, não se conformava, e reclamava sem parar, aí eu tive que apelar:

— Olhe aqui, menina, não sou dona de casa, apenas "estou" dona de casa, parafraseando o ministro — e, aproveitando o ensejo: — A partir de agora, você passa a lavar suas calcinhas e sutiãs; e mais, a partir de hoje, você passa também a lavar seus pratos e talheres...

— É... quer dizer que, agora, vou ter que lavar louça todo dia?

Não perdi a deixa:

— Não, só no dia em que você comer.

Nos olhamos, e ambos tivemos que cerrar os dentes para não cairmos na gargalhada, diante da tirada genial. Aproveitei ainda para ferrar geral:

— E você, moleque, acabou a moleza, chega de dar comida na boca, você já está bem grandinho; a partir de hoje, passa a comer sozinho, e na cozinha.

Cenas raras, porém, didáticas, proveitosas.

Seria de se pensar, e Ângela, minha mãe e minhas irmãs efetivamente assim pensavam, que eu os estava criando mal, não ensinando as crianças, principalmente Lílian, a fazer as coisas de casa — lavar, passar, limpar banheiro. Ora, não penso bem assim; não que eu discorde de que as crianças devam ajudar em casa, até devem, principalmente se a mãe também trabalhar fora e não houver empregada, mas ajudar no sentido de colaborar — assim como o pai também deve, se a mãe trabalha fora —, mas não como aprendizado indispensável, uma preparação para o tão sonhado casamento.

Vejamos o caso de Lílian: primeiro, acho simplíssimo cuidar de um apartamento, até gosto disso, e é muito mais simples do que as donas de casa querem fazer parecer, com o intuito de se valorizar, valorizar um trabalho de pouco ou nenhum valor; segundo, porque se tratava de uma menina inteligente e atarefada, estudiosa, sempre foi muitíssimo bem na escola, fazia inglês, música e balé — ora, uma criança dessas, o dia que viesse a precisar fazer o serviço de casa (e o futuro o comprovaria), certamente tiraria de letra, pois se até eu aprendi, e as empregadas domésticas, os seres mais desvalorizados do planeta, são capazes de fazê-lo. Que dirá Lílian.

Tanto que, em um de meus aniversários, que eu passaria completamente sozinho, já que nada tinha a comemorar, eis que ao chegar em casa, à noite, vejo que Lílian havia feito um bolo de chocolate, sozinha, e convidado duas de minhas irmãs para a "festa". De outra feita, em um aniversário de Lelê em que eu comprara apenas um bolo e chamara meia dúzia de coleguinhas dele, ao ver aquela "pobreza", segundo ela, Lílian correu à livraria próxima, comprou uma folha de isopor e fez uma dezena de sacizinhos-pererês, de bonezinho e cachimbo, para enfeitar a mesa. Eu estava tranquilo e seguro da maneira como os estava criando.

Todo fim de semana era um entra-e-sai de Lelê, sempre seguido de dois ou três moleques; jogavam videogame, trocavam figurinhas, jogavam bola no corredor e desciam novamente:

— Pai, vou descer.

— Como, vai descer?

Era a senha para que ele viesse me dar um beijo antes; certo dia, apressado, desceu com o bando e logo chamou pelo interfone, lá de baixo:

— Pai, desculpe, esqueci de te beijar.

No corredor, onde viviam a jogar bola, havia dois spots de luz pendentes do teto; um deles já estava pendendo realmente só pelo fio, já nem acendia mais, e o segundo logo foi bombardeado também.

— Bom, agora chega de jogar bola no corredor, né?

No entanto, no dia seguinte, lá fui eu trocá-los por spots embutidos, já que os campos de várzea andam cada vez mais raros. Lelê aprenderia comigo praticamente todas as coisas básicas de moleque, como jogar bola. Eu o empurrava na bicicletinha, soltava e ele caía; ficava possesso, o Boquinha, e chutava a bicicleta, já que alguns coleguinhas, menores até, já tinham aprendido. Eu me segurava para não rir; mas ele logo aprenderia, e também não demoraria a nadar.

Eu leria mais tarde, assim que foi lançado, um ótimo livro, *O Novo Pai*, de Malcolm Montgomery, da Comissão de Psicossomática da FEBRASGO, que a Dra. Flor-de-Lis fizera questão de me recomendar, pois sabia o pai que eu era. Didático, falava dos novos tempos, das novas relações dos pais com seus filhos. Contudo, igualmente desquitado, o autor lamentava no livro que tivera que se afastar do filho, que, em decorrência disso, *pegou em outras mãos, vestiu outra camisa e torceu para outro time*, para seu desespero, pois deu a entender ser fanático por futebol, e, para um pai, não pode haver desgraça maior que o filho torcer para outro time, ainda mais se for para o principal adversário — não sei se foi o caso. Eu, quando mais moço, também tinha sido assim, mas já havia superado amplamente essa tolice.

Meu time andava meio em baixa, e seus dois rivais de morte estavam em plena evidência; todos os meninos do prédio já haviam escolhido os seus times, viviam vestidos com suas camisas e comemoravam os seus títulos. Lelê também tinha camisa do nosso time, que havia ganho de minhas irmãs e de minha mãe, todas fanáticas — lá em casa todo mundo torcia pela mesma equipe. Ele, no entanto, titubeava, ora torcia para um, ora para outro, tendo chegado a torcer ao mesmo tempo para os três, o nosso e os outros dois, para horror e desespero das tias. Eu apenas acompanhava o processo, impávido, esperando a poeira assentar; o desfecho me parecia previsível e inevitável. Chegou a me pedir que lhe comprasse a camisa dos outros dois times, o que eu realmente teria feito, caso ele, em breve, não se firmasse de vez, vestindo a minha camisa e torcendo para o meu time, pois eu jamais lhe largara das mãos. Crianças, nessa fase, são extremamente receptivas, e agarram com avidez a primeira mão que se lhes oferecer.

Capítulo 46

Sou relativamente organizado, sem excessos. Quando as crianças estavam em casa, deixava a coisa correr mais frouxa: nenhum de nós gostava de arrumar as camas, que ficavam sempre desarrumadas, exceto quando vinha a faxineira; numa semana eu trocava a minha cama, na outra a deles. Lílian deixava as calcinhas e sutiãs em um canto de seu banheiro, lavando-os a cada dois ou três dias; seu guarda-roupa e suas gavetas, porém, eram superorganizados. Lelê deixava os brinquedos meio bagunçados pelo chão, mas no domingo à noite eu gritava a senha: "ORGANIZANDOOO!", pois a segunda era dia de faxina. Imediatamente, Lílian enfiava as roupas dentro do armário do banheiro, Lelê recolhia tudo e enfiava nos sacos e no guarda-roupa, e o apartamento ficava perfeitamente apto para receber a visita da faxineira.

Uma casa deve ser um lugar onde as crianças tenham imenso prazer de estar e de para lá voltar; e não dá para acreditar, volto a repetir, que seja tão simples administrá-la. Agora, no entanto, com Lílian morando definitivamente comigo, minha vida tinha virado de pernas pro ar. Ela estava com doze anos, e há um ano, além da escola pela manhã, fazia balé, música e inglês, além de catecismo; era uma verdadeira maratona levá-la e buscá-la em todos esses lugares, e uma série de outras coisas, além de ter que estar todo dia em casa na hora do almoço e trazer comida.

Acho que até os dez anos, até terminar a quarta série escolar, a criança não deve fazer absolutamente nada além de brincar e se alfabetizar, aprendendo a ler e escrever a própria língua; qualquer tentativa de apressar as coisas, criar gênios precoces, além de causar um desnecessário estresse à criança, não passa de rematada estultice. Assim, em torno dos onze anos, coloca-se no indispensável inglês, e de acordo com os desejos e características da criança, em algum curso de música, balé, tênis ou computação. Lílian, por vontade própria, chegou a fazer, ao mesmo tempo, todos os cursos já mencionados, alguns até antes dos dez anos, mas por vontade absolutamente própria.

Cheguei até a comprar um órgão para ela após seis meses de curso, pois parecia que realmente iria até o fim, mas, evidentemente, não suportou toda essa carga e parou com a música, ficando aquele trambolhão ocupando lugar na sala de nossa casa; não insisti nem um pouco para que continuasse, é claro. Depois acabei vendendo o instrumento.

Falando em curso de música, lembro-me de ter participado, certa vez, de uma jornada de Ginecologia na qual um velho psicanalista deu uma palestra muito interessante, sendo depois literalmente cercado por dezenas de colegas desesperados, com mil e uma perguntas e dúvidas, principalmente a respeito da educação dos filhos; no meio da turba agitada, um dos colegas, em pânico, conseguiu perguntar:

— Minha filha quer parar de fazer piano...
— E daí? — inquiriu o velho professor.
— O problema é que já comprei o piano...
— Pois venda o piano — o velho o fulminou.

Ângela, por iniciativa própria — contra a minha maneira de pensar, embora eu evitasse interferir —, colocou Lelê, em torno dos seis, sete anos, para lutar judô, o que já considero uma agressão; mal durou três ou quatro meses. Depois, colocou-o na escolinha de futebol, como se alguém pudesse aprender a jogar futebol em escolinhas em vez de peladas no meio da rua, ou, mais corretamente, quase que já nascer sabendo, pois futebol, ou se sabe, ou não se sabe, é quase inato; durou outro tanto.

Quanto ao catecismo, como é que alguém pode colocar crianças de sete ou oito anos para aprender abstrações polêmicas, ininteligíveis até para adultos, como os mistérios da eucaristia ou da ressurreição e outros dogmas, que são muito mais uma questão de fé do que de compreensão? E tudo ministrado por carolas e beatas reprimidas e cheias de temor? Não dá para entender.

No caso de Ângela, então, a contradição era ainda maior, pois colocara o menino para fazer catecismo na igreja católica, sendo ela mesma muito mais ligada ao espiritismo, inclusive participando semanalmente de sessões e leituras de livros espíritas. Eu, de qualquer forma, evitava entrar no mérito dessas questões, pois, pelo andar da carruagem, as bases educacionais dele acabariam por seguir as minhas diretrizes, em todos os sentidos, como ocorrera com Lílian.

    Lílian fez catecismo porque quis, muito mais como acontecimento social, já que as coleguinhas de escola e as primas também participavam; depois, ao vir morar comigo, nem se lembraria mais de que igrejas existiam, exceto para missas de formatura. Não que eu acredite que as pessoas não devam se ligar a causas mais nobres, ligadas ao espírito, à filosofia; até muito pelo contrário. Contudo, deixem que as crianças cresçam e decidam por si.

Capítulo 47

Assim como Lílian, eu também inventava moda; tentava recuperar o tempo perdido, dando-me oportunidades que jamais tivera. Consegui reunir umas dez pessoas no prédio, contratamos um professor e fizemos um curso de inglês básico, que foi até o fim, durante cerca de ano e meio. Assim como ela, entrei em um curso de teclado, na mesma escola de música; comprei um instrumento bem básico, mas, ao contrário dela, fui novamente até o fim — mais ou menos a mesma duração e concomitante ao curso de inglês. Porém, infelizmente, serviu apenas, para minha grande decepção, para me mostrar que eu não levava o menor jeito para a coisa, não conseguia acompanhar o ritmo, atrapalhado, talvez, por certa dificuldade auditiva, embora adorasse música. Bem, pelo menos tentei. Ah, sim, não vendi o teclado, pois esperava que Lelê viesse a aproveitá-lo.

A profissão ia de mal a pior, a Prefeitura pagava pouco, os convênios médicos idem, e a situação ia se afunilando, tornando-se drástica e perigosa. Acabei, então, muito a contragosto, por assumir o cargo de síndico do prédio, pois isso me isentaria do pagamento do condomínio: eu, que mal conhecia os nomes de um ou outro vizinho, de repente me vi tendo que me meter a arbitrar toda sorte de mesquinhez humana, desde brigas de comadres até a ranhetice de velhos asquerosos.

Havia um cara que, para dar uma de macho — já que, em casa, quem cantava de galo era a mulher, uma advogada claramente mal resolvida —, tinha a capacidade de me ligar de madrugada apenas para reclamar que determinado carro estava com a ponta ligeiramente fora da linha da garagem e que isso poderia causar graves acidentes. De outra vez, um molequinho evacuou na piscina; você imaginaria outra solução que não fosse evacuá-la também (hahaha) e trocar a água? Pois um velho, bem velho e ranzinza, veio, aos berros, exigir que eu tomasse providências, multasse o pai do menino ou o suspendesse, sei lá o que mais; nem dei bola e fui me afastando, mas ele me agarrou, e levantou o guarda-chuva:

— Você me espere e me respeite, seu moleque...

— Olha aqui, velho filho da puta, fica frio, senão...

Felizmente, para sua saúde, ele foi me soltando e abaixando lentamente o guarda-chuva.

Graças a Deus, um ano passa logo, e, mesmo precisando dele, deixei o cargo para nunca mais voltar, embora muita gente quisesse que eu continuasse; aliás, nem compareci à assembleia final, pois o sujeito que citei e sua mulher, mancomunados com uma loira gelada e neurótica e outros condôminos, já iam mesmo me destituir, uma vez que, além de não dar a mínima para a patuleia, eu aumentava o salário dos funcionários todo mês, quando a norma da categoria era a cada dois ou três meses, apesar da inflação obscena na época.

Eu passaria, então, a comer com mais frequência na casa de minha mãe e de minha irmã Jamile, segunda mãe; durante a semana, Lílian felizmente comia pouco, quase só porcarias; eu lhe trazia, na hora do almoço, dois salgadinhos, e para mim, um ou dois, dependendo do que tinha no bolso. À noite, quando saía, além da solidão, tinha que me contentar com porções mais simples, às vezes apenas batatas fritas, quando o desejo enorme era de uma picanha fatiada bem gordurosa, ou mesmo um filezinho ao molho-madeira. Para contornar a miséria, eu desenvolvera uma série de artifícios, como, por exemplo, trazer o canudinho que Lelê usara no McDonald's para tomar leite, ou comprar refrigerantes pet de dois litros e encher oito garrafinhas de 250 ml com tampinha de enroscar, economizando bastante. Eram, decididamente, tempos de vacas muito magras.

Capítulo 48

Eu iniciara, nessa ocasião, um processo quase desesperado de busca amorosa, apesar da crise de baixíssima autoconfiança e de falta de perspectivas pela qual passava. Interessei-me por duas ou três colegas com as quais tivera contato em reuniões ou congressos, porém, além da dificuldade em abordá-las, quando conseguia fazê-lo era para descobrir que já estavam noivas ou prestes a se casar; às vezes, era simplesmente ignorado. A princípio me interessei muito por colegas médicas, por julgá-las inteligentes e charmosas; a experiência e a convivência foram mostrando, no entanto, que a maioria era bitolada, só falavam em medicina e casos clínicos, viviam a dar plantões e trabalhavam como loucas, mesmo sendo solteiras e de famílias ricas.

Interessei-me, então, por uma jovem psicóloga fofíssima, filha de um médico tradicional em nossa cidade, recém-formada, e que arrumara, graças a esse cacife, um ótimo emprego em uma maternidade local. Procurei-a certa vez em seu local de trabalho e ela tratou-me com prepotência, dizendo que fizera psicanálise, e quando eu lhe disse que também fazia terapia, achando que ia abafar, ela me perguntou se era aquela do divã, como a dela; ao saber que não era, tratou-me com evidente desdém, como se nem todos os caminhos levassem a Roma, dependendo muito mais do viajante. Passado o vexame, deixei a poeira assentar e voltei a procurá-la, dois ou três meses depois, mas fui informado de que ela se casara e voltara para a cidade onde fizera faculdade.

No meu posto de saúde, embora trabalhando em outro horário, conheci uma dentista de rosto angelical, bem loirinha, alta e magra, de nobre estirpe, segundo me disseram. Moça muito simpática, gentil, convidei-a por diversas vezes, porém, não obtive sucesso. Falei desse meu interesse com algumas auxiliares do meu turno, que também a consideravam um caso digno de se insistir. Comentei, igualmente, que eu apenas achava que ela parecia quase não ter seios, o que me preocupava, pois eu era chegadinho num belo par; perguntei a uma delas, que era muito engraçada e fazia ginástica com ela, e ela respondeu:

— Olha, são pequenos, mas dá pra fazer uma chupetinha, sim...

Por falar em seios, dizem os franceses que eles deveriam caber em taças de champanhe; no entanto, eu os prefiro em taças de conhaque, mais bojudas e *más calientes*; nada a ver, evidentemente, com aquelas imensas mamas preferidas pelos americanos, muito mais adequadas a baldes de gelo.

Uma noite, numa sexta-feira, aconteceu um fato curiosíssimo. Saí para tomar os meus tradicionais chopinhos, e vinha pensando em como seria bom se eu encontrasse a dentistinha, assim, casualmente; quem sabe, dessa forma, a coisa fluísse de modo mais natural. Cheguei até a entoar uma prece à Virgem que eu adotara, ou que Lulu adotara por mim. Pois não é que eu estava indo pela avenida, rezando mentalmente, em direção a determinado bar, e a meio do trajeto, estando a avenida interditada, resolvi voltar e parar em outro... e sabe com quem dei de cara? Isso mesmo, matou a charada: a doutorazinha, sentada com uma amiga. Passou-me pela cabeça, logicamente, que as minhas preces tinham sido ouvidas.

Sentei-me com elas e ficamos conversando, embora a atenção dela se dirigisse quase que exclusivamente à colega; quando esta foi ao banheiro, resolvi, num ímpeto, apostando na incrível conjunção dos fatos e num possível misticismo, tão caro às mulheres, arriscar:

— Olhe, Cris, não adianta você ficar fugindo, é inevitável, a gente vai acabar junto...

Completamente aturdida, pega de surpresa, num misto de espanto e deboche, ela apenas sorriu, desconcertada. O golpe falhara, os céus tinham me pregado uma peça; alguns minutos depois, tomado de um constrangimento indisfarçável, me desculpei e me mandei. Depois desse vexame, nunca mais a incomodei. Só sei que, se depender de minha fé e de avisos velados, não vai ser assim tão fácil; vai ter que ser bem mais explícito esse povo do céu.

Capítulo 49

Era muito peso para que eu suportasse sozinho; voltemos, assim, à terapia, agora na segunda fase.

O castelo
Levanta e lê no jornal:
Eram onze horas da noite, ouve-se um barulho estranho,
Alguém morreu
Alguém matou
Alguém, apavorado, desmaiou
Alguém, assustado, gritou
Alguém dormiu
Alguém fugiu para fora do castelo
Alguém chamou a polícia
A polícia chegou, e concluiu:
"Alguém matou alguém por interesse,
um correu."
Moravam nesse castelo:
Uma velha medrosa
Um jovem de vinte anos
Uma jovem de dezoito
Uma mulher de sessenta
Um homem de setenta
Um homem mau
Um padre
Uma águia

Matou, morreu, desmaiou, fugiu, correu, gritou, chamou a polícia, dormiu. Faça a associação entre as colunas acima.

Desmaiou x velha medrosa
Matou x homem mau
Dormiu x padre
Fugiu do castelo x moça de dezoito anos
Correu x moço de vinte
Gritou x mulher de sessenta
Morreu x homem de setenta
Chamou a polícia x águia
Faça, agora, um relato da história.

O homem mau, de cerca de quarenta anos, voltou, depois de longa ausência, e matou o pai, de setenta anos, de ódio; a mãe, de sessenta anos, gritou, mas nada fez para impedi-lo; a velha medrosa desmaiou, aliás, é tudo que uma velha medrosa sabe fazer; a moça de dezoito anos, pra variar, fugiu do castelo; o rapaz de vinte anos correu, mas depois, com cautela, veio ver o que estava se passando, tentando entender o porquê; o padre dormiu, aliás, nem poderia ser diferente, depois de encher a pança de vinho e comida, o que foi providencial, ou o homem mau o teria liquidado também. Finalmente, a águia, que representa provavelmente a inteligência, a razão, chamou a polícia.

Análise:
Na primeira parte do exercício, o seu consciente é que se movimenta, psicologicamente, para deixar transparecer o que está à tona, na superfície do mesmo. O castelo é o seu psiquismo, e quem "mora" nele são as suas sensações. Nele vivem:

A mulher medrosa — insegurança
O padre — dissimulação
O homem mau — agressividade
O homem de setenta anos — \ a dependência
A mulher de sessenta anos — afetiva/
O jovem de vinte anos — \ a impulsi-
A moça de dezoito anos — vidade/
A águia — a liberdade

Essas são as sensações que interagem psiquicamente, provocando atitudes comportamentais.
As ações praticadas são as formas de usar essas sensações, ou

seja, as "fantasias" que vestimos para sobreviver, quando nosso "castelo" — mundo psicológico — é abalado. É um exercício comportamental, onde os "personagens" trocam de ação, e, com o tempo, podem até deixar de praticá-las. No seu psiquismo:

1 - Quem "matou" foi o homem mau. Ele representa a atitude que você toma quando é agredido, isto é, quando você é agredido, você agride. A forma como essa atitude se processa é variável; a autoagressão é uma delas. Se você se acha mau, eventualmente você pode se agredir.

2 - Quem "morreu" foi o homem de setenta. Ele representa contra quem você pratica a ação agressiva, quando é agredido. No caso, essa figura pode ser, inclusive, seu pai, que você mata "psicologicamente" quando toma algumas atitudes agressivas e se sente prejudicado por isso. Seu pai é, na verdade, o "homem mau", que procurou, depois, se tornar o "homem de setenta" e "morrer" psicologicamente. Por outro lado, pela sua escolha, quando você se sente dependente, você "foge", ou seja, afasta-se do contexto.

3 - Quem "desmaia" é a "mulher medrosa". Ela representa a omissão. Quando se omitem em relação a você, aos seus direitos, você também se omite. Na transferência, essa mulher medrosa pode ser sua mãe, que "desmaiou" a vida toda em relação ao seu psiquismo, e gerou essa reação intrapsíquica em você.

4 - Quem "dormiu" foi o "padre". Ele representa a conivência. Quando alguém é conivente com outra pessoa, prejudicando-o, você "foge" através de uma conivência psíquica, e, principalmente, pela sensação de culpa por ter dissimulado. É o que o "padre" representa. Se as pessoas são coniventes contra você, há dissimulação, e você não enxerga a realidade.

5 - Quem "correu" foi o "moço". Ele representa a impulsividade. Quando você percebe que há um teor de impulsividade em relação a você, ou seja, quando alguém age impulsivamente, você foge, isto é, fica ansioso.

6 - Quem "foge" é a "moça". Ela também representa a impulsividade, e você reage da mesma forma, isto é, corre, principalmente, usando a carência e a dependência, numa atitude ansiosa

e precipitada que põe em risco a sua segurança pessoal.

7 - Quem "chama a polícia" é a "águia", que representa a sua liberdade. Quando alguém reivindica algo em relação a você, há uma ideia de liberdade, isto é, você se "veste de águia", o que não significa que seja verdadeiro. Na realidade, você se veste de "homem mau", matando, em si mesmo, essa herança de seu pai.

Na história, você afirma que o "homem mau" voltou depois de muitos anos, ou seja, essa relação mal resolvida com seu pai voltou a agir em seu psiquismo. Quando "ele volta", você se sente ameaçado, e então, percebe que sua mãe só grita; na verdade, ela nada fez, de fato, para impedir a ação do "homem mau", seu pai. Não concordo que "é tudo que uma mulher medrosa poderia fazer". Uma opção seria tentar deixar de ser medrosa, e, principalmente, impedir que o "homem mau" — seu pai — o agredisse. A "moça de dezoito anos" é Ângela. Ela foge de seu castelo — psiquismo —porque, na realidade, estava se tornando a "mulher medrosa", e você, o "homem mau". Tudo iria se repetir se ela fosse medrosa, mas ela é impulsiva, e então fugiu de seu psiquismo. Você, o "jovem de vinte anos", correu atrás dela, sendo igualmente impulsivo, mas logo voltou atrás para ver o que estava acontecendo de fato, isto é, para racionalizar e entender os prejuízos psicológicos que o "homem mau" — seu pai — e a "mulher medrosa", sua mãe — causaram ao seu castelo = psiquismo. Há, também, uma conotação a nível de passado, numa transferência que você fez com o "padre" que "dormiu"; você dormiu no passado e achou providencial, pois assim como não via opção para a "mulher medrosa", sua mãe, também não via opção para você, o "padre" no passado. Assim, você se transfere duplamente: no passado, para o "padre" que dorme, isto é, que é conivente com a "mulher medrosa" e não reage, no sentido de tentar soluções psíquicas, ou seja, tentar mudar o mal que o "homem mau" causava a você, ou, melhor ainda, tentando entender, com cautela, com raciocínio, o que se passava em seu "castelo", no passado. Você pensou que, se não fosse conivente, ou seja, o "padre que dormiu", não teria opção de vida, isto é, seria "morto" pelo "homem mau" — seu pai. E hoje, se transfere para o "jovem de vinte anos" que vê a "jovem de dezoito" fugir de seu psiquismo. Acredito que, em um castelo um tanto perturbado como o seu, é mesmo possível que essa "jovem" tenha "fugido". No entanto, sem que o "jovem de vinte" — você — entendesse o que ocorreu, realmente não haveria outra solução, uma vez que ela não queria "desmaiar", como fez a "mulher medrosa" — sua mãe. Você estava se transformando no "homem mau", e essa separação, ainda que o que digo pareça absurdo, foi providencial para você parar para pensar e entender que "padres" não se casam, até pelo dogma que abraçaram; fazendo isso, você se precipitou demais e se prejudicou. Foi a sua maior ansiedade, a sua maior impulsividade. Depois de ser "padre", depois de ser "homem mau" e "jovem de vinte anos", você se transforma em "águia" e se liberta. A águia representa, realmente, a liberdade, e é "chamando a polícia", isto é, pedindo ajuda, que você tenta buscar as causas e as soluções para tantas transferências que o prejudicaram.

Bonomi, escreva um comentário sobre essa análise; é muito importante. Sei que posso ser a "policial" que tentará descobrir as causas de tantos conflitos em seu "castelo"!

Comentário sobre a análise do castelo

Para começar, e acho isso só agora, que voltei a te procurar casualmente — ou teria sido coisa do inconsciente? —, estou em condições de me dar a chance de um resgate total e definitivo, de forma mais permeável, sem tanto ceticismo, ironia ou incredulidade; não sei como aconteceu essa virada, mas aconteceu e pronto. A análise é tão cristalina, didática e matemática que não há o que contestar, há apenas alguns pontos a enfatizar e outros a questionar — questionar significando apenas tentar entender, me aprofundar, e não, como antigamente, duvidar, reagir contra.

O padre é realmente notável, tanto que, até hoje, durmo bastante, oito horas no mínimo; costumo me deitar ali pelas dez da noite e me levantar às sete e meia; quanto maior a tensão, mais durmo, mesmo que o sono seja regado a pesadelos: seriam resquícios, somatizações do padre, que dormiu durante toda a infância e adolescência? É por demais instigante.

A moça fugiu; mas fugiu apenas porque era inevitável? Afinal de contas, o homem mau — eu — havia deixado claro que mais dia menos dia ela seria expulsa do castelo, já que a história estava caminhando, inexoravelmente, para a repetição, e isso ele não permitiria; ou teria sido apenas impulsiva, só o fazendo quando passou um cavaleiro andante? Ou ainda, teria ela crescido com o tempo? "O jovem de vinte anos correu atrás dela" — quem lhe disse isso? Não fui eu, ou quem sabe tenha dito quando conversamos rapidamente, quando fui aí buscar meus apontamentos? De qualquer modo, trata-se de um dos capítulos mais humilhantes de minha história.

Minha mãe, realmente, só grita; digo, hoje pelo menos ela grita, ao menos se rebela de alguma maneira. Finalmente, o que é mais importante: em que se baseia a "policial" para afirmar, quase categórica, que poderá desvendar os meandros desse labiríntico castelo? Desvendá-los significa encontrar a liberdade, ou, mais ainda, a felicidade. É possível ser feliz sozinho? Seria essa a finalidade precípua de todo trabalho analítico de resgate, mesmo as principais carências estando na esfera afetiva, mais especificamente, na esfera sexual? Por outro lado, dizia o poeta, "é impossível ser feliz sozinho"...

Hoje já não estou tão certo dessas possibilidades, pois a solidão e os sentimentos de culpa estão ficando insuportáveis, sem mencionar a total e absoluta falta de tesão.

Comentário sobre seus comentários

A vida é essencialmente um exercício de ritmo. Tudo tem seu tempo, e às vezes reduzimos esse ritmo quase à estagnação, porque nossos bloqueios impedem seu fluxo natural, porém, vencê-los só é possível para quem descobre que o ritmo existe e deseja, então, retomá-lo, especialmente porque ninguém tem o direito de impedir a nossa felicidade, muito menos nós mesmos. Assim, é evidente que o seu inconsciente, cansado de estar arrítmico, buscou o equilíbrio a que tem direito. Como lido com musicoterapia, e ela insere o ritmo, talvez seja uma conotação bem associativa e sutil, ou apenas uma coincidência mesmo, o fato de você ter voltado para a terapia. Isso realmente não importa. O que conta é uma expressão que você usou, e isso é tudo: "Estou em condições de me dar a chance de um resgate definitivo" — o que significa: "Quero ser feliz".

Ninguém deve dizer NÃO ao próprio inconsciente. Então, comece já a exercitar seu jeito de ser feliz. Vamos analisar suas respostas começando pelo fim:

— Sim, é possível ser feliz sozinho, com toda certeza, embora o poeta não acredite, porque a razão assim determina. Solidão significa a ausência de si mesmo. Na verdade, você sempre foi solitário, apenas vivia ao lado de outras pessoas. Hoje é preciso curtir o seu "só", e não estar solitário estando sozinho, o que não é paradoxal, mas a realidade da compreensão da própria presença, a noção de que se é um corpo essencialmente psicológico que ocupa um lugar na vida. Lavoisier estava certo na química, porém, equivocado quanto à psicologia, pois, na vida nada se perde, tudo se cria, tudo se descobre. A fórmula é: vontade.

— A "policial" se baseia na confiança que tem em seu trabalho, e, principalmente, na vontade que move tudo o que ela faz, ajudar as pessoas que querem ser felizes, por exemplo, objetivo primordial de sua profissão sem o qual não haveria nenhum sentido em ser o que é.

— Volto a insistir: é perfeitamente possível ser feliz sozinho! Só não é possível ser feliz isolado de si mesmo, isto é, distante de sua individualidade. Desvendar mistérios é descobrir que se é livre para ser feliz, não há impossibilidades para alcançar a felicidade se você resgatar todos os seus conflitos e se livrar das amarras que o condicionaram a acreditar que não merece a felicidade. As principais carências estão na área da *desvalia*. Você é carente de si mesmo, antes de o ser dos outros. A área sexual é um complemento, um merecimento para *quem gosta de si mesmo*. Antes de se preocupar com o tesão em relação às mulheres, preocupe-se com o "tesão" em relação a você mesmo. Apaixone-se por você! Experimente essa sensação maravilhosa que é apenas gostar de si mesmo!

— Ninguém me contou que alguém correu atrás de alguém. Você mesmo escreveu isso no exercício do castelo, na transferência que fez para o jovem de vinte anos. Aliás, agora completa a minha dedução, pois acho que a "corrida" foi mesmo no passado, isto é, você foi afoito demais, impulsivo demais, na tentativa de querer "ter" alguém, uma mulher bonita, sensual e elegante, que lustrasse o seu ego, principalmente o ego do Médico, o Dr. Bonomi, que, como manda o *status* da medicina, merecia uma mulher linda como uma forma de se valorizar perante seus colegas médicos que, ao olharem para sua esposa, ficariam boquiabertos, fazendo o ego crescer a cada olhar de admiração. E é muito mais pela perda dessa condição que você se angustiou. Pense com sinceridade: pelo que sei, através dos testes, seu e dela, Ângela e você jamais tiveram afinidades prioritárias e essenciais. Era apenas uma mulher bonita, a "medalha" que você se deu por achar que merecia, já que era médico; hoje, pensa que foi "desclassificado" por tê-la perdido, não a esposa, mas a "medalha", o que não é verdade. Você continua médico e sua competência não foi diminuída. Sabe o médico que é, e precisa, agora, encarar-se como um profissional que acredita em si mesmo e está amadurecido o suficiente para entender que a "brincadeira", a participação em uma "olimpíada" em busca da "medalha de ouro", antes que algum outro médico a conseguisse, terminou. Deve agora ir a fundo em sua profissão, estudar, fazer cursos, especializações, tudo que possa satisfazer essa característica importante de sua individualidade que é a *cientificidade*: você tem sede de conhecimento, de sabedoria. Tem curiosidade científica e tendência à investigação das causas primeiras que definem sua profissão. Essa é a gratificação principal. Você direcionou sua vida de forma errada, e pode consertá-la, com certeza, até porque persistir no erro é *burrice*, e você não é burro, tem o Q.I. muito alto. Por que não usar sua maior habilidade, a *inteligência*, em vez da mais conflitante e pejorativa, a *desvalia*? É apenas uma questão de escolher com sensatez.

— A "mãe gritante" serviu-lhe como modelo para que você também desejasse uma "mulher gritante": era a personagem que faltava para você incorporar definitivamente o "homem mau" = seu pai. É preciso apenas ser o homem bom = Bonomi, como seu próprio nome parece exigir, sem nenhum artifício, com naturalidade!

— A moça fugiu porque, na realidade, não tinha afinidade com o "homem bom" = você, e nem com o "homem mau" que você aprendeu a ser. O homem bom fatalmente acabaria expulsando a jovem *para protegê-la*, justamente por ser *bom*, não porque a amava. Isso é solidariedade, não amor. É bom senso, é bondade! Ela partiu com o "cavaleiro andante". Com certeza! Na verdade, é com cavaleiros que ela poderá se entender melhor. Isso não significa que eu a esteja desmerecendo, ou menosprezando o "cavaleiro", que, aliás, nem conheço; o que quero dizer é que o diálogo é essencial em um relacionamento, e isso nunca houve entre vocês, no sentido profundo, como deve ser entre aqueles que se amam. Ângela jamais poderia acompanhá-lo em qualquer conversa, ela mal entendia o que você dizia. Sobre o que vocês conversavam? Vocês vinham de planetas opostos, psicologicamente. De certa forma, você também foi a "medalha" dela; ganhar você seria "dar a volta por cima" — da pobreza, da ignorância, da falta de *status*. Para o ego dela foi uma vitória ter conseguido "fisgar" um médico, enquanto para você foi um merecimento "fisgar" a mulher bonita. Onde ficam as pessoas nesse relacionamento? Você se casou com a beleza dela, e ela se casou com o doutor, não com *você*. Hoje, ela continua bonita e você inteligente! *Nada se perdeu, tudo se criou!* E você sabe que o mínimo que pode fazer por si é ser feliz, e, para isso, é preciso alimentar a sua inteligência, que ao casar com Ângela achou que poderia ignorar, literalmente. *Um absurdo!*

— Ângela não cresceu com o tempo, pois não tem intenção de crescer. O que ela queria era *status*, comodidade, o "brilho" de ser esposa de médico. Conseguiu, depois foi embora com o "cavaleiro andante", que é com quem teria ido antes mesmo de se casar com você caso tivesse consciência de que a vida não é só manter-se linda e "esticadinha" fisicamente. Não entendeu que é preciso cuidar dos neurônios. Cuidou apenas dos cabelos e acha que já fez tudo! Então, é claro que ela está bem: a ambição dela foi satisfeita; e é claro que você não está: a sua ambição legítima e verdadeira, *objetivo e ideal*, ainda não foi satisfeita! Você lutou demais para ser médico, e quando conseguiu, pensou que seus neurônios já estavam satisfeitos... mas NÃÃÃÃO! É preciso continuar nessa busca, e sem tanta obsessão por tesão, dinheiro, qualquer outra coisa que, comparada a seu objetivo principal, torna-se supérflua!

— Você, com certeza, dormiu para si mesmo. A tensão torna-se maior à medida que seu inconsciente o culpa por se negligenciar, e quanto mais culpado, mais você foge da realidade, dura de encarar. Não quer admitir que a única perda que sofreu foi a de si mesmo. Na realidade, ainda não se encontrou de fato, não fez ainda por onde estar consigo mesmo, e é por isso que dorme: pela autonegligência, pelo autoabandono, pela autorrejeição. *Você se rejeita!* O que não poderia acontecer, mas acontece, porque não quer admitir que, na verdade, não pertence ao fútil "clube dos médicos" que só têm clientela e incompetência. Você é um Doutor, aliás, o termo já está até distorcido, pois, infelizmente, a maioria de seus colegas não passa de um "empresário da saúde", que, como todo empresário, acha que deve exibir dinheiro e mulheres bonitas Esses "empresários", aliás, se acham até no direito de serem bígamos, traírem suas famílias, tripudiando sobre mulheres sedentas de dinheiro e de *status*, que, na verdade, não percebem que *nenhum homem conquista uma mulher que não deseja ser conquistada, todo homem é conquistado por uma mulher quando ela tem algum interesse especial em algo que esse homem tem*. Agora, amor é diferente! Amar é não ser vulgar a ponto de descer o limiar do ser humano com o qual se pretende conviver, e, consequentemente, o nosso próprio. Amar não significa caçar alguém, mas alimentar as afinidades e desenvolver uma relação de igualdade. Você nunca amou, porque nunca se amou. É preciso exercitar essa autoestima.

— Não tem nada de "instigante por demais"; é apenas claro, lógico e racional!

Capítulo 50

Segue-se outra fábula, que, embora quase sem análise, uma vez que foi mais discutida de forma verbal do que escrita, seria fundamental na compreensão das principais figuras ditas humanas, os "carvalhos", com as quais sempre me relacionei, direta ou indiretamente. Solicito uma atenção especial para este capítulo, capital para a compreensão de análises futuras bem como do próprio gênero humano, tal como ele se apresenta nos dias de hoje.

O carvalho e a cana

Às margens de um campo de trigo, um grande carvalho se elevava em direção ao céu. Era uma árvore magnífica, com um grande tronco robusto e maciço e espessa folhagem muito verde, que se podia ver a milhas e milhas de distância. Perto do campo, ao lado de um fosso, crescia uma cana alta e delgada, com longas folhas em forma de lança, de uma pálida cor verde-prateada. Certo dia, o majestoso carvalho dirigiu a palavra à cana, com sua voz tonitruante:

— Morro de pena de você, coitadinha; o destino não foi generoso contigo, não é? É tão fraquinha que não pode aguentar nem ao menos o peso de um passarinho, e o mínimo sopro de vento a faz curvar-se até o chão. Olhe para mim; nos meus galhos, ao contrário, há ninhos em grande quantidade e alegres bandos de pássaros se cruzam ao meu redor do amanhecer ao pôr do sol. O mais forte temporal nunca me tirou do lugar, e a minha imensa folhagem pode até abrigar da chuva um pequeno exército.

A cana escutava, atenta.

— Se, pelo menos — continuou o carvalho — você tivesse nascido e crescido ao meu lado, eu a teria abrigado e protegido, mas você está aí, à beira do fosso, ao sabor das intempéries...

— Suas palavras são ditadas pelo bom coração, e lhe agradeço, grande carvalho — rebateu imediatamente a cana — mas o meu destino não é assim tão amargo como você diz. O vento me maltrata, é verdade, mas não consegue me quebrar, e, assim que ele vai embora, levanto a cabeça de novo.

— Bobagens! — resmungou o carvalho, e sacudiu a grande folhagem, aborrecido por ter sido contrariado por aquela plantinha tão insignificante.

Dali a pouco, o céu começou a cobrir-se de nuvens ameaçadoras e ficou escuro como a noite; irrompeu a mais assustadora tormenta que se possa imaginar, com rajadas de vento violentíssimas. Abalroado em cheio por aquela fúria descontrolada, o grande carvalho foi jogado ao chão com enorme estrondo, suas raízes foram arrancadas da terra e sua folhagem verde arrastada para longe, onde se espalhou, desaparecendo. A humilde cana, entretanto, abaixada no fosso, resistiu estoicamente. E quando o céu voltou a ficar calmo, levantou novamente a cabeça para o imenso azul, ficando espantada de não mais ver o carvalho à distância.

P - Por que o carvalho se preocupou em conversar com a cana?
R - Porque estava sozinho, carente, precisava conversar com alguém, de preferência sem estimulação interna, para poder tripudiar (o carvalho é o ego, e a cana o inconsciente).
Antonieta – Referencial: mostra a relação entre a pessoa (cana) e os amigos mais fortes socialmente (carvalhos).

P - Que motivo teria o carvalho para iniciar a conversa assim: "morro de pena de você, coitadinha..."
R - Para aumentar a autoestima e deprimir a do outro.
A – Motivo: o seu ego (carvalho) aciona o seu inconsciente (cana); quando a pressão externa está forte demais, o Ego solicita ajuda do inconsciente, mas isso só ocorre em último caso.

P - Por que o carvalho, mesmo achando a cana fraca, elogiou

tanto a própria força?

R - Porque, na realidade, é tão carente quanto acredita que a cana seja, mas crê que, aumentando a carência do outro, diminui a sua.

A – Motivo: o carvalho não consegue entender que, mesmo sendo cana, esta consegue sobreviver com dignidade. É a luta entre o ego do carvalho e o inconsciente da cana.

P - Qual a verdadeira intenção do carvalho ao fazer a comparação "você é fraquinha, eu sou forte"?

R - A intenção é aniquilá-la, crescendo mais ainda com relação a ela.

A - Referencial: o motivo pelo qual me deixo abater quando alguém me ilude, mostrando qualidades que não tem, é que não percebo que está blefando para que eu mesmo acredite em minha fraqueza.

P - "Se você tivesse nascido ao meu lado, eu a teria protegido..." — Qual a intenção do carvalho falando isso?

R - Mostrar-se magnânimo, tomando para si as verdadeiras qualidades da cana, que não as percebe, e para abafá-la mais ainda.

A - Referencial: determina minha noção inconsciente de que todo carvalho é dependente da minha dependência.

P - O que significa a resposta da cana: "As suas palavras são ditadas pelo seu bom coração..."?

R - A cana é tranquila, resolvida.

A - Referencial: indica a consciência ou não dos meus valores, e a certeza, também consciente ou não, de que cada um tem seu próprio valor e deve assumir isso, sem querer ser o outro, se parecer com ninguém ou depender de alguém.

P - "Bobagens, resmungou o carvalho, e cortou a conversa" —. Por que, sendo tão poderoso, o carvalho não teve outros argumentos para continuar a conversa com a cana?

R - Porque esse tipo de carvalho só é carvalho diante da cana-capim, não tem argumentos porque é oco, e quando os tem, são fúteis, sem base lógica.

A - Referencial: a forma como, sendo cana de verdade, faz o carvalho perceber que tem o seu valor, mas sem querer igualá-lo; o carvalho só terá orgulho de si quando entender que é alto e forte por sua estrutura biológica, e só encherá seu tronco de seiva e sabedoria quando sentir que querer proteger a cana significa ter medo de perdê-la, e com isso concluir que é mais dependente do que ela.

P - O que o carvalho sentiu ao perceber o furacão? E a cana?
R - Carvalho: desespero; cana: serenidade, não há temporal que possa abalá-la.

A - Referencial: o ego do carvalho, mesmo em caso extremo, "não deixa a peteca cair"; o inconsciente só percebe que é forte quando vê o carvalho soçobrar.

P - O que a cana sentiu ao ver o carvalho no chão?
R - Indiferença, já que está tão envolvida na produção do próprio mel que já nem se lembrava que ele existia.

A - Referencial: o inconsciente (cana) ao perceber a fragilidade do ego (carvalho), fica na sua, cuidando de sua essência, que é realmente o que interessa.

Compreendi, então, que essa fábula dramatiza a eterna luta entre ego e inconsciente. O carvalho, doravante, passaria a representar em nossos trabalhos as pessoas que vivem exclusivamente para servir ao ego, para a projeção, para o sucesso financeiro e social a qualquer preço, não poupando quaisquer meios, nem mesmo os mais espúrios, para atingirem seus fins; nada mais são do que uma grande farsa, uma dissimulação em alto grau. A cana, evidentemente, representa o oposto, a essência de cada um.

Além de me aprofundar no autoconhecimento, começando a enxergar meus próprios valores, que antes chegara a julgar "desvalores", começava também a compreender melhor o outro, a diferenciar a verdade de cada um dos meros papéis que representavam em público com o intuito de se projetarem socialmente. Ia assim desmitificando verdadeiros ícones sociais e profissionais que tanto já haviam incrementado minha desvalia, ficando evidente que nada mais eram que ídolos com os pés de barro.

Um deles, particularmente, carvalho frondoso que eu já idolatrara, era ego puro: sufocara de vez o inconsciente e reprimira definitivamente o próprio Self nuclear; vivia agora no maior agito profissional e social, sem permitir-se parar e se mirar no próprio espelho, tão hedionda a imagem que ali veria refletida; consequentemente, sua família, e os filhos em particular, causavam pena.

Capítulo 51

Eu adentrava uma fase tormentosa, em que a alma se equilibrava, precariamente, entre a sanidade e a sandice. As noites eram críticas, e, apesar do intenso cansaço mental, que me forçava a dormir cedo para fugir da realidade massacrante, temia fazê-lo, pois o espírito se rebelava, manifestando-se em sonhos, gritando desesperadamente através dos pesadelos que faziam aflorar o inconsciente acusador, embora, revelador, indicasse caminhos, desde que eu os decodificasse adequadamente.

Paradoxalmente, além de dramática, foi também uma fase extremamente profícua, pois começamos a desvendar, Antonieta e eu, os mais recônditos e aterradores escaninhos de minha alma. Iniciamos pela exposição de uma grande série de sonhos devidamente interpretados por ela, que seriam capitais para completar a catarse que eu já principiara.

Sonho: subi em uma grande balança de chão, dessas de consultório, e eu pesava uns cento e trinta quilos; aí veio meu irmão mais novo — que se revelaria uma das figuras centrais do meu inconsciente — e subiu, pesando outro tanto. A balança se descontrolou; pouco depois, já em casa, eu tentava penetrá-lo, e, como sempre, não conseguia, ejaculando antes e voltando a me lambuzar todo, como na adolescência. A casa, dessa vez, parecia maior, mais antiga, lembrando mais a casa na roça onde nasci e vivi a primeira infância.

Análise: acredito que seu amigo otorrino, aquele extraordinariamente obeso, pesando "umas dez arrobas", como você disse, e que você já mencionou aqui na terapia, foi o referencial de seu sonho. Há uma transferência para o seu irmão, que, na realidade, ainda provoca o seu psiquismo por prováveis sensações mal resolvidas envolvendo a sua sexualidade. Sendo ele loiro e bonito, talvez represente o tipo que o seu inconsciente propõe como eventual conquistador, ou, pelo menos, alguém que consegue atrair as mulheres. Há uma evidente disputa entre vocês dois. O otorrino seria, intelectualmente, compatível com seu irmão; na "balança", pesam a mesma coisa, uma alusão à comparação entre os valores de ambos, assim como entre você e o otorrino. Para não gerar conflitos, você desejaria que seu irmão pesasse tanto quanto ele, e como o peso foi o mesmo, a balança psíquica se descontrolou. A "penetração" seria uma possível agressão ao seu irmão e uma autoagressão também, já que, se ocorresse, satisfaria seu ego ao pôr em risco a masculinidade dele: num relacionamento homossexual, os conflitos são dos dois, o que novamente os igualaria na "balança" do psiquismo. A referência à casa mais antiga, parecida com a que viveu na primeira infância, é bem significativa, pois teria sido nessa fase que ocorreu algo de que não consegue se lembrar, com possíveis conotações de culpa — algo de que precisa se lembrar, pois talvez esteja relacionado a seu desempenho sexual.

Sonho: estava indo para a Vila Tibério — casa da segunda infância e adolescência — e resolvi tomar um ônibus, mas agora havia muitas linhas para lá e fiquei confuso, sem saber qual delas tomar.

Análise: o ônibus funciona como uma passagem entre o consciente e o inconsciente. Hoje, com certeza, você ainda tem dificuldades para alcançar seu passado, especialmente a infância. Parece-lhe pejorativa a vivência na Vila Tibério — classe média baixa — ou mesmo a situação econômica difícil em que vivia. Acredito, porém, que seus pais, mesmo sem muitas condições, tiveram a percepção adequada para oferecer a você bases de caráter bem positivas. É evidente que, se não tivesse absorvido tal situação, nada teria sido possível, mas, de qualquer maneira, a carência, as dificuldades econômicas e o fato de não ser excessivamente protegido o fizeram amadurecer melhor, resultando em respaldo significativo para sua personalidade. O sonho com a Vila Tibério é sempre uma volta às suas origens, cruciais na criação de uma força interior capaz de fazê-lo superar com dignidade os traumatismos que viveu. A maneira como se separou de Ângela, o modo como orienta seus filhos, e, principalmente, a capacidade de amá-los, de prescindir das próprias carências para ajudá-los, é realmente admirável.

Sonho: fomos viajar de carro para a praia, eu, meus irmãos e suas famílias, e no meio do caminho me lembrei de que havia esquecido a minha mala, aliás, nem a havia feito; meus irmãos disseram, então, que a gente poderia dividir as roupas lá. Noutro sonho, a seguir, estávamos em um ônibus de turismo e eu fazia palestras dentro dele. Ao final do passeio, o motorista o estacionou e desceu. Aí o ônibus começou a descer; eu entrei na cabine e puxei o freio, porém, o veículo continuava a andar, levando a outros de roldão. Encostei-o na parede com o intuito de pará-lo, sem lograr êxito; chamava as pessoas para ajudar, e nada. Esse tipo de sonho, em que o freio não funciona, é repetitivo.

Análise: seus vínculos familiares são realmente fortes. O fato de não ter trazido a mala, ou de não tê-la arrumado, simboliza sua falta de segurança afetiva, ou melhor, a falta de mecanismos de proteção de seu psiquismo, a mala. O fato de fazer palestras sinaliza sua posição de evidência intelectual e cultural em relação a seus irmãos, uma forma de tentar buscar o aplauso e a consideração deles. O fato de dividirem as roupas com você não parece justo para seu inconsciente, uma vez que você se destaca deles, e, portanto, deveria estar diferenciado socialmente — conotação simbolizada pela roupa, isto é, quem se destaca socialmente, pela lógica, veste-se melhor. São dois episódios oníricos inter-relacionados, abordando o mesmo tema. Ainda sobre essa conexão, é preciso deixar evidente a situação de profunda insegurança trazida pela sensação de perda de freio numa descida, algo como descer ao fundo do poço, típica de rejeição intrauterina; conflitos perinatais, como as circulares de cordão, talvez, podem conferir certa conotação de situação escorregadia, sem limites, sem "chão". O fato de levar outros veículos de roldão também é típico de traumatismos perinatais. "Chamar as pessoas, e nada" simboliza um pedido inconsciente de socorro, também típico dessa categoria de traumatismo. O fato de o sonho ser repetitivo confirma a suposição de fase intrauterina, que a musicoterapia da gestação explica muito bem.

Sonho: eu vinha descendo a Rua Duque de Caxias a pé, novamente em direção à Vila Tibério; umas duas quadras antes do rio, na divisa, havia um cara barbudo, machão, tipo caminhoneiro, me barrando a passagem; depois o cara desapareceu, e, quase na divisa entre a cidade e a vila, surgiu um homem negro — parece que o barbudo se transformou nesse negro — muito parecido com aquele comediante da TV, e o negro do meu sonho era homossexual também, porém perigoso, malvado, alto e careca, e me ameaçava; chamei, então, uns policiais que o puseram pra correr, mas ele foi por outro caminho em direção à Vila Tibério, e eu sabia que ao entrar na vila corria o risco de ainda ser molestado por ele.

Análise: com certeza essas duas pessoas, o barbudo e o negro, são transferências de outras com as quais você conviveu e pelas quais teve medo de ser agredido, especialmente na área sexual. Deve haver analogias com situações de sua juventude, especialmente porque seu inconsciente está comparando figuras da TV a esses eventuais personagens reais. Também há uma referência a seu "machismo" aparente e à homossexualidade, incompatível com o tipo físico deles. Há uma reivindicação evidente, como se você, rejeitando seu físico, sua própria postura, deixasse claro o desperdício de músculos sem função, ou seja: de que adianta essa "posição" machista se, na realidade, são homossexuais? Há uma transferência para seus conflitos, para situações mal resolvidas em relação à sexualidade, que, na minha opinião, nada têm a ver com a sexualidade ou masculinidade em si, e, sim, com a autorrejeição que você alimenta. Se você se autorrejeita, com isso rejeita também a masculinidade que, indiscutivelmente, faz parte da sua individualidade. Isso prejudica a inter-relação afetiva e deixa evidente que você tem que se aceitar, especialmente porque, como vê, de nada adianta a aparência, como a do barbudo e a do negro, que não aceitam a própria masculinidade como uma função destacada do todo, são "bichas". Você não se aceita como um todo, daí a impossibilidade de destacar a sua masculinidade, para assumi-la; quando você se aceitar, a masculinidade acompanhará, como uma inerência. Procure verificar referências: Rua Duque de Caxias, o rio, as duas quadras antes do rio. Deve haver conotações típicas que põem em evidência esse lugar.[3]

---

3 Nota do autor: esse é o local onde, no meu tempo de juventude, as "piranhas" faziam o seu *trottoir* e onde meus dois colegas de cursinho iam "pescar"; local, portanto, bas-

Sonho: eu estava na Vila Tibério e meu primo Gerson, um ótimo clínico de Brasília, me fez uma pergunta sobre algo que saíra nos jornais a respeito dos direitos e deveres dos médicos, pois eu sempre me preocupara com o assunto. Então lhe expliquei que, quando a gente se formou, mostraram-nos apenas os deveres, e agora se pleiteavam também os nossos direitos, como condições de trabalho, salários, dignidade. Eu falava, mas, no fundo, sentia um grande vazio na alma, uma falta de perspectiva, sabendo que aquilo nada me dizia, nada representava em minha vida; apesar de toda luta e sofrimento, meu presente e futuro eram um imenso vazio, nada se vislumbrava à minha frente.

Análise: acredito que a falta de perspectiva vem do extremo cansaço físico e mental a que você foi submetido durante o curso de medicina. A luta árdua para chegar a se formar confere a seu inconsciente mais direitos do que deveres. Assim, os "carvalhos paparicados" da vida, que nada fizeram para conquistar o *status* e o dinheiro que têm, tendo recebido tudo "de bandeja", usufruem dos direitos, enquanto que você só se obriga aos deveres. Acredito que a luta foi grande, o ideal muito alimentado, e você se sente merecedor de tranquilidade em relação a esse futuro. Se formos analisar pelo inconsciente, que alimenta o ideal e os sonhos e estimula o consciente a agir, é evidente que se sente vítima de uma grande injustiça. Por outro lado, porém, os "carvalhos" são na verdade empresários da saúde, e, pela compulsão com que se atiram à atividade, não vivem, não desfrutam de nenhum prazer verdadeiro, a não ser, como você afirma, as sensações libidinosas e desonestas, a infidelidade, o desprestígio das esposas, e, principalmente, a selvageria para com os próprios filhos. Acho que você precisa se conscientizar da realidade para não se sentir prejudicado por não ter o *status* e o dinheiro de seus colegas. Você tem algo que eles talvez desconheçam: dignidade.

Sonho: eu estava na casa da Vila Tibério. Dormíamos. De madrugada, começaram a explodir bombas nucleares. Acordei minha família e avisei que era o fim, não havia qualquer possibilidade de sobrevivência ali; pegamos apenas o essencial e fomos à estação tomar um trem para a Europa.

---

tante ameaçador ao meu psiquismo de então.

Análise: esse desejo de ir à Europa é um anseio legítimo de qualquer brasileiro. As bombas nucleares devem se referir aos conflitos mundiais do noticiário. A relação com a Vila Tibério, onde estão assentados os seus alicerces, é bem interessante, já que, se você tivesse mesmo tomado um trem para a Europa, seria valorizado como deseja. Pelo que se sabe, cultura e tecnologia alimentam o primeiro mundo, onde as pessoas são qualificadas de acordo com o que sabem, não por serem capazes de ganhar dinheiro e mulheres, uma inversão de valores típica de homens das cavernas, que se impunham pela força e capacidade de arrastar mulheres pelos cabelos e se apropriarem delas. Imagine cada um deles como um primata, e perceba a enorme semelhança com os tipos que os caracterizam nos filmes.

Aquela batelada de sonhos ia ocorrendo, e se eu me recordasse ao acordar, os anotava, acumulava e entregava para interpretação, principalmente os que me marcavam ou apavoravam. Além disso, é claro, persistia na terapia de grupo.

Antes de prosseguir com uma nova série compartilho uma mensagem essencial, pois revela, de forma insofismável, meu estado de espírito em novembro de 1992.

"Dirá você, Antonieta, ao final, que muitos desses sonhos vão bem, 'são muito positivos!' No entanto, estou em crise letal; alguns fins de semana são insuportáveis, principalmente quando Ângela liga logo cedo para dar algum recado para as crianças e eu atendo; aí então vejo o quanto fico "puto" comigo mesmo, o quanto estou mal, sem qualquer perspectiva, não sei se saio à noite, é de enlouquecer, às vezes não aguento mais, penso que tudo isso é uma ilusão, que estou apenas me enganando, postergando um final que me parece inevitável. Além disso, acabei de ler no jornal que se comemorava o centenário da morte, por suicídio, de um grande poeta, certamente também um cara inteligente e incomum, porém, igualmente sem perspectiva, que não conseguiu sair dessa e houve por bem... Por que eu seria diferente!? Ontem, encontrei no shopping a Lélia e o marido, um médico famoso, jovem, atraente e bem-sucedido — ela fazia terapia comigo no analista anterior. Ele me contou que o filho adolescente deles, que se metera com drogas e que ele havia posto para fora de casa, voltou, mudou da água pro vinho e agora está estudando catorze horas por dia; ela e eu falamos da terapia, e o colega, muito senhor de si, mais ainda agora que conseguiu "ferrar" o filho sem terapia alguma, disse que terapia é bom, desde que não se exagere, isto é, bom para distrair os fracos e as mulheres, desde que não se queira mudar o mundo. Ele, que vivia paparicando Ângela, deve me achar mesmo um babaca, que bem mereceu um chute no traseiro. No domingo fui dormir às nove da noite, pois não suportava mais passar o tempo."

Antonieta fez um comentário a respeito:

— Acho que babaca é esse "doutor" que tem medo de si mesmo, e, por isso, subestima a terapia. Você ainda se sente com o ego ferido quando percebe que algum "carvalho" tenta tripudiar sobre você; aliás, você é que vê dessa forma a situação, já que, ao que eu saiba, é um médico muitíssimo respeitado por todos os profissionais que conheço. Não sei por que não se posiciona com a firmeza profissional que lhe faz jus, com o seu gabarito, com a segurança que deveria expressar. Aliás, Bonomi, creio ser esse o seu problema: não confia em si mesmo e pensa que os outros percebem essa insegurança, mas posso lhe garantir que isso não acontece de forma alguma. Só você pensa que as pessoas o acham um "babaca"; você tem que se conscientizar de que está procurando o melhor para você, e que seus colegas "carvalhos" não se preocupam com isso e não admitem essa situação. Um pai que "ferra" o filho é um babaca, sim; você, que ama seus filhos, é um *Homem*.

Sonho: havia pessoas transando, e eu, num malabarismo impossível, tentava penetrar em mim mesmo, a tal ponto que até ejaculei, me lambuzando todo novamente, como na adolescência; tá certo que já fazia algum tempo que não me masturbava, e isso deve ter colaborado; será que estou "pirando", Antonieta?

Análise: não, Bonomi, *você não está pirando*, eu lhe garanto. Está com pressa demais para obter segurança afetiva. Está se exasperando, se cansando de esperar, e isso não pode acontecer. Acredito que essa penetração em você mesmo é uma indicação de que está começando a absorver sua própria masculinidade, mantendo relações com você mesmo, o que, do ponto de vista do inconsciente, é muito favorável, uma vez que sem se introjetar e buscar sua própria masculinidade, não tornaria possível descobrir o prazer de se relacionar com uma mulher. O fato de ejacular, tal como na adolescência, é positivo, pois indica exatamente um posicionamento enquadrado na adolescência, onde a autoafirmação de sua individualidade deveria ter ocorrido. Acho que é um resgate muito importante, uma vez que é exatamente nessa fase que estão perdidos os índices de estimulação da sua libido. Tenho certeza disso!

Sonho: estávamos em uma reunião de velhos amigos, e Faraud, pra variar, era o centro das atenções. Então ele se lembrou de coisas interessantes que eu havia feito, principalmente quando fui demitido de Itaipu. A verdade é que eu ficava na sombra dele e só vinha à tona quando ele recordava as minhas peripécias, algumas abonadoras, outras, porém, constrangedoras. Esse sonho talvez tenha sido decorrência do seguinte fato: antes das eleições municipais de 1992, Faraud fez um depoimento na televisão em prol do candidato que viria a ser derrotado já no primeiro turno; eu já havia participado ativamente de vários jantares pró-Palhares, outro candidato em quem eu acreditava, e no primeiro jantar para arrecadar fundos para o segundo turno, com seu candidato fora, lá estava ele, Faraud, que imediatamente foi chamado, na minha frente, pelo irmão do candidato — que fazia meio o mesmo tipo —, para dar um depoimento em prol de Palhares, o que ele efetivamente fez.

Análise: o sonho com o "carvalho" Faraud é bem significativo, pois o caráter dele fica bem evidenciado. Você fez conexão com o seu inconsciente, que registrou o comportamento ambivalente e dúbio de Faraud. Acredito que, vendo a ambivalência dele, você estimulou seu psiquismo a associá-la a situações de Itaipu, onde, possivelmente, ele deve ter tido posições parecidas — como "brilhar" através da sua atuação, o que fez, aliás, também quando vocês trabalhavam juntos. Acho que isso é muito bom para a conscientização dos seus valores, e para você se perceber, realmente, como melhor que ele.

Sonho: meu irmão mais novo, cujo carro foi roubado e depois encontrado totalmente depenado, sem motor, banco nem rodas, pediu-me dinheiro emprestado para comprar essas coisas, pois uma poupancinha dele só venceria dali a dez dias e ele precisava do carro para trabalhar; como eu também não tinha, mas estava entrando salário e mais uns trocados, disse que emprestaria, mas que ele me ressarcisse sem falta no dia de sua poupança. Foi a primeira vez que cobrei dinheiro que emprestara a ele; acho que não fiquei preocupado ou com remorsos por ter cobrado, porém, à noite, sonhei, em dois sonhos distintos, que o estava "comendo". Será que não fiquei com remorsos, mesmo?

Análise: o fato de você ter cobrado, justamente, o deixou com sentimento de culpa. "Comer" seu irmão significaria estar "tirando" algo dele, sua masculinidade, no caso, quando você se percebe em situação financeira e social melhor que a dele. "Comê-lo", sem dúvida, significou para o seu inconsciente, muito dependente dessa relação de ajuda que mantém com a família por conta de sua realização profissional — que nenhum de seus irmãos conseguiu obter —, uma conotação de não merecimento, que sempre o confunde quando você busca se gratificar. Na verdade, enquanto se sentir culpado por ser médico, diferente de seus irmãos, irá se confundir na relação consigo mesmo, e não se permitirá sentir, plenamente, prazer e amor, e se orgulhar do que é. Afinal, você *não* sacrificou ninguém quando estudou, e além disso eles não o fizeram porque assim escolheram, ou não tiveram a mesma força de vontade. Você "carregou" sua família "nas costas", e mantém uma relação quase paternal com seus irmãos.

Sonho: Antonieta, agora um sonho bem bobinho, se achar que não vale a pena, não precisa interpretar. Na frente da onipresente casa da Vila Tibério havia uma pequena horta, onde eu e meus dois irmãos estávamos brincando. No meio de algumas verduras, havia dois pés de pimenta, com pimentas lindas e maduras; resolvemos arrancar um deles e plantá-lo noutro canto, para distribuir melhor, e o amarramos a uma escora. Porém, o pé era muito grande, e caiu; aí havia uma moça parda e meu irmão mais novo transou com ela. A seguir, minha mãe ia realizar meu casamento com a moça ali mesmo; a gente estava abraçado um ao outro para transar, em pé, e assim selar o casamento; ela, contudo, já estava grávida e gorda, e nós caímos, não se efetivando a desgraça. Então eu disse, sorrindo: "Bem, eu não pus a aliança mesmo..." Isto é, não transei... bobinho, não!?

Análise: a casa da Vila Tibério deve abrigar mais referências do que você pensa. Na horta, possivelmente, deve ter havido algo que impressionou seu inconsciente, e se não existe na realidade está representando uma transferência, um lugar importante na sua infância. A referência à pimenteira indica possível relação punitiva, já que era comum passar pimenta na língua de quem mentia ou nos dedos de quem roía as unhas. De qualquer forma, é um referencial punitivo, associado ao fato de seu irmão ter transado com uma moça "parda" — possivelmente se referindo a alguém que não estaria à altura de vocês; os dois pés de pimenta seriam distribuídos entre você e seu irmão. Seu irmão mais novo é o mesmo que em outros sonhos aparece errando, para que você assuma as "dívidas" dele e pague por seus erros: ele transa com a moça parda, e é você quem tem que se casar com ela; sua mãe se posiciona, então, como figura punitiva, determinando o que deve ser feito, ou seja, que você "expie" a culpa de seu irmão — acredito que você deve tê-lo "adotado" na vida real. A gravidez adiantada da moça — ela estava gorda — o impede de uma relação normal, assim como suas "culpas" impedem a sua gratificação, especialmente com relação ao sexo. Você não "transa legal" porque se sente culpado.

Sonho: vi uma moça nua, de costas, atraente; mas quando se virou de frente, possuía um pênis, algo infantil.
Análise: acho que você está chegando, gradativamente, ao cerne de suas dificuldades de gratificação sexual; estamos indo muito bem!

Sonho: agora, um sonho confuso; vi, de passagem, o Carvalho (agora é nome mesmo, e, por coincidência, um dos maiores que já encontrei) e o Faraud. Eu havia feito vários curativos em pequenas cirurgias com as mãos desprotegidas, contaminando-me com sangue, e achei inevitável que fosse contrair AIDS, então comentei o caso com Bernardo, um amigo semianalfabeto de Carvalho que ficou rico fazendo trambiques, e lhe disse que logo todo mundo estaria aidético; ele respondeu, debochando e fazendo gestos pornográficos: "E se surgisse uma tremenda gata, você não...?" Enquanto ele se deliciava com aquele pensamento, eu não sentia nada.
Análise: Faraud e Carvalho são dois referenciais importantes

e praticamente iguais, têm a mesma conotação psíquica para você. O fato de estar com as mãos desprotegidas, sujeitas à contaminação, e ter visto duas figuras "contaminadas", é bem significativo. Contrair AIDS seria algo mais compatível, talvez, com Faraud e Bernardo; já no caso de Carvalho seria difícil, a menos que fosse possível uma contaminação através da comida. Já ouvi falar do semi(?) analfabeto Bernardo e de seu possível caráter compulsivo, sendo exatamente isso que estaria por trás da menção à "gata aidética". Você acredita que ele seria capaz de se relacionar com ela mesmo sabendo da AIDS, até porque se acha bom demais para contrair a doença. Graças a Deus você não o seguiu nas "delícias" dele. Acho que ele aparece como "garanhão", algo que apenas lustra o ego, deixando opaco o psiquismo.

Sonho: estava em Aramina, onde nasci, e por falta de dinheiro passava minhas férias da faculdade na casa de minha tia; estava indo para o campo de futebol quando surgiu um pequeno lobo-guará, frágil, talvez muito doente, e me disseram que poderia passar, ele não ia me morder, mas embora sem morder ele grudou os dentes em minha mão e eu não conseguia me soltar, então acertei uma bengalada nele; ele corria, então, em volta de uma casinha, parecendo brincar, e eu tentava acertá-lo com a bengala, mas não conseguia levantar o pau, digo, a bengala, e também não conseguia correr nem sair do lugar; então acordei, mas fiquei ainda alguns segundos sem conseguir me mover (Aramina, cidadela onde passei grande parte de minha prolongada adolescência e todas as férias da faculdade, foi palco de enormes carências. Todos os moços tinham suas namoradinhas, com as quais se casariam depois, e todas eram lindinhas, um mundo inacessível, do qual sinto saudades apesar de tudo. Sempre queria voltar lá nas férias, para rever as meninas; depois elas foram indo embora, já não voltavam mais, estavam casadas e morando em outros lugares. Agora já faz um bom tempo que não sinto tantas saudades, e nas raras vezes em que volto lá, não fico ansiando por vê-las nem perguntando por elas; acho que amadureci um pouco).

Análise: a cidade onde nasceu traz referências significativas, como a falta de dinheiro e a casa da tia, e as férias também são um referencial importante. O lobo o ataca: você se pune e se fere por confiar nos outros; ele não o morde, mas o reprime. Com certeza, algo nessa cidade, mais especificamente nesse campo de futebol, pode estar afetando o seu psiquismo. Você tenta atingir o lobo com a bengala — proteção —, mas não consegue se proteger adequadamente por falta de energia reativa, não consegue sair do lugar, exatamente como se voltasse no tempo e ficasse imerso nesse local, sem poder sair. É uma sensação forte, mais precisamente, de voltar a essa cidade e a esse campo de futebol. Procure identificar algo relativo a essa fase de sua vida, além do que você já mencionou, como a carência e a relação com as moças lindinhas. Talvez as meninas nada signifiquem, mas o lugar é importante.

Sonho: estava transando com Ângela quando ainda casado, e era uma relação mais ou menos, ou seja, ora indo bem, ora com alguma dificuldade para manter a ereção; ela não estava tendo lubrificação adequada, coisa rara, o que dificultava a penetração, até que apareceu Jamile e eu caí fora, meio envergonhado. Depois sonhei de novo com Ângela, já agora após a separação, acho que estávamos na casa de minha mãe, não sei bem onde, ela estava muito jovem, bonita, e o nosso relacionamento foi cordial, não me importei que ela fosse se encontrar com alguém à noite, não senti ciúmes, achei apenas que, comigo, isso nunca acontecia — sair com alguém agradável. Quando ela saiu, fiquei sozinho, não sabia se saía também ou se ia dormir; um cunhado meu, um pobre desgraçado, achou meio esquisita a minha permissividade, julgando-me meio bicha.

Análise: impressiona-me a importância da figura de Jamile em sua vida sexual, acredito que imprima ao seu psiquismo uma relação incestuosa. O segundo sonho propõe que Ângela é caso resolvido em seu psiquismo, ou uma cobrança do inconsciente para que logo se resolva. Imediatamente vem a associação ao fato de não ter alguém agradável com quem sair. Acredito que Ângela não poderia ser agradável para você, e seu cunhado, se é um pobre desgraçado, jamais poderia entender a sua posição. Acho que você se deixa envolver demais pelas opiniões de tais "desgraçados".

Sonho: vi uma grande quantidade de serpentes, porém, nenhuma peçonhenta, como a jiboia, enormes, mas não muito assustadoras.

Análise: os sonhos com simbolismo erótico estão surgindo, o que é muito bom. O fato de não serem peçonhentas é importante para que você entenda que não pode ser "envenenado" por seu próprio sexo.

Sonho: estava em uma espécie de assembleia e algumas pessoas, eu inclusive, faziam críticas a um rapaz jovem, filho do dono de uma grande empresa onde trabalhei por três anos na adolescência como office-boy; então, esse herdeiro e outros dois ou três filhos de industriais algemaram três dessas pessoas, humilhando-as, batendo nelas e ameaçando-nos a todos. Fingi que não havia falado nada. Os rapazes dominavam a plateia, apesar de serem apenas quatro pareciam fortes, imbatíveis, embora nem armados estivessem. Mais tarde, após o sufoco, alguém disse que, na reunião anterior, da qual eu havia saído mais cedo, eu fora sorteado com um dos prêmios do dia, acho que um quadro de médio valor de artista brasileiro contemporâneo, provavelmente de Ilza, a espanholinha decoradora e artista.

Análise: seu trabalho nessa empresa é significativo para você. Você vê algemas porque se sentia algemado a uma situação com a qual não concordava. Você se omite de posicionamentos, o que o deixa culpado, e, especialmente, discute o prêmio obtido, que, com certeza, não acredita merecer. Há muitos números três nesse sonho; você trabalhou três anos, são três as pessoas algemadas, e os filhos de industriais são três ou quatro, ou seja, seu consciente, subconsciente e inconsciente estão em ação. É preciso verificar a relação com o herdeiro da empresa; ele deve ter alguma conotação direta ou transferida.

Comentário: o rapaz jovem, herdeiro dessa empresa, na vida real acabara de se formar quando trabalhei lá, e foi logo agraciado com um dos postos mais altos. Hoje é figura eminente na sociedade.

Sonho: a casa da Vila Tibério estava em reforma; além disso, estava localizada uma quadra abaixo, no lugar da casa de um amigo meu que já morreu. Depois, fui descendo a rua, como se estivesse saindo da vila, e encontrei minha sogra; ela me disse que Ângela estava trabalhando num açougue, e parece que ia morar com um amigo dela; à citação de Ângela, ainda senti uma leve inquietação, mas sem sentimentos agressivos ou preocupação maior com o destino ou a vida dela.

Análise: você posicionar sua casa no lugar da casa do amigo morto é significativo, e precisa ser apurado. Também é importante a não preocupação com o destino da vida de Ângela; você está se desligando dela. Acho que ela trabalhar num açougue pode estar associado a como você acha que deve ser o emprego dela, não exatamente num açougue, mas num lugar sem sofisticação.

Uma vizinha, moça jovem, bonita e com algum interesse por mim, mas que acho imatura, disse na piscina do prédio que havia sonhado comigo e que eu havia dito, no sonho, que a vida gira em ciclos e que eu já havia passado por todos, só faltando o ciclo homossexual. A turma que estava na piscina fez gozaçõesinhas, e eu mesmo levei a coisa na brincadeira; o interessante é que, surpreendentemente, não fiquei angustiado nem deprimido, nem cheguei a dar bola. Dá pra analisar sonho dos outros, Antonieta? Estaria o meu modo de ser, atualmente, gerando dúvidas?

Análise: não, não dá para analisar o sonho dos outros. O que posso afirmar é que essa moça está "cantando" você, talvez querendo testar na prática, ou pôr à prova a sua virilidade. É claro que você não poderia ficar deprimido, pois sabe que não tem nada a ver com homossexualidade. O seu modo de ser atual expressa maturidade, coisa que essa jovem não parece saber o que é!

Capítulo 52

Passaram-se dois ou três meses, que me pareceram infindáveis. A angústia era tal que, ao me deitar, voltei a colocar o cabideiro encostado na janela para evitar que eu me atirasse sozinho, em caso de sonambulismo ou de um acesso inconsciente de desespero, deixando para trás as crianças, que teriam forçosamente que fazer parte de uma possível, e nunca totalmente descartada solução final.

Passemos, então, à última rodada de sonhos, para depois voltar à dura realidade.

O sonho mais recorrente: estou com Ângela e, inconformado com a situação, a esbofeteio inúmeras vezes, pior, ela permanece completamente indiferente, como se dissesse: "não adianta, você já era, não me atinge mais..." Em um deles, por exemplo, ela tinha voltado a viver comigo apenas porque as coisas não tinham dado certo com o namorado, e a aceitei por absoluta falta de perspectivas, mas continuei a esbofeteá-la repetidamente.

Análise: esses sonhos comprovam que seu inconsciente está tomando posicionamentos compensatórios, já que, consciente, você não pode esbofeteá-la; dormindo, o inconsciente está livre para se abrir e "dizer" tudo que sente, desta forma se libertando de hostilidades sedimentadas. É um desabafo legítimo e sem censura, algo que seu inconsciente "deve" ao ego. Quando essa "dívida" é saldada, então é possível que o resgate seja adequado. No primeiro sonho, você se pune com a indiferença dela; no segundo, a "punição" continua através da desvalia, quando você se propõe a aceitá-la de volta. É um risco que você correria algum tempo atrás, mas jamais hoje em dia. Você cresceu, e seu inconsciente, como se o estivesse testando, propõe situações para fazê-lo sentir os conflitos pessoais com seu ego, que o impede de sentir a rejeição e a perda. Deve até sentir alívio com esses sonhos, que confirmam posicionamentos muito válidos a nível de resgate de situações tormentosas que, de certa forma, o gratificaram.

Sonho: há uns quinze dias, sonhei que iria ser submetido a uma cirurgia, talvez da perna. Sobre a mesa cirúrgica havia um boneco, do tamanho e forma de um homem, desses usados para aulas de anatomia; embaixo da mesa, que estava sobre chão de terra, o piso estava em relevo, e, ao irmos nos aproximando dela, constatei, em pânico, que sob esse relevo estava o cadáver de alguém que eu matara antigamente, algum desconhecido; eu, portanto, estava prestes a ser desmascarado e poderia, horror dos horrores, ser preso. Ao ser manipulado em câmera lenta, o boneco revelou ser, na verdade, um daqueles cadáveres conservados em formol (esse acho que não fui eu que matei), descoberta que levaria inevitavelmente ao outro cadáver, sob a mesa.

Análise: esse sonho mistura a sua relação profissional aos processos de culpa acumulados através da desvalia e da rejeição. O "boneco" é o Bonomi de antes, aquele que se deixava levar pela carência. Você sabe que ele se confunde com o cadáver, seu mesmo, isto é, com o homem imaturo que você "matou" através do desenvolvimento psíquico. O fato de descobrir o "cadáver" do Bonomi antigo não deixa de afetá-lo, pois não é uma visão agradável, se levada no sentido literal, mas muito positiva sob o ponto de vista psicológico. O movimento em câmera lenta indica que, no ritmo em que ele se movimenta, jamais poderia atingir o Bonomi de hoje.

Sonho: Jamile batera em Lelê e eu apelei, ou também bati nela, que não se conformava com isso de modo algum, nem com as minhas explicações, e queria me ferir ou matar a qualquer custo. Em seguida, sonhei que encontrei Ângela e Lelê numa espécie de favela, nem tão ruim assim; Lelê jogou terra em algum lugar, ela bateu nele e eu bati nela, ou reclamei com ela, não me lembro. Ela ficou pê da vida. Lelê voltou a jogar terra e eu, que estava irritado com a situação, acabei por bater nele também, para demonstrar a Ângela que, às vezes, isso era realmente indispensável. Mais tarde, nem sei se nesse mesmo sonho, eu andava sem rumo, acho que em direção à casa de minha mãe — a casa da Vila Tibério, de solteiro —, e um vazio imenso tomou conta de mim. Em algum momento acho que relacionei esse sentimento à perda da fé, fé que nunca tive na verdade: sempre busquei alternativas mais concretas, mais racionais. A falta de perspectiva era absoluta, e a única solução seria morrer; acordei em seguida, e fiquei febril por algum tempo, mas, felizmente, a realidade me pareceu um pouco diferente.

Análise: nesse sonho, você mistura Jamile com Ângela, identifica os relacionamentos com as duas, especialmente em relação ao incesto, cujo sentimento de culpa o privava de gratificação. Assim, relacionar-se com Ângela ou com Jamile é a mesma coisa para o seu inconsciente: não há amor ou afetividade como os que ocorrem entre um homem e uma mulher. Ângela representa a correspondente intrapsíquica de Jamile. Seus pensamentos incestuosos causam-lhe culpa, e Ângela passa a ser também, dessa forma, um impedimento para o amor. Acho que o fato de não haver aprendido a se amar, porque ainda não tinha tomado consciência de que havia "matado" o Bonomi inconsciente, também implica no impedimento real de amar com consciência. Lelê serviu apenas de pretexto para fazer a ligação entre as duas personagens, pois em ambas as situações as ações praticadas eram as mesmas. Na segunda parte do sonho, a volta à Vila Tibério e a referência ao misticismo fazem analogia com o boneco anatômico = cadáver = Bonomi antigo. Há também um teor bastante depressivo, mencionando a única solução que você encontrou para resolver o estado de carência, sem racionalizar. Desistir da vida seria desistir de racionalizar, e assim jamais seria feliz de verdade.

Sonhos, agora menos frequentes, de me encontrar completamente nu, perdido e envergonhado em lugares públicos.

Análise: encontrar-se nu é um fato onírico caracterizado por despojar-se das pressões externas, se mostrar "em pelo", ou seja, com a individualidade completamente aflorada. O fato de ficar envergonhado reflete a posição do ego, que fica "desesperado" ao perceber que você identificou o inconsciente e o consciente, deixando-o sem apoio. É positivo demais!

Sonhar que estava sendo perseguido pela polícia ou por bandidos era comum antigamente, e eu entrava em câmera lenta, mal conseguindo sair do lugar.

Análise: aqui há uma conotação bem evidente com os sentimentos de culpa, infundados por sinal; você se via tendo que "pagar" pelos "crimes" que seu inconsciente, pressionado pela repressão do contexto sócio-afetivo, determinava. Acredito que, à medida que vai se assegurando de si mesmo e deixando para trás as sensações equívocas de culpa, também vai se tornando mais leve e consciente de seu valor. Seu código de valores é bem posicionado por opção sua, não por imposição alheia; assim, fica mais fácil agir, sem medo de perder, pois é justamente o fato opcional de se julgar correto — já que a sociedade o estimula a não o ser —, que determina a leveza de sua estrutura e uma superioridade legítima, não adquirida, sua, não ensinada, assimilada de dentro para fora. Os "fantasmas" da repressão, na verdade, nada significam para você, a não ser um medo infundado de não ser aceito por ser digno. Agora, não ser aceito passou a ser um valor, pois identificado consigo mesmo você compreendeu que seria impossível desprezar os seus valores para conviver com uma sociedade sem dignidade. Os "fantasmas" foram sufocados, e a "culpa" vai desaparecendo com eles.

Além das serpentes, **sonhos** com aranhas eram muito frequentes também.

Análise: essas imagens oníricas dependem muito da simbologia do momento, assim como da somatização de referências passadas. Visto de forma mais geral, aranhas e serpentes são animais peçonhentos e traiçoeiros: a aranha trabalha ardilosamente para prendê-lo com sutileza; a serpente, símbolo da inteligência, mas nem sempre da dignidade, também ataca quando menos se espera. Acho que você já se viu preso por uma "aranha" — a própria vida, que foi tecendo sua teia, chamada "sociedade", e o prendendo nela. A serpente era a opção de usar sua inteligência e capacidade para se tornar um "carvalho". Felizmente, isso não ocorreu. Assim, da serpente ficou a inteligência e da aranha a persistência e paciência para tecer uma teia de valores, que o protegerá de agressões e situações inadequadas.

Sonho: um jovem rapaz que não conheço ia ser executado por seus crimes; acontece que a execução, embora observada por um juiz, seria executada por ele mesmo, um suicídio forçado, com um tiro na boca. O primeiro tiro negou fogo, preparou-se novamente a arma, que dessa vez funcionou. O morto foi colocado na mesa da casa, e pedi que seus dois filhos não vissem o terrível espetáculo. O juiz — acho que era aquele meu cunhado —, compungido, queria adotar as crianças, e creio ter dito que ele apenas cumprira sua obrigação, e não devia, portanto, sentir-se culpado pela situação delas, afinal de contas, é a vida. Eu desconhecia igualmente essas crianças, não apareciam direito, embora às vezes dessem a impressão de serem meus filhos, que raramente aparecem em meus sonhos. Parece que no mesmo sonho, mais tarde, na hora do almoço, algumas tias minhas disseram que as crianças não poderiam nem comer, pois Ângela os enchera de porcaria e estavam com diarreia. Apesar de tudo, a defendi, disse que, na realidade, haviam sido elas que lhes tinham servido o café da manhã, eu tinha visto, e isso gerou um conflito importante com uma das tias, já falecida, que me disse que eu era mesmo bem frouxinho, deixando mais ou menos clara a razão de eu ser corno. Em seguida, como eu a defendera, Ângela se aproximou e me convidou para comermos juntos nos fundos da casa, sem amolações, mas me afastei.

Análise: acredito que aqui seu inconsciente propõe a "morte" do Bonomi carente. Os crimes cometidos são a desvalia, a insegurança, a rejeição. Você mesmo precisa, é claro, resolver essas dificuldades afetivas. Não queria que as crianças "vissem" o triste espetáculo, a sua desvalia e insegurança, jamais poderiam acreditar que a pessoa do mundo por quem mais sentem amor se executasse. Eles não percebem sua carência. Para eles, você oferece afeto e segurança, é claro que não poderiam entender a execução. Seu cunhado, o juiz, sente-se culpado, uma referência inédita. Precisamos pesquisar a função dele nessa história. Por que ele "adotaria" seus filhos? O que estaria por trás disso? Você intercede por seu cunhado, o juiz, na relação de culpa que ele teria com o fato de induzi-lo a se executar; há, aqui, uma contratransferência, possivelmente. Você se posiciona como juiz de si mesmo, usando o cunhado como referência e intuindo a possibilidade de ele "adotar" seus filhos, para tentar compensá-los de sua própria ausência. Seu inconsciente se autoconsola dizendo, simplista: "É a vida". A vida, porém, não é nada disso! Vida é vida, não é morte! Então, ocorre um lapso de tempo e você volta ao passado, buscando na tia já falecida uma associação ao "executado". A tal tia censura Ângela pela imprudência de "alimentar os filhos com porcaria e provocar-lhes diarreia", isto é, deixá-los carentes e provocar-lhes insegurança e desvalia. Você, então, soma as carências proporcionadas por Ângela e suas tias, como se afirmando que elas não tinham condições de censurá-la porque também deram "porcarias" a você, provocando grandes "diarreias". Aliás, fizeram isso "pela manhã", o que significa tempo passado, infância. É claro que você "havia visto", e não só visto, mas também sentido muito bem! Fica clara a interferência dessa tia, ou de quaisquer outras "tias" que censuravam seu relacionamento com Ângela, e talvez ainda critiquem o modo como você se separou, sem mesquinharia, algo que elas não saberiam como evitar. Você sabe que as "tias", que o censuram por sua civilidade, prefeririam o litígio, que você desse uma de "machão", como ocorre em suas próprias vidas. O fato de você ter defendido Ângela foi apenas um ato de justiça, não significa que a defenderia se ela tivesse também errado. O fato de ela se aproximar de você significa que você talvez espere que ela tente voltar um dia, mas é apenas seu ego que deseja isso! O fato de você se afastar em seguida determina que está metabolizando essas referências, já pode se afastar dela de verdade, livremente, sem sentir carência. Seu inconsciente sabe disso, mas o consciente ainda não aceitou essa realidade.

Comentário: meu cunhado é aquele que era "possuído pelo demônio"; atualmente montou um "centro" onde diz receber o espírito do "Dr. Wellington" e promover "curas"; Wellington é aquele meu amigo que morreu de acidente no segundo ano da faculdade — certamente, mereceria destino melhor que este que estão querendo lhe impingir. Apenas para ilustrar, certa vez fiz a cesárea de uma jovem adolescente cuja placenta descolara, e apenas a presteza da intervenção pôde salvá-la, e à criança; o duro é que, depois, as avós da criança, gente relativamente abastada, *habitués* desse centro espírita, me revelaram que o sucesso se deveu, na realidade, ao assessoramento do "Dr. Wellington". É mole?

Sonho: estava em casa de minha mãe e ia morrer no dia seguinte, de morte natural, sem problemas. Minha única preocupação tinha sido ajeitar a parte financeira — aquela fortuna — e deixar tudo em ordem. A morte no dia seguinte não me causava qualquer apreensão (há muito a morte não me assusta, e isso, pelo jeito, deve estar incrustado no inconsciente; quarenta e um anos de vida não me deram nenhum motivo para me prender a ela, não fossem as crianças... meu único medo é por elas).

Análise: acho esse sonho muito significativo, pois você volta a relatar a morte desse Bonomi carente. O inconsciente propõe mudanças definitivas que você encara como uma morte, e é, mas quem morre é o Bonomi cujo inconsciente está repleto de conflitos, não o Bonomi de hoje! As crianças são seus filhos, não a sua vida. É preciso valorizar-se, valorizar a sua vida!

Sonho: havia comprado uma enorme jamanta, acho que para negócios, comércio, e contratei um motorista da própria companhia para dirigi-la. No momento seguinte, era eu que a estava dirigindo, com o motorista ao lado, mas o freio não funcionava direito e o para-sol era muito grande, ficava caindo no meu rosto, dificultando a visão; eu pedia para o motorista ao lado me ajudar e ele não fazia nada. Chegamos à sede da companhia e meu irmão mais novo me disse que eu devia ter começado com caminhões menores, mais baratos e compatíveis, conhecer o negócio melhor primeiro. Então eu quis desfazer o negócio, devolver o caminhão e o motorista; este até que eles aceitariam, mas o caminhão, não, e eu queria ir à delegacia e entrar com uma ação para desfazer o negócio, embora não acreditasse muito que fosse factível.

Análise: comprar a enorme jamanta significa ter-se casado com Ângela, uma "jamanta" para quem tem inseguranças e carências como as suas. Você não conduziu adequadamente a jamanta, ou seja, a vida ao lado de Ângela. Não conseguindo vencer as dificuldades, tentou "parar" a jamanta, Ângela, e não conseguiu, é claro, ocorrendo a separação. O "motorista" que dirigia a jamanta é alguém a quem você teria pedido ajuda, se pudesse, na época do casamento. Claro que não tinha consciência de que precisava desse "motorista", ou seja, de uma ajuda psicológica que pudesse fazê-lo enxergar a impossibilidade de continuar dirigindo a sua "jamanta". Talvez, naquela época, você não tinha como ter-se conscientizado de inúmeros fatores, que hoje são claros para você. Acredito que sua mudança, seu crescimento, é algo magnífico e digno. Hoje o vejo como o Bonomi que sempre percebi em você; no entanto, naquele primeiro período de terapia, você não se "enxergava" com a clareza de hoje: o "tapa-sol" era grande demais, impedindo a sua movimentação, ou seja, que seu psiquismo reagisse adequadamente. De nada adiantaria o motorista levantá-lo, porque, de qualquer maneira, você não enxergaria mesmo, já que a carência e a desvalia impedem uma visão apropriada da vida. Seu irmão lhe disse que era preciso "começar com caminhões menores", isto é, que você estava se arriscando com Ângela, alguém difícil demais para "dirigir", já que encarava a vida de maneira diferente da sua. Seu irmão lhe deu um sábio conselho nesse sonho, já que o orientou a ir devagar, conhecendo o "negócio" melhor primeiro. Essa é a cautela e prudência que lhe faltaram devido à imaturidade na época do seu casamento. Desfazer o negócio seria se separar. Ir à delegacia para entrar com a ação seria a oportunidade reivindicada de desfazer o negócio antes de ele se concretizar de verdade, ou seja, não ter se casado com Ângela. Você acha, hoje, que desfazer esse negócio, o casamento com Ângela, não seria algo factível, e realmente na época não seria. Hoje tudo é diferente!

Sonho: havia um trem da Mogiana — hoje Fepasa, onde meu pai trabalhou a vida inteira — do tipo maria-fumaça, porém, mais moderno. Minha mãe havia morrido de manhã e eu comentava o fato, sem nenhuma preocupação.

Análise: o trem da Fepasa é uma referência a seu pai. O fato de sua mãe ter morrido sem que você se preocupasse com isso pode parecer frio, mas é sinal de maturidade, porque significa principalmente que em seu inconsciente não há conflitos pendentes, não resolvidos, em relação à sua mãe, o que é muito bom, pois abate as sensações de culpa que seu psiquismo poderia ter assimilado.

Capítulo 53

Há muito tempo eu vinha tentando me especializar mais, correndo atrás de sub-áreas dentro da própria Ginecologia, que se subdividia em variadas ramificações, no intuito não só de aprimoramento e atualização, essenciais em medicina, mas, também, por incrível que pareça, simplesmente para sobreviver, o que vinha se tornando cada vez mais difícil.

Por isso fiz um curso intensivo de sexualidade humana em Brasília com o excelente Cavalcanti, pioneiro no ensino da matéria no Brasil, onde se iniciara o próprio Gérson Lopes, que chegou a pertencer à Sociedade Brasileira de Estudos em Sexualidade Humana. Cheguei até a divulgar a especialidade, sendo pioneiro em nossa cidade, e a iniciar a orientação dos primeiros pacientes; porém, consciente de minhas limitações, logo suspendi essas atividades, não tanto por desconhecimento do assunto, como por não me julgar apto, uma vez que meus próprios problemas na área em questão não estavam resolvidos.

No entanto, certo dia, enquanto aguardava a minha vez na terapia, tomei contato, casualmente, com um trabalho curioso e extraordinário de que nunca ouvira falar, mas que viria a se tornar de importância capital para a compreensão daquilo que me proponho fazer. Antonieta estava acabando de ministrar uma aula para duas alunas, em que lhes ensinava como cuidar de bebês em sua vida intrauterina, pois, segundo ela, já teriam sentimentos e eram capazes de captar todas as emoções da mãe: se eram amados e desejados, ou rejeitados. Através desse trabalho, que ela chamava de Musicoterapia Gestacional, afirmava que era perfeitamente possível estimular sentimentos positivos, bloqueando as sensações negativas da mãe em relação a seu bebê e com isso gerando crianças seguras e felizes.

Fiquei, naturalmente, interessadíssimo. E comecei a me enfronhar no assunto com Antonieta, que revelou ter tomado conhecimento do mesmo quando estudara musicoterapia com sua professora francesa, que seguia a renomada psiquiatra infantil também francesa Françoise Dolto.

Comecei a pesquisar mais e descobri, maravilhado, que já havia importante literatura mundial sobre aquilo que já era chamado de "psiquismo pré-natal", que, no entanto, jamais fora sequer ventilado nas inúmeras jornadas de que eu havia participado no Brasil, parecendo ser absolutamente desconhecido por nossa Obstetrícia. Tomei contato, através de suas obras, com autores admiráveis, como Thomas Verny e seu magnífico *A vida secreta da criança antes de nascer*, Leboyer e seu clássico *Nascer sorrindo*, este já bem conhecido, e mesmo Joanna Wilheim no Brasil, já havendo, inclusive, associações internacionais que tratavam da matéria. Um mundo novo se descortinava, e, ao saber que a enfermeira aluna de Antonieta não conseguira sensibilizar alguns colegas obstetras para introduzir esse trabalho em sua clínica, adotei-o imediatamente.

A partir de então, por cerca de um ano, Zuleica faria um belíssimo e dedicado trabalho no consultório com as minhas gestantes, com resultados inesperados — um trabalho extremamente metódico e científico, através de desenhos que as gestantes faziam enfocando a gestação e suas expectativas em relação ao bebê que iria nascer, e, principalmente, através de uma fita-cassete em que Antonieta gravava músicas de acordo com o perfil psicológico de cada gestante, pois, como musicoterapeuta, conhecia como ninguém tudo sobre música e a alma das pessoas.

Com imensa dificuldade, e sob os olhares críticos e pejorativos dos colegas e diretores de hospitais, consegui, inclusive, que nossas gestantes dessem à luz ao som das músicas que as haviam acompanhado durante a gestação e em condições diferentes do habitual, mantendo absoluto respeito ao binômio materno-fetal durante o parto. Os resultados desse trabalho conjunto, segundo as próprias mães, era notável, quando comparavam filhos anteriores com os nascidos sob essa nova filosofia.

Entrementes, algum tempo antes, preparando-me para saltos maiores, eu chegara a fazer na capital um curso tutorial em reprodução humana e endoscopia ginecológica, e a oportunidade surgiu dentro da própria terapia, onde reencontrei Money, cunhado de Zuleica e antigo colega de Itaipu: quando retornei à nossa cidade, Money foi para Serpientes, às margens do Rio Paraná, porém do lado paraguaio, onde batalhou intensamente e fez um bom pé-de-meia, chegando até a montar um hospital e a comprar uma fazenda.

Pois esse colega, egresso igualmente de família humilde e que se formara também com enorme dificuldade, obtivera sucesso financeiro através de um trabalho insano e diuturno, em detrimento da própria família — mulher e três filhas que ele mal conhecia, a ponto mesmo de confundi-las ao telefone. Assim, um belo dia, sem aviso prévio, sua esposa arrumou as malas, passou a mão nas meninas e se mandou para a casa da mãe, justamente aqui, em nossa cidade.

Money levou um choque tremendo e teve um rápido *insight*, percebendo claramente que se, por um lado, lograra grande êxito profissional e financeiro, por outro, estava se destruindo e à família que constituíra. Não teve outra alternativa a não ser tomar uma decisão drástica, que todos que o conheciam julgaram tresloucada: largou tudo, vendeu o que pôde e veio atrás da família. Ficou um ano inteiro simplesmente reestruturando a si e à sua família, ancorado na terapia. Foi quando o reencontrei.

Conhecedora dos meus propósitos e do potencial de Money, nossa musicoterapeuta comum nos instou a somar nossas potencialidades, cada um sendo de grande valia para o outro, segundo ela, no que tinha a mais perfeita razão. Iniciava-se, assim, uma tão profícua quão tempestuosa sociedade, conforme veremos.

Capítulo 54

Segundo Antonieta, tratava-se de uma associação proveitosa para ambos, pois juntaria um profissional comprovadamente bem-sucedido e ousado, Money, a outro, no caso eu, de passado irretocável e um nome acima de qualquer suspeita no cenário médico local. Explico melhor: Money havia se formado em nossa faculdade alguns anos depois de mim, mas parece que não deixara um bom nome, tendo ficado estigmatizado como voraz e predadora ave de rapina; "criara anticorpos", como dizia meu amigo e professor da faculdade de medicina local — Professor Figueira, que depois se associaria a nós —, o que significa que teriam ficado dúvidas quanto a seu modo de ser e agir. Mais tarde, tendo feito fortuna alhures, esses boatos teriam crescido, não se sabe ao certo se baseados em fatos reais ou simplesmente decorrentes de ciúmes infundados, em virtude de seu dinamismo e ousadia.

Mesmo em Itaipu, onde trabalhara conosco por apenas um ano, pairavam dúvidas sobre suas atitudes, de modo que fiquei, a princípio, recalcitrante em me associar a ele; porém, sem ter muita alternativa, e com o estímulo e o aval de Antonieta, firmei a sociedade. Depois de praticamente consumada a nossa *joint venture*, alguns colegas, que conheciam de longa data o meu passado ilibado, me procuraram, alertando-me para sua incoerência, pois ficava evidente que sozinho, sem um intermediário com o meu cacife, Money dificilmente teria acesso à cidade em virtude do passado duvidoso. Mesmo assim decidi dar continuidade à nossa empreitada, uma vez que minha situação estava crítica, e, principalmente, porque ele estava fazendo terapia, ou seja, tentando se aprimorar psiquicamente, e Antonieta acreditava nele.

Money se revelaria um profissional estudioso, inteligente e ousado, bem diferente de quantos eu já conhecera. Tinha montado o primeiro serviço de endoscopia ginecológica do estado, fazendo parte, no Brasil, de uma das primeiras iniciativas nesse sentido. Colocou-me, então, a par do que tinha em mente, mostrando-se estupefato com o anacronismo inacreditável da medicina que se vinha praticando numa cidade do porte da nossa, e passamos a traçar a estratégia necessária à consecução do nosso empreendimento. Conhecedor da medicina local e de suas figuras-chave, dei início aos contatos, enquanto ele cuidava do inventário e das cotações do arsenal tecnológico necessário para a montagem, a partir do zero, de um serviço completo de videoendoscopia ginecológica; era evidente o seu conhecimento e sua visão do empreendimento.

Entrei em contato com duas equipes essenciais da Maternidade Santa Gertrudes, a de cirurgia geral e a de anestesistas, a primeira por seu trabalho já conceituado, a segunda por sua importância estratégica, além de incluir em seu grupo de diretores uma das mais importantes figuras médicas da cidade, quiçá do Estado, onde participava e ditava as normas em praticamente todos os setores ligados à medicina, fosse local, fosse a nível mais abrangente — seu poder era imensurável.

Para minha surpresa, pois esperava só o desinteresse, a acolhida foi muito boa, e as negociações visando um acordo mais amplo de cooperação evoluíram rapidamente; Money chegou, inclusive, a encomendar toda a aparelhagem, investindo cerca de cem mil dólares, uma verdadeira fortuna para minhas posses.

É evidente, como você já deveria desconfiar, que depois de toda essa saga as coisas não seriam assim tão simples; como eu temera no início, a euforia logo se transformou em agonia quando, já com os aparelhos encomendados, ambas as equipes puxaram o tapete com alegações de parca consistência — uma delas com o intuito único de minar meu projeto, em consequência de diatribes pessoais antigas.

O principal envolvido, figura-chave no empreendimento por sua inegável importância estratégica e ramificações nas mais variadas sociedades médicas, revelou um descompasso inacreditável com a evolução da medicina ao alegar que poderia se tratar de não mais que um novo modismo, como já os vira tantos, quando na verdade a técnica já nem era mais novidade, mas uma realidade na Europa há mais de uma década — era simplesmente o futuro (já sendo o presente) da cirurgia em todos os ramos da medicina.

Foi terrível, quase pirei. Mas eles não conheciam Money! Ele era, de todos, o único que tinha plena noção do que estava propondo e pleno conhecimento do assunto, que para ele não era nenhuma novidade, muito pelo contrário. E me disse:

— Bonomi, já está comprado, como é que vamos pagar eu não sei, mas é fato consumado. E vou dizer mais, foi melhor assim.

O tempo mostraria que ele estava pleno de razão. E Money se revelaria, além disso, um negociador excepcional, regateando preços, dilatando prazos e ganhando brindes; trouxe também o Professor Figueira, cujo cacife profissional, somado ao potencial financeiro, seria crucial. Quanto a mim, vendi carro, telefone e tudo que podia; pedi dinheiro emprestado para Selma, que tinha uns trocadinhos, e até para um grande amigo meu, o Casca — que, aliás, me chamava pelo mesmo apelido, éramos os dois cascas de ferida. Fiquei com pouco mais do que a roupa do corpo e reduzi despesas, se é que ainda havia alguma margem de redução, ficando praticamente a pão, digo, a salgadinho e água

Capítulo 55

Uma vez formalizada a nossa sociedade através da abertura de uma empresa, foi realizado um precioso trabalho sob a tutela de Antonieta, que incluiu desde um minucioso estudo de cores para a nova clínica, passando pelo espírito que nortearia o trabalho dos profissionais — já iniciado com o trabalho terapêutico —, até a criação do próprio nome da clínica, igualmente de autoria dela: Clínica Vida — o que dá uma ideia adequada do que pretendíamos. É primordial, para real compreensão, que eu transcreva o trabalho elaborado por Antonieta:

Projeto Vida

Na elaboração do Projeto VIDA foi usado um mecanismo de referenciais inconscientes através da apresentação de pranchas, figuras geométricas representativas e imagens gráficas sugestivas dos impulsos legítimos e compatíveis com os objetivos idealizados.

O material foi apresentado às pessoas interessadas, Celinha, esposa de Money, e Zuleica, sua cunhada, que iriam trabalhar com Musicoterapia Gestacional, e passou por uma análise seletiva pessoal de cada uma sobre as três etapas de evolução do projeto. Dessa forma, as figuras foram definidas separadamente, e mediante discussão posterior, chegou-se à conclusão definitiva a respeito das opções.

Para a Laparoscopia foi escolhida uma figura geométrica, e para a Musicoterapia Gestacional a escolha caiu sobre as imagens gráficas geradas da música, usando o trabalho de musicoterapia sobre frequência e vibração acústica realizado em 1955 na reprodução de ondas sonoras sobre a Prancha de Chadli; assim, ficaram definidos os logotipos já conhecidos. Sendo a Laparoscopia uma área de alto conteúdo tecnológico, mas que envolve, sobretudo, a vida humana, os referenciais foram divididos, razão pela qual a papelaria apresenta as imagens gráficas em marca d'água e em cores pastel, para não prejudicar o conteúdo escrito nos receituários e correspondência. Essas imagens representam o perfil simbólico de um corpo estilizado, onde supostos fios seriam condutores de energia, ou mesmo relativos ao processo de Laparoscopia.

A Musicoterapia Gestacional abrange as áreas endócrina e psicológica, e por isso a programação visual foi idealizada a partir do impacto que as pranchas e imagens gráficas causam no inconsciente. Foi enfatizada a ideia de que todas as referências visuais deveriam estimular o interesse científico, a investigação levada pela curiosidade e a empatia, permitindo a associação instantânea à Clínica Vida.

Sendo duas atividades inéditas em Ribeirão Preto, o efeito deverá ser de impacto, uma vez que, sem ao menos despertar a curiosidade, ficaria difícil estabelecer o interesse e, posteriormente, a empatia. Dessa forma, todo o projeto foi baseado em fundamentos de Musicoterapia e Psicologia das Cores, para que seja definitivo, não sujeito às situações esporádicas que fazem oscilar os objetivos.

A imagem escolhida para o logotipo da Musicoterapia Gestacional foi gerada pela obra de Vivaldi "As quatro estações" — Verão. A sala obedece aos padrões gráficos, estabelecendo compatibilidade com a escolha inicial, de forma a identificar a grávida com o seu momento, onde o presente vivenciado é a existência do feto, sendo os movimentos de ondas sonoras projetados em três lances: primeira onda, representando o consciente; segunda onda, representando o subconsciente; e terceira onda, representando o inconsciente. São enfocadas as letras A, M, O, associadas ao presente do verbo "amar", que é justamente o objetivo da Musicoterapia Gestacional, isto é, levar a grávida a *praticar* o verbo Amar, nesse Presente, quando o feto ainda é mantido em seu ventre, não somente no futuro, Amarei, quando a criança já deverá estar repleta de afeto para se tornar um indivíduo inteiro. Há, também, a imagem de um pequeno telefone com o fio pendente, dando a ideia de comunicação entre o consciente da mãe e o inconsciente do feto.

A cor branca das paredes, que representa a soma das cores, foi escolhida para canalizar o objetivo de buscar toda uma gama de sentimentos maternos e purificá-los, no sentido de transmitir ao filho a positividade da vida. Além do mais, só o branco poderia colocar em evidência a delicadeza das ondas sonoras pintadas nas paredes. Na construção musical dessa linguagem gráfica, é importante que nada haja que possa quebrar essa harmonia "som-cor", para não confundir a objetivação inicial:

O esquema de cores das salas de Laparoscopia, por sua vez, visa romper o nível de tensão e ansiedade, comuns nas pacientes que procuram o médico para um diagnóstico ou cirurgia. As dúvidas, o medo e a insegurança são fatores que causam manifestações físicas visíveis, como queda ou elevação da pressão arterial, sudorese, palidez e taquicardia. É necessário que a paciente receba, através do ambiente, cores que a "aqueçam" internamente, estabelecendo as condições ideais para diminuir a ansiedade e a tensão, facilitando o trabalho do médico ao examiná-la. Assim, a cor escolhida para as paredes da sala de recepção é a mais clara das nuances selecionadas, codificada como 6 (rosa--claro), sugerindo ao mesmo tempo a indiferença do branco e a excitabilidade de uma cor mais intensa.

Subindo as escadarias, a intensidade é aumentada para estabelecer o mesmo enfoque de "aquecimento" interno, ou seja, à medida que a paciente se aproxima do consultório, estará mais envolvida com o ambiente da clínica, e, especialmente, com o nome "Vida". Na escala cromática, o consultório avança mais um tom; as outras duas salas, onde eventualmente se farão exames ginecológicos, e onde deverão ficar a mesa ginecológica e o instrumental médico necessário, terão intensidade de dois tons acima do original.

O salão de baixo, onde se pretende, posteriormente, montar um centro cirúrgico, segue a cor das escadas, segundo a mesma indicação de aquecimento interno, relax e identificação com o ambiente. No momento, essa mesma sala poderá servir para reuniões, simpósios e palestras, sendo a cor perfeitamente compatível com esse propósito.

Assim, transferindo para a linguagem musical, teremos a seguinte pauta:

O exterior da clínica será pintado de cor de intensidade dois tons acima da sala de exames. O objetivo da escolha das cores externas é enfocar a clínica em si, direcionando a atenção para a construção, e, especialmente, para o nome "Vida". A cor cinza dos metais e o avinhado das madeiras são mantidos para "quebrar" discretamente, sem interromper a sequência cromática, evitando fadiga visual e continuísmo. O mesmo ocorre com o piso cinza para toda a clínica. Na sala de Musicoterapia Gestacional é necessário carpete, igualmente cinza, para proporcionar ao ambiente uma sensação aconchegante.

A escolha do nome VIDA se baseia na missão da clínica: "A promoção da vida, através de um enfoque diferenciado, onde se pretende que, para viver, não é necessário sofrer o risco de adquirir os traumatismos comuns às cirurgias tradicionais, de ordem física ou psicológica, oferecendo à paciente a segurança de que, ao utilizar os serviços da clínica, ela vai VIVER."

Há, portanto, uma filosofia por trás do nome "Vida" que deve permanecer no inconsciente de todos os profissionais que ali trabalharem. O profissional da saúde é um ser humano igual com os mesmos direitos de seu paciente; tem consciente e inconsciente, e merece respeito. E é esse respeito que a clínica deve adotar, numa espiral ascendente, rumo à solidariedade que deve unir profissional e paciente, buscando uma melhor qualidade de vida que justifique a sofisticação tecnológica — consequência desse respeito ao ser humano que mora dentro de cada paciente.

É imprescindível absorver o que está subliminarmente implícito no nome da Clínica Vida: viver (com dignidade) é um direito do médico e do paciente.

Capítulo 56

Logo a seguir, a clínica foi inaugurada em grande estilo, tendo como palestrante o melhor videolaparoscopista em Ginecologia do Brasil, amigo de Money, e com a presença de boa parte dos colegas e das principais figuras da cidade ligadas à área médica; foi servido um magnífico coquetel e até Faraud compareceu. Já nasceu altamente conceituada, em parte devido ao nome que eu fizera ao longo dos anos, em parte devido à moderníssima aparelhagem adquirida, e talvez, principalmente, à notável segurança e competência de Money, além da grande capacidade de marketing que viria a demonstrar, impondo-se rapidamente.

Desde o início, uma série de colegas, tendo clara percepção da qualidade da clínica, além de dignidade e consciência próprias, passaram a nos enviar pacientes para os mais complexos exames e cirurgias, embora a grande maioria dos ginecologistas da cidade, enciumados ou simplesmente defasados, continuasse a operar com as técnicas tradicionais, agora restritas a poucos casos e carecendo dos benefícios da medicina atualizada.

Apesar de todo esse avanço e esforço, enfrentaríamos enormes obstáculos, advindos, paradoxalmente, de onde mais se esperaria apoio e respaldo, o grupo de anestesistas da Maternidade Santa Gertrudes, para os quais nos havíamos tornado um dos principais provedores de pacientes. Eu tinha pendências antigas com Galhardo, amigo íntimo de Faraud e mandachuva da maternidade, que se revelaria vingativo e perigoso. Havia também outro velho anestesista, Dr. Toninho, profissional tosco e vulgar que ajudaria a tornar nosso trabalho lá dentro um verdadeiro inferno. O restante do grupo era praticamente neutro, mas não poderia deixar de registrar uma nobre exceção, o elegantíssimo e velho professor Nicodemus, verdadeiro *gentleman*, que perdera recentemente seu filho, um jovem e promissor colega, de forma que não resistiria por muito tempo.

Sendo o método praticamente desconhecido neste país de escassa cultura, a clínica precisava de divulgação, e quando marcamos a primeira cirurgia convocamos uma rede de TV local para uma reportagem. Aí aconteceu o impensável: a equipe de cinegrafistas quase foi posta a correr sob os gritos histéricos de "porra" e "caralho" do Dr. Toninho, únicas palavras que restavam na área da fala daquele cérebro irrecuperável. Chamavam-no, às escondidas, de Toninho Mala, ou Dr. PC (*porra-caralho*):

"Toninho, a paciente está se mexendo."

"Porra!"

" Toninho, a paciente está sangrando muito; veja a pressão."

"Caralho!"

Numa última tentativa de alguma recuperação, por mínima que fosse, uma ciranda de dezenas de especialistas, em desespero de causa, recomendou que fosse submetido a sessões diárias de massagem prostática via retal, o que, segundo um ganhador do prêmio Ig Nobel, poderia levar alguma oxigenação àquele cérebro irremediavelmente estupidificado. Com esse mister, a diretoria do hospital, que já não o suportava mais, designou para a tarefa Sueco, jovem guarda-roupa da cor do ébano, circulante de sala, que dela passou a se desincumbir com grande e orgástico prazer, sem obter, infelizmente, grandes progressos — a não ser pelo fato de que Toninho se tornou bem mais alegrinho e saltitante. Nesse ínterim, uma atendente jura de pés juntos que ao perder a veia de uma paciente, num esforço inaudito, ele teria balbuciado: "Filha da puta!"

E assim foi. Volta e meia suspendiam nossas cirurgias até segunda ordem, sob as mais disparatadas alegações. Quando ocorriam, a princípio, eram longas e cansativas: em parte, porque só nos enviavam casos difíceis, evidentemente, como pacientes obesas e multioperadas nas quais ninguém mais se atrevia a pôr as mãos; e em parte porque a equipe, eu principalmente, estava em formação, e a videocirurgia requer uma equipe altamente treinada e entrosada.

Como essa modalidade de técnica cirúrgica era praticamente desconhecida, e incipiente na cidade, era sujeita a toda sorte de críticas, motivadas basicamente pelo inacreditável desconhecimento de boa parte dos colegas, de forma que qualquer acidente, qualquer complicação, perfeitamente passível de acontecer em qualquer cirurgia, poderia ser fatal para nossa equipe, jogando por terra todo o nosso trabalho. Sentíamos no ar o desejo de que isso ocorresse, e trabalhávamos sob grande tensão.

No entanto, graças a Deus e à equipe que se formara, e graças, principalmente, à extraordinária competência e habilidade de Money, cerca de quinhentas cirurgias seriam realizadas nos quatro anos seguintes, com complicações mínimas e excepcionais índices de sucesso, comparáveis aos melhores serviços internacionais. Com o tempo, nossa equipe se impôs definitivamente, passando a se constituir no primeiro ou segundo grupo que mais operava naquele hospital, e as relações entre as equipes foram amadurecendo, se tornando mais civilizadas.

Galhardo, com o passar dos anos, chegaria até mesmo a adquirir certa intimidade conosco, a ponto de fazer uma ou outra confidência nas quais revelou as enormes dificuldades financeiras por que passara para se formar, o que não justificava, é claro, sua maneira de ser e de agir, mas explicava. E a gente ia aos poucos compreendendo, e ao compreender, amenizam-se os sentimentos e se arrefecem as mágoas.

Money, por seu lado, era puro paradoxo, para não dizer esquizofrênico: num instante, era o empreendedor brilhante, homem ousado e de visão, trabalhador incansável, professor paciente e profissional dedicado; no instante seguinte, tornava-se irascível, prepotente, dono da última palavra, deixando toda a equipe tensa e temerosa. De personalidade complexa, dizia que não queria se tornar novamente o chefe do qual todos ficavam dependentes, como sempre fora; mas, ao mesmo tempo, não permitia que houvesse vida inteligente ao seu redor, opiniões diferentes das suas, que defendia de modo tirânico. E é preciso dar-lhe crédito por sua visão arguta, comercial, pela estratégia de longo prazo que traçara; porém, ao não se fazer compreender, fechava-se em copas, tornava-se truculento: com ameaças veladas de abandonar o barco — "Se não fizer assim, tô fora" —, mantinha a equipe eternamente insegura, pisando em ovos, sempre.

Apesar de todas essas dificuldades, a clínica crescia e se firmava aos olhos da clientela, e, principalmente, da comunidade médica, essencial aos nossos propósitos, pois dependíamos dos colegas para nos enviarem pacientes. Money vivia a clínica vinte e quatro horas por dia, embora também viajasse com frequência para cuidar de sua fazenda distante, que, na verdade, lhe provia o sustento. Quanto a mim, mantinha o emprego em um posto de saúde da prefeitura local, do qual dependia, já que, apesar de operarmos bastante, a clínica basicamente se mantinha, devido aos seus altos custos. Essa dupla atividade gerava grandes conflitos com Money, que queria dividir meus ganhos como se fossem da clínica: ele podia ter atividade dupla, eu não.

Capítulo 57

Com todos os percalços, eu ia crescendo, produzindo, e até criando, coisa rara neste país: publiquei um artigo inédito na principal revista brasileira de Ginecologia, *Femina*, relatando o admirável trabalho desenvolvido por Antonieta e praticado diligentemente por Zuleica e pela esposa de Money. Além disso, sob meu estímulo e insistência, pois não me conformava com a não divulgação de trabalho tão precioso e benéfico para tantos, principalmente num país onde se pratica uma das piores obstetrícias do mundo, com números recordes de cesarianas, Antonieta produziu um pequeno livro, *As primeiras lições de amor*, para o qual escrevi o prefácio. No entanto, apesar de tratar de assunto tão vital, sendo preciosíssimo, na minha opinião, jamais conseguiu ser publicado; enviado a algumas editoras, foi recebido com frieza e indiferença.

Não dá para acreditar, mas dá para entender, pois pouco ou nada se produz no Brasil, de forma inédita, em termos científicos; tudo que aqui se pratica em termos de medicina vem do exterior, e as universidades, via de regra, nada mais fazem do que repetir à exaustão, e às vezes com anos de atraso, aquilo que lá se produz — os trabalhos e teses costumam ser nada mais que repetições infindáveis daquilo que já se sabe, muitas vezes pautados pelo interesse de laboratórios farmacêuticos no negócio, digo, no assunto. É muito mais fácil, por exemplo, ir uma vez por ano ao serviço do Professor Bonilla, na Espanha, ver o que lá está se fazendo em Ultrassonografia e voltar como grande professor; ou ir à Inglaterra ou Bélgica e trazer os kits que lá se produzem para fazer "bebês de proveta" por aqui, posando de grandes cientistas, grandes farsantes, isso sim.

Capítulo 58

Eu não ficava confinado entre as quatro paredes de meu consultório. Procurava também participar ativamente das mais variadas atividades de classe, ora apontando erros, ora, principalmente, sugerindo caminhos. Assim, quando foi deflagrado o último plano econômico, o Real — em que ocorreu, na prática, um virtual congelamento de preços —, as associações médicas, que deveriam ser nossos bastiões, cometeram um dos mais nefandos crimes contra a categoria, e eu, evidentemente, não poderia deixar de me manifestar. Publiquei no jornal de Centro Médico local o artigo "CH: valor inaceitável", como se segue. Era a primeira vez, ao que eu saiba, que alguém ousava questionar o cooperativismo médico no Brasil, tido como vaca sagrada, intocável, por todas as entidades médicas. Em breve, no entanto, novas vozes se fariam manifestar, pondo em xeque esse endeusamento:

> As entidades médicas, Associação Médica Brasileira (AMB) à frente, fixaram o CH — coeficiente de honorários médicos — em 0,155 e comunicaram o fato à classe médica, como se tivessem tomado uma atitude forte e soberana.
> Ora, o que fizeram foi assinar o atestado de óbito do salário do médico dito autônomo, congelado pelo valor do dia do recebimento (último dia do mês), quando seu valor é mínimo, pois defasado da inflação do mês; como, em junho, a inflação chegou a patamares recordes, em torno de 47%, institucionalizou-se uma perda definitiva e irrecuperável de 47%, uma vez que o CH não tem data-base nem mês de dissídio, e esse valor do CH, doravante, será o referencial eterno, já que fixado pela própria AMB.
> Esses 47% rapidamente se transformarão em 50, 60, 70%, conforme os resíduos e a nova inflação em real for ocorrendo, e a AMB nada poderá fazer.

O valor real do CH teria que ser em torno de 0,227 e deveria ter sido implantado pela AMB, uma vez que praticamente todos os preços foram congelados pelo pico, exceto, claro, os pobres dos salários, fixados pelo governo e classe patronal, e pela nossa (?) AMB. Antes disso, os convênios médicos, todos sabem, se locupletaram fartamente, congelando os valores das mensalidades cobrados dos clientes não pelo pico, mas acima dele.

Acredito que essa decisão inacreditável teve muito a ver com a pressão exercida pela Federação das cooperativas, já que boa parte das singulares ainda usa a Tabela-90 e paga pelo CH do dia do ato praticado; a inflação as beneficia terrivelmente, e mesmo a Coopermed, que parece uma das mais prósperas e bem administradas, costuma pagar aquém do CH integral.

Se, por um lado, o cooperativismo traz inúmeras vantagens à classe, por outro não permitirá jamais ganhos reais e a evolução da tabela: ou não se aguentarão, ou irão pagando valores cada vez mais distantes do CH integral, o que, por definição, é vil, é antiético, embora com o aval e a conivência de todas as entidades. É como o salário mínimo no Brasil, que jamais vai atingir níveis civilizados para não quebrar a Previdência, ou exigir dela uma administração profissional.

Aliás, você sabe o que é "salário vil"? É quando a gente pega o *hollerith* de médico da Prefeitura de Ribeirão Preto, comandada por um ex-sindicalista médico, ou olha o novo CH, e exclama, indignado: "Onde já se 'vil'!?"

E agora, quem poderá nos defender? como diria o Chapolin Colorado. Como os meus rendimentos na Prefeitura de Ribeirão Preto — governada por um ex-sindicalista médico — e convênios mal davam para a subsistência, em breve eu teria que me limitar ao indispensável, sendo forçado, a contragosto, a deixar gastos que agora reputo supérfluos, como as anuidades das entidades médicas, exceto aquelas compulsórias por lei.

Logo que terminei de escrever o artigo, recebi, atrasado, o jornal da AMB informando que seu presidente estava tomando posse como presidente da cooperativa de Santos. Sem comentários! E por falar em ex-sindicalistas médicos que chegaram à Prefeitura de Ribeirão Preto, convém me estender um pouco mais sobre o assunto.

Cheguei a participar durante algum tempo do Sindicato dos Médicos em nossa cidade, onde fiz amizade com o atual prefeito e alguns de seus assessores, igualmente ex-sindicalistas, chegando a deflagrar uma série de greves, sendo a última na prefeitura, com duração de cinquenta e oito dias. Pois não é que, no poder, esses meninos passaram a avalizar tudo aquilo que combatiam, e que antes prometiam detonar como uma série de arbitrariedades? Mesmo o humilhante cartão de ponto passou a ser conferido com rigor inaudito e punições exemplares, além da proibição inaceitável de participação em cursos e congressos, excetuando-se aquele caso único anual permitido por lei.

A lei, aliás, aquela mesma que execravam até então, tornou-se a sua bíblia, passando a ser aplicada *ipsis literis*, pelo menos contra aqueles que não faziam parte da patota. Todo mundo conhece aquele clássico aforismo: "Aos amigos, tudo; aos indiferentes, nada; aos inimigos, a lei."

Pois passei a classificar os extremos em dois grupos opostos, porém, paradoxalmente, idênticos: primeiro, o dos esquerdistas radicais, ex-sindicalistas agora no poder, que eu chamava de "juventude stalinista" em oposição ao segundo, o da "juventude fascista" — lotados, por exemplo, no Comitê Educativo da Coopermed. Opostos é modo de dizer, uma vez que os extremos do espectro ideológico são, na verdade, iguais em seu autoritarismo e métodos: eternamente com suas cartilhas e estatutos debaixo do braço, não dominam outra língua que o burocratês; creem religiosamente em seus dogmas, perseguem implacavelmente e aplicam as letras da lei, não apenas aos inimigos, de acordo com o aforismo, mas igualmente contra aqueles que se desejam indiferentes e neutros, como é o meu caso, e que tentam apenas evoluir e cuidar da própria vida; não admitem qualquer linha de pensamento que não seja a sua, nem que possa haver vida inteligente e crítica fora de suas hostes, se é que ali se permite que exista alguma, uma vez que seguem rigorosamente, como clones ou autômatos, normas pré-estabelecidas e imutáveis.

Assim, tive que fazer verdadeiros malabarismos, durante a gestão de nossos ex-sindicalistas, para poder participar de dois ou três eventos médicos anuais, inclusive no exterior, como é minha praxe; além de pagar os cursos e viagens e deixar de ganhar, ainda tinha que bancar colegas para me substituir, ou, ao retornar, cobrir plantões e pagar as horas faltosas, embora devidamente avisadas com antecedência e plenamente justificadas.

Então, ironia das ironias, foi nesse mesmo governo pelo qual tanto lutara, torcendo para que vencesse as eleições, que acabei por pedir minha demissão, pois ali jamais teria futuro. Os sindicalistas não conseguiram fazer seu sucessor nas últimas eleições para a prefeitura, e para sua sorte, abriu-se uma promissora e estimulante frente de trabalho: a colheita de laranjas em Cuba.

Não existe pior inimigo do médico que o próprio médico, quando em postos de comando, sendo raríssimas as exceções. As medicinas de grupo, que estão destruindo a medicina no Brasil, por exemplo, pertencem, via de regra, aos próprios médicos. Quanto à juventude fascista, assisti a cenas absolutamente impensáveis: velhos e honoráveis professores da faculdade, em virtude das circunstâncias e da necessidade, ou, simplesmente, para continuarem a trabalhar, uma vez que graças aos convênios médicos já não existia clínica privada em nossa cidade, acabavam tendo que optar pelo mal menor — o ingresso na cooperativa; juro que os vi, cabisbaixos e pasmos, recebendo aulas de ética médica e cooperativista, imaginem, desses meninos cheios de verdade e sabedoria.

Eu não só apontava erros ou fazia críticas, mas também, como já disse, apresentava sugestões ousadas e futuristas, inclusive correndo riscos e afrontando dogmas — os riscos são inerentes à atividade humana, pelo menos para os que pretendem mudar a ordem das coisas. Em breve, publicaria outro artigo que daria o que falar.

Uma proposta (radical) para a nossa saúde

Na minha idade, soa meio ridículo falar-se em radicalismo, ainda mais pelo fato de jamais haver me iludido com as utopias radicais, não importando de que extremo do espectro ideológico fosse. Mas quando alguma coisa, no caso a saúde — e, particularmente, a saúde dos médicos de Ribeirão Preto —, chega a esse limite de devassidão, à ignomínia mais chã, não há mais como contemporizar, nem como tentar meias soluções.

Apesar dos esforços das várias entidades médicas mantidas por nós, seja a nível federal, estadual, ou local, e em breve o levantamento realizado pelo Fórum de Defesa Profissional deixará isso patente, a remuneração médica, seja a nível de salários, seja a nível de tabela, chegou ao insuportável, mostrando, de forma cabal, que essas entidades falharam, de forma insofismável, em seus intentos e formas de luta.

O médico, hoje, tem que realizar cerca de cem consultas por mês, mais os retornos, para ganhar 1.000 dólares/ mês; dez partos ou cirurgias para ganhar outro tanto; quatro horas diárias, batendo cartão de ponto, para ganhar de 200 a 500 dólares/ mês. Ou seja, a grande maioria dos médicos de nossa cidade vive como zumbis, de lá pra cá, de cá pra lá, para conseguir de 1.000 a 2.000 dólares por mês!

No meu consultório iniciou-se uma colega recém egressa da faculdade, profissional dinâmica, que cursou até R-3 (nove anos de faculdade!) e continua na pós-graduação, mas não consegue trabalhar, pois faz sete meses que pegou os papéis na Coopermed e ainda não foi credenciada. Todos os convênios ditos éticos (Cabesp, Cassi, Cesp etc.) estão definitivamente fechados, exceto as medicinas de grupo. Ou seja, essa colega está literalmente impedida de trabalhar, mesmo com todas essas credenciais, pois quem dá as cartas, quem dita as normas, são os convênios, em qualquer de suas camaleônicas formas e matizes.

Em suma, não se iludam, nossas entidades fracassaram de forma inelutável! Donde a minha proposta, de consecução extremamente difícil, mas factível, desde que encampada por uma entidade forte, estruturada, com capacidade de aglutinação, como o Centro Médico.

Proposta

— Descredenciamento universal de todos os convênios de forma definitiva; em medicina, tudo o que se interpõe no meio do binômio médico-paciente chama-se intermediário, atravessador, e é absolutamente dispensável;

— Fixação do CH, de forma unilateral, em 0.25, com consulta a 100 CH; é essencial que a classe médica volte a fixar seus próprios honorários, como faz qualquer encanador ou eletricista;

— Recebimento no consultório, direto do paciente, sob recibo, para que este seja depois ressarcido pelo convênio, tanto para consultas como para cirurgias.

Faço mais uma série de considerações que não vêm muito ao caso, e continuo:

— O atendimento, dessa forma, será universal, com livre escolha de verdade, como reza o Código de Ética Médica, e o médico poderá atender a quem quiser; não mais precisará credenciar-se e sujeitar-se às normas e burocracias dos convênios, respondendo por seus atos apenas junto aos conselhos regionais e de especialidades.

Prossigo fazendo críticas à própria cooperativa e às medicinas de grupo locais, uma das quais um verdadeiro câncer na cidade, dirigida por gente (médicos) sórdida, que trata os médicos como verdadeiros escravos (talvez se mereçam) e que está enchendo a região de metástases, não dando a mínima para os movimentos de classe, muito pelo contrário, tratando as entidades com o maior deboche. E concluo:

Não há ganho sem luta, e o ganho é proporcional à luta; não há revolução sem derramamento de sangue — no sentido simbólico, é bom explicitar —, e para mudar modelos arraigados e incorporados ao nosso cotidiano, há que se sonhar, há que se ousar, há que se batalhar, mesmo que alguns fiquem pelo caminho.

Essa proposta foi recebida com grande entusiasmo por boa parte dos colegas, porém, julgada definitivamente utópica pelas lideranças locais, que a descartaram de vez. No entanto, para minha surpresa, pouco tempo depois, a Sociedade Brasileira de Otorrino, ligada à própria AMB, divulgava uma proposta idêntica, em sua essência, à minha utopia, embora na forma de um documento amplo, sistematizado, muito bem embasado em códigos e leis — um trabalho admirável do Dr. Sarvat divulgado com vistas à sua real implantação, mostrando que minha utopia era bastante realista.

Apesar de todas as dificuldades, cheguei a tentar implantar minha proposta, pelo menos junto aos ginecologistas de nossa cidade; e cheguei a entusiasmar e reunir cerca de 30% dos colegas mais influentes. Porém, além de não conseguir sensibilizar as lideranças locais, tive a oposição sistemática de Faraud e Tardelli, representantes oficiais dos ginecologistas na cidade e região, ou porque não acreditavam que fosse possível, ou talvez, e principalmente, por suas fortes e contraditórias ligações, tanto com a cooperativa como com principal medicina de grupo local, e o movimento acabou por se esvair. Faraud se revelava, definitivamente, uma farsa, uma fraude.

Capítulo 59

Eu já fora participante bem mais ativo dos movimentos de classe, mas, no momento, só excepcionalmente, e devido à abulia geral, eu me metia nesses assuntos, e muito a contragosto; tinha assuntos muito mais candentes a cuidar, concernentes diretamente à minha vida e à de meus filhos amados. Nessa época eu viria a publicar, sempre no mesmo veículo, uma espécie de trilogia — vamos chamar assim, e será exagero — em que exporia, de maneira sucinta, porém suficiente, praticamente toda a minha filosofia de pensamento em relação à criação dos filhos.

Menina-moça[4]

Há sessenta anos, quando colhia algodão numa roça perdida neste imenso país, minha mãe, aos catorze anos, acreditando-se tísica, correu em pânico a se lavar em uma mina d'água, pois começava a lhe escorrer sangue das entranhas, coisa de que jamais ouvira falar. Seguiu-se um casamento prematuro aos dezoito anos, com meu pai, um pobre diabo que lhe rendeu oito filhos, fora dois abortos, e uma vida de penúria e desajustes.

Mais recentemente, há apenas vinte anos, já na cidade grande, uma amiga minha, Lulu, quando lhe ocorreu, aos treze anos, fato semelhante, entrou igualmente em desespero, pois achou que havia se machucado sem perceber, o que deveria lhe custar mais uma das grandes e frequentes surras a que estava habituada. No dilema entre apanhar e morrer — pois aquilo não parava, e achava que ia se esvair em sangue

---

[4] Nota do autor: na época, intitulei o artigo "A menina e a menarca cor-de-rosa", mas não gostei.

—, optou pela primeira hipótese, e, ao contar à mãe, recém abandonada pelo marido, esta, surpreendentemente, desatou a rir; minha amiga, acreditando tratar-se de mais uma crise histérica, achou que não escaparia de apanhar, até que soube do que se tratava de fato. Pouco tempo depois, fez um casamento igualmente prematuro com um basbaque alcoólatra, teve uma filha e um desquite felizmente precoce, o que pelo menos fez dela a mulher independente e feliz que é hoje.

Esse histórico é essencial para que se entenda minha conduta relativa à menarca de minha filha Lílian, de doze anos. É evidente que, quando lhe ocorreu esse marco fundamental na vida das meninas, ela já sabia do que se tratava, não por mérito meu apenas, pois, hoje, elas já sabem de tudo, comentam entre si, fala-se disso na escola e a mídia já não faz segredos do assunto; talvez, em seu caso, ela estivesse um pouco mais preparada ainda, em parte devido à minha especialidade, em parte porque a gente conversa muito, sem constrangimentos e meias verdades.

Mas o melhor veio depois, quando ela me relatou o fato à noite, toda feliz e faceira, e nos abraçamos longa e demoradamente. No dia seguinte, ao acordar, esperava-a um belíssimo buquê com doze botões de rosas cor-de-rosa, simbolizando os seus doze anos e a expectativa de uma feminilidade cor-de-rosa que começava a desabrochar; um singelo cartão, sem nenhuma pretensão literária, piegas, talvez, o acompanhava: "Para minha mocinha, com muito amor, Papai".

À tarde, fomos ao shopping; deixei de lado minha costumeira cautela orçamentária e compramos sete ou oito peças de marcas da moda, principalmente vestidinhos adolescentes, que a tornaram ainda mais engraçadinha do que já é: que gatinha mais fofinha é a minha mocinha! E tirei várias fotos dela com as novas roupinhas. Doravante, o que para muitas mulheres é um transtorno, para ela sempre irá trazer doces e róseas lembranças.

Não apenas em decorrência disso, mas de uma filosofia de criação que começou literalmente no berço, já que não tenho útero, suas chances de perpetuar essa felicidade são bastante grandes.

O menino que almoçou picolé[5]

Seu filho já almoçou picolé? Não? Pois é; o meu, já.

O que vou narrar poderá para muitos parecer uma historieta sem graça, cotidiana, mas serve para ilustrar meu modo de pensar em relação aos filhos e às crianças em geral.

Bem, fomos almoçar, eu e meu filho Lelê, de cinco anos, em um restaurante Self-service no centro da cidade; entramos, abri as panelas para checar o menu, e meu filho, mal olhou, fez aquela cara de nojo, que todos vocês já viram em seus filhos. E tascou:

— Bleaaargh! Não quero nada disso... quero almoçar picolé.

— Mas, filho, picolé!? Primeiro almoce, depois a gente passa em alguma sorveteria e você toma o que quiser.

— Não, quero almoçar picolé.

Sei que, a esta altura, muitos já estarão torcendo para que eu desanque o fedelho de porrada, mas é claro que isso nem me passou pela cabeça; aliás, só toco em meus filhos, e a todo instante, para acariciar-lhes os cabelos, beijar-lhes as faces e limpar-lhes as bundas.

Então, sem nenhuma irritação — pois nenhuma atitude de meus filhos jamais me irrita — e sem sequer argumentar — como fazem todos os papais e mamães de todos os tempos e meridianos — que as vitaminas, sais minerais e proteínas, o ferro e o molibdênio contidos na carne, nas verduras, no feijão e no fígado (bleaaargh!) são essenciais para a saúde deles, para ficarem fortes e saudáveis como os pais (o pior é que se disser ao meu filho que ele precisa comer para ficar forte e grande como o pai, aí é que ele não come mesmo!), saímos e ele almoçou seu picolé no primeiro boteco que encontramos.

Voltamos ao restaurante, e, de sobremesa, ele comeu algumas colheradas de arroz, feijão, carne e verduras; saímos de novo, felizes e bem alimentados, já que, também em alimentação, a ordem dos fatores não altera o produto.

No meu apartamento de pai solteiro há um frigobar encimado por uma enorme cesta de vime, repleta de chips, chocolates, chicletes, doces e balas; dentro da geladeira, toddynhos, refrigerantes e danoninhos (afinal de contas, um danoninho vale por um bifinho; pois eu diria

---

5 Segundo artigo da "trilogia".

que vale mais, pois contém pitadas de prazer e alegria!). Quando acho que eles precisam comer carne e queijo, vamos ao *cheeseburger*. Salada? Cheese salada... do McDonald's, naturalmente. É claro que eles também comem comida clássica, vez por outra.

Minhas crianças são magras; algumas mães, tias e avós dirão, certamente, que são magrinhas demais, à esquerda da curva de Gauss, dirão alguns pediatras. Mas minha musicoterapeuta costuma dizer, na frente de outros pais, que conheceu poucas crianças tão felizes e independentes, a ponto de esse meu filho de apenas cinco anos dormir sozinho no meu apartamento quando lhe digo que vou sair para tomar meus chopinhos.

É inacreditável a paixão que a criança brasileira tem pelos lanches do McDonald's; minha filha me disse até que, não me lembro quem, cuja mãe certamente regula, ao ser perguntado sobre o que gostaria de ganhar no dia de seu aniversário, respondeu, na lata: "Quero almoçar e jantar no Méc!", como eles dizem, babando.

Não consigo realmente, nesse caso específico, compreender o que os encanta tanto naqueles dois pedaços insossos de isopor recheados; a verdade é que nasceram comendo isso e os amam de morte, assim como são capazes de passar um dia inteiro jogando videogame. De minha parte, sinceramente, sou bem mais chegado a um *Canard a l'Alsace* regado a um bom *rouge*, no Champs-Elysées, evidentemente.

Finalmente, encerrando esse ciclo, veio uma espécie de poema, que, embora escrito e publicado apenas agora, com as crianças já crescidas, certamente já estava há muito delineado em meu inconsciente — desde a primeira gestação —, e trata do que eu gostaria de ter dito a eles em pleno ventre materno, enquanto os aguardava.

Esperando você

Ah! Minha criança, com que ansiedade te espero!
Se você for menina, que paixão!
Trabalharei apenas o suficiente para o nosso sustento e seguran-

ça, e tomarei café da manhã com você, estarei em casa na hora do almoço, e, quando a tarde se for, você pode me esperar, pois estarei chegando e jantaremos juntos.

Passaremos juntos a maior parte de nossos dias. À noite, enquanto repousa no meu colo, ouviremos música suave, as mesmas que você ouviu quando crescia no ventre da mamãe; mas, se você quiser, poderá também escutar as da Xuxa e do Trem da Alegria, e as suportarei estoicamente, ou mesmo ver televisão ou jogar videogame.

Depois, na hora de dormir, eu mesmo a colocarei no berço, e a acalentarei, contando-lhe histórias. Estarei sempre alerta, e sonharei os seus sonhos; se você chorar à noite, correrei célere, e murmurarei doces palavras aos seus ouvidos, adentrarei os seus pesadelos e cerrarei fileiras contra os seus monstros, se você porventura os tiver.

E a chamarei de gatinha.

Se você for um menino, também estarei sempre com você. Soltaremos pipas, jogaremos bola, e virarei palhaço, e rolaremos na terra, e correremos descalços sob a chuva.

Poderá comer o que quiser, e quando quiser, tomar sorvete antes da comida e empanturrar-se de chocolates; não lhe enfiaremos verduras e legumes goela abaixo, nem o irritaremos na hora sagrada e prazerosa das refeições; se acharmos que precisa tomar sopa, por que não sopinha da Mônica ou do Cascão?

Me divertirei com suas traquinagens e mesmo com suas birras; ora não cederei a elas, para que você aprenda que há limites na vida, ora deixarei que você vença, para que aprenda a lutar por seus desejos.

E jamais tocarei num só fio de seus cabelos se não for para acariciá-los; à noite, cantaremos a lua e ouviremos as estrelas, e, com voz terna, o acalentarei com doces cantigas de ninar, tudo isso para que você cresça e se torne um Homem, e não um macho tolo e compulsivo.

E o chamarei de menino maluquinho (com a permissão do Ziraldo, é claro).

Com imensa expectativa, *Papai*.

Assim os criei e amei. E eles cresceram fortes... e felizes.

***

Muita gente admirava o meu modo de pensar a esse respeito; chegavam a colecionar meus textos, comentar e me enviar outros para que eu os lesse. Passo a transcrevê-los, com a devida permissão dos autores e o intuito de uma maior divulgação, pois são belos ou engraçados. Dra. Açucena me enviou os dois que se seguem:

O que é um menino

Alan Beck (Tradução *Benedicto Ferri de Barros*)

Entre a inocência da infância e a compostura da maturidade, há uma deliciosa criatura chamada menino.

Embora se apresentem em tamanhos, pesos e cores sortidos, todos os meninos têm o mesmo credo: aproveitar cada segundo de cada minuto de todas as horas de todos os dias, e protestar ruidosamente — o barulho é sua única arma — quando seu último minuto é decretado, e os adultos os empacotam e os metem na camas.

Meninos são encontrados em todas as partes: em cima de, embaixo de, dentro de, subindo em, balançando-se no, correndo em volta de, pulando para.

As mães os adoram, as meninas os odeiam, irmãos e irmãs mais velhos os suportam, adultos os ignoram, o céu os protege.

Um menino é a Verdade com o rosto sujo, a Beleza com um corte no dedo, a Sabedoria com um chiclete no cabelo, a Esperança do futuro com uma rã no bolso.

Quando você está ocupado, um menino é um conversa-fiada, intrometido e amolante. Quando você deseja que ele cause boa impressão, seu cérebro vira geleia, ou ele se transforma em uma criatura sádica e selvagem, empenhada em desmontar o mundo ao seu redor.

Um menino é um híbrido: tem o apetite de um cavalo, a disposição de um engole-espada, a energia de uma bomba atômica de bolso, a curiosidade de um gato, os pulmões de um ditador, a imaginação de Julio Verne, o retraimento de uma violeta, o entusiasmo de um bombeiro, e, quando se mete a fazer alguma coisa, é como se tivesse cinco polegares em cada mão.

Gosta de sorvete, canivetes, serrotes, pedaços de pau, água (no seu habitat natural), bichos grandes, papai, sábados, domingos e feriados, mangueiras de água. Não é partidário de catecismo, escolas, livros sem figuras, lições de música, colarinhos, barbeiros, meninas, agasalhos, adultos e "hora de dormir".

Ninguém se levanta tão cedo, nem chega tão tarde para o jantar. Ninguém se diverte tanto com árvores, cachorros e mosquitos. Ninguém mais é capaz de meter, num único bolso, um canivete enferrujado, uma maçã comida pela metade, um metro e meio de barbante, um saco de matéria plástica, duas pastilhas de chiclete, três notas de um real, um estilingue e um fragmento de "substância ignorada".

Um menino é uma criatura mágica: você pode mantê-lo fora de seu escritório, mas não pode expulsá-lo de seu coração. Pode pô-lo para fora da sala de visitas, mas não pode tirá-lo de sua mente. Queira ou não, ele é seu captor, seu carcereiro, seu dono, seu patrão, um cara sarapintado, um nanico, um mata-gatos, um pacote de encrencas.

Mas, quando, à noite, você chega em casa, com suas esperanças e seus sonhos reduzidos a pedaços, ele possui a magia de soldá-los num segundo, pronunciando duas palavras somente: "Alô, papai!..."

Impossível não identificar Lelê nesse texto, que não canso de reler... Vamos, também, dar uma oportunidade para os pais; e Moacyr Scliar, publicado no Jornal *Zero Hora*, cai como uma luva.

Os direitos dos pais

Moacyr Scliar

Artigo Primeiro - Todo pai tem direito a uma hora a mais de sono no domingo, não importando que o filho queira fazer piquenique, passear na Redenção ou mesmo fugir de casa;

Artigo Segundo - Todo pai tem o direito de não saber andar de skate. Se, mesmo assim, for obrigado a usar esse espantoso veículo — para evitar a ameaça de desmoralização —, tem o direito de levar um tombo e gemer à vontade;

Artigo Terceiro - Todo pai, ao ver seu salário comido pela inflação, tem o direito de:

a) considerar Disneyworld território hostil, ao qual não irá de jeito nenhum;

b) retirar fitas de Atari, discos da Madonna e tênis Reebok da categoria dos artigos de primeira necessidade.

Artigo Quarto - Todo pai e toda mãe têm o direito de ignorar quais são os afluentes do Amazonas (ao menos os da margem esquerda), evitando, dessa forma, colaborar com o filho que, no domingo à meia-noite, descobre que não fez o tema para a segunda-feira e quer ajuda;

Artigo Quinto - Toda mãe tem o direito de se recusar a ver "A Hora do Pesadelo", seja nº1, nº2, nº3, nº4, ou, sendo obrigada a ver tais filmes, poder gritar à vontade;

Parágrafo Único - Toda mãe tem o direito de considerar Freddy Krueger, aquele que tem unhas tipo navalha, inimigo pessoal e exigir que ele procure imediatamente a manicure.

Artigo Sexto - Todo pai tem o direito de assistir ao noticiário da TV, mesmo que em outro canal esteja passando o mais sensacional desenho animado, ou o melhor filme de aventuras;

Artigo Sétimo - Todo pai tem o direito de exigir uma redução no volume do som, quando este ultrapassar novecentos decibéis, ou quando as vidraças começarem a se partir;

Artigo Oitavo - Toda mãe, se trouxer um atestado médico, comprovando que sofre da coluna e que seu mal é incurável, tem o direito de se recusar a juntar as roupas que os filhos atiram no chão;

Artigo Nono - Toda mãe tem o direito de exigir a posição aproximada, em termos de latitude e longitude, ao filho que passa três dias sem aparecer em casa;

Artigo Décimo - Todo pai e toda mãe têm o direito à ansiedade, à preocupação, ao júbilo e à ternura; vale dizer, todo pai e toda mãe têm direito aos filhos. Senão, como teriam direito aos direitos?

Em um capítulo praticamente dedicado à criação dos filhos, Antonieta, evidentemente, não poderia faltar, com seu corolário. Antonieta você já conhece...

Para que haja uma educação adequada...

Antonieta, inédito

...é preciso que os pais amem seus filhos evolutivamente, acompanhando o seu crescimento, conservando o amor que deveria ser sempre o mesmo, já que amor não se pode medir...
 Justamente porque esse "amor" começa a exigir correspondência, perdendo o seu verdadeiro significado, que não deveria sofrer desgastes, os filhos começam a se ajustar à carência, e não à segurança. O bebê "corresponde" porque é dependente, tem cheiro de "posse" e pode fazer o ego dos pais brilhar, apenas porque crescem e engordam. A criança maior não corresponde porque é gente, começa a ter suas ideias e a contrariar as ideias dos pais, o que desgasta essa relação, porque deslustra o ego.
 A criança, quando é pequena, percebe o amor de forma exata, que é: dar sem exigir receber. No entanto, quando cresce, passa a entender errado o significado do termo amor, pois entende que amar é ter que se fazer de boba, ou ser realmente boba, e, ao mesmo tempo: a) não desobedecer; b) não reclamar; c) não querer; d) concordar sempre; e) nunca discordar; f) engordar um pouco para não ser magra demais; g) não engordar muito para não ficar feia; h) fazer (saber) qualquer outra atividade fora de casa; i) ser boa aluna na escola; j) não tirar nunca uma nota vermelha; l) saber se defender quando é agredida pelos amigos, pois *concordar* é o verbo praticado em casa, e *discordar* é o verbo praticado fora de casa; m) manter sempre as coisas em ordem; n) apreciar a comida que foi feita "para ela"; o) falar bem de seus pais para os amigos; p) mentir sobre as discussões; q) não contar, de forma alguma, para vovós, titias, professores e amigos, que os pais falam mal deles em casa; r) beijar os avós, que a mãe diz terem tantos defeitos; s) não chorar

demais no dentista, nem no médico, mesmo que doa; t) dizer que gosta do presente que ganhou, quando, na verdade, os pais sabiam que não era bem aquilo que ela desejava; u) ser eternamente agradecido; v) a menina deve ser prestativa e se oferecer para ajudar sempre, ao perceber que a mãe fica desesperada quando a empregada falta, quando deduz que a mãe detesta fazer o trabalho doméstico e por isso se desespera quando a empregada falta, mas, ao mesmo tempo, justamente nessas ocasiões, precisa aprender como ser uma boa dona-de-casa, pois já está uma mocinha; o menino deve ser bom na escola, bom de bola, bom de briga, macho, saber conquistar as gatinhas, não chorar, sob pena de *não ser homem*, saber que as mulheres são pessoas inferiores, menos a mãe deles, porque o pai é suficientemente inteligente para descobrir a *única* mulher à altura dele, se casou com ela e por isso ele nasceu, mas, depois, foi ficando meio "babaca", e então foi preciso que ela chefiasse a casa; x) nunca deve se rebaixar, correndo atrás de quem ofendeu para pedir desculpas; z) deve bater mais do que apanhar fora de casa, conservando sempre em mente que lugar de ele apanhar é só em casa.

Deve saber que seu pai é um sábio, e que, se não venceu sempre na vida, foi porque não teve sorte, e entender que: a) para o pai, os avós maternos são uns palpiteiros, interferem, não sabem nada, são injustos e incoerentes, mas quando a mãe o forçar a visitá-los, deve ser cordial, beijá-los e abraçá-los e fazer parte da ceia de Natal, como se fossem uma verdadeira família; b) para a mãe, os avós paternos é que são tudo isso, mas deve ter o mesmo comportamento dissimulado nas reuniões "familiares"; c) fumar é errado e dá câncer, só os pais fumam, mas não deve segui-los nisso, embora os siga em tudo o mais; d) beber é errado e faz mal à saúde, mas os pais bebem, e depois agridem, vomitam, xingam, cantam, declamam poesias e fazem discursos em cima das mesas, ou ficam com aparência de mongóis, entorpecidos pelo álcool, mas no dia seguinte, tudo continua como se nada tivesse acontecido

E mais: que os filhos não devem mentir, embora saibam que mentem; que os filhos devem ser sinceros, embora eles dissimulem; que os filhos devem escolher bem os amigos, embora eles possam escolher qualquer pessoa para frequentar sua casa; que não devem falar palavrões, embora os pais xinguem os colegas de trabalho, a mãe ou o pai deles, o sogro ou a sogra, o "amigo", os vizinhos; que não importa que o juiz roube ou não, mas deve fazer com que o time deles vença de qualquer maneira, nem que, para isso, precise roubar; que devem ser eternamente agradecidos pelos sacrifícios feitos pelos pais para educá-los; que devem mentir para a professora quando tiveram ajuda para fazer o trabalho de casa, dizendo que fizeram sozinhos; que devem tomar iniciativas, mas com a certeza de não saírem perdendo, pois tentar e depois perder significa "você nem deveria ter tentado essa porcaria"; que os filhos não devem decepcionar os pais de forma alguma; que devem sorrir, agradecidos, quando os pais dizem, "carinhosamente": "filhote", "filhão", "amigão"; jamais devem dizer que são carentes; jamais devem se sentir diminuídos quando os outros os rejeitam, pois são sempre melhores, pois são *seus* filhos; devem ser "inteligentes" para selecionar os "amigos", isto é, devem sempre liderá-los;

As moças devem encontrar namorados que já tenham se formado, dando preferência a: a) médicos já com seus consultórios; b) dentistas idem; c) empresários bem-sucedidos; d) industriais idem; e) os que não são músicos, nem poetas, nem artistas; h) os que, pertencendo às quatro classes profissionais permitidas, já tenham a sua fazenda, ou equivalente.

Além disso, recomenda-se que a família do namorado, ou namorada, seja de gente "'boa" como a própria; e que, quando fizerem algo errado, não contem para ninguém, para que ninguém saiba que seus filhos fizeram isso ou aquilo.

E, para concluir, os filhos devem aceitar que: a verdade tem múltiplas faces, que podem ser convenientemente encaradas; pequenas mentirinhas "não fazem mal a ninguém"; o que seus pais falam está acima, e é mais correto, do que os outros falam, especialmente os terapeutas.

Capítulo 60

Toda essa maneira de ser e pensar já estava embutida na minha alma desde que Lílian nascera; apenas, com o passar do tempo, fui me aprimorando à perfeição, conforme ia amadurecendo e observando, sempre de perto. A terapia também, é verdade, daria a sua contribuição, dirimindo uma ou outra dúvida. E meus filhos iam crescendo adoráveis, uma vez que se sentiam seguros no plano afetivo.

Perguntei certa vez à nossa terapeuta:

— Antonieta, amo meus filhos porque eles são adoráveis, ou eles são adoráveis porque eu os amo tanto?

— Não pode haver qualquer sombra de dúvida que a segunda alternativa é a correta.

Jamais foi necessário mandá-los fazer as lições de casa, que em nosso caso, era uma coisa normal, parte integrante do cotidiano; sendo amada, a criança só se "preocupa" em ser feliz e crescer intelectualmente, embora gradativa e naturalmente, sem pressa nem ansiedade,.

Assim, não era raro eu chegar em casa e encontrar a gatinha estudando ao som de clássicos ligeiros, embora também "curtisse" músicas pop modernas; o menino, aos sete ou oito anos, fã dos Mamonas e outros *hits* próprios da idade, também me surpreendia ao curtir o som dos meus CDs dos Beatles, Marina ou Marisa Monte.

E nunca é demais repetir: não pense que estou me ufanando de ter desenvolvido crianças-prodígio, ou produzido adultos precoces. Eu tinha plena consciência do que estava fazendo, baseado em seus desejos e necessidades, e apenas tentava criar crianças felizes.

Lílian em breve seria enviada para um intercâmbio no exterior, e a primeira pergunta que as pessoas fizeram foi a seguinte, como se passar um ano no exterior significasse perder alguma coisa, em vez de ganhar uma experiência de vida inestimável:

— Mas ela não vai perder um ano de escola?

— Provavelmente, não, pois as coisas se ajeitam, e isso não tem a menor importância, não tenho a menor pressa de que ela preste vestibular ou tome decisões vitais aos dezesseis, dezessete anos, entrando em alguma faculdade mal escolhida; até que não seria mal se ela "perdesse" um ano.

Se passo a relatar uma série de fatos envolvendo os meus filhos, é por ser algo indispensável, essencial aos objetivos a que este livro se propõe.

Lílian crescia em graça e beleza, e apesar de mignonzinha, constituía um conjunto que a todos encantava e atraía, pois demonstrava segurança, personalidade forte e era extremamente ativa, agitada, ao mesmo tempo que era terna e delicada. Chegava a ser petulante, a danadinha:

— Pai, você precisa me comprar urgente o livro *O Pagador de Promessas*, de Dias Gomes, pois preciso fazer um trabalho, estou super cheia de tarefas e não sei se vai dar tempo; quero também que você alugue a fita, quero ver o filme.

— Por que você simplesmente não assiste ao filme, que é bem mais rápido, e faz o trabalho? — sugeri.

— Claro que não, né, pai, o livro geralmente é muito melhor que o filme, e além disso, quero tê-lo comigo, pois o professor falou que é muito bom...

— Bem, eu só queria ajudar...

Eu não gostava de ajudá-los a fazer tarefa de casa, já que eram suficientemente inteligentes para se virarem sozinhos; eu mesmo nunca tivera ninguém, de forma que achava isso perfeitamente dispensável, além de ser para os pais uma tremenda amolação.

No entanto, gosto de ler bastante, ou pelo menos, adquirir um mínimo de informação através da leitura, seja de livros, ou das resenhas nos suplementos e cadernos culturais de jornais e revistas, de forma que sempre tenho algum conhecimento a respeito de novos lançamentos de filmes ou livros, e, evidentemente, dos clássicos de todos os tempos; tenho igualmente uma noção básica de história mundial, ou da realidade atual, nada muito profundo, pois não tenho o menor interesse em me enfronhar na avalanche de informações que hoje se produz. Mas sabia o suficiente para ajudá-los quando necessário. Assim é que, certo dia, fazendo suas lições, Lílian me perguntou:

— Pi, você já leu um livro chamado *O Apanhador no Campo de Centeio*?

— Olhe, filha, não li não, mas gostaria muito de ter lido..., trata-se, se não me engano, de um belíssimo livro de um autor americano, J.S. ou J.D...

— J.D.

— ...Sallinger, a respeito da infância e adolescência, me parece.

De outra feita, num domingo à noite, desesperada, ela lia e relia uma apostila de umas vinte páginas, e revelou seu pânico:

— Ai, pai, amanhã vou ter uma prova sobre essa apostila que a professora deu, e não estou entendendo nada.

Tratava-se de um apanhado desde a Segunda Guerra, explicando o debate entre os países que constituíram o chamado Eixo contra os Aliados, depois os dois blocos básicos em que o mundo foi dividido, socialismo e capitalismo, passando pelo conflito árabe-israelense e a queda do muro de Berlim, até os dias de hoje. Passei os olhos rapidamente, e, com a objetividade e capacidade de síntese que me são peculiares, dei a ela uma noção sucinta do assunto, suficiente para que ela tirasse dez na prova e ainda desse cola para as amiguinhas, voltando para casa numa euforia sem fim.

Quanto a Lelê, era-me impossível passar perto dele sem tocá-lo, sem lhe dar um piparotezinho na orelha ou um chutinho na bunda; e quando ele voltava da casa dos coleguinhas, invariavelmente eu me escondia atrás das portas para lhe pespegar pequenos sustos, que ele adorava. Quando, lá pelas tantas, eu o mandava tomar banho, ele tirava a roupa, e gritava:

— Só se você me pegar...

E lá ia eu correndo pelos corredores, até pegar aquela lagartixa branca e pelada. E assim como eu criara musiquinhas para Lílian, quando pequenina, também as criara para ele. Toda vez que ia limpá-lo, eu entoava: *Essa vida de pai não é moleza/ Lavando bunda de criança todo dia/ Haja nariz pr'aguentar tanto fedô ô ô/ Desse jeito não chego até avô.*

Parodiava Xuxa e seu "Ilariê": *Bernardinho Bernardinho/ Você soltou um peidinho/ Venha cá seu molequinho/ Que eu vou lhe dar um croquinho/ Hilário hilário é o Lelê ô ô ô.* E tudo era motivo de riso e graça, fossem músicas, fossem comerciais engraçados, que vivíamos a imitar ou parodiar.

Uma vez, assisti a um filme em que havia um nazista que foi reconhecido por uma vítima, uma senhora bem velha, que gritou, em castelhano: "*Asesino! Asesino!*" Eu imitava a velha à perfeição, para o delírio deles, principalmente ao passar em frente à clínica de um autoproclamado cirurgião plástico, que já matara três pacientes e viria a ter seu diploma de médico cassado pelo Conselho Federal de Medicina.

Eu gravava os filmes do Baby, do Tintim e do Chapolin e os assistíamos à exaustão, morrendo de rir com as cenas mais hilárias; onde quer que eu estivesse, Lelê gritava:

— Pai, pai, corre, que vai passar aquela cena...

Eu largava tudo e corria, e morríamos de rir mil vezes.

Cheguei à conclusão (você se lembra daqueles cartuns, não é?) de que *amar é...* fazer rir, fazer feliz; e como eu ficava feliz em fazê-los felizes!

Aliás, você já percebeu como os homens contam anedotas, fazem mil palhaçadas para todo mundo, os amigos, as mulheres dos amigos, as secretárias, mas jamais para suas mulheres e filhos? Vale a pena observar. Money, por exemplo, em seus raros momentos de descontração, chegava mesmo a ensaiar desengonçados passos de dança frente às nossas secretárias, uma das quais muito bonita, e a fazer paródias, embora sem perder sua peculiar vulgaridade: "*Maringá, Maringá/ Eu tirei procê p....!*

Em nossa casa nenhuma palavra era proibida, nenhum assunto era considerado tabu, a tudo se procurava desmistificar. Mesmo os chamados palavrões podiam ser pronunciados, embora de forma não repetitiva e o mais *light* possível. Evitávamos piadas sórdidas, pornografia barata e palavras cabeludas, como a própria. Às vezes, o moleque, pra variar, trazia da escola ou de outros lugares piadas babacas ou racistas; para não perder o freguês, eu sorria um pouco, e aproveitava o ensejo:

— Olhe, filho, essa piada é engraçada, mas essa palavra é muito feia, e é preferível falar xoxota, xereca, pipi, pirolho (não consigo esquecer o Agildo Ribeiro parodiando o Clô) , pum, loló, cocô...

Às vezes, alguma amiguinha virava sua "namoradinha":

— Olhe, filho, ela é apenas sua amiguinha, não é sua namoradinha, pois a gente só deve namorar depois de bem mais velho.

Eu não tinha o menor receio de criar um menino afeminado, pois não apenas sabia que as causas disso eram bem diferentes, como, e principalmente, sabia os filhos que estava criando; só não queria criar um filho calhorda. Ah, sim, era perfeitamente permitido dar beijinhos de amizade em coleguinhas de escola, se estas assim o desejassem, ou mesmo mostrar a língua para outras, se estas assim o merecessem (nos States é que isso pode causar problemas).

E ele fazia, de vez em quando, ou trazia de casa, perguntas difíceis, às vezes constrangedoras:

— Pai, por que *você* separou da mamãe?

— Olhe, filho, porque o papai e a mamãe não se amavam mais, então, é melhor a gente se separar, para tentar ser feliz. Agora, pai nunca vai deixar de amar filho; *filho é para sempre.*

E numa época em que eu andava na pior:

— Pai, por que você não gosta de namorada?

— Não é isso, filho, o papai gosta de namorada, você vê que o papai sai sempre com as amigas dele, fulana e sicrana, mas o papai ainda não encontrou alguém que ele ame de verdade, para namorar e casar de novo.

— Pai, por que você *sempre* brigava com a mamãe?

— Não, o papai não brigava sempre com a mamãe, só de vez em quando; então, como o papai não gosta de ficar brigando, a gente se separou. Você vê que, aqui em casa, a gente nunca briga, porque pai e filho se amam para sempre.

— Pai, por que você não gosta de conversar com a mamãe?

— Porque o papai não está bem, e não está em condições de conversar com ela.

Eles sabiam, e jamais procurei dissimular, que eu não estava em condições de ficar conversando com Ângela; no entanto, eu jamais dizia "a sua mãe", era sempre "a mamãe", porque se tratava da mãe deles, figura capital para o seu psiquismo: "a mamãe ligou", "a mamãe pediu..."

Lílian morava *full-time* comigo, e Lelê ficava comigo cerca de dois terços de seu tempo, incluindo todas as datas importantes. Lílian menstruou pela primeira vez comigo, e era eu que ia com ela comprar roupas, calcinhas e sutiãs, e era toda cheia de "frescurinhas", morria de vergonha, mesmo dos coleguinhas pequenos de Lelê. Comigo, contudo, não estava nem aí, eu tinha que ficar com ela no banheiro enquanto ela tomava banho e me contava mil coisas, e fazia as lições, às vezes, só de calcinha, ia ao meu consultório para colher material de corrimento vaginal, e quando ela era menor tomávamos banho juntos. Eu achava tudo isso muito natural, revelador de maturidade e descontração; achava, também, que era inevitável que meninos fizessem "troca-troca" e meninas transassem na adolescência, como ocorre hoje, rotineiramente, para adquirir experiência.

Antonieta me alertaria, no entanto, que as coisas não eram bem assim; que era perfeitamente saudável a descontração e a demonstração de tranquilidade nas questões que envolvessem a sexualidade, mil vezes preferível aos tabus e repressões; porém, seria aconselhável um certo recato, eu deveria evitar ficar me expondo diante dela, pois isso poderia prejudicá-la, e mesmo a mim, em relacionamentos futuros, devido a possíveis conotações incestuosas. Isso me levou, realmente, a me recolher um pouco mais e a "pegar-lhe um pouco no pé" para que, ao menos, se cobrisse com uma camiseta ou baby-doll.

Antonieta prosseguia, alertando que os tais troca-trocas e relacionamentos na adolescência só traziam, como consequência, transtornos ao psiquismo, e que qualquer relacionamento de cunho sexual deveria ser reservado, exclusivamente, a pessoas maduras e com a devida segurança afetiva; qualquer relacionamento fora dessas condições é fonte de frustrações e sofrimentos, ela afirmava.

***

Uma vez que eles ficavam comigo a maior parte do tempo, era quase inevitável que estivessem comigo quando ocorriam as grandes tragédias nacionais: primeiro foi a morte de Airton Senna, depois a dos Mamonas, ambas causando grande comoção nacional. Para nós, no entanto, o trauma, se é que existiu, foi muito mais ameno.

Nós adorávamos o Senna, vibrávamos com suas vitórias, embora eu jamais tenha tido a menor paciência para assistir a uma corrida do princípio ao fim; aliás, não consigo entender como alguém consegue. Lelê, às vezes, assistia; gostávamos que ele vencesse, mas também não ficávamos deprimidos com as derrotas. Quando ele morreu as crianças ficaram chocadas, senti um pouco, é claro, embora sempre tenha achado que ele era um rapaz complexo, cheio de dúvidas existenciais. Só as vitórias eram capazes de mantê-lo à tona, lhe dar alguma razão para viver, quando começou a perder corridas, em um ano que era tido como líquido e certo o seu tetracampeonato, se desequilibrou por completo e, inconscientemente, se imolou — tanto que isso só poderia ter ocorrido em Ímola.

Como, em nossa casa, televisão é mais um enfeite, como um quadro na parede ou um vaso de flores, as crianças passaram ao largo das imagens e do drama, ampliado e explorado à exaustão pela TV. Naquela noite, fiquei com cada um deles até que adormecesse, respondendo suas perguntas e transmitindo a mais absoluta serenidade, que é o que eu realmente sentia.

— Pai — perguntou o menino — e agora, pra quem a gente vai torcer? Barrichello, Schumacher...

— Vamos ver...

Em poucos dias, eram águas definitivamente passadas, assim como as próprias corridas de Fórmula-l. Com os Mamonas, o procedimento e as consequências foram rigorosamente os mesmos.

O que poderia ter sido mais traumático foi a morte de minha sogra, mãe de Ângela e avó das crianças. Ela me procurara com algumas queixas, e a submeti aos exames básicos do climatério, constatando uma neoplasia maligna de endométrio; o lamentável é que, cerca de um ano e meio antes, ela havia procurado uma médica ginecologista, de ótima clientela, com quem parece que tinha um certo parentesco, e esta apenas lhe fizera um exame de Papanicolau, exame importante, porém, insuficiente no climatério, pois serve para detectar o câncer de colo de útero, mais comum na mulher jovem, na menacme. Após a menopausa, o enfoque deveria visar o próprio endométrio, os ovários e as mamas, fundamentalmente; ainda mais no caso de minha sogra, que era obesa, diabética e hipertensa, ou seja, bastante propensa a esse tipo de moléstia. Uma vez descoberto, e apesar do tratamento, ela morreria em cerca de seis meses.

Lílian chorou muito no dia de seu falecimento; no entanto, dois ou três dias depois, no final de semana, lá estava ela pendurada ao telefone, no agito de sempre, com suas dezenas de amiguinhas; e saiu a passear normalmente, nem parecendo mais se lembrar do infausto acontecimento. Antonieta acredita, inclusive, que seu pranto tenha sido muito mais social do que real, uma vez que ela praticamente perdera o contato com os avós maternos, já que nem Ângela a levava lá, nem eles pareciam se preocupar com a neta.

Eu apenas relato, descrevo fatos e acontecimentos conforme eles ocorreram, e ora os interpreto, ora deixo que cada um o faça como bem lhe aprouver. Mas a questão dos avós não pode passar sem umas pinceladas; aliás, tias e avós mereceriam um capítulo à parte, mas vou lhes dedicar apenas algumas observações.

Todo mundo que já teve filhos ou sobrinhos sabe quão adoráveis são essas criaturinhas, até os dois ou três anos; se forem filho, sobrinho ou neto único, essas fofurinhas da mamãe, do papai, da vovó e da titia prolongam seu reinado por mais algum tempo. Contudo, se naquela família calhar de nascer outro rebento, imediatamente, dentro ainda do quarto da maternidade, o reizinho anterior é abrupta e implacavelmente destronado em virtude da coroação e entronização do recém-chegado, passando a ser, de uma hora para outra, hostilizado, chamado de chato e birrento — justamente ele, que se sente completamente desorientado, sem saber o que está acontecendo, pois até há pouco era a coisinha mais rica da vovó.

Imagine, então, em caso de filhos adotivos, esses infelizes irremediáveis, rejeitados da forma mais extremada, psíquica e fisicamente, quando o "milagre" acontece e nasce um filho legítimo na família que o adotara; não há salvação.

Mesmo Diógenes, um dos últimos bastiões da dignidade humana, cujo primeiro filho adotivo, além de ser algo deficiente mental, em consequência de tudo isso tornou-se um adolescente intensamente problemático — o que me parece inevitável — chegou a pensar em devolvê-lo à família original; somente após ter sido alertado para a crueldade dessa opção, creio que por Antonieta, é que teria recuado em seus propósitos.

Além de atento a essa extraordinária incoerência que se manifestava à chegada de cada novo neto, que vinham às pencas, eu me posicionava contra práticas e tabus ancestrais e atávicos a que as tias e avós recorriam a todo instante, fosse por ignorância pura e simples, fosse como chantagenzinha barata para controlar ou mesmo intimidar as crianças. Vamos a alguns exemplos bem triviais perpetrados pelas avós, boa parte deles pela materna.

Criança comendo manga com sal:
— Olhe, menino, fique aí comendo manga com sal que seu sangue vai virar água, você vai ver.
— É, pai? É verdade que meu sangue vai virar água?
— Não, filho, não é verdade, aliás, eu também gosto; me dê um pedaço.

Criança se enchendo de doces antes do almoço:
— Você vai ver, moleque, fica comendo doces antes do almoço, sua barriga vai se encher de lombrigas.
— É verdade, pai, que minha barriga vai se encher de lombrigas?
— Não, filho, não é verdade, o que dá lombrigas, realmente, é não lavar as mãos antes de comer, depois de ir ao banheiro, verduras mal lavadas...

Banho depois da refeição:
— Menina, vai tomar banho para poder jantar.
— Ah, vó, agora estou vendo um filme, eu tomo depois da janta.
— Toma, que você morre.
— É verdade, pai?
— Não, filha, não é, eu mesmo tomo muito banho depois de comer (também adoro transar depois de comer).

E mais mil exemplos como esses, que não se esgotam nunca, de bobagens históricas e absurdas que eu ia pondo em cheque, invariavelmente, embora de forma tranquila, sem parecer arrogante e dono da verdade, porém de modo firme, deixando claro que, com os meus filhos, apenas uma única linguagem deveria ser usada: a da verdade simples e cristalina.

Viviam comparando os netos e os sobrinhos:

— Vê se come tudo, senão vai ficar magrinho, olha lá o fulano...

— Não anda descalço, não toma gelado...

E veja o disparate: quase um século de vida e de filhos criados, quase todos mal resolvidos, parece que não conseguiu ensinar nada. Durante as férias que Lelê e dois priminhos passaram com minha mãe, ela comentou:

— Lelê é bonzinho e obediente, mas fulano é muito respondão e vive me xingando, e olha que não é falta de apanhar, pois sua mãe prega o couro...

Não é genial? Meu filho, que jamais apanhou, era bonzinho e bem-educado, enquanto o outro não sabia se comportar, e "não era por falta de apanhar". Eu não sabia que consequências isso traria, porém, mudanças radicais se faziam prementes, e eu estava a promovê-las. De qualquer maneira, as crianças eram muito apegadas à minha mãe, que era muito carinhosa com elas, e a Jamile, em particular, que seria de grande valia para nós, principalmente para Lílian, na adolescência.

Em um capítulo dedicado em parte a tragédias, vou encerrar com outras duas.

A primeira ocorreu quando o maior vendaval, um verdadeiro tornado, como aquele que abatera o carvalho, quase destruiu uma parte da cidade; era um sábado à noite, Lílian tinha ido dormir na casa de uma coleguinha, eu tinha saído e Lelê estava dormindo. Eu estava no apartamento de uma amiga quando desabou o forte temporal e as luzes se apagaram, mas não me pareceu nada do outro mundo. No entanto, quando saí, ali pela meia-noite, vi que a cidade sofrera um blecaute quase completo e havia postes e grandes árvores obstruindo as ruas, como se houvesse sofrido um bombardeio aéreo. Acelerei o carro, apreensivo; quando cheguei em casa, o prédio estava totalmente às escuras, meio alagado em baixo, e tive que subir as escadas, apavorado, contando os andares para não me perder. Abri a porta e comecei a pisar em vidros quebrados; ao fundo vislumbrava-se, palidamente, as cortinas esvoaçando ao vento.

Consegui achar e acender uma vela e corri em pânico até o quarto do menino, que estava vazio; corri ao meu quarto: nada; corri, já em estado de desespero, à sala de televisão, e lá estava ele, no chão, dormindo candidamente sobre algumas poltronas: adormecera vendo TV.

Só Deus sabe o que teria acontecido se tivesse acordado, na completa escuridão, e com a sala naquele estado: parecia que havia explodido uma bomba na sala de visitas, e o imenso e quase indestrutível blindex se estilhaçara em mil pedaços; o estrondo deve ter sido ouvido a léguas de distância, mas o menino, em seu sono de pedra, não acordara. Antes de pegá-lo nos braços e colocá-lo em sua cama, ajoelhei e rezei, agradecendo a Deus; esse sim, só poderia ter sido um milagre. Durante um ou dois fins de semana, ele ficou meio ressabiado:

— Pai, e se acontecer de novo?

— Olha, filho, isso jamais aconteceu em Ribeirão, e é pouquíssimo provável (mas eu não poderia jurar que *jamais* voltaria a ocorrer) que aconteça novamente.

Era a verdade, simplesmente. E a rotina voltaria ao normal. Outros furacões, de pontuação bem mais alta na escala Richter, já haviam assolado a minha vida, e não seria esse que iria me desviar do caminho traçado.

A segunda e última foi uma quase-tragédia.

O Brasil jogava as semifinais olímpicas de futebol com a Nigéria, e eu assistia ao jogo com Lelê. Quando percebi que o desastre estava iminente, comecei a preparar o terreno:

— Eeei, Lelê, se o Brasil perder, já sei quem é o culpado... é você... eu escutei você gritando baixinho... "Nigéria! Nigéria!"

Ele entendeu o espírito da coisa:

— Não, foi você... eu escutei muito bem... "Nigéria! Nigéria!"

Logo em seguida, quando a Nigéria realmente fulminou o gol do Brasil, nos agarramos ao pescoço um do outro, "acusando-nos" mutuamente, e ficamos "lutando" para fazer com que a "tragédia" terminasse em farsa. Alguns dias depois, ele estava no apartamento de um coleguinha e me ligou:

— Pai — eram as finais — eu estou torcendo para a Argentina, e você?

— Estou torcendo pra Nigéria.

— Por quê?

— Ah, porque o time da Nigéria é mais esforçado, tem jogado melhor, e merece ser campeão; além disso, o técnico da Argentina é tão babaca quanto o do Brasil, não escala os melhores jogadores por preconceito e teimosia, e merece perder.

Assistimos ao segundo tempo juntos; ele mudara de ideia, e, no final, com a Nigéria campeã, nós sambamos: "Mama África...!"

— Ei, pai, estamos com sorte, hein, ganhamos duas medalhas no futebol: a de bronze, com o Brasil, e a de ouro, com a Nigéria.

Não é tão difícil assim, não é mesmo!?

Capítulo 61

Voltando no tempo até 1994, um ano já se passara desde a inauguração da Clínica Vida, e aquele espírito admirável com que fora fundada não resistiu à mesquinharia cotidiana dos seres humanos.

Money e o irmão se desentenderam de forma irreversível, o mesmo acontecendo com as cunhadas. Zuleica tinha deixado a clínica, e, consequentemente, seu excelente trabalho com as gestantes. Logo após esse cisma, o irmão de Money me ligou, e, sem exagero, durante cerca de infindáveis quarenta minutos destilou o mais peçonhento veneno que eu jamais escutara, contra o próprio irmão: falava e falava e falava, e eu não conseguia desligar, sequer fazer algum aparte; falou horrores, e, em linhas gerais, frisou à exaustão que, por dinheiro, Money seria capaz de pisar no pescoço da própria mãe, bem, nesse caso...

Foi angustiante, mas havia que se dar o devido desconto, já que ele estava tomado do mais destrutivo ódio contra seu irmão, ódio que, certamente, devia ter raízes bem mais profundas e remotas, nascidas de deformações insanáveis na criação desses meninos. Contudo, fiquei muito preocupado, pois parecia falar com profundo conhecimento de causa.

Alguns anos depois, coincidiu de eu me sentar em uma festa, a convite de amigos comuns, na mesma mesa que o irmão de Money e Zuleica; preparei-me para, ao menos, cumprimentá-los, porém, a cena foi por demais constrangedora, pois eles me ignoraram por completo, como se eu nem estivesse ali. Até compreendi sua mágoa profunda e sem sentido, devida em parte, no caso do irmão de Money, ao seu indecifrável perfil psicológico, embora eu nunca lhe tenha feito qualquer mal, muito pelo contrário: tinha transferido para mim seu ódio mortal contra seu irmão, mas o que me chocou foi o comportamento idêntico de Zuleica, a quem eu tratara, durante todo o tempo em que trabalháramos juntos, com um carinho e respeito por seu trabalho que ela, certamente, jamais tivera, acredito que nem mesmo de sua própria mãe.

De qualquer modo, esse episódio serviu para ilustrar à perfeição minha tese de que, ao contrário do que todos dizem, os opostos não se atraem; a grande e insofismável realidade é que semelhante atrai semelhante — *similis simili* —, mesmo que isso à primeira vista não seja evidente; estou falando, é claro, daquilo que realmente conta, de semelhanças mais profundas, de todo o aparato afetivo, do que há de mais íntimo nos seres humanos. Assim, as pessoas que permanecem juntas se merecem, pois, nesse sentido, são iguais, são semelhantes. Por isso, quando o marido critica a esposa, ou esta o desanca virulentamente, nada mais estão fazendo do que referir-se a si mesmos, mirar-se nos próprios espelhos.

Nesse ínterim, apesar das inesperadas dificuldades de cunho estritamente familiar, a videocirurgia continuou a prosperar, embora sendo solapada e encontrando os maiores entraves para sua efetiva implantação, vindos de onde menos se poderia esperar: a própria cooperativa médica.

Pois ocorre que, desde o início de nossas atividades em endoscopia ginecológica, embora todos os procedimentos já constassem da Tabela da AMB, a cooperativa não aceitava os procedimentos; negava esse direito aos seus conveniados por não constarem explicitamente nos contratos. A verdade é que qualquer evolução da medicina que possa vir a significar possíveis aumentos de custo é sempre malvista pelos convênios médicos, e a cooperativa de nossa cidade não fugia à regra. Nenhum de nossos argumentos, como o de que a cirurgia endoscópica acaba representando, na verdade, redução de custos, era capaz de convencê-los.

No entanto, como os colegas nos enviavam pacientes, estes pressionavam e a clínica também, volta e meia éramos chamados a um dos inúmeros comitês, e recebidos, invariavelmente, por Benito, um dos diretores, sempre tratados de forma truculenta e autoritária, além de ameaçados de enquadramento em um dos incontáveis artigos punitivos do estatuto. E a gente ia tocando, sempre pisando em ovos.

Haviam me sobrado alguns trocados, você já sabe de que maneira, e eu estava tentando trocar meu calhambeque, que já estava me deixando doido, por um carro popular; mas o ágio que cobravam na ocasião me impedia. Então, falei com Money e, numa atitude ousada, que não deixava de conter uma pitada de marketing, resolvemos ir para Roma participar de um congresso internacional de videocirurgia ginecológica, o que aumentaria nosso cacife junto aos colegas.

Na última hora, Money quase desistiu, em virtude de dificuldades conjugais, mas por isso mesmo a viagem acabou se tornando imperiosa. Embora fosse a primeira de ambos à Europa, transcorreu sem incidentes; ficamos exclusivamente em Roma por oito dias, já que as condições financeiras não permitiam que esticássemos um pouco mais, e foi uma viagem proveitosa, pois a Europa reúne o que há de ponta nesse campo. Além do mais, tivemos contato com as figuras mais eminentes da área.

De curioso, vale apenas registrar que eu trouxe para os meninos exatamente aquilo de que gostariam, pois conhecia profundamente seus anseios: delicadas roupinhas adolescentes para a gatinha, e porcarias, brinquedinhos, chicletes e doces para o garoto. Money, ao contrário, parecia não ter a menor ideia do que trazer, e acabou comprando uns espalhafatosos moletons vermelhos da Benetton (que já existia no Brasil) para suas filhas já adolescentes, que detestaram.

Evidentemente, fizemos questão de divulgar, no retorno, a nossa participação no evento, o que firmou de vez o prestígio da clínica. E por incrível que pareça, sob muita pressão e a contragosto, depois de um ano de iniciadas nossas atividades a cooperativa acabou por incluir a endoscopia. Começou inclusive, a pagar as chamadas "taxas de uso" de nossos aparelhos, embora seus auditores médicos, profissionais em geral desatualizados, e que, por isso mesmo, faziam carreira no cargo, glosassem e dificultassem as indicações, fazendo gato e sapato das pacientes, que nos procuravam com os questionários mais disparatados:

"Cirurgia de ovário: direito ou esquerdo?"

"Retirada de corpo estranho: descrever o mesmo."

No segundo caso, já irritado, devolvi:

"Olha, fulano, se o corpo é estranho, como vou saber, antes de retirá-lo?"

Ocorre que a Coopermed não permitia, por exemplo, a retirada de um DIU, já que sua colocação não fazia parte dos procedimentos incluídos no plano, mesmo se tivesse se enfiado lá para dentro, perfurando o útero e colocando em risco a paciente, ou quebrado dentro do corpo e o médico não tivesse conseguido retirá-lo através de procedimentos convencionais; mas se decidissem retirar o útero só para isso, aí, sim, seria permitido. Da mesma forma, em alquebradas senhoras de oitenta, ou mesmo noventa anos, se não constasse explicitamente no contrato não liberavam a vídeo-histeroscopia no caso de um pólipo intrauterino, cirurgia extraordinariamente benigna, mas sim a histerectomia, de morbiletalidade infinitamente superior, ainda mais nessa idade. Sim, que se danasse, realmente, a velha. E não havia Cristo que os convencesse do contrário!

Ah, sim, no caso daquele corpo estranho, resta esclarecer que se tratava de uma menininha de meros cinco anos de idade que enfiara qualquer coisa dentro da vagininha, mas nem lhe perguntaram a idade; vai que alguém lhe tivesse colocado um DIU, do jeito que essas meninas de hoje andam precoces...

Só para ter ideia do nível, veja o caso de Zog, outro desses auditores que no tempo da faculdade eu conhecera muito bem, já que tinha sido meu contemporâneo: imenso, terror dos calouros, quase me enforcou puxando a minha gravata no Baile dos Calouros, mais parecia um troglodita egresso das cavernas diretamente para o século vinte. Certa vez, estávamos, eu e a fera, tomando conta de uma festinha do centro acadêmico para que os estudantes não pulassem o muro. Eu os alertava quando suas cabeças apontavam, solicitando que descessem; pois esse colega, escondido nas sombras, ao ver um rapaz já saltando, me pediu silêncio com um enorme cacete em suas delicadas mãos de "veludo":

— Psiu! Deixa ele pular que eu quero dar uma tabuada na barriga dele.

Money, embora viajasse todo mês para sua fazenda e passasse boa parte de seu tempo na clínica cuidando de seus negócios por telefone, vivia a exigir, e de forma prussiana, que eu deixasse o meu emprego público, passando a me dedicar *full-time* ao nosso empreendimento. Não deixava de ter razão, pois aquele emprego jamais daria futuro, e, embora estivesse forçando a minha decisão de seu jeito arbitrário, tinha mesmo uma visão mais abrangente do futuro: a dedicação exclusiva era indispensável aos nossos propósitos, mas tudo tinha seu tempo, e eu ainda dependia de cada centavo que entrasse.

Apesar das dificuldades, o ano de 1995 seria um ano de grandes conquistas para mim, pois consegui através de concursos três títulos de especialista na área, um deles mais comum, o TEGO — Título de Especialista em Ginecologia e Obstetrícia — e os dois outros raros e preciosos, atribuídos a pouquíssimos especialistas no Brasil: os Certificados de Habilitação em Laparoscopia e em Histeroscopia.

Apesar de todo esse esforço extraordinário e raro, já que a maior parte dos médicos de nossa cidade parou no tempo — e nem se pode culpá-los, em virtude da falta de estímulo e perspectiva e da quantidade de empregos —, tudo que consegui no início de 1996 foi pedir finalmente demissão do emprego na prefeitura devido às condições sufocantes de trabalho. Fui também descredenciado do SASSOM — serviço de saúde ligado à prefeitura, comandada por meus amigos ex-sindicalistas — de forma sumária e sem sindicância prévia. Alegaram que eu estava cobrando um adicional para realizar cirurgias em vídeo, quando, na realidade, orientava os pacientes a arcar com as taxas de aparelho, os nossos absurdamente caros aparelhos; eu chegara a tentar estabelecer essas taxas junto ao Instituto, mas o superintendente que me demitiu, Dr. Tanovazzo — nome compatível com seu aspecto amorfo e fecaloide —, parecia jamais ter ouvido falar da técnica e ficou irredutível. Esse pessoal que vive de fazer auditorias, ou que, através da politicagem médica — são sempre os mesmos — ocupa cargos diretivos, não evolui jamais, parece não compreender nossa língua com seus termos modernos, pois sua linguagem continua presa ao anacronismo mais arcaico. Cheguei a entrar com uma reclamação junto ao CRM local, mas ficou por isso mesmo. Não insisti, andava meio cansado de tanta arbitrariedade.

Também para a clínica 1995 foi um ano difícil, pois tendo vencido o contrato o dono do imóvel belíssimo, todo reformado, decidiu exigir um reajuste no aluguel de quase dez vezes, é isso mesmo, dez vezes, embora já pagássemos um complemento por fora. E não houve acordo ou súplica, mesmo a mais humilhante, que sensibilizasse o calhorda. A lei? Ora, a lei deu-lhe ganho de causa em uma única sessão, em decisão irrecorrível. As notáveis e dispendiosas melhorias que fizéramos, em nada ajudaram, já que a lei era cristalinamente clara em favor dos proprietários de imóveis comerciais. Conseguimos, felizmente, alugar outro conjunto de consultórios em um prédio onde estava sendo montado um grande centro médico. Isso foi providencial, pois Money, desanimado, chegara até a pensar, e com razão, em abandonar a medicina, passando a investir exclusivamente em sua fazenda, o que teria sido uma catástrofe para mim.

    Money, que como já disse tinha uma visão estratégica admirável, vislumbrou então a possibilidade de ampliar nossa clínica acrescentando a área de reprodução humana — havia um único serviço dessa natureza em nossa cidade —, tornando-a muito mais abrangente. Entrou em contato com o Professor Danadinho, em São Paulo, que nos recebeu em sua clínica, e as negociações rapidamente se desenvolveram, chegando o Professor a vir até nossa cidade para logo iniciar o trabalho; foi, no entanto, desencorajado pelo Gafieira a se associar conosco por causa de Money, e bateu em retirada sem nem dizer adeus.

    Nesse ínterim, por razões pessoais, a esposa de Money também deixou de trabalhar com gestantes. O projeto inicial da Clínica Vida, de certa forma, se esboroou, desfigurando-se de vez com a mudança; mas em termos exclusivamente técnicos e comerciais a mudança geraria grande expectativa de crescimento.

Capítulo 62

Nesse mesmo ano, por conta própria, decidi encerrar meu tratamento psicoterápico, embora tivesse plena consciência de ainda não haver atingido a excelência que buscava. Achei que era hora de partir para a luta sozinho, já que Antonieta nada poderia fazer para me ajudar a encontrar quem eu queria nem melhorar as obscenas tabelas dos convênios. Passemos, assim, aos últimos trabalhos, às últimas sessões de análise, essenciais para a compreensão geral.

Antonieta me dera para ler um opúsculo intitulado *Longe é um lugar que não existe*, de Richard Bach, na verdade uma metáfora que se lê em poucas horas. Conta a história de Rae Hansen, uma menina que às vésperas de completar seus cinco anos convida o amigo Richard Bach para sua festa de aniversário. Confiante, ela o espera, apesar de saber que sua casa ficava além dos desertos, tempestades e montanhas. A história narra como Richard Bach chega até lá e o presente que ele dá a ela. A partir dessa leitura, vieram as perguntas:

1 - **Por que razão você viaja?**
R - Para ir ao meu encontro.
A - Sua colocação implica em escolher a introspecção na tentativa de buscar a si mesmo, de se conhecer e de encontrar, assim, o equilíbrio dentro de você. Viajar, aqui, significa divagar, usar a fantasia como gratificação. O processo está correto. O que ainda não conseguimos é equilibrar sua autoestima. Você mede o quanto deve gostar de si conforme os ganhos que outros possam lhe proporcionar, ou seja, você parte do princípio de que não há ganhos afetivos porque não os merece! Isso é absurdo, é um raciocínio totalmente equivocado, já que é mais comum as pessoas se aproximarem dos carentes, dos menos inteligen-

tes, dos "coitadinhos" e dos rejeitados, para se nivelarem por baixo e não sentirem na pele o próprio terror de suas carências mal resolvidas. Tudo parece mais fácil, mas, na realidade, é um desastre total!

É o caso que vemos todo dia na "união" de carências que causam a infelicidade dos filhos. Na verdade, os carentes se dividem em dois grupos: os fabricantes de babadores e os que babam. Você não pertence a nenhum desses dois grupos, graças a Deus! É digno o suficiente para não chantagear o seu inconsciente. Não adianta se iludir com uma menininha sexy, bonitinha, etc. Tentar "caçar" alguém que tenha o seu grau de amadurecimento leva tempo. Na realidade, acredito que só agora você se enxerga com possuidor dessa qualidade privilegiada de ser humano. Espero que aprimore cada vez mais essa autoanálise e não lamente a sua situação de agora. É tempo de crescer internamente, "ir ao seu encontro".

O que você chama de dificuldade para encontrar a afetividade alheia é bom senso! Se não acredita, olhe todos os casais à sua volta. Pense: você abriria mão da liberdade que tem hoje, do magnífico relacionamento com seus filhos, da oportunidade de vivenciar o momento maravilhoso da primeira menstruação de Lílian, da inteligência de permitir que seu filho Lelê almoce picolé e coma arroz com feijão de sobremesa? Não lamente esse tempo, Bonomi, ao qual um dia, tenho certeza, você será grato. Continue viajando para se encontrar.

2 - O quê, e quem provoca ansiedade em você?

R - O passar do tempo, a incompletude profissional e afetiva e o medo de que jamais me complete nessas áreas; parece que esse círculo nunca vai se fechar.

A - Todo círculo se fecha quando conseguimos vencer totalmente o processo através do qual ele se abriu. Você, na realidade, ainda não aprendeu como superar a carência instalada em sua psique. Compreendo perfeitamente a falta de condições de seus pais para lhe oferecerem afeto, já que não tiveram intenção de prejudicá-lo e fizeram o que acharam melhor, ou simplesmente, o que lhes foi possível. Você compreende isso muito bem, por isso já resolveu seus conflitos com eles. Mas a carência deixa marcas no inconsciente, ainda que não consigamos descobrir os culpados ou já tenhamos entendido esse processo, como é o seu caso. O que você ainda não superou foram as carências que provoca em si mesmo. Acho que está sendo o seu próprio "feitor"! Não se castigue, deixando de se amar o bastante, para dar tempo de amadurecer o autoafeto antes de tentar conquistar o afeto alheio! Quem não consegue ser maior do que a própria carência acaba usando babadores para enxugar as babas alheias, ou se deixando enxugar por quem tem babador. Quem se gosta não usa babador nem procura quem tem babadores para oferecer.

3 - No coração de quem você começa a "voar"?
a - Beija-flor
b - Coruja
c - Águia
d - Gavião
e - Gaivota
f- Rae Hansen
R - Águia

A - Você "voa" nas asas da "águia", o que significa esperteza. Acredito que nesse voo de águia há muito da dificuldade que você tem para compreender a relação tempo/ autoestima, tão importante para esse momento em que vive. Quem conversa com você jamais pensará que você é carente. Admira sua inteligência, seu raciocínio e seu caráter. As pessoas acham que pessoas como você não têm o direito de sentir carência. É claro que isso não é correto! Por esse motivo, o inconformismo por não encontrar um núcleo afetivo que queira se relacionar com você só dificulta o seu amadurecimento, criando uma ansiedade inútil. Ninguém vence o tempo! Como você ainda não resolveu seu processo de desvalia, é evidente que não se sente seguro para amar, e qualquer "agradinho" pode confundi-lo. O mundo está repleto de "gatinhas", porém escasso de mulheres de verdade; mas que elas existem, existem! É só saber esperar e procurar. A esperteza do "voo da águia" seria se nivelar por baixo, obter o agradinho e resultar num terrível e sombrio desagrado. Chega de sofrer!

4 - Quem é Rae Hansen para você?

R - Não sei, acho que nunca existiu, lembra um pouco Lílian.

A - Sim! É claro que Rae é Lílian. Lílian é afetividade. Isso é o que Rae significa! Acredito que você, além de amá-la e admirá-la, fica pensando em como seria bom se existisse uma mulher como ela: linda, inteligente, amadurecida, culta e coerente. Quem sabe o seu próprio amadurecimento o colocará próximo de alguém compatível com você em idade, maturidade e objetivos. Você é um pai maduro. Sabe exercer a afetividade paternal, embora não a tenha recebido. A necessidade o obrigou a amadurecer o exercício da paternidade para não prejudicar a vida de seus filhos. Agora, só precisa deixar de ter pena de você, parar de se apiedar de si mesmo porque está solitário. Esse é um tempo necessário para você ser feliz! Chega de precipitação!

5 - Que presente você daria a Rae Hansen?

R - A minha verdade.

A - A sua verdade é o presente que você deve dar à sua afetividade. Da mesma forma que é tão verdadeiro com Lílian, precisa ser verdadeiro consigo mesmo. Você sabe que ainda não está pronto para amar, é a mais absoluta verdade! Qualquer relacionamento, agora, poderá ser desastroso e cheio de cobranças.

6 - Por que Rae Hansen não entendia o fato de estarem "indo" a uma festa?

R - Porque a vida deveria ser uma festa perene, não seria necessário, portanto, ir a festa alguma.

A - Com certeza, a vida deveria ser como você descreve, se não houvesse tanta gente mal resolvida. No entanto, como pode ser possível festejar qualquer coisa de verdade se a maioria das pessoas está "babando"? Você, na verdade, é um privilegiado por amar duas crianças maravilhosas, como Lílian e Lelê, e ser amado por elas... e merece isso!

7 - Por que foram, em primeiro lugar, à casa da coruja?

R - Porque a coruja representa a sabedoria, a compreensão.

A - A sabedoria é seu ponto de partida para qualquer situação que tem que resolver. É preciso usar a mesma sabedoria para aprender a esperar. O tempo não está sendo perdido, pois qualquer relacionamento mais sério, agora, seria um risco. Você fica olhando o calendário, mas deve olhar mais para si mesmo. Amar é algo que só é pleno e gratificante quando há amadurecimento. Se o tempo não for adequado, nada poderá ser pleno. E quando acontecer, você se gratificará plenamente, perceberá que não perdeu nada, pelo contrário, deixou de se desgastar.

8 - Por que a coruja estranhou que a aniversariante fosse chamada de "pequena"?
R - Porque o que menos importa é o tamanho físico das pessoas.
A - Com certeza! O tamanho físico, ou qualquer atributo material, mesmo que seja a beleza, não garante afeto e felicidade. Você sabe disso mais do que ninguém. Outra coisa que também não tem importância é o tempo, se a gente não está pronta para vivê-lo. Deixe de se preocupar com o tempo que passa. Isso seria como pensar que, ficando mais velho, perderá a capacidade de amar, o que não é verdadeiro.

9 - Por que eles não entendiam o que significava aniversário?
R - Porque aniversário é uma medida de tempo, e nós deveríamos transcender o tempo.
A - Você diz, teoricamente, que "deveríamos transcender o tempo"! Eu concordo 100%. Aplique essa maravilhosa teoria a você mesmo!

10 - O que significa, para você, o aniversário?
R - Que o tempo está passando. Que a conquista da felicidade está sendo postergada a cada aniversário transcorrido, e que a minha vida é finita.
A - Essa resposta não é coerente com sua ideia de transcendência do tempo. Não se posterga a felicidade, é impossível fazer isso. Se a vida é finita, o amadurecimento afetivo também é. Não adianta se apressar só para dizer que encontrou alguém para viver junto. É preciso encontrar alguém para amar e ser amado de verdade.

11 - Por que a águia escolheu o deserto para pousar?

R - Porque o deserto é a escassez absoluta, o zero, o nada, a partir do qual se pode iniciar a caminhada, ou o conhecimento.

A - Realmente, é preciso buscar o zero, o deserto plantado no inconsciente, e regá-lo com autoestima. É o que você está fazendo. A cada dia você vai "plantando" autoconhecimento, e no seu deserto surgirão flores e frutos. É preciso plantar e irrigar o que se plantou, sem medo que as flores sequem, ou que os frutos não amadureçam. Você não pode negligenciar esse plantio.

12 - Quando você acha que começou a sua vida?

R - Ainda não começou, ainda não está sob controle, corre riscos.

A - Isso não é verdade, não seja injusto! Biológica e psicologicamente a sua análise é incorreta. O autocontrole é necessário para que você busque a autoestima e tenha prazer em ser Bonomi, o homem, o pai, o médico, o ser humano que se busca para encontrar a felicidade.

13 - Por que o "gavião" não entendeu o que é "crescendo"?

R - Porque estar crescendo significa que ainda não se completou, e nessa linha de raciocínio, Rae Hansen, só por ser "pequena", não poderia ser completa; pode-se perfeitamente ser completo, total, absoluto, em cada fase da vida.

A - Realmente Rae Hansen é Lílian: é completa na fase que vive. Você é completo na fase de pai que está vivendo, apenas inverteu uma fase que não estava completa. Você não foi absoluto, completo e total em sua fase de homem solteiro, adolescente, jovem. Mas como médico é completo, porque sabe que é honesto, faz o que é correto e o que deve ser feito. Se não tem o respaldo financeiro compatível é porque o mundo está mesmo às avessas. Hoje em dia, acredito que o sucesso está muito mais perto da desonestidade do que o anonimato, mas quem é honesto vive em paz com sua consciência. Será que os bem-sucedidos também poderão se orgulhar de si mesmos?

14 – Há quanto tempo você está longe de ser criança?
R - Muito pouco tempo, mas talvez o infinito.
A - Acho que o tempo de ser criança está mesmo muito longe, porque você nunca usufruiu de sua infância. Foi uma fase incompleta, você não experimentou a vida, quando criança, de forma plena e livre como Lílian e Lelê. Embora não se possa estar no tempo de criança, é preciso compreender a carência que ficou e não somá-la à realidade de hoje.

15 - Por que o gavião pousou na praia?
R - A praia seria o limite entre o nada, o deserto, e o mar, o início da vida.
A - O gavião representa o dinamismo, a iniciativa, a capacidade de ação, sem medo! Sempre é possível ultrapassar o limite da vida de carência e atingir o início da vida de amadurecimento! É agora a hora para esse início, Bonomi. Aceite a vida, e também a sua Clínica como parte dela. Acredite que ela existe e que o início da sua vida está lá, enxergue essa realidade e viva. Acredite no seu presente para construir um futuro de positivismo, com a certeza de vitória.

16 - O que você sobrevoaria?
a - o mar
b - as colinas
c - as ruas
d - os telhados
R - As colinas.
A - Sobrevoar as colinas significa ser maior do que os problemas, as dificuldades, os traumatismos. Você, hoje, já tem condições de dar um "voo", olhar do alto o Bonomi do passado, saber que a felicidade é uma certeza se você puder acreditar em si mesmo.

17 - Com quem é mais fácil lidar?
a - máquinas
b - pessoas

c - pássaros
R - Pássaros.
A - Você escolheu lidar com os pássaros, isto é, com a liberdade. Acredito que você é um liberal, e isso é ótimo. Só precisa soltar as amarras que o prendem à sua carência e desvalia e começar a acreditar em si mesmo, para poder viver de verdade a liberdade.

18 - Qual o melhor presente para se dar?
R - O autoconhecimento ou a segurança afetiva dos nossos queridos.
A - O melhor presente é, sem dúvida, o que você escolheu, o autoconhecimento, pois quem se conhece consegue oferecer segurança afetiva a si mesmo e a todos os "queridos".

19 - Quando você ganhou um presente "de lata e de vidro" que amassou e se quebrou?
R - A princípio, pensei no diploma de médico, mas acho que o "presente" foi Ângela.
A - O diploma de médico é uma realidade, jamais se "amassará", ou se "quebrará". É algo de que pode se orgulhar. Eu sou testemunha disso! Ângela foi, realmente, um "presente de lata e de vidro" que amassou e se quebrou, mas não o amassou, nem quebrou você. Você está tão inteiro quanto o seu diploma de médico, quanto Bonomi, o pai de duas crianças maravilhosas, quanto o dono da Clínica Vida. Usufrua desses presentes de verdade, que jamais se quebrarão.

20 - Qual o "anel" que te faz voar?
R - Nenhum, acho, ou talvez o bem-estar evidente de minhas crianças.
A - Com certeza, o "anel" "bem-estar de suas crianças" o faz "voar", e merecidamente. Agora é preciso usar o seu anel para acreditar no seu próprio bem-estar! Você construiu o bem-estar deles, mas o seu ficou para trás porque não lhe ensinaram a obtê-lo para si, mas a terapia vem insistindo muito nisso. É preciso acreditar que você pode adqui-

rir o seu bem-estar. Quem ensinou duas crianças a serem felizes sabe a "receita", é só exercitá-la consigo mesmo e não achar que isso é um desperdício. Você vale a pena!

21 - Quanto tempo você permanecerá no céu?
R - Para sempre, se chegar lá.
A - O "céu" é sua individualidade. Gostei de sua resposta! Para sempre, com a individualidade, significa obter para sempre o autoconhecimento. Você pode chegar lá.

22 - Onde prefere permanecer:
a - no céu
b - através da noite
c - pelo nascer do sol
R - No céu.
A - Sua escolha é adequada e inteligente, confirma o que você afirmou na questão anterior. Agora não há como fugir da responsabilidade de ser feliz.

23 - Quais perguntas suas ficaram sem resposta?
R - Muitas, entre elas: por que as coisas comigo nunca acontecem, como a realização amorosa e profissional? Por que é impossível a convivência entre as pessoas...?
A - A convivência com as pessoas não é impossível. Se você se conformar com a sobrevivência, realmente não poderá obter a felicidade, porém, se buscar se dar felicidade, gostando de si, sem interpretar, como está fazendo, que é "irrealizado amorosamente", vai consegui-la. Você nem começou a amar, e quanto a ser "irrealizado profissionalmente", isso não é verdade. Você pode não ser "paparicado", mas é conceituado e realizado dentro do que faz, não pelo dinheiro que ganha, o que, aliás, não é sinal de realização, e, sim, de riqueza... e a que preço?

24 - O que é importante para você, que não pode ser tocado

pelas mãos e nem visto com os olhos?

R - Tudo o que é realmente importante não pode ser tocado pelas mãos nem visto com os olhos, como o amor, ou minha afinidade completa com meus filhos, por exemplo.

A - Realmente, essa afinidade e amor entre você e seus filhos "não podem ser tocados pelas mãos nem vistos pelos olhos", mas há algo que também é assim e você não está considerando: a sua individualidade, a sua autoestima. "Olhe-se com os olhos da psique. Toque-se com a força de sua individualidade", assim como o faz com seus filhos.

Aladim e a lâmpada maravilhosa

Um menino pobre morava nos arrabaldes de Bagdá com a mãe, que era artesã e o criava com muitas dificuldades. Não tinha notícias do pai e questionava muito sua ausência, que nunca lhe fora explicada.

Um dia, houve uma feira em Bagdá, e eles foram, pois sua mãe precisava vender suas peças. O menino se perdeu, e, então, surgiu um homem idoso por trás dele, que o assustou, porém, cumprimentou-o dizendo que era muito amigo do pai dele, e que este lhe mandara um recado, mas que não poderia transmiti-lo ali.

Foram, então, para o campo, no meio do qual havia um buraco no chão coberto por uma tampa; o velho a abriu e pediu para Aladim entrar, pois lá dentro havia um tesouro muito precioso.

O menino ficou com medo, mas acabou sendo convencido pelo velho, que afinal se dizia muito amigo de seu pai. Acabou entrando, e constatou que o buraco era imenso, como se fosse outro mundo; lá havia muitas árvores frutíferas, e ele comeu uma das frutas, pois estava com fome.

Continuou descendo e no fundo encontrou uma lâmpada, que pegou e veio trazendo consigo; ao chegar à abertura, o velho lhe pediu que lhe entregasse a lâmpada. Aladim, desconfiado, disse que só a entregaria depois que saísse. O velho, irritado, o empurrou e Aladim rolou buraco abaixo; entretanto, enquanto caía, roçou a lâmpada junto ao corpo e assim surgiu o gênio da lâmpada, que disse poder satisfazer-lhe os desejos.

1 - Que idade, de zero a sete anos, tinha Aladim?
R - Sete anos.
A - Você coloca sete anos como idade de conotação muito significativa em relação à frustração, carência e rejeição. É importante se lembrar dos seus sete anos e perceber o direcionamento que o seu inconsciente propôs para tentar aliviar os seus conflitos na época. A entrada de Aladim no poço representa exatamente um mergulho dentro de si mesmo, o poço, e isso foi feito aos sete anos. A busca da lâmpada seria o encontro de uma possível gratificação a nível de fantasia, pois, pela lógica, seria impossível se gratificar devido às circunstâncias em que vivia.

2 - Que fruta ele comeu?
R - Morango, ou melhor, manga.
A - A fruta comida durante esse período introspectivo, como fuga da realidade difícil, ou quase insuportável, representa a necessidade de compensação, que, na idade de sete anos, você já julgava ser a única forma de sair de sua situação de carência. A escolha da fruta representa o teor da compensação, ou da substituição. As frutas, dentro do simbolismo ligado às características dos elementos e objetos, se referem à sexualidade. A manga, por seu aspecto, é considerada como símbolo fálico. O interessante é que você hesitou em escolher a manga; tinha optado, inicialmente, pelo morango, para, logo em seguida, firmar-se na escolha da manga. Assim, fica definido que também os relacionamentos socioafetivos se constituíam em obstáculos para a sua autogratificação.

É preciso pesquisar por que a sexualidade se tornou tão importante para você nessa época; aí poderá estar a origem de conflitos que operam, ainda hoje, em seu psiquismo: algo vivenciado, algum sentimento inadequado de culpa, cobrança ou repressão, ou até mesmo uma situação traumática vivenciada nessa idade, se constitui em fator fundamental para a necessidade de afirmar a sexualidade como forma de autovalorização, intensificando a autoestima.

Esses mecanismos de "gratificação", criados em uma idade onde as defasagens afetivas são muitas e a imaturidade acompanha o vácuo, fatalmente se constituem em conflitos repetitivos caso não ocorra sua solução ou compreensão. Sua preocupação em definir uma sexualidade que está, sem dúvida, definida — tenho certeza disso pelas suas análises

— é, indubitavelmente, a necessidade de reafirmação de uma situação que deve ter ficado confusa. Por suas consequências, só pode se tratar de algo forte, que talvez o seu consciente tenha sido pressionado a "esquecer", comandado pelo ego, que pode ter sido abalado nessa época. Se duvidaram de sua masculinidade nessa fase, ou se você foi molestado por uma pessoa do mesmo sexo — e aí estaria uma possível origem de culpa —, se foi reprimido pela família nas descobertas naturais do sexo ou se foi traumatizado pela observação de jogos sexuais, todos esses fatores precisam ser considerados para que a espontaneidade se torne uma constante em seu psiquismo.

É perceptível, hoje, que o fator sexo/ afeto é extremamente relevante para você, e se coloca como condição *sine qua non* para que ocorra uma realização pessoal de fato. Contudo, para que ocorra a gratificação do ser humano há um complexo de fatores primordiais. Ainda que se priorize o afeto, o que é correto, isso não implica em que se disponha de todo o potencial para conseguir satisfação e prazer em outras áreas. É evidente a existência de uma autopunição com raízes muito mais profundas do que você pensa. O casamento com Ângela foi uma precipitação e uma oportunidade de reafirmar sua masculinidade socialmente, além de ainda apresentar uma vantagem para o ego, por se tratar de uma mulher fisicamente perfeita. Isso ofuscou, temporariamente, a desvalia profunda que você alimenta.

O tempo foi fazendo você perceber que tê-la vinte e quatro horas por dia nada significava, pois foi apenas a necessidade de autoafirmação, e não o amor, que o fez se aproximar dela; por isso ocorreu também a separação, quando você percebeu, embora inconscientemente, o terrível engano que cometera. Seu sofrimento foi muito mais pela sensação de perda, de insegurança diante do afastamento do fator autoafirmativo, do que propriamente pela carência afetiva, uma vez que não existia amor e você sabia que nunca perderia os seus filhos — alvo principal do seu afeto.

Percebo que ainda hoje a situação permanece confusa. Parece-me que você ainda está "mergulhado no poço do Aladim" chupando "manga", como se quisesses, novamente, mostrar a si mesmo que é capaz de conquistar uma mulher bonita. O que mudou, nesse aspecto? Nada. No fundo, há uma sensação de incompletude de si mesmo, que, equivocadamente, seu inconsciente coloca como a necessidade de conquistar uma mulher para se sentir seguro. Segurança não se adquire através de conquistas, mesmo que seja de mulheres belíssimas, mas sim, da autoconquista. Dessa forma, através da fixação, que deve ter se iniciado aos sete anos, ficou uma espécie de "obsessão compulsiva" por esse tipo de conquista.

Você é bastante lúcido, inteligente, racional demais para que possa ficar preso a uma falta de lógica como essa, mas, infelizmente, isso ocorre frequentemente.

3 - Que pedidos fez ao gênio? Imagine-se entre zero e sete anos.

R – (1) uma situação financeira sólida; (2) ser tão bonito quanto meu irmão mais novo; e (3) ser sempre o melhor aluno da classe.

A - Todos esses pedidos são inadequados para a idade, quando é comum se pedir aos "gênios" brinquedos, viagens e passeios, coisas que crianças até sete anos costumam pedir.

Os três pedidos que você imaginou iriam lhe conferir a tal segurança para conquistar mulheres bonitas. Tais pedidos ainda persistem, e você não valoriza o que já conseguiu realizar, porque depende só de você. Tornar-se "sempre o melhor aluno" transformou-se em "ser o melhor médico". Isso você não pode dizer que não conseguiu. Sabe que é um profissional diferenciado e competente, o que já deveria lhe trazer uma boa gratificação. No entanto, isso não ocorre porque você acredita que não obtém os resultados adequados por ser o melhor médico, um raciocínio lógico, mas não praticável: ao melhor médico compete o melhor salário, a melhor situação financeira, a mulher mais bonita, inteligente e independente, etc. Infelizmente, essa relação é utópica, e, por isso mesmo, é imprescindível valorizar a única conquista que depende exclusivamente de você: a competência profissional, que você subestima, ou mistura a outras realizações. Como consequência, não consegue conviver com o que lhe parece profundamente injusto.

De certa forma, até concordo com você, mas concordar não adianta, é preciso aceitar as coisas como elas são, estimulando a produção legítima de endorfinas com sua conquista nobre e prioritária: você venceu sozinho, a despeito da vida, da falta de apoio, da carência etc.

Se conseguir resolver esse binômio "sou o melhor médico x mereço o melhor de tudo", aceitará melhor o fato de que o dinheiro e o relacionamento com as pessoas não vêm como frutos das nossas conquistas. O dinheiro pode ou não ser consequência da nossa competência, mas mesmo que falte, isso não implica na diminuição do nosso valor. As pessoas, no caso, a mulher que você acha que merece, devido ao seu valor como profissional e como homem, também não depende da sua capacidade, e sim, de ela querer, aceitar e estar consciente de que deseja viver ao lado de alguém como você.

Se lhe bastar ser o Bonomi, um homem que conquistou sozinho sua competência profissional, terá muito mais segurança e positivará sua vida, se tornará menos ansioso e obsessivo por uma compensação, mesmo que seja um direito legítimo. Uma desejada conquista poderá resultar em outro engano, mesmo que hoje, conscientemente, esteja à procura de uma mulher independente e amadurecida, porém, jovem e bonita. Seu esforço para crescer foi muito grande, e agora você se acha injustiçado por não estar sendo compensado. Afinal, aos vencedores se oferecem medalhas. Na verdade, apenas a conquista permanece, pois as medalhas acabam por incomodar e ocupar espaço, até se tornarem inúteis. Ângela foi uma dessas medalhas. Da união com ela nada teria restado, não fossem Lílian e Lelê; se eles não existissem, Ângela já seria, hoje, uma medalha enferrujada e esquecida. Não busque outras medalhas; relaxe, esqueça a obsessão por encontrar alguém. Isso está te desgastando demais. Permita que alguém o encontre, e isso ocorrerá, com certeza!

4 - Depois que Aladim saiu do poço, onde ele escondeu a lâmpada?
R - Debaixo da cama.
A - É possivelmente o lugar onde você escondia objetos ou qualquer coisa que denunciaria algo que você gostaria de esconder, por ser proibido, ou para evitar ser "flagrado" em uma situação que você não queria que fosse descoberta. Pode parecer irrelevante, mas isso tem conotações importantes para a atemporalidade do inconsciente. Procure se lembrar do que poderia ser que você escondia debaixo da cama.

5 - Entre sete e quatorze anos, em que idade ele descobriu

como funciona a lâmpada?
R - Quatorze anos.

A - É outra idade em que as defasagens dos sete anos, quando não resolvidas, se somatizaram, deixando conflitos intensos e a necessidade de "chupar a manga", ou seja, reafirmar a sexualidade.

6 - Ao ter aprendido como a lâmpada funcionava, que pedido você faria ao gênio aos quatorze anos?
R - Transar com quem quisesse.

A - Na verdade, também não é comum que um menino de quatorze anos peça isso ao gênio. Aos quatorze anos, ele desejaria conquistar as namoradinhas do tipo platônico, romântico e sensível, e se deixar conquistar por elas, não algo mais adulto, como simplesmente transar. Aliás, essa é uma colocação bem atípica. É só verificar sua filha, Lílian; garanto que ela não tem essa vontade de transar, como você tinha. Assim, tornou-se uma obsessão compulsiva buscar o sexo, e não o afeto, reafirmar a masculinidade, não a jovialidade, a sensibilidade, o romantismo, primordiais nessa idade.

Os jovens precisam sonhar, mesmo que seja com princesas, desde que saibam que sonhos não são realidade. Você se proibiu de sonhar e passou a querer concretizar uma situação e ter um desempenho sexual, quando, na realidade, nem tinha maturidade para isso, o que era normal. Anormal seria uma sexualidade exacerbada aos quatorze anos.

7 - Entre quatorze e vinte e um anos, em que idade você usaria a lâmpada?
R - Dezenove anos.

8 - Qual seria o pedido?
R - Ser amado por alguém de quem eu gostava.

A - Aos dezenove anos, você desejaria ser amado. Se as fantasias dos quatorze anos não foram realizadas, talvez tenha ocorrido aqui um processo meio retardatário, e você começou a dar vazão aos desejos incontidos do inconsciente. Como não conseguiu realizá-los, ficou a ideia de desvalia e de incapacidade afetiva. Se alguém de quem você gostava tivesse correspondido nessa época, talvez o rumo de sua vida tivesse mudado e você acabaria por "assassinar" o seu maior sonho: ser médico. Talvez tivesse se casado com a tal donzela, e hoje seria um sujeito infeliz e fracassado, pois o valor maior, a independência que você conquistou, teria sido anulado.

Você deveria preferir o Bonomi de hoje, mesmo carente, que esse "fantasma de Bonomi", que talvez fosse paparicado por uma ótima dona de casa, com horários rigorosos e mania de limpeza. Você seria o comerciário, o bancário, o funcionário que chega em casa toda tarde, lê o jornal, vê TV, come, dorme, transa, acorda, trabalha, como quem sabe os seus irmãos, seu pai ou qualquer outro cidadão oculto na multidão do *mais um*, não do *um*.

9 – Idem, entre vinte e um e vinte e oito anos.
R - Vinte e sete anos.

10 - O pedido?
R - Que eu não tivesse me casado.
A - Aos vinte e sete anos, você deseja não ter se casado — é o que pede ao gênio. Com certeza o gênio poderia ter feito esse favor para a sua terapeuta, mas não para você. Onde estariam Lílian e Lelê? Ser sua terapeuta, sem a catástrofe do seu casamento, certamente seria mais fácil, mas, mesmo assim, não posso "dispensar" os seus filhos. Gosto muito deles — desiste, Bonomi, não consigo ser a terapeuta acadêmica, de carreira, como você já me aconselhou...

11 – Idem, entre vinte e oito e trinta e cinco anos.
R - Trinta anos.

12 - Qual o pedido?
R - Poder transar à vontade.
A - Aos trinta anos, vem de novo a ideia fixa de poder transar à

vontade. É evidente que, tendo sido "logrado" pelo inconsciente através do casamento, a "necessidade" anterior voltou com maior força, e a obsessão compulsiva se tornou reincidente.

13 - Entre trinta e cinco anos e a idade atual (43 anos).
R - Quarenta e três.

14 - Qual o pedido?
R - Amar e ser amado como eu quero.
A - Aos quarenta e três anos, você volta ao mesmo pedido dos dezenove, "ser amado por aquela de quem você gosta". Assim, forma-se uma espécie de círculo vicioso, com a repetição das mesmas reivindicações dos 7, 14, 19, 27 e 30 anos. É preciso valorizar o pedido feito aos sete: ser sempre o melhor aluno, porque foi isso que o transformou no médico. Esse deveria ser o principal estímulo de suas endorfinas. Todo o resto é também importante, mas não pode, de forma alguma, ofuscar esse seu grande mérito. Comece a se valorizar por isso, com sinceridade, acreditando nessa conquista realizada, apesar de todos os grandes obstáculos.

Se você não dependeu de ninguém para se tornar um grande médico, é evidente que sua dependência agora é apenas falta de autoconfiança e autodesvalorização. A confusão que você faz com esse fato é que cria sua dependência profissional e afetiva, que não se justificam.

Marque sua presença. Aja, decida, se pronuncie, se afirme, acredite em você, não para romper com os outros, mas para assimilar oportunidades. Não se esqueça: *onde há dependentes, também há os que são dependentes da dependência dos outros!*

Capítulo 63

Dois dias depois de haver terminado com Vânia, uma médica quase-namorada e muito amiga, superlegal, com quem saí por mais de um ano e meio, eu vivia dias de grande angústia e incertezas. Também Lílian, nessa noite, havia mostrado uma insegurança afetiva importante.

Sonhei então que estava internado no hospital da Beneficência Portuguesa (que pobreza!), não sei por que, pois parecia estar perfeitamente bem de saúde, já na minha idade atual; na cama ao lado estava um outro rapaz, um desconhecido, magro, com um bigodinho de aranha, um tipo insignificante. Esse rapaz foi levado para exames, e em seguida entrou no quarto um bandido armado de revólver que viera para levá-lo — parece que esse rapaz era do bando e o havia denunciado —, e me ameaçou, exigiu que eu lhe dissesse onde ele estava; eu disse que não sabia, e ele se tornou terrivelmente violento, então eu disse que ele devia ter ido ao Raio-X. Logo o rapaz voltou e o bandido o levou, sendo apanhado pelo bando no próprio hospital. Saí correndo pelos corredores com medo de que eles voltassem, e de longe vi que o levavam à base de violência, batendo nele com correntes, e ele gritava, implorava, chamando pelo pai (a impressão que eu tive, no sonho, é que não havia socorro possível). Depois eu soube que o rapaz havia morrido todo queimado, e em seguida eu estava de volta, creio que já para o meu apartamento atual. Acordei assustadíssimo e levei um bom tempo para me recuperar.

Análise: o rompimento com Vânia pode ter tido para você uma conotação de carência e abandono, fatores comuns na sua infância. O fato de Lílian haver também manifestado uma defasagem afetiva agravou o quadro já instalado de carência. Daí à "internação hospitalar" do sonho, foi uma associação rápida e direta. Você se transportou para uma total inoperância, pois, estando "internado", estava impossibilitado de reagir, exatamente como se sentia em relação a Vânia e Lílian.

O rapaz na cama ao lado poderia representar você mesmo, ainda mais jovem, buscando explicações para sua própria carência e solidão. Era preciso buscar culpas para justificá-las. Assim, seu inconsciente propôs que você, talvez, tivesse feito algo que justificasse o fato de não ser amado pela pessoa que você realmente deseja, e de não poder amar como desejaria as pessoas que representam núcleos afetivos importantes, como Vânia, por exemplo.

O rapaz do bigodinho era desconhecido porque você não poderia se reconhecer numa projeção desse tipo. A entrada do bandido é um sinal de que o referido rapaz não era tão insignificante assim, e teria suas culpas, por fazer parte do "bando". Aí há uma conotação diferenciada para você, que se destacou em importância para a família: você é um médico, e, portanto mereceria, segundo o seu inconsciente, uma melhor recompensa afetiva — ter a mulher dos seus sonhos, amá-la e ser amado por ela. É o mínimo que seu inconsciente propõe para você, com a ajuda, é claro, do seu ego.

O rapaz do bigodinho — você mesmo mais jovem — denuncia o bando, isto é, proclama as injustiças cometidas, mas não há justiça, uma vez que ele, também inoperante por estar como você agora, impotente para resolver a situação afetiva — "internado no hospital" — não conseguiu se fazer ouvir e ainda foi castigado, porque os "amigos" do bando vieram buscá-lo. Esses "amigos" seriam seus irmãos, tentando carregá-lo com eles para os princípios da vida comum a vocês, ignorando essa superioridade que seu ego e seu inconsciente propõem.

Há, aí, uma comparação com a suposta felicidade conjugal ou afetiva de seus irmãos, que, para seu ego, não a mereceriam, se comparados a você. Seus irmãos, os "bandidos do bando", querem saber aonde você foi. É claro que não há como dar uma resposta. O fato de mencionar o Raio-X seria a ideia abstrata de se obter imagens não percebidas diretamente.

O "rapaz" voltou e o bando — seus irmãos — o levaram ao passado, como se o castigassem por ter se destacado, enquanto que eles ficaram no anonimato. Você sai correndo com medo de que eles também o levassem, isto é, uma associação entre o Bonomi da juventude e o Bonomi amadurecido da atualidade. Seus irmãos o ferem com "correntes" — amarras que o prendem ao passado. O rapaz chama pelo pai! Um simbolismo da carência que ele deixou em você, e, ao mesmo tempo, uma analogia com a situação de defasagem afetiva de Lílian, que você, como pai, não pode resolver. O rapaz — Bonomi do passado — morre, e você, na atualidade, volta ao seu apartamento atual.

Esse sonho, bastante significativo, contém referências à sua própria sensação de não merecer afeto ou felicidade. É como se o fato de haver se destacado da família com a sua profissão fosse algo que determinou um desmerecimento afetivo: se eu não tivesse me dedicado com tanto sacrifício à minha formação, talvez estivesse "feliz" como meus irmãos, seria menos exigente na área afetiva e me satisfaria como eles, com sua qualidade de vida. Há uma luta entre o ego, que cobra a injustiça de não receber o "prêmio" para o seu esforço e destaque, e o inconsciente, que sedento de afeto chega a questionar se não teria sido melhor não se diferenciar para conseguir amor, carinho e companhia.

Por outro lado, esse mesmo inconsciente, através do sonho, como se "explicasse" a situação da juventude e fazendo-o enxergar a própria "inocência" em relação ao "crime" de ter se diferenciado, o libera para ser feliz, e talvez para não ser tão exigente em suas escolhas, fazendo-o buscar suas origens, onde você seria igual aos seus irmãos.

Talvez seu ego não concorde com essa posição, mas o inconsciente reclama afeto e questiona a presença de Vânia, que não serviria para o Bonomi maduro, mas que seria perfeitamente compatível com o "rapaz do bigodinho" — Bonomi jovem.

Veremos, agora, mais dois sonhos, com as devidas e magistrais interpretações de Antonieta; não dá para acreditar que ela tenha extrapolado tantas ilações em tais manifestações oníricas.

Sonho: Ângela veio dormir em casa, não sei ao certo se era na casa de minha mãe, ou no meu apartamento, era um misto das duas coisas; a casa já estava cheia de tranqueiras — antiga casa da Vila Tibério — e ela encheu o meu criado-mudo — apartamento atual — com seus perfumes e maquiagem, o que me incomodou. De manhã, ao ir embora, ela disse que estava grávida do atual companheiro, pois a laqueadura não fora bem feita (também, quem mandou operar com Faraud — hahaha), e se desfizera. Fiquei confuso, algo irritado, querendo que ela abortasse, pois isso confundiria a cabeça de Lelê; depois percebi que Lelê não estava nem aí, tranquilo e maduro, nada seria capaz de afetá-lo. Ângela, no entanto, satisfeita, disse que iria manter a gestação. Essa moça ainda não saiu do meu inconsciente, Antonieta?

Análise: acredito que o que mais o perturba é não ter, atualmente, com quem dividir as carências ou a afetividade, e você somatiza a solidão que já existia quando vocês ainda eram casados. Há uma comparação evidente entre as duas situações e o mesmo Bonomi não gratificado afetivamente. Não creio que Ângela ainda viva no seu inconsciente, mas a carência, sim. Esta está presente, e de certa forma, tenta, no sonho, comparar as duas situações, o antes — casamento — e o depois — agora. O referencial que indica tal situação é justamente a confusão entre os dois ambientes, a casa antiga de sua mãe e o seu apartamento atual. É bem evidente a conotação de que a carência assimilada no primeiro ambiente é carregada para o presente. Ângela é um personagem presente na primeira situação, que persiste apenas pelo fato de ser mãe de seus filhos. Essa relação fica clara com a referência à gravidez do atual companheiro.

Você queria que ela abortasse, não exatamente o suposto filho desse companheiro — aí, sim, há um forte desejo inconsciente de que seus filhos, Lílian e Lelê, fossem "abortados" agora no presente, não, é claro, para que morressem, mas simplesmente para que eles, filhos, numa reversão, "abortassem a mãe". Há uma vontade grande de desvincular o único fator que o "obriga", conscientemente, a admitir que existe uma relação. É como se você quisesse que ela tivesse os filhos dela com o atual companheiro, e não fosse mãe dos seus, Lílian e Lelê. Por isso você se lembra, no sonho, de Lelê e sua maturidade em não relacionar as duas situações.

O fato de a laqueadura não ter sido "bem feita" é justamente um desejo inconsciente de que Ângela, agora mãe de outros filhos do outro marido, finalmente resolvesse o problema da vinculação real que o incomoda. Isso não significa que você deseja se dedicar totalmente a seus filhos, isto é, criá-los sozinho, pois deseja ter a vida cheia de felicidade que acredita merecer, mas, tentando reverter a situação, há o desejo de que as coisas não tivessem ocorrido da maneira como ocorreram, ou seja, que no passado você tivesse tido a maturidade emocional de hoje e, assim, ter escolhido a pessoa ideal para se relacionar. A preocupação com o tempo que passa, e o deixa impaciente e ansioso por uma gratificação afetiva, o faz imaginar hipotéticas situações de reversão do passado.

Lelê e Lílian são os acertos dos erros praticados em nome de suas carências, o que realmente valeu a pena, já que simplesmente não existiriam, assim como são, se você não tivesse cometido o erro desse casamento "apressado", não pelo tempo em si, mas pelo ego vazio de satisfação e pelo inconsciente cheio de carências. Os perfumes e a maquiagem que Ângela deixa no seu criado-mudo atual são os referenciais que seu inconsciente "carrega", como se o impedisse de esquecer as características de Ângela que o incomodam — excesso de pintura, maquiagem etc.

Há, também, a comparação de referenciais que marcam situações semelhantes do antes e do depois, isto é, as mesmas transferências da antiga casa de sua mãe, palco das carências de origem, e os perfumes de Ângela que o fizeram somatizar essa ausência de gratificação que seu ego cobra implacavelmente do seu consciente, o deixando confuso em relação ao presente, onde não está havendo tal compensação ou preenchimento. É preciso "sossegar" o seu ego, usando sua individualidade e seu consciente para ser seletivo de fato, e só admitir o que realmente o fará FELIZ, e não qualquer outro tipo de compensação que apenas irá iludir seu inconsciente mais uma vez, com uma pseudossegurança afetiva que não existe em termos de completude verdadeira.

Agora, um sonho antigo, ainda não analisado:

Sonho: a esposa de Faraud ia dar à luz e fui fazer o parto. Nasceu uma criança prematura e malformada; ao ver aquilo, sufoquei-a até a morte, para desespero e ódio dos pais.

Na época, eu mesmo acreditei ter entendido o sonho, por isso não o levei para Antonieta analisar; julguei, e comentei com ela mais tarde, que o feto prematuro e malformado, gerado pelo casal Faraud, era eu, o Bonomi antigo, que eu mesmo tratei de eliminar para desespero de ambos, que não queriam, é claro, a sua morte.

Análise: a relação com Faraud é uma referência forte que, ao contrário da situação afetiva que não se completou, ofereceu a você certa satisfação profissional e representa um passado onde conseguiu se alicerçar profissional e economicamente, construiu sua casa etc. Faraud, como Ângela, foi um "mal necessário". Na verdade, em seu trabalho com ele, as responsabilidades deveriam ser muitas, inclusive relativas às cirurgias. Talvez fosse você quem resolvia os "pepinos", mas ele levava a fama de "salvador da pátria"!

Um filho de Faraud, para seu ego e seu inconsciente, teria que ser deformado, para denunciar as deformações psicológicas do pai. Você sufoca a criança, pois, assimilando um falso complexo de culpa, tem medo de que lhe seja atribuído o fato de a criança ser deformada, o que, claro, é um absurdo. Mas é possível que em partos de crianças malformadas, os pais, sem o necessário conhecimento, atribuam certa culpa aos obstetras; ou, por outro lado, os profissionais, chocados pela situação, uma vez que são os primeiros a se deparar com a malformação, talvez se autoatribuam momentaneamente essa pseudoculpa (genial, Antonieta, ambas as situações ocorrem).

No caso de Faraud, porém, é mais do que isso. Você viveu um terrível estresse, em situações nas quais não poderia errar nunca, para conferir sucesso ao "colega". Os fracassos seriam responsabilidade sua, mas os sucessos seriam dele (infernal, Antonieta!, ele realmente fazia isso, culpando-me, junto às pacientes, em tom de "brincadeirinha", pelas dores, deiscências etc.; uma paciente, inclusive, que teve uma formação queloidiana em exatamente metade da cicatriz, chegou a recusar meu auxílio na segunda cesárea, já que ele lhe dissera que aquela fora a minha parte, se esborrachando de rir ao comentar o fato em público; futuramente, Money repetiria o estratagema).

Uma terrível injustiça, que só agora você está reparando, trazendo à tona, em relação a Money, ao seu potencial, ao seu valor, já não se deixando diminuir pela capacidade dele, que não é maior que a sua. Sempre temi que essa relação de inferioridade o acompanhasse como um fato irreversível, mas hoje o vejo confiante e assumindo certos posicionamentos que o deixam consciente de que não é, nem nunca foi, o segundo numa relação profissional. É apenas sua desvalia que faz com que você se submeta ao controle alheio, causando conflitos pessoais absurdos que abalam até mesmo a consciência de seu valor e competência.

    Sua desvalia o "empurra" a aceitar algumas imposições, e os oportunistas se aproveitam justamente disso. Acho que a análise que você faz, sobre a autoidentificação com o feto malformado, não seria exatamente como você colocou. A única relação que vejo é que você se sentia "malformado" por sua desvalia em relação à extroversão e ao dinamismo de Faraud. Na verdade, não foi ele que "gerou" essa malformação psicológica. Ela é fruto de sua educação e de sua convivência com a carência e a rejeição. Ele apenas aproveitou sua desvalia para se autoafirmar como "bem formado".

    O sonho, ao contrário do que você pensa, é exatamente a constatação de seu ego, impulsionando-o a entender que malformados são os filhos de Faraud, como você também o foi em relação ao ambiente do lar.[6] Na verdade, você tenta "devolver" a desvalia a ele, talvez como uma necessidade inconsciente de "dar o troco". O ego sempre encontra culpados para nos redimir de nossa culpa, ou da culpa que nos impuseram, enfraquecendo a sua dominância. Assim, é mais fácil colocar que aqueles que nos controlam são os únicos culpados por isso. O inconsciente aceita essa explicação, porque também é mais cômoda. Mas, na verdade, você abriu "brechas" emocionais para que isso ocorresse, deixou que a imaturidade afetiva criasse outros vínculos emocionais que atingiram o seu prestígio profissional. Você misturou os referenciais da situação afetiva e profissional. Por não se sentir amado, atribuiu-se a culpa, coisa comum para quem se sente rejeitado, mas muito prejudicial; assim, "merecia" o castigo de se posicionar de forma inferiorizada diante dos não rejeitados — Faraud e Money.

    Acho que "sufocar" essa criança significou muito mais identificar os culpados do que propriamente ser sufocado. Aliás, sufocado é bem o termo para identificar sua relação com o profissional que você é. Não o "sufocaram", ou o sufocam. Faraud foi apenas o instrumento que propiciou a sufocação que já existia; foi você que se sufocou! Esta é a verdadeira conotação, e um alerta do ego/ inconsciente para que você não permita que a situação se repita atualmente. De nada adianta

---

6 Antonieta, de modo magistral, extrapolou nessas duas últimas análises, em especial nessa última.

sufocar o feto malformado, "filho" de Faraud, para criar outro, "filho" de Money!

Você não é o "feto malformado"! Não assuma uma rejeição generalizada, até porque você superou de forma brilhante a rejeição na área profissional, e apenas está confundindo o Bonomi que foi rejeitado — e se sentiu malformado no lar, como uma espécie de estigma da rejeição por pai e mãe que se estende a outros setores — como se ser rejeitado fosse uma fatalidade, visível para todos como um "carimbo", e por isso lhe atribuíssem menos valor. Você não foi rejeitado por Ângela. Separar-se dela foi um bem para você. Você é que se rejeitou. Você tampouco foi rejeitado por Faraud; separar-se dele também foi um bem para você. Você se rejeitou. Não deixe que outra separação ocorra pelo mesmo motivo. Não se rejeite!

As filhas de Faraud, realmente, causavam pena. Eram muito bonitas de rosto, mas se tornaram anoréxicas desde cedo, já fumando aos meros doze, treze anos. A mais velha, ao menos, é um primor de inteligência, sendo sempre apresentada pelos pais como a primeira da classe — você já conhece essa história —, enquanto a menor é uma judiação, tendo já assistido mais de dez vezes, e não estou exagerando, àquele filme dos vampiros por conta do Tom Cruise. Não posso afirmar que se trate de folclore, mas alguém me contou uma vez, não lembro quem, que uma paciente foi consultar a esposa de Faraud, que é nutricionista, e perguntou quem eram aquelas crianças esquálidas que lá estavam; ao saber que eram filhas da própria médica, a paciente se mandou.

Por falar nisso, no início da faculdade, após todo aquele estresse do vestibular, meu cabelo começou a cair; aconselharam-me, então, a procurar um "derma". Marquei a consulta no hospital, e, quando ia entrar na sala de exames, deparei com os professores Bagteno e Mostarda, ambos completamente calvos, eu não sabia se entrava, ou se chorava: um "causo" perdido!

Viria em seguida, para encerrar a fase terapêutica, o sonho absolutamente capital nessa história toda.

Sonho: eu estava na Rua Saldanha Marinho, ponto de referência que sempre me levava à Vila Tibério, a casa da juventude. Mas, ao invés disso, me dirigi aos Campos Elíseos, que se refere a Ângela; no caminho, passou um morador do meu prédio atual, sem muita importância para mim. Ao chegar à Avenida Francisco Junqueira, limite entre os bairros, havia uma grade de ferro sobre um bueiro; tentei levantá-la para levar embora, pois fora ali colocada por mim, mas estava pesada, e resolvi deixar para depois. Nesse instante começou a pingar, e ao invés de entrar no Campos Elíseos, resolvi ir para o meu prédio atual; ia a pé, porém, devido à chuva, preferi tomar um ônibus na Praça XV. Então, "furei" a fila, mas tive que voltar para trás, e a fila estava grande; ao chegar perto da entrada, o ônibus encheu, e fiquei para o próximo. Além disso, o cobrador me disse que naquele ônibus só entraria quem tivesse o bilhete comprado antecipadamente; eu, que teria ainda que pagar, deveria mesmo esperar pelo próximo. Era domingo, não havia ninguém no terminal, exceto o pessoal da fila. Logo em seguida, em uma daquelas casinhas que lá existem, a Dra. Maria Hermenegilda, que, como Faraud, fez mil partos da Coopermed — e se vangloria disso, ou seja, causa pena —, estava para dar à luz a um feto morto e fui assisti-la. Mas na hora do nascimento fiz um parto Leboyer-musicoterápico, com silêncio e pouca luz; pus a criança sobre o colo da mãe, e, ao contrário do filho de Faraud, nasceu uma criança realmente musicoterapeutizada, *viva*, feliz e tranquila.

Análise: Antonieta, perdoe a minha ousadia, e, se eu estiver sendo ridículo, por favor, não ria, apenas reinterprete, pois vou tentar fazê-lo: ao invés de seguir para Vila Tibério, como em outros sonhos — referências antigas, provavelmente resolvidas — dirigi-me aos Campos Elíseos — referenciais matrimoniais/ Ângela, ainda pendentes —, mas não entrei lá (o buraco que eu havia tampado talvez represente o buraco onde caí, exatamente no cruzamento Vila Tibério-cidade-Campos Elíseos) e preferi me dirigir ao meu apartamento atual (= lazer, sem referências negativas, futuro/ o domingo representa o lazer). Eu quis furar a fila para o lazer, mas não deu certo, teria que esperar a minha vez (nem tinha o bilhete = passaporte para o lazer), pois antes teria que fazer os partos da Maria Hermenegilda, do Faraud, representando, provavelmente, a prioridade dada à realização profissional, como você disse ontem; na barriga de Hermenegilda e tantos outros úteros, foi gerado um feto morto (Bonomi antigo), mas o parteiro Bonomi só poderia, e só ele poderia, dar à luz um feto vivo e musicoterapeutizado! É mole, ou quer mais!?

Abaixo disso, ela escreveu: "É perfeito! Você é muito inteligente!", lustrando o meu ego. E iniciou, a seguir, a análise de verdade:

Análise ou observações sobre a sua análise: contrariar o velho caminho para a Vila Tibério significa vencer referenciais presos em seu psiquismo. Ir para os Campos Elíseos seria enfrentar os referenciais ainda por vencer. Realmente, acredito que temos alguns fatores a serem esclarecidos adequadamente. O morador de seu prédio é de muita importância, pois ele é o estímulo para que você se associe à sua realidade. É o referencial de *hoje*, que é para onde você deve dirigir suas gratificações. Você coloca uma grade no bueiro para determinar uma intercepção entre infância e juventude: (1) Vila Tibério, passado remoto; (2) Campos Elíseos, passado próximo.

Acredito que tirar a grade para poder passar para o lado de cá da cidade, ou seja, o presente, a realidade, o seu apartamento atual, foi a "tarefa" onírica que seu inconsciente propôs. A grade ainda está pesada porque você não conseguiu ainda acumular todas as forças necessárias para vencer a área afetiva, onde Ângela ainda "pesa". "Deixar para depois" foi uma sábia decisão, uma vez que forçar essa retirada poderia "machucá-lo", e isso não pode acontecer, o que explica que ainda tem que amadurecer para poder se envolver afetivamente. Tirar essa grade ainda é uma tarefa difícil, mas, brevemente, se tornará espontânea e natural.

O fato de querer tirar essa grade já é muito positivo, pois significa autoconfiança, já que é preciso resolver todos esses problemas para poder se relacionar naturalmente, sem ter que colocar "grades" protetoras, uma forma de impedimento que deve ser ultrapassada.

A chuva é referencial indicativo de um renascer, um brotar de novo, para o futuro, para poder viver adequadamente fortalecido, um Bonomi novo, que nasceu da maturidade. Preferir tomar o ônibus para evitar a chuva é uma imprudência. Ainda que você fique ensopado pela água da chuva, é necessário rejuvenescer afetivamente. "Furar a fila" seria outra imprudência: a impaciência, sua velha "amiga" de todos os momentos de frustração.

Era preciso o bilhete, pois só entraria no ônibus quem já estivesse acostumado a ele. O ônibus "lotado" foi um impedimento saudável, para que você não se precipitasse nesse "veículo" sem saber direito para onde ir, ou porque usá-lo. Esperar o próximo ônibus significa crescer, amadurecer. Aí é que começa o enredo que você analisou muito adequadamente.

Maria Hermenegilda, como já lhe disse, desejava ter uma musicoterapeuta gestacional trabalhando com ela, e eu já disse a uma de minhas alunas que ela deveria fazer o teste de personalidade, para saber se estava em condições de conviver com a Musicoterapia da Gestação. Ao que eu saiba, ela nem tentará esse teste, o que me alivia.

O feto está morto, e você precisava "ressuscitá-lo". Só a Musicoterapia da Gestação poderia fazer isso pelo filho dela, e, principalmente, praticada por você, que renasceu dessa chuva, e, portanto, não poderia mesmo pegar o ônibus que iria dar voltas inúteis, ficando no mesmo lugar. Era preciso, primeiro, enfrentar Hermenegilda, mostrar-lhe que é capaz, o que é também um recado para Faraud. Além disso, e principalmente, era preciso fazer o seu *próprio parto, e nascer vivo, tranquilo e feliz!* É esse o Bonomi da Musicoterapia na Gestação, da laparoscopia, da terapia, da medicina, e, principalmente, de seus filhos, e mais que tudo, de si mesmo — alguém que nasce, não de novo, apenas nasce de verdade, para brilhar, não para o ego, e, sim, para a própria individualidade! Pela sua análise, é muito bom perceber que você começa a entender a linguagem do seu inconsciente. Você nunca tinha percebido esse Bonomi que brilha dentro de você. Chegou a hora!

Capítulo 64

Deixei, então, a terapia. Money e família já a haviam abandonado, e Antonieta enviou-me uma espécie de mensagem de despedida, com as observações concernentes:

> Bonomi,
>
> Depois de tentar entender os últimos afastamentos das pessoas ligadas à Clínica Vida, fui procurar a sua velha pasta azul, e pude reler tudo que já foi analisado nesse tempo de terapia, muito gratificante para mim.
> Assim, vi sua primeira avaliação de personalidade, feita no dia 28 de dezembro de 1988. Quanto tempo! Quantas mudanças de vida e de psiquismo! Achei que seria adequado fazer um comentário que, talvez, possa ajudá-lo nessa fase onde você está sentindo a necessidade de ser independente de qualquer orientação.
> Comparando os dois períodos, cheguei à conclusão de que sua primeira interrupção terapêutica ocorreu, talvez, porque você tinha medo de se enxergar definitivamente, encarar todas as profundas defasagens que o afetaram, infelizmente, entre elas a iminência de uma separação inevitável de Ângela naquela ocasião, o que com certeza, inconscientemente, você já sabia que fatalmente iria ocorrer.
> Foi um período de profundo sofrimento, onde você se perdeu de si. Ao contrário da solidão que se impôs, deveria ter tido muita ajuda naquele momento. Felizmente, você buscou o psiquiatra, que pôde, de certa forma, ancorá-lo naquela situação

tão sombria, onde talvez você estivesse se esquecendo de ler a velha avaliação de dezembro de 1988. Sua volta foi muito importante para que houvesse, indiretamente, uma conexão com tal avaliação.

Hoje estamos em 25 de setembro de 1995, e após sete anos, essa avaliação se torna muito importante: é possível perceber sua vitória sobre você mesmo. Vou, então, fazer algumas colocações sobre alguns itens da sua Avaliação da Personalidade realizada naquela ocasião. Acho que você ainda precisa considerá-la para se tornar, finalmente, uma pessoa inteiramente feliz, como merece.

A - Pressão externa constante

Essa pressão pode desvinculá-lo de seus objetivos maiores e prioritários, o que não pode ocorrer. A ordem de prioridade é: (1) Bonomi; (2) Os outros, exceto seus filhos, que fazem parte integrante do seu quadro afetivo prioritário.

D - Falta de apoio

A falta de apoio, com certeza, existe, e independe de você, é claro. Na realidade, você não é culpado por não receber o apoio a que tem direito. O contrário é que é verdadeiro, isto é, as pessoas não percebem que o apoio faz parte de algo chamado "troca de relações", que deveria ser comum no ser humano. O que é preciso, porém, é não se achar menor, inferiorizado, cheio de desvalia, porque não é apoiado. O problema do não apoio é de quem não apoia, porque não tem condições de entender o que significa solidariedade. É preciso estar muito bem consigo mesmo, sem relações de autoculpabilidade, para poder oferecer apoio. Você adquiriu esse auto bem-estar, o que não significa que está tudo resolvido.

M - Características de liderança não assumidas

As características não assumidas de liderança, acredito, ainda estão presentes em algumas ocasiões, embora reconheça que, graças a Deus, você começou a lutar por seu ego, que sempre reclamou um posicionamento mais legítimo de sua parte em relação a assumir essa característica — a liderança, que é uma qualidade original sua.

P - Frustrações generalizadas ao longo do desenvolvimento da personalidade

Acredito que as frustrações são embasadas na sua expectativa quanto ao comportamento alheio. Isso é sério, e precisa ser resolvido. De tanto esperar dignidade de algumas pessoas com as quais convive desde o útero, houve uma sedimentação prejudicial para a sua vida. Infelizmente, não é possível contar com a maturidade e o bom senso alheio. Você é que deve se autogratificar com suas realizações, sem esperar pelos resultados que estão nas mãos de uma maioria sem autoconhecimento.

Q - Sensação de uma solução que falta

O vazio, em relação à incompletude que exige solução, é também consequência do que você espera dos outros. Acho que a autocompletude existe, mas há, por outro lado, um grande inconformismo diante do que você acredita que deveria ser o comportamento alheio. Aí é que está a falta de solução e a incompletude. Não espere dos outros — nada —, apenas faça você mesmo tudo que acredita que deve ser feito, independente das respostas, especialmente na área afetiva. Se tiver vontade de estar com alguém, esteja: por você. Você é terapeutizado e maduro o suficiente para "não entrar em frias afetivas", mas, lembre-se, o terapeutizado é você, não o outro(a). Não use o seu raciocínio claro e lógico para acreditar que as pessoas terão o mesmo discernimento. Elas não têm! Não se esqueça: o seu Q.I. é privilegiado, e, com a terapia, o Q.I. emocional, que era defasado, se tornou quase normal. As defasagens entre o intelectivo e o emocional, pelo que você pode ver, não são grandes na atualidade.

Não deixe que as idades afetivas e intelectivas se distanciem demais. O exercício do Aladim, que, infelizmente, não foi discutido após a análise, deve ter deixado uma data e um valor afetivo em relação à sua autoestima. Busque entender essa defasagem e resolvê-la com seus valores pessoais, não com o julgamento de outros sobre esses valores. Seu ego deve ser "massageado" por você mesmo, não por "dedos" alheios, que sempre têm "segundas intenções".

U - Concessão, consideração

A concessão e a consideração são méritos quando não se fragmenta a própria personalidade e se abala a autoestima para exercê-las. Assim, ter consideração por alguém só é válido quando não se deseja a contrapartida, uma resposta compatível. Deve fazer concessões apenas se não se dilacerar com isso, pois a compensação é algo ilusório e impróprio de quem deseja e merece ser feliz. Viva o hoje a cada dia, procurando o prazer a cada vinte e quatro horas, sem deixar de usufruir desse direito cotidiano.

É de pequenos prazeres assimilados que você poderá construir um acesso positivo, usando o mesmo processo que tão dolorosamente assimilou, somatizando as frustrações e as carências. Faça o contrário!

Conclusão: você está capacitado para a felicidade!
Se observar cada um dos itens acima, não há como se permitir o desprestígio, o desvalor e a posição de "segundo" em qualquer área vivenciada. A sensação de achar que ser o segundo está muito bom foi assimilada e vivenciada por muito tempo. É hora de acabar de vez com isso! Sem imposições tolas, sem prepotências inúteis, sem o uso indevido do poder, mas sendo sempre e apenas você mesmo.

Ao contrário do que pensa, não precisa lutar tanto para ser o primeiro. Todo mundo sabe disso, exceto você. Não deixe que as pessoas de sua convivência próxima, ou afastada, usem a sua expectativa para direcioná-lo. Faça a sua liderança atuar, sem medo.

Muitas pessoas brincam de líderes e acabam assumindo esse posicionamento porque as circunstâncias as colocam diante de uma realidade a que ficam obrigadas, com ou sem condições ou aptidões próprias. Tornaram-se líderes pela força das obrigatoriedades. Você é um líder que nunca acreditou na liderança. Há uma dissociação entre a capacidade e a ação que precisa ser resolvida.

Que você seja muito feliz! Que consiga tudo a que tem direito e para que tanto lutou: eu sou testemunha! Que Deus o proteja sempre na escolha dos caminhos da vida!

Antonieta, 24 de setembro de 1995.

Capítulo 65

Voltemos, então, àquelas áreas prioritárias que entendo à perfeição: os meus filhos, e, porque não, eu mesmo e as relações humanas de maneira geral. Na verdade, o homem (e a mulher também, evidentemente) tem que atuar, e se realizar, basicamente em três áreas, todas essenciais e não excludentes, sendo que entre elas há que haver um perfeito equilíbrio, se quiser ser realmente feliz: a área profissional, a área afetiva, e, para quem tem filhos (e ninguém é obrigado a tê-los para ser feliz), a área parental. O mais comum é que se privilegie uma delas em detrimento das outras duas, e o desastre resultante é irreparável. O homem, via de regra, em virtude do modo de criação e da pressão social, privilegia exclusivamente a primeira, a profissional, com as consequências já conhecidas e comuns principalmente à carvalhada toda.

O homem, aliás, é "educado" para ejacular e ganhar dinheiro; é tal o pavor de seus pais de que se torne homossexual que, desde a mais tenra infância, é instado diuturnamente, sem tréguas, a virar "macho", seja falando palavrões e contando piadas sórdidas — sem ainda nem ter ideia do que está dizendo —, seja mostrando o "documento" e "namorando" as amiguinhas ainda de fraldas. Se for um homem sensível, ou mesmo já com graves deformações afetivas intraútero, tal pressão, paradoxalmente, poderá levá-lo, aí sim, a uma possível homossexualidade ou ambivalência; caso contrário, se tornará um garanhão calhorda, obrigando-se pela vida afora a provar que é macho, a si mesmo e à sociedade, "comendo" todas e destroçando qualquer relacionamento estável no qual venha a se meter, como o casamento, por exemplo.

Vejam a que ponto chegou esse disparate: um priminho de quatorze anos de minha filha, que morava fora, veio passar um dia com ela em nosso apartamento quando ela estava com treze; quando voltei do trabalho ela estava assustada, trêmula, e me chamou a um canto:

— O que houve, querida? — perguntei, preocupado.

— Ai, pai, o Marquinhos quis "ficar" comigo, começou me perguntando se eu tinha namorado, se eu já tinha beijado, e, quando eu disse que não, ele me falou: "ah, então você ainda é B.V"...

— B.V.!?

— É, pai, B.V., boca virgem, então ele veio me encostando, ai, pai, eu fiquei com tanto medo... — e desandou a chorar — ai, pai, ele é meu primo, a gente até tomava banho junto quando era criança, na casa dele, na praia...

O que a deixou traumatizada não foi o assédio, a que ela, gatíssima, já estava mais que habituada; se fosse um menino qualquer ela o mandaria pastar e pronto, mas o próprio priminho... Ou seja, libera-se geral, comam-se todas, inclusive as próprias primas!

A menina, ao contrário, é "educada" basicamente para casar, e virgem, com um homem bom, ou seja, rico. É clássico o aforismo, vamos dizer assim, citado pelas mães, que se sentem realizadas e livres: "Formei meus filhos e casei minhas filhas".

A princípio, eu pensava que a manutenção da virgindade destinava-se à preservação da "honra" da moça e da própria família; depois, após minhas longas andanças e observações, optei mais por acreditar que, na realidade, a manutenção desse símbolo absurdo se deve ao fato de que a virgindade costuma ser condição *sine qua non* para se casar com os tais homens bons (ricos).

Isso, porque o homem rico, seja de família abastada ou bem-sucedido por conta própria, em virtude de sua formação clássica é um "trepador" contumaz, vive na zona e na zorra. Na hora de casar, aí sim, tem que ser com moça virgem. Depois, evidentemente, vai continuar na zona e na zorra. Apesar disso, será visto com complacência pelas mães dessas moças "bem casadas", quando estas, mal-agradecidas, ousarem reclamar: "Mas ele é muito bom, não deixa faltar nada para ela e as crianças; e até me deu uma casa para morar..." Essas desgraçadas donas-de-casa nem deveriam ter o direito de reclamar, pois, ao nascer, o "contrato" tácito firmado com suas mães previa apenas que seriam casadas com um homem bom (rico); em nenhum momento, a bem da verdade, foi mencionado o afeto ou a felicidade.

Há também aqueles casos, bastante comuns, das que se casam

com o primeiro desgraçado que aparece apenas para se livrarem de suas mães, que tornaram insalubre o ambiente de suas casas e o ar absolutamente irrespirável; essas, coitadas, além da infelicidade irreparável, ainda contam com a desgraça suplementar de nem dinheiro virem a possuir como compensação.

Como corolário, vou compartilhar a "filosofia" de uma dessas figuras curiosíssimas que conheci em meus périplos noturnos, Dr. Fagnolli Filho, médico recentemente separado depois de um casamento curto e desastroso, cuja ex-mulher, pelo jeito, deve ter tentado "arrancar-lhe até os olhos da cara". Eu o chamava de "o homem que odiava as mulheres", tal o trauma de que ficara portador. Mal nos víamos em uma roda de amigos, lá vinha ele:

— Quem gosta de homem é veado; vejam vocês a perfeita adequação do ânus ao pênis. Mulher gosta é de dinheiro. — E arrematava, para deleite geral: — E vocês sabem por que a xoxota tem essa forma? — juntava ambas as mãos, no gesto clássico. — Para passar cartão de crédito!

Pois eu vinha tentando, desde o princípio, alterar esse destino milenar a que temos sido conduzidos, geração após geração, em uma sequência repetitiva e interminável, com consequências por demais conhecidas. Quando minha filha começou a estudar inglês, aos onze anos, havia em suas apostilas, você já deve ter visto, alguns exercícios básicos nos quais se pede para *Fill in the blanks*, preencher os espaços em branco. Era assim que eu via a situação: há que se preencher todos os espaços afetivos, nada poderá ficar em branco, até que se cresça e amadureça, ou, inevitavelmente, serão preenchidos por outras modalidades, por outras filosofias, e as crianças "pegarão em outras mãos" — namoradinhos(as), grupos de *outsiders* —, "vestirão outras camisas" — literalmente, vestimentas hippies, grunge ou punk — e "torcerão para outros times" — como drogas, sexo fácil, fumo e outros vícios.

São, evidentemente, de valia extraordinária as campanhas de prevenção das drogas e da AIDS, vide os bons resultados obtidos em países civilizados. Porém, jamais acabaremos com esses males enquanto, volto a repetir, não forem adequadamente supridas por suas famílias todas as necessidades afetivas das crianças, e estas continuarem a precisar de outros apoios e "muletas" externas. Quanto às mães, essas abnegadíssimas *senhôras* — olha o ô —, julgam sempre estar cumprindo à perfeição as tarefas de casa, pois mantém seus lares "um brinco" (elas, não, suas empregadas), fornecendo-lhes roupa lavada e passada e os mantendo sempre impecáveis, além, é claro, de não deixar de "aconselhá-los": "Eu digo sempre aos meus filhos: não fumem, não bebam, não usem drogas, cuidado com as companhias, não transem (para as meninas), não deixem de usar camisinha (para os meninos); não entendo, agora, como apareceu grávida aos quatorze anos, logo ela, que vivia estudando, não saía de casa..." Não é por demais pungente!?

Ah, sim, mesmo as necessidades afetivas sendo supridas— isso é básico —, é evidente que não é suficiente: o *"fill in the blanks"* em suas reticências exige mais, pois não só de afeto vive o homem, em especial a criança, esses seres extraordinariamente duais, alma e corpo; há que se lhes preencher, igualmente, as necessidades materiais mínimas. Meu conceito de necessidades materiais mínimas é muito mais abrangente, nada tem a ver com os conceitos dos governantes ou mesmo das igrejas, para os quais necessidades mínimas significam aquelas apenas suficientes e essenciais para, literalmente, não se morrer de fome. É muito pouco, não basta; a criança precisa de mais, precisa, pelo menos de vez em quando, de roupinhas de grife, de um tênis importado, videogame, poder passear no shopping, comer lanches no *Méc*, ir pra Disney e poder participar de aulas de inglês e computação, ou balé, se assim o desejar ou tiver aptidão.

E então, ó socialistas da miséria, religiosos de fachada, governantes hipócritas, pseudoterapeutas, estão horrorizados, achando tudo isso um desvario, um absurdo, uma utopia, não é? Não me surpreendem, pois os conheço muito bem, e sei como realmente pensam! Pois saibam, ó candidatos a pais, se isso não for possível, seria melhor não tê-los, ou crescerão frustrados, infelizes, desesperados para ganhar dinheiro urgentemente e a qualquer custo, no caso dos meninos; as meninas, sempre sob o estímulo das mães, atrofiarão os próprios cérebros, desenvolvendo — ou melhor, hoje em dia, desmilinguindo ainda mais — os seus esquálidos corpos, para se tornarem "atrizes e modelos" e se iludirem com a possibilidade de ganhar muito dinheiro, novamente a qualquer custo, ou, ao menos, de arrumar com urgência um marido rico, o que, no fundo, não deixa de ser uma forma velada de prostituição, pois estarão se casando com o dinheiro, não com o homem.

Nem precisaria dizê-lo, mas é necessário, para que não pairem dúvidas: não estou me referindo, é evidente, a comprar a criança com tudo que esta deseja, nem a excessos inconsequentes como os de muitos pais no intuito de se livrarem do essencial, daquilo de que realmente ela necessita, mas que não têm maturidade suficiente para lhes oferecer. Portanto, não se iludam!

Se alguém tem a pretensão de ser monge tibetano, ou uma reedição hodierna de São Francisco de Assis, hoje travestidos nas mais diferentes tribos, que o faça por conta e risco, mas não meta as crianças em suas idiossincrasias! Dinheiro não traz felicidade, é o pensamento clássico, e eu concordo. Contudo, é impossível ser feliz sem ele!

Veja um exemplo prático, o caso de minha filha Lílian — a gatinha, essa raridade —, que devido às minhas dificuldades estudou até os quatorze anos em escola pública, felizmente uma boa escola, do SESI, onde provavelmente era a mais diferenciada, tida e havida como "riquinha", já que era filha de médico, coitada! Acontece que todas as crianças, sem exceção, mesmo que não tivessem dentes na boca, tinham tênis importado e roupinhas da moda. Minha filha era, provavelmente, a mais estruturada em todos os sentidos: tinha plena consciência de nossas limitações, mas era inevitável, vez por outra, que eu lhe comprasse essas coisas, pois até chegou a dizer que preferiria não sair mais, pois era a mais mal vestida das coleguinhas e se sentia mal com isso.

Se a criança for brilhante, tiver potencial ou dom, terá que ter acesso à dança, à música, aos cursos de informática ou de idiomas no exterior, e mesmo no caso de não possuir tanto interesse, esses últimos são indispensáveis nos dias de hoje, simplesmente por uma questão de concorrência. Definitivamente, não se iludam, ó hipócritas!

Capítulo 66

Pois minha gatinha adorável chegara aos doze anos e começava a ensaiar os primeiros voos, inicialmente indo a festinhas nas casas das amiguinhas, depois começando a sair à noite, a passear no shopping, e mais tarde, finalmente, aos barzinhos da moda, *points* de reunião da "tchurma". O telefone não parava de tocar, e se falavam por horas, se divertiam, não paravam de rir, contavam "causos". Às vezes eu me "irritava":

— Menina, vê se desliga esse telefone, vai que um paciente ou o hospital quer falar comigo, como é que vai fazer?

Eu estava lendo, ela fazendo lições, e o telefone não dava sossego:

— Pai, o telefone! — dizia, como se eu não tivesse escutado, e me olhava, assim, de soslaio, com delicioso cinismo, como quem dissesse, e às vezes dizia mesmo: — Atende, escravo!

Era sempre para ela, com raras exceções. Eu jamais me irritava com suas coleguinhas e seus amiguinhos, anotava recados e telefones quando ela não estava, pois eles faziam parte do seu mundo, da sua felicidade. As mais íntimas nem se dignavam mais a me chamar de "tio":

— Bonomi, a Lílian está?

— Bonomi, fala pra ela...

Eles sabiam que eu entendia a sua linguagem, muitas vezes mais que os próprios pais, e era como se eu fizesse parte da tchurma; não que eu ficasse repetindo os termos da moda, ou me sentisse como um garotão, mas eles sabiam...

Mas, de certa forma, aquela faina começava a se tornar cansativa, pois eu não estava bem, e além de toda a maratona diária de leva-e--traz (não se pode esquecer que eu trabalhava o dia todo, às vezes até de madrugada), nos fins de semana a coisa se repetia: eu saía, a deixava em algum lugar, mas sabia que lá pelas onze e meia teria que sair de onde quer que estivesse para poder buscá-la; raras vezes ela se revezava com alguma coleguinha, mas a norma era que eu o fizesse.

    Irritado com o descaso de Ângela, cheguei a insistir veementemente com Lílian para exigir da mãe a divisão dessa tarefa comigo, buscando-a às sextas ou aos sábados à noite. Contudo, todas as tentativas foram infrutíferas, chegando a mãe, inclusive, a reclamar com amigos comuns que eu estava a lhe "pegar no pé". Assim, o que não tem remédio, remediado está: desisti, relaxei; alguém tinha que fazê-lo, esse alguém era eu e ponto final.

    Certo dia, assustado, percebi que Lílian, vendo televisão, estava piscando com certa insistência e raspando a garganta a todo instante.

    — Querida, o "bichinho do rum-rum" pegou você? E está pisca-piscando... — comecei, cauteloso.

    — Não, pai, é que estou com a garganta e a vista um pouco irritadas...

    Ah, menina, não tente se iludir, e ao seu velho pai! Brinquei, então:

    — Isso me dá um tique-tique nervoso... tique-tique nervoso... — entoando aquela cançoneta do Kid Vinil, se não me engano. Em resumo, ela estava começando a ter tiques. Acendeu-se uma luz vermelha e eu entrei em alerta máximo. Passei a observá-la rigorosamente aquele dia, e, à noite, ao deitar, perguntei:

    — Amor, o que está havendo?

    — Nada, pai...

    — Claro que não, filha, achei você hoje nervosa, tensa...

    — Ah, pi, sabe o que é, você está diferente comigo, briga comigo, às vezes se irrita, não é mais como antigamente quando eu morava com a mamãe e só vinha nos fins de semana, você ficava feliz quando eu chegava e só me tratava bem. Agora, não, você fica reclamando da mamãe que não quer me buscar...

    Ah, meu Deus, como se eu, no fundo, já não soubesse!

    — Sabe o que é, filha, ando extremamente tenso, sem qualquer prazer, não tenho namorada, o trabalho vai mal, estou muito infeliz. E quando a gente mora junto o tempo todo, é inevitável que, uma vez ou outra, surjam alguns probleminhas; você é uma menina inteligente, geniosa, exigente, e, embora a gente pense quase tudo da mesma forma, às vezes há diferenças, o que é normal, e a gente acaba discutindo. Mas isso, felizmente, é muito raro, o importante é que a gente se adora e se admira, isso é fundamental, e um desentendimento ou outro é inevitável. Você vê que a gente nunca fica gritando um com o outro, nunca fica de mal ou de cara feia um com o outro, não é mesmo?

Era a mais pura verdade; quando a gente se desentendia, ela era mais geniosa, e, às vezes, batia a porta e ia dormir sem querer falar comigo, e eu não admitia: "Olhe aqui, menina, a gente é pai e filha, eu não aceito gritaria nem baixaria nessa casa, e muito menos que a gente não se fale; pode falar boa-noite!"

Ela falava: "Boa-noite, pai", e eu a beijava. No dia seguinte, já ninguém nem se lembrava do ocorrido.

Ah, sim, quanto aos tiques, era como se eu a tivesse tocado com uma varinha de condão; desapareceram num "piscar de olhos", hahaha. Crianças *sempre* emitem sinais, às vezes sutis, de que algo não vai bem, quem tiver olhos, que veja. Ah, sim, quem nunca estiver por perto, jamais verá mesmo!

Capítulo 67

Vamos falar agora da mais pura e extraordinária magia, adentrando em um mundo encantado, o mundo do admirável, quase inacessível imaginário infantil onde essas crianças às vezes se metem. Há, contudo, que se estar atento e entrar com eles rapidamente, antes que a porta se feche!

Esse mundo mágico esconde um grande segredo: o acesso a ele é exclusivo das crianças, sendo, portanto, limitado a raríssimos adultos, apenas àqueles que mantiveram, apesar de tudo, a pureza e a magia da alma das crianças. Feche os olhos, então, tome uma pitada de pó de pirlimpimpim, pense no que há de mais doce e maravilhoso, e lá vamos nós...!

Era uma vez... uma princesinha chamada Lílian e um principezinho chamado Lelê, que mesmo quando moravam em um castelo com um grande jardim nunca tiveram animaizinhos de verdade, embora às vezes quisessem, e Lelê não era exceção. Mas o rei Bonomi I, o Único, achava que davam muito trabalho, e, principalmente, acarretavam gastos; depois ficavam doentes e morriam, e as crianças sofriam muito, como ocorrera na infância do rei, cujo reino atual não passava de noventa e cinco metros quadrados em uma torre de quinze andares. Mas era tal a liberdade dos principezinhos que, na realidade, seu reino era o maior de todos, pois se estendia por toda a face da terra.

Muita gente acha que é importante ter animais de estimação e eventualmente perdê-los, pois vai preparando os filhos para perdas futuras mais significativas. Ora, para que antecipar sofrimentos? Soframos apenas quando chegar a nossa vez! Estou me estendendo um pouco nessas considerações, mas faz parte. Então, assim sendo, os dois possuíam e adoravam uma série de bichinhos de pelúcia, de todos os tamanhos imagináveis, desde alguns que cabiam na palma da mão, até outros maiores que eles; jamais ficavam doentes ou morriam, e o único gasto ocorria ao comprá-los.

Quando Lelê estava ali pelos sete anos, embora já possuísse alguns desde bebê, viajaram para a capital do reino e o rei comprou para ele um pequeno bonequinho de plástico que era moda na ocasião devido ao seriado de TV, o famoso e traquinas Baby Sauro. Pois esse Baby, embora tenha havido anteriores, se tornaria, simbolicamente, o "primogênito" de uma grande família, tornando Lelê um "pai" precoce. De um dia para outro, o rei se viu na lastimável e inesperada posição de "avô".

— Não é mamãe! — ele repetia, com voz própria, acertando-lhe a cabeça.

— Vovô... cara de cocô... — dizia, e oficializava, com esse mote que repetiria à exaustão, a nova condição social do monarca.

O irreverente Baby, tendo basicamente as mesmas características do seriado, passara a fazer parte integrante da família, e não saíamos sem ele. O novo pai até criara uma musiquinha para ele, com ritmo e tudo, simples, porém engraçadinha para a idade:

Baby Sauro é muito trapalhão (bis)/ Um dia ele bateu com a panela/ Na cabeça do pai dele/

E disse "não é mamããããeee"/ Baby Sauro (repete)/ Um dia ele arrotou na frente/ Dos amigos do pai dele/ Baby Sauro...

E o "menino" — sou obrigado a chamá-lo assim, pois adquirira definitivamente vida própria — se revelaria extremamente irreverente, um verdadeiro alter ego do "pai", bem mais contido:

— Vô, é verdade que você é cara de cocô?

— Baby, para de ser cretino!

— Seu cu tem pepino!

Olhavam-se, meneando a cabeça, como a dizer: "Esse é 'causo' perdido". Como estavam de saída para passear, o pai o alertou:

— Olhe, Baby, se você não calar a boca, não vai sair com a gente, seu panaca!

— Seu cu tem curicaca!

O pai teve que intervir:

— É isso mesmo, Baby, ou você fica quieto, ou fica em casa; e você também, sapo...

— Eu não falei nada...

— Mas já está avisado...

Ah, sim, o sapo Chulé havia "nascido" há pouco, e era mais comportado que o "irmão". Nessa noite, na volta de nosso passeio, ocorreria um dos diálogos mais extraordinários que eu jamais presenciara, em pleno elevador:

— Pai, em que dia eu nasci?
— Não foi de dia, Baby, foi de noite.
— E em qual maternidade eu nasci?
— Shopping Morumbi.

Não foi fácil me conter para não estourar de rir.

De outra feita, Lelê ganhou um bonequinho de brinde, que ao voltarmos de nosso shopping, imediatamente desandou a falar:

— É isso aí, garotão... qual é, garotão...

Acredito que isso foi irritando o Baby, pois logo que chegamos em casa, Lelê foi entrando para o quarto e o Baby não se aguentou:

— Pô, esse cara só fica falando garotão, qual é garotão, já tá me enchendo...

E o pai, apaziguador:

— Calma, Baby, é o estilo dele.

A rainha chegou a ficar preocupada, pois o menino vivia a falar "sozinho" em seu palacete. Ligou para a maga do reino, que devidamente a tranquilizou.

Capítulo 68

Esse menino e eu éramos unha e carne, não nos desgrudávamos; tudo que ele me pedia eu fazia, porque tudo que eu lhe pedia ele fazia por mim. Eu conseguira, finalmente, comprar o título do melhor clube da cidade, que todos os meus colegas já possuíam desde a infância, ou desde sua chegada à cidade, e passei a frequentar a sauna todo sábado à tarde e domingo cedo, pois dentro dela havia uma pequena piscina que eu usava para fazer um pouco de hidroginástica, enquanto Lelê brincava com o Baby e o sapo ou jogava com uma bolinha de borracha na parede.

Ele se me tornara uma espécie de mascote, e todo mundo mexia com a gente, divertindo-se com aquela parceria singular. Havia uma pequena lanchonete dentro da sauna, onde, no intervalo, cada um de nós comia dois ovos cozidos e tomava um refrigerante: primeiro, eu tinha que descascar os dois ovos dele, que ele comia, narrando a partida:

— Lelê, um a zero.
— Lelê, dois a zero.
— Bonomi faz dois a um.
— Bonomi empata no finalzinho, terminando o jogo!

Ele ainda estava naquela de disputar e não aceitava muito perder. Certo dia, em que fui sozinho à sauna, pois ele preferira ficar jogando videogame, quando voltei já fui cantando:

— Bonomi dois ovos a zeeero! Bonomi dois ovos a zeeero!

Ele veio que nem um tiro, pê da vida, e saí correndo pelo corredor com ele no meu encalço, até que ele viu, pendurados atrás, em um saquinho de plástico no meu calção, os dois ovos que eu lhe trouxera; ele não sabia se ria ou se chorava, enquanto empatava o jogo.

Capítulo 69

Eu nunca imaginara que pudesse enviar minha filha aos Estados Unidos para estudar inglês, pois não pertencia a nenhuma dessas associações, fosse Lions ou Rotary, e não tinha dinheiro para bancar a empreitada. No entanto, ao final de 1995, ela recebeu um panfleto na escola de inglês em que estudava, informando a respeito dessa possibilidade e dos custos da operação.

Embora com descrédito, acabei por dar uma olhada nos planos e concluí que se ela fosse e ficasse um ano por lá, me custaria exatamente o mesmo que se estivesse comigo, incluindo até as passagens, pois aqui pagava-se por tudo, inglês, balé, música, comida, além de, pela primeira vez, já no primeiro colegial, estar frequentando uma escola privada, caríssima, cujas mensalidades subiam todo mês — os preços praticamente congelados que se danassem. Começamos então, ela e eu, a analisar fortemente essa possibilidade.

A bem da verdade, comecei a sentir algum sentimento de culpa, pois, no fundo, embora soubesse da extraordinária importância de um curso no exterior, do que isso representaria para ela em termos de aprendizado e crescimento em todos os sentidos, no fundo desejava também que ela fosse porque eu estava precisando de um *time* para mim, precisava respirar um pouco, curtir um pouco, embora nem soubesse direito o quê. Demos a entrada e fechamos o contrato, e dentro de seis meses, no segundo semestre, ela viajaria.

Capítulo 70

Nesse ano, finalmente, depois de três ou quatro saindo sempre sozinho, com a rápida exceção do período em que saí com Vânia — uma colega médica muito legal, mas por quem não consegui me apaixonar, nem sei bem por que, uma vez que possuía muitas qualidades —, acabei por fazer amizade com um colega médico da minha idade, Amon, ainda solteiro, que eu já conhecera em Foz do Iguaçu onde não tínhamos nos aproximado. Nos tornamos ótimos amigos, pois tínhamos muito em comum: éramos dados mais à observação do que à conversa fiada; nenhum dos dois contava vantagens e babaquices; de família bem estruturada, ele já viajara por boa parte do mundo. Passamos a sair juntos e era muito bom.

Dois ou três meses mais tarde lhe apresentei uma amiga, Rebecca, e eles passaram a namorar, ficando noivos em exatamente um ano. Eu havia terminado com Vânia, que ficou muito sentida, porém, logo lhe apresentei outro colega médico, desquitado. No início ela ficou pê da vida, achando que estivéssemos a lhe "empurrar" o rapaz, pois eu começara a sair com outra menina, mas não era nada disso, tanto que logo os dois se apaixonariam perdidamente, inevitável, já que tinham muito em comum, — *similis simili* —, vindo a se casar em seis meses.

Pois bem, eu não podia me contentar em ficar por aí dando uma de Cupido. Conheci, nesse grupo que se formara, uma menina de vinte e seis anos, Robertinha, pela qual não me interessei a princípio. Mas como estava desenturmada, tendo terminado um longo namoro, passou a sair com a gente e logo começamos a sair só nós dois. Então, aconteceu um fato extraordinário.

Da primeira vez que fiquei de pegá-la, combinamos de ir a um barzinho chamado, singelamente, de S.A. Era uma espécie de American Bar, discreto e charmoso, nos fundos de um longo corredor coberto por uma pérgula de flores, ao lado do qual existia o bar do mesmo nome, igualmente sofisticado. Eu começara a frequentá-lo quando passei a sair com Amon, e me apaixonaria por ele — o bar — como ainda não ocorrera com nenhum outro, pois era discretamente elegante, sem excessos, música ambiente apenas audível para que se pudesse conversar. Não havia criançada, como hoje é comum nos bares da moda, e boa parte de seus frequentadores eram habitués. Pode parecer exagero, mas lá só entravam moças bonitas e geralmente de nobre cepa, como se existisse na entrada um daqueles porteiros de hotel estrangeiro, vestido de libré, barrando o acesso daquelas que não se encaixassem nesse modelo.

Voltando à Robertinha: era uma linda gatinha; me ligou e perguntou se poderia convidar uma amiga, que depois se encontraria com a gente lá. "Claro", eu disse. Chegamos mais cedo, ficamos no balcão, pois naquele dia o bar estava cheio, e ela me disse, para meu espanto:

— Você conhece minha amiga, Maria Elisa?

Quase caí de costas; e fui franco, honesto e direto, como se pudesse ser diferente.

— Pois é, tenho uma certa queda por essa menina.

É isso aí: eu conhecera Maria Elisa, uma dentistazinha muito gracinha, cujos seios pareciam se encaixar à perfeição em taças de conhaque. Fizera cerca de três tentativas de *approach*, que é o meu limite de insistência, mas ela não se sensibilizou. Nesses anos todos, embora houvesse conhecido outras moças muito interessantes, ela tinha sido a única que, quando a encontrava, me fazia "perder o rebolado", tremendo como um adolescente. E logo ela chegou, toda produzida, provavelmente já sabendo quem era o novo amigo de Robertinha.

Foi uma noite excepcional. O bar estava agitado, e eu de ótimo astral, como não me sentia há muito. Uma vez que praticamente já havia descartado Maria Elisa devido à falta de interesse dela, dediquei-me quase inteiramente a Robertinha, inclusive, às vezes, compartilhando o copo que ela me oferecia. Era visível a inquietação da dentistazinha. No entanto, não a esnobei, primeiro, porque isso me é absolutamente impossível, segundo, porque o mundo dá muitas voltas; mas bem que ela merecia esse abalo, vamos convir. Robertinha linda gatinha se mostraria graciosíssima; era britanicamente pontual, porém, não parecia obsessiva. Era *light*, alegre, bem-humorada.

No dia seguinte, domingo à noite, fomos ao cinema. Quando saímos, perguntei a ela e a uma outra amiga que lá aparecera:
— Vocês gostariam de ir comer uma pizza?
Ela era espirituosa e rápida no gatilho, respondeu:
— Gostaríamos!
E não é que ela também gostava até de pizza de banana!? Comecei a perceber uma grande coincidência de gostos e interesses, e nossa conversa fluía facilmente. Na semana seguinte, fomos a um show da Marisa Monte, e sabe quem se convidou para ir junto, *again*!? Fomos a outra pizzaria, e quem apareceu, depois do cinema, com os lábios bem rubros e uma camisa de cetim vermelha, entreaberta, deixando entrever os seios magníficos!? Pois é, as coisas estavam ficando interessantíssimas; pena que não duraria muito...

Houve um baile de médicos e Robertinha foi comigo; na saída, ficamos meio confusos, havia muitos carros, e perdemos o nosso. Robertinha resolveu, então, apostar que ele estaria para cima, e eu, para baixo; demos as mãos e "cortamos", nos sentindo como adolescentes. Se ela ganhasse, eu a levaria para tomar um *capuccino*, que ela adorava; já eu, optei por um beijo. Já adivinhou quem ganhou a aposta? Entramos no carro, ela recuou, eu não forcei. Apenas beijei-lhe o rosto.

Tivemos, então, a primeira de uma série de conversas sérias e maduras. Ela disse que não era como essas meninas que eu conhecia etc. etc., embora sua família não fosse preconceituosa, já que tinha tias separadas. Isso certamente não seria empecilho, mas, reiterou, não era assim como as meninas... Tudo bem. Ela me introduziu em sua casa, não sem antes ressaltar que não era qualquer pessoa que tinha esse acesso; chegou a mencionar alguns colegas de bom nome que não teriam esse cacife, o que, de certa forma, me enaltecia: pelo pouco que ela me conhecia, eu merecia esse privilégio.

Sua família era de nobre estirpe, seguramente o que eu havia conhecido de melhor: o pai, médico, embora de família não tão ilustre, formara-se com dificuldade, porém, nos bons tempos da medicina, e até fazenda possuía; a mãe, esta sim, de nobre cepa, era fazendeira e filha de fazendeiros; tinha irmão advogado e irmã médica, todos extraordinariamente gentis e delicados. Robertinha se formara em direito, porém, ao perceber que entraria em um mundo sórdido, onde a velocidade dos processos e sua distribuição por varas dependiam de que se "azeitassem" muito bem as engrenagens da máquina, desistiu, e formou-se em magistério, já que era leitora voraz. Adorava Clarice Lispector e estava se saindo muito bem na profissão que abraçara. Eu adorava esse ambiente, seus costumes e seu cheiro de gente bem.

Um dia, no carro, de forma inesperada, ela me beijou avidamente, revelando ser capaz de prazer e desenvoltura. No entanto, em seguida, titubeou um pouco.

— Sabe, preciso falar com você, não é o que você está pensando... sabe... eu... bem...

— Você está querendo dizer, por acaso, que nunca transou? — acertei na mosca, sereno, facilitando-lhe a confissão.

— ...é isso, pronto, falei, é isso! — completou, entre constrangida e aliviada.

— E daí? Se foi por opção pessoal, porque ainda não chegou o momento ou não encontrou o homem ideal... *Desde que não seja por repressão, por bloqueios...* — pensei.

Ela contou, então, que tivera dois ou três namorados, um dos quais um caso muito sério, com fortes propensões ao casamento, porém, quando já estava se preparando para a primeira transa, depois de mais de um ano de namoro, tudo desmoronou: o rapaz, que fora trabalhar fora da cidade, acabou arrumando um caso paralelo arruinando todo o processo. Ela foi implacável, e terminou definitivamente o envolvimento.

E assim, durante esse *affair* incipiente e doce, chegou o meu aniversário, o primeiro em seis anos em que eu teria alguma coisa para comemorar. Logo pela manhã, nem eram seis horas, acordei com o som insistente do interfone do prédio; corri, e o porteiro avisou que havia para mim uma dessas cestas de café da manhã, cheia de frutas e doces. Foi o presente mais adorável, por seu valor simbólico, que jamais recebera em toda minha vida; Lílian se levantou correndo, e ao ver a cesta e o cartãozinho singelo que a acompanhava, me abraçou encantada. Não consegui, nem tentei reprimir o pranto convulsivo que tomou conta de mim. À noite, para completar o estado de enlevo, fomos ao L'Escargot, o restaurante mais exclusivo da cidade, de um dos *chefs* mais sofisticados do Brasil, João Roberto, aliás, médico com extensa formação no exterior que houvera por bem abandonar a medicina, por absoluto desencanto com o rumo que as coisas haviam tomado.

Infelizmente, esse breve conto de fadas terminaria de modo bem mais prosaico do que os contos para crianças. Robertinha linda gatinha parecera, a princípio, relativamente empolgada. Contudo, não era ingênua. Poucos dias depois daquele dia indelével em minha alma, ela foi incisiva, embora tranquila, adulta, nem um pouco agressiva:

— Você não está apaixonado por mim, não é?

— Bem, eu...

— Você ainda está com Maria Elisa na cabeça, não é?

— De certa forma, sim, mas é uma questão de tempo, já foi mais forte, e estou fazendo todo o esforço para me apaixonar por você, pois já gosto muito de você, temos muita coisa em comum, e é até melhor que seja assim, que esse sentimento vá crescendo, se tornando sólido, ao invés de uma paixão avassaladora no início que depois costuma acabar esfriando...

— Eu não penso assim, você não me olha como outros namorados, com aquela ânsia, aquela vontade de pegar, de tocar...

Ela tinha razão.

— Mas talvez seja uma questão de tempo, estou me esforçando...

— Olhe, Bonomi, vamos fazer o seguinte: você ainda não está estruturado, está cheio de dúvidas, é melhor se estruturar primeiro. Consigo conviver bem com as minhas carências, você não... Além do mais — continuou — eu talvez prefira um casamento, ou relacionamento, onde já não haja filhos, para que eu possa andar à vontade dentro de casa, viajar à vontade, começar realmente do zero, curtindo desde o início, coisa que você já fez...

Eu? Já fiz!? — pensei, e nada disse.

— Vamos continuar amigos, nos falando às vezes, e ver o que acontece...

Ela foi decidida, fulminante, jogou franco e aberto, sem titubear; foi, de certo modo, admirável. A bem da verdade, quando ela disse que eu deveria me estruturar, se referia também, embora de forma velada, a algo mais do que estruturar-me emocionalmente. Eu já lhe expusera, e não poderia ser diferente, a situação financeiramente incerta que enfrentava, ou, na realidade, sempre havia enfrentado; cheguei a lhe perguntar, certa vez, se ela seria capaz de ajudar a manter uma casa, colaborando com as despesas etc.

Ela fora franca e cristalina: o que ela ganhasse seria exclusivamente para os próprios gastos, vaidadezinhas pessoais, como ela mesma disse, e os encargos da casa deveriam ser responsabilidade exclusiva do homem. Eu já a havia questionado quanto a esse posicionamento, e, posteriormente, em uma carta, cheguei a dar-lhe uma estocada, dizendo em tom de brincadeira que Jane Austen devia estar se revirando na tumba com a maneira dela pensar.

De qualquer modo, nesse caso específico, convenhamos, não era mesmo justo nem inteligente ela vir a se relacionar com alguém que não pudesse lhe dar qualquer segurança financeira, já que desconhecia completamente esse tipo de preocupações, a tal ponto, coisa rara, de ter se dado ao luxo de partir para uma segunda formação ao não se adaptar à primeira. Aliás, também sou de opinião que os pais deveriam ter condições de aguentar os filhos até que eles realmente se definissem, inclusive trocando de faculdade se necessário, ou mesmo de profissão.

E assim nos afastamos de vez, e eu sentiria muito a sua falta; embora não tivesse chegado a me apaixonar de verdade, nem sentido aquele "tchan" necessário e indispensável, pelo qual tanto ansiava, senti por essa menina um grande afeto. Se Maria Elisa foi quem mais se aproximou de uma paixão arrebatadora, Robertinha linda gatinha foi, nesses anos todos, quem mais se aproximou do ideal de ternura, quem mais me remeteu aos amores da adolescência — muitas canções me faziam recordá-la, fazia-me falta o seu perfume, sua alegria, seu ambiente. Gostaria de ter ficado a beijá-la para sempre!

Algum tempo depois, voltaria a rever o filme "Um Lugar Ao Sol", em que um rapaz, de ascendência muito humilde chega a ter a ilusão de poder adentrar esse mundo exclusivo dos seres bafejados pela sorte, aquela ambientação de deslumbramento dos contos de fada, como se fosse uma Cinderela às avessas; não poderia mesmo terminar de outra forma que em tragédia, deixando claro, de forma opressiva, que esse mundo é inacessível para os desvalidos do destino. A mãe do pobre desgraçado, uma senhora humilde e beatífica, em virtude das circunstâncias, se recolhera, de forma franciscana e monástica, a uma espécie de exército da salvação, deixando de salvar o próprio filho, que foi deixado a cumprir, assim, o seu inexorável destino de desgraça.

    O roteiro do filme se somou aos acontecimentos recentes em que estivera envolvido, me oprimindo deveras. Um grande esforço se fazia necessário para evitar que a vida imitasse a arte, como muitas vezes sói acontecer.

Capítulo 71

Já se aproximava o meio do ano, e haveria um congresso de videocirurgia em Paris. Ah, Paris! Não poderia haver charme maior! Instiguei Money a participarmos, em parte, e o que era essencial, pela importância do congresso, em parte porque seria na cidade mais charmosa do mundo. E em parte ainda, devo confessar, para tentar melhorar minha imagem, visivelmente em baixa, junto a Robertinha. Não que eu esperasse milagres, que uma moça daquele padrão fosse ficar babando, em absoluto. Mas poderia ajudar, causar um certo *frisson*.

Fui então me despedir dela, que ficou muito feliz com a minha viagem — mas não tão impressionada — e rimos bastante, pois seu irmão, muito espirituoso, contou casos de quedas de avião e fingiu tirar fotografias comigo para recordação. Quando fui embora, Robertinha saiu comigo, puxou-me a um canto, e tascou:

— Você sabe qual a minha fantasia sexual, meu tesão? Eu adoraria transar na Torre Eiffel, não deixe de ir lá, subir lá, e ver se isso é possível...

Demais, ela, não?

Capítulo 72

Há alguns anos Lílian acalentava um grande desejo: fazer o seu *début*, uma festa de quinze anos deslumbrante, no estilo dos contos de fada. A princesinha sonhava e queria, a todo custo, que fosse, ainda por cima, em uma daquelas casas estilo "...E o vento levou", em que desceria aquelas escadarias e tudo o mais a que tivesse direito. O ano anterior contribuiu muito para incrementar essas fantasias, pois tinha participado de uma série de festas semelhantes, embora não tão suntuosas, em que fizera parte dos quinze pares dançantes, além da debutante.

Por sorte, minha irmã Jamile, nossa segunda mãe, substituíra Ângela de vez nesse aspecto, e juntamente com sua filha pregava botões, remendava, lavava as roupas especiais, maquiava e penteava a menina, e às vezes até lhe cortava os cabelos. Também fazia os vestidinhos para esses bailes, barateando-os imensamente. Ficavam uma graça, e olha que agradar a gatinha não era fácil! Ela sabia ser enjoadinha, deixava Jamile e a filha doidas, mas valia a pena! Transformava-se numa verdadeira princesinha de contos de fada, e princesa de verdade, pois tinha todo o estofo, a nobreza, a dignidade e o *pedigree*! Só lhe faltava um reino.

Não havia espetáculo mais deslumbrante do que vê-la e às suas amiguinhas chegando em frente dos salões! Aquelas crianças, que eu conhecera desde menininhas, haviam se metamorfoseado, todas, em lindas donzelas, e viviam seus dias de princesas. Meu Deus, parecia mesmo um sonho! No dia seguinte, ela me contava tudo, e como o mundo era real, falava das mais belas, dos vestidinhos mais lindos, daquelas que extrapolavam e das intriguinhas, dos ciuminhos entre as princesas.

Ela encantava sempre, sempre havia um ou mais príncipes que a cortejavam e por ela se apaixonavam, porém sua alteza, a mais feliz e nobre, pairava equidistante, deixando-os embevecidos e com os corações partidos. Eu já vinha tentando fazê-la cair na real, alertando-a sobre a quase absoluta impossibilidade de realizar seu sonho, na verdade, nada mais que uma fantasia; ela pressionava, como se fosse algo vital para sua realização pessoal, como se a não consecução fosse causar-lhe um trauma irreparável. Uma festa desse porte implicaria em custos importantes, e, muito mais grave, em preparativos longos e cansativos, sem falar na presença, no dia do evento, de pessoas cuja convivência eu não estava em mínimas condições de suportar.

Então, quando eu e Money decidimos que iríamos ao congresso da França, bati o martelo, esperando uma hecatombe:

— Filha, não estou em condições de fazer sua festa de quinze anos; preciso ir a Paris fazer um curso, e você vai para os Estados Unidos, coisas absolutamente vitais para o nosso futuro.

— Ai, pai, você vai a Paris? — deslumbrou-se ela. — Ai, pai, que legal, vai mesmo! Que bom, pai! — e abraçou-me, emocionada.

Que alívio! Estava muito mais amadurecida do que eu imaginava!

Capítulo 73

Viajamos, e finalmente, depois de três longos anos *full-time* comigo, Lílian foi passar uma semana com a mãe. Money optou por levar sua esposa, o que redundaria em incremento de meus custos, pois acabaria por não dividir a acomodação. No entanto, era um pleno direito de ambos, que não poderiam perder uma oportunidade dessas. E Paris fez por merecer toda sua aura magnífica: a amamos de morte! E tivemos um grande *handicap*: por extrema sorte, havia um colega intensivista, que trabalhava com a gente, já havia morado em Paris e lá estava fazendo uma nova reciclagem. Combinamos, então, de ficar no mesmo hotel que ele e a esposa. Que achado! Foram excepcionalmente prestativos e gentis e nos cicoronearam por toda a cidade, que conheciam como a palma da mão. Ele, além de tudo um *"chef de cuisine"* de primeira, nos levou a bares e restaurantes de todos os tipos, desde os mais simples, porém com boa comida típica, até os mais caros e sofisticados.

O mais interessante é que fizera amizade, tornara-se íntimo, mesmo, do dono de um bar próximo ao hotel, um francês extraordinariamente simpático e bonachão — Monsieur e sua esposa, Carole nos trataram, igualmente, com raro carinho e consideração, o que, por sermos brasileiros, muito nos surpreendeu. Depois que o bar fechava, lá pela meia-noite, nós continuávamos lá, ou ele abria a porta só para nós e nos davam a conhecer e a provar os mais exclusivos acepipes e bebidas, alguns feitos de forma artesanal por seus próprios familiares, em sua cidade natal.

Os donos do bar possuíam uma bela e grande cadela; dizem as más línguas, exageradamente, por certo, que, depois de vários grogues cheguei a abraçá-la e a beijá-la repetidas vezes, no maior *love*, o que, na verdade, pensando bem, até que não seria de surpreender, pois o belo animal atendia pelo sugestivo nome de Afrodite e eu estava, literalmente, "matando cachorro a grito" novamente.

Numa dessas noites todos extrapolamos, chegando o colega intensivista a "desmaiar" no sofá do bar, a ponto de roncar e ter que ser arrastado até o quarto do hotel, onde vomitou até as tampas, deixando sua esposa possessa — não tanto, talvez, pela lambança que aprontou, mas por ter gozado sozinho naquela noite, um orgasmo gastroesofágico, prazer exclusivo dos glutões. Ah, sim, também não deixamos de fazer o curso, acredite quem quiser! Estão aí os diplomas que não nos deixam mentir!

Nem tudo foram flores, no entanto. Passávamos o dia inteiro passeando e conhecendo a cidade e as lojas, e todos compravam tudo que viam, gastavam, e extrapolavam. Eu também, embora de forma comedida e ponderada. Uma tarde, ao final de um longo e cansativo périplo, resolvemos parar em um bar dos Champs-Elysées para tomar uns chopes. Nos sentamos, suados, e pedimos o menu; um único chope, de tamanho comum, estava cotado a cerca de quatorze dólares! Não tive dúvidas, levantei-me e saí para procurar outro bar; os outros, em seguida, fizeram o mesmo, mas percebi que algo havia mudado. Fui relegado a um mero apêndice do grupo.

No dia seguinte, no congresso, Money foi enfático e esclarecedor: não estavam gostando do modo como eu vinha me comportando, com o meu pão-durismo, com a maneira como havia saído do bar, isso podia pegar muito mal para a nossa clínica. Além do mais, nem cartão de crédito eu possuía, e vivia a usar o dele; era hora de "mudar a cabeça", senão não ia dar, ensinou, incisivo. Talvez não deixasse de ter razão, e eu já vinha me esforçando para isso.

Em seguida, traçamos alguns planos para a clínica para quando retornássemos, e brinquei:

— É isso aí, ô meu, agora é voltar e pegar firme!

Ele foi duro:

— *Você* vai ter que pegar firme, eu já estou em outro esquema.

Nesse dia, o colega intensivista viajara com a esposa para a casa de um professor no litoral, e à noite Celinha resolveu sair a dois com Money para um *tête-à-tête* especial de que talvez estivessem necessitando. Era outono, e em Paris fazia mais de trinta graus, os dias eram belíssimos e ensolarados e o sol não se punha antes das dez da noite. Andei sozinho pelas ruas de Montparnasse sob a noite cálida e estrelada, e não foi assim tão ruim, foi até muito agradável, pois já me habituara a andar sozinho, e, de certa forma, ficar a sós comigo; definitivamente, antes só do que mal acompanhado.

Não foi tão mal tampouco jantar sozinho em uma daquelas agradáveis brasseries, regado a um bom *"vin rouge ordinaire"*. Foi bom para recompor as ideias e tentar me recompor; é evidente que o homem necessita de alguém para companhia, esse é o nosso destino, mas é incrível como já me acostumara a conviver comigo mesmo, como me fazia bem a minha própria companhia, enquanto não surgia a companheira adequada a que eu realmente fizesse jus.

Se tivesse me olhado naquele instante, o garçom talvez me julgasse algum alienado, pois me percebi sorrindo sozinho, pensando nos meus filhos, onde estariam naquele instante, o que estariam fazendo, pois conhecia cada um dos seus passos, seus hábitos e costumes, sabia que não era nada improvável que também estivessem pensando em mim, aguardando com ansiedade incontida a minha volta, muito mais por mim mesmo, certamente, do que pelos presentinhos que já havia comprado.

Recordei-me daquele outro congresso em Roma, em que, para Lílian, levei delicadas lingeries e roupinhas de seda, e para Lelê dezenas de bugigangas de um dólar, além de um punhado de doces e chicletes comprados no último *free shop* com o dinheiro que sobrara. Como é fácil agradá-los, quando se conhece os filhos profundamente! Eu sabia, pelo modo como vinha conduzindo a minha vida, que ainda tinha possibilidades de ser completamente feliz, já que meus filhos estavam emocionalmente equilibrados e não era nada improvável que ainda viesse a me realizar profissionalmente e a encontrar o grande amor de minha vida — mais que provável, era "matemático", afiançara-me Antonieta.

Na última noite, combinamos todos de sair para jantar, e que me chamariam quando fossem descer. As horas se passaram, eu não quis incomodar, quase peguei no sono, e, finalmente, lá pelas dez da noite, Money me ligou:

— Olhe, nós já estamos aqui no Monsieur e vamos sair para jantar... ó, é lá nos Champs-Elysées... naquele restaurante caro... você vai querer ir também?

Sim, eu queria ir também, era a nossa última noite em Paris. Já no avião de volta, martelava-me a cabeça a estranha maneira de ver as coisas de um velho dono de hospital, explorador de médicos, com quem Money trabalhara em Serpientes; Money vivia a repeti-la como um mantra, parecendo concordar plenamente com a assertiva. A tese era a seguinte, quando alguém lhe dizia que um médico, por exemplo, era muito bom, o velho retrucava:

— É mesmo!? E o que é que ele tem de seu?

Assim, para Money, eu não era nada, pois em vinte anos de trabalho, embora árduo e digno, pouco ou nada conseguira acumular. Já de volta à clínica, andava meio chateado e Money, solícito, me abordou:

— O que está acontecendo?

— Sabe o que é... aquele episódio de Paris... eu e Afrodite... a gente até se beijou...

— Não esquente a cabeça, não... você já havia bebido... não precisa ficar envergonhado... ninguém ficou sabendo.

— Não é nada disso... você não está entendendo... é que até hoje ela não telefonou, não escreveu... Tive que sair correndo...

Capítulo 74

Às vezes, eu me olhava no espelho, preocupado. Os sinais do tempo começavam a se manifestar, as bochechas já principiavam a ficar mais caídas e uma discreta papada, sob o queixo, começava a aflorar. Paradoxalmente, eu me tornara um homem bastante charmoso, com um corpo impecável, musculoso e atlético, o peso ideal, sempre levemente bronzeado, mais fluente e agradável, em suma, formava um conjunto que nunca fora tão atraente.

No meio médico me fizera um profissional admirado e querido, meus artigos e ideias sendo respeitados até por meus desafetos. Eu vivia um momento realmente especial, a tal ponto que, em um jantar dos médicos pouco antes da viagem a Paris, acabei por dançar com pelo menos quatro ou cinco colegas, e, pasmem, a convite delas, que me encontravam e me intimavam a tirá-las para bailar. Já era um grande avanço. Eu esperava que, quando Lílian viajasse, meu Deus, ia ser um auê!

Encontrei nessa ocasião uma amiga, esposa de um amigo, e entusiasmado lhe contei a respeito de minha atual performance. Ela, porém, me fulminou com rara insensibilidade:

— Ih! A "muierada" de hoje anda tudo carente, desesperada, doida pra arrumar marido!

No entanto, quando retornei de Paris, em virtude daquela série de acontecimentos, estava me sentindo um caco. Vânia ainda não estava namorando, e fez aniversário. Esperei que todos fossem embora, senti que ela estava bem animadinha, e foi uma zorra, mas não consegui chegar aos *finalmentes*. Na semana seguinte, uma amiga se convidou a ir ao meu apartamento, dizendo que há muito queria fazê-lo; beijamo-nos ardentemente... e nada, nem tentei! Eu me sentia um lixo, vi o mundo desmoronar; virei meleca.

Em desespero, liguei para o meu amigo Amon, que deu uma força, dizendo que isso era assim mesmo, que a gente não era mais um adolescente, quando não podia nem ver perna de mesa que já tinha ereção. Antonieta foi enfática ao afirmar que isso era, na verdade, prova de grande maturidade, que eu evoluíra a ponto de não mais fazer parte de meu psiquismo ficar por aí a transar com mocinhas.

— Você tem certeza, Antonieta?
— Absoluta.

Lílian viajou, finalmente, e me recolhi de vez. E percebi, com rara lucidez, apesar do estado crítico em que me encontrava, que precisava realmente de um *"time"* para mim, mas não era pra cair na gandaia, isso não estava dentro de mim, não adiantava forçar que iria dar com os burros n'água. Precisava de um tempo de revisão total, reciclagem pessoal, de priorizar de vez meus reais objetivos. E comecei a escrever esta minha experiência de vida, mergulhando na própria alma como talvez jamais fora feito por ninguém, revendo, com calma e de forma profunda, todas as minhas análises, pelo menos aquelas que consegui resgatar de forma completa; para as outras, essenciais, porém incompletas, tive a ajuda de Antonieta. E tratei igualmente, num esforço ingente, de me virar.

Money montara os aparelhos e passei a editar nossas fitas cirúrgicas; encomendei material e redigi as apostilas para eventuais cursos que viéssemos a ministrar. Elaborei uma fita com trabalhos inéditos e a enviei para um congresso que haveria na cidade; esse trabalho não só foi aceito para apresentação, como, além disso, fui convidado a compor uma mesa em que também faria uma exposição. Era extraordinário, pois nosso trabalho, mesmo não estando ligado a nenhuma universidade — e, talvez por isso, nem fazendo parte de qualquer patota —, estava sendo reconhecido e avalizado no mais seleto meio científico.

O congresso estava se aproximando, e, para evitar possíveis ciuminhos internos, dei a Money a oportunidade de apresentar um dos trabalhos, enquanto eu apresentaria o outro. Surpreendentemente, ele foi ficando cada vez mais tenso e angustiado, e matei a charada:

— Olhe, Money, se você não quiser, se não estiver a fim — *preparado*, pensei — posso fazer as duas apresentações.

E as fiz suficientemente bem, não com a didática e a desenvoltura dos velhos mestres, é evidente, mas com uma calma e tranquilidade que até a mim surpreenderam, pois se tratava da minha primeira vez como professor; você se lembra quando, nos longínquos idos de estudante, quando ensaiei alguns voos nesse sentido, minhas asas logo foram cortadas, causando um trauma que eu não tinha esperanças de superar.

Eu vinha amadurecendo de forma extraordinária. Ao fim do evento, disse a Money, a quem realmente admiro como cirurgião:

— É isso aí, colega, cada um na sua... Ou seja, você continua fazendo aquilo que sabe fazer, mexer com os aparelhos e operar admiravelmente bem, e eu naquilo que faço melhor: escrever, publicar, e agora, quem diria, até dar uma de professor!

A conjunção perfeita, um prático, outro teórico, o côncavo e o convexo. E sabe o que ganhamos com isso? Uma carta de advertência, baseada em tais e tais artigos, vinda de quem mais deveria nos fornecer respaldo e fomentar o nosso crescimento, pasme mais uma vez: a Coopermed.

Peço desculpas antecipadas ao eventual leitor, mas não há como não fazer um rápido e sucinto histórico, e o farei o mais breve possível para não cansar os neófitos na matéria.

Cerca de um ano e meio antes, a antiga diretoria da cooperativa chefiada por Benito, de quem guardo pouca ou nenhuma saudade, foi substituída por uma nova. Comandada agora por Rud Tacaño, — profissional curioso que, quando lançamos a videolaparoscopia, parecia ignorar completamente as novas técnicas, aliás, nem tão novas assim, e por pisar em terreno pantanoso alertara os pacientes a tomarem cuidado com aventureiros —, e por Le-roi, médico especialista em marketing, a cooperativa tinha sido transformada em extraordinário produto mercadológico. Chegou a ganhar vários prêmios na área do Duda Mendonça, aquele que vende qualquer candidato como sabão em pó ou margarina. Pois esses novos "donos" passaram então a tratar os colegas, *todos seus conhecidos*, de forma pasteurizada, descaracterizadora, um sintoma interessante — "Olha, Doutor...", ou "Veja bem, Doutora, a *senhôra*..." — sendo que o segundo, num gesto de rara prepotência, na única vez em que minha secretária conseguiu que o colocassem na linha desligou o telefone na cara dela, enquanto ela corria a me chamar na sala ao lado, pois "não tinha tempo para esperar doutor". Outros dois colegas que participavam da diretoria pareciam manter inalteradas suas características originais, mas veremos que não era bem assim.

Nossas várias tentativas de tentar atualizar as tabelas de vídeo e equipará-las ao preconizado pelas sociedades de classe foram infrutíferas; chegamos a deixar de fazer esse tipo de procedimento para a cooperativa por cerca de seis meses, porém, premidos pelas circunstâncias, acabamos por retornar: graças aos intermediários — os planos de saúde, sendo que a cooperativa não se considerava um —, os pacientes, mesmo os mais abastados, haviam se desacostumado de pagar médico; e, principalmente, porque tínhamos outros planos para o futuro, como promover cursos etc., e o volume de pacientes seria importante.

O que se pagava na época por nossas cirurgias não chegava a 50% do proposto pela Lista de Procedimentos Médicos/ 1996 da AMB. Então, cobrávamos do paciente cerca de cem dólares por procedimento — essa fortuna — a título de taxa de instrumentação, videodocumentação (fita editada) e primeiro auxiliar de histeroscopia — adicionais não previstos na tabela, mas simplesmente vitais para a manutenção da clínica e da aparelhagem. Por causa disso fomos intimados a depor em uma daquelas miríades de comissões, cujos membros foram até gentis e compreenderam claramente o ridículo da convocação. Esse estágio do processo, porém, era mera formalidade, pois o veredicto já estava formado pelo conselho de administração presidido por Tacaño, independentemente de nossas explicações.

Conseguimos, com dificuldade, marcar uma reunião com Abraão, diretor que ainda me parecia uma das reservas morais e éticas da empresa, e ele foi extremamente gentil e receptivo, como era de seu hábito, propondo-se a resolver de vez a questão da videoendoscopia em todas as áreas. Ficamos muito esperançosos, mas logo a esperança se transformou em frustração quando três ou quatro reuniões foram desmarcadas de última hora, sendo que em uma dessas ocasiões já estávamos dentro da cooperativa. Perdemos um tempo precioso.

Apenas insisto no assunto, e quanto a isso não pode pairar qualquer dúvida, porque enquanto não se conseguir que o médico se credencie apenas às entidades de classe, desvinculando-se de qualquer intermediação — mesmo que atenda pelo nome de "cooperativa médica" —, qualquer solução será meramente paliativa: sempre se estará sujeito a arbitrariedades e perseguições pessoais. Além disso, na realidade, nenhuma tabela jamais conseguiu ser implantada.

Capítulo 75

O mês de novembro foi exaustivo. Operamos diuturnamente, mas os custos do consultório estavam insustentáveis. Havíamos feito novos investimentos através de *leasing*, e os rendimentos eram insuficientes, apesar da intensa atividade.

As cirurgias, via de regra, eram tensas, pois Money se irritava facilmente, deixando-me e à equipe sempre pisando em ovos. Na última cirurgia do ano estava especialmente tenso e irritado, certamente com problemas pessoais e familiares insanáveis. Dava esporro em todo mundo, o que contribuía para o estado de desequilíbrio da clínica. Além das dificuldades de manutenção, havia o desgaste da aparelhagem, que chegara ao seu limite e precisava urgentemente ser trocada ou reformada, gerando novos custos. A tesoura não cortava e o porta-agulhas não pegava, fazendo dos pontos endoscópicos um martírio.

Eu já me acostumara à sua maneira de ser, ao seu jeito agressivo. Não esquentava muito com isso, ele que se danasse, que infartasse, o que é que eu poderia fazer. Nesse dia, porém, ele estava exagerando, irritando-se a cada instante e agredindo a instrumentadora, que já começara a chorar. Até que extrapolou:

— Bonomi, você está ficando cego? Não estou enxergando nada, você não para de mexer essa câmera, assim não dá, só um trabalhando e o resto atrapalhando, vocês vão me deixar louco desse jeito...

Ah! Money, seu sujeito mal-educado e mal resolvido, você passou dos limites... E eu bati duro:

— Porra, cara, assim você fode toda a equipe. Você está com a retina descolada mais uma vez, por estresse, e eu é que estou ficando cego? Puta que pariu, meu! Fique frio!

É evidente que ele não esperava essa reação, ainda mais diante de Galhardo, que estava anestesiando. Ficou estático, absolutamente surpreso. Por um instante, achei que fosse sair de campo, *foda-se, ele fez por merecer*. Mas passados alguns minutos de silêncio sepulcral (haveria outro adjetivo?), para não perder de todo a moral, ainda deu algumas estocadas na instrumentadora, embora bem mais *light*, e continuou operando até terminar a cirurgia. E não se falou mais nisso.

Na verdade, não foi a primeira vez que dei uma engrossada com ele durante uma cirurgia; tempos atrás, já havia apelado feio contra seus procedimentos. Veja bem, as cirurgias em geral eram marcadas para as sete da manhã, primeiro horário das cirurgias eletivas; a instrumentadora chegava pouco depois das seis para preparar o material e arrumar a mesa com os instrumentos, e eu chegava em torno de quinze para as sete. Às sete horas em ponto a paciente era anestesiada, eu preparava o campo operatório e deixava tudo pronto. Money, no entanto, só chegava às oito, pois antes, invariavelmente, ia até a clínica fazer as suas necessidades e só Deus sabe o quê mais. O clima no centro cirúrgico, então, ficava pesadíssimo: aumentava o tempo de anestesia, aumentando o risco para a paciente, e os anestesistas ficavam furiosos, pois lá se operavam dezenas de pacientes por dia, um atrás do outro, e vocês sabem, tempo é dinheiro. Money chegava, então, como se nada estivesse acontecendo, e ninguém ousava afrontá-lo, tire-se o chapéu para ele.

Havíamos programado durante o ano que ele, e só ele, voltaria a Paris em dezembro para fazer um curso avançado em histeroscopia com o genial Professor Hammou, e eu ajudaria a bancar. Porém, desestimulado, ele desistiu, optando por visitar a filha que fazia intercâmbio nos Estados Unidos, aliás, mais uma contribuição minha, pois Money jamais pensara em mandá-la para o exterior. Parece que não tinha muita confiança em sua educação, e só o fez depois de meus fortes argumentos em prol dessa indispensável necessidade.

Pois enquanto ele estava viajando, recebi uma segunda convocação para depor na tal comissão técnica da Coopermed. Ao invés de comparecer, consegui marcar uma reunião com Abraão e fui sozinho dessa vez, sendo recebido por ele e outro moço, cujo nome híbrido sempre me confunde — qualquer coisa como "Aiou Silver" ou "Alô Alô Dona Nair". Mas algo havia mudado. Embora gentis, foram taxativos: a tabela era essa e não se falava mais nisso, e qualquer cobrança de taxa estava definitivamente descartada, exceto aquela que eles viriam a estabelecer, e que se danasse o primeiro auxiliar de histeroscopia, quem o mandou ir lá auxiliar... Ainda ousei argumentar, porém os dois se levantaram e Abraão encerrou a reunião:

— Olhe, Bonomi, a gente percebe claramente que a cooperativa não está nos seus planos e de Money.

Era melhor que eu me escafedesse. Dizem que o poder corrompe, mas eu diria que ele apenas revela.

Capítulo 76

Quando ficou decidido que Lílian iria mesmo para os *States*, começaram as brincadeirinhas. Na primeira carta que ela recebeu de sua futura mamãe americana, Mrs. Ancel, de Great Bend, no Kansas, esta foi clara e didática: "Nós sabemos que as famílias brasileiras possuem empregadas, porém, aqui nos EUA, apenas as famílias milionárias as possuem, de forma que todos aqui têm que ajudar a lavar, passar, cozinhar..." Foi a senha de que precisávamos!

Choramos de tanto rir, Lílian inclusive; minhas irmãs se deliciavam, nunca tinham se divertido tanto! Nessa carta veio também uma foto da futura família, em que o filho, um rapaz adolescente, estava segurando uma espécie de doninha que havia encontrado, porém iria devolver ao dono. Não importa: minhas irmãs adoraram, e a gatinha, que morria de nojo de cachorros, lá ia ter que lavar a doninha, ou no mínimo a "noninha", avó do menino, que também aparecia na foto.

Fomos todos ao aeroporto nos despedir e Lílian partiu. Lelê até abanou lenço branco. Era o início de uma grande e inestimável aventura em busca da independência, uma vez que ela teria que fazer quatro conexões, três das quais sem monitores. Nos falaríamos ao telefone, invariavelmente, todos os domingos por cerca de meia hora, e uma ou outra vez durante a semana. Embora sentisse muita falta da gente, com certeza especialmente de mim, Lílian se adaptou rapidamente. Logo estava entendendo inglês e se fazendo entender muito bem, o que em absoluto me surpreendeu. E me escrevia cartas que eram verdadeiros jornais, edição de domingo.

Foi à Disney, onde Stig, um menino norueguês também intercambiário, se apaixonou por ela, que pela primeira vez na vida sentiu um afeto mais forte, diferente. Se por um lado isso foi bom, por revelar que ela começava a despertar a feminilidade, quiçá a sexualidade, por outro ficava evidente que a carência deixa lacunas facilmente preenchíveis: alguém já estava tentando "*fill in the blanks*" e olhe lá... Suas cartas eram bem-humoradas, o que era um ótimo sinal. Numa delas, ela escreveu: "Pai, essa semana fui me pesar pela primeira vez, e deu 104. Calma! É em libras, não em quilos (rsrsrs)."

Engraçadinha! Que bom sabê-la feliz! Ah, sim, nos versos das cartas ela não colocava o remetente, escrevia, simplesmente: "Adivinha!" ou "Surprise!" ou "Sua filha maravilhosa", ou, então, "Lílian - a filha pródiga".

Ela se emocionou com os primeiros flocos de neve, que via pela primeira vez. Quando o inverno se foi, uma bela manhã, ao acordar, viu encantada toda a cidade coberta de flores, como se a fada Primavera num simples passe de mágica, com sua varinha de condão, a houvesse embelezado toda, transformando cada árvore, antes desfolhada e triste, em um grande buquê multicor. Emocionou-se enormemente, a queridinha, pois aquela beleza toda a fazia se lembrar de mim, que igualmente me extasiava diante de nossos ipês floridos, nossas paineiras e flamboyants na avenida que nos levava à nossa antiga casa. Me parecia forte e madura, embora às vezes se lamuriasse de saudades; mas logo estaria de volta, um ano passa rápido, e acho que não conseguiria sair do lado dela pelo menos por um ano, para recuperar o tempo "perdido".

Capítulo 77

Por aqui, continuavam em seu mundo mágico as aventuras de Lelê e sua prole, cada vez mais numerosa, e eu colaborava com o teatro. Resolvi colocá-lo em um quarto só dele como desejava, e fiz a mudança no meio da semana. Liguei para ele, na casa da mãe, para contar a novidade:

— Querido, uma surpresa!
— ...
— Mudei o seu quarto.
— É? — lacônico, era diametralmente oposto a Lílian.
— Gostou?
— Gostei.
— Só que tem um problema — lembrei.
— ...
— O macaco.
— O macaco!?
— É, o macaco — disse, me referindo a Murphy, um gorilazinho de pelúcia — ele foi pra sua cama e não quer sair mais, disse que ele é que vai estrear sua cama nova. Já lhe dei uns croques, coloquei ele no outro quarto, mas à noite ele voltou, e está lá.

Pelo telefone, dava para sentir seu deleite com a história.

— Está bom, então deixa ele lá, quando eu chegar falo com ele.

O macaco está lá até hoje.

Lelê passara a sair comigo com frequência nos fins de semana, uma vez que Amon estava namorando e nos víamos menos. Tinha comprado um gato de pelúcia azul, oco por dentro para enfiar a mão e transformá-lo num fantoche. Chamava-se Téo. Em suas mãos, Téo se metamorfoseava por completo, uma figura engraçadíssima, mexia a cabeça e nos olhava, não dava para acreditar que não fosse de verdade. O pior é que nem se podia dizer que "só faltava falar"... Baby, por sua irreverência excessiva, juntamente com o sapo Chulé, ficou restrito aos banhos na sauna e na piscina, pois os dois "gostavam" de água. Quando a gente saía de carro para passear, Lelê punha o gato sobre o meu ombro, como um papagaio de pirata que ficava me olhando e puxando meu óculos. Lelê me perguntou:

— Pai, Téo é nome?

— Não, Téo é apelido de quem se chama Teotônio, Teobaldo ou mesmo Theophrastus Bombastus von Hohenheim, Paracelso, o grande alquimista medieval.

Ele amou. Uma noite em que saímos, fui buscar Adélia, uma moça bonitinha e muito legal que eu conhecera recentemente.

— Pai — perguntou Lelê. — Onde nós estamos indo?

— Vamos buscar uma amiga do papai pra sair com a gente.

E o gato, empoleirado no meu ombro:

— É amor, vô?

— Não, é só amizade, gato.

Quanto a Robertinha linda gatinha, a última vez que tentei entrar em contato com ela, na época do Natal, estava passando férias em uma cidadezinha próxima. Quando voltou, me retornou a ligação e apenas confirmou o que eu já havia desconfiado: estava de namorico novo com um rapaz daquela cidade. De certa forma, embora não tivesse mais ilusões, fiquei algo desolado; resolvi acabar de ler o jornal para passar o tempo, e Lelê colocou o gato em sua posição habitual, no meu ombro. Havia uma reportagem sobre um dicionário de termos gays recém lançado, muito engraçado, mas eu não estava em condições de achar nenhuma graça em nada. O gato, atento, perguntou:

— Vô, o que é gay?

— Gay é bicha.

— E o que é bicha?

— Bicha é homem que gosta de transar com outro homem.

— E o que é transar?

Aí apelei, não estava com saco pra aguentar conversa de gato curioso:

— Olhe, Téo, quando você crescer, explico melhor... vê se dá um tempo, vai...

O pai interveio, na "lata":

— *Transá é metê*, gato.
— Ah, bom, é *metê*...
Não há mau humor que resista! Meu Deus, não é possível que não haja alguma esperança... Passaram-se as festas de fim de ano, e logo as marchinhas de carnaval começaram a se fazer ouvir e o espírito de Momo tomou conta das crianças. O gato e o coiote, particularmente, além do Baby de sempre, se travestiram em inusitados foliões; não podiam me ver que já iam me atazanando:
— A pipa do vovô não sobe maaais...
Puta merda, esse carnaval estava prometendo.

Capítulo 78

Era comum que após deixar Lelê em casa, na volta eu desse pelo menos uma passada no S.A., onde formáramos um grupo interessante constituído por colegas, a maioria médicos, um pouco mais moços que eu, todos separados e algo avessos — uns mais, outros menos — a novos relacionamentos definitivos. Além do "homem que odiava as mulheres", aquele do cartão de crédito, havia Habib e Well, que namoravam duas moças muito interessantes, Patrícia e Andressa.

Eu acabara de conhecer outra menina que vinha despertando a minha curiosidade, jovem, bonita, independente, e igualmente de nobre estirpe. Não era excepcionalmente bonita, de "fechar o comércio", nem causava *frisson* ao chegar; era preciso se achegar, ver de perto, olhar nos olhos... Pena que era namoradinha de um amigo meu e estava apaixonada; ele... bem... eu achava que ainda não estava no ponto. Ah, sim, eu não a estava amando loucamente, como na canção do rei, claro que não; primeiro, porque ela estava comprometida, e nesses casos estou fora; segundo, porque só iria deixar que isso acontecesse se houvesse grande chance de reciprocidade. É perfeitamente possível controlar os sentimentos quando se está maduro o suficiente. Enquanto isso eu aguardava, observava, com a mais absoluta discrição, e mesmo, por que não, paciência; o mundo dá tantas voltas...

Capítulo 79

Desde que Money e eu estávamos juntos, e lá se iam quatro anos, embora já soubesse bastante — talvez mais que o suficiente para se sobressair em nossa cidade, perante o nível de medicina que ali se praticava — ele não evoluíra muito profissionalmente. Isso se devia ao fato de ficar praticamente o dia todo ao telefone, tratando de negócios e de sua fazenda distante, seu meio real de sobrevivência, além de estar envolvido em problemas pessoais e familiares, talvez irreparáveis, que lhe tolhiam o espírito e o entusiasmo. Para compensar costumava usar um artifício insólito: menosprezava qualquer profissional que viesse se destacando e se julgava o único expoente na matéria.

Dois exemplos notórios bastarão para compreender esse raciocínio torto: naquele congresso onde ele tremeu e tive que assumir as duas apresentações, logo após a exposição do melhor e mais atualizado endoscopista ginecológico do Brasil, que havia inaugurado a nossa clínica, Money comentou comigo:

— Que tranqueira virou esse cara, hein!? Faz dez anos que dá a mesma aula.

O que, definitivamente, não era verdade, muitíssimo pelo contrário. De outra feita, em uma cirurgia complicadíssima de uma paciente multioperada, cheia de aderências, acabei por lesar uma alça intestinal, incidente absolutamente passível de acontecer num caso como aquele; chamamos, então, um experiente cirurgião geral, que depois de nós também tinha montado um serviço de videocirurgia e, com rara destreza, resolveu a complicação com três ou quatro pontos endoscópicos. Fiz questão de elogiar sua perícia, mas Money, que apresentava um grau de dificuldade muito maior nesse tipo de procedimento, comentou logo depois:

— Que tranca esse Renatinho, hein!?

Capítulo 80

Money passara um mês nos Estados Unidos em que fiquei tomando conta da clínica, e, quando retornou, parecia entusiasmado; contudo, como ficáramos mais de quarenta dias sem operar, eu lhe disse que ele precisava repor o dinheiro que havia tomado emprestado de nossa conta, pois os juros nos estavam comendo pelas pernas. Ele então entrou em parafuso, chegando a cogitar, desatinado, que eu pudesse ter desviado dinheiro, e fazia contas, e revia faturas, e revirava papéis, e estava deixando todo mundo louco. Foi explícito ao dizer que uma sociedade assim, que só era boa para um, e esse um não era ele, não lhe servia.

A clínica tinha um altíssimo custo de manutenção, pois contava com duas secretárias relativamente bem pagas — dentro do possível, é claro —, além de pagar aluguel, leasing de aparelhos e todos os encargos e despesas comuns. Assim, no frigir dos ovos, sobravam, e olhe lá, dois ou três mil dólares por mês para cada um de nós. Eu vivia com isso, descartara por completo o projeto de visitar minha gatinha no exterior, e, na base da miséria, às vezes até me sobravam alguns trocados com os quais ainda o socorria de vez em quando; ele e sua família, porém, estavam habituados a gastos exorbitantes, e essa quantia certamente não lhes dava nem para o cheiro, eis porque sob sua ótica a sociedade era boa para mim e ruim para ele.

O ar da clínica, que sempre fora denso, pois ele sempre o mantivera sob constante tensão, somado agora à fumaça dos cigarros que fumava desbragadamente, se tornara literalmente irrespirável. Chamou-me novamente à sala da "diretoria" — a dele —, e fez, com palitos de fósforo, um pequeno quadrado; jogou fora um dos palitos, e disse:

— A gente era "em" quatro, "saiu" o Figueirinha, ficamos três...

Retirou mais um palito:

— ...saiu a doutora, ficamos só nos dois...

E me olhou:

— ...agora não está dando nem pra dois...

E descartou o último pauzinho, ou seja, encerrou a nossa sociedade. A verdade é que essas pessoas que ele mencionara haviam, de certa forma, sido forçadas a sair, embora alegando outros motivos, em decorrência da pressão insuportável que ele exercia sobre todos, apertando o torniquete na vítima do momento até que esta espanasse. É assim o mundo dos adultos, dos modernos neoliberais — para usar uma palavra bem moderninha e tão cara aos nossos governantes —, em suma, *o mundo dos carvalhos*, dos que fazem da busca do poder e do dinheiro a razão exclusiva de ser de toda uma vida. Engraçado. No entanto, como disse alguém, se referindo a Charles Foster Kane, o Cidadão Kane da obra imortal de Orson Welles: "Não é tão difícil ganhar dinheiro quando esse é o único objetivo que se tem na vida."

O sujeito vem de longe, na maior draga, e, assim que consegue pôr a cabeça para fora do lodo em que se meteu e à família, usando as reservas morais e financeiras de pessoas ingênuas, assim que consegue se instalar e já não precisa delas é só ir descartando os "pauzinhos". Money ficou com a clínica e toda a aparelhagem em um acordo espúrio, pois eu queria distância dele o mais rápido possível, embora contratual e moralmente, como ele afirmou reiteradamente, eu pudesse continuar a usá-la. Fiquei completamente perdido, sem entusiasmo, pois dirigira todo o meu tempo e minhas energias em prol da clínica, e acreditava nela; e era difícil encontrar, em nossa cidade, um parceiro com tempo e experiência no setor. Sozinho, eu nada poderia fazer.

O pior é que há exatamente um ano eu pedira uma licença não remunerada da Prefeitura, contingência perfeitamente factível e prevista nos estatutos do funcionalismo, mas indeferida por aquele meu colega ex-sindicalista, da juventude stalinista, um dos indivíduos mais covardes que eu conhecera na vida e com cargo proeminente agora no governo de Palhares; então, premido pelas circunstâncias, ou seja, pressionado por Money, acabei por pedir demissão do cargo. Esta seria, provavelmente, a mais insana decisão que jamais tomei e suas consequências seriam irreparáveis e definitivas. Estava desempregado e sem ter o que fazer.

A bem da verdade, vamos ser justos, nem há por que ficar ca-

O CICLO GESTATÓRIO DE UM HOMEM

çando culpados: era inevitável, mais uma vez, que uma separação acontecesse. Demorou até demais; eu jamais vira tamanha diferença entre maneiras de ser e de pensar, e mesmo de encarar a vida, entre duas pessoas, diferenças, definitivamente, inconciliáveis! Até Galhardo, certo dia no centro cirúrgico, "compungido" e vendo o estado em que me encontrava, tentou cooptar-me para suas hostes:

— Vai haver eleição na cooperativa, por que você não entra para a chapa tal...?

Recusei-me, para seu espanto. Qualquer um nessa situação capitularia, muitos já o haviam feito, mas alguém tinha que resistir, levar até o fim sua dignidade, nem que a única alternativa fosse a morte. Em consequência, após vinte anos de formado tive que voltar a viajar por toda a região, fazendo exaustivos plantões gerais, atendendo a um número insuportável de pacientes, às vezes mais de cem em um único dia, em Santas Casas e postos de saúde infectos. Muitas vezes comia mal, sendo humilhado e tratado pelos responsáveis, com honrosas exceções, como o último e menos importante elo da cadeia de atendimento, facilmente descartável ao menor deslize caso eles assim julgassem necessário. Sentia-me como se estivesse sendo violentado a cada dia.

Nesses locais se atendia a toda espécie de miséria humana — um desfile interminável de deficientes físicos e mentais, mendigos encontrados caídos nas calçadas, velhos em estado terminal. Um medo terrível me perseguia, pois se um desses farrapos humanos, que nem se sabia como ainda permaneciam vivos, viesse a falecer pouco após o atendimento ou dali a alguns dias, pouco custaria para que me incriminassem por suposto erro médico — o que já andava virando meio de vida entre advogados inescrupulosos e pacientes ou familiares de pacientes covardes. Num caso desses seria difícil provar o contrário, para nem mencionar os enormes gastos e desgastes inerentes a um processo. Money, pelo contrário, tinha tudo para se dar bem e abocanhar o bolo sem ter que dividi-lo, e sabia disso. Era dinâmico e logo começou a se agitar, cooptando os colegas, pois, agora, a Clínica Vida era ele.

Eu já não conseguia conciliar o sono, e uma imensa floresta de imponentes carvalhos povoavam a minha vigília; suas magníficas folhagens farfalhavam ao vento e pareciam confabular entre si, como se estivessem a gargalhar de minha insignificância, de minha inércia, de minha miséria... E, diante de minha alma em desalinho, desfilavam os mais frondosos... Galhardo... Faraud... Benito... Money... Se espalhavam como erva daninha, cobrindo toda a face da terra, impedindo-me de vislumbrar o mais remoto horizonte...

Ah! Filhos meus, meus amores... como é difícil viver com dignidade, priorizando nossos mais legítimos e reais objetivos, sem vilipendiar a essência de cada um... Não fossem vocês... Eu já não tinha forças, mas um derradeiro esforço se fazia necessário. Já não tinha qualquer apego à vida, mas VIVER era preciso... Pedia a Deus que nos ajudasse... Pois, como diria Antonieta: "Bonomi, você sabe que merece viver; quem sabe não está ocorrendo mais um daqueles furacões que derrubam carvalhos... Mas você é cana! Continuará pai, vivo, médico e homem, à procura da verdadeira felicidade!

Livro II
Quarto Período[7]
A caminho da plenitude

Caminante no hay camino, se hace camino al andar.
António Machado

---

7 Quarto período, no ciclo gestatório natural, ou biológico, é o período subsequente ao parto.

Capítulo 1

"O escorpião picou a rã que tentava ajudá-lo a atravessar o seu Rubicão; o escorpião afundou miserável e definitivamente; a rã também soçobrou..."

Habib, conforme eu previra, terminou com Patrícia, pois nunca a amara. Quando eu soube, procurei-a por toda parte, mas ela já havia voltado para sua cidade de origem, em outro estado. Telefonei, mandei-lhe cartas, até que ficou evidente que ela mal havia me notado nesses dois anos em que namorara Habib, apesar de meu empenho nesse sentido, pressentindo que o namoro estava fadado ao fracasso. Cheguei a convidá-la para meu aniversário, mas ela apenas me enviou um telegrama gentil, com votos de sucesso; eu soube por Habib que em breve se casaria por lá mesmo, e eu não mais saberia dela. Apenas a título de curiosidade, uma vez que as cartas terão papel de relevo nesta parte de minhas memórias, transcrevo a seguir a que lhe enviei.

Ribeirão Preto, 28 de junho de 1998

Querida Patty

Desculpe a intimidade, acho que não deveria chamá-la assim, mas não pude resistir.
No entanto, fique tranquila, não vou ficar a incomodá-la só porque que tenho seu endereço e telefone; no máximo, faço duas

ou três tentativas de approach; em não sendo correspondido, tiro o time de campo, pode ficar despreocupada, jamais "pego no pé" de alguém, por mais que a pessoa me interesse, como é o seu caso. Por isso, vou falar tudo que desejo.

Em primeiro lugar, esta é uma correspondência íntima, confidencial, apenas entre nós dois, isso é essencial. Talvez você me ache um cara desleal, já que eu sempre dei demonstrações, nem sempre sutis, de algum interesse por você, embora fosse na época namoradinha de um amigo meu.

Só o fiz, e pode acreditar, porque, desde o início, percebi que ele não iria até o fim, era por demais evidente. Ele não estava e ainda não está no ponto, o que é uma pena, pois é um moço de ótimas qualidades, não é um babaca, mas um homem cheio de dúvidas, acha que não curtiu tudo que deveria na juventude, devido à pressão de seus pais em favor dos estudos, enquanto os primos se divertiam. Ele ainda não está maduro o suficiente (não sei se um dia estará, é uma tarefa difícil para os homens) para ligar-se definitiva e exclusivamente a uma mulher, mesmo uma mulher como você, e fica achando todas as meninas umas gatinhas, superlegais etc., sem conseguir ou querer enxergar a preciosidade que tinha ao seu lado.

Então fica de bar em bar, de agito em agito, vara as noites batendo papo com os amigos ou com as tais amiguinhas, um papo que nunca tem fim; por isso ele punha objeções às suas vindas para Ribeirão, ou evitava passar os fins de semana em Rio Preto. Que desperdício! Em suma, está dividido, ainda não se definiu, não sabe direito o que quer; espero que um dia saiba, mas parece que ainda vai demorar; talvez só um profundo sofrimento o fará acordar, cair na real, e isso ocorrerá quando perceber que perdeu você definitivamente, ao vê-la feliz com outro. Ele sabe que uma mulher como você não vai ser fácil achar de novo.

A vida me fez aprender que não se pode voltar no tempo, regredir à adolescência, curtir aquilo que não se curtiu; a solução é amadurecer de tal forma que se compreenda que aquilo é definitivamente passado, e aprender a curtir numa única mulher tudo aquilo a que se tem direito. Agora, essa mulher tem que ser muito especial...

Por tudo isso, o namoro de vocês ficou nesse banho-maria infindável, nesse chove-não-molha por cerca de dois anos, mas *eu sabia que você não era mulher de suportar essa situação para sempre, você me parece não ser uma tola casamenteira a qualquer custo, creio que deseja muito mais da vida.*

Além dessa recaída adolescente de querer curtir agora o que não pôde curtir no tempo certo, há algo tão ou mais grave: Habib ainda não cortou o cordão umbilical que o prende à família. Eu não me conformava que preferisse ficar comendo quibe na casa do "babai" ao invés de ir passar um fim de semana com você em algum congresso; tinha vontade de esganá-lo. E mais, ele projeta isso em você, dizendo, às vezes, que você é que é muito ligada à família e dificilmente se desligaria dela, o que dificultaria qualquer relacionamento mais sério. Não a conheço muito, mas acho que não é bem assim, acho que é mera projeção dele. Não que família não seja importante, mas sem exageros.

Se sei um pouco de você, é porque sempre dava um jeitinho de perguntar alguma coisa; sei que é uma mulher independente, capaz de ajudar a tomar decisões, escolher opções, aonde ir, o que fazer, seja na praia ou em outros lugares em que estivessem juntos. Ah, sim, jamais tocamos em seus assuntos íntimos, pode ficar tranquila.

Nunca vou esquecer aquela vez em que ele veio com aquele papo de que mulher não sabe dirigir e outras brincadeirinhas tolas — na verdade ele sempre brinca, tem um astral maravilhoso —, e você o imitou quando houve aquele acidente de carro em que ele ficou meio embasbacado, enquanto você é quem teve que pegar o celular e chamar por ajuda etc. Quase morri de tanto rir; achei você admirável, percebi que não é uma mulher comum, e eu não suporto mulheres dependentes e sem iniciativa.

De qualquer maneira, acho perfeitamente compreensível que tenha voltado a trabalhar com seu pai, é até lógico, já que a vida aqui fora não está fácil, não é para qualquer um, é uma briga desumana. No entanto, volto a repetir, pelo pouquíssimo que conheço de você, pode até ficar aí, mas acho que não será inteiramente feliz se ficar a vida toda sob as asas protetoras da família. Acho que é perfeitamente capaz de voos maiores, mais ousados.

Assim pensando, vou tecer algumas considerações a respeito de meus passos atuais, visando o futuro, e lhe fazer algumas propostas, mesmo que você as considere ridículas, ou me julgue um sonhador. Não faz mal, sou mesmo, embora com os pés no chão.

Você deve ter percebido, pelo pouco que me conhece, que ainda não encontrei exatamente o meu caminho profissional, mas não vou desistir até encontrá-lo. Por isso, iniciei um curso de Psicoterapia Analítica de Grupo, todo sábado de manhã, aqui em Ribeirão Preto, e estou muito animado; são apenas três anos, e é muito provável que eu venha a me tornar psicanalista. Com isso vou crescer ainda mais, até atingir a excelência que um homem pode atingir, embora já esteja muito próximo disso. Uma colega do curso até me disse que tenho a alma feminina (só a alma, tá?).

Bem, o que eu queria propor a você, e aí é provável que vá mesmo morrer de rir, é que venha para cá fazê-lo também; eles vão iniciar uma segunda turma em agosto, de forma mais intensiva, de modo que essa segunda turma vai se juntar à nossa no ano que vem; é um grupo maravilhoso, e irá proporcionar um enorme crescimento a cada um de nós.

Você poderia viver de plantões (eu sei que você gosta e não tem medo de trabalho, tem pique para isso) e até quem sabe, nesse ínterim, fazer uma pós-graduação em Otorrino, sua especialidade. Ou então proponho que você venha passar uma semana em Ribeirão, ou mesmo que eu vá a Goiânia, para a gente se conhecer melhor, ou, sonho dos sonhos, viajarmos juntos em julho para Cancún ou mesmo Europa, em quartos separados, evidentemente. Eu não faria qualquer tentativa de approach, *podes crer, seria apenas para nos aproximarmos, vermos se existe algo em comum.*

Você tem o direito de rir, mas, se eu fosse você, pelo menos refletiria um pouco. Não tenho muito para lhe oferecer, exceto um alto grau de maturidade como homem, o que hoje em dia já é muito, de modo que a mulher que porventura vier a amar será muito feliz, e de forma duradoura.

Ah, sim, um conselhozinho de amigo, que a minha experiência tem revelado: quando estiver namorando alguém, e, depois de algum tempo esse alguém perder aquela animação do início, aquele entusiasmo, aquele tchan *maravilhoso do começo, e começar a dar desculpinhas esfarrapadas, deixar de ser eternamente carinhoso... Esqueça, é caso perdido, irrecuperável, já era. Essas coisas não costumam melhorar, só piorar; caia fora! Agora percebeu por que lhe pedi que essa carta fosse estritamente confidencial?*

Me responda ou me ligue; vou ficar aguardando na maior an-

siedade; no entanto, se já tiver outros planos de vida, que seja feliz, não vou ficar lhe incomodando.

Um abraço carinhoso,
Bonomi.

Como já disse, ela tinha outros planos. Depois de ter convivido com Habib, um homem charmoso, forte, financeira e profissionalmente, que fazia questão de pagar todas as contas e viajar para tudo quanto é lado — Europa, os melhores *resorts* —, é evidente que minha proposta não tinha qualquer atrativo para ela. Eu só tinha a oferecer inteligência e maturidade, mas parece que isso não costuma seduzir as mulheres, não lhes serve de apelo.

Habib não se fez de rogado e em não mais de dois meses já estava de amor novo com Catharine, uma moça bela e exuberante, namoradeira incorrigível que não se pejava em dizer que jamais ficara sem namorado. Ele também jamais ficava só, filosofando e curtindo luto. Tinham astral excelente, viviam cada momento de suas vidas, e essa capacidade invejável de dar rapidamente a volta por cima. Não perdiam tempo nem criavam rugas com questionamentos, filosofices ou dúvidas metafísicas — coisa para quem pode, não para quem quer.

Senti muito a perda de Patrícia, se é que se pode perder algo que nunca se teve. Continuava cada vez mais perdido e só ansiava pelos fins de semana, não obstante o mesmo enfado, a mesma e previsível rotina. Em seguida já não suportava esses fins de semana tão fastidiosos, mas suportava menos ainda o domingo à noite com seu prenúncio de mais uma semana odiosa e medíocre: consultório às moscas, finanças limítrofes e os plantões que iam acabar por me matar, e eu a convidar uma moça como Patrícia para vir se aventurar comigo! É por demais ridículo, ainda sinto vergonha quando me lembro disso.

Felizmente, jamais me deparei com Money, meu ex-sócio, após uma dessas noites de horror que eram esses plantões, ou teria passado o carro por cima dele, como o verme que ele era: como é que se pode odiar tanto a alguém nesta vida? Moralmente, embora não houvesse lei humana que pudesse incriminá-lo, poderia sem sombra de dúvidas considerá-lo um assassino, pois me lançara, dolosamente, sem qualquer remorso nem direito a defesa, em uma situação de insolvência. Era como se houvesse me atirado de cima do prédio de nossa clínica, e eu, contra qualquer probabilidade, me houvesse agarrado, num último instante, a algo que me livrara da morte, ficando, no entanto, estropiado. Era ainda mais sórdido, pois me lançara a uma morte lenta e talvez inevitável; confesso que não sei por que, mas me agarrava a vãs esperanças, embora fosse imensa a probabilidade de morrer de ódio, fosse na forma de um infarto ou de um câncer qualquer, ou mesmo por iniciativa própria. Ah, se eu pudesse acabar com aquele desgraçado!

Capítulo 2

Lílian já regressara há seis meses dos EUA e iniciara o pré-vestibular; estava indo muito bem, ao menos isso, e a temporada no estrangeiro em nada atrapalhara. Eu tinha começado o curso de Psicoterapia Analítica de Grupo. Sempre me interessara pelo estudo da psicologia, e apesar das imensas dificuldades pessoais me esforçava para não cair numa inércia irreparável. Assim, foi quase natural que com o meu aval ela optasse pela Psicologia — uma coisa a menos para pensar, felizmente.

Mas aí ocorreu algo que eu não previra que acontecesse tão cedo: ela resolveu namorar e me contou. Eu acreditava, ingenuamente, que desde que todas as suas necessidades afetivas estivessem sendo satisfeitas, uma criança — bem, ela estava para completar dezesseis anos — não tinha nenhuma necessidade de namorar, e era o caso dela: era amada e admirada por seu pai de forma incondicional; morava bem; jamais lhe faltara nada, fazia todos os cursos e atividades que desejava; e era absolutamente livre para passear, ir a bailes e festas, sem restrição de horário. Em seu favor, há que se constatar que ela jamais sequer "ficara" com nenhum garoto, fato corriqueiro para todas as suas amigas, mesmo as mais pudicas, muitas já namorando há tempos; outras já transavam, e havia até as que haviam engravidado ou até mesmo abortado.

Lílian se mantinha invicta, não por recato ou pudor, pois era alegre, mais que isso, era esfuziante, de facílimo relacionamento, além de ser graciosa e paparicada e já ter sido abordada por uma série de garotos; ela apenas passava ao largo, não sentia necessidade, sua vida era completa, feliz, e eu acreditava que isso ainda iria perdurar por alguns anos. Eu apenas me esquecera de que em seu rol de afetividades necessárias e fundamentais faltara a presença e o afeto maternos, e essa lacuna teria que ser preenchida, esse vácuo teria que se locupletar — um vazio afetivo que acabou por antecipar aquilo que poderia ocorrer, de forma natural, um pouco mais tarde, em época mais propícia, mais adequada e madura. Eu não tinha dúvida de que isso seria possível, contra toda e qualquer opinião em contrário

Namorar implica, invariavelmente, desde há muito, em transar, é inevitável. Eu achava que não era o momento e realmente me desequilibrei. Isso desmontava todo o meu edifício teórico, toda minha convicção de que eu estava, apesar dos pesares, criando filhos únicos, diferentes, maduros e conscientes para a idade, afetivamente autossuficientes.

Meu amigo Amon foi categórico em dizer que eu estava era com ciúmes (mais tarde demonstrarei que não era assim) e que isso, nos dias de hoje, era mais do que normal, eu estava sendo retrógrado etc. etc. Na época, tanto eu quanto Lílian ainda estávamos fazendo terapia com Antonieta, que, assim como eu, era visceralmente contrária a que os adolescentes namorassem, e foi enfática com ela, que, sob tamanha contraofensiva, recuou, um alívio, já que Antonieta tinha forte ascendência sobre ela. Antes que me esqueça, cumpre esclarecer que o rapaz era quatro anos mais velho e estudava Direito.

Passaram-se dois ou três meses. Lílian fez uma festinha de aniversário de dezessete anos no salão de festas do nosso prédio, e sem querer, a vi beijando o tal rapaz; em suma, estava namorando às escondidas, para não dizer que, na verdade, mentira para mim, o que jamais havia acontecido. É claro que, diante dessa constatação, desmoronei completamente e entrei em parafuso; todos os meus esforços, minha dedicação, haviam sido em vão.

Colocada a par da situação, Antonieta tampouco se conformou. Lílian era sua menina dos olhos entre as analisantes adolescentes, e foi peremptória, não tendo qualquer dúvida de que eu deveria cortar o mal pela raiz, proibindo-a terminantemente de continuar o namoro e lançando mão para isso de todo o poder de coerção que tinha como pai e responsável por ela, caso necessário. Mas não conhecíamos Lílian! Nem eu, seu próprio pai, que a conhecia como ninguém, nem Antonieta, com seus quase quarenta anos de experiência profissional. A despeito de toda essa carga em contrário, Lílian não queria abrir mão do namorado. Em desespero, apelei para minha sobrinha Karla, filha de Jamile, já mulher casada, e para minha inestimável amiga Noruega, as únicas que além de mim e Antonieta tinham alguma ascendência sobre a garota, sem qualquer sucesso.

Sem alternativa, mandei chamar Ângela e Karla para ajudar. Disse a Ângela, que já estava a par da situação, e, em princípio, achando tudo normal — tudo para ela era normal, desde que não a incomodasse —, e lhe disse:

— Leve Lílian para morar com você.

Ângela foi dura. Aproveitou-se de meu momento de fragilidade:

— É, agora que você estragou a menina, você a devolve...

Mas eu ainda não estava morto, e como se já esperasse semelhante absurdo, contra-ataquei, surpreendentemente sereno e seguro, atingindo-a em cheio, sem direito a tréplica:

— Não, não a estraguei, todo mundo sabe o pai que eu sou, apenas ela nunca teve mãe.

Levantei e saí, com Lílian gritando desesperada no meu encalço.

— Karla, por favor, dê uma força...

E encerrei o assunto. Isso ocorreu numa sexta-feira; no domingo, passei na minha irmã Jamile, à tarde, e quem estava lá? Lílian não fora para a casa da mãe. Nem assim. Trouxe-a de volta, o que se há de fazer? No entanto, como eu previra, não demorou e começaram as confusões, as absurdas cenas de ciúme, típicas dessas relações adolescentes, senão de todas as relações.

Lílian ganhara um macaquinho de pelúcia de um amiguinho que fizera nos *States* durante o intercâmbio, e teve até que dá-lo a Lelê, que imediatamente o adotou como "filho". Não satisfeito, o enciumado e imaturo rapaz a fez tomá-lo de Lelê e dar a ele, e desapareceu com o bichinho, para profunda tristeza e inconformismo do garoto, para quem era como se fosse mesmo um filho.

Eram intermináveis as discussões ao telefone, a ponto de Lílian, certa vez, ter que saltar do carro dele em movimento, devido a escaramuças entre os dois; eu não compreendia como ela, menina inteligente e independente, que sempre fora amada e respeitada, era capaz de se sujeitar a tais desmandos. Estava aturdido. Antonieta, então, não se conformava, dizia que o rapaz não era normal, que eu tinha que afastá-la dele a qualquer custo, antes que o mal se tornasse irreparável.

As coisas caminhavam de tal modo que ela, que adorava estudar e jamais tivera qualquer dificuldade, já não conseguia estudar direito, não estava conseguindo acompanhar a quantidade insana de matérias preparatórias para o criminoso vestibular. Ela, que jamais me causara qualquer apreensão, dormia sobre as apostilas, chegando a pôr em risco o sucesso nos exames, de forma que acabei por interpelá-la até com certa agressividade. Acontece que ela saíra a mim, tinha uma personalidade forte, era muito segura de si e inteligente, sabia onde atacar. E reagiu com insuspeitada virulência, enfiando o dedo na mais profunda e incurável de minhas feridas:

— Você nunca amou, o que é que você sabe do amor pra se meter na minha vida, a vida é minha, e faço dela o que quiser!

Descontrolado, ferido, dei um safanão nos cabelos dela e creio até havê-la esbofeteado, não estou certo; ato contínuo, tive que segurá-la fortemente pelos punhos, pois ficou fora de si, possessa:

— Eu vou te processar, você nunca mais vai relar a mão em mim, seu filho da puta, covarde, covarde!

Fui para o meu quarto atabalhoado, e, é claro, não consegui relaxar. Quando saí, ela havia arrumado algumas coisas e ido para a casa da mãe, finalmente. Virei um lixo!

Já estávamos na metade do ano. Soube que a mãe a levava de manhã ao colégio e ela tinha que voltar de ônibus, diferentemente de quando estava comigo; a mãe morava um pouco longe, o que devia atrasá-la consideravelmente. Passaram-se dois meses e minha apreensão não tinha limites, pois ela se habituara a estudar em nossa casa, tinha o seu nicho, o seu habitat, os seus costumes, e eu lhe facilitava em tudo a vida para que pudesse se dedicar inteiramente aos estudos. Comecei a temer que com os exames se aproximando tudo fosse por água abaixo, e eu sabia — ah, como eu a conhecia! — que ela não daria o braço a torcer. Optei então por buscá-la de volta, e ela nem titubeou, embora constrangida e amuada.

Em favor de Ângela, há que se registrar que percebera a gravidade da situação e não me confrontou mais, procurando agir em uníssono com as minhas diretrizes; trabalhava agora *full-time* em sua fabriqueta de bolsas, e sabia que o ideal era que a poeira se assentasse, as coisas voltassem ao seu *status* anterior; ela me conhecia e sabia que eu acabaria cedendo.

Os dois meses não tinham sido em vão. Não fiz outra coisa que refletir: o que sabia realmente sobre o amor, ou mesmo a vida? Nada, ou muito pouco. Era um fracassado; e já carregava tanta culpa, real ou fictícia, que não podia arcar com mais essa: e se o rapaz fosse o homem da sua vida? E se ela não encontrasse outro de quem gostasse, e futuramente me jogasse isso na cara e me culpasse por sua infelicidade? Quando ela voltou, de certa forma relaxei. Não que tenha lavado as mãos e jogado toda a responsabilidade de seus atos sobre suas costas, ela sendo ainda pouco mais que uma criança; apenas deixei as coisas correrem, tentando acreditar que realmente havia criado uma moça forte, inteligente, em absoluto uma doidivanas. Não poderia lhe faltar agora, embora também tenha deixado no ar sua responsabilidade pelas próprias ações; para o bem ou para o mal, ela também teria muito a ver com o curso dos acontecimentos.

Coerentemente, sugeri que deixasse Antonieta, uma vez que estava indo inteiramente na contramão das convicções da terapeuta; eu já a havia deixado há algum tempo, não sem ela antes ter feito uma última interpretação de um sonho que se tornara recorrente em meus odiosos plantões. Vamos a ele:

Sonho: estava em um plantão em Franca e não conseguia fazer nenhum atendimento, pois meus olhos estavam pesadíssimos, como se estivesse extremamente cansado. O sonho era emblemático: por mais que me esforçasse, não conseguia abri-los direito, e eles se ofuscavam com a luz, o que impedia o atendimento. Na verdade isso ocorria com frequência durante aqueles plantões estressantes, de grande movimento, em que eu sentia um medo terrível de cometer erros, além de uma grande humilhação pela situação a que havia chegado depois que Money me detonou; andava sentindo também uma raiva enorme dele, não obstante racionalmente compreendesse que nada havia perdido ao ter me desvinculado daquele infeliz. Não sei se esse sonho não teria também alguma relação com a questão em que Lílian estava envolvida, e que muito me preocupava em março de 1998.

Análise: vamos fazer uma conexão de fatos em seu inconsciente — Money/ Namorado/ Plantão/ Lílian —, criando uma regra de três: Money está para o namorado assim como Lílian está para o plantão. Money e o namorado, para o seu inconsciente, têm a mesma conotação, já que, ainda que não se possa compará-los, espero, em termos de caráter, até por falta de referências do namorado, há um ponto em comum: os dois literalmente usurparam a sua tranquilidade, um com um distúrbio de ordem socioeconômica (Money) e o outro de ordem afetiva (namorado). Isso não significa, é claro, que você esteja confundindo os significados de teor afetivo que poderiam envolver você e o namorado. Você sabe, com todas as letras, que é impossível perder o afeto que dedica a Lílian, e a recíproca é verdadeira. No entanto, seus conceitos (corretíssimos) sobre as prioridades essenciais ideais de sua filha excluem esse namorado que está ousando "roubá-la", não de você, e sim daquilo em que você acredita. Money, segundo você, também teria ficado com tudo que era seu — dinheiro, conceitos, teorias, dignidade e até o seu nome honrado e bastante conhecido. Dessa forma, Money e o namorado se igualam, o que pode também estar causando uma transferência, isto é, você exagera um pouco quanto à sua solene antipatia em relação a esse jovem bem-apessoado, rico, de vida fácil, com uma família que o estimula (seria qualquer semelhança mera coincidência?).

    Esse exagero é percebido por Lílian, que pode estar "lutando" contra o que lhe parece uma injustiça, já que ela ignora a possível transferência que você está fazendo. Lílian e plantão são dois elementos que aguçam a sua *vigilância* e acarretam o medo de errar, pois estão lhe causando estresse. O "plantão doméstico" pode parecer mais estressante do que o médico. Claro que você está extremamente cansado, já que passa por dias de plantão ininterrupto, o que, é claro, é extenuante para qualquer um. Acordado, há uma vigilância profissional e emocional constante; dormindo, seu inconsciente se encarrega de deixá-lo de "olhos fechados", para que consiga descansar e sobreviver. Mas você força a vista, tenta enxergar, pois não pode se dar ao luxo de dormir, nem no plantão nem no dia-a-dia, devido ao caso Lílian.

    Como há sempre o jogo do inconsciente transferindo para os momentos de atuação algumas possíveis imprudências, é claro que você não consegue abrir os olhos no trabalho, quando os mesmos necessitam estar bem abertos (e como!). Por outro lado, há também uma reivindicação natural de "não querer enxergar" a situação atual — a necessidade do plantão, médico e doméstico — e o único culpado parece ser Money. É difícil ter que admitir, porém, que ele não tem nada a ver com o "plantão doméstico" e nem com o namorado. São dois assuntos diversos, mas que causam a mesma "canseira".

O medo de cometer erros também se estende à sua casa na relação com Lílian, à suposta e equívoca ideia de estar sendo repressivo demais e causando a ela dificuldades afetivas e sexuais futuras, e você transfere para si essa culpa. É claro que você está certo: é preciso vigiar, mas não fazer "plantão doméstico", especialmente porque talvez esse jovem nem seja namorado dela como parece, ainda que tenha se aproximado fisicamente naquele abraço ou beijo que você presenciou. Desvencilhar-se de Money traz o mesmo benefício que desvencilhar-se da transferência que fez para o namorado. Pode até ser que o rapaz seja um Money, mas no momento não dá para saber.

Acredito que uma boa técnica emocional é reafirmar a Lílian sua crença nela e no que ela diz sobre ele não ser seu namorado. Se você reafirmar a confiança que tem nela acima de algumas percepções suas que são lógicas, talvez ela se sinta constrangida se estiver dissimulando e finalmente "se abra", contando a verdade. Por outro lado, se não estiver, o que parece difícil, mas não é impossível, já que ela jamais faltou com a verdade e transparência em seu comportamento, ainda que errando aqui ou ali como é natural, ficará feliz e mais tranquila vendo que você acredita nela. De qualquer forma, trazendo tudo isso à luz, certamente você se sentirá aliviado dessa pressão inconsciente que os contínuos plantões exercem sobre você. Os sonhos são bem reveladores, e ainda que pareça estranho, são uma boa válvula de escape para o estresse. Você não pode se culpar pela conduta de Money. Ainda que perdendo financeiramente, talvez tenha se livrado de graves riscos futuros. Acho que a transferência namorado/ Money é que deixa você ansioso, como se estivesse na expectativa de que ele possa ser um Money e causar sofrimento ao que de mais precioso você tem – sua filha Lílian.

O tempo diria de nossos erros e acertos. O namorado — é forçoso agora chamá-lo assim — era muito inteligente, devo reconhecer, e a ajudaria com História e Geografia, matérias essencialmente decorativas e cansativas — ela acabava sempre dormindo sobre as apostilas — em que era muito bom, melhorando o desempenho dela.

Lílian pensou em prestar exame para faculdades em outras cidades — particulares e caras, embora de bom nível, como as PUCs de

Campinas e São Paulo —, mas eu lhe disse que nem perdesse tempo, pois me seria impossível pagá-las e mantê-la fora de casa ao mesmo tempo. Ela prestou então apenas dois exames para universidades públicas, passando em ambas, o que era tido como inevitável devido à escola em que estudava, embora eu tenha chegado a temer seu fracasso devido ao ano tumultuado, e ela também. Foi chamada em primeira opção para a Federal de São Carlos, e, seguramente, logo seria chamada para a USP em nossa cidade, mas optamos, eu e ela, para que estudasse fora. Eu precisava de tempo e espaço para mim, e ela compreendeu; seria bom também para ela morar e conviver com outras pessoas, o que colaboraria com seu amadurecimento.

Além do mais, São Carlos não era longe. Ela iria às segundas-feiras e voltaria toda sexta — para meu apartamento, lógico. Isso, é evidente, me custaria bem mais do que se ela ficasse em casa, mas era necessário; se na época estivesse morando com a mãe durante a semana, como Lelê, me pouparia muito, mas as coisas eram assim, eu teria que arcar com esse custo extra e pronto.

Capítulo 3

Lelê, por seu lado, se tornara o mais doce dos meninos, lacônico, de pouquíssimas palavras, não mais que as indispensáveis, o oposto absoluto de Lílian, em todos os sentidos; não que fosse tímido, tolo ou passivo, como às vezes, em público, poderia parecer, o que até me causava certa apreensão, em contraste com a energia, a exuberância e a força vital de Lílian, dona de uma atividade febril.

Para Antonieta, que pouco o conhecera em tenra idade, bastou um teste de personalidade para prejulgá-lo mais inteligente até do que Lílian, o que por si só já seria espantoso, nem acreditei. A meus olhos, era um menino bastante comum, com seus dez, doze anos: olhos e cabelos negros, geralmente cortados rente, esguio, magro, falsamente magro, aliás, pois já se delineava uma discreta e bela musculatura, em claro contraste com a maioria dos demais meninos de sua faixa etária, excessivamente magrelos ou já cheinhos, rechonchudos. Não obstante essa aparente simplicidade, todas as minhas amigas, quando o conheciam — não houve uma que não o dissesse —, invariavelmente o achavam lindo, vejam bem, lindo, não apenas bonito (e não era apenas para me agradar, podem crer). Então, o observei com atenção, não com olhos de quem estava habituado ou de pai-coruja, e vi realmente um menino de rara suavidade e doçura mescladas a um rosto comprido, de maxilar quadrado e aspecto indiscutivelmente viril, um garoto, já quase um rapaz, indubitavelmente belo, conquanto de aspecto másculo.

Outro dado capital, que revela como criei meus filhos de maneira equilibrada e equidistante — já não vou manter a falsa modéstia dizendo como "foram criados", sim, "eu os criei" — é que, apesar da grande diferença de idade, do fato de Lílian já estar na universidade e de sua diversidade em quase todos os aspectos — releve-se o momento crítico por que passava Lílian — os dois se adoravam, jamais brigavam.

Trocavam opiniões e impressões sobre tudo: músicas, filmes, shows. Lílian as respeitava, ou mesmo as pedia, e tratava o irmão como se fosse qualquer colega de sua idade; jamais voltavam de alguma festa ou passeio turístico sem que se lembrassem de trazer um pedaço de bolo ou presente adequado para o outro. Jamais os discriminei, e o resultado era maravilhoso.

Apenas quando cresceu um pouco mais, e Lílian se tornou mais intransigente e autoritária, é que Lelê se descolou um pouco, negando a ela um ou outro favor, deixando-a irritada, pois não admitia contrariedades: o escravo se alforriava, e isso ocorria quase exclusivamente com relação ao cinema, já veremos. Ela era cinéfila extremada, assistia a praticamente todos os filmes que passavam, e, quando não dava tempo, os alugava para assistir em casa com o namorado. Quando o namorado não podia ir ao cinema, nem houvesse nenhuma coleguinha disponível, convidava Lelê para acompanhá-la — é de justiça que se diga, não só para usá-lo como estepe, pois ela realmente gostava de levá-lo, mesmo junto com o namorado, e até sugeria que ele escolhesse o filme que gostaria de ver. E quando ele se recusava por qualquer motivo, geralmente para assistir a jogos de futebol na TV ou mesmo por motivo nenhum — não queria ir e pronto, não era de ficar se alongando em justificativas —, ela ficava possessa: ameaçava-o com todas as armas de que dispunha, jurando que a partir de então ele estava "ferrado" com ela, nunca mais iria levá-lo a lugar nenhum, fosse a shows de rock, fliperamas a que ia com o namorado ou qualquer outro lugar.

Mas era como se estivesse ameaçando uma porta, tal era a segurança afetiva dele; sabia que eram tempestades em copo d'água, logo passavam; às vezes, só de nos olharmos de esguelha ele sabia que eu o apoiava, e nessas ocasiões, em contraposição ao que escrevi há pouco, os discriminava em favor dele, eu diria, com razão. Achava necessário para o bem de ambos; ela era muito mandona, embora às vezes eu mesmo pedisse mais tarde que fosse mais condescendente com ela, pois ela realmente o levava a muitos lugares a que ele queria ir.

Voltando a Lelê e minhas preocupações com sua inteligência, capacidade e personalidade, ele adorava esporte, qualquer esporte: bicicleta, skate, mas principalmente futebol, em que era vidrado, gostando tanto de jogar — tinha um extraordinário senso de equipe herdado do pai — quanto de assistir. Era igualmente capaz de passar horas montando um quebra-cabeça, jogando videogame ou jogos no computador; jogava até xadrez, coisas que eu odiava, e o mais notável, surpreendi-me certa vez ao vê-lo, com uma chave de fenda, consertando os brinquedinhos de corda ou pilha de um priminho, filho da Karla e neto de Jamile, em cuja casa ele ia assistir aos jogos no multicanal todo domingo à tarde, já que em casa eu me recusava terminantemente a assiná-lo. Soube então que ele era o consertador oficial dos brinquedinhos do priminho, separados para que ele os consertasse nos fins de semana: Jamile, que o adorava, até lhe comprara uma pequena caixa de ferramentas, e o interessante é que eu jamais tivera qualquer dessas habilidades, mal era capaz de trocar uma lâmpada ou um botijão de gás.

Nada havia, no entanto, que superasse ou mesmo se comparasse à sua relação com o gato, aquele mesmo, o Téo, tal a sua criatividade; não posso deixar de relatar algumas passagens, apenas algumas, de miríades. Dançar com o gato em frente ao espelho, embora de rara hilaridade, era o mais trivial; passar correndo com o gato a persegui-lo e batendo na minha cabeça com o bicho, enquanto eu lia ou ouvia música, era habitual:

— Vem cá, seu moleque.
— Não, gato, não, gato.
— Vem cá, seu moleque.

Eu não podia sair sem me despedir dele, o gato:

— Vô, cadê meu beijo?

Beijava-o, e ele se punha a chorar, tragicomicamente.

— Calma, gato, o vô já volta;

E ao voltar, sapecava-me um beijo de chacoalhar.

— Tudo bom, vô?
— Tudo bom, gato.
— Tudo bótimo, vô?
— Tudo bótimo, gato.

Eu e Lelê só nos olhávamos de soslaio.

— Vô, me diz uma coisa.
— Uma coisa, gato.
— Me diz... xingaraganinga.
— Xingaraganinga, gato.

— Me diz... nagaragadaga.
— Nagaragadaga, gato.
— Me diz... me diz... José Lalau.
Eu e Lelê morríamos de rir, invariavelmente:
— José Lalau, gato.
— Brigado, vô.
Às vezes eu mandava Lelê tomar banho:
— Vá tomar banho, Rúlio (Julio Bogoricin).
— É...VÁ TOMAR BANHO, RÚLIO! — emendava o gato, aos berros.
— Bonga, pai, bonga! [Não enche, pai, não enche!] — respondia Lelê.
— Bra ele, vô, bra ele! [Quebra ele, vô, quebra ele!] — invectivava o gato, em sua sanha beligerante.
Ou então:
— Lê, vá escovar os dentes e vá dormir.
— Vai cagá.
— Nóóó, vôôô...! — fremia o gato de indignação. — Se eu fosse você eu não deixava, eu quebrava ele.
Para não desapontar o gato, eu dava em Lelê um pretenso "tapão". O gato, então, perdia o fôlego, e pulava, virava piruetas e se contorcia todo, como se estivesse em orgasmo múltiplo — uma pantomima hilariante.
— Que tapão, vô!... Que tapão... você quase afundou a moleira do carinha... do idiota...
A nossa conversa era para iniciados... ou seja, só nos dois:
— Pai, não tem o nonga?
— Tem.
— Não tem o ninga?
— Tem.
— Agora tem o Tinga.
Tudo isso para me dizer que agora surgira um novo jogador de futebol chamado Tinga. Outras vezes, eu mesmo brincava:
— Lelê, você sabia que "no intervalo das glosas corria um burburinho alegre"!?
— !?

— !? — fazia o gato.
— Não, né, Lelê, você não sabia... porque você não lê Machado... você só lê J.K. Rowling.
— Hehehe! Que idiota! — divertia-se o gato.

O gato Téo tinha deficiência de uma enzima, a 17-desidroxi--alcoolase, e portanto não podia beber; às vezes, no entanto, num descuido, conseguia beber um pouco da minha latinha de cerveja, ou, em casos excepcionais, eu mesmo lhe oferecia um gole:

— Não, gato, não!

E tinha que arrancá-lo à força da boca da latinha.

— Lelelê... lelelê... leleô... leleô... — o gato ficava completamente bêbado e chato, subindo em nossas cabeças e batendo-as uma contra a outra... — lelelê... lelelê... leleô... leleô...

— Vô, o que aconteceu? — dizia, recobrando-se, como se saído de um transe.

— O que aconteceu, gato!? Vem cá que você vai ver o que aconteceu!

— O que aconteceu, vô?

— Me segura, que eu vou matar esse gato!

Quando a gente saía sem ele, o gato mantinha linha direta; ao primeiro deslize de Lelê, ele entrava em contato imediato: "Alô, vô, que idiota, hein!? Que burro, hein!? Que zurubunga, hein...!? — assinado, Gato."

— Vira, vai, acelera, vamos para casa que eu quero quebrar esse gato!

"Ó, vô, ele tá me ameaçando, bate nele... — assinado, Gato."

Eu tinha que pôr panos quentes para Lelê se "acalmar".

O gato, por sua vez, não aguentava gozação; quando falava alguma bobagem e nós entoávamos sua música-tema — "O gato é muito burro... o gato é muito burro... lá, lá, lá..." —, perdia facilmente as estribeiras:

— O quê! Seu bolha, seu albatroz, seu mondego, seu Rúlio Bogoricin, seu bilro... seu... seu... — desfiava os mil apelidinhos que eu criara para Lelê. Ou, para mim: — Véio, baixinho, careca...

Aí era eu que queria matá-lo.

O gato se metia em toda nossa conversa, tinha uma impressio-

nante rapidez de tirocínio, com resposta para tudo, e eu ficava absolutamente perplexo como isso podia ocorrer; era como se ele e Lelê fossem realmente dois seres distintos, individuais, separados:
— Pai, o que é que está acontecendo na República Tcheca?
— Tchetcheca...? — imediatamente se metia o gato.
Ou então, quando o gato brigava com Lelê:
— Gato, deixe de ser beligerante! — eu o repreendia.
— Eu não gosto de refrigerante, eu gosto é de cerveja!

Era uma pândega, nossa alegria, nosso companheiro inseparável, criação impagável de Lelê; é provável que só existisse e perdurasse por tanto tempo, como personagem "viva" e genial, graças à caixa de ressonância que eu representava, dando-lhes vida própria, ao criador e à criatura. O gato, evidentemente, não podia viver sem nós; mas a verdade é que nós tampouco podíamos viver sem ele. Assim, o conjunto da obra me parecia bom e promissor.

Lílian estava no início da faculdade e andou se indignando, com certa razão, com as notas de Lelê ali pela quinta série de uma escola pública, ou seja, uma escola sabidamente fraca. Não só de fantasia pode viver uma criança, eu e ela sabíamos. Mas só então vi o boletim: em média, suas notas giravam em torno de uns dois A, uns três B e uns dois C, isto é, bom para regular.

Não vou dizer que isso não me causasse certa apreensão, comparado à aluna brilhante que Lílian sempre fora; a mim, então... Mas optei por apenas observar o andamento da questão, até que ele piorou um pouco — um A, três B e três C. Lílian estrilou, eu o chamei:

— Vem cá, Lelê. Olha, aqui é uma casa onde se estuda, é fundamental que se estude; Lílian sempre foi uma ótima aluna — nunca fui de fazer comparações, mas o contexto exigia — e o papai estuda até hoje — eu estava fazendo aquele curso de psicoterapia todo sábado, além de ele me ver sempre lendo e estudando. — Qual é a minha obrigação? Trabalhar, dar plantões e sustentar vocês. Qual é a sua obrigação? Brincar e estudar — fiz questão de colocar "brincar", talvez até exageradamente, em primeiro lugar. — Você não precisa ser o melhor da classe — isso quase me matara no meu tempo de estudante —, mas é bom que esteja entre os dez melhores.

Não toquei mais no assunto; mas um dia, pouco tempo depois,

ele me disse:

— Pai, a professora de Português me deu nota B na prova, aí eu fui lá na frente e falei pra ela — ele, imagine, que era lacônico, algo tímido — que eu tinha feito todos os trabalhos e nunca tinha faltado às aulas, e que eu merecia A; aí ela me deu A.

Ele entendera o espírito da coisa.

Capítulo 4

Zé Pedro, Wilma, Su-en-li, os xarás Da Costa e Dos Santos, Lola, Sarita, Rottweiller, Silvinho, Fu, Habib e Fagnolli, o homem que odiava as mulheres: o Fran's Café, de Zé Pedro, iria cumprir nesta segunda parte de minhas memórias o mesmo papel que o S.A. desempenhou na primeira. Charmoso, localizado na principal avenida da cidade, a Nove de Julho, tinha em Zé Pedro — o dono gordo, bonachão, muito simpático — e em Wilma, mais que sua amiga, o centro aglutinador de uma trupe que se formara naturalmente por afinidades as mais diversas, à qual acabei por aderir.

O núcleo fundamental, sólido, compacto, cujos componentes se viam invariavelmente todas as noites, tendo antes se comunicado o dia todo por celulares, era formado por Zé Pedro, Wilma, Fagnolli, Da Costa e Su-en-li, a chinesinha, em torno dos quais, como satélites, girávamos os menos constantes, sujeitos a certo *turnover* —alguns desapareciam, temporária ou definitivamente, e outros se agregavam.

Numa faixa etária bastante elástica, que variava dos trinta aos sessenta anos — não vou entregar ninguém —, tinham os confrades em comum certo verniz cultural e condição financeira média — um deles havia sido muito rico —, mas a liga principal era que todos, sem exceção, eram "descolados", alguns solteiros, mas já muito bem vividos, e a maioria de separados, alguns dos quais de modo contumaz. Os xarás, em particular, eram os mais "experientes": já haviam sido casados, oficialmente ou pró-forma, cerca de cinco vezes cada, com filhos esparsos por aí; também já haviam tido seus tempos de fausto, por herdade ou por haverem se casado com mulheres bem aquinhoadas, e hoje tinham que realizar verdadeiros contorcionismos para meramente sobreviver.

Da Costa, particularmente, era um homem muito interessante: requintado e culto, tivera uma vida riquíssima em aventuras, que incluíam desde uma vida de *hippie* em Paris na juventude até ter sido produtor de cinema no Rio de Janeiro nos áureos tempos; não se concebia o Fran's sem Da Costa sentado sempre à mesma mesa, lendo o seu jornal e filosofando, dono de uma conversa suave, incansável e cativante, que, apesar da idade, sempre atraía novas presas. Encantara-se com a primeira parte deste livro, que eu lhe dera a conhecer, e julgava-me um intelectual, além de um homem e um pai incomuns; chegara até a me propor que roteirizasse uma bela história que escrevera sobre os tempos dourados da saga do café em nossa região, mas, evidentemente, esse tipo de trabalho não se encaixava em meus talentos como escritor, absolutamente intimista e não afeito a encomendas.

Dos Santos, mais ou menos da mesma idade, porém mais prosaico, já morara nos Estados Unidos, aonde chegara com a cara e a coragem, naturalizara-se americano e chegara a comissário de bordo de companhias aéreas. Assim conheceu o mundo todo, mas ao ser convocado para a Guerra do Vietnã, ele, que de idiota não tem nada, muito pelo contrário, escafedeu-se, preferindo retornar ao Brasil a virar bucha de canhão dos americanos. Já vivera poucas e boas. Era de uma alegria contagiante, e mesmo que estivesse na pior, vivia simplesmente cada momento, da forma mais hedonista possível — em tudo oposto a mim, que sou lacônico, de uma transparência irritante, estampo na face cada sentimento que me vai na alma. Tinha, no entanto, grande prazer em conversar comigo, pois dizia que ambos éramos muito inteligentes e que conversar com gente burra é a pior coisa que existe; como conhecera em suas andanças mundo afora uma quantidade incalculável de pessoas, tinha por mim verdadeira admiração, eis que me considerava uma verdadeira reserva moral, espécie em franca extinção, além de sempre repetir que nunca havia visto um pai como eu.

Wilma, minha maior amiga no grupo, de ascendência nobre, decoradora premiada e bem-sucedida, também era separada. Tinha em torno de seus trinta e oito anos, nenhum filho e uma situação segura e confortável, sendo mais que amiga de Zé Pedro.

Su-en-li, a chinesinha, era a mais jovem, pintora, escultora, etc. Vivia aos trancos e barrancos, como sói acontecer com os verdadeiros artistas, e era apaixonada por Fagnolli — o homem que odiava as mulheres —, com quem tinha um caso, mesmo ele espalhando aos quatro ventos que com as mulheres só queria sexo, e que estas, até por uma questão anatômica, só se interessavam pelos cartões de crédito dos homens.

    Lola e Sarita, por sua vez, eram duas interessantes mulheres solteiras, cada uma em torno de seus trinta e dois anos, ambas bem-sucedidas promotoras públicas; Lola, particularmente, era uma bela moça, e com todas essas qualidades, não lhe faltavam admiradores, um dos quais sendo eu mesmo. Tivera um "rolo" — o termo só pode ser esse — com Da Costa, para minha grande desilusão, pois tinha idade para ser seu pai — não que isso fosse tão surpreendente, sendo um homem ainda muito capaz, por sua conversa melíflua e sedutora, de exercer fascínio sobre as mulheres; a verdade é que eu já estava gostando muito dessa moça, mas para ela era como se eu não existisse. Para que me enxergasse, falei-lhe do livro de memórias que estava escrevendo e lhe mostrei um álbum de fotografias — que além de meus belos filhos, incluía fotos das paisagens, árvores e jardins floridos que eu tanto amava —, para ver se ela se encantava com meus outros dotes que não os físicos.

    Tolo, para instigá-la, fiz até uma brincadeirinha: disse-lhe que era muito bonita, mas que seu cabelo, crespo e alourado, era meio breguinha. Ela ficou apenas chateada, nada parecia sensibilizá-la. Pior, começava a se aproximar perigosamente de Fagnolli; ultimamente, em nossas rodas, viviam aos cochichos e risadinhas e trocavam de lugar para se aproximarem. Mas ele odiava as mulheres, e se divertia repetindo suas *boutades* incansavelmente; além daquela já famosa sobre o cartão de crédito, costumava dizer, no final das noites, com um sorriso mais para triunfal que para decepcionado:

— Hoje não comi ninguém, mas também ninguém me comeu.

    Surpreendentemente, no entanto, ao invés disso afastá-la, e a despeito de suas esquivas, Lola se aproximava mais, a ponto de, certa noite, em virtude do desdém de Fagnolli, ter que ser literalmente carregada do S.A., de tanto que se embriagara. Embora com uma ponta de apreensão, eu cada vez mais me deixava envolver por ela.

    É curioso como o termo "comer", de conotação claramente ligada à gastronomia, foi indevidamente incorporado à terminologia sexual vulgar, e mais indevidamente ainda apropriado pelo gênero masculino, que se refere a ele como o ato sexual ativo por ele perpetrado, usando e abusando do termo. Na verdade, comer implica em abocanhar, englobar, incorporar, portanto, muito mais adequado ao órgão sexual feminino, seja o genital ou até mesmo o oral, que, afinal, literalmente englobam, "abocanham", incorporam o órgão sexual masculino. Emblemático também é o fato de que, nos sonhos ou no imaginário aterrorizante infantil, isso fica evidente ao se fantasiar a vagina como denteada e castradora, fantasias essas que, quando não devidamente elaboradas, podem levar a distúrbios sexuais no adulto. Mas vá lá...

    Às sextas e sábados, eu geralmente saía para jantar, ali pelas nove horas. Comia e bebia alguma coisa, sempre no mesmo bar, via de regra o S.A., que reabrira em novo e belo lugar, e lá pelas onze horas ia para o Fran's, tomava um chocolate quente ou um café, ficava na roda por não mais que uma hora, até cerca de meia-noite, e ia para casa dormir enquanto o grupo varava a noite. Era tão metódico que Zé Pedro dizia que, se eu fosse milionário, já teria sido sequestrado várias vezes, tão previsíveis eram meus horários e meu itinerário. Ah, mas quando Lola estava, eu abandonava a rotina e ficava mais tempo, embevecido; quase não falava nada, ficava emudecido, embasbacado, eu, que no mais das vezes era um bom papo. Não que, vez por outra, não trocássemos uma ou outra palavra, mas ela mal parecia me notar, ou, ao menos, me diferenciar do restante do grupo, a despeito de meus olhares obcecados.

    Fagnolli, o homem que odiava as mulheres — e havia quem por isso lhe creditasse uma indubitável dubiedade —, por mais que alardeasse seu menosprezo por elas, raramente ficava sem um rabo de saia em sua companhia, embora suas relações fossem fugazes como um orgasmo, isso, quando os tinha, já que consta que viajara ao exterior com uma bela modista e nada fizera além de ficar lendo em seu quarto de hotel enquanto a beldade saía a passeio. É claro que disso não se podia tirar ilações definitivas, mas tirava-se: poderia estar em um mau momento, e a companhia, por mais bela, talvez não fosse a desejada; um homem não tem que, obrigatoriamente, "comer" sua companheira de viagem, eu mesmo já deixara escapar ilesa uma ou outra garota mais oferecida, o que depois lamentaria... e quem garante que eu também já não estivera em "bocas de Matilde"?

    De qualquer forma, essa atração que um homem declaradamente misógino ou outros decididamente sórdidos exercem sobre as mulheres começava a me intrigar, minando a esperança que eu depositava em uma possível redenção da humanidade pelo gênero feminino, em consequência de suas decantadas qualidades. Infelizmente, a experiência iria me dar ainda mais subsídios para corroborar essa impressão incipiente e desalentadora.

Capítulo 5

Por essa época, eu vivia uma situação paradoxal, alternando períodos de trabalho iníquo e extremado em um ou dois dias da semana com longos espaços vazios e fastidiosos; no entanto, conquanto esse trabalho hostil, essencialmente braçal, desumano e sem sentido pudesse me anestesiar, essa atividade me levara, e aí está o paradoxo, a tirar um proveito insuspeitado da situação: cresci intelectualmente como talvez jamais o tenha feito em toda minha vida.

"Como assim?", você poderia me perguntar. Pois bem, explico: eu vivia de plantões ignominiosos, nos quais atendia, dia e noite, a um contingente obsceno e quase ininterrupto de pacientes de toda espécie, acidentados, infartados, moribundos de toda ordem, o que era incompatível com minha formação acadêmica sofisticada e especializada, com a medicina digna com que sonhara e para a qual me preparara com afinco. Era um atendimento mecânico e estúpido, estressante, de risco, embrutecedor, embora fosse capaz de me desvencilhar dele com surpreendente resolubilidade, em consequência do meu excelente preparo e experiência profissional — já haviam se passado cerca de vinte anos de minha formatura —, além de um sentido prático e bom senso invulgares que me permitiam fazer diagnósticos e avaliar a gravidade ou banalidade dos casos quase só de olhar, de modo a jamais cometer erros.

E de que maneira, nessa situação inóspita, eu poderia tirar algum proveito intelectual, uma vez que em termos de medicina nada me acrescentava? Simples. Quando se quer e se tem uma necessidade inata de conhecimento e de requinte, se encontra a saída: assim, eu jamais deixava de ter um livro sobre a mesa de meu consultório, e, enquanto um paciente saía e se chamava o outro — não mais que um ou dois minutos —, ou nos raros intervalos de tempo maiores, ao invés de bater papo com colegas ou com a enfermagem como os colegas faziam, eu aproveitava para ler um parágrafo que fosse, uma página, e viajava dali para a Grécia antiga de Sófocles e Aristófanes, fugia da realidade massacrante nas asas da mitologia de Homero, aprendia com as orações de Cícero no Senado Romano antes de nossa era, com a ética admirável de Marco Aurélio na Roma pagã do início do cristianismo, me deliciava com os amores lascivos cantados por Ovídio na mesma época. Perpassava pela Espanha medieval de Cervantes e pelas cidades-estado da Itália renascentista com Maquiavel, ou pela França pré-revolucionária, guiado pela verve corrosiva de Voltaire. Ainda no continente, não poderia deixar de passar pela Portugal novecentista de Eça de Queiroz, com sua burocracia acaciana e sua nobreza folhetinesca tão digna de uma Carlota Joaquina, de Camuratti, para depois seguir viagem até a verdejante Inglaterra de Jane Austen e Henry James. Ou dava uma guinada — não sem antes singrar os sete mares com Melville e Conrad — até a Rússia czarista de Dostoiévski e Tolstói; este último, aliás, até parece haver se inspirado em Money para compor de forma tão magistral e verossímil o sórdido personagem de Vassíli Andréievitch, que de tal sorte se lhe assemelhava em sua alma mesquinha e predatória, em seu admirável opúsculo "Senhores e Servos". Sentia na pele, com Steinbeck e Faulkner, o horror do sofrimento humano na grande depressão americana; e descia às profundezas da alma humana, tentando compreender a sordidez de seus relacionamentos com o teatro moderno de Miller, O'Neill, Pinter, Tennessee Williams, Bernard Shaw e Nelson Rodrigues, ou mesmo com a delicadeza dos personagens de Tchekov e as heroínas de Ibsen.

Relaxava, em fases de tensão insuportável, na atmosfera nevoenta e misteriosa da Londres onde vivia o Sherlock Holmes de Conan Doyle, descendente direto de Poe, ou me embebia dos odores dos bistrôs parisienses e do clima das pequenas províncias francesas, com suas brumas e suas eclusas; chegava até a sentir o gosto de seus grogues, seus calvados e seus armagnacs, levado pelas mãos titubeantes do Maigret de Simenon, seu alterego e meu favorito: nada há que a ele se compare em termos de romance policial de cunho psicológico.

Aproveitava também para estudar para eventuais concursos ou para ler os textos preparatórios para as aulas de sábado do curso de psicoterapia, e foi assim que pesquisei, de forma absolutamente autodidata, e me aprofundei nos estudos que já vinha fazendo há anos sobre a psicologia da gravidez e o psiquismo pré-natal que redundaram no livro que viria a publicar em breve, *Pré-Natal Humanizado, Gerando Crianças Felizes* — de temática, pode-se dizer, quase inédita em livros da especialidade —, ainda não devidamente reconhecido, o que não é de surpreender, por uma classe quase totalmente mecanicista.

    Assim conseguia tirar leite de pedra e transformar merda em ouro, como um Midas *up-to-date*; e ia atingindo um requinte intelectual e humano invejáveis: eis que ultrapassara sem retorno a linha de sombra. Praticamente só lia literatura nos plantões, e única e exclusivamente literatura clássica, já consagrada, não fazendo concessões, eu e Noruega, minha diletíssima e brilhante amiga, professora aposentada de literatura, com a qual fazia um *happy-hour* semanal que já perdurava por quase quinze anos, fizesse chuva ou sol — ela que amava os crepúsculos outonais vistos do Deck Delícia ou do Colorado — "nunca uma tarde como essa", repetia sempre. Trocávamos ideias e livros: iam Schnitzler, Platão e Shakespeare, e vinham Guimarães Rosa, Graciliano e García Márquez, nunca será demais agradecer-lhe por ter-me dado a conhecer *São Bernardo* e *A hora e a vez de Augusto Matraga*.

    Quando sua neta e minha afilhada — menina graciosa e promissora — fez quinze anos, numa festa memorável onde recebeu mais de cem presentes os mais comuns, fui o único a ousar e presenteá-la com Vinicius. Aproveitei e brindei Noruega, que aniversariava quase na mesma época, com a obra completa de Proust, *Em Busca do Tempo Perdido*, recém-lançada em um belo estojo; inteligente e criativa, ela foi original no agradecimento: "Isso não é presente, é um elogio!"

    Com meu amigo Amon também havia esse intercâmbio, principalmente de livros de Psicologia ou afins; cedeu-me a coleção standard de Freud e me emprestaria mais à frente o fundamental da obra de Viktor Frankl. Outro colega, Murilo, me desvendou o imenso mundo de Balzac através do trabalho admirável de Paulo Rónai; Diógenes igualmente me suprira, vez ou outra, com Montaigne e outros pensadores. Se na vida amorosa eu era um solitário, soube ao menos cercar-me de amigos compatíveis.

    Em casa era raro que lesse, exceto um jornal diariamente, e mesmo assim, *en passant*, apenas para não ficar completamente alienado do mundo, pois jamais via televisão; quase todo o meu tempo ocioso — e era bastante, tanto por falta de trabalho digno quanto por filosofia — era preenchido pelo mais puro ócio, mesmo: ficava cochilando e refletindo no sofá da sala, sob clássicos ao piano, do favorito e insuperável Chopin com seus noturnos, sonatas e baladas, ou a insuspeitada beleza e sublimidade das valsas de esquina do maestro Mignone e das fantasias de Brasílio Itiberê, os solos de Segovia e de Lucia, ou mesmo de Baden. Ou então gravava e depois assistia a velhos clássicos do cinema, de diretores do porte de Howard Hawks, William Wyler, Elia Kazan, Billy Wilder, e os meus preferidos — as séries de Bud Boettcher com Randolph Scott, e, principalmente, os faroestes de John Ford e seu magnífico e insuperável, para mim o mais belo de todos, "O Homem que matou o Facínora", em que um homem admirável perde aquilo que mais amava na vida, uma bela jovem, é claro, e desce irreparavelmente ao inferno, mas não perde a dignidade. Eu me espelhava nesses heróis comuns e desconhecidos, imperfeitos, às vezes de passado escuso e, no entanto, essencialmente humanos, em contrapartida a personagens gananciosos e mesquinhos ou falsamente moralistas, invariavelmente sórdidos.

    Não que tenha me tornado um homem pedante e cheio de si: estava longe, e tinha plena consciência disso, de ser um ensaísta ou crítico literário ou musical; não saberia discorrer sobre as diferenças fundamentais entre Flaubert e Victor Hugo, ou entre Tolstói e Dostoiévski. Não tinha, pode-se dizer, qualquer noção musical mais apurada, não era capaz de dizer quem havia influenciado quem, quem precedera quem, mal saberia distinguir Carlos Gomes de Villa-Lobos, o que, creio, tinha pouca ou nenhuma importância no meu caso. Tinha, em resumo, noção dos meus limites. Mas chegara a um ponto de não inflexão onde me era impossível ler trivialidades, best-sellers, os esoterismos, misticismos e livros de autoajuda tão em voga, ou ouvir música medíocre como aquelas que na época predominavam no Brasil. É evidente que fazia concessões — se é que se pode chamar de concessão ouvir coisas tão boas — aos Beatles, à música pop internacional, ao Chico, meu favorito, a alguns outros excelentes cantores e cantoras nacionais e ao melhor de nossa MPB.

    Assim, discretamente e sem fazer alarde, como uma espécie de efeito colateral benfazejo, sem que precisasse forçar nem explicitar, essa atmosfera suave e requintada ia também se infiltrando, paulatina e imperceptivelmente, como se por osmose, no âmago da alma de meus filhos, criando raízes profundas, indeléveis.

Capítulo 6

Lílian, como já disse, com a minha anuência e estímulo, optara por estudar fora. Os últimos anos, o último, em especial, tinham sido penosos. Além disso, nossos atritos se amiudavam e cresciam em rispidez, ela se mostrando dura e insensível perante minhas dores; era necessário um distanciamento estratégico para preservar nossa afetividade, e eu julgava que para ela seria uma experiência enriquecedora, talvez a oportunidade única de morar fora de casa e aprender com as dificuldades e divergências inerentes a qualquer relacionamento.

A primeira dificuldade surgiu quando não encontrou nenhuma das novas colegas disposta a se associar e montar com ela um apartamento ou uma república, deixando-a já meio arrependida da opção que fizera e com princípio de pânico. Certamente, era uma ninharia; contornei-a temporariamente ao alojá-la na casa de uma brilhante amiga minha, professora universitária aposentada e escritora, colega de terapia, que se dispôs tranquilamente a abrigá-la até que ela se ajeitasse, o que viria a ocorrer em menos de dois meses, quando outra mocinha de nossa cidade foi chamada para preencher uma vaga no mesmo curso, aberta com a desistência de outrem.

Veio me contar toda entusiasmada — havia ainda uma terceira moça que entrara em outro curso —, porém algo apreensiva, pois a mocinha já lhe adiantara algumas premissas não negociáveis que seriam exigidas pelos pais, adeptos de uma religião ortodoxa qualquer, etc., etc., aquela ladainha de sempre. Surpreendentemente, Píer, o pai da moça, era um antigo conhecido dos tempos da juventude, em que participávamos daqueles grupos de jovens que frequentavam a mesma igreja e que eu nunca mais tinha visto. Marcamos uma primeira reunião em nosso apartamento e montei o circo: retirei da estante da sala duas moringas incas, decorativas e pornográficas, que trouxera da viagem que fizera ao

Peru, e também tirei da parede os nus de Suemy; vesti calça comprida e camisa, eu que só andava de short e sem camiseta em casa, e os recebi como se ainda continuasse sendo o mesmo carola de então.

Píer merece um destaque à parte: era hirsuto, de cabelos negros e bastos que continuavam em monobloco com uma barba e um bigode que impressionavam; as grossas sobrancelhas formavam uma só linha espessa e mal se viam os olhos; e vestia sempre camisa de mangas compridas devido à pilosidade que saía e escorria pelo dorso de suas mãos, de forma a adivinhar-se o resto. Em suma, era, sem tirar nem pôr, um verdadeiro urso, mas de uma mansidão insuspeitada, em evidente oposição à sua carranca assustadora. Sua situação financeira era relativamente boa, tinha empresa própria de consultoria, e, no momento, ocupava um importante cargo na política local. Tranquilizou-se bastante ao me reconhecer como o pai *desquitado* da futura coleguinha de sua filha, afinal de contas, eu fora um moço promissor. Recordamos rapidamente os velhos tempos; sua esposa, no entanto, que deixou clara sua primazia entre o casal, logo tomou a palavra e, sem mais delongas, enumerou a lista de normas que teria que ser seguida, sendo a mais importante, o que não me surpreendeu, que jamais nenhum rapaz, de qualquer espécie, talvez nem mesmo o próprio irmão, poderia frequentar o apartamento delas, qualquer que fosse o motivo.

Eu já estava, é claro, preparado para isso, e não achei que valesse a pena contestar, pois já estava difícil conseguir alojamento para Lílian, e, o principal, sabia que a ela tampouco interessava qualquer desvirtuamento de seu objetivo precípuo, que seria realmente estudar e aprender; não obstante, num último momento, me foi impossível resistir e não deixei de registrar que nada disso na verdade me preocupava, pois conhecia muito bem minha filha; pega de surpresa, a mãe da outra moça disse que também confiava na própria, que bom!

Analisando bem, era até compreensível sua preocupação, uma vez que é sempre melhor prevenir do que remediar; religiosa como era, e conhecedora por isso mesmo das artimanhas do Tinhoso, sempre prestes a lançar suas redes sobre moçoilas ingênuas e desvirtuá-las — e nada como as más companhias para ajudá-lo em seu demoníaco intento — sabia também que a ocasião faz o ladrão, nada como prevenir, não custa.

O tempo faria das duas ótimas amigas, e se a moça fosse inteligente e perspicaz como parecia, a despeito da vigilância severa que seria exercida sobre ela poderia muito bem se beneficiar das exemplares qualidades e virtudes de Lílian, menina indiscutivelmente brilhante, de uma energia e alegria contagiantes, dona de seu próprio nariz, sem deixar de ser extremamente responsável — um exemplo a seguir, sem dúvida. O demo que fosse caçar em outra freguesia. Os próprios pais da menina acabariam por se render aos encantos de Lílian, o que desde o princípio me parecera inevitável.

Píer e o pai da terceira menina foram a São Carlos e alugaram um ótimo apartamento de três quartos, o que seria excelente, pois cada uma ficaria bem à vontade com seus horários e particularidades. Lílian, a danadinha, ficou com a suíte, e embora tenha ficado combinado que fariam um rodízio anual, cada uma se acostumou a seu próprio quarto, e Lílian ficou na suíte até o fim.

Cada um de nós mobiliou o quarto da filha — eu com móveis novos, conquanto modestos — e cada uma levou alguns eletrodomésticos usados para uso comum, um problema a menos, ufa!

Capítulo 7

Eu começava a temer pela sanidade de minha mãe, já com setenta e sete anos, embora, graças às longas caminhadas diárias que fazia sob minha recomendação e aos hormônios que eu lhe receitara — eu era seu ginecologista — conservasse uma saúde e uma disposição física bastante boas. Há tempos ela vinha demonstrando um rancor incontrolável com relação a meu pai, agora com seus setenta e nove anos; já estavam casados há exatos sessenta.

As duas ou três vezes em que eu ia visitá-la toda semana, para jantar ou almoçar, ou mesmo para uma simples visita e um cafezinho, que ela sabia que eu adorava, vinham se tornando cada vez mais breves, e de preferência quando meu pai não estivesse. Mesmo assim, ela destilava veneno de forma incansável e monocórdia; se meu pai calhasse de estar presente, então, intensificava seus ataques, desancando-o virulentamente por suas picuinhas, reais ou fictícias, ficando já difícil saber o que era verdadeiro ou fantasioso.

A verdade é que estavam juntos há um tempo muito prolongado, e meu pai, homem inteligente e tinhoso, sabia perfeitamente como espicaçá-la; lembravam-me exatamente o casal de velhos magistralmente descrito por Simenon em *O Gato*, inclusive o hábito arraigado, uma vez que há muito já não conversavam, de deixar bilhetes escritos com recados ou frases bíblicas — já que ele não perdia a missa aos domingos —, o que a levava à loucura.

A hora do jantar, então, era um martírio, com ela soltando chispas pelos olhos, cheia de ódio, mal comendo para observá-lo encharcar sua salada, separada à parte, com o azeite estrangeiro que ele adorava — o homem era "enjoado" —, enfiar o garfo nas verduras e metê-lo na boca com espalhafato, ou mexendo nas panelas e pegando misturas com o próprio garfo. Depois, enquanto lavava a louça, ela ficava a ruminar "por que é que aquele desgraçado não morria".

Minha mãe era uma mulher forte, inteligente e lúcida, muitas vezes bem-humorada, principalmente quando recordava os casos engraçados dos caipiras da roça onde nascera, mas era também um tanto amarga. Lamentava não ter podido estudar, à sua revelia, não ter se formado e trabalhado, sendo, em consequência, obrigada a viver a vida toda à mercê de meu pai, que já fora muito agressivo e despótico; inclusive não tinha dúvidas de que ele já a tinha traído em outros tempos.

Há muito eu me posicionara ao largo dessa diatribe, pois a julgava insolúvel — o sonho de meu pai era voltar a morar sozinho na cidadezinha onde nascera e ser enterrado por lá mesmo, e o de minha mãe era simplesmente ver-se livre dele, mas não tinham condições financeiras para se separar e seguir cada um o seu destino —, e principalmente, porque não conseguia resolver nem meus próprios problemas; de forma que minhas irmãs, volta e meia, tinham que intervir, intercedendo junto a ele sem qualquer resultado. Se ao menos eu não tivesse fracassado tanto na profissão e tivesse lhe comprado uma casinha e uma tumba na cidade onde nascera...

Ele se aposentara aos meros cinquenta anos, com trinta de serviço, mas poderia perfeitamente ter trabalhado até os trinta e cinco e conseguido uma excelente promoção, caso tivesse aceitado um posto de chefia em alguma cidade menor como fizeram outros colegas. Mas embora gozasse de boa saúde, se recusara a fazê-lo, de modo que já não trabalhava há quase trinta anos e tinha uma aposentadoria medíocre, o que exasperava mais ainda minha mãe. Além disso, ao invés de ajudá-la financeiramente com as eventuais reformas de que a casa necessitava — minha casa, aliás —, guardava umas migalhas em cadernetas de poupança e vivia a jogar quireras na loteria, deixando-a apoplética.

Nos últimos tempos, tornara-se um homem discreto e moderado; bebia não mais que um ou dois copos de um vinho comum de garrafão em casa, no final da tarde, mas já lhe acontecera cair uma ou duas vezes na rua e bater com a cabeça na calçada, chegando todo ensanguentado, sujando toda a roupa e respingando sangue por toda a casa, ou ter sido atropelado por uma bicicleta, veja só, e levado a um hospital, tendo minha irmã que ir lá resgatá-lo e ficar horas esperando por sua liberação. Mal tomava banho, ou o fazia precariamente e sem lavar a cabeça; depois ficava cochilando e roncando no sofá da sala, para desespero de minha mãe e mesmo de Selma, minha irmã — que por toda sua vida sofrível pela qual em parte culpava meu pai, e também por tudo isso que vinha acontecendo, pois sempre acabava sobrando para ela, já o odiava igualmente faz tempo.

 Senti, assim, que minha mãe vivia um momento crítico, e poderia, de uma hora para outra, ultrapassar a barreira, muitas vezes tênue, que separa a sanidade da loucura. E teria que intervir, muito a contragosto, uma vez que sentia um constrangimento incontornável na presença de meu pai, com quem jamais conseguira trocar mais que monossílabos sobre trivialidades, de forma que confrontá-lo era angustiante para mim; mas não havia outro jeito, e fui me preparando.

 Todo sábado, quase religiosamente, logo depois do almoço, meu pai pegava a chave na portaria do prédio em que eu morava, independente de eu estar ou não — os porteiros já haviam se acostumado com ele —, e subia ao meu apartamento, onde se sentava no sofá, folheava os jornais e tomava uma ou duas latinhas de cerveja que eu já deixava previamente para ele na geladeira da cozinha. Antigamente eu sempre comprava o garrafão de vinho de que ele gostava, mas, com o tempo, não só tinha dificuldade de encontrá-lo nos supermercados onde fazia compras, como aquilo também fora me enchendo. Quando eu chegava, depois de haver almoçado fora, apenas lhe dava um oi, jamais o beijava, e ia de imediato cochilar em meu quarto; quando me levantava, ele já havia ido.

 Num desses dias, então, pedi a Lelê e Lílian que fossem para seus quartos, e, com extrema dificuldade, o abordei, titubeante:

 — Papai, preciso falar com o senhor... — ele levantou os olhos do jornal — eu acho que minha mãe está ficando louca...

 Ele deu uma curta risada, entre irônica e triunfante, e disse qualquer coisa como "ah, agora vocês estão vendo, é ela que está ficando louca..."

 — Não, papai, é o senhor que a está deixando louca, e ela é muito importante para nós... — fui falando de roldão, mal respirando. — O senhor precisa fazer alguma coisa, parar de beber, não jantar junto com ela, não sei... eu mesmo já não estou bem, minha vida está muito difícil, tenho até pensado em me suicidar, e o senhor está piorando as coisas...

Menos de duas semanas depois meu pai morreu, ele que jamais ficara doente, jamais fora a um médico, exceto para trocar os óculos, e nem plano de saúde tinha.

Vamos por etapas: há alguns anos fiz um plano de saúde para minha mãe e Selma, que morava com ela; paguei as mensalidades no início, e depois, como as coisas se complicaram para mim, elas mesmas continuaram a pagá-lo, e disseram a meu pai para fazê-lo também, mas ele desdenhou, ironicamente, uma vez que jamais precisara de médicos e tinha uma saúde de ferro, o que era incontestável. Eu disse à minha mãe, então, que se ele viesse a ficar doente não contasse comigo e procurasse o serviço público.

Pois bem, alguns dias depois daquela nossa conversa decisiva, minha mãe me disse que ele vinha sentindo algumas dores abdominais, algum enjoo e diarreia, e fora se consultar no posto de saúde perto de casa, onde foi atendido e medicado. No dia seguinte, à tarde, quando fui à casa de minha mãe, ele estava sentado na varanda e me disse que ainda não estava se sentindo bem, e como me disse que havia se consultado com um colega que se formara comigo, e eu sabia que era um bom clínico, aconselhei-o a voltar lá no dia seguinte, caso não tivesse melhorado. Na verdade, esse havia sido um pedido desesperado de socorro, de aproximação, de resgate, e eu não compreendi.

No dia seguinte, à noite, ele sentiu uma dor abdominal aguda, foi internado e operado de urgência no serviço de emergência do Hospital das Clínicas, onde eu me formara. Morreu no dia seguinte, parece que tivera uma hérnia encarcerada que supurou, espalhando fezes por toda a cavidade abdominal e contaminando-a toda; eu nunca vira nada parecido, assim, tão inesperado, para quem nunca tivera nenhum antecedente.

Na noite em que ele havia sido internado e operado, eu tinha ido a uma festa e desligado o celular: estava ansioso para encontrar Lola, que acabou não indo, e a noite, em consequência, foi péssima; meu pai estava morrendo sem eu saber, e logo pela manhã minha irmã me ligou. Fui até o hospital, ele estava na UTI, aproximei-me; ele estava com os olhos abertos, chamei-o, ele teve um sobressalto, coisa estranha, inusitada. Estava na verdade inconsciente e morreria à tarde, sem recobrar a consciência.

Tive então um in*sight*. Não podia haver dúvidas, minha conversa com ele selara-lhe a sorte; não é preciso ser PhD em Psicologia para perceber, como eu, que inconscientemente ele havia compreendido o recado: estava sobrando, seu tempo de vida se esgotara, precisava ir para poupar minha mãe e nos poupar. Assim, não deixava de sair de cena de forma heroica, estratégica, renunciando a um papel que já não tinha mais sentido. Entendendo de chofre o que se passara, não lamentei, não tive remorsos. Era necessário que assim fosse, foi a única solução plausível, e apenas nossos inconscientes puderam concebê-la.

Houve, é claro, certa estupefação de todos diante de acontecimento tão inopinado, mas não creio que tenha havido muita dor por parte de nenhum de nós. Nessas horas críticas, principalmente nesse caso — nunca havíamos vivenciado uma morte tão próxima, era um tipo de dor de que a vida me poupara até então —, eu acabava por servir de referência para os demais; sentia que meus irmãos e mesmo minha mãe perscrutavam a minha posição, meus sentimentos, buscando um norte que pudesse embasá-los. E acredito ter-lhes transmitido serenidade e segurança, não deixando dúvidas de que havia sido melhor assim, para todos.

Não houve grandes emoções no velório. Apenas minha irmã Lélia, mais ligada a ele, ficou mais sentida, e Jamile, cuja relação com ele havia sido da mais profunda ambiguidade, mais desnorteada; meu irmão mais novo, nos dias que se seguiram, se revelaria também um tanto desorientado diante de fato tão repentino, indo por vários dias seguidos ao cemitério. De minha parte, apenas no último instante, quando um dos irmãos de meu pai pôs-lhe a mão no peito e disse "vá com Deus, meu irmão", eu senti um laivo de emoção, fugaz embora; fui o último a tocar-lhe as mãos, coisa que não fizera até então.

Descanse em paz, meu pai! Quem sabe agora o senhor consiga ser feliz...

Capítulo 8

Meus sentimentos por Lola seguiam crescendo. Eu sentia uma indizível vontade de vê-la, não obstante ela não me enxergar e ignorar minhas invectivas; quase não saía do Fran's, sendo frequente que a encontrasse e varasse noites inúteis. Ela continuava gravitando em volta de Fagnolli, como um satélite, revelando sua clara predileção; a bem da verdade, embora às vezes se travestisse de Dirceu Borboleta, tal a semelhança física com a impagável criação de Dias Gomes — de óculos, com um conjunto safári de short e camisa e pernas finas e pálidas, de quem há muito não via a luz do sol nem era aficionado por esportes; minhas pernas magníficas e bronzeadas nada diziam a Lola —, era ainda jovem, pouco mais velho que ela, alto, esguio, tinha certa cultura e sofisticação, certo pedigree, sendo filho de professores universitários. Não podia me negar a classificá-lo como um moço até bonito, e embora desquitado — seu casamento durara não mais que oito meses e o desiludira mortalmente —, não tinha filhos; um bom partido, como se dizia. Não tinha, e creio que jamais tivera, dificuldades financeiras, pois sua família era bem situada. Além disso, era médico reumatologista e trabalhava como pesquisador em um instituto ligado à universidade, mesmo não sendo muito bem remunerado, como tem sido praxe em nosso país entre os professores universitários e pesquisadores; discorria monotematicamente a respeito de uma tese que não concluía nunca, e seu sonho era voltar para o exterior, onde já morara, ou prestar algum concurso público, qualquer que fosse, conquanto mais bem pago. Lola ganhava sensivelmente melhor — o interesse dela era legítimo, não visava ganhos financeiros, mas ele persistia em sua cantilena sobre o inevitável interesse pecuniário das mulheres. Estava visivelmente apaixonada, o que me matava de ciúmes quando trocavam confidências e indiscrições claramente erógenas, por suas expressões faceiras.

Logo eu faria quarenta e nove anos e resolvi, como último recurso, depois de dez anos sem qualquer comemoração em casa, fazer uma pequena reunião em meu apartamento. Convidei não mais que meia dúzia dos mais íntimos do Fran's, com o intuito mais que evidente de atrair Lola, mas ela não apareceu. Eu havia preparado uma tábua de frios magnífica, bebidas várias, licores, frutas, chocolates. Deixei o apartamento impecável, para nada; o pessoal veio; chegaram tarde, ficaram pouco — eu não era um anfitrião dos melhores, imagine então naquela noite! —, e, amargurado, joguei tudo no lixo quando saíram: que desgraça!

Senti tristeza, angústia, dor, vergonha, autoestima ao rés do chão. Depois de uma noite maldormida, logo pela manhã descobri o endereço de Lola, e impulsivamente — eu era dado a esses repentes, dos quais às vezes me arrependia depois, mas não nesse caso —, com alguma dificuldade, enviei-lhe a seguinte carta (na verdade, entreguei-a pessoalmente na recepção de seu prédio, para não haver possibilidade de desvio):

Ribeirão Preto, 21 de março de 2000.

Cara Lola,

Hoje faço quarenta e nove anos e estou muito infeliz, em parte porque você nem sequer se lembra de que eu existo, sequer se deu ao trabalho de dar uma desculpa melhor que um mero resfriado para não vir em casa ontem; aliás, dirá você, "ora, cara-pálida, quem deu a desculpa foram as meninas, eu nem me toquei..."

Tudo bem, vamos ao que interessa: você sabe que gosto muito de você, ah, sim, não pense que a amo ou esteja loucamente apaixonado, não, eu só deixaria que isso acontecesse se houvesse possibilidade de reciprocidade, só os tolos e imaturos se apaixonam perdidamente sem que tenham chances... Mesmo assim, é penoso.

Você nunca me enxergou, e acredito que fisicamente não lhe provoque atração, ou lhe pareça um cara esquisito, fechado, que não conversa, em suma, um chato; isso não é verdade... é que "perto de você me calo, tudo penso e nada falo..." Cheguei até a provocar você com aquela brincadeira do cabelo breguinha, mas você permaneceu impassível (na verdade, aquilo foi só para provocar, para ver se você me via, e falhei acintosamente).

É possível que haja uma série de outras dificuldades, tenho plena consciência de não ser aquele garotão gostoso, aquele príncipe encantado com que as mulheres sonham, mesmo sabendo que isso não leva a nada, não dura mais que meia dúzia de transas; mas o mais provável é que, no íntimo, no mais fundo do nosso ser, naquilo que realmente interessa e forma o elo de ligação, sejamos diferentes, inconciliáveis, uma vez que só o semelhante atrai semelhante.

Tenho vivido um longo processo de amadurecimento e de crescimento mental e intelectual, e isso tem tornado as coisas cada vez mais difíceis, me causando períodos de longa e profunda solidão, pois, paradoxalmente, quanto mais se evolui, menores as chances de se encontrar alguém à altura — eis que o grande contingente da humanidade se constitui de pessoas comuns e vulgares. Chego às vezes até a me questionar se não deveria ter permanecido comum e vulgar, tendo casos, "rolinhos", vivido um pouco mais, embora creia que isso não é viver, mas se desgastar desnecessariamente... Às vezes até tento, mas agora é tarde: depois que a gente ultrapassa certo patamar de crescimento, creio que isso se torna irreversível.

Nesses últimos dez anos de busca (!), depois de uns poucos rolinhos no início, cheguei a me interessar por duas ou três garotas como você, com uma série de qualidades que poderiam fazer com que eu viesse a me apaixonar caso me fosse dada a oportunidade de conhecê-las mais a fundo. Não obstante, não tive essa chance, e depois com o tempo ficou claro que não tínhamos nada a ver. O intrigante, nesses casos, é que eu não costumava sonhar com essas meninas, como se elas não ultrapassassem o meu limiar visual, intelectivo, diferente do que tem ocorrido ultimamente: você tem povoado minhas noites, tem sido protagonista invariável de meus sonhos mais doces, o que significa, creio eu, que se trata, desta vez, de um afeto mais profundo, que tem fugido ao meu controle volitivo, penetrado sub-repticiamente no meu inconsciente mais profundo, no mais íntimo do meu ser, mesmo contra a minha vontade — eis que tenho plena consciência das minhas possibilidades, ou, no caso, impossibilidades. No entanto, tudo que entra, sai, já dizia o Marquês de Sade, e venho tentando exorcizar os meus fantasmas...

Seu envolvimento com Da Costa e Fagnolli tem me deixado profundamente confuso; me esforço, mas não consigo compreender, acredito que é consequência de sua enorme carência, que é só uma coisa física, de pele, o que, longe de me ajudar, me deixa ainda mais perplexo, pois você já deve ter percebido quão conturbadas e conflituosas são essas relações. Ah, sim, acredito também, como já escreveu um psicanalista, que "sem tesão não há solução". Aprecio imensamente a aparência, o contato físico; é evidente que o problema é seu, mas não pense que quero julgá-la ou invadir sua privacidade. Isso é absolutamente confidencial, como se estivéssemos conversando tête-à-tête; no entanto, quando reflito e escrevo, sou capaz de desenvolver melhor minhas ideias, expor minhas conjeturas de forma mais abrangente, já que você não me dá oportunidade de uma conversa mais íntima. Lembre que os grandes escritores (não é o meu caso) mantinham copiosa correspondência com seus amigos e suas amadas...

Ah, e por falar em Da Costa, falei a ele dos meus sentimentos por você, acredite! Ele é meu amigo, e sou profundamente leal aos amigos e às pessoas que amo, não queria que ele soubesse por terceiros e ele compreendeu perfeitamente a dignidade de minhas intenções.

As pessoas muito inteligentes privilegiam intensamente o desenvolvimento intelectual em detrimento do afetivo, que fica ao rés-do-chão, barbaramente defasado. Comigo também costumava ser assim, e tenho passado por um penoso e cansativo processo de resgate; o tempo dirá de seus resultados, e se você porventura vier a ler o livro que estou escrevendo, O Ciclo Gestatório de um Homem, verá que se em uma leitura superficial parece a história de um homem fracassado, é, na verdade, a obstinada luta de um homem em busca do bem maior: a felicidade, única coisa que interessa na vida.

Tornei-me, assim, um homem absolutamente incomum, que ama coisas belas e sofisticadas — a música, os livros clássicos —, mas sem excessos, sem haver me tornado pedante ou me julgar um intelectual; continuo amando igualmente as coisas triviais, como bater papo com os amigos, sair para tomar chope, jantar, *e, principalmente viajar. Nas pouquíssimas vezes em que tivemos oportunidade de conversar, senti que você também tem essa tendência à sofisticação, aos livros, à arte de maneira geral, gosta de Matisse, Monet, Gauguin, etc. Sei que poderia ajudá-la imensamente nessa busca do essencial. Como faríamos bem um ao outro, que crescimento espantoso adviria disso! Vamos, não faça essa cara...*

Bem, meu tempo já se esgotou, sei que você é uma profissional dedicada e competente e tem mais o que fazer a não ser ouvir a conversa de um sonhador. Pode ficar tranquila, sei a hora de bater em retirada, não sou de pegar no pé de ninguém e não vou incomodá-la, prometo. Que será, será.

Felicidades.

Com carinho,

Bonomi (me chame assim, please) — ela me chamava de Albino, coisa que eu detestava, era nome de família, nome de velho, avô, tio, primos.

Convenhamos: avaliando-se hoje, já com certo distanciamento das emoções daquele momento, a carta foi muito incisiva, ferina, mas ao mesmo tempo apaixonada, tentando mostrar uma segurança que eu absolutamente não sentia, e possivelmente muito requintada, com termos incomuns. Eu acreditava na inteligência dela e procurava instigá-la à reflexão; dei com os burros n'água, pois ela nem *tchuns*! Encontrei-a, sempre com o grupo, cerca de duas semanas depois, e foi como se nada tivesse acontecido, como se jamais houvesse recebido a carta, o que me intrigou, pois sabia por Wilma que havia recebido. Confuso, esperei que ela estivesse indo embora, acompanhei-a e a interpelei diretamente:

— Olhe, Albino — felizmente, não foi agressiva — eu nunca lhe dei nenhuma liberdade para se dirigir a mim ou questionar os meus relacionamentos, uma vez que não temos qualquer intimidade.

— Sinto muito — me penitenciei, envergonhado. Minha orelha ardia em brasa e me retirei, arrasado.

No dia seguinte — não sei como ainda me suportava depois de uma humilhação dessas, na verdade, apenas mais uma de tantas — me desculpei mais uma vez e me afastei definitivamente, encerrando o assunto com uma segunda carta:

Cara amiga (se é que ainda posso chamá-la assim),

Você achou minha correspondência abominável e o disse de forma clara, firme e insofismável, sem perder a delicadeza e a postura, sem me humilhar em público, revelando uma personalidade forte e admirável.
Falei de tolos e carentes, mas o grande tolo e carente é um só: eu mesmo.
Ah, sim, não estou tentando consertar, sei que o desastre foi irreparável; não sei como vou poder encará-la novamente.
Felicidades.

Depois de algum tempo, encontrei-a outras vezes, ela continuou gentil e simpática, como se nada tivesse se passado; e então, no intuito de compreender melhor, perguntei-lhe por que não tinha se interessado por mim:

— Ah! Porque não deu clique!

Simples, brutalmente simples, apenas não havia dado clique; ou dá um clique, como ao se acender uma lâmpada — certamente a lâmpada do desejo, da paixão —, ou não, e então não se fecha o circuito, não se transmite a corrente elétrica. Ou se gosta, quase de imediato, à primeira vista, ou não; parece não haver reflexão, elaboração, evolução, ou mesmo involução, uma vez que se conhece melhor as qualidades e os defeitos do objeto em questão. Gosta-se ou não daquilo que se vê, da aparência, do odor, daquilo que se cheira — a questão do cheiro ainda voltará à baila. Gosta-se ou não do invólucro, e o conteúdo parece ser irrelevante: curte-se aquilo que atrai, o epidérmico, o sensório, o que dá prazer imediato. O futuro a Deus pertence; curte-se o momento, danem-se as consequências.

Ora, a vida é efêmera, tudo passa mesmo, e só devemos nos arrepender daquilo que deixamos de fazer. Eu acreditava, antes, que essa maneira de ser e pensar fosse apanágio da juventude, da adolescência, onde tudo é volúpia, inconsequência; e que o tempo e a experiência — nem diria maturidade, que está um grau acima, e não ocorre obrigatoriamente com o passar da idade — poderiam trazer um equilíbrio mais afinado entre o desejo e a razão, tornando as inter-relações amorosas um tanto mais raras, conquanto mais consistentes e duradouras, menos conflituosas quando acontecessem, mas parece que me enganei.

Assim, meu amor por Lola, foi morrendo aos poucos, e não sei como um homem, quando chega a um ponto desses, de tanta incompetência, de tanta inépcia, de sofrer tamanhas e tais humilhações, não é capaz nem ao menos de retirar-se de cena definitivamente, partindo desta para melhor. Alguns meses depois, entraria em cena Caroline, e eu esqueceria Lola de vez.

Mas o leitor deve estar curioso, e vamos então ao desfecho do *affair* Lola/ Fagnolli, pois eis que houve um. Começaram a namorar de verdade e isso levou a alguns desdobramentos que convém expor, antes de concluir. Da Costa, que vivera um romance com Lola e a amava perdidamente, quando esta o deixou passou a persegui-la insistentemente, a despeito da aversão que ela agora lhe devotava — o pai dela teria se metido no circuito. Ao saber do fato consumado, ou seja, do namoro oficializado, chegou a ameaçar Fagnolli de morte, o que, felizmente, não chegou a se concretizar. Su-en-li, a chinesinha artista e muito sensual apaixonada por Fagnolli, com quem mantinha um caso e esperanças, julgando erroneamente, em seu desespero, que Zé Pedro e Wilma tivessem contribuído para aquele enlace, romperia definitivamente relações com eles, desaparecendo sem deixar vestígios.

O desenrolar do caso seria vertiginoso. Lola, que no passado havia sido preterida por um grande amor já quase no altar, estava desesperada para casar e ter filhos — não era eu quem dizia. Era filha única de um general autoritário (pleonasmo!), e mal se viu de namorado novo, compatível com aquilo que tinha em mente, não se fez de rogada e tratou logo de tentar marcar o casamento para o mais breve possível, assustando Fagnolli, *o homem que odiava as mulheres*, que literalmente "amarelou" e entrou em pânico, teria até ameaçado se jogar de cima do apartamento dela.

Foi um deus-nos-acuda. Zé Pedro, seu amigo mais íntimo, teve durante um bom tempo que fazer as vezes de psicólogo emergencial para socorrer um Fagnolli em crise, que ligava dia e noite para o celular, quase o enlouquecendo também; Wilma, por sua vez, servia de socorro a uma inconsolável Lola. Durante alguns poucos meses o caso deu algumas voltas, algumas idas e vindas, acabando por terminar quase naturalmente, muito embora Lola tenha feito o possível e o impossível para que assim não fosse, apesar da demonstração cabal de desequilíbrio — pelo menos em relação a questões de matrimônio — por parte de Fagnolli, o homem que, definitiva e irreparavelmente, odiava as mulheres: c.q.d., como num "teorema" de Pasolini.

Lola, passado o sufoco, não ficaria a choramingar a vida toda pelos cantos; logo se enrabichou por um brutamontes — que, provavelmente, representaria um bom papel em "Família Adams III", bastando para isso não mais que um parafuso atravessando-lhe as têmporas —, e, em seguida, por um rapazote pouco mais que imberbe, "Meu bebê"! Fagnolli, após o susto, se reaprumou, e ainda se dava ao luxo de aconselhar aos incautos que a melhor fórmula nessas horas de desespero era mesmo "amarelar".

Engraçado constatar que, malgrado minha frustração, eu gostava deles, e cheguei a pensar, embora os acreditasse com muitas dificuldades pessoais, mas também por isso, que eram compatíveis e sua relação poderia dar certo. Confesso que cheguei a torcer por eles, acredite ou não, assim como você pode pensar que eu esteja fazendo uma descrição crua e maldosa dos acontecimentos devido à raiva, mas posso lhe afiançar que foi assim que chegaram ao meu conhecimento e assim vivenciei os fatos naquele momento.

Lola tinha passado e, ao contrário de meus outros amores, nenhuma canção me lembraria dela, exceto, talvez, uma do Rei que certamente não lhe fazia justiça, mas que insistia em vir à tona sempre que me lembrava do caso: *Não fique triste, não se zangue/ Por tudo que eu vou lhe falar/ (...)/ Não quero mais seu amor/ Não pense que eu sou ruim/ Vou procurar outro alguém/ Você não serve pra mim.*

Entrementes, enquanto se desenrolava esse *imbroglio*, conheci Caroline, com a qual iria escrever a mais bela e lírica página de minha história... e também a mais trágica.

Capítulo 9

Durante quase cinco anos perambulei por aí, em círculos, seduzido pelo canto de sereia de Money, e quase fui a pique, até ser resgatado por minha amiga Açucena, que me convidou para voltar às origens, ao porto seguro de seu consultório, de onde eu nunca deveria ter saído. Com as finanças combalidas, se dispôs a nem cobrar aluguel pela sala que eu ocuparia, apenas a divisão das despesas gerais da clínica. Eu voltaria também ao convívio de meu velho amigo Diógenes, que agora, além de trabalhar em tempo integral para mal poder sustentar o bando de gente que a ele se agregara, estava cursando Direito à noite, sua verdadeira vocação: sendo um filósofo inato e homem de argumentos irrefutáveis, seria seguramente um advogado imbatível e de ética irretorquível.

Eu voltava a respirar ar puro. Lelê não me dava preocupação, era só doçura e uma amizade incondicional e benfazeja; instado por Antonieta, que julgava que ele poderia se sentir discriminado por morar comigo apenas nos fins de semana, ao contrário de Lílian, sob sua insistência, interpelei-o:

— Filho, você gostaria de morar de vez com o papai?

— Não — respondeu de imediato. Foi simples, claro, sem titubeios.

— Por quê? — me surpreendi.

— Porque também quero morar com a mamãe.

Menino inteligente e sensível, de percepção aguçada, observara nesses anos todos o quanto Lílian me pesava: eu carregava nas costas, sozinho, um peso que deveria ser suportado por dois, e percebera os conflitos que daí advieram; destarte, nossa relação era tão bela, tão formidável, que ele não iria colocá-la a perder me sobrecarregando. E não era só isso, creio; menino realmente perspicaz e inteligente, sabia da importância vital de também conviver com a mãe, figura exponencial para o seu psiquismo. Mesmo que pouco convivesse com ela em decorrência de sua dedicação praticamente integral à fábrica, era fundamental viver no seu ambiente, conhecê-la mais a fundo, dividir as atenções; não seria de todo impensável acreditar que fosse capaz de compreender que muito da agressividade de Lílian, de seu humor muitas vezes instável, tivesse relação direta com a absoluta ausência de contato com a mãe, figura imprescindível para uma menina adolescente, e agora, no início da maturidade, vivendo uma primeira e conflituosa relação afetiva.

Lílian, por sua vez, evoluíra, não pode haver qualquer dúvida a respeito. De um início titubeante na faculdade, sofrendo ainda a ressaca daquele ano turbulento de vestibulares e começo de um namoro conturbado, quando até chegara a se arrepender de estar estudando fora, há muito se adaptara, deixara de reclamar e causar apreensão. Passava os fins de semana estudando — boa parte dos textos era em inglês ou espanhol — e escrevendo monografias no computador.

Sua relação com o namorado também evoluíra sensivelmente; ambos foram amadurecendo *pari passu*, e os conflitos foram se amenizando; estando a situação de fato consumada, começaram timidamente a alçar os primeiros voos, chegando até a viajar para a cidade dos avós do rapaz, ou para férias com seus pais, ou ainda a dormir na casa dele — apesar de minha estranheza e apreensão iniciais, embora consciente de que pouco ou nada poderia fazer: é assim que as coisas sempre foram, e nessas horas, na verdade, eu me esforçava para acreditar que criara uma filha incomum, responsável e de princípios sólidos. O tempo iria me dar razão.

No início, sentindo-me às vezes impotente, pois Lílian se valia de uma disposição e uma agressividade quase ilimitadas, socorriam-me as intervenções de Karla — sua prima mais velha, filha de Jamile — ou de minha amiga Noruega, que tinham forte ascendência sobre ela. Ela então recuava um pouco, apenas estratégica e temporariamente, para depois seguir incólume o caminho que traçara.

Em nenhum momento me preocupei com acusações como a que Ângela me fizera, de que a havia estragado; ao contrário, fizera sozinho, completamente sozinho, o melhor que pude, e acreditava realmente ter realizado um trabalho formidável... o tempo novamente me daria razão.

Com o namoro plenamente solidificado, minha vida nos fins de semana, paralelamente, se tornara mais amena quando ela vinha para casa, pois vinha todos os fins de semana, jamais passando um único em São Carlos; já não precisava levá-la e buscá-la em lugar nenhum, o que tornava as coisas bem mais fáceis para mim. Podia sair e voltar à hora que eu quisesse, depois de dar comida a Lelê, que ainda não saía. Com esse namoro — lembre-se, namorava a primeira pessoa de quem gostara e era amplamente correspondida —, Lílian fortaleceria de vez sua autoestima. Tornou-se uma menina, se é que isso era possível, ainda mais alegre e extrovertida, de uma energia que não conhecia limites; acredito que tenha superado de vez qualquer trauma em relação à sua altura — era baixinha — e à beleza física insuperável de sua mãe.

Já era professora formada de inglês — fizera o Toefl — e dava uma ou outra aula, particular ou em escolas de inglês. Não poderia deixar de mencionar um acontecimento fundamental, que revela a pessoa que eu educara: ela se inscrevera em duas escolas para dar aula e foi chamada por uma delas, uma escola pequena e sem prestígio; lamentavelmente, porém, logo em seguida foi chamada também pela segunda escola, uma franquia famosa e de muito mais futuro, e embora muito consternada, disse à segunda escola que já se comprometera com a primeira.

Não satisfeita, fazia balé e ginástica, e nas férias, para ganhar tempo, cursos intensivos que depois continuava aos sábados. Já tendo se formado em espanhol, agora cursava francês, levando o namorado a tiracolo: ele era brilhante, mas detestava se levantar cedo; ah, à tarde fazia dança do ventre.

Eu não tinha como deixar de me orgulhar. Vez ou outra, no entanto, depois de ter satisfeito todas as suas vontades e a levado a todos os lugares onde precisasse ir, se eu deixasse de lhe fazer um único favor, mesmo sem muita importância, se tornava agressiva e insensível aos meus sentimentos, minhas dores, que eram muitas; gritava que eu já não era o melhor pai, coisa de que eu apenas me gabava, que não estava maduro coisa nenhuma, como às vezes eu dizia, e saía batendo as portas intempestivamente; nessas horas, eu a odiava.

Apenas como curiosidade — não tem muito a ver com o eixo de nossa história, que procura destrinçar o mais profundo da alma humana, mas, ao mesmo tempo, não deixa de ter algo a ver —, vale a pena registrar que Jucélia, filha de Píer e coleguinha de escola de Lílian, vivia sob a mais severa vigilância da mãe, que ligava todas as noites, invariavelmente; tinha por obrigação inadiável, antes mesmo de pôr a mochila no lugar ou fazer xixi, telefonar-lhe sem mais delongas e fazer um relatório pormenorizado de cada passo de seus dias. Para ir a alguma festinha, então, era um deus-nos-acuda; não importava a hora que chegasse, tinha que ligar imediatamente, e antes disso a mãe já teria ligado vezes sem conta para ver se já havia chegado. Lílian chegou a reclamar que eu nem ligava, "nem me importava com ela", mas depois acabou se acostumando.

Um dos poucos incidentes nesses anos de faculdade foi que certa vez o namorado de Lílian, Caco, foi com ela a uma festa e acabou passando a noite lá, dormindo inocentemente no sofá da sala. Jucélia ficou horrorizada, e deixou claro que se isso voltasse a se repetir, uma delas teria que sair do apartamento; Lílian veio toda chateada, cheia de razão, "onde já se viu, isso não tem cabimento, Jucélia já está bem grandinha, já passou da hora de se desgrudar da mãe" etc. etc. Não tive dúvidas:

— Olhe, Lílian, ficou combinado, sob minha tutela, que teria que ser assim, e você aceitou; se você insistir, terá que sair do apartamento.

Ela regateou, mas acabou percebendo que tínhamos razão; o que não tinha cabimento era sua atitude, pois as duas se davam muito bem, eram moralmente ótimas, ótimas estudantes e ambas muito bem-humoradas, sempre propensas a fazer palhaçadas e a colocar apelidos em todo mundo, não escapando ninguém — Gê, Perê e Miroca-Piroca —, não valia a pena pôr tudo isso a perder. Era preciso respeitar a opção e os princípios de Jucélia.

Capítulo 10

De volta ao consultório de Açucena, era uma bela clínica, feita por um arquiteto há cerca de doze anos. Encontrei-a, é natural, um tanto desgastada, com as plantas ornamentais do jardim velhas e esgrouvinhadas. Pedi que as arrancassem, e colhi pessoalmente nos matos ao redor da cidade vagens de sementes de marias-sem-vergonha brancas e vermelhas — embora vulgares, essas plantinhas formavam belos canteiros. Coloquei-as para secar, e com "estas mãos que a terra há de comer", como diria minha cara amiga Noruega, semeei-as e as cobri com terra, e as reguei até que, para minha grande euforia, começaram a brotar; então, replantei-as, distribuindo e entremeando as mudinhas brancas e vermelhas equitativamente, formando um canteiro admirável. Bem cuidadas, cresceram e formaram uma floreira belíssima, a ponto de as pessoas pararem na rua para admirá-las.

Pena que a nossa secretária, que, não sei por que, não gostava delas, a despeito de meus conselhos as aguava em excesso, e acabaram melando e se enchendo de pulgões; não houve inseticida que os debelasse, pois o chão já estava todo contaminado, e não tive alternativa a não ser extirpá-las, para minha profunda decepção. Foi o mote para Açucena, que já estava predisposta, se decidir a reformar e ajardinar de vez a clínica. Precisávamos, eu e ela, de alguma motivação; clínica e jardim ficariam belíssimos, só faltariam pacientes, e para isso, nenhum de nós tinha o dom do encantamento, da sedução, e por que não, daquele discreto charlatanismo, como diria Júlio Diniz, inerente aos bem-sucedidos. Assim, aquela admirável casa continuaria às moscas.

Para não dizer que não falei das flores, ou melhor, já que falei delas, falarei um pouco da conjuntura em que esses fatos ocorreram, embora isso não faça parte dos objetivos deste relato. Lembro-me perfeitamente, enquanto semeava as plantinhas, que a situação do câmbio no país, mantido artificialmente em paridade com o dólar, por motivos exclusivamente eleitoreiros, por um governo e uma equipe econômica de viés (palavra tão cara a esses economistas) estritamente financista, foi alterada após o governo ter sido reeleito, numa jogada de ética no mínimo duvidosa — tanto o adiamento da mudança do câmbio quanto a instituição da reeleição —, e o dólar começou a disparar, tornando a situação do país ainda mais caótica... E eu a plantar flores. Ainda mantinha as minhas ilusões, que logo iriam se esboroar, como castelos de areia.

Capítulo 11

Eu saía quase todas as tardes para um *happy-hour* ou à noite para jantar, e beber, naturalmente. Sem esse relax, talvez eu tivesse pirado; adorava comer bem à noite e também tomar não mais que três ou quatro chopes, e podia fazê-lo sem peias e culpas, pois no dia seguinte tanto o meu café da manhã como o almoço eram frugais: eu era perfeitamente capaz de passar o dia todo sem almoçar ou comendo apenas uma salada, de acordo com o que houvesse ganhado de peso na noite anterior, já que me pesava todo dia na balança do meu consultório ou mesmo no clube, onde ia invariavelmente toda tarde, chovesse ou fizesse sol, fizesse calor ou geasse, para correr e nadar. Com isso, conservava um peso e um corpo impecáveis; se ganhasse meio quilo, perdia-o já no mesmo dia. Aliás, aos que se admiravam com a minha performance física, e não eram poucos, explicava candidamente que era um triatleta:

— Corro, nado... e bebo.

E por falar em beber, eu carregava na sacola do clube pequenos frascos com vermute, cachaça ou outra bebida qualquer, que embicava de vez em quando; diante da curiosidade de meus amigos, eu dizia cinicamente que eram florais... de Baco.

Saía toda semana, já há mais de dez anos, com Noruega, confidente e inestimável parceira intelectual, ou com meu amigo Ben, um rapaz alto e forte — fique tranquilo, Ben, não vou dizer "gordo" —, quatro ou cinco anos mais moço do que eu, um engenheiro cabeçudo e cartesiano, como o definia nosso amigo Amon: eram ambos fiscais federais do trabalho, sendo que Ben se preocupava em melhorar as condições de trabalho e fiscalização, modernizar o serviço em prol da população, revelando um espírito público raro e admirável.

Também separado há alguns anos, Ben tinha três filhos que foram, como os meus, se aninhando em seu colo, em virtude de sua responsabilidade como homem, não obstante sua ortodoxia cartesiana; aos poucos, sua vocação de pai ia se revelando, em contraposição a uma mãe descontrolada e doente, que lhe infernizava a vida, invectivando as crianças contra ele. Com o tempo, prevaleceu a intuição das crianças, já nessa época pré-adolescentes, e penderam para o seu lado. Em condições como essa, cria-se uma situação dramática para o homem: quando numa separação a mulher assume a criação dos filhos, o que é ainda o mais comum, o homem é que tem que sustentá-los, mesmo que a situação da mulher seja privilegiada em relação à dele; se não o fizer, mesmo que passe por uma situação de crise, a mulher não se peja de mandar-lhe a justiça em cima, podendo até dar cadeia. O inverso não ocorre: quando é o homem que os assume, como no meu caso e de Ben, não só os criamos, como os sustentamos financeiramente, com as mães galhardamente ao largo; não que não haja homens calhordas, e os há às pencas mas isso já é por demais sabido.

Embora pudéssemos parecer opostos, e certamente o éramos em muitos aspectos, tínhamos muitas coisas em comum. Ele era mais volátil em suas relações, caía com frequência na "capoeira", como chamava suas noitadas, saindo com mulheres apenas para "dar uns tapas", como se referia a suas transas; aos poucos foi se cansando e se desiludindo, pois isso não estava levando a nada, e é possível que o estivesse contaminando com minha filosofia altamente duvidosa, que muito em breve sofreria um brutal revés, de esperar por algo que realmente valesse a pena.

Quando saíamos, tínhamos, é natural, que fofocar um pouco, que ninguém é de ferro; começávamos geralmente por "desancar" Amon, o Lontra, nosso alvo predileto, assim como éramos o dele. Nosso caro amigo Amon era realmente uma figuraça, de convicções congênitas imutáveis, principalmente em questões de fé religiosa — digo congênitas, porque acredito que sua fé lhe fora imposta desde o nascimento e jamais posta em questão; em consequência, reputava-me um niilista incurável, dizia que o meu grande problema e causa de todos os meus males era a minha falta de religiosidade. O interessante e paradoxal era que ele, homem de fé inquestionável, tinha um pavor mórbido de doenças e da morte, coisas que não costumavam fazer parte das minhas preocupações cotidianas; era, apesar disso, de uma calma e sossego exasperantes — seria exagero, certamente, se dissesse inércia e mais ainda, alienação.

Ben, ao menos, se exasperava:

— O Amon? Se puser ele para tomar conta de dois bichos-preguiça, um ele deixa escapar.

Mas, como neste mundo poucos vieram a passeio, no caminho dessa afável e plácida lontrinha havia uma fera... Amon tampouco deixava por menos quando eu reclamava da solidão:

— Para o baixinho, se não tiver menos de vinte e cinco anos, a beleza da Bruna Lombardi, não for PhD, e não ganhar mais que cinco mil, não serve! — e completava, irônico: — Não trate de baixar a bola, não, baixinho, não caia na real, não...

Não era bem assim, não, mas quase. E ficávamos a filosofar — se é que se pode chamar de filosofia as conversas de botequim; ia até chamar de conversas de bêbado, mas, seguramente, não era o caso:

— Olhe, Ben, o que eu gostaria mesmo, apesar da minha idade (estou beirando os cinquenta), das minhas dificuldades profissionais e de meu charme duvidoso, é de uma moça jovem, em torno de seus trinta e poucos anos, bonita e sem filhos, não muito rodada, formada e independente financeiramente...

— É, esse negócio de ter que dar cesta básica pra sogra não dá não... — completava ele. Uma pérola, para meu delírio.

— Essa semana conheci uma moça até interessante, médica, trinta e dois anos, com uns seios magníficos, e ficamos, eu, ela e as amigas dela até as três horas da madrugada no S.A., ela com uma blusa tomara-que-caia, costas de fora, os seios saltando para fora da blusa diminuta, exuberantes e chamativos, inclinava-se para a frente e eles quase me batiam no nariz. Ao final, me deu seu telefone...

— E daí? — perguntou ele, de olhos arregalados.

— Aí, no domingo à tarde, liguei para ela e a convidei para tomarmos um café, mas ela me surpreendeu com inesperada rispidez: "Não, não, eu sou evangélica", ou qualquer coisa assim, "e estou esperando meu namorado para ir ao culto..."

— É... muito religiosa mesmo...

— De qualquer maneira, eu a achara mesmo meio esquisita, e para ser sincero, estava mesmo era interessado em sua magnífica leiteria...

— E como ela se chamava?

— R...

— Ih! Nome de empregada doméstica... não ia servir mesmo... Ou então, dependendo do nome:

— Ih! Isso é nome de mulher da zona...

E com essas manifestações explícitas de machismo de nossa parte, raríssimas, na verdade, a gente se divertia um pouco para passar o tempo.

— Ah, Bem — eu completava — nada como uma Priscila, uma Renata, Roberta, Ana Marcela, Caroline, Gisele, Carla... Ah, como eu amava Carla!

Quanto à questão dos filhos, confesso meu egoísmo, a estupidez de minha posição — eu já tinha meus dois —, mas eu queria tentar, nunca tivera a mulher que eu realmente quis, fosse por amor de verdade ou mesmo por mero desejo, e minha frustração não tinha limites. Estava me matando. Talvez o fundamental é que eu tivera, ainda tinha, profundas dificuldades pessoais; esperara tanto tempo — toda uma vida, na verdade — que queria suprir todas as minhas necessidades e fantasias. Mas tinha consciência de que ia acabar me lascando.

Ben, ao contrário, preferia mulheres com a prole constituída, que nada fossem exigir dele no futuro. Logo, logo, entretanto, iria balançar quanto a essa disposição: não resistiria ao teste da realidade ao namorar uma mulher com dois filhos — que ele viria a chamar de futura- -ex —, que, somados aos seus três, causariam uma boa confusão.

Em suma, nós todos éramos, de alguma forma, meio cabeçudos e cartesianos, mais ou menos imutáveis, e creio que assim é com quase todo mundo, na essência — vide Money, o escorpião... Não vi em minha vida mais que duas transformações realmente radicais: meu irmão Boca, que, de moleque terrível, conquanto genial, se tornou um homem sereno e pacífico, talvez até um pouco acomodado demais, o que mais tarde lhe traria consequências danosas; e Aninha Cocota, filha de Noruega, que de moça tola e frívola, quando ainda casada, metamorfoseou-se em uma mulher muito interessante e agitada, sempre "na área", como gostava de dizer.

Eu, no entanto, teimava em bater na mesma tecla, e a nota começava a soar em clara dissonância com a realidade. Já estava só há muitos anos e começava a demonstrar um evidente desalento.

Capítulo 12

A mulher moderna, ao que me parece, está muito mais infensa ao amor, muito mais hedonista, vivendo apenas o prazer do momento, sendo atraída muito mais pelo visual, pelo sensório, epidérmico; "evoluiu" de tal forma que praticamente se igualou aos homens em termos de liberdades sexuais, e isso está ficando tão natural, tão arraigado na mentalidade de nossos tempos, que até mesmo mulheres tidas como inteligentes estão se ufanando disso, como é o caso de uma prestigiosa colunista do mais prestigioso diário de nível nacional, que volta e meia entoava loas a uma Gisele Bündchen e a uma Luana Piovani, ícones de nossa pobre adolescência, por usarem e descartarem os homens "como os homens sempre fizeram com as mulheres". Em outro caso defenderam com unhas e dentes a atitude de uma política famosa — na qual eu colocava grandes esperanças —, mulher indubitavelmente brilhante e ousada, que, depois de conseguir chegar onde queria, com o apoio do marido admirável, não obstante seus indiscutíveis méritos próprios, e depois de já estar bem ancorada a um homem mais belo e mais jovem, só depois disso tudo, veja bem, deixou o ex-marido a ver navios (nada tenho contra a separação, muito pelo contrário, uma vez que eu mesmo sou divorciado; mas de forma digna, ética, embora isso não seja o mais comum, as separações geralmente ocorrendo quando um dos dois já se amarrou em alguém, já se garantiu, o que é profundamente repulsivo).

E então, era isso o que as mulheres queriam? Foi para isso que tanto lutaram e queimaram sutiãs em praça pública? Pois muito bem, conseguiram; e agora? Pode até parecer que só agora a mulher tem procurado a emancipação sexual, eu mesmo pensava assim; mas nada como os clássicos — desde Ovídio e Aristófanes, com seus textos e peças deliciosos, isso já ficava evidente — para nos revelar claramente que a mulher sempre se virou, não é de agora, a despeito de épocas de maior repressão e opressão do gênero, e o verbo "se virar" vem muito a calhar.

Pois bem, se alguém ainda quiser encontrar o lado feminino do ser humano em sua forma mais elevada, aquilo que tem de mais belo e nobre, que procure... entre os homens, nos artistas, nos poetas, nos cientistas, nos grandes humanistas — aliás, é onde eu acho que sempre esteve. Pode-se argumentar que eu esteja sendo duro demais, ou até mesmo misógino, que devo ser na verdade um enrustido que tem ódio às mulheres, mas deixemos os ataques pessoais de lado e vamos esgrimir com fatos: em todas as áreas, vejam bem, em todas, onde a alma feminina é exigida, é o homem que se sobressai, não há uma só mulher que encabece a lista dos maiores escritores, dos maiores artistas, músicos ou poetas. São fatos insofismáveis; não que eu ignore uma Hannah Arendt, uma Melanie Klein, uma Marie Curie, uma Clarice Lispector e tantas outras mulheres extraordinárias, mas o que representam diante da constelação infinitamente mais numerosa de homens de gênio?

Confesso que tenho refletido intensamente, eu que tinha tanta esperança na mulher como redentora dessa humanidade tão decadente e autodestrutiva, mas não consigo compreender o porquê de tamanho descompasso, uma vez que a arte e a criatividade, em qualquer de suas formas, são filhas diretas do ócio, da solidão, da tristeza, da dor, da doçura, do lirismo, devendo, portanto, ser apanágio da mulher e não do homem; a mulher, assim parece, tem se valido apenas das qualidades femininas menos nobres, como a passividade, a dependência, a acomodação e a preguiça mental, que as levam à mais pura banalidade, à mediocridade como norma.

Não posso, em sã consciência, acreditar — como fizeram aqueles imbecis que pesaram os cérebros dos negros e dos brancos e concluíram que estes, por terem uma massa encefálica mais pesada que aqueles, eram mais inteligentes, como se a inteligência, a essência humana e nossa capacidade de transcendência pudessem ser quantificadas, pesadas em balanças — que as mulheres, por uma questão congênita, genética, ou mesmo ontológica, estejam destinadas a serem mais estúpidas que o homem, ou que isso seja consequência da hegemonia, do predomínio milenar do homem sobre as mulheres — como aqueles que veem na colonização, ou, mais recentemente, na supremacia e na exploração econômica perpetrada pelas nações hegemônicas, a americana em particular, a causa de todos os males de nosso triste país, como se a causa principal não fôssemos nós mesmos, a covardia de nossas elites, nossa própria acomodação e mediocridade; ou aquelas pessoas neuróticas que, mesmo depois de bem adultas, ficam *ad eternum* a culpar os pais despóticos por suas neuroses, não chamando a si nenhuma responsabilidade, nem pelos erros cometidos nem pela própria acomodação — eis que toda mudança implica em perdas e risco, sendo bem mais fácil e cômodo manter o *status quo*. Puxa, mas é nas condições mais adversas que o ser humano se torna capaz de se superar, de transcender, de encontrar o seu *momentum*! Veja Viktor Frankl nos campos de extermínio nazista, ou Soljenítsin no Gulag soviético, citando apenas dois exemplos entre milhares.

Não consigo compreender... e tudo que elas parecem almejar é o que há de pior no homem! Antes de concluir, abrirei um parêntese para ilustrar com um caso que ocorreu com Dos Santos, um dos xarás, que andava em baixa, no pior dos mundos, desempregado e sem dinheiro; tinha mais de sessenta anos, mas aparentando não mais de cinquenta, e com seu cabelo acaju e seu astral invejável atraía as mulheres até com certa facilidade. Pois bem, certa noite fomos a um bar, nos sentamos com algumas amigas, e uma delas, jovem e gostosíssima, logo se encantou com ele e ficaram ali no maior *love*. Fui embora antes da meia-noite; "A Cinderela já vai?", brincou ele pela enésima vez, e senti que ali ia dar samba. Só tinha um porém: como não tinha carro, teria que pedir carona. Dias depois, no entanto, encontrei-o inconsolável:

— Combinamos de almoçar no dia seguinte, mas ela não apareceu — bufava ele. — Foram as outras que falaram mal de mim e fizeram a minha caveira.

— Olhe, Dos Santos, não foi nada disso; ela sentiu o "odor da penúria" e vazou. "*Pecunia non olet* [o dinheiro não tem cheiro]", ensinava Vespasiano. Já a penúria exala um odor fétido, inconfundível, do qual as mulheres, que têm um faro canino para percebê-lo, fogem espavoridas, como o diabo da cruz; a sordidez não costuma assustá-las, ao contrário, até parece atraí-las, desde que alicerçada num bom cacife financeiro, não tenha dúvida — expliquei-lhe. — Para as mulheres, e para as sogras, a única falta realmente imperdoável num homem é a falta de dinheiro.

Ele adorou a explicação, e quando a gente ia sair, dizia, morrendo de rir, como era seu hábito:

— Vou tomar um banho e me encher de perfume, para ver se sai esse odor de penúria.

Fecha-se o parêntese.

Fiquemos, de forma otimista, na expectativa de que se trate apenas de um movimento dialético, e que, entre uma tese — o avanço agressivo e caótico rumo a uma maior autonomia e liberdade, seja em direitos sexuais ou de cidadania — e sua antítese — a repressão anterior e a obscuridade medieval, ainda presente em algumas sociedades atuais e seitas religiosas —, se chegue a uma síntese — um equilíbrio adequado, juntando o que o homem tem de melhor — sua força, sua vontade, sua inteligência e criatividade — àquilo que a mulher tem ou deveria ter de melhor — a doçura, a capacidade de compaixão, o instinto maternal, a capacidade de amar que não deveriam perder jamais. Porque, sordidez por sordidez, fiquemos com o original: nós mesmos, os homens; a humanidade não precisa de similares.

Capítulo 13

Tempo ocioso é o que não me faltava, fosse pelas circunstâncias, fosse por opção; embora estivesse consciente dos riscos financeiros que disso advinham, eu o usava de forma produtiva para refletir, para filosofar, para compreender e repensar a espécie humana em novas bases, que a explicassem melhor.

Assim sendo, analisando-os como um todo — uma análise que era fruto da observação direta e *in loco*, consequência de minha vivência e experiência pessoais e também da leitura dos grandes pensadores, filósofos e escritores clássicos — classifiquei os seres humanos e suas variantes como se segue, usando para isso duas linhas que se interseccionam, uma ordenada e uma abscissa:

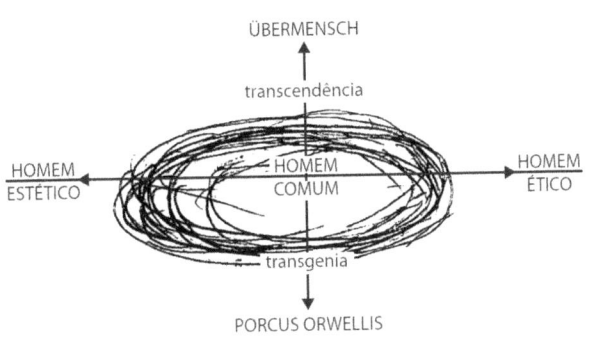

— o **Homem Estético** exclusivo (entenda que o termo "homem", doravante, se refere à espécie humana como um todo): compreende essa criação moderna, meramente física, forjada nas academias de ginástica, malhada, sarada, turbinada, hedonista, dotada de poucos neurônios; seu oposto seria o

— **Homem Ético**: aquele que privilegia exclusivamente o espírito, como os grandes pensadores, os intelectuais, ensaístas, artistas, escritores, cientistas, os grandes humanistas, em suma, o melhor de nossa espécie.

Entre esses dois extremos, estaria o
— **Homem Comum**: desde o mais medíocre e banal, mais à esquerda do gráfico, evoluindo conforme se desloca para a direita, constituindo o grosso da humanidade, sendo que o seu maior contingente se encontra no meio, ao redor da intersecção de ambas as linhas, correspondendo ao **Homem Medíocre** de Ingenieros, embora este seja mais abrangente; poderia ainda, é claro, usar uma curva de Gauss para esse fim, mas essa curva não iria suprir os meus propósitos: eis que à minha análise acrescenta-se justamente uma ordenada, uma vez que a simples abscissa ou a curva de Gauss não é suficiente para abranger dois conceitos novos e essenciais, antes inexistentes em outras classificações, mas que são capitais para que se repense a espécie humana, ontologicamente. No ápice dessa ordenada encontra-se o primeiro
— o **Übermensch**, o super-homem, o devir-do-homem, o homem transbordante, aquele que concentra em si o perfeito equilíbrio entre o dionisíaco e o apolíneo, e que tem sido, na verdade, apenas uma utopia, um homem-conceito, aquele homem que conciliaria em si a integração perfeita entre o corpo — eis que o homem é físico, é carne —, a mente — eis que é emoção, inteligência — e o espírito — eis que se originaria de e tenderia ao absoluto, ao divino, como vem me parecendo inevitável pensá-lo; mas para que possa atingir esse estágio e realmente merecer essa classificação, há ainda que superar o comum dos mortais, seja através do surgimento de um grande amor, seja através da criação de uma obra sublime que o faça transcender e sentir-se em plena comunhão com o sagrado; não se deve confundi-lo com os místicos e santos, que seriam uma categoria à parte, pois abdicaram, em vida, do próprio corpo.

E, finalmente, o seu antípoda, um ser que já não pode mais ser classificado como pertencente à espécie humana, mas sim a uma nova espécie, melhor ainda, a uma subespécie, não humana, em vias de ser mais bem estudada, mais bem compreendida e classificada pelos estudiosos, isso porque, para que um determinado ser possa ser classificado como pertencente à espécie humana, tem que possuir, forçosa e inalienavelmente, uma característica essencial, que o define como humano, e que característica fundamental seria essa? Ora, nada mais é que o **humanismo**, a essência do ser humano, que implica na cultura, na capacidade de amar, de ter compaixão, de extasiar-se diante daquilo que é belo, seja natural ou criado pelo homem — como a arte, a literatura, a música, a poesia —, de ter uma preocupação ecológica e com o futuro da terra-mãe e de toda a natureza... E que ser seria esse? É o

— **Porcus Orwellis**, uma nova subespécie que identifiquei após prolongada observação e profunda análise dos seres vivos, fruto de uma mutação ou transgenia moral de indivíduos originalmente humanos; embora à primeira vista pareça ser homem, vista-se e se comporte como tal, não o é, pois esse ser mutante, o P. Orwellis, nada tem de humano — eis que visa exclusivamente o poder e o dinheiro, sem medir os esforços e os meios para atingir seus fins, destruindo tudo e todos que se interponham em seu caminho e lhe dificultem os objetivos, o que não é humano em absoluto; não obstante, à primeira vista, numa observação apressada e superficial, haja o risco de confundi-lo com um homem, em uma observação mais acurada, mais arguta, depara-se na verdade com um ser amorfo, via de regra obeso e flácido, com a tez macilenta e cadavérica de quem vive, sempre em postos de comando, sob a luz artificial dos ambientes fechados e climatizados das grandes corporações, dos hospitais, dos bancos e dos conglomerados financeiros — seu habitat por excelência —, e ainda, o que é mais grave, nos palácios de governo e casas legislativas; num cálculo empírico, aproximado, devem perfazer cerca de 10% da população total (seres humanos + P.O.), no entanto dominam e dirigem de forma totalmente despótica toda a humanidade, composta em quase sua totalidade de seres medíocres e banais, de pouca cultura, com pouca capacidade de reflexão e elaboração, egocêntricos e preocupados apenas com o seu dia-a-dia, vivendo cada instante de forma superficial e da melhor forma possível; não se pode contar com eles, em sua mediocridade, para uma reversão do quadro dramático por que passa a raça humana, uma vez que seu grande número, em virtude de suas "qualidades" acima enumeradas, serve única e exclusivamente como massa de manobra para os detentores do dinheiro e do poder — justa e infelizmente, os P. Orwellis, esses seres mutante, asquerosos, rastejantes, despóticos, covardes, parasitas estúpidos que vão acabar por destruir, por sua estupidez, o próprio hospedeiro que os sustenta e mantém, a terra-mãe, junto com a natureza e toda a humanidade.

Para que se compreenda melhor a minha teoria, façamos um paralelo: suponhamos que se veja uma abelha voando; surpreendentemente, ao invés de pousar sobre um canteiro de flores para sugar-lhes o néctar e polinizá-las, como é sua essência, se assenta sobre um monturo fétido e ali bota os seus ovos. Há então que se observá-la e estudá-la melhor, pois se parece com uma abelha, mas não pode ser uma abelha, já que perdeu aquilo que lhe é peculiar, para o que foi destinada; é provável que se trate de uma subespécie mutante, transgênica, uma *Apis domestica*, quem sabe. Assim também se daria com um cavalo que, ao invés de comer capim, começasse a roer osso e a latir, um provável exemplar de *Equus Lupus*, espécie transgênica.

Os Porcus Orwellis geralmente se acasalam e coabitam com fêmeas da mesma subespécie, que ou são coniventes com suas práticas sórdidas ou se fazem de omissas, fingindo ignorá-las, usufruindo sempre de suas benesses, das pilhagens que abocanham. Seus rituais não se distinguem daqueles dos humanos; é raro que se separem, muito embora o adultério seja a regra, tanto para o macho como para a fêmea, pois seus relacionamentos são pautados pelo ódio, um amálgama muito mais sólido e durável que o amor, sentimento mais nobre, porém frágil e efêmero, conforme sustenta Rubem Alves em um de seus contos admiráveis, no qual mantém um diálogo cordial com um elegante Mefistófeles. Os filhos da subespécie, em virtude da absoluta ausência paterna, que só vive em função de seus objetivos já explicitados, costumam ser desestruturados, sendo que alguns seguem os passos de seus pais para serem reconhecidos e amados, o que não surte o efeito desejado, pois o amor é um sentimento estranho à espécie; outros se tornam pura e simplesmente delinquentes comuns, e outros ainda, os mais sensíveis e com certa dose de humanização, ditos ovelhas negras, são profundamente infelizes, não sendo raros entre eles os desvios sexuais e a propensão ao suicídio e a doenças fatais, o que não sensibiliza os pais em absoluto, muito pelo contrário.

A atitude extremamente predatória dos P. Orwellis tem levado a uma concentração irrefreável da renda em seu benefício — os 10% da população geral que eles representam detêm mais da metade de toda a riqueza existente —, em detrimento de uma parcela imensa da população, que se tornou miserável, e, em consequência, tem levado a uma explosão demográfica irreversível, com seu séquito de doenças e destruição da natureza sem precedentes: tanto os miseráveis, por ignorância e necessidade, quanto os muito ricos, por ganância e necedade, degradam e destroem os recursos naturais.

Vejo o planeta Terra como um bolo de fubá, por exemplo, que meia dúzia de formigas levaria um tempo indeterminado para devorar, ao passo que um enxame delas o consumiria em poucos minutos; assim, a Terra seria autossustentável por um período quase ilimitado para uma população que não ultrapassasse um a dois bilhões de habitantes, como ocorria até o início do século XX. Não vejo qualquer chance de reversão do quadro, pois apenas soluções drásticas, calcadas na inteligência, sem abrir mão de um humanismo incondicional, poderiam ainda, quem sabe, embora eu não acredite, dar alguma sobrevida ao planeta; mas não há ilusões, uma vez que os P.O. dominam todos os postos capitais do mundo — e põe capital nisso! —, veja, por exemplo, o caso emblemático do dirigente da única superpotência dominante e hegemônica da atualidade.

Racista por natureza, o P.O. traz soluções simplistas, e fascistas, para problemas complexos como a pobreza e a criminalidade — cujas causas lhe poderiam ser imputadas —, amplamente disseminadas em nosso país; pensa que bastaria eliminar sumariamente os miseráveis e os delinquentes, começando preventivamente pelos meninos de rua, isso, sem falar nos negros, homossexuais e prostitutas, igualmente seus alvos preferenciais. As populações indígenas, então, como entraves ao desmatamento e ao uso intensivo dos riquíssimos recursos minerais das florestas onde vivem os que delas restaram, deveriam ser expulsas de suas reservas ou simplesmente extintas, assim como o mico-leão--dourado e outras espécies inúteis; aqueles animais de olhares doces e lânguidos, que lhe "dão nos nervos", como os ursos-panda e as focas, deveriam ser todos mortos, de preferência a pauladas; quem os mandou serem tão bonitinhos e bonzinhos?

 Estrategicamente, o P. Orwellis usa de todas as artimanhas para se manter em evidência, alcançando os mais altos postos de suas entidades ou cooperativas de classe — a falácia é uma de suas marcas — com dois objetivos básicos: ganhar prestígio e poder, e, tão importante quanto, posar de elemento ético, ludibriando os incautos e ingênuos ou que se fazem de, para também se beneficiar; somente uma análise caracterológica arguta, ou a observação vigilante e crítica, poderá desnudá-lo e desmascará-lo, revelando sua face abjeta.

 Costuma, prosseguindo com o raciocínio anterior, promover e participar de eventos culturais — que detesta e menospreza, por inúteis —, posando de mecenas e amante das artes, com o único fito de promoção pessoal e de suas organizações, ditas invariavelmente de função social.

 Nas atuais condições vigentes, os cerca de 1% de homens exclusivamente éticos. mais os cerca de 10% dos homens de bem que estão à direita da abscissa, pouco podem fazer para contê-lo, pois, por suas características éticas inalienáveis, não podem, por princípio inarredável, utilizar-se das mesmas armas do inimigo — a mentira, a sordidez, a covardia, a violência — para combatê-lo. Talvez esteja aí também, por paradoxal que possa parecer, a sua grande força: esses homens não podem esmorecer, não podem desanimar e desistir enquanto não se erradicar até o último representante dessa sub-raça, como foi feito com o vírus da varíola.

 Em tempo: os termos usados na concepção deste capítulo e a classificação adotada, e mesmo seus conceitos, já percebeu o leitor mais arguto e antes que me acusem de plágio, os tomei de empréstimo diretamente de Nietzsche, Bernard Shaw e Kierkegaard, e os rearranjei de acordo com a minha teoria; "homem transbordante" é a feliz acepção de Rubem Alves para o vocábulo nietzschiano. E, finalmente, Porcus Orwellis é uma criação minha, pautada na alegoria magnífica e tão atual de George Orwell, *A Revolução dos Bichos*, em que, no decorrer da trama, e principalmente no final, os porcos — que são os que detêm o poder após a revolução — vão se metamorfoseando em homens, tanto física quanto psicologicamente: fumam, bebem e se metem em festas orgiásticas, além de subverter e transgredir todas as regras pré-estabelecidas de acordo com as suas necessidades e conveniências, já não se distinguindo, então, quem é porco e quem é homem — assim como ocorre com o meu P. Orwellis, que só uma observação atenta e uma análise caracterológica acurada poderão categorizar.

De forma genial e intuitiva, a escolha do porco por seu autor original para desempenhar esse papel é incrivelmente emblemática, pois esse animal, por natureza, chafurda na lama, nos excrementos; no inconsciente, no psiquismo humano, lama, fezes e dinheiro se equivalem simbolicamente, creio, de acordo com a teoria psicanalítica. Os porcos, digo, os naturais e legítimos, que me perdoem por usá-los em comparação tão desvantajosa para sua espécie, ao designar essa subespécie tão ignóbil. Reconheço que não merecem, mas é por uma boa causa.

Capítulo 14

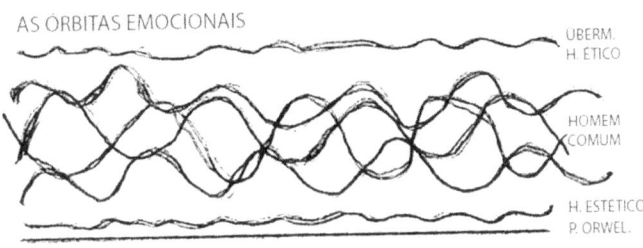

Em minhas observações e análises, concluí que a psique humana e os seres humanos como um todo giram em órbitas emocionais, sendo as dos seres comuns órbitas senoidais de alta variabilidade, cuja magnitude vai diminuindo conforme se vai subindo, ou mesmo descendo, na esfera emocional, de forma que as pessoas mais maduras são mais estáveis emocionalmente, sofrendo menos oscilações com os estímulos que recebem, e, portanto, menos variações em seu trajeto; já as órbitas das pessoas comuns, que representam cerca de oitenta por cento da humanidade, costumam sofrer grandes variações, sendo que qualquer emoção insignificante pode lhes causar grandes oscilações de humor, desde a euforia a depressões desmesuradas; finalmente, na esfera inferior, encontra-se o P. Orwellis, frio, insensível, praticamente infenso às emoções, cuja órbita não oscila, como o traçado do eletroencefalograma de alguém com morte cerebral.

    Essa teoria se reveste de importância em virtude de sua aplicação prática, contribuindo para que se compreenda melhor como se desencadeiam as relações humanas, uma vez que as pessoas se cruzam ou se interessam pelas outras, olhos nos olhos, conforme suas órbitas emocionais giram na mesma faixa de onda, interceptando-se ou intersecionando-se em determinado momento; as pessoas que circulam em órbitas muito diferentes obviamente não se enxergam, não se "encontram".

Como as pessoas comuns — o grosso da humanidade — circulam nas órbitas medianas, de alta variabilidade, elas se entrechocam e se cruzam com grande frequência, donde o número extremamente elevado de relacionamentos que ocorrem nessa faixa; seria, comparando-se, como a grande quantidade de carros que se cruzam e entrechocam numa grande metrópole como São Paulo. E por que esses relacionamentos não costumam durar? Eis a grande questão, o grande paradoxo, porém facilmente compreensível com esse modelo: ocorre que suas curvas são de periodicidades dissonantes, o que explica porque duas pessoas se encontram em um determinado ponto de suas órbitas, em determinado momento em que seus estados emocionais coincidem, veem-se refletidas uma na outra, como num espelho, e se inter-relacionam; caso tenham se encontrado no ponto mais baixo de suas curvas — período depressivo —, escoram-se uma na outra para não desmoronarem — os franceses chamam a isso de *étayage*. Se, ao contrário, isso ocorrer em seu ponto mais alto — período eufórico —, surgem as paixões explosivas, um amor altamente conflituoso sempre, e tão vulcânico quanto efêmero, "que não seja imortal, posto que é chama, mas que seja infinito enquanto dure", já cantava Vinicius.

Sendo dissonantes, as curvas logo divergem, o encontro se desfaz e a paixão acaba, levando à desilusão e ao desencanto; a relação termina, mas logo em seguida surge outra, seriada e ininterruptamente — "monogamia seriada", termo que já se cunhou para designar o fenômeno —, conforme se vê no dia-a-dia das pessoas, já que não suportam a solidão, não são capazes de ficar a sós consigo mesmas, suportar o luto da perda e elaborar a situação, evoluindo para um outro patamar emocional. O que pode ocorrer também é a relação continuar, mas tornar-se crônica, persistindo em outras bases, pautada na indiferença ou mesmo cimentada pelo ódio puro e simples — reporto novamente a Rubem Alves e seu simpático Mefisto.

A título de ilustração, todo mundo já ouviu as mulheres reclamarem dos homens alegando que são todos iguais, e estes rebatendo jocosamente que elas só mudam de endereço. Não deixam todos de ter razão, eis que, naquela determinada faixa, realmente se assemelham e se merecem; é por isso também que as pessoas repetem sempre os mesmos relacionamentos e parecem se casar sempre com as mesmas pessoas.

Assim, ocorre um terrível e angustiante paradoxo: quanto mais a pessoa evolui, quanto mais amadurece emocionalmente — ao custo de solidão e elaboração das perdas, via de regra regadas a muita dor —, tornando-se uma pessoa especial e subindo na escala orbital, onde predominam os sentimentos mais nobres e sofisticados, menos imediatistas, menores são suas chances de relacionamentos: quanto mais alta a esfera, a população nessas órbitas vai rareando cada vez mais, de forma que a probabilidade de interseção, de encontro, se torna cada vez mais remota, o que é por demais desalentador, uma vez que o ser humano nasceu talhado para se relacionar afetivamente: seria agora, seguindo a comparação anterior, como dois carros rodando no deserto, partindo de pontos diferentes, as chances de se entrecruzarem tendendo a zero.

Esses encontros ficam a cargo talvez do mero acaso, do destino, ou quem sabe fruto mesmo de uma dádiva; e seria de se esperar, quando ocorressem, que viessem cimentados pelo mais belo e nobre dos sentimentos, o amor, tendendo a perdurar sem conflitos, pois suas elipses seriam concordantes, seguiriam juntas, sofreriam menos oscilações. Como se explicaria, então, que uma pessoa que se julga estar orbitando nas altas esferas possa vir a gostar de outra que esteja orbitando nas zonas mais turbulentas, as medianas, portanto? É provável que em virtude de sua solidão prolongada e de suas poucas perspectivas de encontro, sendo portadora de reais necessidades físicas e afetivas, posto que humana, acabe por "baixar a bola", como já sugerira Amon, por diminuir o limiar de exigência no intuito de circular por faixas de onda mais habitadas. No entanto, esse artifício se revela falacioso, não costuma frutificar, pois não há como iludir os corações, pois estes não se enganam; assim, os olhos não se cruzam, as pessoas não se veem, e não se dá o "o clique" —como diagnosticou singelamente Lola —, não se acende a luz nem ocorre o curto-circuito que levaria à explosão amorosa, gerando ainda mais frustração.

Capítulo 15

Deixemos por ora os ensaios, e para colher novos subsídios e nos embasarmos para novas elucubrações, voltemos à realidade e aos acontecimentos cotidianos, fontes por excelência do pensamento humano. Conheci Carol, aliás, Caroline Priscila di Maranello — nobre até no nome —, enquanto ainda gostava de Lola. Fu, um dos rapazes da trupe do Fran's, filho do senhor que me comprara a casa quando me separei, a apresentara; haviam sido vizinhos durante algum tempo e eram amigos.

Era uma moça muito alegre e extrovertida, tendo havido uma simpatia mútua e imediata entre nós; durante cerca de um ano nos encontramos casualmente algumas vezes, ora no Fran's, ora no S.A.. Sempre que nos víamos, íamos ao encontro um do outro como se já fôssemos velhos conhecidos, batíamos um papo fácil e agradável; médica patologista, pós-graduada e fazendo doutorado, era jovem — uns trinta e três anos —, esguia, graciosa, cabelos e olhos negros e um sorriso cativante; quando lhe disse que publicaria um livro, mostrou vivo interesse e não fez qualquer reticência para me fornecer seu endereço e receber um exemplar, e ainda seus telefones, inclusive o celular, um encanto de moça à primeira vista, agradável e receptiva — guardem bem esta última qualidade.

Enviei-lhe o protótipo do livro, ou melhor, levei-o pessoalmente, pois estava bem situada, próxima a mim e em ótimo bairro, e quis ver onde morava; entreguei-o para uma de duas empregadas e esperei que ela se manifestasse, mas não obtive retorno. Deixei passar algum tempo — a essa altura, já fora descartado de vez por Lola — e a convidei para assistir a um recital de piano que haveria certa noite no Teatro Pedro II, essa obra admirável de nossa cidade, que havia sido restaurado magnificamente. Para minha surpresa, uma vez que desculpas eram a regra, ela aceitou sem mais titubeios; peguei-a no horário combinado — assim como Robertinha, linda gatinha, era pontual e já estava pronta — e fomos, mas até hoje não consigo explicar o que houve, o teatro estava às escuras, houve um engano da minha parte e fiquei todo constrangido, mas ela não se mostrou desconcertada, deixou-me completamente à vontade, e acabamos por ir tomar um vinho num bar qualquer.

    Gentil e alegre, Carol facilitava a conversa, que fluía sem dificuldade — eu sempre temia, ao sair com alguém pela primeira vez, que a conversa não deslanchasse por uma inibição que às vezes me acometia nesses casos, pondo a perder qualquer possibilidade. Tomamos apenas um garrafa de um bom tinto e nada comemos — ela havia jantado e eu, nessas horas, perco a fome, só tenho vontade de beber e desobstruir a garganta. Ela acabou ficando um pouquinho tonta, bebia pouco e não andara bebendo há um bom tempo, de modo que tive que lhe dar o braço ao deixá-la em casa.

    Não obstante sua extroversão e disposição agradável, passava a impressão, nas vestes e na maneira de se comportar, de certo recato e discrição; a conversa foi genérica, trivial, ela disse que lera o meu livro, tinha gostado muito e até grifado uma série de frases e passagens — hábito que mantinha quando lia ou estudava — que julgara importantes; disse que se formara primeiro em Educação Física e depois em Medicina, seu pai era professor universitário e os irmãos todos formados; já fizera pós-graduação em patologia e agora fazia doutorado; trabalhava em casa, onde montara laboratório, e dava aulas em uma universidade distante, Corumbá, creio.

    Estranhei nunca tê-la visto nesses tantos anos, pois já morava em nossa cidade há muitos anos, e ela disse que ultimamente estivera namorando em São Paulo. Muito bem, já namorara, então; eu já fora casado, então tudo ok. Estávamos empatados. Sairíamos novamente?

— Bem, não é muito fácil, eu ando trabalhando muito, estou fazendo o doutorado, faço inglês, viajo uma semana por mês para dar aula...

A velha ladainha de sempre. Mesmo assim, convidei-a novamente para sair cerca de dez dias depois, fomos ao cinema e depois fomos jantar.

— Você estava namorando em São Paulo, então...

— É, estava... mas terminei, ele estava meio enrolado, voltou para a ex-namorada e casou com ela...

— ...

E continuou:

— Namorei sete anos, fiquei noiva, terminamos, depois namorei outro rapaz por cinco anos, e no último ano vivi uma grande paixão com esse rapaz de São Paulo, que era um milionário. O casamento dele até apareceu na *Revista Caras*...

Um nó me sufocou a garganta, fiquei arfante, um calor intenso me subiu pelo rosto, indisfarçável, mal conseguia engolir a comida. Foi assim: ela vira esse rapaz e ficara atraída por suas costas largas, seu porte atlético, e, sendo espírita — ou kardecista, como ela preferia —, tivera a impressão de já tê-lo conhecido em vidas passadas, e essa conjunção de fatos reais e místicos fê-la apaixonar-se violentamente por ele, que correspondeu no mesmo teor; por sorte — veremos que ela era uma moça de muita sorte, tudo lhe sorria — o rapaz acabara de terminar um noivado com outra moça da mesma classe social, e estava livre, leve e solto.

Fora atraída também pelo seu cheiro, diria ela depois (puro feromônio, como os animais no cio), e viveram uma paixão arrebatadora. Ela viajava toda semana para São Paulo e se amaram loucamente por cerca de um ano, até ela descobrir que ele voltara a se encontrar com a ex-noiva; Caroline não titubeou, terminou o *affair* e ele se casou com a outra, para gosto de ambas as famílias. Carol ficou transtornada, mas por pouco tempo: não era de curtir luto, logo se recuperava, não ficava a perder tempo com lamentos, não precisava disso, partia logo para outra.

Em suma, enquanto o idiota aqui deixara passar oportunidades — e deixei passar várias — amadurecendo, crescendo, preparando-se para viver um grande amor, sendo humilhado e descartado vezes sem conta, Caroline, desde que se fizera moça, namorara sem tréguas, sem intervalos, vivera grandes paixões, não sabia o que era ficar só. Aquelas revelações que ela fizera de forma simples e natural, sem constrangimentos, como se estivesse a falar dos cursos que fizera, me desestruturaram; mal consegui disfarçar o mal-estar que estava sentindo. Aquela moça jovem, graciosa e elegante, culta, discreta e quase recatada, era bem mais moderna e avançada do que aparentava, do que eu estava preparado para suportar.

Não que eu fosse um puritano, um homem do século passado,

em absoluto, era um homem divorciado, conhecera várias mulheres, já frequentara bordéis, masturbava-me com frequência, mas nunca vivera um grande amor, ou ao menos uma grande paixão, nunca estivera com quem realmente quisera; a vida vinha sendo extremamente avara comigo, e aquilo me pegou de surpresa — não diria que me chocou, é evidente, mas me surpreendeu —, todo o meu preparo psicológico não era suficiente para isso. Não que eu procurasse uma moça virgem — aliás, Deus me livre das virgens! —, mas não estava preparado para uma mulher assim, ao contrário do que supunha. Anos e anos de solidão, de reflexão, de espera, de terapia, não me haviam preparado suficientemente para uma mulher moderna como Caroline, e baqueei.

Uma espécie de vertigem tomou conta de mim, e comecei a questionar profundamente o modo como agira até então, todo o tempo que perdera; enquanto me preparava, ela namorava, transava, não perdia tempo — isso não sairia de minha cabeça a partir daquele momento. Eu devia ter recuado, batido em retirada estrategicamente, mas era tarde, já começara a me envolver com essa moça adorável, que era tudo aquilo com que eu sonhara, tinha todas as qualidades que eu buscara durante toda a minha vida. E mais, ela também começava a se envolver, embora mais lentamente, e começaríamos a sair mais amiúde. A gente ia se dando a conhecer melhor aos poucos; enquanto eu falava das minhas dificuldades de relacionamento, ela se dizia receptiva — foi este o termo —, permitia que se aproximassem dela, mas era tão fácil, era jovem, bonita, graciosa, elegante, autoconfiante, e jamais ficara só, calculei, somando os anos todos que namorara, desde que se fizera moça. Enquanto eu dizia, amargo, que nada de bom havia ficado do meu casamento — o que certamente não era de inteira justiça — ou dos meus relacionamentos anteriores, ela retrucava, faceira, que dos seus casos sempre ficavam coisas boas. Não podia calcular a dor que isso me causava!

De comum comigo, apenas, dissera que, a despeito de todos esses longos e tórridos relacionamentos, nunca amara de verdade, "eu gosto de você" era o máximo que chegara a dizer a alguém. Mas por sua faceirice e pela tranquilidade com que tratava desses assuntos, ficava evidente que curtira muito suas relações, não era uma moça frustrada, amarga; só o que lhe causava certa apreensão é que ainda não se casara nem tivera filhos. Também reclamava de jamais ser capaz de chorar, e paradoxalmente, até sorria em situações dramáticas, revelação curiosa e que certamente suscita reflexões; jamais fizera terapia — já pensara em fazê-lo, mas a vontade logo passava, sempre dava a volta por cima e não deixava as situações difíceis prosperarem ou se delongarem em demasiado.

Já estávamos saindo há cerca de um mês — nossa relação era ainda muito incerta — quando a convidei para assistir a uma apresentação de balé moderno no Pedro II — ela adorava dançar balé e o fazia sozinha, como ginástica, no pátio de sua casa. A intenção era, na verdade, apresentá-la a Lílian, que era igualmente vidrada em dança, para que se conhecessem e Caroline se apercebesse do belíssimo padrão que era minha filha, aumentando o meu cacife junto a ela; realmente, foi amor à primeira vista, sentaram-se lado a lado e papearam o tempo todo, trocando impressões como iniciadas no assunto. Depois fomos jantar com Lílian e o namorado, uma noite e tanto!

Em outro dia, revelei-lhe minha preocupação quanto ao início da vida sexual de Lílian, que eu acreditava que ainda não houvesse ocorrido, mas deveria estar prestes a ocorrer — Lílian já estava namorando há mais de três anos.

— Ela é uma menina inteligente e responsável, saberá a hora certa — me ensinou, segura e experiente, ferindo-me mais uma vez. *Assim como eu soube*, deve ter pensado.

Era comum que eu lhe enviasse logo pela manhã, por um motoboy, pequenos mimos, presentes que eu ganhava dos representantes de laboratórios, uma agenda, uma caneta bonita; depois ficava a aguardar ansiosamente que ela me ligasse para agradecer; e ela invariavelmente o fazia, embora muitas vezes tarde da noite, pois era muito ocupada. Eu ficava muito feliz, pisando nas nuvens. Com tudo isso, às vezes se dizia com dificuldade para sair comigo, alegando suas mil ocupações; então, uma noite em que já havíamos combinado e ela refugou, fui severo com ela e não aceitei a recusa, busquei-a e apertei-a, brincando:

— Em que lugar eu estou entre as suas prioridades? Primeiro vem sua família, em segundo o trabalho, depois o inglês, depois a manicure, depois as sessões espíritas, depois a Duquesa — a cachorrinha que ela adorava e levava para passear — e só depois chega a minha vez, assim não dá...

E ela sorria, divertida, uma graça! A partir de então, nossas relações se estreitaram, e passeávamos de carro à noite, ficávamos dando voltas pelas avenidas, e ela então me falava que gostava de se vestir bem e comprar roupas: passávamos em alguma loja cara e ela dizia que já comprara um belo vestido de noite ali; passávamos em frente a uma clínica e ela dizia que era de sua ginecologista — particular, é claro — e isso me feria profundamente.

Havíamos começado a nos beijar — "Esse beijo foi roubado!", disse, faceira, quando dei o primeiro, *en passant* — e ficávamos no carro, em frente à sua casa ou em alguma praça, e depois em meu apartamento, a nos beijar por horas a fio — eram horas mesmo! —, numa relação de afeto e de carinho como eu jamais vivera. Eu adorava ficar a beijá-la, e ela também, era evidente; comecei em seguida a lhe fazer carícias íntimas por sobre e por sob a roupa, e ela não opunha resistência.

Eu pensava nela *full-time*, num misto de enlevo e sofrimento; homem inteligente e sensível, acabei por conquistá-la. Foi assim: certa noite, levei-a ao meu apartamento e coloquei para tocar muito suavemente as baladas de Chopin — uma delas fizera sucesso recente em uma minissérie de TV —enquanto nos beijávamos longa e docemente. Eu havia me preparado para essa noite e então lhe disse que não fazia outra coisa que pensar nela o tempo todo; ato contínuo, busquei alguns poemas que copiara, na verdade eram letras de músicas antigas e conhecidas, quiçá bregas e de mau gosto, se poderia pensar, mas não queiram saber o efeito que causaram, naquele clima de raro encantamento e lirismo. Olhei-a nos olhos, segurei-lhe as mãos, e sussurrei-lhe:

Cansado de tanto amar/ Eu quis um dia criar/ Na minha imaginação/ Uma mulher diferente/ De olhar e voz envolvente/ Que atingisse a perfeição.

Comecei a esculturar/ No meu sonho singular/ Essa mulher fantasia;/ Dei-lhe a voz de Dulcineia/ A malícia de Frineia/ E a pureza de Maria.

Em Gioconda fui buscar/ O sorriso e o olhar/ Em du Barry o glamour/ E para maior beleza/ Dei-lhe o porte de nobreza/ De Madame Pompadour.

E assim, de retalho em retalho/ Terminei o meu trabalho/ O

meu sonho de escultor/ E quando cheguei ao fim/ Tinha diante de mim/ Você... só você... meu amor!
"Escultura", de Adelino Moreira e Nelson Gonçalves

E tasquei-lhe um beijo na boca. Não satisfeito, emendei, fixando-a sem piscar:

Carol/ É bom estar com você/ Brincar com você/ Deixar correr solto/ O que a gente quer ser/ Qualquer faz-de-conta/ A gente apronta/ É bom ser moleque/ Enquanto puder/ Ser super-humano/ Boneco de pano/ Menino ou menina/ Que sabe o que quer/ E tudo que é livre/ É super incrível/ Tem cheiro de bala/ O que a gente quiser/ Doce doce doce/ A vida é um doce/ Vida é mel/ Que escorre da boca/ Feito um doce/ Pedaço do céu.
Xuxa, (quem diria!)

E abracei-a ternamente:
— Peguei você, né?
Eu a havia pego, mas ela não me pegara, não como tinha que ser: eu a adorava, mas não sentia atração por ela, ou, pelo menos, não tanto como seria natural e desejável. É forçoso reconhecer que eu já havia perdido muito daquele ímpeto da juventude, ou mesmo da época posterior à minha separação, quando minha sexualidade andava à flor da pele, mas, no caso dela, não pode haver dúvida, eu sentia tal ciúme de seu passado, aquilo me doía com tal magnitude, que me afetara de vez. Eu não me permitia desejá-la, e só podia amá-la, amava tudo que ela era e representava, mas não conseguia desejá-la; não que eu não tivesse ereção, isso eu tinha — às vezes, quando a levava para casa, tomava um Viagra por via das dúvidas, vai que a gente resolvesse transar —, mas não a desejava pra valer e jamais a levei para a cama.

E ela soube, já devia ter percebido, sabia o que era paixão, o que eram os arroubos sexuais dos jovens namorados que tivera, que certamente transavam com volúpia e sem perder de tempo com conversas e lirismos, pois eu lhe disse abertamente, falei-lhe francamente do ciúme que estava sentindo de seu passado e da minha falta de desejo; sentei-me no chão, ela ao meu lado, no sofá, e não consegui reprimir os soluços. Ela ficou muito assustada, me disse depois, o que não era de surpreender; mas não se afastou, e isso sim, me surpreendeu.

    Nessa época eu estava fazendo terapia de grupo com um professor da faculdade como parte do trabalho de formação em psicoterapia analítica que eu vinha fazendo, e levei o caso para discussão; as mulheres do grupo acharam insustentável minha posição, meu ciúme descabido, dizendo que eu também tinha um passado, e o que é que eu queria? Uma moça virgem, nessa idade? Não deixavam de ter razão, mas também não quiseram compreender meus sentimentos — o que eu menos queria era uma moça virgem e retraída, Deus me livre das vestais!, mas também não se devia exagerar. Como eu também havia dito que eu e Caroline nos chamávamos de menino e menina, acharam que a nossa relação era muito infantiloide e aquilo me irritou. Aproveitei que entraríamos em recesso de fim de ano e não voltei mais, o que foi uma pena, pois o grupo era ótimo e o professor também.

    Eu já não fazia terapia com Antonieta há um bom tempo, mas, desesperado, e esperando que ela me desse uma solução mágica, fui até ela, e ela me disse que tudo não passava de uma questão do meu ego, que não aceitava a situação. Não entendi direito o que isso tinha a ver com o caso, só sei que o meu ego de há muito vinha sendo humilhado em todos os sentidos, e o ego não deixa de ser uma parte integrante da psique humana, também tem os seus direitos, também precisa ser satisfeito, dentro de padrões moderados, embora. Ela então, metafórica como sempre, contou-me a seguinte parábola: "Um homem andou por toda a terra em busca da mulher ideal e acabou por encontrá-la; só que ela também estava procurando o homem ideal". Cada um que entenda como quiser.

    Então Caroline fez aniversário, trinta e três anos, disse, na verdade trinta e quatro, soube-o depois e ela se justificou, dizendo que perdera a conta... para menos, lógico. Foi uma festinha doméstica, não mais de quinze pessoas, estritamente familiar, a não ser por mim e Fu. Ela morava em uma bela casa, com uma piscina e garagem para três ou quatro carros, todos importados, um dos quais uma relíquia dos anos 1960, muito bem conservado, com os metais tinindo de brilho, não que fossem ricos, mas estavam muito bem estruturados. Foi a primeira vez que a vi de vestido — geralmente usava agradáveis conjuntos de calça e blusa —, um midi tomara-que-caia, creio que sem sutiã; estava provocante e sensual, uma gracinha, ficava ajeitando os ombros a todo instante. Eu nunca em minha vida havia comido casquinhas de siri como as que ela mesma fez, naquela noite.

Não fiquei até o fim, pois tinha que ir ao casamento da filha de um amigo meu, e beijei-a longamente na despedida. Pela manhã já tinha lhe enviado um daqueles pequenos mimos, com uma mensagenzinha doce; comprei-lhe um conjunto de brincos e uma delicada corrente de ouro com um pingente, coisa discreta, que revelava certa fineza, sem ostentação; dei-lhe nessa noite apenas a corrente, e guardei os brincos, que lhe daria mais tarde, "se ela fizesse por merecer", brinquei com a vendedora.

Desde que conhecera Caroline, uma música não me saía da cabeça, colocando o dedo na ferida que ela reabrira:

Só uma coisa me entristece/ O beijo de amor que não roubei/ A jura secreta que não fiz/ A briga de amor que não causei.

Nada do que posso me alucina/ Tanto quanto o que não fiz/ Nada do que eu quero me suprime/ De que por não saber ainda não quis.

Só uma palavra me devora/ Aquela que meu coração não diz/ Só o que me cega e me faz infeliz/ É o brilho do olhar que não sofri.

"Jura secreta", Sueli Costa e Abel Silva

Na festa de casamento, a linda filha mais moça de meu amigo estava toda coquete, dançando sozinha, ou ora com um primo ora com outro. Aquilo me incitou, fui e a tirei para dançar, causando um princípio de celeuma entre ela e o brutamontes do namorado que não dançava; não obstante, era tarde para essas aventuras, meu tempo passara, eu que não me iludisse.

Até essa bobagem, essa molecagem, esse anacronismo, contei a Caroline. Três dias depois da festinha, dia real de seu aniversário, enviei-lhe, logo pela manhã, um belíssimo buquê de rosas vermelhas, com a seguinte e primeira carta das que eu lhe enviaria, e que irão revelar, com rara fidedignidade, melhor do que eu o faria de memória, meus reais sentimentos. Conforme já veremos, havia também o problema da idade:

Primeira carta a Caroline

Ribeirão Preto, 29 de novembro de 2000 (que dia inesquecível!)

Querida menina linda,

Domingo agora, dia seguinte de sua festinha de aniversário, foi um dia muito especial para mim, pois acho que compreendi que somente eu, com as minhas dificuldades pessoais, minhas frustrações ainda não totalmente resolvidas, somente eu mesmo posso impedir que você venha a me amar; senti que temos um pelo outro uma ternura infinita, muito próxima daquele amor que todos procuram, e que nem eu nem você jamais teríamos sentido na vida.
Compreendi que você é uma mulher cuja maturidade, seja afetiva, seja profissional, seja como mulher, mesmo, chega a um ponto que muito se aproxima da excelência, a ponto de permitir que você saiba exatamente o que quer, sem estresse, sem ansiedade, e sei que ficará na sua, cuidando de sua vida pessoal, de sua profissão, curtindo sua família numa boa, em situação privilegiada, sem pressa (você passa a impressão de que sabe que, assim como os rios correm inevitavelmente para o mar, as coisas que têm que acontecer também acontecem, inevitavelmente; é tão simples!); ninguém entrará na sua vida de gaiato.
Essa compreensão a que cheguei, e creio não estar muito longe da verdade, me desestressou um pouco, isso porque, se uma mulher como você, com essa maturidade (e não pense que a estou endeusando, jogando confetes, sei que há algumas lacunas, algumas carências, um caso mal resolvido, ai de mim!, em suma, sei que ninguém é perfeito), sente por mim um carinho tão especial, é

porque também devo ser uma pessoa muito especial (bem que eu já vinha desconfiando disso há algum tempo, hahaha!); afinal de contas, os semelhantes se atraem.

Isso não significa em absoluto que já esteja tudo certo, longe disso, pode ser que nunca passe desse ponto em que estamos, estou muito consciente disso, mas sinto que é possível que eu seja o único fator limitante, por isso você tem medo e não se entrega inteiramente (não me refiro, é evidente, a se entregar em termos físicos, mas em termos afetivos, que é o que importa, o resto é consequência).

Em suma, essa compreensão de certa forma me alivia e, ao mesmo tempo, me angustia, porque sei que posso pôr tudo a perder caso não consiga atingir o mesmo ponto em que você está, e sei que falta tão pouco, meu Deus! Sinto que você está inteiramente receptiva ao meu afeto (o que chega a ser terapêutico, como você disse, ai, que lindinha!), mas não fará concessões que firam os seus princípios, seus anseios mais íntimos e legítimos; é admirável essa sua convicção, e estou muito constrangido pela minha ingenuidade em tentar avançar sinais ainda não inteiramente abertos; como sou tolo!

De qualquer maneira, menina adorável, você não pode imaginar o quanto você já adentrou minh'alma, o quanto você já faz parte dos meus mais íntimos e profundos sentimentos. Com todo o meu ceticismo, com toda a minha descrença, se houver um Deus, se houver uma lógica, e não teria sentido se não houvesse, que nos ajude!

Com o maior carinho do mundo, e votos de toda felicidade, Bonomi.

P.S.: Me ligue, meu amor, preciso muito te ver antes de você viajar.

À noite eu estava em um coquetel de médicos e ela me ligou para que fôssemos tomar um *capuccino*; sentia-se pela sua voz que ela estava algo deprimida, o que não era habitual. Chovia torrencialmente, e com o carro todo embaçado por dentro, estacionado em uma praça, nos beijamos novamente por horas; achei até que ela me amava, mas não dizia, não era capaz de verbalizar suas emoções ou não se sentia segura para fazê-lo. Dois dias depois, ela viajaria para dar aula em Corumbá, e enviei-lhe a seguinte carta para lá:

Segunda carta a Caroline

Ribeirão Preto, 2 de dezembro de 2000

Querida Carol,

Estou lendo um belíssimo livro de contos que uma amiga me emprestou, O Retorno E Terno, de Rubem Alves, psicanalista que escreve de forma extraordinariamente lírica.
Um dos contos se chama "Cartas de Amor", e cita Fernando Pessoa, o grande poeta português: "Todas as cartas de amor são ridículas./ Não seriam cartas de amor se não fossem ridículas."
O conto fala também que hoje, graças ao telefone, já não se escrevem cartas de amor, no entanto, ao contrário dos telefonemas, as cartas são eternas, podem ser guardadas e relidas, mesmo que o amor se tenha esvaído e o amado partido; podem também ser colocadas sob o travesseiro, à noite, para espantar a solidão, ou acariciadas contra o rosto, ternamente.
Bem, estou te escrevendo, na verdade, para falar por falar, falar por saudades, falar da ternura que sinto por você e da doçura da sua voz ao telefone (é bom também, o telefone); quando ligo para você (e quantas vezes liguei com profundo receio de ouvir uma voz fria e distante), e você reconhece a minha voz e responde "Oooi, Bonooomi", de forma sempre tão receptiva e carinhosa, ou principalmente quando você toma a iniciativa de me ligar e diz "Bonooomi, é Caroool", com sua voz tão doce e terna, porém voz firme de mulher decidida, que sabe o que quer, você não queira imaginar o bem que me faz; às vezes sou tomado por um estado da mais absoluta graça.

Você se lembra do Dia do Médico (18 de outubro), a gente mal se via, nosso relacionamento era ainda muito incipiente, então eu lhe mandei um brindezinho logo pela manhã e esperei ansiosamente que você me ligasse, o telefone tocava, era minha mãe, tocava, era uma amiga me parabenizando ou uma telemensagem que minha irmã mais velha me enviava carinhosamente todo ano (nunca, como dessa vez, me pareceu tão artificial e enfadonha), e o dia ia se arrastando e minha angústia crescia a cada instante. Já eram quase nove da noite, eu logo teria que ir dormir, pois devia acordar de madrugada para ir ao plantão de Franca no dia seguinte, o telefone tocou novamente, meu coração disparou sobressaltado, atendi com rara ansiedade, e, do outro lado... aquela insuportável musiquinha de telefonema a cobrar. Nunca fiquei tão irritado; eu sabia, era minha filha Lílian me cumprimentando, tadinha. Então desisti e me deitei, estava já meio sonolento e o telefone tocou, me despertando do meu quase torpor: "Bonooomi, é Caroool". Jamais senti tanta ternura, foi o mais belo Dia dos Médicos que já passei.

Estou lendo também outro livro, de uma psicóloga, Maria Tereza Maldonado, Psicologia da Gravidez, em que ela diz que todas as relações humanas significativas são marcadas pela ambivalência, pela dúvida: por mais que se ame, por exemplo, persistem dúvidas, ambiguidades, sabe-se que se ganha muito em prazer e crescimento, mas que também se perdem outras coisas, como a privacidade, certa liberdade; há o desejo de ser feliz e o medo da possibilidade da perda posterior; em suma, não é mole, menina linda.

Ah, sim, termino citando novamente o poeta: "Mas, afinal/ Só as criaturas que nunca escreveram/ Cartas de amor/ É que são ridículas".

*Com o maior carinho,
Bonomi.*

Ela demoraria dois ou três dias além do previsto em Corumbá, pois esticou até o Pantanal com uma amiga sua muito querida que morava na cidade, e veremos que esse passeio trará consequências inesperadas. Quando voltou, tomamos champanhe em meu apartamento — eu havia comprado uns cristais lindíssimos só para isso — e novamente nos beijamos por horas; mas ela já começava a preparar o terreno para bater em retirada e me disse que o milionário de São Paulo havia se separado e ligara para ela, coisa e tal, e que haviam ficado coisas mal resolvidas que ela precisava botar em pratos limpos. Além disso, concluiu, havia o problema da minha idade... Não era a primeira vez que ela se referia ao problema da minha idade...

    Caroline, embora adorasse — eu podia sentir — ser beijada e ternamente acariciada na face e nos cabelos por horas a fio, e mesmo intimamente em algumas oportunidades, é provável que tampouco tivesse tanto desejo por mim, pois nunca tomou iniciativas mais ousadas — ela, que de tímida e pudica não tinha nada —, e a única vez que levei sua mão mais abaixo para me tocar, mais para demonstrar minha virilidade, já que nunca a levei para a cama, ela logo a afastou. Talvez, refleti, porque o desejo da mulher dependa do desejo do homem, como afirmava Mynheer Peeperkorn, extraordinário personagem de Thomas Mann, num momento crítico de sua vida, em *A Montanha Mágica*, textualmente: "O homem é embriagado pelo próprio desejo; a mulher exige e espera ser embriagada pelo desejo dele. Disso provém a obrigação de sentir. Daí resulta a pavorosa ignomínia da insensibilidade, da impotência de tornar a mulher capaz de desejar."

    Isso, é claro, foi escrito no início do século. Evidentemente, as coisas mudaram desde então, e elas talvez já possam prescindir desse desejo de seu parceiro, serem capazes de tomar a iniciativa e se satisfazerem independentemente do desejo do outro, como ocorre com os homens, que pouco se lixam para a satisfação da parceira; afinal de contas, elas já "evoluíram" tanto... E eu não queria fazer amor com Caroline sem que ela desejasse muito — e me desejasse, naturalmente —, pois iria me sentir culpado depois e provavelmente perderia pontos junto a ela, se ela não se satisfizesse. Na verdade, esse é o ponto, eu não acreditava que alguém pudesse me desejar pura e simplesmente, apenas por sexo, sem um envolvimento afetivo profundo. No entanto, se entregava toda, docilmente, aos meus beijos, e é crucial enfocar esse aspecto na compreensão de seus sentimentos com relação a mim, pois é sabido, e regra quase dogmática da profissão, que as prostitutas fazem de tudo, sujeitam-se a toda sordidez, mas se recusam a beijar — o que significa que o beijo, por incrível que possa parecer, revela uma relação muito mais íntima, muito mais profunda e afetiva do que a própria relação sexual, onde as carnes se interpenetram e mesclam suas secreções, fundindo-se os corpos num só, quanta intimidade! Beijar deveria, portanto, ser um ato tão especial, quase sagrado, e as mulheres deixaram que se banalizasse demais, ao se entregarem fácil e seriadamente a qualquer um!

Depois desses longos e ternos beijos, em estado de quase torpor, como se tivesse acabado de ter orgasmos múltiplos, ela se refugiava em meus braços fortes e másculos de macho protetor, mas igualmente maternais:

— Me dá uma paz... chega a ser terapêutico — suspirava, languidamente.

Ela já conhecera e talvez ainda viesse a conhecer outros homens, isso logo ficará patente, mas não creio que tenha vivido ou há de viver uma relação tão madura, tão doce, tão lírica.

Chegara dezembro, mês do Natal, e nunca a cidade ficara tão iluminada, com milhares de luzes em todas as avenidas, casas, lojas, bares e prédios — os chineses tinham invadido o país. Ficávamos horas a passear de carro pelas avenidas da cidade e a nos extasiar com tanta alegria e beleza. Ela, no entanto, já marcara data para o fim de nossas relações; cerca de uma semana antes do Natal viajaria com toda a família para a praia, onde haviam comprado um apartamento, e não nos veríamos mais. Ela foi tentar resolver coisas que ficaram mal resolvidas (sic).

Eu estava tranquilo. Nem suspeitava do horror que me espreitava, pois julgava estar numa fase de maior autoconfiança, de bom astral; estava fisicamente perfeito, era raro que se passasse um dia sem que fosse elogiado por minha performance, o que nunca me acontecera antes, e acreditava que também iria resolver coisas muito mal resolvidas. Para isso, era necessário que ela se fosse, e eu tinha quase certeza de que iria se dar mal com aquele cara, *um fraco, sem caráter*, eu pensava, e até já lhe havia dito isso uma vez. Nesse meio tempo, me prepararia para recebê-la de volta, mais resolvido, menos frustrado.

Ainda sairíamos uma vez antes da despedida; chovia novamente bastante, não havia aonde ir para conversarmos mais calmamente, trocarmos nossas últimas impressões, pois era sábado, e meus filhos estavam em casa. O que fiz, então? Enveredei para a estrada, em direção ao melhor motel da cidade.

— Você não está achando que eu vou entrar aí, está? — indignou-se.

— Ora, Carol, você me conhece — cacilda, não havia transado com ela até hoje em meu próprio apartamento! — vamos só conversar, não há outro lugar sossegado e anda muito perigoso ficar parado em qualquer lugar.

No quarto do motel havia uma antessala com uma mesinha, onde nos sentamos e ficamos a conversar. Ela tomou uma coca e eu, cervejas para relaxar, estava muito tenso e com a garganta seca; depois de algum tempo ela mesma propôs que passássemos para o quarto e nos esticássemos na cama, de roupa, é claro, pois estava com as pernas cansadas. A partir daí, logo me pus a beijá-la, e o fizemos por um longo tempo, e a acariciei também intimamente de novo, sem que ela opusesse qualquer resistência; no entanto, usava uns apetrechos difíceis de tirar, e desisti de forçar a barra. Mesmo estando num motel não transamos, acredite quem quiser.

Na terça-feira seguinte, ela foi até minha casa para trocarmos presentes de Natal e nos despedirmos de vez; dei-lhes os brincos que completavam aquele conjunto do aniversário, e ela me deu o livro que eu lhe havia pedido, *A Montanha Mágica*, com uma dedicatória singela, porém emblemática:

Bonomi, que você tenha um bom Natal, um excelente Ano Novo, e... nunca se esqueça de que eu gosto muito de você. Com carinho e muito respeito,
Carol - 19 de dezembro de 2000.

"...e muito respeito", ela me respeitava, que bom! Foi o único presente que me deu nos três meses em que estivemos juntos, o que também é emblemático, eis que as mulheres costumam ser muito presenteadoras quando gostam de verdade de alguém, como Nirvana, jovem advogada que eu viria a conhecer, haveria de confirmar.

Beijamo-nos muito e nos despedimos; incluí no meu presente a seguinte carta-bilhete de despedida:

Terceira carta a Caroline

Querida Carol,

Eu disse, brincando, que lhe daria a segunda parte do presente de aniversário, se você merecesse. Ah, menina, e como você merece! Que bem você me tem feito, embora mesclado com tanta angústia! Nunca senti a felicidade tão próxima, e não estive preparado para agarrá-la com mãos tão ávidas.

Uma mulher capaz de captar os meus mais íntimos e melancólicos sentimentos ao receber uma simples carta minha (ela me havia dito que, ao receber minha segunda carta, sentira uma imensa angústia de minha parte) mostra mais que intuição e capacidade de empatia; revela também que consegui adentrar sua alma, e talvez tenhamos nos tornado almas gêmeas.

É possível, ou até provável, que eu esteja dizendo isso para me iludir, para suportar a dor que estou sentindo, mas tenho a sensação de que a nossa história não terminou, e que nossas órbitas ainda se cruzarão num futuro não muito distante. Enquanto isso, tentemos resolver nossos casos mal resolvidos.

De qualquer modo, desejo-lhe a maior felicidade do mundo, você sabe que isso é do mais fundo do meu coração.

Carinhosamente,
Bonomi
Natal de 2000.

P.S.: Eu te amo, Caroline di Maranello!

Chegou o Natal e passou o Ano Novo e eu, brutalmente só, começava a rever seus romances passados e a imaginar o atual; eu começava, assim, a cair no mais profundo precipício, a ser jogado, agora sim, na noite negra e infindável do inferno, no horror absoluto, a sofrer a dor mais extrema que é dada a um ser humano sofrer, uma dor moral, psicológica.

Capítulo 16

Não se passara uma semana e me dei conta, abruptamente, de que estava me apoiando em premissas falsas, e que aquela segurança que eu julgava ter adquirido, aquela certeza de que estava preparado para resolver os meus problemas mal resolvidos, ou seja, minhas frustrações sexuais, não passava de uma falácia. Eram duas as minhas premissas fundamentais: Caroline iria se dar mal em sua tentativa de resolver suas coisas, pois o ex-namorado era um farsante; a segunda premissa é que me sentia ultraconfiante, transaria o suficiente para não me sentir frustrado em relação a ela. Mas já na noite de Ano Novo sabia que nessa história só uma pessoa iria se dar mal, e essa pessoa, mais uma vez, seria eu.

Haviam se passado exatamente dez anos desde que me separara, e voltava inteiramente à estaca zero, só que dez anos mais velho... Comecei a imaginá-la na praia, toda alegrinha como era, a esperar pelo seu amor, morrendo de desejo e expectativa, ou a subir a serra para encontrá-lo, e um incômodo infernal começou a tomar conta de mim. As "festas" de fim de ano na casa de minha mãe, enfadonhas, que de há muito eu já não suportava, e das quais só participava por inércia, por não ter alternativa, por não ter uma companhia com quem pudesse viajar ou sair por aí, punham a nu toda a minha mediocridade e inépcia. Nessa noite, em particular, fiquei sozinho na varanda e quase desmaiei ao me levantar da cadeira, tal o meu mal-estar, tendo que me sentar novamente e respirar fundo para não cair; havia comprado, não sei por que, um convite para a festa de Réveillon em uma discoteca, a convite de uns amigos, e me obriguei a ir, na marra, no maior desânimo.

Não sei o que fui fazer lá; observando aquela trupe alegre e ruidosa, todos acompanhados, aos beijos e amassos, queria apenas morrer. Dos Santos, que também estava lá, diria depois que eu parecia estar em um velório — o meu próprio, quem sabe —, não em uma festa de Réveillon; talvez porque tivesse sido, para mim, naquele estado, apenas a extensão do velório que eram as festas na casa de minha mãe, coitada, e ela as fazia apenas por mim e as crianças.

Fui me deitar às cinco da manhã e levantei logo em seguida, às sete; foi impossível pregar o olho, uma sensação brutal de ressaca, como se houvesse bebido litros de uísque, e um hálito cetônico de quem morrera e ressuscitara, ou simplesmente morrera e se esquecera de se deitar; arrastei-me em uma longa caminhada, tomei café em um bar e quando voltei, me atirei na piscina do prédio para tentar sair do marasmo. Senti que não tinha nenhum motivo nem força para viver, tive a sensação de que tudo que fizera em todos esses anos fora apenas prorrogar sofrimento, protelar um destino irrevogável.

Felizmente, janeiro era o mês em que eu tirava férias dos plantões de Franca, pois não conseguiria suportá-los; por outro lado, com o aumento da ociosidade, e o consequente aumento do marasmo e do enfado, o mês se prolongaria, infindável. Seria necessário dormir o máximo, já que um torpor, como o que prenuncia a morte, começava a tomar conta do meu corpo e de todo o meu ser.

Eu precisava dormir, ou melhor, precisava morrer para não pensar, pois Caroline estava onipresente em cada ato meu, em cada pensamento, em cada sonho; mas eu não conseguia nem cochilar, e as noites eram puro horror, me levantava moído. Tive que recorrer novamente aos tranquilizantes ou ia acabar enlouquecendo, ou mesmo infartando.

Num esforço sobre-humano, enquanto Caroline amava — isso não saía do meu pensamento — eu ia tentando escalar, sofregamente, página por página, as encostas íngremes que levavam ao lúgubre sanatório nos cimos da *Montanha Mágica*, onde a morte era banal, corriqueira; não era a leitura apropriada para a minha condição, mas quem sabe ali eu vislumbraria alguma luz, alguma esperança — esperança vã, no final. Era impossível ouvir meus clássicos de piano, a "Balada nº 1" de Chopin, em especial, tal a dor que a lembrança de Carol me causava; talvez jamais viesse a ser capaz de ouvi-los novamente.

Até músicas vulgares, que algum miserável tocasse por perto, me martirizava, pois fora com ela que eu dançara pagode certa vez; lembrava-me dela dançando toda faceira com as mãos nas coxas e a imaginava com seu namorado, dançando, feliz, e depois fazendo amor.

"Um tapinha não dói...", ah, como doía, era a dor da morte! E ouvia algum canalha tocar distante, lancinante: "Essa é a noite da minha agonia, a noite da minha tristeza, por isso eu quero morrer..."

Como poderia ler, assistir a filmes, se tudo gira em torno das relações humanas, do amor, da sexualidade? Precisava fugir, desaparecer, sumir... morrer. Até o livro de uma psicanalista americana que tinha psicose maníaco-depressiva, hoje chamada transtorno bipolar, me amargurou; seu relato autobiográfico, *Uma Mente Inquieta*, relata os prazeres do sexo entre suas crises de depressão e tem até um capítulo intitulado "O amor, esse remédio". Até os psicóticos!

Pouco tempo depois, encontrei a irmã e algumas amigas de Caroline:

— A Caroline? Está em Quebec, no Canadá, passando férias com uma amiga!

Era assim Caroline, livre, leve e solta. Não tinha compromissos, futuro, preocupações; vivia cada minuto, cada segundo, cada momento, e enquanto eu pegava o ônibus em rodoviárias sórdidas para dar plantões, vivia a viajar de avião, sofisticada, bem arrumada, fosse para dar aulas na universidade, fosse para ir ao exterior; do que ela havia se livrado! Devia achar-me ridículo, medíocre, pobre, velho, se é que ao menos se lembrava de que eu existia.

Assim, meus tiques voltaram com força total, e uma tensão insuportável tomava conta de mim vinte e quatro horas por dia. Uma irreprimível tensão sexual — nem diria desejo — me dominava, e eu precisava descarregar com urgência. Então, me masturbava a todo instante, principalmente no meu dia de plantão, e o fazia cada vez com mais dificuldade; ejaculava precariamente, pouco mais que uma gota de sêmen grosso, grudento, pastoso, que mal escorria. Não se poderia chamar aquilo de orgasmo, de gozo, era apenas uma ejaculação com pouco ou nenhum prazer: não me satisfazia e logo exigia mais, em suma, eu fora reduzido a um miserável onanista.

Nesses plantões, eu tinha um intervalo para o almoço, e era-me impossível cochilar um pouco, pois uma onda de calor intenso, o próprio fogo do inferno, logo me queimava todo o corpo e a alma, fazendo o coração disparar, quase saindo pela boca, causando-me terrível falta de ar e uma sensação de morte iminente; eu tinha que me levantar, sair pelos corredores do hospital e andar, arfante, pois o ar não penetrava em meus pulmões. Como já tinha tomado um tranquilizante para dormir na véspera, não poderia fazê-lo novamente, ou não acordaria e nem poderia trabalhar; passei a levar, então, uma dose de uísque, quando havia, ou uma dose de cachaça, mesmo, que tomava antes do almoço, além de sair sorrateiramente do hospital e tomar uma latinha de cerveja na lanchonete da esquina para ver se a comida descia. Isso, para mim que estava acostumado a beber moderadamente, apenas me relaxava e me permitia dormir um pouco, sem interferir no trabalho; sinceramente, não me restava alternativa.

Enquanto eu me masturbava e me odiava, destruindo progressivamente minha já precária autoestima, Caroline devia estar amando e curtindo a vida. Era-me absolutamente impossível exorcizar esse fantasma da minha mente, e a dor que isso me causava era a dor da morte iminente, a dor psicológica absoluta, a dor mais intensa que é dada a um homem sofrer: saber a mulher amada nos braços de outrem, transando feliz com outro.

Eu já vivenciara essa dor antes, quando Ângela, após me deixar, arrumou um novo amor; mas agora se magnificava ao infinito, pois eu nunca chegara a amar Ângela, julgava-a uma mulher comum, não a admirava, e jamais me arrependi um segundo sequer de nossa separação. O que doía naquela época era muito mais a minha impotência diante da vida, minha inépcia, minha impossibilidade de amar também, a sensação de injustiça que tudo aquilo me transmitia; além disso, tinha a sensação de que Ângela havia descido de patamar, tinha regredido, e o tempo o confirmaria.

Com Caroline era diferente: eu a amava, a admirava, era uma mulher invulgar, brilhante, independente, inteligente, bem situada, de sexualidade bem resolvida, capaz de viver tudo isso sem culpas; até na opção religiosa era mais sabida, já que o espiritismo parece não inculcar nenhuma culpa devido a uma sexualidade mais permissiva, ao contrário de outras religiões.

A vida tinha sido tão pródiga para com ela quanto avara para comigo, e isso estava me levando à loucura, com consequências imprevisíveis, ou melhor, bastante previsíveis para mim, e já começavam a se delinear em meu espírito.

Em desespero, eu apelava para alguns amigos mais relacionados, e Peçanha, um colega médico, fez uma intermediação com uma bela moça, sua paciente, recém-desquitada; saímos uma vez, ela era por demais tímida, extremamente reticente devido à má experiência que tivera, senti que levaria um ano para pegar na sua mão, mais dois para beijá-la e outros tantos para transar com ela; não dava. Peçanha, então, marcou-me outro encontro:

— Belinha é o nome dela, olha só, você vai gostar.

Belinha era realmente uma gracinha, representante de vendas, miudinha, magrinha, mas um rostinho bonito, cabelos longos e loiros, uns olhos verdes belíssimos e doces e uma boca carnosa; sentimos um imediato e mútuo carinho um pelo outro, parecia que já nos conhecíamos há muito, assim como acontecera com Lulu; ela só tivera um namorado antes, e transamos duas ou três vezes, mas nem ela nem eu gozamos. Em seguida eu lhe disse que só poderia ser seu amigo, ela ainda não era a mulher que eu procurava, eu não poderia sacanear uma moça tão doce, aliás, nem ela nem ninguém.

— Você só pode ser meu amigo? Então seremos só amigos.

E não quis mais saber de transar. Somos amigos inestimáveis até hoje.

Daí em diante eu sairia com mais duas ou três moças, mas, em geral, não passava da primeira vez. Nenhuma delas me interessou realmente, e, como a mulher tem esse *feeling*, percebendo mais facilmente se há algum interesse ou não, logo se afastavam, porque tudo que eu queria era apenas transar com elas e me preparar para Caroline. Na verdade, para ser sincero, nem isso eu queria, estava sem qualquer desejo, e era melhor que se fossem mesmo. Alguma coisa não batia, não se coadunava, eu queria e ao mesmo tempo não queria transar por transar, é possível que no fundo quisesse muito mais do que isso. "Um homem não pode fugir à sua verdade", já ensinava, com sabedoria, minha amiga Açucena.

Capítulo 17

Cerca de dois anos antes eu tinha terminado de escrever o meu livro médico, *Pré-Natal Humanizado, Gerando Crianças Felizes*", que foi aceito para publicação pela principal editora médica do Brasil, a Editora Atheneu, do Rio de Janeiro, e por incrível coincidência, depois de demorarem um tempão, resolveram finalmente lançá-lo em uma livraria de nossa cidade justamente no dia de meu aniversário, em que eu completaria cinquenta anos de idade. Para quem não tinha absolutamente nada a comemorar, já era alguma coisa. Na verdade, já fora lançado oficialmente dez dias antes em uma jornada de Ginecologia e Obstetrícia, aqui mesmo, mas a direção do evento nada fez para divulgá-lo aos seiscentos congressistas e professores participantes, de forma que o evento passou em brancas nuvens; e o segundo lançamento em uma livraria era praxe da editora.

Aqui vale registrar mais uma do gato. Eu enviara muitos convites a meus amigos, e também um para Lílian e outro para Lelê, para que guardassem de lembrança. O gato reclamou:

— E o meu convite? — perguntou.

Tive que fazer o dele: "Ao gato e todos os netos". Na hora de sair, ele foi na frente.

— Vamos — disse.

— Vamos aonde, gato?

— Ué, no lançamento.

— Você não vai, gato — disse o pai.

— Por que eu não posso ir? EU TENHO CONVITE! — indignou-se.

Não foi. Não deixou de ser uma noite agradável. A editora ofereceu um belo coquetel, participaram cerca de quarenta ou cinquenta amigos, Lelê e Lílian, que veio de São Carlos, e também a irmã de Caroline, que estava em Corumbá dando aula e me telefonou exatamente na hora do evento, me parabenizando, toda alegre e gentil, como sempre. Depois, Dos Santos e eu ainda fomos tomar umas no Pinguim do Shopping. Fui dormir naquela noite sozinho, e talvez jamais tenha chorado tanto em toda minha vida, prostrado a um canto do quarto. O lançamento de uma obra científica admirável, inédita, autodidata e única no gênero nada representou para mim; nada era capaz de aliviar a minha dor e a minha solidão.

Nas semanas seguintes fui convidado a conceder duas ou três entrevistas para as televisões locais; saí-me airosamente, mas nada me acrescentaram, fosse em bem-estar, fosse em divulgação da obra e do meu trabalho. Tomei a iniciativa de ligar para Caroline, cautelosamente, falei das entrevistas que ela não vira, ela me felicitou efusivamente, empolgada, e levei as fitas que gravara para que ela visse. Mas não a vi nesse dia e as deixei com sua sócia.

Ela me ligaria alguns dias depois para que fosse buscá-las à noite, e até me iludi achando que mudara de ideia, mas não era nada disso. Ficamos conversando uma meia hora, ela sempre radiante, se declarando muito orgulhosa pelo meu sucesso. Questionada, me disse que vinha conversando muito com o tal rapaz de São Paulo por telefone, pois a distância era muito longa — mais do que eu imaginara, na verdade — e ela não queria incidir em novos erros. De curioso, me disse que vinha estudando francês em uma escola perto de sua casa, e me perguntou por que eu também não o fazia; respondi-lhe que não suportaria estar perto dela sem poder estar com ela. Fiquei o tempo todo de nossa conversa a abraçá-la e a beijar-lhe os braços e os ombros, e ao nos despedirmos, tentei beijá-la, agora de verdade, e ela se esquivou, toda faceira:

— Bonomi, você sabe que eu sou uma moça séria...

Claro, é claro, quem, honestamente e em sã consciência, nos dias que correm, poderia julgá-la diferente... Enquanto ela fechava a grade da porta, ainda lhe falei qualquer coisa da dor que eu sentia em relação ao seu namoro.

— Você fica muito sentido?

— Nossa Senhora, Nossa Senhora! — gemi, mortificado.

Não mais a veria, nem ela me ligaria; as mulheres vivem só para si mesmas. Essa moça adorável não saía um instante de minha mente, vinte e quatro horas por dia: uma enchente em Corumbá, um carro importado igual ao seu, reportagens sobre turismo no Pantanal ou no Canadá... não podia ver um moço jovem e bonito que uma dor intensa, lancinante, me feria no mais profundo da alma. Deteriorei rapidamente, começava a agonizar, pressentindo que o fim se aproxima. Fiz um inventário da minha situação financeira e chamei Ângela ao meu consultório, entregando-lhe o seguinte documento:

Ribeirão Preto, 11 de maio de 2001
Para Lílian e Lelê (aos cuidados de Ângela) em caso de algum imprevisto
Seguro de vida - Centro Médico: R$100.000,00 – R$200.000,00
Seguro de vida – Unimed: R$15.000,00
Mútua Unimed (auxílio-funeral): ±R$20.000,00
Beth (os papéis de aposentadoria estão todos com ela) – Rua Teresa Cristina, 367 – Fone 3612.9330
FGTS – Caixa Econômica Federal – Conta n. xxxx-xx
Conta Corrente + Poupança Itaú – Ag. xxxx Conta n. xxxxx-x Saldo R$18.000,00
Conta BANESPA – Ag. xxxx Conta n. xx-xxxxxx-x – alguns trocados
Conta Banco do Brasil – Ag. xxxx Conta n. xxxxx-x – idem
Conta Banco Bandeirantes – Ag. xxxx Conta n. xxx-xxxxxx-x – ibidem
Apartamento n.83 – Ed. Humaitá – R$100.000,00 – melhor vender
Casa onde moram minha mãe e Selma – usufruto delas
Direitos autorais do livro Pré-Natal Humanizado, Ed. Atheneu, Rio de Janeiro – F. (0xx21) 2539.1295; São Paulo – F. (0xx11) 2222.4199.

Para quem já estava com vinte e cinco anos de medicina, era um patrimônio medíocre; de concreto, mesmo, não mais que um modesto apartamento. Aproveitei, embora as palavras mal saíssem de minha garganta, para lhe dizer que a partir do próximo ano, de qualquer jeito, ela teria que começar a ajudar a pagar ao menos a escola de Lelê, ou ele teria que continuar o colegial em escola pública, pois eu sozinho já não podia mais; ela estava em situação sensivelmente melhor que a minha, sua fabriqueta de bolsas ia de vento em popa, reformara e ampliara o prédio, havia alugado nova casa comercial, comprara novos furgões para os vendedores, mas jamais havia se manifestado, mesmo sabendo que a minha situação era crítica, e creio que jamais o faria espontaneamente, mesmo que ganhasse sozinha na loteria, pelo jeito. Quando eu tocava nesse assunto com Lílian, esta sempre a defendia, até com fúria, alegando que o negócio da mãe era o comércio, que hoje podia estar bem, amanhã não, diferente de mim, que tinha emprego fixo — certamente Ângela lhe inculcara isso na cabeça — e que ela tinha que pensar no futuro — o dela, claro —, como se as crianças pudessem esperar o futuro.

Deixei patente que dificilmente passaria desse ano, fosse por um imprevisto, um infarto ou um acidente na estrada, ao voltar dos plantões, fosse por uma decisão pessoal, que estava prestes a ser tomada; é claro que, nesse último caso, os primeiros itens do inventário perderiam o seu valor. Não levantei os olhos para ela. Foi uma cena deprimente. Sendo religiosa, com os olhos marejados, Ângela tentou ainda me demover da ideia sem sentido, segundo ela, pois nada resolveria, e eu fiz um gesto que se fosse, derreado sobre a mesa.

Uma parente, maldosa ou mal informada, dissera à minha mãe que eu vinha tratando mal as minhas pacientes e corria até o risco de ser demitido em Franca; não era verdade, jamais o faria, eu apenas me arrastava, perdera o calor humano, e o consultório ia ficando cada vez mais às moscas. Minha mãe me interpelou com aspereza:

— O que está acontecendo com você? Você está me decepcionando!

Eu fracassara. Decepcionara minha própria mãe, que sempre acreditara e esperara tudo de mim. Não dava mais. O suicídio era iminente.

Capítulo 18

A possibilidade concreta de suicídio sempre fora um tema recorrente e relevante em minha vida, desde a adolescência. Esteve na pauta do dia após a separação de Ângela e depois dos fracassos sucessivos nas relações profissionais com Faraud e Money, e, por paradoxal que possa parecer à primeira vista, era essa possibilidade de interromper a qualquer momento uma situação insustentável que fazia com que eu a prorrogasse sempre e sempre; ou, quem sabe, no mais fundo de mim, restasse um último e tênue fio de esperança, conquanto sempre vã e falaciosa, uma não aceitação dessa situação perene da mais profunda sensação de injustiça, que precisava ser reparada.

Ao mesmo tempo, completamente à deriva, eu me apegava a qualquer coisa, a fantasias, a ilusões, e mesmo a alguma coisa que já escutara, como aquela frase dita por Antonieta em nosso trabalho terapêutico, a mim, que já tanto procurara em vão: "Deixe que alguém o encontre, e isso ocorrerá, com certeza"; ou então a alguma máxima, como aquela de Goethe que enfeitava a mesa de meu amigo Murad: "Quando uma criatura humana desperta para um grande sonho, e sobre ele lança toda a força de sua alma, todo o universo conspira a seu favor."

Teria eu, que vivia um infindável pesadelo, despertado para um grande sonho, o sonho da plenitude, da felicidade? Ou apenas me iludia, fantasiava, para não dizer delirava, achando-me um homem incomum, único, e que tudo acabaria por dar certo, ao final? Não seria muito mais sensato acreditar que esse sonho era inexequível mesmo? Que não passava de uma ideia fixa irrealizável? Afinal de contas, uma "ideia fixa é que faz os varões fortes e os doidos", como dizia o Brás Cubas de Machado. Em qual dessas categorias eu me encaixaria? Não podia descartar a segunda hipótese.

A vida estava matando todos os meus desejos, destruindo todos os meus sonhos; privava-me da minha essência, daquilo que era capital para mim, mais que qualquer coisa, que era a vivência do amor, da sexualidade plena; pois bem, eu também estava prestes a privar a própria vida da sua essência. E eu sabia, me conhecia muito bem, nunca passara por uma situação insustentável que não levasse a uma ruptura, a um termo; era inevitável, fora sempre assim, no casamento com Ângela, em alguns empregos e nas relações profissionais nefastas. Não dava mais.

Porém, acontecimentos assombrosos, extraordinários mesmo, começariam a ocorrer, inesperada e surpreendentemente — por extraordinário, entenda-se aqui, literalmente, aquilo de que se compõe a palavra: extra-ordinário, aquilo que não é comum, que transcende o ordinário, que foge à compreensão humana, pelo menos à minha. O primeiro desses fatos extraordinários — seriam em número de três — aconteceu em 24 de abril de 2001: estava eu em mais uma daquelas manhãs enfadonhas no meu consultório, apenas para passar o tempo, pois não havia consultas; o consultório era de meu amigo Murad, emprestado gentilmente, já que o nosso, meu e de Açucena, estava em reforma; conversava com minha amiga e confidente, Rosana Varanelli, secretária de Murad, quando minha secretária me chamou, dizendo que uma prima minha de São Paulo, Angelamaria, estava ao telefone.

Angelamaria? Estranhei. Sim, era minha prima, na época com mais de quarenta anos, que fora muito querida no nosso tempo de adolescência, quando chegou a passar duas ou três férias em casa de minha mãe. Ficamos muito ligados, quase chegamos a nos gostar, mas nunca passara disso; eu logo comecei a namorar Ângela, e já não a via, praticamente nem ouvia falar dela há mais de trinta anos. Só sabia que se casara e tivera filhos, nada mais, e agora aquele telefonema.

— Bonomi, aqui é sua prima Angelamaria, não sei como lhe falar, não sei o que você vai pensar, não nos vemos e não nos falamos há tanto tempo, mas aconteceu uma coisa e eu tenho que lhe contar... — titubeava.

— !?

— Hoje acordei cedo, como todo dia, levei as crianças à escola e voltei, e estava rezando em meu quarto, antes das sete horas, quando aconteceu algo que nem sei como explicar... alguma coisa... uma presença muito poderosa, muito forte, me fez ligar para você e lhe dizer que "é um filho muito querido, um filho muito especial, para abrir o seu coração..."

Teria dito também que eu teria uma missão a cumprir? Não sei ao certo, não tenho certeza, nem ousaria perguntar a ela depois, acho que ela também não saberia responder com certeza.

Angelamaria, ao que me recorde, era uma moça doce, porém de personalidade, e, ao que eu saiba, sempre fora muito sensata, jamais soube de nada que a colocasse sob suspeita, e essas coisas, em família, a gente sempre saberia; parece que agora era uma mulher bastante religiosa, participava de grupos de estudos em sua igreja, e, pelo que me disse, há cerca de dois meses fora informada por uma outra prima nossa, em São Paulo, das minhas dificuldades. Desde então vinha pensando muito em mim, rezando e pedindo por mim com frequência, e, nessa manhã ocorrera o fenômeno descrito. Pareceu-me sensata, serena, porém segura, e disse que ficara muito impressionada com o ocorrido, mas até relutara em me ligar, já que mal me conhecia atualmente, e temia pela forma como eu reagiria diante de algo tão estranho. Mas não tivera alternativa, aquela presença não a abandonou até que ela me ligou, ali pelas nove horas da manhã.

Confesso que fiquei estupefato e mesmo comovido, e agradeci muito a ela por ter me ligado. Nos falaríamos ainda mais uma ou duas vezes ao telefone; tentei esclarecer melhor, colher mais detalhes, mas ela não pôde acrescentar mais nada, teria feito não mais que o que lhe fora incumbido, e não mais nos falamos (Angelamaria, o anjo de Maria, aquilo não me saía da cabeça).

Curioso também foi que no dia anterior, Marturano, um senhor muito sensível e gentil, representante de laboratório — que, nos dias em que a gente não estava bem, se metia a fazer exercícios de numerologia para nos dar esperanças futuras — entrara em minha sala, e, ao contrário de sempre, não levara as amostras e nem fizera propaganda dos remédios, disse que fora apenas para me ver, e, diante de meu estado letárgico, me disse, metaforicamente:

— O fogo no canavial às vezes começa devagar, numa ponta, e depois se alastra, lentamente... Mas muitas vezes, *fluuush!* Tudo acontece de repente...

É claro que tudo isso, essa conjunção de fatos, me impressionou, mas, sinceramente, não mudou praticamente nada para mim, nem os meus sentimentos mórbidos, nem a dor que eu sentia, não obstante ter refletido muito sobre eles e haver tentado compreender as mensagens para absorver uma fé que eu não tinha. Eu continuava me arrastando, meu estado era crítico e se refletia no trabalho, como já disse, afastando os poucos pacientes, num círculo vicioso que tornava a situação cada vez mais dramática.

O enfado era total, não tinha vontade nem forças para nada, para ler, produzir, nada mesmo. Ia, toda tarde, num esforço último, correr e nadar na Recra, e o fazia com grande sofreguidão — sabia que isso era indispensável para não sucumbir. O corpo, que assim ia se tornando formidável, sustentava o espírito combalido e entregue; à noite, saía para beber e jantar, no mais das vezes sozinho. Os fins de semana, muito esperados, ao mesmo tempo eram infindáveis; acordava cedo, isso, quando havia conseguido dormir, e aquele sol que eu tanto amava me causava desespero, pois já não chovia há tempos e a secura me exasperava; domingo à noite só queria morrer, antecipando a angustiante segunda-feira.

Algum tempo depois, já em junho, meu amigo Zunfrilli faria cinquenta anos e comemoraria com uma bela festa na Recreativa, clube magnífico e bem situado. Fui mais uma vez sozinho — Lílian tinha outro compromisso e uma garota que eu convidara não dera nem resposta —, elegantemente trajado, todo de negro, com um terno e jaqueta de quatro botões, e, ao invés de gravata, uma blusa preta de gola olímpica, de forma que o conjunto, aliado à minha aparência física, impressionou a todos. A festa foi muito agradável, a mulher e as três filhas de Zunfrilli fizeram um belo trabalho, com performances pessoais à moda árabe, muito em voga; a família parecia muito organizada, unida e feliz. Mas como eu estava sozinho, ao contrário dos outros colegas, ali pela uma hora da manhã, depois de comer e beber bem, fui embora.

A avenida, uma das principais da cidade, estava ainda relativamente movimentada, porém, quando fui entrar no meu carro — um carro banal, sem qualquer acessório, de apenas mil cilindradas, que havia comprado há apenas três dias, estacionado a apenas uma quadra do clube —, fui rendido por quatro rapazes armados e sequestrado: o famoso sequestro-relâmpago tão em voga em nosso país e que tivera um crescimento vertiginoso no governo da época, revelando a degradação social que o país vinha sofrendo em decorrência de uma política financeira inteiramente equivocada, mas hegemônica no mundo atual, que privilegiava quase exclusivamente o capital especulativo em detrimento do trabalho e das pessoas.

Meteram-me no banco de trás do carro sob a ameaça de uma arma e me levaram para um matagal na periferia da cidade; para encurtar, vou transcrever um artigo que escrevi a respeito e seria publicado no Jornal do Centro Médico local, mas Rosana me aconselhou a não fazê-lo, no que fez muito bem, pois iria me expor excessiva e desnecessariamente.

Agonia
18.06.2001

Dos homens, sabemos apenas que morrem e não são felizes.
F. Savater, filósofo espanhol.

Após ter sido sequestrado, noite dessas, passaria algumas horas deitado no chão escuro, no meio do mato, sob a mira de revólveres. Fato insólito: em nenhum instante se estressaria, mesmo sob a constante ameaça de morte e violência.

É possível que fosse um homem de grande maturidade, ou, quem sabe, a vida que levava já tinha para ele pouco ou nenhum valor. Fracassara profissional e afetivamente; sua vida perdera o sentido, ou, pelo menos, ele não conseguia ver nenhum. A morte, portanto, não o assustava tanto, talvez até lhe trouxesse alívio.

Criava e sustentava os dois filhos praticamente sozinho, ultimamente, à base de ignominiosos plantões; perdera a fé em si e na profissão que abraçara, com tanto carinho e dedicação.

Naqueles momentos críticos, mais só do que nunca, enfiado de cara no chão, ainda conseguiu fazer um rápido balanço de sua vida e de suas posses (?). Chegou à dramática conclusão de que valia mais morto do que vivo, senão, vejamos: vivo, sua situação se afunilava, e em breve talvez já não tivesse como se manter e aos próprios filhos, eis que já não tinha motivação nem força para crescer e muito menos para aumentar o número de plantões, que de qualquer forma acabariam por matá-lo.

Se fosse morto, *ponderou*, certamente seu assassinato seria considerado como morte acidental, o que dobraria o valor dos seguros de vida que tinha, totalizando aí uns R$250.000,00 suficientes para concluir a formação dos filhos.

Partiria com a consciência tranquila, não deixando dívidas de qualquer natureza, fossem financeiras, fossem morais: levara uma vida reta, íntegra, ilibada, acreditava; e jamais fizera concessões que ferissem os seus princípios essenciais, o que possivelmente causara a sua derrocada, pois parece que esses valores já não servem mais como moeda de troca.

Não foram mais que duas ou três horas de agonia, que nem o agoniaram tanto assim; o que são duas ou três horas diante de meses, anos do mais profundo opróbrio, da mais absoluta falta de esperança e perspectiva? Minutos, horas, dias, meses de uma longa e crônica agonia que lhe esgarçava a alma, a autoestima, a autoconfiança!? E mais, que culpa tinha de ter sido sequestrado na principal avenida da cidade, lugar de pouco risco? Ainda se estivesse em algum local ermo, em busca de aventuras...

Já o fracasso causa dor, culpa. Onde foi que errara, se perdera? Como fora levado a uma crônica agonia? Querem agonia maior do que um homem com a sua formação, sua inteligência, sua cultura, sua formação humanística, ser submetido à violência de vinte e quatro horas de plantões gerais em santas casas ou pronto-socorros sórdidos, atendendo sem trégua àquilo para o quê não fora preparado? Isso, no plano profissional, uma vez que no plano afetivo tampouco conseguia se encontrar...

Engraçado que nem raiva ou ódio ele conseguiu sentir dos delinquentes desgraçados, pois tinha plena consciência de que a questão é mais complexa, transcende à mera esfera policial, com o país à deriva, a exclusão social e educacional...

Apenas mais tarde, com a grande apreensão dos filhos e o pânico que tomou conta de sua velha mãe e das irmãs, e a solidariedade dos amigos, é que sentiu que ainda valia alguma coisa, pelo menos para essas pessoas, e que talvez valesse a pena tentar ainda um pouco mais, esperar do destino algum acontecimento fortuito, coisa em que ele, homem de pouca fé, tem dificuldade para crer;

mas há quem creia... nele e por ele.

Após o sequestro, fui deixado no meio dos canaviais, ali pelas quatro da manhã; levaram o meu carro, alguns trocados que tinha no bolso, o relógio barato e outros trocados que conseguiram sacar do caixa eletrônico do meu banco, enquanto dois deles me mantinham sob ameaça, deitado no chão. Deixaram-me, surpreendentemente, com toda a roupa do corpo — até o paletó, que um deles já havia tomado, me devolveram, a pedido de um deles, um rapazote mais sensível ou mais ingênuo: "Ô, devolve o terno pra ele..." — e todos os documentos. A perda maior, em valor, foi o meu celular, mas isso seria fácil repor. Mandaram-me correr por entre o canavial e se foram, sem atirar em mim pelas costas, o que às vezes ocorre.

Corri batido uns cem metros — nessas horas um bom preparo físico ajuda — e parei quando o carro se foi. Acabei até sorrindo, já livre do perigo e satisfeito com a minha performance, e também com a imensidão e a beleza da lua cheia no céu, tão clara que até parecia dia: ainda me restava um resquício de sensibilidade poética.

Agora, era só voltar para casa, mas não tinha pressa. A noite estava fresca e agradável. Logo fui atacado pelos cães de umas casas de caseiros que havia por ali, mas fui resgatado pelos moradores, alertados pela gritaria, que os afastaram e conseguiram contato com a polícia que veio rápido em meu socorro; o carro foi encontrado no dia seguinte, intacto.

As crianças, pela manhã, vendo-me calmo e bem, ficaram apenas um pouco apreensivas. Já minha mãe e minha irmã Jamile entraram em pânico, e Jamile, coitada, muito religiosa e apavorada, asseverou-me ter sido o manto de Nossa Senhora Aparecida, de quem é muito devota, que me protegera — quem haveria de duvidar?

Amon, solidário, não deixou, de qualquer forma, passar a oportunidade:

— Tá vendo, você não acredita, mas avisos é que não lhe faltam...

Será que também ele, com tanta fé, conjeturei, *também já recebera alguns avisos?* E continuei refletindo como é curioso o modo como as pessoas que se dizem de fé veem as coisas; eu vivia uma situação insustentável, fora sequestrado, poderia ter sido morto ou violentado, e agora deveria tirar disso uma lição, enxergar alguma manifestação divina... Bem que eu tentava, confesso que me esforçava, mas pouco ou nada conseguia.

    De qualquer maneira, não considero que o que acabei de relatar tenha algo de extraordinário, tão trivial e corriqueiro esse tipo de ocorrência se tornara em nosso país, país de futuro tão promissor, no entanto sempre tão incerto e sempre postergado... Assim como o meu.

Capítulo 19

É muito estresse. Façamos uma pausa, então, para relaxar, com assuntos mais amenos, mas obedecendo também à sequência dos acontecimentos, uma vez que este é um relato praticamente linear, com raras inversões; seguindo assim a ordem cronológica de ocorrência, vamos a um fato de grande relevância que se deu a seguir. Antes, um parêntese: Lelê estava terminando a oitava série escolar e no ano seguinte deveria iniciar o primeiro colegial em uma escola particular, mais puxada, tendo em vista os vestibulares. Brinquei com ele:

— Ei, garoto, essa moleza vai acabar... trate de aproveitar, rapaz!
— É, essa moleza vai acabar... trate de aproveitar... RAPAZ! — não podia deixar de importunar o gato, fazendo eco às minhas palavras.

Eis que alguns dias depois, Lelê, meio sorumbático, me disse que quando pensava nos seus amigos tinha vontade de chorar. Liguei para Antonieta, claro, preocupado:

— Ele está chorando a perda da infância! — riu ela, gostosamente.

Não, não, fique tranquilo, meu filho, você não irá perder a infância assim, abrupta e irreparavelmente; eu e o gato não deixaremos. A transição será amena, e seu espírito de criança jamais há de se perder, assim como o meu. Lelê, que, além disso, era sensível e tinha uma ligação afetiva umbilical comigo, andara ultimamente tendo insônia pela primeira vez na vida. Percebi e conversei com ele, que disse que não sabia por que estava assim, mas eu, sim: eu não estava nada bem e ele absorvia toda a minha angústia, compartilhava o meu sofrimento, as minhas dores; nos fins de semana fazia o que podia para me divertir, dançando e fazendo pantomimas, pulando como um saltimbanco, sempre acompanhado do indefectível e impagável gato, muito embora com resultados pífios. Nada era capaz de me tirar do meu marasmo, mas eles faziam o que podiam.

Lílian, ao contrário, passava ao largo do meu drama — ao menos aparentemente —, mal parando em casa nos fins de semana e cuidando da própria vida; era melhor assim, eu não andava com paciência para ela. Novamente, para encurtar, transcrevo outro artigo que escrevi na época e ia publicar no mesmo jornal, sendo novamente vetado por Rosana, com razão, para preservar Lílian, como ficará evidente.

O aval
Junho de 2001

A menina tinha dez anos quando os pais se separaram; era ainda uma criança. Devido a diatribes com a mãe e uma extraordinária afinidade com o pai, desde que nascera, resolveu morar definitivamente com ele.

Não seria fácil para o pai, um homem com profundas dificuldades pessoais, carregar sozinho um fardo que normalmente deveria ser carregado por dois; não obstante, a relação seria altamente enriquecedora para ambos.

Estaria com ela aos doze anos, quando se desencadeou a menarca, acontecimento profundamente marcante na vida das meninas, e enviou-lhe doze botões cor-de-rosa simbolizando o desabrochar de sua feminilidade, assim lhe ensejando igualmente um futuro cor-de-rosa em sua vida de mulher.

Os anos se passavam e a menina-moça crescia em graça e beleza, personalidade e inteligência. A vida do pai, em contraposição, oscilava como uma montanha-russa, cheia de altos e baixos, acabando por adentrar um plano inclinado descendente, talvez implacável.

Aos quase dezessete, a menina, agora praticamente uma moça, descobriu o amor, e resolveu namorar; jamais tinha nem "ficado" antes, ao contrário da maioria das amiguinhas. O pai, apesar de sua grande evolução psíquica e mental, adquirida em anos de terapia e reflexão regadas a solidão, foi pego de surpresa. Posicionou-se visceralmente contra, pois acreditava que uma criança, digo, uma moça, feliz — pais demoram a perceber a mu-

dança — e completamente livre como ele a criara, poderia perfeitamente esperar um maior amadurecimento, uma vez que, nos dias de hoje, namorar implica invariavelmente em relacionamento sexual.

A menina-moça argumentou que seria só um namoro, e que seu grande sonho seria casar virgem, na igreja, de véu e grinalda. O pai, no entanto, objetou que isso de casar virgem era uma grande bobagem: quando estivesse madura e com um homem a quem amasse, e que lhe proporcionasse segurança afetiva, inevitavelmente acabaria por transar, o que parecia ao pai absolutamente natural, uma vez que fazer amor era a melhor e mais bela coisa do mundo.

Não só o pai, mas a própria terapeuta de ambos era literalmente contra o namoro com essa idade, instando-os a terminá-lo a qualquer custo. Mas a menina-moça não arredou pé, nem o pai lhe criou novos obstáculos, pois teve a consciência de que pouco ou nada sabia das coisas do amor e, principalmente, de que nada sabia. E não queria, no futuro, carregar mais essa culpa de ter causado a infelicidade da filha: ele já carregava culpas de sobra...

Passaram-se, assim, mais de três anos. A menina virou moça de vez, e que moça! Já estava no terceiro ano de uma excelente faculdade federal, cada vez mais brilhante e responsável, alegre e feliz. Nesse ínterim, o pai se rendera de vez ao casal de enamorados, cujo affair já completava três anos e meio; chegava até a fazer lanches para os dois e outras mordomias.

A moça já viajava de férias com o namorado e a família dele, passava fins de ano na casa de seus avós e chegara mesmo a dormir muitas vezes na casa dele, sob a anuência do pai diante do inevitável. Teriam já mantido relações sexuais? Só um ingênuo ou tolo, como o próprio pai, poderia acreditar que não.

"Xiii... tem pai que é cego", diria qualquer um a quem eventualmente colocasse a questão. Um belo dia, eis que a moça chama o pai, pois precisava conversar com ele.

— Olhe, pi (é pi, mesmo), já estou namorando há mais de três anos, a gente foi amadurecendo, e acho que a gente está pensando em começar a transar, e eu não gostaria de fazer nada escondido de você e que, depois, me trouxesse culpas...

Em suma, a filha pedia o aval do pai para iniciar sua vida sexual. O pai, embora pela primeira vez sem olhar diretamente nos olhos dela, não estava de forma alguma constrangido; era um outro sentimento que lhe ia na alma, um sentimento que não conseguia definir naquele momento crucial, incomum, espantoso, mesmo.

— E aquela história de casar virgem, de véu e grinalda? — espicaçou o pai.

— Ah, as coisas mudam, eu era uma criança naquele tempo... Ah, sim, as coisas mudam, é claro, e como mudam...

— Olhe, filha, você é uma moça extremamente responsável, inteligente, estudiosa, e sabe o que quer... Além disso, as pessoas mais felizes que conheço, principalmente as mulheres — era impossível não pensar em Caroline, e mesmo Catharine —, são as que têm a sexualidade bem resolvida...

— Mas pode acontecer de a gente não vir a se casar...

— Pode, é claro, mas o importante é se iniciar com a pessoa que a gente ama; ninguém é obrigado a se casar com ninguém só porque transou pela primeira vez; eu me obriguei a casar com sua mãe por isso, e você sabe que foi um desastre...

— E quanto à pílula...

— Bem, não me constranja mais, agora você precisa procurar outro ginecologista...

Só mais tarde é que o pai conseguiu compreender aquele sentimento estranho, indefinível: era um sentimento do mais profundo orgulho, pois percebera com essa demonstração cabal, se é que ainda precisava de alguma prova, que o que a filha tinha com ele era muito mais do que uma relação filial, era uma relação da mais profunda amizade, confiança e carinho que pode haver entre duas pessoas. O pai fracassara profissional e afetivamente, pouco ou nada sabia das coisas da vida e do amor. No entanto, sabia o pai que era...

Quando Lílian começou a namorar, muitas pessoas, Amon incluído, julgaram que era não mais que uma questão de ciúmes. Ora, ciúme é um sentimento que surge quando há insegurança, ou algo mal resolvido entre duas pessoas, o que jamais foi o caso: eu como pai, ela como filha, mantínhamos uma relação madura, definitiva, diferente de minhas relações com as mulheres, algumas em especial, onde havia substrato para o surgimento desse sentimento tão destrutivo. Meus filhos, seguindo o mesmo raciocínio, jamais tiveram ciúmes das minhas amigas ou pretensas namoradas, pois nossa relação paterno-filial era segura, sólida, não passível de qualquer risco.

Déia, uma paciente que havia ficado muito minha amiga, e cuja filha, da idade de Lílian, transou com o primeiro namorado e logo engravidou do segundo, que mal conhecia, me disse que eu era um homem privilegiado e devia ter o maior orgulho como pai. Eu tinha mesmo, tinha sim, sem dúvida.

Capítulo 20

Era Dia dos Namorados (para quem pode, é claro). Escrevi novamente para Caroline.

Quarta e última carta a Caroline

Ribeirão Preto, 12 de junho de 2001

Amor da minha vida,

Estou realmente ficando famoso; apareci de novo na televisão e no jornal. Ah, sim, dessa vez preferia que não tivesse acontecido. Sexta-feira, dia 8, fui à festa de aniversário de um amigo ali na Recreativa do Centro; pouco depois de uma hora da manhã, portanto, no sábado, dia 9, sozinho pra variar, saí da festa, e quando fui entrar no carro, estacionado na esquina da Barão com a 9 de Julho (aliás, tinha acabado de comprar um pequeno Celta 1.0, oh, pobreza!), fui sequestrado por quatro caras armados, que me enfiaram no banco de trás do carro e me levaram para a mata de Santa Tereza; enquanto dois me deixaram no chão, os outros dois foram até o Itaú retirar dinheiro do caixa eletrônico.
 Enquanto estava ali, no sufoco, me lembrei de você, que provavelmente estaria num belo apartamento em São Paulo, com o homem amado, jovem, rico e gostoso; ah, menina linda, que dor! A morte, que poderia acontecer a qualquer momento, teria sido um alívio para mim, não me pareceu tão terrível! Bem, depois que voltaram os outros dois, acabaram me libertando no meio do

canavial. Chegaram até a me devolver os documentos, levando apenas o cartão do banco, o celular, o relógio e o carro (que foi encontrado no dia seguinte). Em suma, saí completamente ileso, e o carro intacto. Devo ter perdido nessa história toda uns R$800, contando com o celular (já comprei outro e o número é o mesmo).

Coisa mais extraordinária ainda: em nenhum momento me estressei, nem antes nem depois, apesar das ameaças de morte. Ora, o que são duas ou três horas de agonia, ou a própria morte, diante de meses ou mesmo anos da mais profunda solidão e angústia, amplificadas ao paroxismo, depois que você me deixou? Ah, menina, se eu pudesse voltar no tempo e jamais tê-la conhecido! Estaria sofrendo muito menos. Veja bem, não a estou culpando, em absoluto, é apenas uma constatação.

Ah, moça adorável, quanto eu desejei que você estivesse comigo no dia seguinte para amenizar a minha dor, curar as feridas de minha alma! De qualquer maneira, não fiquei nem um pouco traumatizado, nem durante nem depois. Acho que, em alguns aspectos, me tornei um homem extraordinariamente maduro e forte, embora em outros nem tanto, e você sabe do que estou falando.

Pensei mil vezes antes de lhe contar essa aventura surrealista, de estressá-la com as minhas desgraças, mas acabei por concluir que você preferiria saber, pois, cada um de nós, à sua maneira, gosta muito um do outro, e sei que você gostaria de compartilhar um pouco do meu sofrimento, mitigando-o de certa forma. Acho que prefiro que você não me ligue, pois a sua doce voz de mulher feliz e realizada me dói profundamente.

Um longo beijo, como aquele do dia do seu aniversário, quando você ainda precisava de mim!

Bonomi.

Noruega soube pouco depois, através de uma amiga comum, que Caroline na verdade estava namorando um canadense que conhecera no Pantanal — provavelmente naquela esticada que dera, após seu aniversário, quando ainda estávamos juntos — e que ora ela ia para lá, ora ele vinha para cá; Caroline, pelo jeito, era rápida no gatilho, não perdia tempo, e a sorte lhe continuava pródiga.

Agora compreendia porque estava estudando francês (Quebec, Canadá francês); tenho visto muitas conhecidas ou mesmo amigas minhas namorarem estrangeiros, geralmente italianos, que vêm passar férias no Brasil ou mesmo uma temporada a trabalho. A primeira coisa que fazem, empolgadas, é começar a estudar o idioma deles, com a mentalidade de colonizadas que ainda permanece entre nós, e fazem o maior esforço para compreendê-los e se comunicar com eles em sua língua. Eles, é claro, jamais entram em nenhuma escola para aprender português, imagina! Se der para "arranhar" na prática, já é um avanço. É claro que o curso do idioma dura só enquanto durar o *affair*; esses casos duram geralmente não mais que uma ou duas temporadas, elas chegam a visitá-los na metrópole — geralmente lhes mandam a passagem —, eles costumam vir mais uma ou outra vez, e *c'est fini*, uma vez que têm vida própria lá e elas aqui. Há exceções, já vi o caso de uma conhecida que conheceu um árabe rico radicado nos States e acabou se casando e mudando; ao comentar sobre esses casos com meu amigo Dos Santos, que é muito viajado, ele disse ironicamente que, no fundo, não deixa de ser uma espécie de turismo sexual dos estrangeiros, com a vantagem de não terem que pagar. E se há exceções, Caroline, inteligente e séria, independente, e com a sorte que tem, certamente seria uma delas.

Não creio ter ficado mais ferido do que já estava. Começava a ficar insensível, anestesiado, infenso à dor. Não resisti por muito tempo, e acabei ligando para ela; sempre gentil, disse, de forma tranquila, que realmente estava namorando um canadense que conhecera em São Paulo anteriormente, e que o outro rapaz, o milionário, não tinha escrúpulos mesmo e ela o deixara. Não me preocupei em checar a veracidade dessa versão, podia estar apenas me poupando de maiores sofrimentos com uma possível mentirazinha inocente. Disse que não me ligara sobre a última carta, conforme eu havia pedido, mas que fizera "uma mentalização positiva" para mim. Como era uma moça bastante religiosa, aliás como todas que conheci, acreditei piamente que o tivesse feito.

Disse-me também que, no começo do ano, logo após o fim de nosso relacionamento, tivera um curto período de depressão, mas que logo passara. Achei-a, a despeito de sua gentileza de sempre, um pouco mais fria dessa vez, já em outra, e senti que eu já não existia para ela —

era passado. Embora não tivesse me ligado porque eu lhe pedira na carta, não havia me ligado antes tampouco, malgrado nossa relação curta, mas intensa; mulheres não costumam se preocupar com quem passou, principalmente se já estão em outra, menos ainda num caso como o nosso, em que não ficaram coisas boas, ao menos não tão boas.

Eu poderia até lançar mão, aqui, de um chiste vulgar e machista, por demais conhecido, sobre "o amor que fica...", bem ao gosto de Faraud, o mais folhetinesco dos bufões — e por isso mesmo, talvez, tão incensado pelas mulheres —, mas não posso fazê-lo ao tentar compreender uma mulher invulgar como Caroline. Sendo assim, prefiro amparar-me em alguém genial como Proust, muito mais elegante e insuspeito, que no início do século passado afiança, pela boca de Bloch, um de seus personagens, ao ainda adolescente narrador, que, ao contrário do que este pensava, "as mulheres não desejam outra coisa que fazer amor" — não sou eu quem o diz nem o creio inteiramente, não no caso, pelo menos, de Caroline. Poderá a leitora irada argumentar que Proust era um autor sabidamente misógino, para não dizer declaradamente homossexual, e eu contra-argumentarei que ninguém, exceto elas mesmas, poderia conhecer melhor a alma feminina que os homossexuais, que tanto se identificam com elas, ainda mais um escritor do porte de Proust.

De curioso, merecendo uma maior reflexão, fica registrada a sua revelação de que tivera um curto período de depressão, mas logo superou; por que isso teria acontecido? Teria sido por que chegara a me amar? Por que o novo amor era tão distante? Por que tinha já uma certa idade, seus relacionamentos nunca chegavam a bom termo, e teria que passar por novas mãos? Por que eu não aceitara o seu passado, e isso teria lhe causado constrangimentos? Eu não tinha uma resposta, e provavelmente nunca a teria; de qualquer forma, fiz também uma mentalização positiva para ela, queria tanto ter estado com ela, ter podido ajudá-la!

Não esgotei o assunto e continuei a refletir: mesmo com o caso novo já engatilhado — fosse o antigo namorado, fosse o canadense —, ela continuou comigo até o fim; poderíamos perfeitamente ter transado naquele Natal, na despedida, no motel ou em meu apartamento. Acredito ter sido eu o fator limitante; teria ela tido esperanças, até o último instante, de que eu a amasse e ficasse com ela? Teria ela me amado também? Ou teria usufruído de mim enquanto pôde, enquanto estava sozinha e esperava seu novo amor? Patrícia, a ex-namoradinha de Habib, me disse que, quando já pressentia que ele ia deixá-la, aproveitou-se dele o máximo que pôde...

Jamais saberei as respostas, e temo que vá acabar enlouquecendo...

Capítulo 21

Meu espírito insone vagava por aí, inquieto como uma alma penada, insepulta, invadindo à revelia o sono alheio com pedidos de socorro desesperados, incitando ao segundo dos três acontecimentos extraordinários a que já me referi.

Tocou o telefone num sábado de manhã, e, coisa rara, eu estava em casa, nem me lembro por que, uma vez que àquela hora sempre estava no clube; era tia Tininha, de Aramina:

— Querido, estou te ligando porque sonhei esta noite que vi aquela fotografia de sua primeira comunhão, você e aquelas crianças todas, e via você muito feliz, alegre... Abra o seu coração, benzinho, volte a rezar para Nossa Senhora, você sempre teve tanta fé...

Ela, ao que me lembre, nunca havia ligado para minha casa; tia Tininha sempre fora uma segunda mãe para mim, eu sempre passava férias em sua casa no tempo da faculdade, quando não tinha dinheiro nem para onde ir, e ia pescar e caçar com o Pintado; adorava sua comida, e sempre tivemos um carinho mútuo muito especial. Ao contrário de Angelamaria, a via com certa frequência em casa de minha mãe — fazia mais de dez anos que eu não ia a Aramina, e era tão perto! —, de forma que ela conhecia o meu drama, e muito católica, sempre rezava por mim.

Não tive dúvidas, senti que uma extensa rede de proteção espiritual se formava, de norte a sul do estado, tentando evitar que eu caísse no profundo precipício que se abria sob meus pés; já não podia mais permanecer tão cético, tão cartesiano — ou tão hipócrita, quem sabe —, e comecei a balançar, a perder a rigidez.

Onde estaria aquela pequena efígie de Nossa Senhora das Graças que Lulu me dera há dez anos, e que eu já metera no arquivo morto, junto com aquela papelada de que me valera para escrever meu primeiro livro? Peguei uma escada, tirei aquele enorme calhamaço já devidamente empacotado do alto de um armário, vasculhei-o todo, e nada; quando fui recolocá-lo no lugar, a figura estava na verdade caída por fora, embaixo, creio que a havia jogado ali há muito tempo, quando me desiludira com a religião. Até fiquei surpreso de já não tê-la jogado fora há muito tempo; voltei, então, a colocá-la na minha carteira.

Na segunda-feira, logo cedo, deixei Lelê na escola e Lílian na Rodoviária para São Carlos, e fui, depois de longos anos, à Igreja Matriz de Vila Tibério, de tantas recordações. Parei o carro em frente, mas para minha surpresa, ao contrário de antigamente, não ficava mais aberta o dia todo, creio que a mantinham fechada fora dos horários de missa por motivos que eu ignorava — possivelmente, nos dias que correm, para evitar roubos ou economizar energia, depois do já famoso apagão.

Fiquei sem saber o que fazer. Saí do carro, titubeante. Perdera a naturalidade. Olhei para os lados, meio constrangido, e fui até a porta fechada, subi os degraus, ajoelhei-me rapidamente e beijei aquela porta secular, enorme, pesada, toda entalhada. Novamente sem olhar para os lados, voltei rapidamente para o carro.

Nada mudara em mim de substancial, de instantâneo, como ocorreu com o devasso Agostinho ou o violento Saulo de Tarso, mas já não podia simplesmente ignorar tais acontecimentos tão assombrosos, já não poderia mais me dar a esse luxo; tinha que me apegar a alguma coisa, encontrar uma saída, se ainda quisesse sobreviver, e uma porta parecia se abrir.

Ó Maria, concebida sem pecado... — relembrei, com dificuldade pelo desuso, a oração que tanto me valera em outros tempos, e também a Ave Maria e o Pai Nosso. Passei a lançar mão dessas orações a cada instante de meus dias, mentalizando a minha felicidade, o que significava nada menos que encontrar um grande amor, ou, se isso não estivesse no meu destino, que a minha vida não perdurasse indefinidamente. Não podia me lembrar de Caroline — e era impossível não fazê-lo — que já começava a rezar; acordava rezando, descia as escadas do prédio rezando, tal a angústia, a dor e o vazio que estavam me matando. Virara um fantoche, uma marionete, um joguete nas mãos do destino, e tinha que me agarrar a algo, sentia que já não dependia de mim, o que tinha que fazer eu creio que já fizera. Coisas curiosas continuariam a acontecer, e, se não posso e não devo imputar-lhes o grau de extraordinárias, não deixavam de ser no mínimo dignas de reflexão.

Novamente em casa, ligou-me de São Paulo uma senhora — pela voz, deveria ser uma senhora de meia-idade —, desculpando-se por estar me ligando; por mero acaso, havia comprado meu livro recém--lançado *Pré-Natal Humanizado* em uma livraria da cidade, e gostara muito, perguntou-me se eu conhecia o trabalho de uma certa psicóloga de Belo Horizonte, que teria muito a ver com o psiquismo pré-natal, tema básico do meu livro, não, eu nunca tinha ouvido falar. Pegou então meu endereço e ficou de me mandar uma carta com mais dados sobre o assunto; não sei, nem lhe perguntei, como descobriu meu telefone. Conforme o prometido, alguns dias depois chegou uma carta muito simpática em que falava do seu trabalho com crianças; enviou-me dois ou três livros muito interessantes de um outro autor sobre o desenvolvimento psíquico na infância, e também o endereço da psicóloga a que se referira anteriormente, Renate Jost de Moraes, sugerindo que eu lhe enviasse um exemplar do meu livro. Foi o que fiz, e esqueci o assunto.

No entanto, cerca de dois meses depois, essa psicóloga enviou--me um pacote com os dois livros que havia publicado, além de umas fitas de vídeo em que fora entrevistada na televisão e alguns CD-ROMs, provavelmente sobre o seu trabalho. *Caramba!* — pensei — *dois livros enormes, de quatrocentas ou quinhentas páginas cada um!* Sem qualquer entusiasmo, e apenas para preencher o tempo ocioso, comecei a folhear o primeiro, *As Chaves do Inconsciente*; li as orelhas, o prefácio, alguns depoimentos de vários estudiosos que o livro continha, e fui tomando gosto pelo assunto. Embora eu não tivesse tanto conhecimento em Psicologia, começou a despertar meu interesse pelo ineditismo e ousadia do enfoque, de forma que acabei por enfrentá-lo.

De forma muito resumida — e espero estar sendo fiel ao seu pensamento — a autora, formada em Psicologia, Enfermagem e Serviço Social, propõe, em seu livro inicial, uma abordagem psiconoossomática do ser humano, acreditando-o, por suas pesquisas em seu trabalho terapêutico — que ela chama de ADI (Abordagem Direta do Inconsciente) —, um ser físico, psicológico e espiritual, ela faz questão de enfatizar, e é bom deixar claro que ela é de formação cristã, mais especificamente, católica, e todas as suas conclusões se deram a partir de um trabalho estritamente científico e metódico de pesquisa com seus pacientes, que ela exemplifica com uma grande série de casos clínicos.

E que conclusões foram essas, basicamente? Que o homem, repito, é um ser psiconoossomático (psicológico, espiritual e físico), a quem é acoplada uma porção espiritual, oriunda de uma luz divina, no exato momento de sua concepção, e que o indivíduo submetido à sua técnica de ADI, minuciosamente descrita no livro, é capaz de, *conscientemente* — e isso distinguiria sua técnica de outras que poderiam a ela se assemelhar —, vislumbrar esse momento único de sua formação e as condições em que isso ocorreu.

Renate vai muito além: como o inconsciente é ilimitado no tempo e no espaço, o analisante seria capaz de deslindar acontecimentos que ocorreram com seus antepassados mais remotos, não importa quando e onde eles tenham vivido; e que, uma vez descobertos fatos traumáticos em qualquer uma dessas fases, mesmo as pré-concepcionais e passando pela concepção, por toda a gestação, a infância e até o momento atual, seria possível decodificá-los, como se a mente atuasse como um computador, e substituí-los por novos enfoques, novos paradigmas, através de uma técnica que ela chamou de ADI/TIP — Abordagem Direta do Inconsciente/ Terapia de Integração Pessoal —, visando, mais que tratar os problemas psicológicos, uma verdadeira "reestruturação humanística do ser", sua transcendência, e, o que também não deixa de ser incrível, num prazo breve, definido, infinitamente menor que as demais terapias, tendo como consequência, além da facilidade e praticidade, um custo também sensivelmente menor.

Utopia? Ficção científica? Confesso que não tenho condições de avaliar, nem estou aqui para fazer proselitismo desse trabalho, mas que ele impressiona, impressiona, pelo menos a mim impressionou profundamente, e me pareceu de uma lógica irretorquível.

Essa metodologia, embora inteiramente criada e desenvolvida pela autora, tem como inspirador o professor de neurologia e psiquiatra vienense Viktor Frankl, criador da Logoterapia, ou terapia do sentido, que procura levar o indivíduo a assumir suas responsabilidades — inclusive por sua própria cura, ao invés de ficar preso aos traumas passados como eterna vítima — e a encontrar o sentido último de sua vida, seja no amor, seja na profissão, seja em alguma causa, ou, em última instância, quando nada mais lhe resta, em seu destino transcendente.

Essa abordagem, segundo a autora, inspira-se mais remotamente ainda em Sócrates — o sóbrio, da democracia grega — e sua maiêutica — ou "parto do espírito" —, por utilizar a técnica do questionamento, do diálogo, para atingir o autoconhecimento, o já milenar "conhece-te a ti mesmo".

Pela pesquisa do inconsciente, segundo o livro, pode-se afirmar, com Aristóteles, que "a felicidade está relacionada com a virtude". Amparado na fenomenologia, o texto afirma que "no inconsciente, o Amor não é apenas o mais elevado sentimento, mas o mais importante referencial, de caráter transcendental e de necessidade vital"; que "Amar e ser amado resume, no inconsciente, a essência da vida e reflete-se sobre o estado de saúde ou de equilíbrio psicoespiritual". No segundo livro, *O Inconsciente sem Fronteiras*, que também me enviou, a autora amplia e aprofunda enormemente essas abordagens.

Como tudo isso vinha inteiramente ao encontro daquilo que eu vinha buscando, e os acontecimentos extraordinários a que já me referi não foram capazes de resolver, ou talvez nem mesmo mitigar minha insuportável angústia, programei-me para ir a Belo Horizonte fazer esse trabalho com a autora; consegui falar com ela, que estava de viagem marcada para a Europa e me disse que praticamente não estava mais atendendo pessoalmente, dirigia agora uma fundação que dava cursos de formação e assistência, pois visava muito mais universalizar o conhecimento de seu trabalho. Indicou-me então o seu mais experiente psicólogo, segundo ela, discípulo de primeira hora, que montara uma clínica privada com uma equipe multidisciplinar.

Consegui falar com essa clínica, inteirei-me dos custos e marquei meu trabalho para dali a três meses, quando haveria a próxima vaga. Minhas reservas financeiras estavam reduzidas — eu tivera que trocar meu carro recentemente, tendo comprado o mais simples e barato que havia no mercado —, mas arrumei novos plantões e fui me preparando. Era-me absolutamente necessário fazê-lo, e eu o faria.

Já tinha feito terapia por quase dez anos com três profissionais diferentes, e a todas eu chamaria de convencionais, embora a de Antonieta não fosse tão ortodoxa. Acredito que tenham sido capitais para minha sustentação psíquica; sei que sem elas não teria suportado tantas agruras, e creio que me fizeram amadurecer muito, mas acreditava também que esse ciclo havia chegado a termo. Entretanto, o *affair* com Caroline — não a estou culpando — me devastara, e eu precisava de algo inaudito, urgente, um tratamento de choque, agudo, para não perecer.

Capítulo 22

A angústia me dilacerava, e só era amenizada pela esperança no novo trabalho terapêutico, e também pela consciência de que não estava entregue, mas ativo, buscando, de que havia algo já programado, e pelo que havia lido, muito promissor. Ingênuo, quase esperava um milagre, a bem da verdade. "Deixe de ser bobo, Bonomi, acreditar em milagre...", já havia me censurado em outro contexto a própria Noruega, ela mesma tão crédula, tão espiritualizada!

Com a expectativa, o tempo até que passava mais rápido, menos extenuante; fui me concentrando e me preparando, reservei passagens e quarto numa pensão — Pousada da Meire. Iria de ônibus e voltaria de avião, cujos horários se encaixavam melhor com o início e o fim do trabalho, programado para durar exatas três semanas. Não sairia muito barato; não que o trabalho em si fosse caro — era muito mais barato se comparado a qualquer terapia convencional, e custaria um terço do gasto total, contando-se a viagem, estadia, alimentação etc., e, principalmente, o que eu deixaria de ganhar. Em suma, eu gastaria praticamente o que ganharia em dois meses de trabalho, o que para mim, naquelas circunstâncias, era bastante significativo, mas tudo estava perfeitamente equacionado e organizado, e em nenhum instante, tive dúvidas quanto ao acerto de minha decisão. Precisava fazer alguma coisa, apegar-me às coincidências que estavam me levando a esse trabalho, e o principal: baseado no que lera, acreditava mesmo em seus resultados.

Lelê ficaria com a mãe e Lílian se dividiria tranquilamente entre a faculdade, o namorado, Jamile e Karla e a própria mãe, quem sabe. Tudo estava perfeitamente organizado, com as contas de fim de mês pagas antecipadamente e outras deixadas para a secretária do consultório pagar, com fundos suficientes. Levaria o mínimo de roupa — já era quase verão —, material para as caminhadas que não deixaria de fazer, uma garrafa de cachaça e outra de vermute, a caixa de tranquilizantes — de que, vez por outra, tinha que lançar mão —, e uma meia dúzia de livros para ler, alguns que já possuía e um que minha amiga Fê me emprestou de última hora, sobre uma das teorias de vidas passadas. Compraria lá mesmo o jornal diário que assinava e uma das revistas semanais.

O trabalho seria mais intensivo na primeira semana, com duas ou três sessões diárias de uma hora cada, às vezes de manhã e à tarde; depois iria diminuindo, até chegar a uma única sessão diária na última semana, de forma que sobraria muito tempo ocioso e eu teria que estar preparado para preenchê-lo.

Capítulo 23

Era muito organizado, muito bem estruturado: consistiria de duas consultas médicas com um psiquiatra; dois TRI — Teste de Registros Inconscientes — com uma psicóloga; quinze sessões de Neurotron, reativação dos neurônios e suas conexões para equilibrar o ritmo cerebral; quatro sessões de Visiotron — treinamento da percepção do inconsciente — com outra psicóloga; e dez sessões de psicoterapia — Abordagem Direta do Inconsciente/ Terapia de Integração Pessoal — com o psicólogo que me fora indicado, Dr. Ytzhak.

As sessões de Neurotron eram, na verdade, sessões muito delicadas de relaxamento realizadas na penumbra, em uma sala com mais participantes, deitados num divã, com um fone de ouvido e uma música orquestrada belíssima, com predominância de solo de violão; uma voz masculina ia suave e delicadamente nos induzindo ao relaxamento: "Bem-vindo, meu bom amigo...", nos levando a imaginar "uma porta que se fecha atrás de você... uma paisagem belíssima... uma escada de dez degraus descendo até uma gruta, que representa uma descida ao inconsciente; visualize uma imagem (seu inconsciente) que vai limpando cada degrau, representando cada etapa de sua vida, até chegar ao de baixo, que representa a concepção". Ia, desse modo, preparando o indivíduo para relaxar e aprender a entrar em contato com o próprio inconsciente.

As sessões de TRI, uma no início, outra ao final do trabalho, consistiam em se fazer desenhos que forneciam subsídios a uma psicóloga e a um psicoterapeuta para que pudessem conhecer melhor o estado mental do analisante, antes e depois do trabalho.

Vamos agora às interessantíssimas sessões de Visiotron, preparatórias à abordagem direta do inconsciente, uma prévia do trabalho principal realizada por uma psicóloga experiente, muito doce e maternal, que muito me cativou; as sessões, em número de quatro, eram realizadas em uma saleta minúscula, muito aconchegante, em que eu ficava repousando em um divã com uma venda nos olhos e ela, Maria Lúcia, sentada a uma pequena mesa, bem próxima à minha cabeceira. E Maria Lúcia iniciava, ternamente...

Primeira sessão de Visiotron

— Desça por uma escada de dez degraus até uma praia deserta; vá a uma cabana de pescadores, onde há um espelho onde você vê sua própria imagem.

Imaginei-me sério, de olhos abertos, boca fechada, o torso nu, forte, bronzeado, braços abaixados, calça jeans sem cinto, barras dobradas, pés descalços.

— Essa imagem será o seu guia, seu "sábio", que vai acompanhá-lo pela praia; pergunte a ele se ele é o seu sábio.

— Você é meu sábio?

— ...

— Você é meu sábio?

— ...

— Peça para ele escrever na areia.

— "Sim".

— Imagine alguma coisa encontrada na areia.

— Um galho... uma concha... a espuma da onda.

— Peça para o sábio pegar uma vara e lançar um anzol; o que ele pescou?

— ...

— ...

— Uma botina velha.

— Pé direito ou esquerdo?

— Direito.

— Jogue novamente o anzol.

Vislumbro o anzol no fundo do mar, sobre a areia deserta, e fisgo algo.

— Uma alga marinha.

— Mais uma vez.

Visão idêntica, areia deserta. De repente:

— Um trapo branco.
— Junte e guarde todas essas coisas.
— Imagine agora alguém vindo de longe ao seu encontro.
— Sim.
— Quem é?
— Uma criança.
— Menino ou menina?
— Menino.
— Quem é ele e o que ele lhe traz?
— Não sei, acho que é meu filho... e me traz o gato... mas acho que racionalizei.
— Pergunte ao sábio quem ele é.
— Ele não responde, mas sinto que sou eu, quando criança.
— Pergunte ao sábio.
— Esse menino sou eu?
— ...
— Peça que escreva.
— "Sim".
— Como ele é?
— Tem quatro ou cinco anos, cabelos lisos, quase louros, caindo sobre a testa; traja-se como filho de pescadores, calças com a barra dobrada, está descalço e veste uma camisa de botões sobre a calça.
— Está sorrindo?
— Não, porém é muito doce.
— E o que ele lhe traz?
— Um passarinho.
— Como ele é?
— Um misto de pardal com uma pombinha.
— Peça que ele lhe dê... agora, brinque com o menino, faça-o sorrir.

Corri com ele pela praia, joguei-lhe água, e ele sorriu muito.
— O que você fará com o passarinho?
— Vou soltá-lo.
— Solte-o. Ele representa a sua liberdade... deixe-o voar em direção às nuvens, sentir a brisa e os raios do sol... agora o recolha e o incorpore a você.

(Olhos marejados de lágrimas ao fim da sessão).

Eu não conseguia visualizar o sábio com segurança. Depois de vê-lo como minha imagem no espelho, imaginei-o, a princípio, com uma aparência vítreo-musculosa, quase transparente, futurista, depois como um sábio chinês, ora um velho de barba branca, ora o Kung Fu daquela série de TV, que eu amava; depois senti que o sábio, meu inconsciente, já estava incorporado dentro de mim, e percebi-o como se fosse eu mesmo no momento atual — procurei fixar essa imagem.

Estávamos no quinto dia de trabalho, 23/11/2001, apenas para lembrar, embora não tenha interesse no momento, há vinte e sete anos, nessa data, eu saía pela primeira vez com Ângela, que seria minha esposa e mãe de meus filhos.

Depois de oito sessões de Neurotron, com a mesma música e a mesma orientação em *off*, iniciou-se uma segunda etapa, com nova música e outro tipo de exercícios mentais: a voz suave, pausada e delicada, doce e aveludada, conquanto indiscutivelmente masculina, ao contar de dez a zero já nos introduzia direto em nosso inconsciente, a praia; ia então nos fazendo caminhar pela areia, notando-lhe a maciez, a beleza e a imensidão do mar, o céu azul, o barulho das ondas que se quebravam... as gaivotas que alçavam voo, batiam as asas e deslizavam no céu... Quem de nós, em criança, não sonhara voar, deslizar no infinito? Que déssemos então um impulso e nos lançássemos nos ares, voássemos por aquelas altitudes e vislumbrássemos a imensidão e a beleza do mar lá embaixo... A seguir, que imaginássemos nossos problemas inconscientes, nossos registros negativos, que, em forma de entulhos, algas, galhos, corais, afloravam à superfície do mar — nosso inconsciente —, formando uma ilha; então, ordenávamos ao nosso sábio que precipitasse a formação de um enorme vagalhão, que, ao contar até três, viesse a encobrir a ilha neoformada, destruindo-a e jogando todo o seu entulho para as bordas da praia.

Eu estava meio confuso, ora imaginava o mar, ora um rio que "vira" na paisagem belíssima das primeiras sessões. Imaginei uma ilha no meio do rio, sólida, de terra dura, mas não consegui que a onda a removesse adequadamente; quando pensava numa ilha formada no meio da mar, parece que tinha mais sucesso, ah, a maldita ambivalência! O narrador, ao menos, nos tranquilizava: se não houvéssemos conseguido removê-la *in totum* dessa vez, que não desanimássemos, quem sabe o conseguiríamos da próxima.

Ato contínuo, terminada essa sessão, passei para a segunda sessão de Visiotron; a orientadora me fez relaxar, como de praxe, contando de dez a zero e me introduzindo novamente na praia, o meu inconsciente; pediu que o sábio me desse a mão e me levasse, dessa vez por um caminho em um bosque, até chegar a uma cachoeira que desaguava num pequeno lago.

Segunda sessão de Visiotron
— O que você vê no lago?
— Pedras... duas ou três, algo compridas, em pé, rombas e com a superfície lisa, lodosa.
— Essas pedras são seus traumas inconscientes; o que você faz para acabar com elas?
— Forço-as para que submerjam até o fundo.
— Mas assim você não resolve os problemas, apenas os está enfiando mais para o fundo; tem que retirá-las do lago.
— São pesadas...
— Peça ao sábio para ajudá-lo.
— ...
— Sim... conseguimos pegar uma delas, e, com algum esforço, jogá-la para fora. As outras são sólidas, pesadas, estão grudadas.
— Peça ao sábio que lhe dê uma ferramenta para deslocá-la.
— ...
— Qual é a ferramenta?
— Uma pá... ele me ajuda a desgrudá-las, e, com grande dificuldade, conseguimos jogá-las para a margem.
— Com que roupa você está?
— Calça jeans e cinto, sem camisa e descalço.
— Tire sua roupa e peça para o sábio sumir com ela.
De dentro do lago, onde estava, joguei-a para a margem, mas tive dificuldade em vê-la desaparecer.
— Entre debaixo da cachoeira e deixe a água cair sobre sua cabe-

ça, seu pescoço, seu peito... deixe-se lavar por fora e por dentro... agora seque-se ao sol e peça que o sábio lhe dê roupas novas e limpas.

— Sim... — e imaginei-me de roupas brancas e largas, como as de um chinês.

— Peça ao sábio para lhe dar um saquinho com sementes... elas representam as suas qualidades... semeie-as no caminho, em volta do lago... e as veja crescer, verdejantes...

— Imagine agora uma criança.

— Sim... é a mesma que eu vi na praia...

— Que idade ela tem? Peça um número ao sábio.

Apareceu, palidamente, uma placa elíptica com a palavra "seis".

— É você, aos seis anos; onde você está, e o que está fazendo?

— Estou numa estrada, com árvores, e há uma casa branca ao lado.

— O que é essa casa?

— Não sei, talvez uma escola ou uma estação.

— Ache um fato positivo relacionado a esse momento.

— ...

— É antes ou depois?

— Antes... — hesitei, sem convicção.

— Quanto tempo antes? O que foi?

— ...

— Pergunte ao sábio.

— Sábio, quanto tempo antes?

— ...

— Como está a criança, como são suas feições?

— Está de costas, cabisbaixa, parece apreensiva.

— Pois bem, pegue uma pequena pedra e dê ao sábio... não vamos forçar nada agora... Olhe, Bonomi, você precisa se esforçar, querer... precisa se olhar no espelho e dizer francamente aquilo que você não gostaria de ouvir... afinal de contas, você não veio aqui, fazendo todo esse sacrifício, para nada.

Foi suave, mas com uma firmeza que não deixava margem a dúvidas. Saí em frangalhos; sabia que se não conseguisse, estaria liquidado, era a minha última esperança. O que é que eu não gostaria de ouvir? Que era um ser profundamente ambivalente, que não queria assumir minha integridade, minha pureza, deixar de me masturbar, reprimir meus desejos, deixar de transar com Nirvana, com quem vinha saindo algumas vezes e que tanto gostava de mim, embora infelizmente a recíproca talvez não fosse verdadeira? Por via das dúvidas, joguei no lixo os dois comprimidos de Viagra que me restavam na carteira. E se o que eu não queria ouvir fosse que já era um homem maduro — pra não dizer velho — e estava querendo o impossível? Que deveria mesmo "baixar a bola", como se cansaram de me aconselhar Amon e outras pessoas?

Minha cabeça estava pesada, meu pescoço doía. Um desânimo profundo me abateu. Almocei com dificuldade, voltei com mais dificuldade ainda, e a segunda sessão da nova fase de Neurotron rendeu muito pouco.

Chovera a semana toda, coisa que eu amava, apesar de ter que andar a pé e de guarda-chuva — levava uma meia hora da Pousada da Meire até a clínica, caminhando por ruas extremamente íngremes, mas era um bom exercício —, e o fim de semana se prenunciava terrível e cinzento... também na minha alma. Naquela noite, depois de ler um pouco, deitei ali pelas dez horas, acordando várias vezes, num sono entrecortado, como era praxe há muito tempo, e com grande inquietude, não conseguindo atinar com aquilo para que me alertara a terapeuta. Tive alguns sonhos esparsos e entremeados, aparentemente sem grande significado.

Numa das vezes em que acordei, já estava quase a pegar no sono novamente, quando resolvi tirar da tomada o carregador da bateria do celular, e despertei de vez. Veio-me então à mente, num estalo, como um *insight* de clareza assombrosa, a charada que buscava: não só de fatos negativos, como eu alardeava e repisava incessantemente, fora feito o meu longo passado. Sim, era isso que eu buscava, claro como o dia, eram os fatos positivos que não conseguia, não queria enxergar na terapia, como na última sessão; era isso que eu não queria dizer a mim mesmo, que não houvera só desgraças, mas também muitas coisas boas na minha vida: minha formatura, minha família, meus filhos adoráveis!

Nessa noite mesmo, antes de me deitar, minha mãe e minha irmã Selma haviam me ligado no celular, alegres, esperançosas, querendo saber como eu estava, como estava indo o meu trabalho; minha mãe chegara ao cúmulo de trazer de Aramina mangas sabinas — raríssimas, e que eu adorava — e as colocara na geladeira para ver se resistiriam até eu voltar, em quinze dias. Selma, que estava subempregada e ainda voltaria ao trabalho em pleno sábado, depois das férias, era puro estoicismo!

Em seguida, haviam me ligado Lílian e Lelê, que estavam em nosso apartamento, pois Ângela tivera que viajar, e Lílian estava cuidando dele, já o levara à tarde para assistir "Harry Potter" e agora estava fazendo comida para ele — unia-os a mais profunda e serena amizade. Eu não disse a ela, mas já havia até comprado um presente para o seu namorado, quem diria! Foi inevitável que me lembrasse de quantos filhos desajustados de colegas poderosos eu conhecia!

Finalmente, me ligara Nirvana. Meire, a velha baiana dona da pousada, que assistira às chamadas em série que eu recebera, perguntou-me como um homem assim podia reclamar da vida, se ela mesma não se casara, não conhecera homem, não tinha um único parente vivo, nem pai, nem mãe, e vivia de algumas amizades fiéis que lhe sustentavam afetivamente a vida. Ah, miserável, ingrato, desumano!

Procurei, então, passar em revista a minha vida, minha infância, meus sucessos nos estudos, no vestibular, minha formação universitária, que abrira um imenso leque para fazer de mim um homem culto, inteligente e sofisticado, meu casamento, que eu tanto odiava por ter me tirado a liberdade no melhor de minha juventude, mas que me dera uma mulher doce e linda, que me adorava e me recebia todas as tardes com alegria e meiguice, e me dera filhos tão adoráveis. Depois, a separação sem mesquinhez, a possibilidade de crescimento ilimitado, e as terapias, principalmente com Antonieta, que me propiciaram grande crescimento afetivo e humano, e a incrível rede espiritual que se armara para me proteger, desde minha mãe e minhas irmãs até parentes distantes e quase esquecidos.

Eu era, na verdade, um homem abençoado; e não queria admitir, enxergar! Peguei um papel em que havia escrito "cinquenta anos de sofrimento, onde muito plantei e nada colhi", e o rabisquei todo.

Capítulo 24

Iniciei extremamente tenso a segunda semana de terapia. Havia pela primeira vez tomado um Lorax à noite, e fui para a clínica como se fosse para o cadafalso, sabendo da cartada decisiva que jogava.

Neurotron pela manhã, sem problemas. Depois do almoço, Visiotron; levei bons minutos para relaxar e o coração se aquietar.

Terceira sessão de Visiotron

Adentrei a praia de meu inconsciente e a terapeuta me dirigiu, e ao meu sábio, para uma casa algo distante do mar, branca, abandonada, daquelas de pescador; subi por uma pequena escada de madeira e adentrei a sala, que só continha uma cama de solteiro junto à parede e uma lâmpada pendente. A casa não estava suja, nem detonada, apenas abandonada, com um pouco de pó. Fui por um corredor estreito; no primeiro quarto havia igualmente uma cama de solteiro, no segundo idem, além de uma bacia no chão; e no terceiro, ao fundo, uma cama na parede fronteiriça e dois beliches dos lados. A cozinha era modesta, e ao lado da sala um quarto escuro, com outra bacia no chão, servia de sala de banhos. Solicitou-me que descesse por uma escada até o sótão, que continha uma mesa comprida, como de carpinteiro, com uma serra circular no meio e algum entulho, embora o quarto não estivesse muito bagunçado; uma pequena janela de vidro no alto deixava entrar alguma luz. Pediu-me que vislumbrasse três espelhos, e como eu me via neles.

No primeiro, me vi como era na época, com aquele traje chinês branco do outro dia e o rosto sério; via-me de corpo inteiro.

— Pergunte ao sábio que objeto você vê.

— ...

— Uma maçã próxima ao meu pescoço.

— O que o sábio fará com ela?
— Atira-a pela janela.
— E a sua fisionomia?
— Algo mais risonha.
— No segundo espelho...
— Eu mesmo, do mesmo jeito, apenas com os cabelos louros, longos, lisos.
— Algum objeto?
— ...
— O sábio ajeita o colarinho... parece um avental... terno e gravata.
— O que o sábio faz?
— Corta-me os cabelos... depois afrouxa-me a gravata.
— Como você se sente?
— Mais folgado.
— E no terceiro espelho?
— Estou como antes, o peito nu, de calça jeans, vejo-me apenas da cintura para cima, e o rosto é pouco claro.
— Há uma porta ao fundo. Entre por ela, não há nenhum outro cômodo, apenas uma luz. Entre por ela... Como é essa luz?
— Intensa, mas não ofusca.
— Como você se sente?
— É uma luz agradável, que dá calor, mas não queima, me sinto bem.
— Sinta o prazer de estar nessa luz, deixe-a inundar-lhe todo o corpo... Agora volte para o sótão e junte as três imagens... O que você vê?
— A primeira imagem, mas mais sorridente.
— Volte para a casa... como ela está?
— Mais limpa, como se tivesse sido encerada, mais clara, e a bacia brilhando.
— Ok.

A seguir, faria a primeira entrevista com o psicólogo, Dr. Ytzhak. Fez-me algumas perguntas, revisou os testes do psiquiatra e o TRI, falei-lhe rapidamente de minhas dificuldades antigas e atuais, pais, filhos, desejos insatisfeitos, ciúme, sensação de injustiça, religião etc. Suicídio...

Aconselhou-me que lesse qualquer coisa de Viktor Frankl e me indicou uma livraria católica da cidade onde poderia encontrar seus livros; pareceu-me achar que eu precisava me preparar mais, e melhor. À saída, comentei que ele parecia ter ficado decepcionado com a minha entrevista...

— Dá a impressão que você procura o que não existe.

Saí arrasado. Meire, prestativa, e por cuja pousada já haviam passado muitos analisantes, me disse que ele era assim mesmo, era só para chacoalhar.

A sala de Ytzhak era uma sala comum, tinha uma mesa idem, porém decorada com imagens de santos, Cristo e a Virgem, e um minialtar na estante, ao fundo; no centro, havia uma cadeira de descanso, reclinável, tipo cadeira "do papai".

Capítulo 25

Visiotron, quarta e última sessão
— Vá até uma larga planície, onde há um balão; dentro dele há pesos que o impedem de voar. Que pesos são esses?
— Cubos de ferro e pedras.
— Pergunte ao sábio o que fazer com eles.
— Jogá-los fora.
— Faça-o. O balão vai subindo, subindo, observe as belas paisagens lá embaixo, vai subindo cada vez mais alto e distante. Pouse-o agora.
— Sim.
— Onde?
— Em uma encosta gramada, com um lago ao fundo e uma casa ao lado.
— Encontre um lugar para repousar... Peça ao sábio que lhe mostre uma tela e escreva um número fundamental para você, entre zero e cinco anos.
— 2.
— O que aconteceu aos dois anos?
— Meu pai na roça me carregando nos ombros, de cavalinho.
— Como está o menino?
— Feliz.
— O que isso significa?
— Que é amado, que é querido.
— E o pai?
— Sorrindo.
— O que isso significa?
— Que ama o menino.
— Fixe e sinta esse momento.

— ...
— Peça ao sábio um outro número, de cinco a dez anos.
— 7.
— O que você vê?
— O menino indo para a escola.
— Como ele está?
— De costas.
— Vire-o de frente; como ele está?
— Apreensivo.
— O que aconteceu antes disso?
— A mãe do menino o está arrumando para ir à escola.
— Estão sós?
— Sim.
— Como ele está?
— Feliz.
— O que isso significa?
— Que ela acha o menino inteligente.
— E o menino?
— Está feliz, porque é inteligente e quer estudar.
— Como está o menino agora, indo para a escola?
— Feliz, saltitante, com uma mochila nas costas.
— Outro número, de zero a dez.
— 9.
— O que aconteceu?
— ...
— O pai e a mãe do menino, na casa, sentados frente a frente, olhando-se nos olhos, carinhosos.
— O que isso significa?
— Que eles se amam.
— Como estão seus corações?
— Acelerados, batendo forte.
— Que mais?
— O menino, na porta, os vê, e seu coração bate forte, enternecido.
— Congele essa imagem, esse momento. Leve-o com você para o balão, e volte à praia.

Pus em dúvida até onde essas imagens eram puramente inconscientes ou tinham algo de racional, como eu supunha.

— É isso mesmo, o nosso racional se confunde com o inconsciente, mas não tem importância.

Terapia, segunda sessão, deitado na cadeira "do papai"
Ytzhak me pediu que repassasse na mente todos os meus problemas, desde a infância e o útero, do que me lembrava ou o que imaginava. Em seguida, pediu-me que relaxasse, me visse naquela praia e me transmutasse em uma gaivota, a que voava mais alto e tinha, portanto, a visão mais privilegiada de tudo. Desci a seguir até uma casa isolada, onde encontrei meu sábio. Andei com ele pela praia; ele me deu duas sacolas com pedras que representavam os meus problemas, e a da direita me parecia mais repleta, mais pesada.

— Peça ao seu sábio que pegue uma vara e escreva números na areia.

Com muita dificuldade, creio ter visto 1, 4, 6 e 8.

— Imagine uma cena com um ano de idade.

Veio-me à mente um menino, seminu, apenas com um babadorzinho, agitando as pernas em um berço. Parecia algo agitado.

— Não há mais ninguém no quarto?
— Não.
— Veja bem.
— Minha mãe, na cama.
— Só?
— Só.
— E seu pai?
— Também, deitado de lado, indiferente.
— O que faz sua mãe?
— Pega o menino e o põe na cama; ele agora agita as pernas, alegremente.
— O que sente seu pai?
— Está satisfeito, porque é um menino.
— Então seus pais estão satisfeitos porque o filho é homem?
— Sim.
— Sinta a importância disso em relação às suas dúvidas, às suas

dificuldades sexuais. Veja agora uma cena aos seis anos.
— Estou com meus pais em uma charrete.
— Fazendo o quê?
— Indo para a roça negociar.
— O que mais?
— Passamos ao lado de uma pequena igreja, e o menino olha para ela.
— E o que lhe prende a atenção?
— A porta.
— Está aberta ou fechada?
— Fechada.
— E o que lhe chama a atenção na porta?
— ...
— Nada?
— Talvez uma cruz no meio dela.
— Como o crucifixo?
— Não.
— E por que a cruz o atrai? O que há nessa cruz que o atrai?
— ...
— Vou ajudá-lo. Peça ao sábio que pegue uma folha de papel e faça duas linhas, dividindo-a em quatro partes; qual parte você vê melhor?
— A de cima, à esquerda.
— Peça ao sábio para desenhar um x nesse espaço. Onde?
— No meio.
— Veja no meio da cruz.
— ...talvez uma coroa.
— Bem, se o menino ficou olhando a igreja, provavelmente seu pai deve ter rezado por ele. O que isso representa?
— Que o pai ama o menino.
— E o que o menino sente?
— Vontade de abraçar o pai.
— Quem tem vontade de abraçar o pai, já está abraçando.
— O menino realmente o está abraçando.
— Viva esse momento!
(Olhos marejados)

— Veja agora outra cena, aos quatro anos.
— O menino está num alpendre comprido, na casa da minha infância. O pai chega com a carroça e joga a corrente no corredor, como sempre faz.
— Todos os dias?
— Não, uma vez por semana, quando vai à roça negociar.
— Sim, mas o que há de especial nesse dia, que lhe evocou a cena?
— ...
— Peça ao sábio.
— O pai voltou com a carroça vazia, vendeu tudo.
— E daí?
— O pai tem um maço de dinheiro no bolso.
— O que ele pensa?
— Em ajudar a família.
— Isso é genérico; diga algo mais específico.
— Que vai guardar o dinheiro para o menino poder estudar.
— O que isso significa?
— Que ele adora o menino.
— Viva esse momento importantíssimo!
Lágrimas jorram.

Terapia, terceira sessão
A sessão se arrastou, e o pouco que conseguimos foi arrancado a fórceps; não sei realmente qual foi o valor do resultado alcançado. Eu vinha ficando muito tenso antes das sessões, mesmo do Visiotron, que na verdade nada mais fazia que antecipar a tônica da terapia e nos preparar para ela.

Era uma terapia extremamente breve, não havia tempo a perder, e pelo que eu lera e soubera, trabalhava-se sob pressão; a não evolução do trabalho, a dificuldade de visão do inconsciente, e, consequentemente, a falta de respostas aos questionamentos, eram interpretadas como resistência. O paciente podia ser a qualquer instante suspenso do trabalho, ou, na melhor das hipóteses, passado a outro terapeuta, que tentaria lhe dar mais uma chance.

Se Maria Lúcia fora doce, conquanto firme, o Dr. Ytzhak me parecera mais seco, mais distante. Assustara-me um pouco. Iniciamos a terceira sessão, deitei-me na cadeira e ele começou a falar, monocordicamente:

— Feche os olhos... acomode-se confortavelmente... faça silêncio... relaxe... sinta o peso do seu corpo... sinta... a temperatura do corpo... sinta a respiração... o corpo todo respira... sinta os batimentos do coração (esses, nem precisava mandar). Agora, olhe para o inconsciente... é como olhar para dentro de uma cisterna... Consegue ver o fundo?

Lançou-me, sem mais delongas, direto no meu inconsciente — dessa vez representado por uma cisterna —, estando eu aos oito anos de idade, conforme o último número citado por mim na sessão anterior.

— Consegue enxergar?
— Sim.
— O que você vê?
— A mim, na beira da cisterna, olhando o seu fundo.
— Não, aí é o que nós pedimos. Quero ver o que você vê no inconsciente.
— Eu, aos oito anos, brincando com bolinha de gude.
— Uma?
— Não, várias.
— Quem mais?
— Só eu.
— Bem, deve haver mais alguém, por isso seu inconsciente solicitou essa cena.

Eu via a cisterna como um buraco estreito, então pedi mentalmente ao meu sábio que me ajudasse; surgiu um túnel que saía da cisterna, pelo qual vinha um trem de ferro, uma velha maria-fumaça.

— Vejo um trem.
— Que mais?
— Meu pai me abana a mão, vindo no trem.
— E o menino?
— Ficou feliz de ver o pai.
— E antes de ver o pai, o que foi que houve? Antes de o trem chegar, de ver o pai?
— ...
— ...

— O menino sentiu saudades do pai.
— Isso significa...
— ...
— ?
— Que o pai pensou no menino?
— Isso! O que significa então...
— Que o pai ama o menino.
— Olhe que coisa importante!
— ...
— E antes disso, o que aconteceu para o menino ir esperar o pai?
— ...
— ?
— Ele estava em casa, chateado, porque a mãe tinha que cuidar de muitos filhos.
— Mas isso ela fazia todo dia. O que aconteceu de especial nesse dia, que deixou o menino chateado?
— Ela estava trocando e brincando com o menino mais novo, que era lourinho.
— Sim, mas isso não é novidade, ela faz isso todo dia, e o menino sempre foi lourinho...
— ...
— O que houve nesse dia especial, em que seu inconsciente evoca a cena?
— O menino está com ciúmes.
— Não, isso é algo muito forte, deve haver algo mais simples, mais banal.
— ...
— ?
— A mãe se identifica com o menino, que se parece com ela, loura, de olhos azuis.
— E o menino, com quem se identifica?
— Com ninguém.
— Não pode ser. Se ele vai esperar o pai, deve ser porque se identifica com ele, em algum aspecto, mesmo que não seja fisicamente.
— Sim, é verdade, inteligência, talvez, ou outros atributos.
— Claro, é isso, o menino se identifica com o pai, não deixando

qualquer dúvida quanto à sua masculinidade. Olhe a importância disso! Viva isso!

O menino corre e pega a mão do pai!

A sessão fora penosamente lenta, e eu não sabia quanto fora induzido a esse final feliz; ainda faltavam quinze minutos para terminar a hora, mas o terapeuta achou que o tempo era curto demais para iniciar outro tema. Saí num misto de dúvida, angústia, incerteza, e, ao mesmo tempo, com a possibilidade de haver preenchido mais uma lacuna de conhecimento sobre meu psiquismo.

Saía também com a certeza de que o terapeuta era um profissional com grande experiência e que tudo faria para me ajudar, mas faltavam apenas sete sessões. Seriam suficientes?

Capítulo 26

Terapia, quarta sessão
29/11/2001, aniversário de Caroline

Eu devia estar perdendo peso, pois vinha me alimentando de modo forçado. Voltara a apresentar aquela diarreia nervosa do início do ano, me vindo à mente os meus vestibulares para medicina, há mais de trinta anos: a mesma tensão, a mesma diarreia, as mesmas preces desesperadas, a mesma sensação de tudo ou nada, vida ou morte.

A terapia, repetitiva, teve novamente a mesma cisterna — não sei por que ele tinha mudado a metáfora do inconsciente, eu já havia me acostumado à imagem da praia, do mar —, e eu, as mesmas dificuldades de visualização. O terapeuta dessa vez me solicitou que vislumbrasse números que começassem com zero — no trabalho criado por Jost de Moraes, quando se veem números precedidos de zero, simbolizam o período pré-natal.

— 02, 04, 08, acho que vi.
— Vamos então ao seu segundo mês de gestação. Veja uma cena.
— Minha mãe mexendo em uma panela.
— Uma só?
— Sim.
— É almoço ou jantar?
— Jantar.
— Como ela está?
— Desanimada, cabisbaixa, mexendo na panela com lentidão.
— Além disso...
— Sente cólicas.
— Como você vê isso?

— Ela se constrange, leva a mão à barriga.
— E a criança, como está lá dentro?
— Está solta lá dentro... se contrai com a cólica.
— O que a cólica provoca lá dentro?
— Um turbilhão de bolhas, leva a criança de roldão. A mãe parece querer abortar.
— Por quê?
— Desânimo, medo da miséria.
— O que faz a criança?
— Agarra-se na parede do útero.
— Em que parte?
— Na frente.
— E a mãe?
— Leva a mão até a barriga.
— Primeiro a mãe levou a mão à barriga, ou primeiro a criança se grudou à barriga?
— Primeiro a criança.
— Por quê?
— Para que a mãe a sentisse.
— Por quê?
— Para lhe dar esperança.
— E o que é esperança?
— Futuro.
— Isso, a criança representava o futuro para a mãe... E a mãe?
— Levanta a cabeça, olha para a prateleira farta, e sorri.
— E o que aconteceria se a criança não tivesse dado esperança à mãe?
— Ela teria ido embora.
— Não, não creio que seja isso; é mais forte. Veio-me algo à cabeça: pergunte ao sábio se o que eu pensei está certo.
— Ele fez que sim.
(Esses diálogos, transcritos assim, tão de bate-pronto, não espelham com fidelidade o real desenrolar dessa sessão; eram mais arrastados, mais reticentes, entremeados de pausa tensa, e a toda hora eu me socorria mentalmente de meu sábio).
— Então o que ela faria, na verdade?

— Iria se suicidar.
— É isso, iria se suicidar! Então, o que foi que a criança fez?
— Salvou-a.
— Bem, morrer todo mundo morre, mais dia, menos dia... mas a criança salvou-lhe a alma, foi o salvador... a salvação da alma da mãe; começamos a compreender o sentido da vida dessa criança, sua grandeza, e por que veio ao mundo!

(Lágrimas intensas. Como é duro ser tão racional, tão descrente, tão cético, sempre paira uma dúvida sobre até onde isso tudo foi induzido, foi forjado, mas, ao mesmo tempo, era tudo tão realista, tão provável... Tendo conhecido a vida e o casamento de minha mãe, as imagens evocadas eram tão vivas que tudo levava a crer que assim tenha realmente se passado, que essa era a mais pura verdade!)

Então, eu lhe salvara a alma! Quantas vezes depois ela salvaria a minha, assim como meus filhos também o fariam comigo, fechando-se um círculo impressionante.

Capítulo 27

Terapia, quinta sessão
— Imagine-se no terceiro mês de gestação.
Creio que ele quis dizer no quarto mês, o número 04 de ontem. A imagem demora a aparecer.
— Minha mãe está no mato, carregando um feixe de lenha na cabeça. Pode parecer estranho, mas são imagens que seguramente eu vira na tenra infância e das quais já não me lembrava, e agora me voltavam nítidas à mente.
— Sim?
— Ela sente que a vida está pesada para ela.
— Bom, isso deve estar sempre; mas por que essa cena especial, o que há de especial nesse dia?
— Ela sente que essa gravidez é um peso para ela.
— Ah! Essa gravidez é um peso para ela! O que a criança faz então, ao sentir que é um peso para a mãe?
— Ela se contrai, fica menor, para diminuir de peso.
— E se ela diminui de peso, ela se sente...
— Nada.
— Que horas são agora? Olhe no relógio.
— Cinco horas da tarde.
— Em ponto?
— Sim.
— O que a mãe sente nessa hora?
— Preocupação, porque está tarde e tem que fazer jantar para o meu pai e os outros filhos.
— Senão...
— Meu pai fica bravo.
— Então, nesse instante, o bebê se contrai, e o que acontece?

— Seu sangue diminui...
— Para quê?
— Para morrer.
— Mas o que acontece além disso? Se o seu sangue diminui... fica então sobrando sangue... (o terapeuta se esforça) E para onde esse sangue vai?
— ...
— ?
— Para a mãe...
— E então?
— Ela fica mais esperta e chega mais depressa, evitando problemas com o pai.
— Então o filho é...
— Bom!
— O filho é BOM! Porque queria unir os pais, não deixá-los brigar! Disso eu já desconfiava, agora tenho certeza! Nunca vi isso em terapia; você permite que eu relate isso? E a mãe, o que fez, afinal, para o jantar?
— Polenta! — gargalhei, brincando, por conta própria.

Lembre-se de que a sessão durou cerca de uma hora, e creio não haver omitido nada importante, ficando patente para você as dificuldades de visualização e de respostas que tive, com grandes lacunas, vazios de tempo, nos quais eu me esforçava, pedia a Deus, à Virgem e ao meu sábio que me socorressem, dando-me as respostas de que eu necessitava. Dr. Ytzhak, o terapeuta, não aceitava — e nem poderia — respostas genéricas, dúbias, evasivas, dirigindo, de certa forma, o diálogo para determinado fim, como se já tivesse uma teoria pré-concebida; mas, ao mesmo tempo, diga-se em seu favor, era sempre o analisante que iniciava a jogada, vislumbrava a cena essencial, de origem, que lhe permitiria, certamente, com sua grande experiência, fazer o "meio de campo" para que a gente concluísse a jogada, tirasse as conclusões finais de forma categórica, insofismável. Ficava de minha parte, de qualquer forma, certa inquietação, certa dúvida, um certo incômodo, que eu não podia e não queria negar; havia lido uma série bastante grande de casos clínicos nos livros de Jost de Moraes, e muitas das conclusões se repetiam.

Mas, em sã consciência — como se eu já não soubesse que cenas como essas seguramente devem ter ocorrido na minha gestação! —, não pode pairar qualquer dúvida de que, para uma pobre e sofrida mulher como minha mãe, minha gestação — a quarta de uma série — era um grande peso; por outro lado, ficava claro também que já desde o útero eu era um homem fadado a ser bom e sensível, que sentia e sofria com ela, e depois acabaria por sobrecarregar-me com pesos que não me era possível suportar, e as consequências seriam dramáticas.

Capítulo 28

O segundo fim de semana que passei em Belo Horizonte foi excelente. Eu já andava um pouco enjoado da comida da pensão e do cheiro da cozinha, e fui sozinho à noite a um bar próximo, a pé, para tomar uns chopes e comer alguma coisa — já estava sentindo falta de minhas saídas em Ribeirão Preto.

Fazia duas semanas que estava em BH com o tempo altamente instável e chuvoso. Acordei cedo no sábado, mas não muito, e caía uma chuva fina e constante. Sempre de guarda-chuva, peguei um circular e fui até a rodoviária, onde tomei um ônibus para Ouro Preto, a cidade histórica a cerca de duas horas de viagem; era meu último fim de semana na cidade e eu não queria perder essa oportunidade.

Em Ouro Preto choveu incessante e torrencialmente, sem um instante de trégua, como há muito eu não via acontecer. Com o guarda-chuva e uma mochila a tiracolo, fiz o que tinha que fazer: vi as magníficas igrejas por fora — todas fechadas àquela hora —, andei por suas ruelas paradas no tempo, tirei fotografias, comprei bijuterias de pedras para presente e almocei a comida típica mineira em um restaurante para turistas. Fiquei encharcado das pernas para baixo, mas aquela chuva adorável me lavava a alma, causando-me um prazer como há muito não sentia — esse fora um dos anos mais secos em nosso país, com apagão e tudo, e eu estava sentindo falta das chuvas, que eu tanto amo.

Voltei à tardezinha, e à noite saí com duas amigas ótimas, uma das quais, Xênia, uma advogada amiga de Meire, foi muito gentil e me ciceroneou pela cidade; fomos a uma boate, jantamos, tomamos chopes e dançamos. No fim de noite o tempo mudou completamente, e uma imensa lua cheia coroou a jornada excelente.

Domingo acordei com sol, fiz uma longa caminhada até a famosa feira hippie da cidade e à tarde voltei até a rodoviária para comprar alguns livros raros de uma coleção recém-lançada que havia visto na banca — Cícero, Marco Aurélio, Ovídio, Marco Polo — e alguns clássicos infanto-juvenis para Lelê; no dia anterior o dono da banca não aceitara meu cheque de São Paulo, quase o mandei à PQP, mas relevei e preferi não perder a rara oportunidade. De lá fui a um shopping comprar umas camisas e uns CDs duplos — Chico e Baden — que havia visto antes e ficara em dúvida se devia ou não gastar com isso; valeu a pena, pois apesar da despesa imprevista, foram aquisições admiráveis, e me fizeram feliz.

Li jornal até quase meia-noite e fui dormir, mas tive dificuldade; nas primeiras noites eu tinha tomado Lorax, pois andava tenso e temia pelo desenrolar da terapia, na qual botava muita fé. Era uma situação difícil, estressante, que requeria forte poder de concentração e, ao mesmo tempo, relaxamento; deixara de tomá-lo desde sexta-feira e o sono estava ruim. Andei me masturbando mais do que gostaria, pois vinha fazendo um esforço de abstinência para ajudar na terapia, que certamente requeria alguma ascese, mas a tensão e o pensamento em Nirvana mexiam com meus desejos. Sentia-me mais ambivalente do que nunca, pois embora acreditasse que não viria a amá-la, Nirvana era desejável, e isso me enchia de dúvidas sobre se deveria continuar com ela ou não; ao mesmo tempo, temia ficar só, sem transar só Deus sabe até quando.

Só sei que me levantei na segunda-feira, última semana de terapia, com uma inquietação e uma angústia muito fortes; agora teria apenas uma única hora de terapia à tarde, uma vez que as sessões de preparo e relaxamento haviam acabado, e o tempo custaria a passar. Fui caminhar e comprar jornal, li até a hora do almoço, cochilei um pouco, e, não obstante, a sensação de angústia persistia.

ADI/TIP, sexta sessão

A terapia, nessas condições, foi novamente arrastada e dirigida. Fui levado até o oitavo mês de gestação; vi minha mãe de forma nítida na casa onde eu nascera, em Canindé, grávida, no final da gestação, estendendo uma grande colcha branca que acabara de lavar no varal do quintal. Percebi-a cansada e desanimada; o terapeuta apertava, instigava, mas a cena marcante, incomum, que realmente interessava, não aparecia, pois, ele repetia, "lavar e estender roupa, isso ela fazia sempre".

Então, vi meu pai surgir na porta da cozinha com um saco de roupas — presumi que fosse todo o uniforme do time de futebol da "cidade", que ele costumava trazer para ela lavar, esgotando-a sobremaneira — que deixou rolar no chão, afastando-se, como se minha mãe — e eu, dentro de sua barriga — não existíssemos.

— Se o pai agiu assim — disse o terapeuta — o que a criança pensou de si? Que era...

— Nada.

— A criança sentiu que era nada; o que ela fez então?

— Agitou-se dentro do útero, chutando a barriga da mãe.

— Com que perna?

— Esquerda.

Faço uma pausa para, honestamente, esclarecer ao leitor que essas cenas vislumbradas deviam ser uma mescla de lembranças conscientes, remotas embora, misturadas à intuição inconsciente, sendo difícil caracterizar com clareza, com segurança, qual a porcentagem de participação de cada instância psíquica; mas talvez não possa mesmo ser diferente em terreno tão movediço, fluido, pantanoso. Assim, quando disse, de supetão, "perna esquerda", cumpre ressaltar que foi mais pela minha perna doente, que me veio à mente naquele instante, do que por uma visão nítida da cena primitiva. Ora, consciente e inconsciente são duas faces da mesma moeda, e que se imbricam, se mesclam, se confundem..

— Por que a criança teria chutado a mãe?

— De raiva, para ela reagir.

— Mas por que usou a perna, e não as mãos?

— Porque as pernas são mais fortes.

— Ah, as pernas são mais fortes! E por que a perna esquerda e não a direita?

— Porque a esquerda é mais fraca, e a mãe é fraca.

— Ah, a esquerda é mais fraca, e a mãe é fraca! E quem é forte?

— O pai.

— Olha só que coisa... forte e fraco... as raízes da sua ambivalência... e não falo de uma possível ambivalência sexual, não... porque não acho que você seja ambivalente nessa área, mas ambivalente em sentido mais amplo... e por que será que o menino se fez ambivalente?

— Para ser amado pelo pai e pela mãe.

— Será? Não seria o contrário? Não seria porque era forte para poder amar o pai, mas também se fazia de fraco para poder amar a mãe?
— Sim, a criança é capaz de amar.
— A criança é capaz de amar... essa criança é capaz de amar... sem dúvida... e quem ama...
— Une.
— Veja a cena.
— O pai volta até a porta da cozinha, enquanto a mãe recolhe a trouxa de roupas, e ambos se olham.

Acabou a sessão, e questionei o terapeuta sobre minha dificuldade de visualização, de compreensão, em que ele cercava, dirigia, quase concluía...
— Bem, é para isso que existe o terapeuta.
— Claro... é claro.

No caminho de volta, vim refletindo: *forte e fraco... ambivalência... se refletindo negativamente nas relações afetivas, na profissão... mas como tudo invariavelmente tem seu lado positivo, não seriam também essas as raízes que fizeram de mim um homem ideal, onde coexiste o mais perfeito equilíbrio entre uma alma masculina — animus — forte, de personalidade marcante, que não desiste, que expressa suas opiniões e sua vontade, e uma alma feminina — anima — sensível, doce, poética, capaz de expressar seus sentimentos, num amálgama perfeito que me tornaram um pai admirável, com resultados por demais evidentes?*

Não, pensando bem, não creio que seja por aí, isso gera muito sofrimento, muita angústia, muita incerteza, muita dor e indecisão; creio que um homem — ou uma mulher — pode ser por natureza forte, completo, inteiro, não cindido, coexistindo nele sem conflitos o que há de melhor em ambos os gêneros.

Capítulo 29

ADI/TIP, sétima sessão

Foi uma sessão complexa, sem dúvida alguma; espero ser o mais fiel possível no relato de seu transcurso, mais uma vez cheio de lacunas e pausas.

— Está vendo a cisterna, o seu inconsciente? E o fundo? Pois veja dois zeros.

— Sim.

— São perfeitos?

— Não, o da direita é irregular na parte superior.

— Imagine, então, a sua concepção, o óvulo e o espermatozoide.

— Sim.

— Como são?

— O espermatozoide é escuro.

— Escuro... como se parece?

— Cilíndrico, comprido... como um espermatozoide.

— Mas eu não sei como é um espermatozoide; conheço de livro, quero saber como você o vê aí.

— É comprido, preto, com uma bola em cima, como uma corcova.

— Com um caroço em cima; vamos ver alguns números de seu pai.

— 9, 1.

— Vamos ver seu pai com um ano de idade.

— Está na roça, brincando.

— Sozinho?

— A mãe está na varanda, sentada em uma cadeira; parece doente.

— Como, parece doente?

— O menino cai e ela não se levanta para pegá-lo.
— O que isso significa para o menino... a mãe não se levantar para pegá-lo?
— Que não é amado.
— E depois?
— O menino olha para a mãe e ela tenta se levantar, mas não consegue.
— O que isso representa para o menino?
— Que tem o poder de se fazer amar.
— Vamos ver a gestação desse menino; veja números com zero à esquerda.
— 01, 03.
— Veja sua avó no primeiro mês de gestação.
— Ela está na varanda.
— Como está o menino?
— Parece um girino, preto; movimenta-se pouco, quase parado.
— A mãe o percebe?
— Não.
— O que o menino sente, então?
— Que é nada.
— E a mãe?
— A mãe vira-se e olha para o rio, pensando em se matar.
— Por quê?
— Sente-se doente, sem condição de ter esse filho.
— E o filho, o que faz?
— Vai para o fundo do útero, quieto, como se estivesse morto.
— Por quê?
— Quer morrer, para que a mãe possa viver.
— Por quê?
— Porque é bom.
— E a mãe?
— Vira-se novamente e sorri.
— O que o bebê sente?
— Que salvou a mãe.
— Como ele se sente, então?
— Que é bom.

— Como ele fica?
— Claro, se movimenta.
— E o espermatozoide?
— Cai o caroço de suas costas.
— E como fica sua cor?
— Clara, também.
— Vamos ao terceiro mês da gestação de seu pai.
— Ela (a avó) está fazendo pão, enrolando a massa.
— Sozinha?
— Sim.
— O que faz o menino?
— Movimenta-se, chamando a atenção da mãe.
— E o que acontece?
— A mãe olha e o pai aparece.
— E o menino?
— Mexe-se mais ainda, e a mãe dá um pedaço de pão na boca do pai.
— O que ele sente?
— Que tem capacidade de unir.
— E quem tem capacidade de unir é...
— Bom!
— Isso! Seu pai é BOM! Esse é o verdadeiro núcleo dele, apesar de todas as complicações!

Capítulo 30

ADI/TIP, oitava sessão

Foi uma sessão surreal e quase tudo foi posto a perder, entendo-se por *tudo* o que nem eu ainda sei direito, não sei ainda aonde esse trabalho vai me levar, se é que está me levando a algum lugar; as coisas estão tão arraigadas no meu âmago, que talvez seja assim mesmo, talvez leve algum tempo para que as mudanças possam ocorrer.

O terapeuta pediu-me que visse números, e eu os vi. (Conscientemente?)

— 6, 9, 11.

— Vamos então aos seis anos de idade.

Vi-me novamente na carroça com meu pai, ao lado da mesma igreja.

— Mas essa cena nós já vimos; o que ficou para trás?

— Eu olhei para trás e vi nossa casa, onde nasci; e vejo acontecimentos da noite anterior.

— O que você vê?

— Meu pai batendo em minha irmã mais velha.

— Batendo com quê?

— Com um cinto.

— Você vê a cena?

— Não, eu estou na cama, apenas ouço, em pânico.

— Ele só bate ou fala alguma coisa?

— Fala...

— O quê?

— "Vagabunda!"

(Esse foi um dos acontecimentos mais marcantes de minha infância, e jamais o esqueci; essa cena me veio então à mente com muita força, numa mistura consciente/ inconsciente, e eu falava de forma en-

trecortada, emotiva, quase chorando).
— E o que a criança faz?
— Encolhe-se toda, na cama.
— Toda?
— Sim.
— Mas o que ela encolhe mais?
— As pernas.
— Por quê?
— Para não fugir.
— Por quê?
— Para ficar presa.
— Ficar presa?
— Sim, presa aos desejos do pai... não poderá fugir aos desejos do pai.

Até hoje ainda não consegui compreender o que se passou a seguir; Dr. Ytzhak ficou repentinamente, pode-se dizer mesmo, possesso, extremamente irritado comigo, porque, pelo que pude entender, naquele torvelinho, em que eu estava falando da minha infância, ele queria, na realidade, que eu vislumbrasse cenas da infância, mas do meu pai, em sequência à sessão de ontem, quando tratávamos da vida dele, fosse de sua infância ou mesmo de sua gestação. E foi de extrema severidade comigo, esbravejando:

— Bonomi, ou você faz o que eu quero, segue a sequência estabelecida, ou a gente encerra o trabalho agora mesmo e você pode ir embora; é só passar na secretaria que eu devolvo o dinheiro que você me pagou; você é mesmo fixado no seu pai!

Levei um grande susto, primeiro pela dureza quase histérica com que me falava, como se eu fosse uma criança — o filho dele, quem sabe —, ou estivesse deliberadamente resistindo aos objetivos do trabalho.

— Mas eu não entendi direito, não devo ter compreendido suas pretensões iniciais (ele falava a alguma distância, detrás de sua mesa, muitas vezes mexendo em papéis, com a voz um pouco baixa, eu tinha certa dificuldade auditiva, e às vezes tinha que lhe perguntar o que havia dito, o que atrapalhava minha concentração).

— Tudo bem, vamos então voltar e ver números relativos ao seu pai.

    Tentei não perder a calma. Mantive-me deitado, os olhos fechados, trêmulo, e demorei a me concentrar novamente; boa parte do tempo da sessão já fora gasto, além de já ter começado atrasada — ele se atrasara com a paciente anterior. Depois de hoje, só restariam mais duas sessões; eu não estava em condições de criar uma polêmica. Meire já havia me alertado sobre essa possibilidade, que já ocorrera com outros hóspedes seus, e ela achava que era assim mesmo, para o bem do paciente; na verdade, acredito, aquilo que deveria ser uma exceção — como bem exemplificado nos livros de Jost de Moraes —, que era uma técnica terapêutica perfeitamente válida, usada para chacoalhar, para pôr em xeque o analisante resistente num momento preciso, pareceu-me ter sido tornado rotina pelo Dr. Ytzhak, que a empregava invariavelmente com todo paciente — posso, é claro, estar enganado, mas o meu caso foi muito emblemático.

    — 1, 4, 6.
    — Tem zero à esquerda dos números?
    — Não.
    — Veja uma cena de seu pai com um ano de idade.
    — A mãe troca o menino, mas tem dificuldade, pois ela está doente.
    — E o que acontece?
    — O pai a ajuda.
    — ...
    — E eles se olham, sorrindo.
    — O que isso significa?
    — Que eles se amam.
    — Agora, aos quatro anos.
    — O menino está atirando com um estilingue.
    — Que mais você vê?
    — ...
    — ...
    — Nada.
    — Nada?
    — Nada.
    — Peça então ao sábio que mostre uma cena contrária a essa.

— O pai do menino passa por ele e nem lhe presta atenção.
— O que o menino sente?
— Que é nada.
— Será que é isso mesmo?
— Não, o pai passa rápido porque ele quer ver logo a mãe do menino, que está doente.
— O que acontece então com o menino?
— Levanta a cabeça e sorri.
— Por quê?
— Por que o pai é bom.
— Cena aos seis anos.
— O menino subindo numa árvore e apanhando uma fruta.
— Que fruta?
— Manga.
— O que ele faz com a fruta?
— Leva para os pais, que estão juntos.
— Por que só uma manga?
— Para que eles comam juntos, para uni-los.
— Então o menino...
— Une.
— E quem une?
— É bom.
— Sim, o menino (seu pai) é bom.

Não me lembro bem agora como foi a proposta, mas numa cena seguinte, o pai — meu avô —bate no menino, e o deixa só e chorando.
— E o que faz o menino?
— Puxa os próprios cabelos.
— Com força?
— Sim.
— Por quê?
— Para se punir, acha que merece ser punido.
— Por quê?
— Para proteger o pai dele.
— Por quê?
— Porque é bom.
— O menino (seu pai) É BOM! Isso tudo é revelador, isso salva,

isso ressuscita!

Mas quase me mata!

Saí tão atarantado da sessão que esqueci o celular e os óculos escuros na sala do terapeuta. Era aniversário de Nirvana, teria que ligar para ela, e não foi fácil voltar a subir e descer novamente aquelas ruas longas e íngremes para buscá-los!

Capítulo 31

ADI/TIP, nona e penúltima sessão

Por pouco que hoje não ocorre outro desastre irremediável; eu estava hiperansioso para adentrar temas fundamentais da minha infância, e, principalmente, de minha vida intrauterina e da própria concepção, pois havia tanta coisa ainda para esclarecer que essas duas últimas sessões seriam insuficientes; para meu desespero, senti que o trabalho ia ficar incompleto.

O terapeuta me pediu — devia ter os seus motivos, é claro — que ainda visse números relativos ao meu pai! Veio-me imediatamente à mente aquela mesma placa com os números de minha infância, que havia se fixado em minha mente:

— 6.

— Com zero ou sem zero?

— Sem.

— Veja uma cena com seu pai aos seis anos de idade.

— Vi meu pai com estilingue, vi meu pai na mangueira, e vi meu pai pescando na beira de um rio.

— Bem, pescar, ele deve pescar sempre... que mais?

— O pai dele passa e o pega, e os dois vão embora.

— Você não está entendendo... — senti-o se irritando novamente. — Terapia é para ver problemas, para resolver problemas.

— ...

— Você está imaginando essa cena, não é?

A seguir, fiquei confuso, perdido, tentei compreender e "ver" ao mesmo tempo, e rezei, e pedi ao sábio, e fiz uma ou outra pergunta ao terapeuta, com o intuito de compreender o que ele queria.

— Você está me questionando, discutindo comigo, ao invés de ver através do seu inconsciente...

— Eu não estou entendendo o que é que eu deveria ver...
— O que você devia era fazer um curso para saber o que é uma terapia.
— ...
— Tá bom, é melhor parar por aqui, estou perdendo meu tempo e você está perdendo o seu.

Sem me levantar, com os olhos fechados, achei mesmo que ele estava se levantando e encerrando o trabalho comigo.

— Pela última vez, Bonomi, veja bem, pela última vez, ou você quer se ajudar, ou você VÊ o que não quer ver, ou acabou...!

Você, leitor, pode até pensar que estou dramatizando o fato, mas foi exatamente assim, aos brados, que ele se dirigiu a mim. Só Deus sabe por que não me levantei e o esbofeteei como acho que ele merecia — ele não era muito maior que eu —, ou o mandei à puta que o pariu; mas eu não podia me dar a esse luxo e deixar o trabalho incompleto, não era só uma questão de receber uns trocados de volta, era a minha vida que estava em jogo. Tentei me acalmar, passei as mãos pelo suor do rosto, pelos cabelos, pedi-lhe que esperasse um pouco; confuso, agitado, pedi novamente inspiração ao meu sábio e disse ao terapeuta que estava tentando ver novamente a placa com os números.

— Talvez seja um bom caminho — amenizou ele.
— 06 — vi então, com clareza.
— Veja então o que aconteceu no sexto mês de gestação de seu pai.
— A mãe dele está doente e vomitando.
— Isso ela deve fazer sempre; por que hoje?
Minutos angustiantes.
— Veja um número onde ocorreu o contrário dessa cena.
— 9.
— Com zero ou sem zero?
— Sem.
— Veja uma cena com seu pai aos nove anos.
— A mãe dele está doente e o pai está junto a ela, acariciando-lhe os cabelos.
— Onde está seu pai?
— Junto a eles.

— O que ele sente?
— Que eles se amam.
— ELES SE AMAM! Voltemos agora à cena anterior.
— A mãe de meu pai está vomitando, seu marido vai trabalhar e nem presta atenção a ela.
— O que acontece com o bebê?
— Para de se mexer e vai ao fundo do útero, como se estivesse morto.
— O que ele sente?
— Que o pai não ama a mãe.
— E ele, o que acha de si?
— Que não é nada.
— NÃO É NADA!!! Mas será que o pai não quis mesmo saber da esposa?
— Ele não podia se atrasar, tinha que pegar o caminhão.
— Ah! Ele não podia atrasar... Veja melhor a cena.
— Ele olha para trás.
— E se ele tivesse tempo?
— Ele voltaria e acariciaria a esposa.
— O que isso significa?
— Que ele ama a esposa.
— Ele ama a esposa! E o bebê?
— Abre os olhos e volta a se movimentar.
— Como era o espermatozoide de seu pai?
— Negro, com um caroço em cima, e anda em zigue-zague.
— E agora?
— Claro, sem o caroço, e se movimentando para frente.

Façamos uma pausa, e raciocinemos juntos: eu sempre soube, de antemão, que minha avó, mãe de meu pai, que eu nem conheci, pois falecera quando meu pai ainda era criança, nem sei de quê, era certamente uma mulher doente, de saúde frágil, de modo que sempre a vi, nessas minhas visões do inconsciente, como uma mulher doente, frágil, embora meu pai fosse o primogênito e ela ainda tenha tido mais dois filhos antes de falecer, quando meu pai tinha meros nove anos de idade.

Até onde o que vi e relatei ao terapeuta foram cenas reais vividas, e resgatadas por meu inconsciente? Ou teriam sido apenas cenas prováveis, imaginadas pela minha mente inteligente e fértil, embora sob a pressão que era exercida sobre mim e a urgência com que era cobrado? Eram, de qualquer maneira, cenas muito vivas e reais as que vislumbrava, e, como disse Maria Lúcia, isso não tinha importância, sem falar que o Dr. Ytzhak, apesar de sua aspereza, tinha muita experiência — isso não se podia negar — para saber diferenciar o "real" do imaginário.

— Como está se sentindo agora? — perguntou. — Deve estar relaxado... eu também estou relaxado. O terapeuta sente, e relaxa quando se chega à verdade.

Concluindo: um erro de comunicação que começou na sessão anterior, e do qual acredito não ter tido culpa — naquele lusco-fusco, naquela mescla de tensão e relaxamento, entre o consciente que não se desativa e continua atuando e um inconsciente que aflora, esta, aliás, sendo a essência desse trabalho, combinados à minha já clássica dificuldade auditiva —, desaguou nessa confusão toda.

Não que eu não pudesse estar sendo resistente, é claro que isso era possível, deve haver pacientes que desenvolvem um trabalho muito mais produtivo, mas é inegável que o terapeuta foi de extrema arrogância, prepotência, e, ouso dizer, onipotência, pecado capital para um analista; além disso, desde o início ele me passara a impressão de certa frieza, certo distanciamento, e mesmo de enfado com seu trabalho — posso, é claro, estar sendo muito rigoroso e injusto com ele. Sei que lançava mão desse tratamento — ou técnica — de choque para despertar, chacoalhar, mas me senti frágil, medíocre, pequeno, humilhado, como se estivesse diante de meu pai quando criança, ou mesmo dos Moneys e Galhardos desta vida, que tanto mal me fizeram. Na minha idade, eu ainda me sujeitava a isso!

Quase faltei à última sessão com o médico psiquiatra — aquele outro, que costumava se atrasar — para a avaliação final, mas este foi gentil e didático, e me deu orientações úteis. O futuro dirá! Ou, como diria aquele ex-presidente maluco, aquele do confisco: "O tempo é o senhor da razão".

Capítulo 32

ADI/TIP, décima e última sessão

Como se vê, não desisto facilmente; eu tinha vindo até ali para realizar um trabalho, e, a despeito dos percalços, eu o faria até o fim. Pela manhã, fiz o TRI[8] final e disse à psicóloga, Maria Elisa, que ainda não percebia nenhuma melhora evidente, talvez porque as sessões com o Dr. Ytzhak me deixassem muito tenso e ele havia sido agressivo comigo.

Os registros seriam levados a ele para que pudesse avaliar o andamento do trabalho, e assim, fui apreensivo para a última sessão, temendo que ela o houvesse alertado sobre a minha opinião. No entanto, surpreendentemente, a sessão acabou sendo muito produtiva: as cenas vinham rápido à mente e se desenvolviam celeremente, num bate-pronto veloz. Temo não conseguir recuperá-las *in totum*.

Para meu desapontamento, ele me pediu números relativos (ainda!) a meu pai; mas vamos lá: vi 00.

— Algum dos zeros é defeituoso?
— O da direita, irregular na parte superior.
— Veja o espermatozoide que produziu o seu pai.
— Negro, anda como uma lagarta, corcoveando.
— Veja números que expliquem isso.
— 2.
— Com zero ou sem zero?
— Sem.
— Veja uma cena de seu pai aos dois anos.
— Ele está vestido de menina, de vestidinho e chapeuzinho, tipo uma touca.
— Que mais?
— Ele está numa festa e as pessoas riem dele.
— É uma brincadeira?
— Sim.
— E ele?

---

8 Teste de Registros Inconscientes.

— Chora.
— Por quê?
— Porque ele não é mulher.
— ELE NÃO É MULHER! Se se sentisse mulher, não choraria! Veja a cena anterior.
— Há duas crianças, uma menina e o menino; a mãe do menino põe a roupa da menina nele.
— Por quê?
— Ela queria uma menina.
— Por quê?
— Para companhia.
— Ah! Para companhia! Veja o menino agora.
— Está com roupa de menino, correndo e brincando.
— Veja novos números que confirmam que ele é homem.
— 6 e 3.
— Seis.
— Ele está indo pescar sozinho e a mãe está preocupada.
— Mas uma menina também poderia ir pescar; o que é que o faz parecer homem, parecer que tem coragem?
— Ele vai alegre e saltitante.
— Ah! Ele vai alegre e saltitante! Número três.
— O menino é atacado por um cãozinho e reage, avançando no cãozinho.
— E o cãozinho?
— Foge.
— Uma menina dificilmente atacaria o cachorro. Veja agora aquele zero defeituoso do começo.
— Está perfeito.
— E o espermatozoide que criou seu pai?
— Está normal.
— O que é normal? Descreva.
— Está claro, brilhante e andando reto, em frente.
— E o espermatozoide de seu pai, que te criou?
— A mesma coisa.
— Bem, a parte da terapia relativa ao seu pai está completamente resolvida, e isso é mérito seu, não é do terapeuta, não. Suas dúvidas

em relação à sexualidade não existem mais. Precisaríamos de mais umas três sessões para resolver as questões relativas à sua mãe.

— E isso concluiria a terapia? — estranhei, pois mal tocáramos em questões relacionadas diretamente a mim.

(Essa terapia, segundo o livro, trabalha as raízes inconscientes mais profundas, de gerações precedentes, o que bastaria para resolver problemas das gerações futuras, como se fossem as raízes de uma árvore, que, curadas, saneassem os galhos doentes).

— Sim.

— Preciso então me preparar — eu disse, sem convicção — pois não foi fácil ter vindo.

Saí mais aliviado. Dei-lhe o livro que eu publicara, sem dedicatória, apenas com o nome do instituto; passei na pousada, peguei as malas e fui direto para o aeroporto. Estava morrendo de saudades das crianças, de minha casa, minha mãe, minhas irmãs, do S.A., do Fran's... Quanto a voltar ou não, estava mais propenso a fazê-lo, mas iria me reorganizar primeiro e deixar a poeira assentar, ver como me sentiria após esse trabalho estafante.

Capítulo 33

Voltei, e meus filhos Lelê e Lílian, com o namorado, foram me esperar no aeroporto; estávamos morrendo de saudades e fomos jantar juntos, para colocar a conversa em dia.

A expectativa de minha família e de meus amigos era grande. Amon, particularmente, estava ansioso pelos resultados da terapia, dependendo dos quais poderia também se dispor a fazê-la, junto com Rebeca, sua mulher; o professor Santos, de Dumont, outro amigo, que se casou com Vânia, também estava bastante expectante, e eu ainda não tinha uma noção clara, acabada, dos resultados que obtivera, acreditando — o que era bem possível — que viessem com o tempo, à medida que fosse absorvendo seus efeitos que, seguramente, não tinham sido imediatos nem "milagrosos". Nenhuma mudança radical, abrupta, ocorrera, como até se poderia esperar pelo que eu lera e como acontecera em vários casos relatados. Pairava em mim um misto de apreensão, decepção e expectativa, de modo que não saberia ao certo responder sobre o sucesso ou fracasso da empreitada; mas não tive nenhuma dúvida quanto ao acerto em ter ido, ter feito o trabalho, gastado o que gastei, sabia que havia feito o que tinha que fazer, que estava buscando, ativamente, a resolução dos conflitos que me atormentavam. Havia muita gente que dependia do meu bem-estar e que torcia por ele.

Professor Santos foi o primeiro que encontrei no clube no dia seguinte, e passei-lhe a minha impressão, deixando a seu critério fazer o tratamento ou não. Na segunda à noite, já que Amon não aparecera no fim de semana, fui visitá-lo, não só para pôr a conversa em dia, mas porque trouxera uma pequena bijuteria para Maju, sua filha de três anos. Falei-lhe também das minhas impressões, das minhas dúvidas, além de lhe pedir que procurasse e depois me emprestasse os seus livros do Viktor Frankl — não os tinha encontrado em Belo Horizonte —, alguns dos quais estavam com suas irmãs. Maju, normalmente arredia, nesse dia estava toda serelepe, saltitante, logo perdeu o mimo que lhe dei em algum canto da casa, e depois o encontramos debaixo de um dos sofás.

Fiquei ali cerca de duas horas, e, na hora de ir embora, aconteceu o terceiro e último dos fatos extraordinários a que já me referi:

— Quero fazer um desenho pro tio Albino — surpreendeu-nos Maju, e deitou-se no chão com uma folha em branco, azul-clara, e um lápis de cera vermelho.

Rabiscou qualquer coisa, entregando-me a folha em seguida. Olhei e não tive dúvidas. Fiquei perplexo, pois acima dos rabiscos sem qualquer coordenação, próprios da idade, emergia nítido, insofismável, o perfil de um rosto humano, feminino: a efígie de Nossa Senhora. Amon também ficou boquiaberto; a menina nunca ia além de rabiscos desencontrados, e ele não deixou por menos:

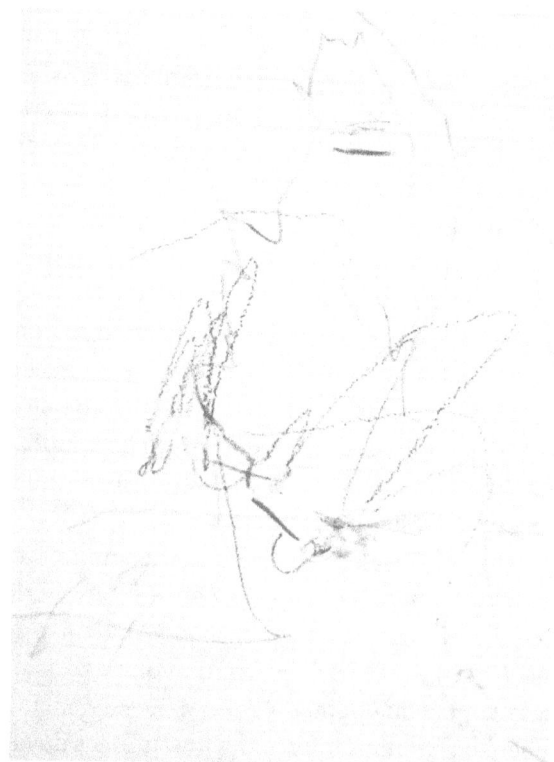

"Revelação", de Maria Júlia, aos três anos de idade

— Tá vendo, Bonomi? E você não acredita!
Confesso que fiquei intrigado mais uma vez, para não dizer estupefato, e não era para menos. Fora buscar alhures o extraordinário, o miraculoso, e mais uma vez ele vinha até mim, ou sempre estivera em mim, e agora me era revelado.

Uma vez ocorridos esses três acontecimentos, indiscutivelmente extraordinários, sobrenaturais, torna-se necessário afirmar que não tenho mais qualquer dúvida de que se tratavam de manifestações do sagrado, algo que me fora dado saber; tentemos fazer uma profunda reflexão sobre o seu significado, se é que isso é possível, e seus efeitos sobre mim. Sinto profundamente, devo reconhecer, que em mim pouco ou nada ocorreu: não fiquei em estado de graça, nem me ocorreu aquela transubstanciação que transformou tantos outros, transfigurados pela revelação divina.

Tornei-me, é claro, já desde o segundo acontecimento extraordinário, definitivamente menos cético, mais receptivo, mais vulnerável e mais aberto ao divino, e acredito haver afastado definitivamente as ideias suicidas; pode parecer pouco diante de tais fatos admiráveis, mas já é muito para mim. Confesso que tentei, me esforcei, mas não só não conseguia provocar uma transmutação, como tampouco me livrar inteiramente da minha angústia, das minhas dores.

Se Agostinho, o devasso, e Saulo, o violento, tinham se transfigurado, por que comigo nada aconteceu realmente, de forma tão radical? É possível que com eles era tudo ou nada, não havia meio termo; é como o homem que bebe abusivamente, com o fígado já no limite, ou o fumante inveterado, cujos pulmões quase já não permitem as trocas gasosas, e o médico lhes dá um ultimato: é parar ou morrer, a mudança tem que ser total, definitiva.

Eu, ao contrário, já era — sempre fora —, se não um homem de fé, seguramente um homem virtuoso, que buscava se aperfeiçoar sempre, não aquele homem de virtudes inabaláveis, irrepreensíveis, dogmáticas — aliás, Deus me livre dos dogmas, da ortodoxia, das certezas, do fanatismo! —, não, tinha plena noção de que era apenas essencialmente humano, portanto, dotado de defeitos e virtudes, muito embora estas últimas fossem claramente predominantes e em processo perene e gradativo de aprimoramento. E mais, aqueles homens tinham certamente uma missão a cumprir, foram, de alguma forma, predestinados a divulgar a doutrina que lhes tinha sido revelada.

    Quanto a mim, sinceramente, não tinha qualquer cacoete para santo, nem a menor ideia se tinha uma missão a cumprir — embora seja possível que todo homem a tenha —, por insignificante que fosse; tinha, é claro, as minhas teorias, mas não conseguia compreender ao certo por que o absoluto se manifestara justamente a mim. E mais, se Deus tinha a sua Trindade, eu também tinha a minha: também era espírito — já não tinha dúvida quanto a isso — e mente, mas também era corpo, matéria, e não conseguia abrir mão disso, nem queria, enquanto homem, enquanto ser vivo.

    Não obstante haver, em todos esses anos, buscado sofregamente e com esforço inaudito o aprimoramento da mente e do espírito — a ponto até de me ser dado saber —, era um ser muito físico, muito corporal, muito carnal, não poderia abrir mão de minha corporeidade; buscava um equilíbrio perfeito, provavelmente utópico, entre essas três instâncias, sem o qual um homem ficaria manco.

    Meu corpo, assim, atingira um grau de rara beleza e perfeição; se meu rosto não era especialmente bonito e denunciava um homem na casa dos quarenta — embora passasse dos cinquenta —, meu corpo se assemelhava ao de um atleta de trinta anos, bem esculpido, como o de Davi, de Michelangelo. Meus amigos e muitas mulheres se extasiavam diante de minha performance; não havia me tornado, evidentemente, um Tancredi, jovem, belo e fogoso, mas me tornara um homem charmoso, maduro, inteligente, nobre, magnífico, como um príncipe de Salina. E esse corpo, essa carne, tinha suas necessidades, tinha que ser bem nutrido, e eu o nutria com raro equilíbrio: praticava exercícios físicos constantes e naturais, sem excessos, sem me "turbinar"; adorava a boa mesa, a culinária francesa, em especial, as melhores carnes — amava as vermelhas e gordurosas —, as melhores bebidas, os bons tintos, as sofisticadas champanhes, os *cognacs* franceses, as cervejas, mas também as saladas e os legumes; não havia nada que não comesse ou que me fizesse mal, nada que não pudesse beber, porém com moderação, sem excessos, mesclando adequadamente sua ingestão com a sua queima. Meus filhos também tinham sido criados assim, com essa mesma filosofia — sem as bebidas, claro —, e eram admiráveis.

E essa carne, esse corpo, também tinha desejos de uma sexualidade sadia e constante, equilibrada, que deveria ser regada com um tempero essencial, o amor; e isso me faltava, me desequilibrava, atingindo as três instâncias, e disso eu não poderia, e não queria abrir mão, não nesta vida, enquanto homem, enquanto carne. Aliás, o próprio Agostinho teria dito: "Ó Deus, fazei-me casto, mas não por enquanto!"

Ainda por cima, uma amiga muito querida, que eu já amara na juventude, e que se tornara uma mulher e tanto, inteligente e sensível, me mandara o seguinte cartão, ratificando aquilo em que eu acredito: "Ninguém liberta ninguém/ Ninguém se liberta sozinho/ Nós nos libertamos no encontro". E completava me desejando grandes encontros, "pelo homem fantástico que você é, pelo que procura e merece". Eu também acredito nisso! De qualquer maneira, algo em mim se transformara, não podia mais pairar qualquer dúvida.

"Porque, enquanto eu amar a um Deus só porque não me quero, serei um dado marcado e o jogo de minha vida maior não se fará. Enquanto eu inventar Deus, Ele não existe" (Clarice Lispector).

Capítulo 34

Já era dezembro novamente, vieram o Natal e o Ano Novo, repetitivos e enfadonhos, como sempre, mas eu me sentia mais forte do que nos anos anteriores. Poucos dias antes, aproveitando minha fase mais mística, ou menos cética, fui finalmente visitar a tumba de meu pai — desde a morte dele, há mais de dois anos, não o visitara, nem sequer fora a uma só de suas missas, minhas irmãs nem perdiam tempo me avisando —, onde rezei por ele e por mim, resgatando-me junto a ele.

Eu havia montado, pela primeira vez, um pequeno presépio, simples e em monobloco, que havia comprado em Belo Horizonte, ao lado da nossa decana e simplezinha árvore de Natal que Lelê monta todo ano. Quando voltei para casa, numa dessas duas noites festivas, tão significativas e cheias de simbolismo, chamei Lelê — Lílian tinha viajado — e disse a ele:

— Vamos rezar.

Nos ajoelhamos — ele deve ter estranhado, mas nem olhei — e rezei em silêncio, creio que ele também. Quando Lílian voltou, deixei que me visse rezando ajoelhado em meu quarto — algo que sempre evitara — sob o desenho de Maju, que eu havia mandado emoldurar. Apenas sinalizava para eles que alguma coisa mudara em mim; nada lhes disse, apenas mostrei que eu mesmo me abria a novas possibilidades. Não os induziria a nada nem os incentivaria a buscar religiões ou frequentar igrejas e cultos, quaisquer que fossem; o caminho deles haveria de ser, assim como o meu, absolutamente pessoal e solitário, no momento que escolhessem ou julgassem oportuno, caminho este onde, segundo minha opinião e experiência, não cabem intermediários de qualquer espécie, porque, acredito, quando o homem leva às últimas consequências a busca de si mesmo, nem que para isso, ou por isso mesmo, tenha que descer às profundezas do inferno, há de encontrar, inapelavelmente, no mais íntimo e profundo de si, o absoluto, o divino, o transcendente, mesmo tendo este — e em última instância creio que teria que ser dessa maneira — que se desvendar, dar-lhe a saber de si, como uma dádiva, uma revelação.

Capítulo 35

No interregno de cerca de um ano entre o fim de meu *affair* com Caroline e a ida a Belo Horizonte, a solidão e a dor foram intensas, e a busca, desesperada.

Além de Belinha, doce e bonitinha, saí com mais duas ou três moças, não mais que uma vez, geralmente sendo rechaçado por elas com desculpas várias, ou mesmo sem nenhuma justificativa.

Sendo inepto, incapaz, um sedutor medíocre, várias outras nem me deram qualquer chance; quando acontecia de conhecer alguma moça interessante, procurava saber seu endereço, e, tolamente, mandava-lhe meus livros, com uma dedicatória carinhosa e pretensamente inteligente ou instigante, sem nenhum sucesso. Sentia-me depois um perfeito idiota; era, evidentemente, uma tática pueril, de homem ingênuo, incompetente nas artes da sedução — os livros, a cultura, nada diziam a elas, não tinham qualquer poder de atração sobre as mulheres em geral; não era isso que buscavam num homem, definitivamente, mesmo as mais inteligentes.

Emblemático também foi o caso de uma jovem, bela e doce colega, desquitada, a quem perguntei, quando a convidei para jantar e ela não pôde naquele dia, se estava namorando:

— Não, agora sou uma mulher moderna... estou "ficando".

Tive então o *insight* de que entre as psicólogas seria de se esperar que colhesse frutos mais maduros: ledo e ivo engano! Pedi a uma delas, amiga comum, que intermediasse uma ligação com outra, jovem e interessante — quando digo jovem, refiro-me a mulheres na faixa dos trinta:

— Puxa, seria ótimo! — entusiasmou-se minha amiga. — Ela só tem tido relacionamentos superficiais...

Deu em nada. Dias depois a vi numa boate com um jovem e garboso mancebo, aparentemente mais moço do que ela. Outra psicóloga, graciosíssima, fumava como se sorvesse o ar puro da Amazônia e bebia uísque como se fosse água da fonte. Nem me enxergavam, naturalmente. *Se manca, velho careta!*

Das mulheres que conheci — com a exceção de Noruega e de Robertinha, linda gatinha, ambas coincidentemente professoras de português —, nenhuma tinha o hábito rotineiro da leitura; quando liam, liam apenas livros psicografados ou de autoajuda, um best-seller quando muito: uma lia sobre uns ratos que comiam queijo, outra, enquanto o amor não vinha, lia qualquer coisa que dava umas dicas sobre o que fazer enquanto esse amor não vinha; telespectadoras vorazes, noveleiras contumazes, viviam a "tomar passes" e a fazer mapas astrais ou a ler a sorte. Muitas não punham o pé fora de casa sem conferir o horóscopo do dia, e a banalidade campeava solta. Nessas condições, nossas órbitas emocionais dificilmente se cruzariam; só o acaso, uma dádiva, poderia intervir, mas eu já antevia para mim um fim melancólico, regado a solidão.

Termino concluindo, portanto, e digo-o na maior consternação, que da mulher pouco ou nada se pode esperar. Os homens morrem ou se matam por um objetivo, seja financeiro, seja a busca do poder ou mesmo uma causa, um ideal, de forma que o embate final, entre o Bem e o Mal, que vai definir o destino do planeta, se dará entre os homens de bem, à direita da abscissa, e a malta orwelliana. A mulher deverá ficar ao largo, alheia aos acontecimentos, enredada em sua banalidade; depois se aproveitará dos despojos, qualquer que seja o vencedor.

De qualquer modo, a derrota do homem ético — único oponente possível do P. Orwellis —, com seu arsenal em nítida desvantagem, me parece favas contadas, o que trará como consequência a deterioração do nosso habitat, causando a extinção da espécie. Não vejo, na verdade, nenhum problema metafísico ou mesmo ontológico nessa possibilidade, pois em termos cósmicos o homem nada representa, me parece, uma vez que todo homem morre mesmo. Determinadas condições — com ou sem interferência superior — propiciaram seu surgimento, e condições adversas, por ele mesmo criadas, poderão perfeitamente causar o fim de sua espécie; claro que, na sua arrogância e onipotência, julga-se diferente dos dinossauros, por exemplo — e superior, evidentemente, à imagem de Deus —, acreditando que na hora H sempre achará uma solução para o impasse, ou mesmo que, em última instância, será socorrido pelo divino. Se a questão que essa possibilidade acarreta fosse a dificuldade em continuar, depois disso, a povoar instâncias superiores, creio que já haveria ali almas suficientes — talvez até em demasia —, correndo-se até o risco de superpovoar tais instâncias, tornando a vida eterna um inferno, já bem conhecido aqui na Terra.

Acho que já divaguei até demais, mas, como sou um analista, e só trabalho sobre fatos, não sendo portanto um profeta, nada pode impedir que as coisas mudem. Tomara!

Capítulo 36

Ah, sim, não posso esquecer Nirvana, que merece um capítulo à parte. Uns dois meses antes de ir a Belo Horizonte, saí com duas amigas já de boa data, advogadas criminalistas, e uma delas teria que ir embora mais cedo e pediu que eu levasse a outra, justamente Nirvana; levei-a, subimos ao seu apartamento, e transamos.

Fui para casa e me atacou um remorso insuportável; ora, eu estava me preparando para um trabalho quase místico, e entrava numa dessas! Sem camisinha, sem nenhum cuidado! E se eu pegasse AIDS, de que adiantaria o trabalho? Como ficariam meus filhos? Que irresponsabilidade!

Não consegui dormir naquela noite, rezei e fiz a promessa — nessas horas, vale tudo — de que não o faria de novo. Procurei-a no dia seguinte, inquieto, sem nem saber como abordá-la, uma moça recatada e avessa a aventuras, pelo pouco que a conhecia. Tranquila, afiançou-me com serenidade que tivera apenas dois relacionamentos curtos anteriormente, nos quais sempre se cuidara. Não havia riscos; aliás, ela nem soube explicar como se deixara seduzir na noite anterior, assim, sem mais nem menos, pois não tinha esse hábito. Mas gostara, e muito, me disse.

Saímos mais algumas vezes antes de eu viajar, mas lhe pedi um tempo até que eu voltasse. Ela vivia uma fase pessoal muito delicada — passara recentemente por uma cirurgia pélvica devastadora — e andava muito deprimida; profissionalmente também estava trabalhando em condições massacrantes, que a debilitaram e a fizeram adoecer, e acreditava que precisava mudar de rumo, pois ali não haveria futuro.

Assim, se apegaria muito a mim, vivia a repetir que eu era um homem adorável e másculo, e isso, de certa forma, me fazia bem, melhorava a minha autoestima. Mas eu não a amava, perdera quase todo o desejo sexual e, embora transasse até razoavelmente — no começo com

Viagra, a maior criação da indústria farmacêutica depois da penicilina, depois naturalmente, quando fiquei mais confiante —, não me satisfazia, ejaculava com dificuldade e quase sem prazer, apesar da excelente *partner* que Nirvana se revelaria, mulher a toda prova.

— Você despertou o monstro que estava escondido dentro de mim — poetizava. — Como você é másculo, que corpo perfeito, que pele macia, que pau bonito você tem!

Não posso negar: em riste, era realmente um belo instrumento de sopro, em noites de gala capaz de desempenhar as funções de toda uma orquestra, da batuta do maestro ao arco de um violino. Iniciei-a em práticas menos ortodoxas, mais picantes, de que ela gostou muito.

Era afrodescendente, de tez bem clara, suave, pele macia, um belo corpo, um nariz perfeito, uma boca adorável — apenas o cabelo, cortado bem curto, e que ela detestava, revelava a sua origem. Era também uma mulher inteligente; me fazia bem, e eu fazia muito bem a ela. Certamente nutria esperanças — a mulher, a não ser as estúpidas, só fica com alguém quando há alguma esperança, ou quando esse homem tem algo que lhes interessa, como já ensinava Antonieta. Eu, não.

Como eu não poderia, por princípio, agir de forma diferente, deixei claro que não deveria ter ilusões, que estava com ela por ela, para ajudá-la a superar a fase ruim que atravessava, mas ela optou por continuar assim mesmo; que fosse bom enquanto durasse, "nunca se sabe quando é que se vai morrer", conformava-se, achou que fosse morrer da cirurgia, direta ou indiretamente. Que fosse!

Nossa relação de amor e amizade se prolongaria muito mais do que o previsto; ela é uma moça admirável.

Capítulo 37

Ao fazer cinquenta anos lancei meu livro sobre o pré-natal, e chorei como jamais. Agora, no 51º aniversário, 21 de março de 2002, estava apenas, mais prosaicamente, fazendo plantão em Franca. Minha mãe vinha recentemente apresentando alguns sintomas, a princípio não muito preocupantes: alguma dormência nas pernas, chegara até a cair um dia, e perdera o gosto pelos alimentos; pedi que fosse a um ortopedista, que a enviou a um neurologista amigo meu.

— Bonomi, aqui é seu colega Fulano, neurologista... sua mãe se consultou comigo ontem, e lhe pedi uma ressonância magnética... sinto muito, mas ela está cheia de metástases cerebrais, e a enviei a uma colega oncologista.

Confesso que não cheguei a ficar chocado, ou horrorizado: ou a vida me tornara insensível, frio, ou, ao contrário, um homem maduro, capaz de compreender o ciclo vital, e minha mãe faria oitenta anos em breve. Minha irmã me ligou em seguida, deixei claro que o caso era grave e provavelmente sem esperanças, mas pedi que não entrasse em pânico.

Quinze dias depois, como minha mãe perdera a vontade de comer, levei-a, com Lelê e Selma, a um restaurante onde se comia uma das melhores picanhas da cidade, que todos adorávamos. Minha mãe comeu bem, embora sem sentir o gosto, mas não é por isso que estou comentando o fato; Lelê, como sempre, sentou-se ao meu lado, e como sempre, também, agora sensivelmente mais alto do que eu — chegaria a medir 1,85 metros, pasmem! —, passou o braço pelo meu ombro e ficou ali, afetivo.

— Filho — disse então minha mãe — eu nunca vi uma criança como o Lelê, tão bonzinho e carinhoso...

Lelê passara férias por vários anos na casa dela, juntamente com mais dois priminhos, filhos da Kássia, que morava em outro Estado. Minha mãe tinha uns quinze netos — muitos dos quais brigavam entre si e se xingavam dos nomes mais cabeludos — e dois bisnetos, e conhecera em sua vida, é claro, uma infinidade de crianças; ficava encantada com Lelê, que jamais pronunciara um único palavrão, era muito ativo, brincava o tempo todo com eles ou ficava vendo televisão ou lendo quadrinhos, sem jamais criar problemas. Os três, aliás, se davam muito bem.

— Nunca vi filhos como os seus — continuou. — A Lílian também é demais — E completou: — Também, um pai como você... não existe.

Voltaria a repetir isso no leito de morte, quando mal conseguia articular as palavras. Voltando à questão dos palavrões, não que eu fosse moralista, que não pronunciássemos palavras obscenas em nossa casa, mas vou citar em que condições. Vínhamos voltando, eu, Lílian e Lelê, justamente da casa de minha mãe, num domingo depois do almoço, e havia, espalhados pela cidade, uma série de outdoors de uma empresária de imóveis que se metera a fazer propaganda de uma casa de bingo, rindo forçadamente e com a cara esticada *a la* Hebe Camargo. Aquilo já vinha me irritando, e não aguentei:

— Olha a cara daquela velha... parece uma boceta!

Lílian, que não esperava aquilo, quase engasgou de tanto rir.

O gato também era outro capaz de tirar do sério até Lelê, que o ameaçava:

— Eu vou dar um soco no cu desse gato...

— Ó vô, ele falou que vai me dar um soco no cu, bate nele.

Mas era o gato mesmo o mais contumaz; quando provocado, não tinha papas na língua:

— Seu zuburugudunga, seu tangaraganinga, seu... seu... — e outros termos do mesmo calão, que o pudor me impede de reproduzir aqui.

Em suma, esse linguajar era coisa rara, usada mais como chiste, como brincadeira, do que como raiva, agressão; prevalecia em casa um clima de delicadeza, de cultura e afeto, onde não cabia tal palavreado. É rir para não chorar.

As coisas se desenrolaram rapidamente; foi descoberto um nódulo pulmonar em minha mãe, que não lhe causara qualquer sintomatologia; biopsiado, revelou o que já se esperava. Resolvemos, então, minhas irmãs e eu, sob minha tutela, que não a submeteríamos a nenhum ato heroico, a nenhuma medida médica estúpida que pudesse prolongar-lhe a vida e o sofrimento — o que é muito comum, tanto por parte dos médicos, como dos familiares, que os pressionam —, como interná-la em UTIs, ou mesmo submetê-la a cirurgias sem sentido.

Foi submetida a duas sessões de radioterapia, teve crises convulsivas, entrou em coma e foi internada por dois ou três dias; melhorou e optamos por mantê-la em casa, definitivamente. Num de seus raros momentos de consciência, sentindo-se praticamente inválida, ainda filosofou comigo:

— Filhão, olha o que a mãe virou... então a vida é isso!?

É, mãe, a vida é isso... fugacidade... passagem... e morte.

O que três de minhas irmãs — a quarta morava longe e pouco pôde fazer — e duas netas de minha mãe, filhas de Lélia, fizeram por ela, a partir de então, não há nada que pague; a dedicação diuturna, os cuidados sem descanso, o amor e o carinho com que cuidaram dela foram por demais tocantes. Ela ainda recuperou um pouco a consciência durante uns quinze dias, o suficiente para ficar feliz e se sentir querida e recompensada com as centenas de parentes e amigas que a visitavam, ininterruptamente, vindos dos mais distantes estados; fizera por merecer, durante uma vida longa e difícil, onde levou suas responsabilidades, com os filhos, principalmente, à quintessência.

— Filho — balbuciou, com dificuldade — eu nunca vi crianças como Lelê e Lílian... que gracinhas... Lelê, então... eu queria tanto vê-lo... deve ficar parecendo um príncipe... — foram suas últimas palavras.

Ela se referia a vê-lo de terno, em um *début* de quinze anos a que fora convidado. Sim, mãe, que pena que não o tenha visto, ele parecia mesmo um príncipe, mas não daqueles de dinastias decadentes, como a britânica ou a monegasca, com seus arremedos de príncipe e suas princesas vulgares, mas um príncipe de verdade, daqueles do nosso imaginário, dos contos de fadas; aquele menino estava se transformando em um moço admirável.

Acho que minha mãe sempre teve medo de morrer, mas mal soube o que lhe estava acontecendo, pois logo voltou a perder a consciência, e três meses e meio depois do diagnóstico faleceria serenamente na casa que eu construíra pra ela, e onde morara por mais tempo, sob nossos amorosos cuidados. Eu mesmo assinei o atestado de óbito, e a enterramos na maior tristeza, mas conscientes, sem desespero, com a missão cumprida; partiu como veio ao mundo, sem nada trazer, sem nada deixar, exceto uma longa descendência e uma lição de vida digna.

Quando meu pai morreu ela sentira remorsos, mas seu destino já estava traçado; seus inconscientes já estavam por demais entrelaçados, um levaria o outro, era inevitável. Ninguém sabe, mas doei seus lindos olhos azuis ao Banco de Olhos do Hospital das Clínicas; magnânima, seguramente ela deve ter aprovado e ficado feliz. Ainda nos encontraremos, mãe querida!

Capítulo 38

Na primeira parte deste livro, "O parto, o nascimento de um homem", não cuidamos da Morte; apenas a citamos *"en passant"*, creio, no caso da morte da mãe de Ângela, sem nos aprofundarmos no tema. Já nessa fase da vida, a velha senhora vinha rondando mais amiúde, mais próxima, mais desinibida. Afeita às sombras, não se pejava agora, desenxabida, de dar o ar de sua graça mesmo à luz do dia; perdera a compostura, a velha matreira, mas não perdia por esperar, ainda nos veríamos face a face, deixasse estar, veríamos quem era quem. Eu não a temia mais, creio que já tinha vencido esse embate de antemão: já tinha semeado flores e plantado árvores, tivera filhos, escrevera livros e outras coisas mais. Mas ela seguia em plena atividade, impávida. Pintado — lembra o menino genial e terrível? —, que se tornara um homem da mais pura bondade, embora pobre como Jó, há cerca de dois meses, aos cinquenta e cinco anos de idade, descobrira-se também com um câncer já muito avançado, de origem indeterminada. Morreria em pouco mais de um mês, abrupta e rapidamente, de forma indolor, ainda antes de minha mãe; assim como a vida lhe fora mesquinha, a morte, reparadora, lhe foi benevolente. A morte nem sempre é tão perversa como se julga.

Ratificando o belo estado atlético em que me encontrava, dois fatos curiosos merecem menção no meio desses relatos trágicos. Quando Pintado faleceu, peguei meu irmão mais moço — que sempre fora uma referência de beleza e o mimo das priminhas, com seus cabelos louros e os olhos verdes, que tanto se sobressaíra em relação a mim, e que, aos cinquenta anos, aparentava não mais de trinta e cinco — e fomos para Aramina. Na chegada, havia uma priminha de uns quinze anos que eu nem conhecia, e fui apresentado a ela:

— Esse é o Bonomi, seu primo.

— Nossa, pensei que fosse um artista! — saiu-se com toda espontaneidade.

Eu vestia uma camiseta de malha branca, justa, ressaltando meu belo torso; de óculos escuros, é bem possível que estivesse mesmo parecendo um artista, um Stanley Kowalski mais maduro, quem sabe.

Uns dois meses depois, fomos a mais um velório, de outra prima, também jovem, agora em nossa cidade — nossa família morre toda de câncer. Foi chegar, e outra prima, quase de nossa idade, e que eu não via há muito tempo, não se conteve:

— Você está muito bonito! — e voltou a repeti-lo quando fui embora.

O mais interessante é que em ambas as vezes isso ocorreu exatamente diante de meu irmão mais novo, o loirinho, que continuava ainda, sem dúvida, jovem e bonito.

Outro dia, um antigo representante de laboratório, que eu não via há décadas, ficou encantado ao me ver:

— Puxa, Dr. Bonomi, você não mudou nada! Parece um menino! — exagerou.

Para ser sincero, nem eu acreditava que estivesse assim tão bem, mas eram fatos, e os fatos, ao contrário das cartas, não mentem jamais. Que reviravolta!

O interessante também é que as pessoas que haviam conhecido Lílian não se esqueciam dela, e invariavelmente perguntavam por ela, o que aconteceu repetidamente nos dois velórios, com pessoas diferentes, que, em seguida, comentavam com quem estivesse próximo:

— A filha dele parece uma princesa... a menina dele é uma boneca...

A felicidade, a cultura, a virtude, o humanismo, enfim, regados a exercícios físicos constantes, embelezam, rejuvenescem o homem, em contrapartida ao infortúnio, à abjeção, à covardia, à torpeza de caráter, que degradam, degeneram o ser humano. Aliás, alguém já teria dito que, após os vinte e cinco anos, cada um é responsável pela cara que tem.

Capítulo 39

Tudo isto foi escrito de junho a setembro de 2002, e três anos se passariam antes que eu voltasse a escrever para terminar este livro. Eu dirigia pelo deserto, por lugares ermos, esperando por um encontro fortuito, dadivoso, para que pudesse encerrá-lo com chave de ouro, mas tal encontro teimava em não ocorrer, de forma que decidi encerrá-lo assim mesmo, já que a vida é curta e de prazo indeterminado.

Como sou um escritor bissexto, e nunca sei se vou ter outra oportunidade, antes farei algumas considerações, não sei se poderia chamá-las de ensaio, ou mesmo se não destoam muito do restante do livro em si, mas vamos lá.

A arte é a expressão do inconsciente não reprimido. Quando consegue aflorar e se expressar de forma sublime, surgem os artistas e os grandes talentos profissionais, como os cirurgiões, os ginecologistas ou mesmo um simples açougueiro, donde o termo "sublimação", cunhado por Freud; quando não, surge a loucura, seja em loucos inofensivos, seja em maníacos, pervertidos, estripadores ou tarados, em suas mais diferentes modalidades.

Por isso, via de regra, o artista já o é desde tenra idade; veja-se Mozart, que já criava sinfonias aos cinco ou seis anos de idade, os poetas ou escritores que criaram suas maiores obras muitas vezes na juventude. Proust já sabia que ia ser escritor desde menino; sua obra surge quando seu inconsciente aflora de forma fortuita, motivado pelo odor de um espinheiro rosa, pela visão da abside de uma catedral, de uma frase musical, ou do sabor da já famosa *madeleine*, reavivando-lhe a memória involuntária, a princípio condenada ao oblívio.

Ao contrário deles, em oposição absoluta, sou um escritor da maturidade; só o amadurecimento fez de mim um artista, um autor, ao permitir que eu desvende e acesse o inconsciente de forma plenamente volitiva. Assim, ao contrário de Proust, quando me proponho a criar, a escrever, minha memória é acessada conscientemente, e quando puxo o fio de sua meada vai sendo deslindada gradativa e inexoravelmente, através da recordação e da associação de ideias.

Isso só é possível, no entanto, porque meu inconsciente tornou-se acessível, devassável, muito embora controlado, domesticado; e aquilo que ele tem de ruim, de perverso, ficou definitivamente adormecido, sem mais necessidade de expressão — e sem criar trauma, repressão —, só aflorando os desejos legítimos, o que tem de mais sublime, donde surge o artista, o escritor maduro, capaz de expor sem medo, com extrema coragem, o que tem de mais íntimo — sem necessidade de usar metáforas ou se esconder atrás de *alter egos* e outros personagens.

Triste século, este que se findou, principalmente para nós, brasileiros. Tivemos homens extraordinários, como Betinho, Gilberto Freyre, Sérgio Buarque de Holanda, Cândido Mendes, Florestan Fernandes, Celso Furtado, Milton Santos e tantos outros... Mas nossos ícones foram, pasmem! Pelé — este até que foi genial, maravilhoso, pena que o homem sobreviveu ao mito —, Ayrton Senna, Guga, Ronaldinho, Xuxa, Gisele Bündchen, verdadeiros ídolos de pés de barro, ilusões de nossa pobre juventude, endeusados pela mídia em geral — de onde se poderia esperar algum discernimento, alguma inteligência, mas que, ao contrário, tem muito, ou quem sabe, "tudo a ver" com essa absurda inversão de valores.

Tivemos também escritores maravilhosos, Clarice Lispector, Drummond, Guimarães Rosa, João Cabral, mas quem virou best-seller e até emplacou internacionalmente foi o "nosso mago". Conformemo-nos; até os franceses, de Proust e Voltaire, Sartre e tantos outros, e os russos, de Tchekov, Turgueniev e Nabokov, embarcaram nessa; quem diria!

Nesse mesmo diapasão de raciocínio e observação, segue outra constatação: a maior farsa, a maior ilusão que se criou no século XX, incensada e magnificada ao paroxismo pela mídia e pela futilidade reinante, foi o investimento no esporte como profissão, no caso dos homens, e na carreira de modelo, no caso das mulheres: é como ganhar na loteria, na megassena; como norma, mesmo que se tenha muito talento ou uma grande beleza, depende muito mais do acaso, poucos tirarão a sorte grande, e a maioria dá em nada.

 O esporte — como o próprio nome diz —, deveria ser praticado, e por toda a vida, como mero esporte, coisa lúdica, prazerosa, como complemento de uma vida equilibrada, em que se privilegia igualmente a mente e o espírito. Como expectativa de profissão, de se ficar milionário rapidamente e sem esforço — que é o que se busca, na verdade —, costuma gerar jovens neuróticos e frustrados; vocês já viram crianças de dez ou doze anos disputando campeonatos de tênis? Dá pena; não se sabe quem é mais neurótico, os pobres coitados ou seus pais.

 Trata-se, igualmente, de uma grande ilusão querer fazer da prática do esporte um trampolim para favelados e outros miseráveis saírem do nada, melhorarem de vida: como profissão, as chances são remotas; vale como distração, como socialização, ou para tirá-los da rua e diminuir a delinquência. Seria muito mais promissor investir em estudo básico e ensino profissionalizante: não se fica rico, mas aprende-se a investir no trabalho, no esforço pessoal.

 Quanto às meninas que tentam a carreira de modelo, a maioria delas, nesses ambientes sórdidos e permissivos, de competição desesperada, terá que fazer concessões, vender o próprio corpo — que virou mercadoria —, e, por inacreditável que pareça, com o aval e o apoio tácito das próprias mães, que se travestem de "protetoras" e falsas moralistas, mas, só pelo fato de tê-las induzido a esse caminho, onde a frivolidade e o acaso são a norma, revelam o que são e o que "pensam", não pode haver qualquer dúvida.

 Triste século, triste humanidade!

Capítulo 40

Vamos, então, às últimas notícias de alguns de nossos personagens, com as mulheres festejando sua insofismável vitória com vários enlaces, como em um final de novela das oito. Nessa eterna guerra dos sexos, a única que lhes interessa — e onde os homens sempre fazem o papel de tolos —, são imbatíveis.

Contra alguns apostadores, Catharine levou: fontes fidedignas afiançam que ela teria encostado Habib na parede depois de três anos de namoro, dando-lhe um ultimato: "Ou vai ou racha, meu filho, que eu não tenho mais idade para ficar enrolando; decida-se, meu caro, porque a fila anda, e você me conhece muito bem". Ela sabia do que estava falando. Casaram-se em pouco mais de um mês, o tempo mínimo indispensável para as preparações. Recebi o convite, e cruzei no S.A. com Fagnolli, o homem que... bem, com Fagnolli.

— Você sabe quem vai se casar? Habib! — eu lhe disse. — Até já recebi o convite.

Uma bomba atômica não o teria deixado mais atordoado; sentiu o chão fugir de baixo de seus pés, circulou, sentou, foi até lá fora, e voltou, trôpego:

— Então, a Maricota vai se casar? — e saiu de vez, completamente desnorteado. Ele chamava Habib de Maria. Por quê? Nem Zimerman explica.

A festa foi suntuosa; Catharine, de noiva, estava radiante, vencedora, tendo convidado todas as amigas. Habib convidara apenas os familiares e os amigos mais íntimos; lamentaria depois não ter chamado mais gente. Uns dois anos depois nasceria Chico, o primogênito.

Cruzei novamente com Fagnolli, o homem... caramba, que mania! Não dá pra esperar?

— E aí, o trouxa casou mesmo?

— Claro; por que você não foi ao casamento?

— Não sou hipócrita; se eu fosse, seria para dar os pêsames, e não para dar os parabéns.

Cerca de três meses depois, Fagnolli e Lola, ligeiramente grávida, também se casaram.

— Sabe quem se casou, hoje de manhã? — perguntou um amigo comum, íntimo dos noivos, à noite, no S.A. — Lola e Fagnolli; encontrei-os almoçando no Barbacoa, com o pai e a mãe dela, tinham acabado de casar.

Dessa vez, quem ficou embasbacado fui eu. Em suma, casaram-se sub-repticiamente, sem convidar ninguém, parece que nem os pais dele. Durma-se com um barulho desses! Com a capitulação de Habib, Fagnolli perdera o norte de vez, tornando-se presa fácil.

Quem logo se casaria também, e aí ainda me doeu bastante, foi Caroline, com o canadense, igualmente de vestido de noiva, festa e tudo o mais a que as moças, mesmo as modernas, têm direito. Moças de muita sorte, eu já vinha avisando. Interessante que, quando eu e Ben falávamos das moças e suas cirandas, ciscando daqui, ciscando dali, eu teorizava que isso não virava, que casar mesmo que é bom, nada! Minhas teorias foram por água abaixo, e parece que o negócio é ir tentando: uma hora dá certo.

Epílogo

Eu esperava terminar essa obra de forma bombástica, após haver atingido a plenitude através do surgimento de um grande amor, mas sou obrigado a terminá-la em uma espécie de anticlímax meio decepcionante, porque se eu for ficar esperando, pode ser que não a termine nunca. Vamos lá, então, com as últimas notícias domésticas, para encerrar.

Lílian terminou com Caco, que se tornara desinteressante e desinteressado, com rolos paralelos, depois de cinco anos de namoro; ela não era mulher de deixar cronificar uma situação de marasmo. Caco entrou em parafuso, fazendo de tudo para reparar a situação, desde promessas de amor e dedicação eternas, regadas a flores e chocolates, até ameaças estapafúrdias; durante dois ou três meses, o celular e a caixa eletrônica dela foram entupidas de mensagens num ou noutro sentido, assustando-a deveras; é evidente que ele já perdera o bonde, e foi parar até no psiquiatra, mas logo tudo isso passaria e eles acabaram ficando apenas bons amigos. Ela havia ficado muita amiga de toda a família dele e não deixava de estar sempre a visitá-los; apesar de também bastante chateada no início, Lílian logo estaria viajando de novo amor a tiracolo, um belo moço cheio de qualidades intelectuais e artísticas por quem se apaixonaria perdidamente. Durou pouco; dessa vez o rapaz é que tinha outros planos, não queria se ligar a alguém para valer por ora, e ela teve que curtir uma bela fossa. Nesse mesmo ano se formaria, e os dois dias de festa seriam maravilhosos, poucas vezes vi alguém tão feliz e realizada; iria então para São Paulo, onde passou em um concurso para um ano de aprimoramento, após o qual passaria também em um concurso para fazer mestrado na USP — tudo isso absolutamente sozinha, sem ninguém que a indicasse ou apresentasse; por incrível que pareça, não ganhou bolsa da universidade, de forma que eu tive que continuar a mantê-la integralmente.

Eta, Brasil! Dinheiro mesmo, e aos montes, só mesmo para a corrupção endêmica que grassa entre os políticos. Terminamos o século comandados por um ilusionista que vendeu o país, e, paradoxalmente, deixou-o ainda mais endividado, e iniciamos o novo com outro, que traiu qualquer expectativa de mudança, a minha inclusive — ao chamá-los de ilusionistas, estou sendo, obviamente, por demais condescendente. A diferença entre eles é que o primeiro era um ilusionista letrado — houve outro antes, um cacique folhetinesco metido a escritor e acadêmico, cuja família domina há quarenta anos um de nossos estados mais miseráveis —, o que, por isso, segundo Diógenes, o faz muito mais responsável pelos seus atos, tornando-o muito mais sujeito a sanções, morais que sejam, e à execração pública; já o segundo é um sujeito avesso à leitura e que faz apologia da própria falta de estudos formais — na verdade, um matuto ladino, verdadeiro Pedro Malasartes — num país de analfabetos, onde pouco se lê, o número de livrarias e bibliotecas *per capita* é irrisório, e que precisa de exemplos muito mais edificantes, sem falar que em seu entorno girou um esquema de corrupção inaudito. Vai mal!

Não mais que três meses depois que Lílian estava instalada naquela capital absurda e indomável, fui visitá-la e fiquei imensamente surpreso de vê-la dirigindo para tudo quanto é lado, como se tivesse nascido na cidade. Aos poucos, ia se refazendo de suas desilusões amorosas, e aproveitava todas as oportunidades que a cidade oferecia, fazendo um monte de cursos, francês, balé, terapia, e indo a shows, exposições e teatros; já faz dois anos que ela mora sozinha e continua sozinha por opção própria, crescendo intelectual e afetivamente. Quando fui visitá-la novamente, tanto o rádio do carro quanto o do apartamento ficavam ligados direto em uma emissora que só tocava música clássica; em meus aniversários, era inevitável que ela me presenteasse com um livro ou um CD que eu já nem me lembrava de ter mencionado, tal o carinho que tinha comigo e Lelê. Moça de consciência ecológica incomum, causa-me o mais profundo orgulho e admiração, e não duvido que venha a ser o paradigma da mulher do século XXI.

Com a morte de minha mãe, fui seu único "herdeiro", e a casa em que ela morava tornou-se minha; vendi, e o dinheiro arrecadado foi apenas o suficiente para comprar um bom carro para mim, finalmente, e dar um mais simples para Lílian, além de mandar Lelê para um intercâmbio, o que ficou muito mais caro, com o dólar nas alturas, depois da reeleição forjada de um certo sociólogo. Ajudei também Selma a comprar um pequeno apartamento para ela, antes que enlouquecesse morando em casa de irmãos.

Lelê, então aos quinze anos — faria dezesseis lá —, assim como Lílian, partiu para os Estados Unidos, dessa vez para Rimrock, uma cidadela diminuta do Arizona.

— Filho, vou ficar morrendo de saudades...
— Eu também.
— ...mas estou muito orgulhoso por você ter coragem de ir.

Poucos pais e poucos filhos têm essa coragem. Era de doer o coração ver aquele menino na fila do avião, tranquila e estoicamente, puxando a sua valise de mão.

Quando ficou resolvido que ele iria, o gato ficou todo assanhado.

— Quando é que nós vamos? — perguntava a todo instante

Eu mesmo não tinha certeza se ele iria ou não, até que Lelê bateu o martelo:

— Gato, você não vai.

Há muito que o gato ficava só comigo, e sua teatralização se restringia aos fins de semana, quando o "pai" vinha para o meu apartamento; Lelê já não dependia mais desse longevo objeto transicional, que ganhara definitivamente vida própria.

— Por que eu não vou? — indignou-se. — É claro que eu vou!

Tentei intervir:

— É melhor você não ir, pois você pode se perder por lá, e nunca mais ser encontrado, como aconteceu com o Dino, que foi perdido no condomínio.

— Só se ELE se perder... nós, os gatos, somos mais inteligentes que os humanos!

Esse, pelo menos, era mesmo, alguém ainda duvida? Não foi, mas deu a maior baixaria no dia da partida, fazendo-se de vítima e recusando-se terminantemente a se despedir do pai.

Por falar nesse felino, que não desgruda, quando fui a Belo Horizonte fazer aquela terapia, trouxe duas belas toalhas com a estampa de um dos clubes da capital para meus filhos, e caí na besteira de trazer um microuniforme do mesmo time para o gato — não trouxesse nada para ele e eu ia ver só —, que não o tirou mais, tornando-se torcedor fanático do mesmo, e põe fanático nisso! A partir daí, vivia às turras com Lelê por causa do "maldito" futebol, todo fim de semana.

Num desses domingos, o gato não o deixava em paz, até que ele apelou:

— O gato fica me gozando, mas o time dele também perdeu!
— Mas não de cinco — fulminou o gato.

Era impossível discutir com ele; era pior que Diógenes, principalmente depois que este virou advogado.

Lelê passou um semestre lá, de forma tranquila e serena, sem qualquer intercorrência, tendo a sorte de haver encontrado uma família bastante carinhosa e prestativa, os Hawkins. Teve a sorte também de encontrar um time de futebol — *soccer*, vejam bem — em sua escola, coisa bastante rara por lá, e passou a viajar com frequência por todo o estado com eles; não foram campeões, mas ele ganhou o troféu de melhor jogador de sua equipe, tudo bem que era em terra de cegos...

Sutilmente bem-humorado, trouxe-me canecas eróticas de tomar cerveja e outras coisas engraçadas, e, para Lílian, uma série de mimos surpreendentes, que a deixaram impressionada com sua sensibilidade.

Quando estava estudando para prestar vestibular, me perguntou:

— Pai, sabe a Lu?
— Sei.
— Eu pedi ela em namoro, e ela aceitou.
— Cê que não trate de estudar, moleque!

Pois esse menino adorável, o mais doce dos meninos, acaba de entrar em uma de nossas melhores universidades federais... e está namorando a Lu.

Quanto a mim, ocorreram também algumas mudanças importantes, a principal sendo minha volta ao trabalho na prefeitura de nossa cidade, através de um concurso; dois anos depois, novo concurso, e dobrei minha carga horária, trabalhando quase o dia todo em posto de saúde.

Confesso que não foi isso que sonhei um dia, terminar meus dias como um reles funcionário público, mal remunerado e batendo cartão de ponto; mas já fora tão pior, que eu só podia agradecer. Pude, assim, deixar os plantões de Franca, ficando somente em nossa cidade e completando com um pouco de consultório entre os dois horários, de forma que ainda me sobrava tempo para nadar uma hora todo dia. O trabalho no posto era ameno, e eu o desempenhava com muito carinho; considerava-me não um funcionário, mas um servidor público, que fazia o melhor que podia para resolver os problemas das pacientes.

Além de sair praticamente toda noite para jantar, no mais das vezes sozinho, lia de forma voraz, uma média de três a quatro livros por mês, e só alta literatura; atingira um patamar intelectual invulgar. Eu mesmo não percebia uma grande mudança, pois sempre fora gentil em meus atendimentos — embora se tenha dito, antigamente, que eu era um médico fechado, esquisito —, mas uma mudança interna profunda e substancial deve ter ocorrido, tornando-me dotado de infinita capacidade de compaixão e ternura, e as pessoas mais sensíveis e as mais humildes o percebiam.

— Trabalhei em vários postos, e nunca vi um médico como esse — comentou uma vigilante.

— Ele é ótimo... nunca se atrasa... é muito atencioso e examina tudo... eu e minhas filhas só nos consultamos com ele...

Eu não tinha nada a ganhar com isso, mas me comovia ver as pacientes tomarem a minha mão entre as suas — às vezes até as beijavam — para me agradecer, desejando-me um ótimo fim de semana, ou um ótimo Ano Novo, pois "o senhor merece".

Há de se pensar, então, que eu me tornara um homem "bonzinho", e houve quem realmente pensasse assim; em uma reunião para reclamar de picuinhas sem nenhum sentido, uma colega fascitoide reclamava sem parar de insignificâncias, até que o gerente, que me conhecera em épocas mais aguerridas, interveio:

— E você, Bonomi, não tem nada a reclamar?

— Não, para mim está tudo bem.

— O Bonomi é muito bonzinho — ironizou a tal colega.

— Não, eu não sou bonzinho; bonzinho é o cara bobinho, pusilânime; sou um homem bom, e disso não abro mão: maduro, de personalidade forte, que sabe o que quer, e não fica a reclamar de coisas irrelevantes, não se iluda, doutora.

Conseguira também a minha aposentadoria pelo INSS, eu que contribuíra sempre com o teto máximo, e iria receber pouco mais de 30% daquilo que eu esperava; a reforma de 1999 — do sociólogo — acabou com a aposentadoria do setor privado, e mais uma vez, aposentadoria boa mesmo, só para quem legislou em causa própria. Canalhas!

De qualquer forma, somando-se esse punhado de pequenos rendimentos, era suficiente para viver — eu aprendera a viver relativamente bem com pouco — e para manter e acabar de ajudar a formar meus filhos; voltara inclusive a fazer algumas viagens mais modestas depois de oito anos, ora com meus filhos, ora com Nirvana, que resistia bravamente. Na verdade, não se precisa de muito mais que isso.

Continuei a rezar, de forma íntima e pessoal, principalmente nos momentos de maior angústia, onde quer que estivesse, trabalhando, correndo ou nadando, sem jamais ter voltado a pôr os pés em uma igreja; quanto a saber se estou entendendo alguma coisa, confesso que continuo tão ignorante como antes em relação às coisas do sagrado, que é também conhecido (?), justamente, por "Incognoscível", sendo, por definição, inapreensível à nossa compreensão.

Não existiria, então, uma lógica que permeasse as suas intervenções, ou as suas ações em nosso mundo? Pode até ser que haja, mas, se houver, é a mesma lógica do tubarão, de Cousteau: só Ele a conhece.

Não me arrependo das decisões que tomei e dos caminhos que segui, pois não poderiam em absoluto ter sido diferentes; eis que, com o conhecimento que tinha de mim e da vida em geral, em cada momento, e naquelas circunstâncias, a decisão tomada, a escolha feita, só poderia ter sido aquela, inapelavelmente, acredito.

É evidente que as consequências dessas decisões foram muitas vezes catastróficas, uma vez que cada ato gera consequências muitas vezes imprevisíveis, que se bifurcam, se ramificam, tomam rumos inesperados, em cadeia, fugindo ao controle, já que não se pode prever o futuro; mas estou convicto de que nada poderia ter sido diferente do que foi, donde uma absoluta tranquilidade de consciência: levei às últimas consequências a busca de mim mesmo, por caminhos muitas vezes tortuosos e labirínticos, sem jamais fazer concessões que fossem de encontro à minha essência.

    E por ora é tudo, enquanto o carro continua a rodar pelo deserto, indo lenta e inexoravelmente em direção ao seu Destino!

    "(...) mas a rã, contra todas as probabilidades, e só Deus sabe como, conseguiu chegar do outro lado... à terceira margem do rio."

Ribeirão Preto, Terceiro Milênio, Ano V.
Albino Clarel Bonomi.

Esta obra foi composta em Minion 11/14.
Impressa com miolo em offset 90g e capa em cartão 250g, por Createspace/ Amazon.

www.ingramcontent.com/pod-product-compliance
Lightning Source LLC
Chambersburg PA
CBHW060357230426
43663CB00008B/1303